Franz Kurowski
Krieg unter Wasser

Franz Kurowski

KRIEG UNTER WASSER

U-Boote auf den sieben Meeren 1939-1945

VERLEGT BEI

KAISER

Berechtigte Ausgabe für den Neuen Kaiser Verlag
Gesellschaft m. b. H., Klagenfurt, mit Genehmigung der Econ Verlag GmbH,
Düsseldorf und Wien

Schutzumschlag: Volkmar Reiter
Satz: Context OEG, 9300 St. Veit/Glan, Times 10 pt
Druck und Bindearbeit: Gorenjski tisk, Kranj — Slovenija

INHALTSVERZEICHNIS

VORWORT

Es gibt Bücher über den deutschen U-Bootkrieg ebenso wie über den der verbündeten Italiener. Englische Seekriegswerke befassen sich mit dieser für Angreifer und Angegriffene oftmals tödlichen Waffe. Die U-Bootschlachten und Einzeleinsätze, die Vorstöße ins Unbekannte und zu den entferntesten Punkten im Pazifik und im Indischen Ozean sind in den USA ebenso wie in Japan dargestellt worden. Der U-Bootkrieg der UdSSR im Nordmeer, im Schwarzen Meer und in der Sibirischen See ist zum Teil bekannt.

Dieses Werk stellt - zum ersten Male - den global geführten Kampf unter Wasser auf allen Weltmeeren vor. In diesem Buch soll dem Leser eine Waffe - ihr Aufbau, ihre Entwicklung und ihr Einsatz - nahegebracht, soll über ein verzweifeltes Ringen, das für viele ein Opfergang war, berichtet werden.

Seit fünfzehn Jahren hat der Autor U-Bootkommandanten, Befehlshaber der U-Boote aus aller Welt und U-Bootmänner befragt. In diesem Werk legt er nunmehr das Ergebnis seiner Recherchen vor; es geht um eine Odyssee ohnegleichen, um unvorstellbar grausame Kämpfe, um Leiden und Tod. Als Fazit bietet sich kein Wort besser an als die Sätze des japanischen U-Bootkommandanten Takiga Yoshura:

»Dieser Krieg unter Wasser hat weder Sieger noch Besiegte, sondern nur Geschlagene zurückgelassen. Dies sollte uns alle aufrufen, einen solchen Kampf nie wieder entbrennen zu lassen.«

Franz Kurowski,
Dortmund 1979

DIE DEUTSCHE U-BOOTWAFFE ENTSTEHT

Das deutsch-englische Flottenabkommen

Am 18. Juni 1935 setzten Deutschland und Großbritannien ihre Unterschrift unter das deutsch-englische Flottenabkommen. In diesem Abkommen hatte sich Deutschland verpflichtet, seine Flottenrüstung auf 35 Prozent der englischen Rüstung zur See zu begrenzen. Diese Beschränkung war auch für jeden einzelnen Schiffstyp bindend. Lediglich im U-Bootbau wurde eine Heraufsetzung der deutschen Tonnage auf 45 Prozent der englischen erlaubt. Diese konnte nach gegenseitigen Beratungen sogar noch auf 100 Prozent erhöht werden.
Dieses Entgegenkommen entsprang nicht etwa englischer Großzügigkeit, sondern der Tatsache, daß England nur eine verhältnismäßig kleine U-Bootwaffe besaß. Zur Zeit des Vertragsabschlusses verfügte England über 54 U-Boote. Erst im Jahre 1939 konnte England auf 57 U-Boote zurückgreifen. Die U-Bootwaffe Frankreichs hingegen war um gut ein Drittel, jene Italiens um das Doppelte größer.
45 Prozent der englischen U-Bootwaffe - das hieß, daß man in Deutschland über 24.000 t U-Bootkapazität verfügte. Dies wiederum bedeutete bei Booten des Typs VII-C mit 769 t, die zum Standardtyp der Angriffsboote wurden, daß rund 30 Boote hätten gebaut werden dürfen.
Großadmiral Earl Beatty, der bis 1927 Erster Seelord gewesen war, zeigte sich denn auch am 26. Juni 1935 im britischen Oberhaus mit dem Ergebnis zufrieden, indem er ausführte:
»Ich bin der Meinung, daß wir den Deutschen Dank schuldig sind. Sie kamen zu uns mit ausgestreckten Händen und erklärten, daß sie im U-Bootbau mit einem Stärkeverhältnis von 35 zu 100 einverstanden seien. Wenn sie andere Vorschläge gemacht hätten, hätten wir sie auch nicht daran hindern können. Daß wir nun wenigstens von *einem* Land der Welt kein Wettrüsten zu befürchten haben, ist wahrlich eine Sache, für die man dankbar sein muß.«
Das ein Jahr später in London abgeschlossene U-Bootprotokoll brachte einige Klauseln für einen eventuellen U-Bootkrieg ein, die den Kampf der U-Boote bedeutend erschwerten. Und zwar mußte ein U-Boot beim Anhalten und Versenken eines Handelsdampfers nach diesem Protokoll wie ein Überwasserschiff vorgehen. Selbst Geschütze, die »nur zur Verteidigung« auf Handelsschiffen aufgestellt waren, änderten an diesem vorgeschriebenen Verfahren nichts. Auch diese bewaffneten Schiffe genossen den Schutz, den sie nach dem Völkerrecht als Handelsschiffe besaßen.

Das U-Boot mußte also gemäß Prisenordnung das Handelsschiff anhalten und untersuchen. Wenn sich Bannware im Schiff befand, durfte dieses versenkt werden. Aber erst dann, wenn für die Sicherheit seiner Besatzung gesorgt war. Die Rettungsboote der Handelsschiffe galten auf hoher See *nicht* als ausreichende Sicherheit. Die U-Boote hätten also die Besatzungen der versenkten Dampfer an Bord nehmen müssen. Dies war jedoch unmöglich. Damit wurde auch die Versenkung eines Handelsschiffes auf hoher See unmöglich.

Dennoch trat Deutschland am 23. November 1936 diesem U-Bootprotokoll bei. Der militärische Wert eines U-Bootes, ja einer U-Bootflotte überhaupt, war damit weiter herabgesetzt worden.

Aus englischer Sicht war das U-Boot ohnehin eine überholte Waffe, die in einem neuen Krieg - nicht wie im Ersten Weltkrieg, wo es als »scharfes Schwert« Deutschlands gegolten hatte - nicht mehr zum Tragen kommen würde, weil man ein neues Ortungsmittel gefunden hatte, mit dem man getaucht fahrende Boote bereits aus Distanzen von mehreren 1000 Metern orten und damit auch stellen konnte.

Dieses neue Verfahren hieß »Asdic« (Anti Submarine Detection Investigation Committee), benannt nach den Anfangsbuchstaben jener Dienststelle, die es entwickelt hatte.

Als im Jahre 1936 die Flottenverträge von Washington (1921/22) und London (1930) ausliefen, sollte ein neuer Vertrag zwischen den daran beteiligten Seemächten verhandelt werden. Da sich Deutschland inzwischen nach der Erklärung der Wehrhoheit am 16. März 1935 und dem deutsch-englischen Flottenabkommen auch in die Gruppe der Seemächte eingereiht hatte, sollte es nach Meinung der Engländer an dieser Konferenz teilnehmen. Schließlich hatte man im deutsch-englischen Flottenabkommen zwar das Gesamtverhältnis beider Flotten zueinander festgelegt, aber nichts über die Höchstgrenze der Schiffsgrößen und der Bewaffnung vereinbart.

Deutschland erklärte sich bereit, an dieser Konferenz teilzunehmen. Es kam jedoch zu keiner Einladung, da Frankreich sich einer solchen entschieden widersetzte. Dies sei die Anerkennung des Bruches des Versailler Vertrages, argumentierten die Franzosen. Man kam überein, daß London mit Deutschland getrennt verhandeln solle.

Der dann zwischen den Unterzeichnerstaaten und England geschlossene Londoner Vertrag von 1936 ließ alle Bindungen früherer Verträge fallen, die sich auf die Stärkeverhältnisse der einzelnen Seemächte zueinander bezogen. Nur für Deutschland bestand weiterhin die 1935 freiwillig übernommene Bindung an die englische Flottenstärke.

Gleichzeitig mit der Bekanntgabe des Flottenbauplanes wurde der deutschen Öffentlichkeit am 9. Juli 1935 die Indienststellung des ersten U-Bootes bekanntgegeben. In dieser Erklärung heißt es in bezug auf U-Boote:

»Zum Aufbau der Kriegsmarine sind auf den im Flottenabkommen mit Eng-

land festgelegten Stand von 35 v. H. des englischen Deplacementes folgende Neubauten auf Stapel gelegt worden oder werden im Laufe des Jahres 1935 auf Stapel gelegt werden:
a) 20 U-Boote zu je 250 Tonnen. Das erste dieser U-Boote ist am 29. Juni in Dienst gestellt worden. Zwei weitere sind zu Wasser. b) 6 U-Boote zu je 500 Tonnen. c) 2 U-Boote zu je 750 Tonnen.«
Zum ersten Male war etwas über neue deutsche U-Boote in der Presse veröffentlicht worden. Wo aber U-Boote waren, dort mußte es auch ausgebildetes U-Bootpersonal geben. Woher kam es, wann und wo wurde es ausgebildet?

Die ersten U-Boote und ihre Soldaten

Bereits in den Jahren 1930 und 1931 waren Offiziere der deutschen Reichsmarine in die finnische Hafenstadt Abo und in den südspanischen Hafen Cadiz gereist.
Sie nahmen dort an U-Bootfahrten teil, auf Booten, die bei niederländischen Firmen von deutschen Konstrukteuren und nach deutschen Konstruktionsplänen gebaut worden waren. Diese Seeoffiziere und einige Techniker und U-Bootfahrer des Ersten Weltkrieges lernten auf diesen beiden U-Booten, einem Boot von 250 t und einem von 500 t, die fahrtechnische Beherrschung eines U-Bootes kennen.
Bereits in den frühen zwanziger Jahren war die argentinische Marine an die deutsche Werftindustrie mit dem Wunsch herangetreten, deutsches Knowhow für den Aufbau einer eigenen U-Bootwaffe nach deutschem Muster zu erlangen. Da gemäß den Bedingungen des Versailler Friedensvertrages Deutschland weder U-Boote besitzen noch bauen durfte, sah man den geschicktesten Weg in der Umgehung dieses Verbotes in der Gründung eines Konstruktionsbüros im neutralen Ausland. So wurde im Juli 1922 diese Firma unter der Bezeichnung N. V. Ingenieurskaantor voor Scheepsbouw (IvS) mit Sitz in Den Haag gegründet. Die IvS stand unter der technischen Leitung von Dr. Ing. Hans Techel und unter der kaufmännischen Leitung von Korv.Kapt. a.D. Hans Blum und wurde über den geheimen »Ruhrfonds« von der deutschen Industrie finanziert. Die IvS bemühte sich intensiv, in das U-Bootexportgeschäft einzusteigen und ehemaliges deutsches U-Bootpersonal als Berater mitzuvermitteln. Man erhoffte sich damit einerseits, einen Rückstand gegenüber der zeitgenössischen U-Bootkonstruktion zu umgehen und andererseits auch Personal auf diesen Booten Erfahrungen sammeln zu lassen, die einer später noch aufzubauenden neuen deutschen U-Bootflotte zugute kommen würden. Die ersten Jahre waren jedoch sehr mager, die Geschichte kam erst Ende der zwanziger Jahre ins Rollen, als die IvS-Leute nach unzähligen Angeboten und Konstruktionsvorlagen Aufträge aus Spanien, Finnland und der Türkei erhielten. Für die Türkei wurden bei der Amsterdamer Fijenord Werft die beiden 500-t-Boote »Brindçi Inönü« und Ikindçi Inönü« gebaut, 1927 mit deutschem Personal in Holland erprobt und von diesem 1928 nach Instanbul überführt.
Die drei 500-t-Boote wurden in Abo unter deutscher Bauaufsicht gebaut. Die Boote »Vetehinen«, »Vesihiisi« und »Iku-Turso« wurden 1930 mit deutschen Teilbesatzungen erprobt.
1931 wurde in Cadiz das 965-t-Boot »E 1« erprobt, das aus in Holland vorgefertigten Teilen in Spanien zusammengebaut worden war. Nach dem Sturz der spanischen Monarchie wurde das Boot allerdings von Spanien nicht mehr übernommen und von den IvS - Leuten in die Türkei weiterverkauft, wo es als »Gür« in Dienst gestellt wurde.

In Finnland wurde schließlich das 250-t-Boot »Vesikko«, der Vorläufer der deutschen »Einbäume«, 1933 erprobt. Das Boot war bereits 1924 der finnischen Marine angeboten worden, diese war jedoch erst nach mehrjährigen internen Diskussionen vom taktischen Wert solch eines Küsten-U-Bootes überzeugt.
Deutsche Seeoffiziere, Techniker und ehemalige U-Bootfahrer des Ersten Weltkrieges lernten auf diesen Booten, den Vorläufern der späteren deutschen Typen I und II, die fahrtechnische Beherrschung eines modernen U-Bootes. Ihre Lehrmeister waren die U-Bootfahrer des Ersten Weltkrieges, Bräutigam und Papenberg.
Seit 1932 bereitete sodann die damalige Reichsmarineleitung den Bau von U-Booten vor.
Mit der Gründung der U-Bootabwehrschule am 1. Oktober 1933 in Kiel-Wik wurde der Stammkader der neuen U-Bootwaffe aufgestellt. Hier wurde das Stammpersonal für die ersten deutschen U-Boote theoretisch ausgebildet. Ihre praktische Ausbildung erhielten Offiziere und Mannschaften im Frühjahr 1934 in Abo.
Zur gleichen Zeit liefen auf der Germaniawerft in Kiel bereits die Vorbereitungen zum Bau des ersten eigenen U-Bootes. Ende September 1934 standen die Boote U 1 bis U 6 in der U-Bootabwehrschule im Schuleinsatz. Chef der Boote war FKpt. Slevogt.
Am 28. 6. 1935 wurde U 1 feierlich in Dienst gestellt. Die Boote U 1 bis U 6 waren vom Typ II A. Es waren sogenannte Einbäume für den Einsatz in küstennahen Gewässern. Sie waren mit dem 1933 in Dienst gestellten finnischen Boot »Vesikko« identisch. Ihre Verdrängung betrug 254 t über bzw. 303 t unter Wasser. Das Boot verfügte für die Überwasserfahrt über zwei Dieselmotoren (MWM) und über zwei Elektromotoren (SSW) für die Unterwasserfahrt. Es konnte 13,0 kn über und 6,9 kn unter Wasser laufen. Die Bewaffnung bestand aus drei Bugtorpedorohren vom Kaliber 53,3 cm und einer FlaMW (2 cm). Die Besatzung war 25 Mann stark.
Führer der ersten deutschen U-Flottille wurde FKpt. Dönitz, der als Kommandant des Kreuzers »Emden« im Juli 1935 von einer Auslandsreise um Afrika und in den Indischen Ozean zurückgekehrt war.
Als die »Emden« in der Jademündung vor Wilhelmshaven auf Schilligreede geankert hatte, kam der OB der Kriegsmarine, Generaladmiral Dr. h. c. Raeder, an Bord der »Emden«. Er teilte FKpt. Dönitz seine Kommandierung als Flottillenchef mit folgenden Worten mit:
»Dönitz, Sie übernehmen die neu zu bildende deutsche U-Bootwaffe.«
Großadmiral Dönitz berichtete über diesen entscheidenden Augenblick in seiner Laufbahn als Seeoffizier:
»Die U-Boote konnten im Aufbau der geplanten homogenen Flotte nur ein kleiner und wenig wichtiger Teil sein. Ich sah mich auf ein Nebengleis geschoben.

Die Zukunft hat gezeigt, daß meine damalige Ansicht nicht richtig war. Diese im Juli 1935 durch den Oberbefehlshaber befohlene Kommandierung war für mein ferneres Leben von einschneidender Bedeutung, bis auf den heutigen Tag. Sie brachte mir alles, was ein Mannesleben menschlich ausfüllen kann: Verantwortung und Erfolg, Niederlage, Treue und Verehrung von Menschen, die Notwendigkeit der eigenen Bewährung und Leid.« (Siehe: Dönitz, Karl: »Zehn Jahre und 20 Tage«.)

Am 28. September 1935 kamen zu den sechs vorhandenen Einbäumen die Boote U 7, U 8 und U 9 hinzu. Es waren kleine Boote der Klasse II B von 279 t über und 414 t unter Wasser, ebenfalls mit 3 Torpedorohren und 25 Mann Besatzung ausgerüstet.

Aus diesen neun U-Booten wurde am 28. September 1935 die erste deutsche U-Flottille »Weddigen« durch FKpt. Dönitz in Dienst gestellt.

Eine der wichtigsten Aufgaben, die sich Dönitz selbst gestellt hatte, war die Lösung des Problems eines gemeinsamen Einsatzes von U-Booten. So wurde bereits das Jahr 1935 zum Geburtsjahr der später von allen Beteiligten zur höchsten Meisterschaft entwickelten »Rudeltaktik«.

In den folgenden Monaten stießen mit U 10 bis U 18 weitere neun Boote dieses Typs zur Flottille »Weddigen«.

Flottilleningenieur wurde FKpt. Thedsen.

Für die Ausbildung dieser ersten U-Flottille in Deutschland seit 1918 hatte FKpt. Dönitz keine Befehle, Anweisungen oder Richtlinien erhalten. Er selbst setzte sich als grundsätzliches Ziel zunächst folgendes: Er wollte die Besatzungen der ersten U-Boote für ihre Waffe begeistern und sie zur totalen Einsatzbereitschaft erziehen.

Es sollte eine möglichst kriegsmäßige Ausbildung erfolgen. Hierbei setzte FKpt. Dönitz den Torpedoschuß aus der Nahschußentfernung von 600 m als Forderung sowohl für den Überwasserangriff als auch für den Angriff unter Wasser fest. Nur ein Nahschuß stellte größtmögliche Treffergenauigkeit sicher.

Um diese Forderung durchzusetzen, galt es zunächst einmal, eine vorgefaßte Meinung zu überwinden. Man hatte den ersten Kommandanten eingeschärft, aus mindestens 3000 m Distanz zu schießen, um nicht von dem englischen Ortungsgerät »Asdic« entdeckt und verfolgt zu werden. Dönitz wandte sich dagegen. Er hielt die sichere Wirkung des »Asdic«, die vom Gegner verkündet worden war, als für nicht erwiesen.

Das Schwergewicht der Überlegungen des ersten Flottillenchefs der jungen U-Bootwaffe aber lag auf taktischem Gebiet. Hier arbeitete Dönitz die Grundlagen seiner Rudeltaktik aus, deren Grundsatz darauf basierte, daß durch taktisches Zusammenarbeiten und taktische Führung mehrerer U-Boote zum Angriff auf ein wertvolles Einzelziel, insbesondere aber auf eine Häufung von Zielen, zum Beispiel einen Kriegsschiffsverband oder einen Geleitzug, größtmögliche Erfolge zu erzielen seien. Man mußte, um

zum Erfolg zu gelangen, einer Massierung der Ziele eine ebensolche der Angreifer entgegensetzen.
Darüber hinaus versuchte er zu erreichen, daß der jungen, eben erst entstehenden U-Bootwaffe »Augen« gegeben wurden. Das U-Boot selbst, dessen Turm vielleicht um fünf bis acht Meter die Wasseroberfläche überragte, hatte eine viel zu geringe »Augenhöhe«, um weiter entfernt stehende Ziele sichten zu können. Man brauchte Flugzeuge - das beste Mittel für die Aufklärung.
Diesen Grundsätzen folgend, wurde am 1. Oktober 1935 mit der Ausbildung der 1. U-Flottille begonnen.
Jedes Boot dieser Flottille mußte 66 Unterwasserangriffe fahren, ehe es im Dezember 1935 seinen ersten Torpedoeinsatz bestritt.
Ab Oktober 1935 waren der Flottillenchef und sein Flottilleningenieur ständig unterwegs. Auf See stiegen sie von Boot zu Boot über und lehrten den Sehrohrangriff unter Wasser und den Überwasserangriff ebenso wie den technischen Fahrbetrieb und die tauchtechnische Handhabung des Bootes.
Im Herbst 1936 wurde Dönitz, inzwischen zum Kpt. z.S. befördert, zum Führer der U-Boote ernannt.
Da die von Kpt. z.S. Dönitz durchgeprobte Rudeltaktik die Notwendigkeit der taktischen Zusammenarbeit möglichst vieler U-Boote in bezug auf ein großes Ziel erforderlich machte, wurde der Bau weiterer U-Boote vorangetrieben. Hierbei standen die Meinungen verschiedener Stellen der Kriegsmarine gegen die des Führers der U-Boote. Während man an höchster Stelle der Ansicht war, daß das U-Boot in einem nächsten Krieg einzeln und weiträumig operieren würde und man demzufolge ein großes U-Boot benötigte, war Dönitz anderer Meinung. Er forderte ein bewegliches, kampfkräftiges U-Boot von mittlerer Größe, von dem Deutschland im Rahmen der im Flottenabkommen festgelegten Gesamttonnage eine größere Anzahl bauen konnte. Allein damit würde er in die Lage versetzt sein, die Geleitzüge, welche nach einem Kriegsbeginn erwartet wurden, durch ganze U-Bootgruppen zu vernichten.
»Diese Auffassung setzte sich schließlich durch; die von Dönitz seit 1936 für die Gruppenverwendung der U-Boote entwickelte Rudeltaktik war, wie sich später erwies, ein entscheidender Fortschritt gegenüber dem Ersten Weltkrieg und ermöglichte die großen Kriegserfolge unserer U-Boote.« (Siehe Raeder, Erich: »Mein Leben«.)
Im Herbst 1937, anläßlich der Manöver der deutschen Wehrmacht, wandte Dönitz die Rudeltechnik zum ersten Mal in einem Planspiel an. Vom U-Bootbegleitschiff im Kieler Hafen aus führte Dönitz die in der östlichen Ostsee stehenden U-Boote.
Die Heranführung des U-Bootrudels an den »feindlichen Schiffsverband« gelang im Laufe des Manövers völlig. Der Erfolg war eindrucksvoll.
Eine Reihe weiterer Übungen folgte. Zuerst in der Nordsee, dann aber auch

im Mai 1939 im Atlantik, westlich der Iberischen Halbinsel und westlich der Biskaya. Im Juli 1939 wurde eine solche Übung dem ObdM vorgeführt. Alle Übungen zeigten, daß die Probleme der Führung der Boote im Prinzip gelöst waren. Ob allerdings die Führung von Booten, die weit entfernt im Atlantik standen, aus der Heimat möglich war, konnte nicht einwandfrei geklärt werden. Aus diesem Grunde sah Dönitz auch eine Führung von U-Bootgruppen von See aus vor.
Dabei dachte er an Führungs-U-Boote, die mit besonderen Nachrichten- und Stabs-Unterkunftsmöglichkeiten ausgerüstet waren. - Doch zurück zum Aufbau der U-Bootwaffe.
Bereits im Sommer 1935 waren in Deutschland in Bau bzw. fertiggestellt: 12 Boote des Typs II von etwa 250 Tonnen und ausgestattet mit drei Bugtorpedorohren. 2 Boote des Typs I A von 862 Tonnen mit vier Bug- und zwei Hecktorpedorohren. 10 Boote des Typs VII A, 626 Tonnen, mit vier Bugtorpedorohren und einem Hecktorpedorohr.
Da das kleine Boot für eine Verwendung im Atlantik zu schwach armiert war und nur 12-13 kn Fahrt laufen konnte, war dieses Boot für den Geleitzugkampf ungeeignet. Die Boote des Typs I waren in tauchtechnischer Hinsicht problematisch und kamen deshalb für den Weiterbau nicht in Frage.
Das Boot des Typs VII, das aus dem Typ B III des Ersten Weltkrieges von den damaligen Bauräten Schürer und Bröcking entwickelt worden war, schien das geeignete Boot zu sein. Bei nur 500 t verfügte das Boot über ein Maximum an Kampfkraft. Es konnte bis zu 14 Torpedos mitführen und war 16 km schnell. Der geringe Aktionsradius von 6200 sm wurde auf 8700 sm erhöht, indem man das Boot um 17 t Typverdrängung vergrößerte. Dadurch war es in der Lage, anstelle der 67 t 108 Tonnen Treiböl mitzunehmen. Im Frühjahr 1937 stellte Kpt. z.S. Dönitz folgenden Antrag an das Oberkommando der Kriegsmarine:
»Zum einen: Vergrößerung des Typs VII zum Zweck der Brennstofferhöhung. Zum anderen: dieses Boot hauptsächlich zu bauen, d. h. etwa drei Viertel der deutschen U-Boottonnage für diesen Typ zu verwenden.
Weiter schlug ich vor, die restliche Bautonnage von etwa einem Viertel zum Bau eines Bootes von etwa 740 t mit höherem Aktionsradius (Typ IX, 12.000 bis 13.000 sm) für weiterreichende Einzelunternehmungen zu verwenden.
Das Oberkommando der Kriegsmarine hatte andere Ansichten über den Bau der U-Boote und die zu setzenden Prioritäten. Hier plädierte man für ein großes Boot.«
Der Aufbau der U-Bootwaffe ging vor allem in den Jahren 1937 und 1938 stark zurück. Nachdem 1935 14 Boote an die U-Bootwaffe abgeliefert worden waren, kamen 1936 21 Boote hinzu. Im Jahre 1937 jedoch wurde nur 1 Boot abgeliefert, und 1938 waren es 9 Boote, ehe im Jahre 1939 wieder mit 18 Booten eine höhere Bau und Ablieferungsquote erreicht wurde.

Im Kriegsspiel während des Winters 1938/39 wurden neben den Problemen der Gruppentaktik auch jene der Führung, Aufstellung und des Aufspürens der Geleitzüge mit dem folgenden Heranführen aller Boote untersucht. Das Ergebnis zeigte, daß die Zahl der U-Boote, die dazu notwendig sind, um ein Mehrfaches höher lag als die Zahl, über welche die deutsche U-Bootwaffe verfügte.
Großadmiral Dönitz stellte dazu fest:
»Für einen erfolgreichen Handelskrieg sind, wenn der Gegner, wie ich glaubte, seinen Handel in gesicherten Geleitzügen zusammenfassen würde, mindestens 300 deutsche Front-U-Boote erforderlich.
Bei dieser Zahl wird gerechnet, daß 100 U-Boote jeweils zur Überholung und Erholung der Besatzungen in der Werft liegen,100 Boote sich auf dem Marsch zum oder vom Operationsgebiet befinden und 100 U-Boote im Operationsgebiet am Feind stehen können. Mit dieser Zahl glaubte ich aber auch einen entscheidenden Erfolg im Handelskrieg erzielen zu können.«
Großadmiral Dönitz fährt fort:
»Mit der augenblicklichen Zahl an U-Booten und dem nach der derzeitigen Bauzuteilung und dem Bautempo der nächsten Jahre zu erwartenden Zuwachs sind im Handelskrieg nur Nadelstiche zu erzielen.« (Siehe Dönitz, Karl: a.a.O.)
Das Ergebnis dieses Kriegsspieles meldete Dönitz in einer Denkschrift dem damaligen Flottenchef, Admiral Boehm.

Der Z-Plan und der U-Bootbau

Es war Ende Mai 1938, als Hitler dem Oberbefehlshaber der Kriegsmarine mitteilte, daß auch mit England als Gegner in einem künftigen Konflikt zu rechnen sei, ein solcher aber nicht unmittelbar bevorstehe. Nach dieser Mitteilung bildete das OKM im Herbst 1938 einen Planungsausschuß, der die aus diesen Tatsachen resultierenden Aufgaben und die zu deren Erfüllung notwendigen Seekriegsmittel untersuchte.
Das Ergebnis dieser Untersuchung der Kommission war ein neuer Flottenbauplan, dessen endgültige Variante (Vorstufen: A-Plan, B-Plan usw.) Z-Plan genannt wurde.
Dieser Plan sollte zehn Jahre Laufzeit haben. Sein Schwerpunkt lag auf dem Bau einer starken Überwasserflotte.
Bis zum Jahre 1948 sollten nach diesem Plan 233 U-Boote gebaut werden, darunter einige U-Kreuzer, die bis 1943 fertig sein sollten.
Im Juni meldete Kpt. z.S. Dönitz dem ObdM die Sorgen, die ihn und die Offiziere der U-Bootwaffe infolge der Gefahr eines baldigen Krieges mit England bedrückten. Dönitz sah die Tatsache ganz klar, daß im Falle eines Krieges gegen England die Last der Seekriegführung auf der U-Bootwaffe liegen würde, denn die Inselgestalt Großbritanniens ließ keine andere Mög-

lichkeit zu. Dazu aber war die U-Bootwaffe viel zu schwach. Der FdU bat den ObdM, diese Ansicht auch Hitler zu melden.
Am 22. 7. 1939 kam es auf dem Aviso »Grille« zu einer Aussprache des Offizierskorps der U-Bootwaffe mit dem ObdM.
Der Oberbefehlshaber der Kriegsmarine teilte den U-Bootoffizieren Hitlers Antwort mit:
»Der Führer wird dafür sorgen, daß es keinesfalls zu einem Krieg mit England kommt. Das wäre ›finis Germaniae‹. Die U-Bootoffiziere sollten beruhigt sein.«
Noch keinen Monat später war diese Versicherung vom Tisch, denn am 15. August 1939 wurde Kpt. z.S. Dönitz aus seinem Urlaub herausgeholt, um den Aufmarsch der U-Boote durchzuführen, der für den Fall einer Mobilmachung vorgesehen war.
Noch einmal legte Dönitz dem ObdM am 28. 8. 1939 eine Denkschrift mit dem Titel »Gedanken über den Aufbau der U-Bootwaffe« vor. Darin erklärte er, daß die U-Bootwaffe zur Zeit noch nicht in der Lage sei, die ihr im Kriege zufallende Aufgabe zu erfüllen. Er forderte noch einmal den schnellen Aufbau der U-Bootwaffe und betonte, daß der Hauptträger des U-Bootkrieges im Atlantik das VII-B-Boot sei und daß 100 dauernd einsatzbereite Boote, im ganzen also mindestens 300, für erfolgreiches Operieren notwendig seien. Mit den vorhandenen U-Booten, so führte er weiter aus, seien nur Nadelstiche im Handelskrieg gegen England zu erzielen. Seine Schlußfolgerung lautete:
»Die U-Bootwaffe muß mit allen, auch außerhalb des normalen Rahmens liegenden Mitteln auf einen Stand gebracht werden, der sie befähigt, ihre Hauptaufgabe, nämlich die Niederringung Englands, im Kriege zu lösen.«
Am 1. September 1939 begann der Zweite Weltkrieg mit dem Angriff auf Polen. Am 3. September erklärten England und Frankreich Deutschland den Krieg.
Die U-Bootwaffe besaß zu diesem Zeitpunkt insgesamt 46 einsatzbereite U-Boote. Insgesamt waren 56 U-Boote in Dienst. Von den 46 Booten waren nur 22 Boote für eine Verwendung in den weiträumigen atlantischen Seegebieten verwendungsfähig. Dies bedeutete, daß für einen eventuellen Rudelansatz im günstigsten Fall nur etwa 7 Boote zur Verfügung standen. Das bedeutete aber auch schon die Gesamtzahl jener Boote, die im Atlantik im Einsatz standen.
Hätte die oberste deutsche Führung ihre Möglichkeiten genutzt und die eigene U-Bootwaffe auf die zugestandenen 45 Prozent der britischen U-Bootwaffe gebracht, dann wären am 3. 9. 1939 16 Boote für den Atlantikeinsatz mehr vorhanden gewesen.
Die deutsche U-Bootwaffe ging mit viel zu geringen Mitteln in einen Krieg, der zudem noch gegen eine der ersten Seemächte der Welt geführt werden sollte.

Wie aber sah das Verhältnis bei den anderen Marinen aus? Welche Anstrengungen wurden beispielsweise bei der italienischen Marine unternommen, um eine möglichst starke U-Bootflotte zu erhalten?

DIE ITALIENISCHE U-BOOTFLOTTE

Als im Jahre 1924 in Italien der U-Bootbau wiederaufgenommen wurde und 8 mittlere sowie 4 große U-Boote bestellt wurden, begann in Italien das Zeitalter des U-Bootbaues. Von den acht Booten mittlerer Größe waren jeweils 4 vom Typ »Mameli« und »Pisani«. Mit den Booten des Typs »Pisani« wurde 1925/26 das größte bis dahin erstellte Einhüllenboot gebaut, das über 6 Torpedorohre, ein 10,2-cm-Buggeschütz und 2 sMG verfügte.
Das Boot »Mameli« war etwas kleiner. Der letzte Typ dieses Boots, die »Cavallini«, hatte 10 Torpedorohre, eine 10,2-cm-Kanone und 2 sMG. Damit war es das schwerstbewaffnete U-Boot seiner Zeit.
Alle acht Boote waren jedoch nur für den Mittelmeereinsatz vorgesehen. Für den Atlantikeinsatz wurde ein Boot des Typs »Balilla« in vier Exemplaren gebaut.
Dieses erste große Zweihüllenboot wurde 1925 in Auftrag gegeben und im selben Jahr auf Stapel gelegt. In seiner letzten Ausführung, der »Ansaldo«, besaß das Boot 12 Torpedorohre, eine 12-cm-Kanone und 4 sMG. Es verdrängte 1450/1904 t und hatte eine Fahrtstrecke von 12.000 sm.
Der Bau eines U-Kreuzers mit einer 20,3-cm-Kanone wurde aufgegeben. Er sollte eine Verdrängung von 3304/4218 t haben.
In den ersten vier Jahren des Neubeginns wurden in Italien 25 Boote auf Stapel gelegt, darunter 20 Boote für den Mittelmeereinsatz und 5 Boote für den globalen Einsatz.
In der zweiten Phase des italienischen U-Bootbaus wurde ab 1929 ein neuer Typ mittlerer Boote für den Mittelmeereinsatz entwickelt. Es waren Boote der »Klasse 600«. Zunächst wurden nur 7 Boote bestellt. Diese Klasse wurde zum Einheitstyp der italienischen Mittelmeerboote bis zum Zweiten Weltkrieg. Bis 1940 wurden allein 5 Serien - insgesamt 46 Boote - auf Stapel gelegt.
Im Jahre 1931 wurde auch wieder der Bau großer Boote in Angriff genommen. Insgesamt wurden gleich 7 auf Stapel gelegt, davon 4 Kampfboote des Typs »Cavallini«, 2 Kampfboote des Typs »Bernardis« und 1 Versuchsboot, das als Minenleger ausgelegt war.
Die vier Kampfboote hatten eine Verdrängung von 985/1259 t. Sie verfügten über 8 Torpedorohre, zwei 10-cm-Kanonen und 2 sMG. Eines dieser Boote, die »Archimede«, sollte noch von sich reden machen.
1932 wurde ein großes Boot des Typs »Calvi« auf Stapel gelegt. Zwei weitere Boote folgten. Dieses Boot verdrängte 1550/2060 t.
Die italienische U-Bootwaffe schien sich nach der Konzeption der Boote ganz auf den Handelskrieg gegen Einzelfahrer zu spezialisieren.
Gleichzeitig mit den 6 Kampfbooten des Jahres 1932 wurde ein großer

Minenleger, »Pietro Micca«, in Auftrag gegeben, der 1935 fertig wurde. Dieses Boot verfügte über zwei 12-cm-Kanonen, 6 Torpedorohre und 4 sMG. Es konnte 20 Minen mitführen.
Große Minenleger wurden zu dieser Zeit von allen Nationen vorrangig gebaut. Neben den atlantischen Häfen und Buchten bot auch das Mittelmeer solchen Minenlegern gute Erfolgschancen.
Bis zum Jahre 1934 waren bei 47 in Dienst gestellten Neubauten insgesamt 64 italienische U-Boote vorhanden. Sieben große U-Boote waren noch in Bau.
Nun erst begann die große Verstärkung der italienischen Flotte, wobei man den Schwerpunkt auf den Ausbau der U-Bootwaffe legte. Von 1935 bis zum 10. Juni 1940, dem Tage, an welchem Italien in den Zweiten Weltkrieg eintrat, wurde die Zahl der U-Bootc auf insgesamt 115 Boote erhöht und damit fast verdoppelt. 6 große Boote waren noch im Bau.
Aus diesen Zahlen ist einwandfrei zu erkennen, welchen Wert die italienische Marine ihren U-Booten als Kampfmittel zumaß und daß man bemüht war, für den ozeanischen Zufuhrkrieg gerüstet zu sein.
Die seit 1933 auf Stapel gelegten Boote des Typs »Argo« waren nach den Worten von Admiral A. Cocchia, dem seinerzeitigen Chef des Stabes BETASOM, dem italienischen Führer der Atlantik-U-Boote, die für Geleitzugskämpfe am geeignetsten italienischen U-Boote gewesen. Ihr einziger Nachteil war die mit 8,5 kn zu geringe Geschwindigkeit.
Mit den vier im Jahre 1939 auf Stapel gelegten Booten des Typs »Saint Bon« baute Italien das am stärksten mit Torpedorohren bewaffnete Boot, denn es verfügte über 14 Torpedorohre, die allerdings nur 45 cm Kaliber hatten. Das Boot konnte 32 Torpedos mitnehmen und entwickelte eine Höchstgeschwindigkeit von 16,9 kn. Als Italien am 10. 6. 1940 in den Zweiten Weltkrieg eintrat, verfügte das Land also über eine der stärksten U-Bootwaffen der Welt. Man setzte sein volles Vertrauen in die U-Boote. Warum die erhofften Erfolge auch gegen Kriegsschiffe - zu deren Bekämpfung sie vor allem ausersehen waren - nicht ganz eintrafen, ist nicht zu erklären.
Die italienischen U-Boote jedenfalls, die im Atlantik zum Einsatz kamen, erzielten beachtliche Erfolge und wurden auch von der deutschen U-Bootführung als hervorragende Hilfe anerkannt.
Die italienische U-Bootwaffe machte der britischen Marine die größten Sorgen im Mittelmeer. Doch diese Sorgen waren nicht sehr begründet. Es waren die italienischen Einmanntorpedos und Kampfschwimmer, die für die großen Paukenschläge im Mittelmeer sorgten.

Die italienischen U-Boote waren am 10. Juni 1940 wie folgt disloziert:
1. Tarent: 22 U-Boote: »Gemma«, »Diamante«, »Malachite«, »Topazio«, »Marconi«, »Smeraldo«, »Salpa«, »Settimo«, »Settembrini«, »Sirena«,

»Galatea«, »Naiade«, »Fisalia«, »Argonauta«, »Atropo«, »Zoea«, »Corridoni«, »Bragadino«, »Brin«, »Argo«, »Velella«, »Otatia«.
2. Neapel: 11 U-Boote: »Millelire«, »Mocenigo«, »Veniero«, »Glauco«, »Nani«, »Provana«, »Barbarigo«, »Emo«, »Morosini«, »Adua«, »Da Vinci«.
3. Syrakus, Palermo, Tripoli: 17 U-Boote: »Medusa«, »Mameli«, »Capponi«, »Speri«, »Da Procida«, »Desgenys«, »Colonna«, »Pisani«, »Bausan«, »Tricheco«, »Squalo«, »Narvalo«, »Delfino«, »Bandiera«, »Menotti«, »Manara«, »Santarosa«.
4. Sardinien: 18 U-Boote: »Fieramosca«, »Marcello«, »Dandolo«, »Alagi«, »Aradam«, »Axum«, »Iride«, »Onice«, »Bagnolini«, »Tarantini«, »Giuliani«, »Torelli«, »Diaspro«, »Corallo«, »Finzi«, »Tazzoli«, »Calvi«, »Bianchi«.
5. Dodekanes: 8 U-Boote: »Gondar«, »Scire«, »Neghelli«, »Aschianghi«, »Durbo«, »Tembien«, »Beilul«, »Lafole«.
6. Libyen (Tobruk): 9 U-Boote: »Ondina«, »Nereide«, »Dessie«, »Turchese«, »Anfitrite«, »Serpente«, »Dagabur«, »Uarsciec«, »Uebi Scebeli«.
7. Adria: 4 U-Boote: »Ambra«, »Rubino«, »X 2«, »X 3«.
8. La Spezia: 19 U-Boote: »Balilla«, »Toti«, »Sciesa«, »Jalea«, »Jantina«, »Console«, »Generale Liuzzi«, »Ametista«, »Berillo«, »Zaffiro«, »Micca«, »Foca«, »Cappellini«, »Faa di Bruno«, »H l«, »H 2«, »H 4«, »H 6«, »H 8a.
9. Rotes Meer: 8 U-Boote: »Archimede«, »Ferraris«, »Galilei«, »Torricelli«, »Galvani«, »Guglielmotto«, »Macalle«, »Perla«.

DIE BRITISCHE U-BOOTWAFFE

Da England keinen zukünftigen Gegner hatte, dem es mit einer U-Bootblockade oder mit U-Bootangriffen die Zuführungswege abschneiden mußte, war die britische U-Bootwaffe verhältnismäßig klein. Die U-Bootentwicklung in England zwischen den beiden Weltkriegen war mehr technischer als zahlenmäßiger Natur.
Nach Ende des Ersten Weltkrieges besaß England Flotten-U-Boote der »K«-Klasse«, Übersee-Patrouillen- und Minenleger-U-Boote der »L«-Klasse« und Küsten-U-Boote der »H«-Klasse«. Diese vier Typen wurden auch weiterhin gebaut. Das Experimentierboot X 1, das durch Ausbau eines erbeuteten deutschen Unterwasserkreuzers entstand, wurde noch vor Ausbruch des Zweiten Weltkrieges verschrottet.
Aus dem L-Klasse-Boot wurden die neuen U-Boote der Klassen »O«, »P« und »R« entwickelt. Sie waren schwerer bewaffnet, doch ging dies auf Kosten der Handlichkeit der Boote.
Es folgten die Boote der »Thames«-Klasse. Diese waren der letzte Versuch, ein Flotten-U-Boot zu bauen. Die Boote hatten eine Verdrängung von 1850/2723 t und 61 Mann Besatzung. Die beiden Dieselmotoren gaben ihnen eine Überwassergeschwindigkeit von 21,75 kn. Die Bewaffnung war entsprechend: Sechs Bug- und zwei Hecktorpedorohre, eine 10-cm-Kanone und 2 MG. Dennoch wurden außer der »Thames« nur noch die »Severn« und die »Clyde« gebaut. Die Größe dieses Bootes negierte seine positiven Qualitäten. Als die Geschwindigkeit der Schlachtschiffe Schritt um Schritt auf 30 Knoten gesteigert wurde, mußten alle späteren Versuche des Baues von Flotten-U-Booten aufgegeben werden.
Die Boote der »S«-Klasse waren sehr erfolgreiche Fahrzeuge, die, was ihre Verdrängung betrifft, zwischen den Booten der »H«- und »L«-Klasse lagen. Sie waren in der Lage, ihre Aufgaben voll zu erfüllen.
Von diesen Booten, die 690/960 t Verdrängung aufwiesen und 15 kn über sowie 10 kn unter Wasser fuhren, nur 38 Mann Besatzung benötigten und 6 Torpedorohre besaßen, wurden in der ersten Serie bis 1937 12 Boote und in der zweiten Serie, deren Verdrängung auf 715/990 t und deren Besatzung auf 44 Mann erhöht worden war, in den Jahren von 1941 bis 1945 54 Stück gebaut. Damit war dieses U-Boot das meistgebaute der Royal Navy.
Die Minenleger-U-Boote der »Porpoise«-Klasse waren ebenfalls erfolgreiche Konstruktionen. Sie waren zu ihrer Zeit die einzigen Fahrzeuge, welche die Verbindung mit Malta aufrechterhielten, als der Gegner Malta zu erdrücken schien. Diese Boote hatten 1520/2157 t Verdrängung, sie liefen 15,85 kn und konnten 40 Minen an Bord nehmen. Dazu verfügten sie über 6 Bugtorpedorohre und eine 10-cm-Kanone. Die Besatzung betrug 59 Mann.

Bis Kriegsausbruch waren sechs dieser Boote in Dienst gestellt. Drei weitere befanden sich in Bau. Der Bauauftrag wurde 1941 gestrichen.
Die Boote der »T«-Klasse, deren erstes, die »Triton«, am 5. 10. 1937 auf Stapel gelegt wurde, hatten die stärkste Torpedobewaffnung aller britischen U-Boote: 10 Torpedorohre, von denen 2 Außenrohre waren. Später wurde ein drittes Ausstoßrohr außen am Heck montiert. Die beiden mittschiffs angebrachten Außenrohre drehten beim Feuern nach achtern und schossen die Hecksalve. Von diesem Bootstyp wurden bis Mai 1939 7 Boote gebaut. 15 weitere Boote kamen im Verlauf des Krieges hinzu.
Die Boote der »U«-Klasse wurden zur Ergänzung des auslaufenden Typs der »H«-Klasse gebaut. Sie dienten als Ausbildungsboote und Patrouillenfahrzeuge. Diese kleinen Boote mit 540/740 t Verdrängung und 4 Torpedorohren - spätere Boote dieses Typs erhielten zwei weitere Außenrohre - waren mit ihrer Geschwindigkeit von nur 11,75 kn auch für Patrouillenfahrten zu langsam. In der ersten Gruppe wurden bis April 1940 15 Boote gebaut. Im weiteren Verlauf des Krieges kamen 33 Boote hinzu.
Mit diesen Vorkriegsbooten verfügte England zu Beginn des Zweiten Weltkrieges über insgesamt 69 U-Boote.
Es waren dies: 15 U-Boote der »Triton«-Klasse. 6 U-Boote der »Porpoise«-Klasse. 3 U-Boote der »Thames«-Klasse. 4 U-Boote der »Rainbow«-Klasse. 5 U-Boote der »Parthian«-Klasse. 9 U-Boote der »Odin« und »Oberon«-Klasse. 3 U-Boote der »L«-Klasse. 12 U-Boote der »Shark«- und »Swordfish«-Klasse. 3 U-Boote der »Unity«-Klasse. 9 U-Boote der »H«-Klasse.

Im Verband »Home Fleet« befanden sich: die 2. U-Boot-Flottille mit 14 Booten und dem Depotschiff »Forth«, die 6. U-Boot-Flottille mit 7 Booten und dem Depotschiff »Titania«.
Im Verband der »Mediterranean Force«: die 1. U-Boot-Flottille mit 10 U-Booten und dem Depotschiff »Maidstone«.
Im »North Atlantic Command«: 2 U-Boote.
In der »China Station«: die 4. U-Boot-Flottille mit 15 U-Booten, einem Zerstörer und dem Depotschiff »Medway«.
Im »Miscellaneous Service«: die 5. U-Boot-Flottille mit 8 U-Booten und dem Depotschiff »Alecto«.
Die britische U-Bootwaffe stand vom ersten Kriegstag an in einem harten opfervollen Einsatz.

EINSÄTZE DER U-BOOTWAFFEN IM ERSTEN KRIEGSJAHR

Die deutschen U-Boote sowie der U-Bootkrieg nach der Prisenordnung

»Beginn der Feindseligkeiten gegen England sofort!«
Mit diesem Funkspruch, der am 3. September 1939 um 13.30 Uhr in allen Funkkabinen der in See stehenden U-Boote aufgenommen wurde, begann der Einsatz der deutschen U-Boote. Gut zwei Stunden vorher hatte der Befehlshaber der U-Boote, Kpt. z.S. Dönitz, noch folgenden Funkspruch absetzen lassen:

»Vom Befehlshaber der U-Boote:
An alle in See befindlichen U-Bootkommandanten.
Die Gefechtsbefehle für die U-Bootwaffe der Kriegsmarine sind in Kraft getreten. Truppentransporter und Handelsschiffe sind gemäß Prisenordnung der Haager Konvention anzugreifen. Feindliche Geleitzüge sind ohne Warnung anzugreifen. Passagierschiffe, die nur Passagiere befördern, dürfen nicht angehalten werden. Diese Schiffe sind auch dann nicht anzugreifen, wenn sie in militärisch gesicherten Geleitzügen fahren.

gez. Dönitz.«

Die seit dem 19. August in See stehenden 17 großen Boote, die ihnen am 27. August gefolgten sechs kleinen Boote und die am 29. August ausgelaufenen weiteren sechs kleinen Boote hatten ihre Wartepositionen bereits erreicht. Sie standen in den ihnen zugewiesenen, von der Südspitze von Island bis hinunter nach Gibraltar reichenden Seeräumen. Am 30. August liefen sechs Boote mittlerer Größe aus und sperrten das Gebiet zwischen den Orkney-Inseln bis hinauf nach Island. Damit standen 35 deutsche U-Boote in See.
Am Abend des 3. 9. sichtete U 30 unter Kptlt. Fritz Julius Lemp ein mit hoher Fahrt laufendes abgeblendetes Schiff. Lemp sprach es als Truppentransporter an. U 30, ein Boot des Typs VII-A, ging zum Angriff über. Der Zickzackkurs laufende Dampfer wurde erreicht. Alle Soldaten standen auf Gefechtsstationen. Die vier Bugrohre waren klar zum Schuß.
Kptlt. Lemp gab den Schußbefehl zum Viererfächer. Von den vier Torpedos blieb einer im Rohr stecken. Alle übrigen jagten durch die See auf das Ziel zu. Einer davon traf den Riesendampfer mittschiffs. Eine masthohe Detonationsflamme stob empor. Wenig später brachte der Funkmaat die von diesem Dampfer getastete und aufgefangene SOS-Meldung auf die Brücke.

»Athenia torpedoed, 56.44 north, 14.05 west.«
Kptlt. Lemp ließ abdrehen, denn die »Athenia«, das wurde sogleich anhand des Lloyds-Schiffsregisters festgestellt, war ein Passagierdampfer von 13.581 BRT Größe.
Stundenlang hörte der Funkmaat von U 30 die SOS-Meldungen und verschiedene Antworten. Er konnte entziffern, daß die britischen Zerstörer »Escort« und »Electra« zu Hilfeleistungen auf den sinkenden Dampfer zuliefen.
Wenig später meldeten sich noch die Jacht »Southern Cross« und der norwegische Frachter »Knute Nelson«. Alle Einheiten liefen mit äußerster Kraft auf den sinkenden Schiffsriesen zu. Sie retteten 1 300 Menschen der »Athenia«.
128 Menschen aber fanden bei diesem ersten U-Bootangriff des Zweiten Weltkrieges den Tod. Am Morgen des 4. September um 10.40 Uhr sank die »Athenia«.
Am Abend des 4. 9. wurde vom BdU wegen dieses Vorfalles - wobei allerdings noch niemand wußte, wer der Verursacher war, weil den deutschen U-Booten Funkstille befohlen war - den U-Booten über Funk folgender neuer Befehl übermittelt:
»Auf Anordnung des Führers zunächst keine Feindhandlungen gegen Passagierdampfer, auch wenn im Geleit.«
Knapp 24 Stunden vorher hatten die deutschen U-Boote einen ähnlich lautenden Funkspruch erhalten, der die Behandlung der französischen Schiffe betraf. Dieser Funkspruch lautete:
»Frankreich betrachtet sich ab 17.00 Uhr als mit Deutschland im Krieg befindlich. Eigene Feindhandlungen auch bei Vorgehen gegen Handelsdampfer zunächst nur in Abwehr.«
Am 6. 9. wurde die Lage der U-Bootfahrer gegenüber französischen Handelsschiffen noch weiter kompliziert, denn eine verschärfende Anordnung folgte diesem ersten Befehl.
»Lage gegen Frankreich noch immer ungeklärt. Eigene Feindhandlungen auch bei Vorgehen gegen feindliche Handelsschiffe nur in Abwehr. Als französisch ausgemachte Handelsschiffe nicht anhalten. Zwischenfälle mit Frankreich streng vermeiden.«
Durch diesen Befehl waren französische Handelsschiffe geschützter als beispielsweise neutrale Schiffe, denn letztere konnten nach den Bestimmungen der Prisenordnung angehalten, untersucht und im Falle der Beförderung von Banngut aufgebracht werden.
Alle diese Einschränkungen behinderten den U-Bootkrieg erheblich. Nicht nur, daß sie von den einzelnen Kommandanten eine große Verantwortung forderten, sondern daß sie darüber hinaus auch die Boote selbst gefährdeten. Wenn man ein Handelsschiff einwandfrei erkennen wollte, mußte man die Beobachtung durch das Sehrohr länger als notwendig durchführen, um die

Nationalität des Schiffes erkennen zu können. Dies konnte aber zur vorzeitigen Entdeckung der U-Boote führen.
Trotz dieser Behinderungen waren am 5. 9. 1939 zwei weitere U-Boote zum erfolgreichen Torpedoschuß gekommen. U 48 unter Kptlt. Schultze griff am frühen Nachmittag des 5. 9. den britischen Dampfer »Royal Sceptre« an. Der Dampfer funkte um Hilfe und setzte die englische Flagge.
Mit der Artillerie wurden Treffer erzielt. Die Besatzung des Dampfers stieg in die Boote, und um 14.00 Uhr ging der 4853 BRT große Dampfer unter.
Die »Browning«, die wenig später von U 48 gesichtet wurde, mußte unbehelligt bleiben, weil sich Frauen und Kinder in den Rettungsbooten der »Royal Sceptre« befanden. In sein Kriegstagebuch notierte Kptlt. Schultze: »›Browning‹ entlassen, um gemäß Prisenordnung die Rettung der ›Royal Sceptre‹-Besatzung sicherzustellen, weil Frauen und Kinder in den Booten sind und für diese der Aufenthalt in Rettungsbooten nicht als ›sicher‹ im Sinne der Prisenordnung angesehen werden kann.«
Ein weiteres Boot kam an diesem 5. 9. ebenfalls zum Einsatz: U 47 unter Kptlt. Prien. Der britische Dampfer »Bosnia« wurde mit Torpedo und Artillerie versenkt.
U 38 unter Kptlt. Liebe war am 6. 9. erfolgreich. Der britische Dampfer »Manaar«, 7242 BRT, war das Opfer, das nach einem Artilleriegefecht und Torpedoschuß sank. Prien konnte an diesem Tage mit U 47 seinen zweiten Versenkungserfolg erzielen. Die »Rio Claro« sank um 14.25 Uhr auf 46.30 N/12.00 W.
Bis zu diesem Zeitpunkt hatten die kleinen Boote bereits das Minenlegen vor den englischen Häfen besorgt und waren zu ihren Stützpunkten zurückgekehrt. Insgesamt waren vom BdU 12 Boote zurückgerufen worden. Eines dieser Boote war die U 23 unter Kptlt. Kretschmer. Dieser erhielt am Abend des 7. September vom BdU bereits den neuen Auslaufbefehl für den 8. 9. Das Boot hatte Minen geladen, die im Firth of Forth gelegt werden sollten.
Weitere Boote errangen am 4., 5. und 6. September ihre ersten Erfolge. Es waren die U 13 unter Kptlt. Daublebsky von Eichhain und die U 15 unter Kptlt. Buchholz. U 29 unter Kptlt. Schuhart gelang am 8. 9. die Versenkung des britischen Motortankers »Regent Tiger«. Der Tanker hatte 10.176 BRT. An diesem Tage kam auch U 52 unter Kptlt. Barten zum Schuß auf einen Tanker. Doch der Torpedo detonierte infolge Zündfehlers vorzeitig. Barten, der getaucht lief, hielt diese Detonation jedoch für einen Treffer.
Der von U 34 (Rollmann) versenkte Dampftanker »Kennebec« sank nur teilweise. Die Reste wurden am 9. 9. durch ein britisches Kriegsschiff versenkt.
Schon in dieser ersten Phase des Kampfes der U-Boote waren Kptlt. Schultze, Kptlt. Liebe, Kptlt. Prien und Kptlt. Schuhart besonders erfolgreich.
Am 17. 9. griff U 29 unter Kptlt. Schuhart den auf U-Jagd-Patrouille befindlichen britischen Flugzeugträger »Courageous« an, der von vier Zer-

störern als Nahsicherungsgruppe geleitet wurde. Alle Zerstörer waren mit Asdic-Geräten ausgestattet. Der geschossene Zweierfächer traf den Flugzeugträger, der in der Mitte auseinanderbrach und kenterte. 578 Besatzungsmitglieder gingen mit diesem ersten im Zweiten Weltkrieg versenkten Kriegsschiff unter.

U 29 entkam der Verfolgung.

Dieser 22.500 t große Flugzeugträger war westlich von Irland, auf 50.10 N/14.45 W, gesunken. Er konnte 48 Flugzeuge an Bord nehmen.

Am selben Tage griff U 39 unter Kptlt. Glattes den Flugzeugträger »Arc Royal« an. Drei Torpedos mit Magnetzündung wurden abgeschossen. Alle drei waren Frühdetonierer. Durch die aufsteigenden Wassersäulen wurde U 39 entdeckt und von den britischen Geleitzerstörern »Faulknor«, »Foxhound« und »Firedrake« vernichtet. Die Besatzung geriet in Gefangenschaft.

U 27 unter KKpt. Johannes Franz, das am 13. und 16. 9. in der Bucht von Lewis je einen kleinen Fischdampfer versenkt hatte, wurde nach einem Hilferuf der Fischer von 10 Zerstörern gesucht, die von Admiral Forbes, dem Commander-in-Chief der britischen »Home Fleet«, auf dieses Boot angesetzt wurden.

Die Suchgruppe stellte das Boot am 20. September nordwestlich der Hebriden. Die Zerstörer »Fortune« und »Forester« vernichteten es. Die Besatzung wurde gefangengenommen.

Als der Monat September zu Ende ging, hatten weitere Kommandanten von sich reden gemacht.

Am letzten Tage des ersten Kriegsmonats kam auch U 3 unter Oblt. z.S. Schepke zu den ersten Versenkungserfolgen.

Bereits im ersten Monat des Krieges zeigte sich, daß England vom ersten Kriegstage an seine Handelsdampfer bewaffnen ließ, obgleich die Schiffe von den deutschen U-Booten streng nach Prisenordnung behandelt wurden. Winston Churchill, seit Kriegsausbruch Erster Lord der Admiralität, erklärte dazu:

»Wir planten, im Laufe der ersten drei Kriegsmonate etwa 1000 Schiffe mit wenigstens je einem Geschütz zur Abwehr von U-Booten zu bestücken. Dieser Plan wurde auch durchgeführt.«

Damit stellten sich die solcherart armierten Schiffe außerhalb der Bestimmungen des Londoner U-Bootprotokolls von 1936, denn wenn sie schon mit Kanonen bestückt wurden, dann beabsichtigten sie auch, sie zu benutzen.

In dem Protokoll über den »Handelskrieg nach Prisenordnung« heißt es: U-Boote müssen ein Handelsschiff zunächst über Wasser anhalten und untersuchen. Erst dann, wenn Ladung, Nationalität und Bestimmungsort eine Versenkung erlauben, sowie nach Rettung und Sicherung der Dampferbesatzung, kann die Versenkung erfolgen.

Ausgenommen von dieser Pflicht der vorherigen Untersuchung waren folgende Fälle:
1. Handelsschiffe, die durch Kriegsfahrzeuge oder Flugzeuge geleitet sind; denn »wer Waffenhilfe des Gegners in Anspruch nimmt, muß auch Waffeneinsatz gewärtigen«.
2. Handelsschiffe, die sich an Kampfhandlungen beteiligen oder der beabsichtigten Untersuchung Widerstand entgegensetzen.
3. Truppentransporter, weil sie im Dienste der feindlichen Kriegführung stehen, zur bewaffneten Macht gehören und demgemäß behandelt werden.

Die Versenkungsquote des ersten Kriegsmonats belief sich auf insgesamt 52 Schiffe, darunter ein Flugzeugträger und eine Korvette. Die Gesamt-Tonnagezahl dieser 52 Einheiten betrug 220.547 BRT.
Am 29. 9. war U 30 von seiner Feindfahrt zurückgekehrt und traf in Wilhelmshaven ein. Kpt. z.S. und Kommodore Dönitz war zur Schleuse gekommen, um das einlaufende Boot willkommen zu heißen und die Besatzung zu begrüßen. Kptlt. Lemp meldete dem BdU, daß er die »Athenia« versenkt habe.
Der Fall wurde nicht von einem Kriegsgericht untersucht, sondern durch eine vom BdU verhängte Disziplinarstrafe geahndet. Der BdU war der Überzeugung, daß Lemp die Situation vor dem Schuß nicht sorgfältig genug geprüft hatte. Dennoch wurde Lemp bescheinigt, daß er im guten Glauben gehandelt habe.
Wegen der möglichen politischen Folgen ordnete die Staatsführung die Geheimhaltung der Versenkung der »Athenia« an. Vom Oberkommando der Kriegsmarine wurde befohlen, allen Kopien des KTB von U 30 die entsprechende Seite zu entnehmen und zu vernichten.
Dies war der erste und zugleich letzte Fall, daß eine KTB-Eintragung eines deutschen U-Bootes vernichtet wurde. (Die Versenkung der »Athenia« wurde nach dem Kriege in die Nürnberger Anklageschrift gegen Großadmiral Dönitz aufgenommen. Der Großadmiral wurde von dieser Anklage freigesprochen.)

Überlegungen des Befehlshabers der U-Boote nach den ersten U-Booteinsätzen

Bereits am 7. 9. 1939 fand die erste Besprechung des Oberbefehlshabers der Marine, Großadmiral Raeder, mit Hitler statt. An diesem Tage wurde noch einmal erklärt, daß deutsche U-Boote im Atlantik Passagierdampfer und französische Dampfer schonen sollten und daß ein Teil der U-Boote zurückgezogen werden sollte, um später eine Ablösung der dann noch in See stehenden Boote durchführen zu können. Schon jetzt, in der ersten Phase, zeigte sich, daß die Zahl der vorhandenen und einsatzbereiten U-Boote viel zu

klein war und daß die vom Befehlshaber der U-Boote, Kpt. z.S. Dönitz, verfaßte Denkschrift (»Gedanken über den Aufbau der U-Bootwaffe«) richtig war. Die darin von Dönitz geforderte Zahl von 300 Booten, was bedeutete, daß 100 ständig im Einsatz sein konnten, erwies sich später als richtig.
Nun aber war es zu spät. Nun mußte man versuchen, mit der um ein Vielfaches kleineren U-Bootwaffe auszukommen.
Der Chef der Seekriegsleitung hatte in Zoppot am 23. 9. mit Hitler eine Unterredung, an welcher auch Generaloberst Keitel teilnahm. Er trug - nach dem Bericht über die Lage in der Ostsee, Nordsee und im Atlantik - folgendes zum U-Bootkrieg vor:
»Die erste Phase des U-Bootkrieges im Atlantik und im Kanal (anfänglich zahlreiche U-Boote draußen, großer Strom von Dampfern, die zu Kriegsbeginn nach England und Frankreich heimkehrten, noch keine armierten Handelsschiffe, Abwehr noch nicht voll organisiert) ist vorüber. Der Erfolg der U-Boote war zwar bisher etwa 232.000 BRT, er ist aber beeinträchtigt durch die aus politischen Gründen auferlegten Beschränkungen. (Kein Angriff auf Passagierdampfer und Schonung der französischen Kriegs- und Handelsschifffahrt.) Die letzte Beschränkung verhinderte z. B. das Vorgehen der U-Boote gegen die französischen Schlachtschiffe ›Dunkerque‹ und ›Strasbourg‹, die Hauptgegner unserer Panzerschiffe, ferner gegen die großen Transportzüge von Nordafrika nach Frankreich sowie wirksame Behinderung der englischen Truppentransporte nach Frankreich, vor allem auch durch Minen vor französischen Häfen. Diese Störung der englischen Truppentransporte empfindet die Kriegsmarine als eine besondere Pflicht. Der Zugang zu einigen der vielen möglichen, aber nicht sicher bekannten englischen Abfahrtshäfen (Weymouth, Dover) ist durch Minen verseucht; die Zahl der möglichen französischen Ankunftshäfen ist jedoch geringer und daher leichter zu erfassen, ob allerdings noch im gegenwärtigen Stadium, ist zweifelhaft. Gegen die englischen Truppentransporter sind zudem zur Zeit 3 U-Boote - 2 von Osten, 1 von Westen her - angesetzt, die nicht durch Rücksicht auf möglicherweise zu schonende französische Schiffe bei ihrer ohnehin schon ungeheuer schweren Aufgabe behindert werden dürfen.« (Siehe Lagevorträge des Oberbefehlshabers der Kriegsmarine vor Hitler 1939-1945, S. 24.)
Hitler genehmigte die Aufhebung der Beschränkungen in insgesamt acht Punkten. Nunmehr durften auch französische Kriegsschiffe und Kriegsflugzeuge angegriffen werden. Die französischen Küstengebiete durften vermint werden.
Auch die Untersuchung englischer Handelsschiffe wurde, weil Gefahr für die untersuchenden U-Boote durch Flieger und durch die Bewaffnung der Handelsschiffe selbst bestand, nicht mehr gefordert. Hitler genehmigte das warnungslose Vorgehen gegen einwandfrei als feindlich erkannte Handelsschiffe (außer ausgesprochenen Passagierdampfern).

Um aber zu dokumentieren, daß das System der vorherigen Untersuchung nicht grundsätzlich geändert worden war, wollte man gelegentlich einen Neutralen besonders gut behandeln.
In dieser Unterredung hoffte Hitler immer noch, Frankreich aus dem Lager der Alliierten »abzusprengen«. Dies sollte sich als Trugschluß erweisen.

Planung des Befehlshabers der U-Boote

Der BdU konzentrierte nunmehr alle zur Verfügung stehenden U-Boote, um zum uneingeschränkten Angriff auf die zu erwartenden Geleitzüge übergehen zu können. Es heißt da: »Hierbei waren nach den Friedenserfahrungen große Erfolge zu erwarten. Ich habe daher in den ersten Kriegsmonaten versucht, zu einer Gruppenbildung von mehreren U-Booten zu kommen, um einen Geleitzug nach der im Frieden geübten Taktik bekämpfen zu können …
In der ersten Oktoberhälfte sollten neun U-Boote in der Werft zum Einsatz fertig werden. Endlich, so glaubte ich, wird die seit Kriegsbeginn erhoffte Gelegenheit kommen.« (Siehe Dönitz, Karl: a.a.O.)
Nach dem KTB des BdU entschloß sich Dönitz am 1. Oktober 1939, die vorhandenen Boote gegen den Gibraltarverkehr einzusetzen. Seine Taktik war:
»Je geschlossener und überraschender das Auftreten der U-Boote dort erfolgt, um so größer und sicherer ist das Ergebnis. Die Boote sind zu verschiedenen Terminen einsatzbereit. Sie laufen entsprechend an verschiedenen Tagen aus und besetzen zunächst ein Operationsgebiet südwestlich von Irland, das nach den bisherigen Versenkungsziffern das beste Gebiet gewesen ist. Etwa wenn alle Boote dort eingetroffen sind, erfolgt der Weitermarsch auf Befehl des BdU, der es in seiner Hand behält, entsprechend der Lage den Abmarsch früher oder später zu befehlen.
Auf U 37 ist KKpt. Hartmann als Chef der Atlantikgruppe eingeschifft, um bei Operationen gegen Geleitzüge nötigenfalls die Führung zu übernehmen.« (Siehe Karl Dönitz: a.a.O.)
Bevor dieser erste geplante Rudelansatz der U-Boote dargestellt wird, hier ein Blick nach Osten, wo der Polenfeldzug bereits entschieden war. Wie hatte die kleine polnische Marine, und hier besonders die U-Bootwaffe, auf den deutschen Angriff vom 1. 9. 1939 reagiert?

POLNISCHE U-BOOTE IM EINSATZ

Am 1. 9. 1939 verfügte die polnische Marine über 5 U-Boote. Es waren die drei Minen-U-Boote »Wilk«, »Rys« und »Zbik«. Sie hatten 980/1250 t Verdrängung und konnten 38 bis 40 Minen laden. Diese Boote waren veraltet und verfügten über kein Horchgerät. Hinzu kamen die beiden ozeanfähigen Boote »Orzel« und »Sep«, deren Verdrängung 1138/1510 t betrug. Beide Boote waren im Frühjahr 1939 in Holland fertiggestellt worden. Sie verfügten über je 12 TR. Zwei weitere Boote dieses Typs waren in Frankreich für Polen in Bau.
Die »Sep«, die Ende April Gdingen erreichte, konnte bis Kriegsausbruch nicht voll einsatzbereit gemacht werden.
Mit Kriegsausbruch setzte die polnische Kriegsmarineleitung den Plan »Worek« in Kraft, nach welchem die U-Boote »Orzel« und »Wilk« in die Danziger Bucht liefen und die übrigen Boote eine Warteposition vor Hela einnahmen. Alle fünf Boote hatten Befehl, nur größere Kriegsschiffe anzugreifen.
Falls kein eigener Stützpunkt mehr bestehen sollte, hatten diese U-Boote Weisung, nach England auszulaufen.
Der Chef der polnischen U-Bootdivision, FKpt. Mohuczy, verlegte seinen Standort mit seinem Stab und den Booten »Sep«, »Rys« und »Zbik« am 26. 8. 1939 nach Hela. »Orzel« und »Wilk« blieben in Oxhöft, dem Kriegshafen von Gdingen.
Mit Eröffnung des Feuers der »Schleswig-Holstein« auf die Westerplatte liefen alle fünf polnischen Boote ihre befohlenen Positionen an. Sie erhielten um 10.00 Uhr Befehl, die Unterlagen »Worek« zu öffnen. Sie wußten, daß nunmehr Krieg mit Deutschland herrschte.
Am ersten Tage sichteten einige Boote zwar deutsche Einheiten, kamen jedoch nicht zum Angriff. Am 2. 9. schoß »Sep« einen Torpedo auf Z 14, die »Friedrich Ihn«, ab. Z 14 warf 15 Wasserbomben, durch welche »Sep« beschädigt wurde und ein Leck im Achterschiff hinnehmen mußte, durch welches das Boot Öl verlor.
»Wilk« wurde an diesem Tage von zwei deutschen M-Booten mit Wabos angegriffen und erlitt einen Wassereinbruch. »Rys« wurde durch Abwurf von Wasserbomben aus Flugzeugen neunmal angegriffen.
In den nächsten Tagen versuchten die Boote mehrfach, einen erfolgreichen Abschuß anzubringen. Am Abend des 7. 9. legten »Zbik« und »Rys« die mitgeführten Minen. »Wilk« hatte diese Aufgabe bereits am 3. 9. erfüllt.
Nach Kapitulation der Westerplatte am 7. 9. und der überwältigenden Luftüberlegenheit der deutschen Luftwaffe gab KAdm. Swirski, Chef der polnischen Seekriegsleitung, den U-Booten Weisung, nach England auszu-

laufen. »Wilk« entschloß sich zum sofortigen Durchbruch. Es passierte zwei deutsche Zerstörer und setzte am 15. 9. im Kattegat einen letzten Funkspruch ab, daß es durchgekommen sei. Am 21. 9. lief »Wilk« in Scapa Flow ein. Die drei Boote »Sep«, »Rys« und »Zbik« erreichten schwedische Häfen. »Orzel« lief in den estnischen Hafen Reval ein, wo es den erkrankten Kommandanten an Land bringen wollte. Das Boot wurde auf deutschen Druck interniert, aber in einer geschickten Flucht gelang es ihm in der kommenden Nacht, Reval zu verlassen.

»Orzel« war noch bis zum 8. 10. 1939 in der Ostsee im Einsatz, ehe es ebenfalls den Durchbruch nach England wagte. Es wurde 30 sm ostwärts von May Island von dem britischen Zerstörer »Valorous« aufgenommen und als letztes polnisches U-Boot in den Firth of Forth geleitet.

Damit war der Einsatz der polnischen U-Boote beendet. Auf eine der von »Zbik« gelegten Minen lief am 1. 10. 1939 das deutsche Minensuchboot M 85 auf und sank binnen 60 Sekunden. 23 Mann gingen mit dem Boot unter. Der Kommandant und 47 Besatzungsmitglieder wurden gerettet.

DIE BRITISCHE FÜHRUNG UND DER ERSTE U-BOOTEINSATZ ENGLANDS

Neben der Sicherung der Versorgung der Britischen Inseln durch die Einführung des Geleitzugsystems war es für England eine lebenswichtige Frage, eine sichere Basis für seine Flotte zu schaffen. Am 5. 9. hielt der Erste Lord der Admiralität, Churchill, darüber eine Konferenz ab. Er berichtete über diese Zusammenkunft:

»In einem Krieg mit Deutschland ist Scapa Flow der wahre strategische Punkt, von dem aus die britische Flotte die Ausgänge aus der Nordsee überwachen und die Blockade Deutschlands durchsetzen kann. Im Jahre 1939 mußte man für Scapa Flow mit zwei Gefahren rechnen: erstens mit dem Eindringen von feindlichen U-Booten und sodann mit Fliegern. Zu meiner großen Überraschung erfuhr ich während dieser Konferenz, daß keine größeren Vorkehrungen getroffen waren, um die Verteidigungsanlagen zu schützen.«

Dies ließ den klugen Taktiker Churchill nicht ruhen. Er fuhr zehn Tage später selbst nach Scapa Flow. Am 15. und 16. 9. besichtigte er den Hafen und die Zufahrten mit ihren Balken- und Netzsperren.

Mit dem Kommandierenden Admiral der Home Fleet, Sir Charles Forbes, erörterte Churchill auf dessen Flaggschiff »Nelson« nicht nur die Frage Scapa Flow, sondern auch das gesamte Marineproblem.

Als Churchill nach London zurückkehrte, empfing ihn der Erste Seelord, Admiral Pound, auf dem Bahnhof Euston. Er berichtete:

»Ich habe schlechte Nachricht für Sie, Herr Minister. Die ›Courageous‹ ist gestern abend im Bristolkanal versenkt worden.«

Churchill erwiderte darauf nur: »Wir müssen uns darauf gefaßt machen, daß in einem Krieg wie diesem solche Ereignisse von Zeit zu Zeit eintreten. Ich habe das schon oft erlebt.«

Die britische U-Bootwaffe befand sich - was die Home Fleet anging - im September auf Patrouillenfahrt. Das U-Boot »Triton« eröffnete eine Serie von Vorkommnissen, die für britische U-Boote gefährlich waren, mit einem tödlichen Zwischenfall. Es war in einem Patrouillenstreifen mit anderen Booten eingesetzt worden. Als das Boot am 10. 9. ein anderes U-Boot sichtete, wurde angenommen, es handele sich um ein deutsches Boot. Der Kommandant der »Triton« ließ einen Torpedo abfeuern, der das vermeintliche Feind-U-Boot traf, ließ auf das Boot zulaufen und rammte es. Das Boot sank.

Es war das britische U-Boot »Oxley«, ein großes Hochseeboot von 1350/1870 t, das hier verlorenging.

Die »Oxley« hatte 54 Mann Besatzung an Bord. Es stellte sich heraus, daß

sich beide Boote zum Zeitpunkt dieses Kampfes außerhalb ihrer befohlenen Positionen befanden.
Eine Wiederholung dieses Zwischenfalls konnte in letzter Sekunde verhindert werden, als das U-Boot »Sturgeon« die »Swordfish« sichtete und einen Torpedo auf dieses U-Boot abschoß. Glücklicherweise war es ein Fehlschuß.
Als Vorsichtsmaßregel gegen solche immer wieder möglichen Vorfälle wurde die Distanz in der U-Bootaufstellung des Patrouillenstreifens von 12 auf 16 Seemeilen heraufgesetzt.
Am 20. September wurde diese U-Bootsicherheitslinie zurückgenommen. Anson-Aufklärer des Coastal Command übernahmen nunmehr Patrouillenflüge in diesem Seeraum. Die U-Boote wurden in ihre Stützpunkte zurückbefohlen.
Ihr weiterer Einsatz erfolgte in Patrouillenfahrten zur Helgoländer Bucht, in den Raum der jütländischen Küste, in das Skagerrak, vor die norwegische Küste und zu den westlichen deutschen Minenfeldern.
Bei einem dieser Unternehmen lief ein kleineres Boot der »S«-Klasse, die »Spearfish«, auf das Hornriff und wurde so stark beschädigt, daß es tauchunklar war. Das 2. Kreuzergeschwader und 6 Zerstörer wurden zur Sicherung für dieses Boot in Marsch gesetzt. Es gelang ihnen, die »Spearfish« nach Rosyth einzubringen.
Eine unerwartete Verstärkung erhielt dic britische U-Bootwaffe der Home Fleet, als das polnische U-Boot »Orzel« nach seiner Odyssee den Hafen von Rosyth erreichte, wo bereits ihr Schwesterboot, die »Wilk«, lag. Beide Boote wurden nach einer Überholung für die Royal Navy in Dienst gestellt.

EIN GROSSER PAUKENSCHLAG

Der Weg nach Scapa Flow

Am Sonntag, dem 1. 10. 1939, wurden KKpt. Sobe, Kptlt. Wellner und Kptlt. Prien zum Wohnschiff des BdU, des an der Blücherbrücke liegenden Tenders »Weichsel«, befohlen.
Dort berichtete Kptlt. Wellner, daß er vom 13. bis 19. 9., ostwärts der Orkneys stehend, von einer Weströmung erfaßt worden sei und sich wenig später in Scapa Flow wiedergefunden habe. Er sagte zum Schluß seines Berichtes:
»Nur an jener Stelle, wo ich durch Zufall hereingetrieben wurde, ist die Einfahrt nach Scapa Flow frei.«
Kommodore Dönitz fragte anschließend Kptlt. Prien, ob er sich zutraue, nach Scapa Flow einzulaufen und dort ein großes britisches Kriegsschiff zu versenken. Günther Prien nahm die Unterlagen mit heim, rechnete alles durch und meldete dem BdU, daß er dieses Unternehmen wagen wolle.
Am 8. 10. lief U 47 aus und erreichte am Abend des 12. 10. den Seeraum querab der Orkneys. Hier legte sich das Boot auf Grund, und um O4.00Uhr-des 13. 10. 1ieß Prien die 44köpfige Besatzung antreten und gab das Ziel bekannt:
»Wir laufen in der kommenden Nacht nach Scapa Flow ein!«
Um 19.15 Uhr des 13. 10. löste sich U 47 vom Grund und wurde auf Sehrohrtiefe eingependelt. Prien beobachtete die See. Als er sie frei fand, ließ er auftauchen.
Das Boot wurde vor dem schneller und schneller werdenden Strom nach Scapa Flow getrieben. Sie kamen haarscharf von den Trossen des Blockschiffes klar, die ihnen die Antennen vom Turm rissen. Das Boot lief durch die gesamte Bucht bis zum Hoxasund. (Ein Teil der britischen Flotte war an diesem Tage aus Scapa Flow ausgelaufen.) Dann drehte es, und Lt. z.S. von Varendorff, der II. WO, sichtete ein Schlachtschiff, das als das Schlachtschiff »Royal Oak« angesehen wurde.
Um 23.58 Uhr erfolgte der Befehl zum Fächerschuß aus allen vier Bugrohren. Noch in der Drehung ließ Prien auch den Hecktorpedo abschießen. Einer der Bugtorpedos blieb im Rohr, er war ein Abfeuerversager.
Einer der vier laufenden Torpedos detonierte auf einem hinter der »Royal Oak« liegenden Schiff, das als der Schlachtkreuzer »Repulse« angesehen wurde.
Aus dem Sichtbereich eines möglichen Gegners hinauslaufend, wurden die Rohre I und II nachgeladen und der Abfeuerversager klargemacht. Beim Gegner rührte sich nichts. Zum zweiten Angriff drehte U 47 ein und lief bis

auf 500 m an die »Royal Oak« heran. Drei Torpedos wurden abgeschossen. Die Uhr zeigte 01.16 Uhr an, als die Aale von der Preßluft aus den Rohren geschleudert wurden. Drei Trefferpinien sprangen an dem britischen Schlachtschiff in die Höhe. Die »Royal Oak« wurde so schwer getroffen, daß sie kenterte und sank. 13 Minuten nach den Treffern war sie von der Wasseroberfläche verschwunden. Auf der Liste der Überlebenden standen nur 375 Namen. 24 Offiziere und 809 Mann der Besatzung gingen mit dem Schlachtschiff unter.
U 47 entkam den wild und blindlings geworfenen Wasserbomben und passierte die Enge. Am 17. 10. lief U 47 in Wilhelmshaven ein, wo Boot und Besatzung von Kpt. z.S. Dönitz und Großadmiral Raeder empfangen wurden. An Bord von U 47 gab Großadmiral Raeder die Beförderung des BdU zum Konteradmiral bekannt. Günther Prien aber meldete:
»Ein- und Auslaufen durch den Holm Sound unter großen Schwierigkeiten möglich gewesen. Sehr wenig Platz bei den Sperrschiffen, stärkste Stromkabbelungen; beim Auslaufen stand der Strom mit 10 km gegen uns an. Keine Bewachung am Holm Sound.
Von der Royal Navy nur ›Repulse‹ und ›Royal Oak‹ vor Scapa. Erster Anlauf ein Treffer Vorschiff ›Repulse‹. Zweiter Anlauf kurz danach (2 Torpedos nachgeladen). Drei Treffer auf ›Royal Oak‹. Schiff fliegt binnen weniger Sekunden in die Luft.
Anschließend sofort ausgelaufen.
Nach Verlassen des Holm Sounds starke Suchaktionen in der Scapa-Bucht (mit Wasserbomben) festgestellt. Sehr starkes Nordlicht bis zum Zenit, so daß die Helligkeit sehr störte.«
(Kapitänleutnant Prien irrte in bezug auf das zweite Schiff. Es war nicht die »Repulse«, die hinter der »Royal Oak« lag, sondern das Flugzeugtransportschiff »Pegasus«. Dieses wurde jedoch nicht getroffen, sondern der erste Torpedotreffer detonierte am Bug der »Royal Oak« bzw. an deren Ankerkette mit schwacher Wirkung.)
Am 18. Oktober erklärte der Erste Lord der Admiralität im Kabinett, daß er Scapa Flow als Flottenstützpunkt im Augenblick für völlig ungeeignet halte. Einige Flottenkreuzer wurden aus Scapa Flow nach Loch Ewe verlegt, während die Kreuzer der Nordpatrouille nach Sullom Voe auf den Shetlands verlegten.
Doch nun zurück zum allgemeinen U-Booteinsatz des Herbstes.

Die ersten Geleitzugkämpfe

Als eingangs Oktober sechs Boote der 2. U-Flottille zum Einsatz ausliefen, wurde ihnen die nördliche Nordsee, der Nordkanal und der englische Kanal als Operationsgebiet zugewiesen.
Doch ehe diese Boote, die vom 7. Oktober an ausliefen, ins Einsatzgebiet

gelangt waren, hatten U 35, Kptlt. Lott, und U 23, Kptlt. Kretschmer, bereits die ersten Erfolge erzielt.
Am 7. Oktober lief auch U 37 unter KKpt. Hartmann zur Feindfahrt aus. Außer diesem Boot gehörten noch U 42, Dau; U 48, Herbert Schultze; U 46, Sohler; U 45, Gelhaar und U 40, von Schmidt, zu dieser Gruppe der 2. U-Flottille. U 40 ging am 13. 10. im Kanal verloren, als es auf eine Mine lief und sank.
Den Auftakt machte U 48, das am 12. 10. den großen französischen Motortanker »Emile Mignuet« - 14.115 BRT- stellte und versenkte. Noch am selben Tag kam auch U 37 zum Schuß. Im Handelskrieg nach Prisenordnung versenkte das Boot den Schweden »Vistula« und den griechischen Dampfer »Ares«. U 48 und U 42 bekamen Anschluß an den Konvoi OB 17d, aus dem sie drei Schiffe versenkten. Am 14. 10. gelang es U 45, Kptlt. Gelhaar, den Konvoi KJF 3 zu erreichen. Er schoß binnen 65 Minuten drei große Dampfer aus diesem Geleitzug heraus, darunter den französischen Dampfer »Bretagne«.
Am selben Tage gelang es Schultze, einen weiteren Dampfer mit Torpedo- und Artilleriebeschuß zu versenken.
Dann schloß auch KKpt. Hartmann mit U 37 an einen Konvoi heran. Trotz Zerstörerbewachung, die das Boot zweimal unter Wasser drückte, kam U 37 zum Schuß. Die »Vermont« wurde mit der Artillerie angehalten und mit Sprengpatronen versenkt. Damit hatte die französische Marine wieder ein Schiff von 5186 BRT verloren.
Am 16. 10. befahl der BdU über Funk den Weitermarsch dieser U-Bootgruppe nach Süden. Auf dem Marsch in das neue Operationsgebiet sichtete U 46 unter KKpt. Sohler am frühen Morgen des 17. 10. den Konvoi HG 3. Das Boot gab Peilzeichen, und so konnten noch U 37 und U 48 anschließen. Sohler kam als erster zum Schuß. Er traf den Dampfer »Yorkshire«, der jedoch nicht sank, sondern am Nachmittag dieses 17. 10. von U 37 gesichtet und mit Torpedoschuß versenkt wurde. Die »Yorkshire« hatte 10.184 BRT. Eine Stunde darauf schoß Sohler die »City of Mandalay« (7028 BRT) aus dem Geleitzug heraus, und Schultze versenkte die »Clan Chisholm«, ein Schiff, das ebenfalls über 7000 BRT verdrängte.
Als am späten Nachmittag die Fühlung abriß, befahl KKpt. Hartmann als taktischer Führer der Gruppe die Bildung eines Aufklärungsstreifens für den 18. 10. vormittags. Doch die drei Boote, die Erfolge an diesem Geleitzug errungen hatten, wurden sämtlich durch britische und französische Zerstörer abgedrängt. Am Nachmittag des 18. 10. griffen auch Sunderland-Flugboote in den Abwehrkampf ein. Sie belegten die U-Boote mit Bomben und drückten sie unter Wasser.
Da Schultze sein Boot als verschossen gemeldet hatte, erhielt er den Rückmarschbefehl. U 37 wiederum wurde vor Gibraltar angesetzt. Hier sichtete Hartmann am 24. 10. einen Geleitzug. Er setzte das Boot zum Angriff vor

und versenkte am selben Tage vor der Straße von Gibraltar, fast in der Höhle des Löwen, die Dampfer »Menin Ridge«, »Ledburry« und »Tafna«.
Als Hartmann am 28. 10. ein bei Kap Finisterre gesichteter Schiffsverband gemeldet wurde, ließ er mit AK hinterherlaufen, ohne ihn jedoch zu erreichen. Auf dem Rückmarsch versenkte das U-Boot am 30. 10. vor dem Kanal noch den griechischen Dampfer »Trasyvoulos« mit Torpedo. Am 12. 11. lief das Boot in Wilhelmshaven ein. Am ausgefahrenen Sehrohr flatterten acht Versenkungswimpel.
Eine Reihe anderer Boote hatte ebenfalls Erfolge errungen, so daß die Versenkungsbilanz des Oktober der des Vormonats vergleichbar war.
Herausragendes Ereignis dieses Monats war die Versenkung eines britischen Schlachtschiffes. Um diese Chance auch weiterhin nutzen zu können, setzte der BdU die Boote U 56, Kptlt. Zahn, und U 57, Oblt. z.S. Korth, auf das Seegebiet westlich der Orkneys an, weil »dort die größte Wahrscheinlichkeit besteht, Teile der britischen Heimatflotte anzutreffen«.
U 56 kam tatsächlich am 30. 10. trotz der Behinderung durch 12 Zerstörer an das Schlachtschiff »Nelson« heran und schoß einen Dreierfächer. Doch die drei Torpedos zündeten nicht. Kptlt. Zahn war von diesem Fehlschlag derart deprimiert, daß er als Frontbootkommandant abgelöst werden mußte.
Im November 1939 kam wiederum eine Reihe Kommandanten mit ihren Booten zum Schuß. Allerdings trat zunächst infolge der mangelnden Zahlen in der ersten Novemberhälfte eine U-Bootleere ein. Erst ab 9. 11. kamen Boote im Einsatzgebiet vor der südnorwegischen Küste, bei den Hebriden, vor Nordhinder und vor Folkestone zum Schuß. Am 21. 11. lief der britische leichte Kreuzer »Belfast« im Firth of Forth auf eine von U 21, Frauenheim, gelegte Mine. Das Heck des Kreuzers wurde abgerissen.
Ende November waren auch die beiden »Asse«, Schultze und Prien, wieder im Einsatzgebiet und errangen Erfolge.
Als schließlich am Morgen des 4. Dezember auch noch das Schlachtschiff »Nelson«, Flaggschiff von Admiral Forbes, auf eine Mine lief und schwer beschädigt wurde, waren die Mineneinsätze auch nach Meinung des Gegners von durchschlagendem Erfolg.
Erst im Januar wurde die »Nelson« nach Portsmouth zur Reparatur geschickt. Captain Roskill hat darüber berichtet (in: »The War at Sea, Bd. I, The Defensive«).
Vor der schottischen Ostküste versenkte U 21, Frauenheim, am 1. 12. den Norweger »Arcturus«, U 31, Habekost, schickte am selben Tage den finnischen Dampfer »Mercator« auf Grund und versenkte auf dieser Feindfahrt noch eine Reihe weiterer Schiffe.
Auf zwei von U 31 gelegte Minen liefen Hilfsminenschiffe auf und sanken bei Loch Ewe.
U 30 unter Kptlt. Lemp war inzwischen ebenfalls zu seiner zweiten Feindfahrt, einem Mineneinsatz vor der englischen Westküste, ausgelaufen. Auf

Minen, die von seinem Boot gelegt worden waren, sanken nachweislich zwei Schiffe.
Auf dem Rückmarsch - das Boot hatte bereits den Nordkanal verlassen und stand nordwestlich der Hebriden - wurde in der Nacht zum 28. 12. ein großer Schatten gesichtet.
Das Boot fuhr einen Angriff auf diesen Schiffsriesen, der als Schlachtschiff der Elizabeth-Klasse angesehen wurde. Es war das Schlachtschiff »Barham«. Lemp ließ einen Viererfächer abfeuern. Als das Schlachtschiff plötzlich mit der Fahrt heraufging, fürchtete der Kommandant bereits, daß alle vier Aale vorbeigehen würden. Doch einer der Torpedos traf das Schlachtschiff achtern. Eine hohe Sprengsäule stob aus der »Barham« empor. Sie verlor schlagartig an Fahrt.
Zerstörer wurden Steuerbord voraus gesichtet, und U 30 tauchte weg. Als das Boot 65 m Wasser über dem Turm hatte, fielen die ersten Wasserbomben. »Asdic«-Peilstrahlen trafen das Boot. Abermals fielen Wasserbomben. Sechs Stunden dauerte die Jagd, ehe es Lemp gelang, sein Boot aus der Gefahrenzone zu bringen.
Das Jahr 1939 ging zu Ende. Für die U-Bootwaffe waren vier erfolgreiche Monate vergangen. Diese vier Monate hatten zugleich aber auch gezeigt, daß die Zahl der Frontboote viel zu gering war.

Der U-Bootbauplan

Am 10. Oktober 1939 um 17.00 Uhr trug der OB der Kriegsmarine unter der Ziffer 3 auch den Umfang des U-Bootbauplanes im Rahmen des Mob-Rüstungsplanes und des großen U-Bootbauplanes vor.
Der Bestand der U-Boote von 59 Einheiten sollte bis Ende Dezember auf 64 Boote erhöht werden. Im Jahre 1940 sollten 54 Boote gebaut werden, so daß der theoretische Bestand 118 Boote betragen würde. Mit einer Fertigung von 250 Booten im Jahre 1941 (dies bedeutete, daß jeden Monat ungefähr 21 Boote gebaut werden mußten) und einer solchen von 349 Booten im Jahre 1942 (monatlich etwa 29 Boote) sollte der theoretische Bestand Ende 1942 717 U-Boote betragen. Davon waren 50 kleine Boote, die nur für den küstennahen Einsatz geeignet waren, und 667 mittlere und große Boote.
Da nach den Erfahrungen des Ersten Weltkrieges an Verlusten etwa 7 Prozent der Boote pro Monat eingesetzt werden mußten, durfte man davon ausgehen, daß der theoretische Bestand im Vergleich mit der Wirklichkeit bedeutend überhöht war.
Den erheblich vermehrten Bedarf an Rohstoffen, Arbeitsplätzen und Werftkapazität hoffte man erfüllen zu können, wenn eine eindeutige und klare Vorrangstellung des U-Bootbaues vor allen übrigen Aufgaben von der Obersten Führung befohlen werden würde. An Arbeitskräften ergab sich ein Mehrbedarf von 20.000 Fachleuten des Schiffs- und Schiffsmaschinenbaues

und 60.000 Arbeitskräften im Torpedo- und Sperrwaffenbau. 5000 Arbeitskräfte mußten auf dem Sektor Feinmechanik und Optik mehr eingestellt werden sowie 35.000 für sonstige Fertigungen einschließlich der Unterlieferungen. Dies bedeutete, daß zum einen 120.000 Arbeitskräfte mehr eingestellt werden mußten, um diesen Plan erfüllen zu können, zum anderen mußten monatlich 195.000 Tonnen Stahl, 3900 Tonnen Kupfer, 2500 Tonnen Blei, 210 Tonnen Zinn, 200 Tonnen Nickel und 2100 Tonnen Aluminium an Rohstoffen zur Verfügung stehen. Und dies auf Dauer!
Werft und Werftkapazitäten für U-Bootmotoren, Kurbelwellen, Torpedoausstoßrohre und Torpedos mußten bedeutend erweitert werden. Der Neubau von Werften war mit diesem erhöhten Bauprogramm verbunden, wenn es durchgeführt werden sollte. Darüber hinaus mußten Fabrikationseinrichtungen und Werkzeugmaschinen beschafft werden.
Hitler stimmte diesen Vorschlägen zu und beauftragte den ObdM, »das mir vorgelegte verstärkte U-Bootbauprogramm einschließlich des zugehörigen Nachschubs und aller weiteren für die Führung des U-Bootkrieges erforderlichen Schiffsbauten, Hafen- und Stützpunktanlagen planmäßig und beschleunigt durchzuführen«. (Siehe Lagevorträge des Oberbefehlshabers der Kriegsmarine a.a.O.)
Beim Lagevortrag des ObdM am 10. 11. wurde festgestellt, daß der Verlust an U-Booten bis zu diesem Tage 6 Boote betrug. Damit war der Zuwachs an Booten bis Ende des Jahres bereits aufgebraucht, es konnte also nach Lage der Dinge durch die geplanten Neubauten keine vermehrte Kampfkraft erzielt, sondern nur die verlorengegangene ausgeglichen werden.
Auf dieser Sitzung schlug der ObdM die warnungslose Versenkung feindlicher Passagierdampfer vor, die vielfach schwerbewaffnet und als Truppentransporter sowie zur Beförderung hochwertiger Bannware dienten. Die Bewaffnung der Dampfer sei bekannt und sogar in Bildern dargestellt.
Hitler stimmte mit dem Vorbehalt zu, daß vorher die Namen der betreffenden großen Dampfer bekanntgemacht würden und gesagt sei, daß sie als Hilfskreuzer und Truppentransporter verwendet worden seien.
Als nächsten Schritt schlug der ObdM die warnungslose Versenkung der neutralen Dampfer vor, die nach eigener Kenntnis Bannwaren geladen hätten, deren Abgangsort, Abgangszeit und Reiseweg bekannt seien. So zum Beispiel griechische Dampfer. In den Häfen der Neutralen, in denen Ladungen nach Großbritannien gelöscht würden, sollte eine Nachrichten- und Kontrollorganisation aufgebaut werden.
Bis zum 22. 11. hatten U-Boote an der Ost- und Westküste Englands insgesamt 150 Minen gelegt. Auf diesen Minen waren vom 8. bis 21. 11. insgesamt 18 Schiffe gesunken.
Am 1. 12. 1939 wurde folgende Schiffahrtswarnnachricht über den Rundfunk bekanntgegeben:
»Die deutsche Reichsregierung gibt hiermit bekannt, daß im Rahmen von

Operationen gegen englische Streitkräfte und ihre Stützpunkte an der englischen Ostküste Minen gelegt sind in einem Gebiet, das im Norden begrenzt wird durch den Breitengrad von Kinnaird Head bis 0 Grad 30 Minuten West, im Süden durch den Breitengrad von St. Abbs Head bis 1 Grad 30 Minuten West, im Osten durch die Verbindungslinie vorstehender Punkte.«

Die Verschärfung des Handelskrieges

Während des Vortrages des ObdM, Großadmiral Raeder, beim Führer am 30. 12. wurde der Stand der deutschen Handelskriegführung noch einmal umrissen. Danach mußten folgende Schiffe mit einem warnungslosen Angriff durch U-Boote rechnen:
1. Sämtliche als feindlich erkannten Handelsschiffe. Ausnahme: einzeln fahrende unbewaffnete Passagierdampfer.
2. Sämtliche neutrale in feindlichem Gebiet fahrenden Schiffe.
3. Alle abgeblendeten Schiffe im Gebiet zwischen 20° West, 62° N,
3° Ost, 44° N.
4. Sämtliche Schiffe, die sich der Anhaltung widersetzen oder FT gebrauchen.
5. Sämtliche Tankdampfer im amerikanischen Sperrgebiet westlich 2° Ost mit Ausnahme von italienischen, russischen, spanischen, amerikanischen und japanischen Tankdampfern.
Der Handelskrieg durch Anhalten und Untersuchung gemäß der Prisenordnung geschieht:
1. Durch Überwasserschiffe gegenüber allen feindlichen und neutralen Schiffen.
2. Durch U-Boote nach besonderen Befehlen nur gegenüber solchen neutralen Schiffen, die nicht unter Ziffer 1 fallen.
Hinzu kam die Verwendung von Grundminen durch Überwasserstreitkräfte, U-Boote und Flugzeuge.
Ein großes Problem hatte sich für den BdU und alle U-Bootkommandanten bereits bis Ende Dezember 1939 deutlich abgezeichnet. Es war die Tatsache, daß die deutschen Torpedos immer mehr Versager hatten. In einer Besprechung mit seinem Chef der Operationsabteilung, KKpt. Godt, brachte der BdU seine Sorge darüber zum Ausdruck, als er sagte:
»Wir können unseren U-Bootmännern nicht zumuten, daß sie ihre Haut zu Markte tragen, wenn die Waffen, die wir ihnen mitgeben, so stumpf sind, daß sie keine Erfolge damit erzielen können.«
Der BdU befahl, daß Kptlt. von Stockhausen aus dem Stab des BdU der Sache nachgehen und einen Bericht erstellen solle.

Britische U-Booteinsätze

Ende 1939 erzielten britische U-Boote spektakuläre Erfolge gegen in der Nordsee operierende deutsche Überwasserstreitkräfte. Am 13. 12. griff das unter LtCdr. Bickford fahrende U-Boot »Salmon« die beiden leichten Kreuzer »Leipzig« und »Nürnberg«, die als Deckungsgruppe für minenlegende Zerstörer operierten, mit Torpedos an. »Leipzig« erhielt einen Treffer mittschiffs, durch den die vorderen Kesselräume volliefen, »Nürnberg« hatte mehr Glück, ihr Treffer im Vorschiff beeinträchtigte den Kreuzer nicht sonderlich. Auf dem Heimweg nach Hamburg lief der Havarist dem britischen U-Boot »Ursula« vor die Rohre. Einer der beiden auf die »Leipzig« abgeschossenen Torpedos traf den sichernden Geleiter F 9, der in die Luft flog, der andere Torpedo ging glücklicherweise daneben.
Der Treffer auf »Leipzig« hatte ernste Folgen. Erst einmal fiel der Kreuzer für die Norwegenaktion aus, später stellte sich heraus, daß er überhaupt nie mehr voll kriegsverwendungsfähig sein würde. Die beiden zerstörten Kesselräume I und II wurden in Kadettenunterkünfte umgewandelt, so daß das Schiff nur mehr 24 kn laufen konnte. Daher verbrachte die »Leipzig« den Rest des Krieges als Kadettenschulschiff in der Ostsee.
Um den aus den USA zurückkehrenden Schnelldampfer »Bremen« abzufangen, dem es gelungen war, den russischen Hafen Murmansk zu erreichen, und der von dort aus sicherlich den Durchbruch nach Deutschland wagen würde, ließ Admiral Forbes den Kreuzer »Glasgow« und 5 U-Boote nordostwärts der Shetlandinseln in einem Suchstreifen auf- und abstehen.
Doch die »Bremen« kam unangefochten durch.
Zum Jahresende brachten die deutschen U-Jagd-Maßnahmen den englischen U-Booten eine Reihe bitterer Verluste.
Die Boote »Seahorse«, »Undine« und »Starfish« waren in der Zeit Ende Dezember bis Anfang Januar zu Patrouillenfahrten im Raume Horns Riff ausgelaufen. Alle drei Boote wurden zwischen dem 9. und 16. Januar überfällig. Die »Seahorse«, das konnte sofort eruiert werden, sank beim Angriff eines deutschen Minensuchbootes, welches das britische U-Boot am 7. Januar vor Helgoland sichtete und mit Wasserbomben vernichtete. Das Boot ging mit seiner gesamten Besatzung verloren. Die Besatzungen der beiden anderen Boote konnten gerettet werden.
Diese Verluste veranlaßten die britische U-Bootführung, die Patrouillenfahrten in die Helgoländer Bucht hinein einzustellen. Durch einen Befehl an alle U-Boote wurde erklärt, daß britische U-Boote nicht weiter nach Osten vordringen sollten, bis wohin das von den Deutschen bekanntgegebene Minenwarngebiet reichte. Es sei denn, sie hätten einen besonderen Befehl erhalten. Außerdem sollte kein U-Boot mehr in das feindliche Patrouillengebiet eindringen, bevor es sich nicht selbst gemeldet hatte, damit es nicht als feindliches Boot angesehen und bekämpft wurde.

In den Einsatzgebieten der bisherigen Patrouillenfahrten im Skagerrak, an der niederländischen Küste und westlich der vom Feind erklärten Minensperrgebiete wurden die Patrouillen verstärkt.
Eine U-Bootpatrouille in Richtung Helgoland wurde erst wieder ab 18. 2. 1940 begonnen, als es gelungen war, einen Großteil der deutschen Minen unschädlich zu machen.
Während dieser Fahrten sichteten die Boote »Salmon«, »Sunfish« und »L 23« feindliche Kriegsschiffe in einer Position, aus welcher Angriffe erfolgen konnten. Diese brachten jedoch keinen Erfolg. Die U-Boote operierten ferner gegen die deutschen Erzfrachter und Handelsschiffe, die aus Narvik kamen. Doch die von den Deutschen gewählte Fahrtroute, hart unter der norwegischen Küste und innerhalb der norwegischen Hoheitsgewässer, machten einen Angriff unmöglich.
Dennoch gelang es den U-Booten »Ursula« und »Truant« gegen Ende März, je ein deutsches Schiff zu versenken, die außerhalb der norwegischen Hoheitsgewässer liefen. Am Ende dieses Monats stand auch fest, daß mit dem länger herrschenden Tageslicht und der beinahe lückenlos eingerichteten feindlichen Luftaufkärung die eigenen U-Boote mit großen Schwierigkeiten zu rechnen hatten. Auf beiden Seiten hatte das eingesetzte große Potential an Flugzeugen und Waffen zur U-Bootbekämpfung die Einsätze von U-Booten bedeutend erschwert.
Am 23. März 1940 verband sich die 10. französische U-Flottille mit ihren 12 Booten mit den britischen U-Booten zum Einsatz in der Nordsee. Von Harwich aus starteten diese hochwillkommenen Boote unter dem NORE Command zu ihren Einsätzen, die eine bedeutende Verstärkung für die britische U-Bootwaffe bedeuteten.
Während des Norwegenfeldzuges befanden sich die britischen U-Boote im südlichen Aufmarschgebiet in einer schwierigen Lage, denn die Deutschen hatten dort die Luftüberlegenheit errungen. Die U-Boote allein waren nicht effektiv genug, um allein zu kämpfen und auf der kurzen deutschen Seeroute zwischen Skagerrak und Kattegat zu Erfolgen zu kommen.
Zu diesem kritischen Zeitpunkt lockerte das britische Kriegskabinett die Einschränkungen, die in bezug auf Angriffe gegen deutsche Schiffe durch eigene U-Boote bestanden. Solche uneingeschränkten Angriffe wurden nun im Raume ostwärts der von den Deutschen erklärten Minenwarngebiete und ebenso im Raume 10 sm südlich der Küste Norwegens erlaubt.
Im Seegebiet südlich Norwegen standen in der Nacht zum 9. April 1940 nur einige britische U-Boote, um die Kontrolle über den deutschen Seeweg nach Norwegen auszuüben. Diesen Auftrag konnten sie nur unter großen Schwierigkeiten und größter Gefahr erfüllen.
»Unsere U-Boote taten einen prächtigen Dienst; ihnen wurden schwere substantielle Verluste zugefügt«, erklärte der britische Seekriegshistoriker Captain S. W. Roskill (in: »The War at Sea 1939-1945«). »Dennoch gelang es

ihnen nicht, trotz hoher Opfer eine umfassende Kontrolle dieser Seerouten sicherzustellen.«

Während der deutschen Besetzung Norwegens gelangen ebenfalls spektakuläre Erfolge gegen deutsche Überwasserkriegsschiffe. Am 9. 4. torpedierte das U-Boot »Truant« den deutschen leichten Kreuzer »Karlsruhe«, der im Verband der Kampfgruppe 4 Kristiansand besetzen sollte. Nach schweren inneren Schäden mußte die Besatzung der »Karlsruhe« geborgen werden, das Torpedoboot »Greif« versenkte den Kreuzer schließlich mit zwei Torpedos. Zwei Tage später lief dem U-Boot »Spearfish« im Kattegat der schwere Kreuzer »Lützow« vor die Rohre. Er befand sich auf dem Rückweg nach der Besetzung von Oslo, durch den unglücklichen Torpedotreffer wurden beide Schrauben abgerissen und das ganze Achterschiff abgeknickt. Erstaunlicherweise erfolgte kein weiterer Angriff auf den bewegungsunfähigen Kreuzer, der dann recht mühsam nach Kiel eingeschleppt werden mußte und für ein volles Jahr für den Handelskrieg ausfiel.

Getrennt von diesen Einsätzen und den damit verbundenen Angriffen englischer U-Boote auf deutsche Kriegsschiffe und der Versenkung des deutschen Frachters »Rio de Janeiro« durch das nunmehr unter englischer Flagge im Einsatz stehende polnische U-Boot »Orzel«, versenkte die »Sunfish« zwischen dem 8. und 14. 4. bei ihren verschiedenen Angriffen vier deutsche Handelsschiffe oder Transporter. Die »Triad«, »Sealion« und »Snapper« waren mit je einer Versenkung am Erfolg beteiligt, und die »Orzel« konnte noch einen Tanker vernichten. Weitere deutsche Handels- und Transportschiffe wurden beschädigt.

Das U-Boot »Thistle« wurde am 10. 4. 1940 vor Skudesnes von dem deutschen U 4 versenkt. Die »Tarpon« wurde am 14. 4. von einem deutschen Minensuchboot aufgebracht und vernichtet. Die »Starlet« ging am 18. 4. im Gefecht mit deutschen U-Jägern unter.

Am 4. 5. traf die britische U-Bootwaffe ein besonders schmerzlicher Verlust. Das Minen-U-Boot »Seal« wurde im Kattegat nach der Explosion einer eigenen Mine tauchunfähig. Bevor es sich selbst versenken konnte, wurde es von einem deutschen Seeflugzeug gekapert, der Kommandant gefangengenommen. Der herbeigeeilte U-Jäger UJ 128 schleppte die »Seal« schließlich nach Kiel ein. Damit war zum ersten Mal ein Unterseeboot - in jeder Marine eines der geheimsten Waffensysteme - unbeschädigt in Feindeshand gefallen.

Das Boot wurde später unter der deutschen Bezeichnung U B in Dienst gestellt.

Das waren harte Schläge gegen die britische U-Bootwaffe. Dennoch liefen diese wenigen Boote immer wieder aus, um die kurze Seedistanz zwischen Skagerrak und Kattegat zu überwachen. Aber die U-Boote wurden während dieser Zeit nicht nur von der deutschen U-Bootabwehr niedergehalten, sondern auch die darniederliegende britische Regierung, auf der schwer der

Druck einer befürchteten Invasion der Britischen Inseln durch deutsche Invasionstruppen lastete, wurde durch die drohende Gefahr vom wirksamen Einsatz der U-Boote abgelenkt.
Am 6. Juli ging die »Shark« vor der Südküste Norwegens durch den Wasserbombenangriff eines deutschen U-Jägers verloren. Am 9. 7. mußte das U-Bootrudel, das vor Drontheim operierte, um den Weg der »Gneisenau« abzuschneiden, wegen der Kürze der Nächte und der intensiven deutschen U-Bootbekämpfung zurückgezogen werden.
Die »Gneisenau« entkam trotzdem ihrem Schicksal nicht. Am 20. 6. wurde sie während einer Deckungsoperation für das Schwesterschiff »Scharnhorst« vor Norwegen vom U-Boot »Clyde« unter LtCdr. Ingram torpediert. Der Schlachtkreuzer erhielt im Vorschiff ein 10x6 m großes Loch, das durch das ganze Schiff hindurchging, und mußte zur Reparatur in die Heimat.
Obgleich die U-Boote der Home Fleet einige Erfolge erzielt hatten, waren die Bedingungen nun doch zu schwierig geworden. Nicht allein das lange währende Tageslicht behinderte die U-Bootoperationen, sondern auch die Fahrten deutscher Überwasserstreitkräfte und Luftaufklärungsflüge in den Küstengewässern. Die deutschen Flugzeuge waren in der Lage, mit abgeworfenen Wasserbomben gute Erfolge zu erzielen. Es war dies eine Waffe, über welche die englischen Anti-U-Bootluftpatrouillen noch nicht verfügten.
Der wesentlichste Faktor des Erfolges der deutschen U-Bootbekämpfung war jedoch die Fähigkeit, zu dieser Zeit bereits die britischen U-Boote mittels drahtlosen Horchdienstes zu lokalisieren. Angesichts dieses Vorteiles und der tödlichen Wasserbombenwaffe, mit welcher die Deutschen die britischen Einheiten angriffen, war es nicht überraschend, daß der britischen U-Bootwaffe empfindliche Verluste zugefügt wurden.
Neben den bereits erlittenen Verlusten kamen noch die »Shark«, das niederländische Boot »O 13«, die »Salmon«, die »Narwhal«, die »Thames« und die »Spearfish« hinzu. Alle diese Boote sanken während des Einsatzes zwischen Juni und August 1940.
In Konsequenz zu diesen starken Verlusten wurden die U-Bootpatrouillen in den küstennahen Gewässern eingestellt. Die U-Boote erhielten nun die Aufgabe, den Feindeinsatz mit U-Booten in der Biskaya und in der Nordsee zu unterbrechen. Darüber hinaus sollten sie auf den Atlantik-Schiffsrouten der eigenen Geleitzüge operieren, um die dort lauernden deutschen U-Boote zu vernichten.
Bei diesem Einsatz torpedierte am 20. 8. vor Lorient die »Cachelot« das deutsche Boot U 51, das bereits am 16. 8. nördlich von England durch Maschinen des Coastal Command mit Flugzeugwasserbomben belegt und schwer beschädigt worden war.
Es entstand Totalverlust.

So endete das erste Kriegsjahr der englischen U-Bootwaffe mit einigen beachtlichen Erfolgen, aber auch mit einer Reihe herber Verluste.

Deutsche U-Booteinsätze von Januar bis März 1940

Neben U 58 unter Kptlt. Kuppisch, das in den ersten Januartagen zwei Schiffe versenkte, schrieben sich seit dem 9. 1. 1940 immer wieder einige Kommandanten in die Liste der Erfolgreichen ein, deren Namen bald schon besonderen Klang erhalten sollten. Am 8. 1. stand U 19, das neue Boot von Oblt. z.S. Schepke, in der Nähe von Grimsby vor der Humbermündung im Einsatzgebiet. Kurz vor Mitternacht wurde ein Dampfer gesichtet und durch Torpedoschuß versenkt. Es war der Norweger »Manx«. Das Boot wurde von einem Zerstörer unter Wasser gedrückt und mit Wasserbomben belegt. U 19 wurde beschädigt und sackte auf Grund. Als der Zerstörer abgelaufen war, wurden die Reglerzellen des Bootes vom LI durch Preßluft gelenzt. Langsam hob sich U 19 vom Grund. Trotz der Schwergängigkeit des achteren Tiefenruders konnte der LI das Boot auspendeln. Mit kleiner E-Maschinenfahrt lief es ab. Gegen 04.00 Uhr früh tauchte U 19 auf. Die Luftumwälzer jagten Frischluft ins Boot. Der Backborddiesel wurde zur Batterieladung an die Batterien angehängt, die Schäden beseitigt.

Ein weiteres Boot war Anfang Januar zur Feindfahrt ausgelaufen. Der Kommandant, Kptlt. Kretschmer, hatte den Auftrag erhalten, zu den Shetlands zu laufen, um herauszufinden, ob die Home Fleet wirklich Scapa Flow verlassen und die Buchten der Shetlandinseln nördlich des 62. Breitengrades aufgesucht hatte.

Luftaufnahmen von Scapa Flow hatten nämlich ergeben, daß die Home Fleet nicht dorthin zurückgekehrt war.

Am 11. 1. 1940 abends hatte U 23 die Shetlands erreicht und stand quer ab zur Einfahrt der Inganes Bay. Als der Morgen des 12. 1. heraufzog, sichtete Kretschmer durch das Okular des in Sehrohrtiefe eingependelten Bootes tief in der Bucht einen vor Anker liegenden großen Tanker. Davor ankerten zwei Zerstörer. Um zum Schuß auf den Tanker zu gelangen, mußte das Boot zwischen den beiden ankernden Zerstörern hindurchgeführt werden. Um sie zu umlaufen, war der Eingang zu schmal.

Kretschmer ließ U 23 auftauchen und lief dann mit kleiner Fahrt zwischen den beiden Sicherungszerstörern durch. Als er nahe genug an den riesigen Tanker herangekommen war, erfolgte der Befehl zum Schuß.

Unmittelbar nach Schußabgabe drehte das Boot und lief auf demselben Wege zurück. Gerade als es zwischen den beiden Zerstörern war, traf der Torpedo den Tanker mittschiffs.

Sekunden nach dem Aufblasen der Trefferfontäne brüllte eine ohrenbetäubende Explosion durch die Bucht. Der dänische Motortanker »Danmark«, 10.517 BRT, flog mit einer grellweißen Benzinexplosion in die Luft. Aber-

mals Sekunden später sahen die Männer auf dem Turm des U-Bootes nur noch eine weiße Flammenwand.
Die »Danmark« hatte Benzin geladen, und die Explosion des Treibstoffes hatte das Schiff zerrissen.
Die Zerstörerbesatzungen kamen, teilweise noch in der Unterkleidung, an Deck und besetzten ihre Stationen. Alle starrten zu dem Tanker hinüber, keiner bemerkte das kleine U-Boot, das an ihnen vorbei ins Freie lief.
Im Januar 1940 hatte Oblt. z.S. Wolfgang Lüth mit U 9 ein Boot übernommen, dessen geschichtlicher Ruhm auf den Einsatz von Otto Weddigen im Ersten Weltkrieg zurückging. Dieses kleine Boot, das als Traditionsboot parallel zu Weddigens U 9 galt, trug als einziges U-Boot das Eiserne Kreuz am Turm.
In den Januarstürmen lief es zur ersten Feindfahrt in Richtung schottische Ostküste aus. Am späten Abend des 18. 1. 1940 versenkte es den schwedischen Dampfer »Flandria« und nur knapp zwei Stunden später die »Patria«, ebenfalls ein Schwede.
Am 23. 1. fielen Schepkes U 19 zwei weitere Dampfer zum Opfer, und am 25. 1. waren es abermals zwei. Verschossen trat U 19 den Rückmarsch an und erreichte sicher den Innenhafen von Helgoland. Vor den Orkney-Inseln gelang U 20 unter Kptlt. von Klot-Heydenfeldt in den späten Abendstunden des 27. 1. die Versenkung von vier Dampfern.
Als der Januar zu Ende ging, standen auf der Erfolgsliste der deutschen U-Boote 56 Schiffe. Damit war trotz der verhältnismäßigen U-Bootleere und der stürmischen See ein achtbarer Erfolg erzielt worden.
Vor Tarbett Ness am Moray Firth hatte U 22 unter Kptlt. Jenisch am 21. 1. den britischen Zerstörer »Exmouth« versenkt.
Am 31. Januar war auch wieder U 37 unter KKpt. Hartmann zur Feindfahrt ausgelaufen. In einer zweimonatigen Werftliegezeit waren an dem Boot Umbauten vorgenommen worden, die seine Seeausdauer erhöhten.
Abermals lief U 37 in die landnahen Gebiete westlich von Irland, in den englischen Kanal und schließlich in die Biskaya aus. Bereits auf dem Marsch ins Operationsgebiet konnte das Boot am 4. 2. den britischen Dampfer »Leo Dawson« versenken.
Als der deutsche Funkbeobachtungsdienst am 7. 2. eine englische Funkmeldung über einen Kriegsschiffsverband mit dem Träger »Arc Royal«, dem Schlachtkreuzer »Renown« und dem schweren Kreuzer »Exeter« mit Positions- und Kursangabe auffangen konnte, wurden die drei im westlichen Kanal stehenden Boote U 26, U 37 und U 48 auf diesen Kriegsschiffsverband angesetzt. Die Operation mißlang. Der Kriegsschiffsverband wurde nicht gesichtet. Statt dessen sichtete U 37 am 10. und 11. 2. zwei Dampfer, die versenkt wurden. U 48 versenkte am 10. 2. den Dampfer »Burgerdijk« mit 6853 BRT, und U 26 gelang es, die »Niedarholm« am 12. 2. zu versenken.

Am 14. 2. erhielt U 37 über FT den Befehl, zusammen mit U 26 und U 50 im Seegebiet nordwestlich von Kap Finisterre zu operieren. U 37 erzielte am 15. 17. und 18. Versenkungserfolge. Am 18. konnte das Boot zwei Dampfer versenken. Da U 37 sich verschossen hatte, trat das Boot den Rückmarsch an und erreichte am 27. 2. Wilhelmshaven.
U 50 unter Oblt. z.S. Bauer war am 15. 2. erfolgreich, und U 26 unter Kptlt. Scheringer erzielte zwei Versenkungserfolge.
Als U 63 unter FKpt. Lorentz am 24. 2. den Konvoi HN 14 angriff und das schwedische Motorschiff »Santos« herausschoß, wurde das Boot durch die Zerstörer »Escort«, »Inglefield« und »Imogen« unter Wasser gedrückt und versenkt. Das britische U-Boot »Narwhal« war ebenfalls an diesem Erfolg beteiligt. Ein Teil der Besatzung des Bootes, darunter der Kommandant, wurde vom Gegner gerettet.
Die geringen Erfolgszahlen der U-Boote im März sind darauf zurückzuführen, daß im Laufe des Monats März nur einige wenige Boote in See standen. Als Mitte März sechs bis acht Boote auslaufklar gemeldet wurden, gelangten diese nicht zum Einsatz. Die U-Bootführung hatte bereits am 4. 3. von der Seekriegsleitung einen Befehl mit folgendem Wortlaut erhalten:
»Auslaufen weiterer U-Boote zunächst abstoppen. Kein Einsatz auch bereits ausgelaufener U-Boote vor der norwegischen Küste. Verwendungsmöglichkeit aller Seestreitkräfte beschleunigt herstellen. Keine besondere Bereitschaft.«
Die Boote liefen also in die bisherigen Einsatzgebiete aus, um den Kampf gegen die Handelsschiffstonnage des Gegners wiederaufzunehmen.
Am 5. 3. wurde Konteradmiral Dönitz von der Seekriegsleitung über die Landungsabsichten deutscher Truppen in Dänemark und Norwegen unterrichtet. Dabei sollte es die Hauptaufgabe der deutschen U-Boote sein, die eigenen Seestreitkräfte zu sichern, nachdem diese in die vorgesehenen Anlandehäfen eingedrungen waren.
Selbst die U-Bootausbildung in der Ostsee wurde abgebrochen. Die sechs Schulboote wurden in die Gruppen der Frontboote aufgenommen, ebenso die beiden neuen noch in der Erprobung stehenden Boote U 64 und U 65.
Die wenigen Boote, die im März dennoch zum Einsatz kamen, erzielten beachtliche Erfolge.
Es waren wieder U 32, U 29, U 14 und U 19. Oblt. z.S. Schepke erzielte mit U 19 am 19. und 20. 3. einen vierfachen Versenkungserfolg. Korth, Liebe und Prien mit U 57, U 38 und U 47 konnten ebenfalls Versenkungserfolge melden.
Aufgrund dieser Bereitstellungen für die Operation »Weserübung« kamen auch im April nur wenige U-Boote zum Einsatz gegen Handelsschiffe. So abermals das noch in See stehende U 38. U 37 und U 13 gelangen mehrere Versenkungserfolge. Alle übrigen U-Boote sollten im Feldzug gegen Norwegen zum Einsatz gelangen.

DIE OPERATION »WESERÜBUNG«

Vorbereitung und Aufstellung

Am 2. April 1940 wurde Konteradmiral Dönitz davon in Kenntnis gesetzt, daß der 9. April Stichtag für die Operation »Weserübung« sei. Der BdU hatte gemäß den drei Hauptaufgaben der U-Bootwaffe: Sicherung der eigenen Seestreitkräfte, Bekämpfung feindlicher Gegenlandungen und Angriff auf feindliche Seestreitkräfte, die verfügbaren U-Boote angesetzt. Alle fahrbereiten Boote waren von ihm dazu eingeteilt worden. Es waren dies 12 Atlantikboote, 13 kleine Boote und 6 Schulboote. Geben wir an dieser Stelle Großadmiral a.D. Dönitz das Wort (siehe Dönitz, Karl: a.a.O.):
»Entsprechend diesen Überlegungen und der speziellen Kampfeigenschaft der einzelnen U-Boote, die vom Aktionsradius und dem Grad der Kriegserfahrung der Kommandanten abhing, kam ich zu folgendem Aufgaben- und Verteilungsplan:
1. Sicherung der Landungsplätze:
Narvik durch vier Boote in tiefer Staffelung. Drontheim durch zwei Boote.
Bergen durch 5 Boote, die die innere Einfahrt zu sperren hatten, von denen je zwei die beiden Haupteinfahrten sichern und das fünfte Boot unmittelbar vor dem Hafen stehen sollte.
Stavanger durch zwei Boote, von denen das eine unmittelbar vor der Zufahrt zum Hafen, das zweite vor der äußeren Einfahrt, gleichzeitig zur Sicherung von Haugesund, stehen sollte.
2. Bildung von zwei Verfügungsgruppen als Angriffsgruppen für den Fall feindlicher Gegenlandungen. Und zwar einer nördlichen Gruppe von sechs mittleren Booten nordöstlich der Shetlandinseln und einer südlichen Gruppe von drei Booten ostwärts der Orkneys.
3. Aufstellung einer Gruppe von vier kleinen Booten ostwärts und westlich des Pentland Firth, wo Verkehr feindlicher Seestreitkräfte zu erwarten war.
4. Aufstellung einer Verfügungsgruppe vor Stavanger, bestehend aus zwei kleinen U-Booten, und westlich Lindesnes, bestehend aus drei kleinen U-Booten, für den Fall, daß feindliche Seestreitkräfte versuchen sollten, unseren Seeverkehr zu unterbinden. Für diese U-Bootaufstellung wurden Schulboote wegen ihres geringen Aktionsradius verwandt.«

Soweit der direkte Bericht des damaligen BdU. Allen Booten, die zu diesen Gruppen gehörten und in See gingen, wurde der Operationsbefehl »Hartmut« mitgegeben. Dieser verschlossene Befehl durfte nur in See und auf Stichwort geöffnet werden.
Bereits am 11. März hatte die Seekriegsleitung aus Sorge vor ebenfalls

erwarteten englischen Landungen in Norwegen die sofortige Aufstellung der für den Einsatz vor Narvik und Drontheim vorgesehenen U-Boote befohlen.
Durch Funkspruch-Entschlüsselung wurde am 14. 3. das Auftauchen einer großen Zahl englischer U-Boote in der Nordsee gemeldet. Vor dem Skagerrak, westlich Jütland und bei Terschelling wurden nicht weniger als 14 U-Bootstandorte festgestellt.
Um diese Boote zu verdrängen, setzte der BdU kurzfristig 8 kleine Boote ein. Es wurden aber keine Erfolge erzielt.
Am 2. April teilte die Skl. der U-Bootführung mit, daß der Stichtag für die Operation »Weserübung« der 9. April sei. Am 6. April erhielten alle in See stehenden U-Boote über Funk Weisung, den Operationsbefehl »Hartmut« zu öffnen.
Als am Morgen des 9. April die Operation »Weserübung« begann, standen alle deutschen U-Boote in den befohlenen Positionen.
Seit dem 8. April waren auch Meldungen der Funkhorchstellen eingegangen, die besagten, daß eine Reihe von Feindstreitkräften in See standen. Am Morgen des 9. April sichtete U 56 zwei Schlachtschiffe südwestlich von Stadtlandet mit südlichem Kurs. Um 18.15 Uhr sichtete U 49 den feindlichen Schiffsverband. Um 21.00 Uhr meldete U 51 fünf feindliche Zerstörer mit südwestlichem Kurs im Westfjord, und in der zweiten Morgenstunde des 10. 4. wurden von U 49, ebenfalls im Seeraum westlich von Stadtlandet, zwei Kreuzer gesichtet. Als am 10. April vom Chef der 4. Zerstörerflottille die Nachricht einging, daß feindliche Zerstörer im Morgengrauen in den Ofotfjord eingedrungen seien, schlug Konteradmiral Dönitz - in der Vermutung bestätigt, daß der Gegner den Schwerpunkt seiner Aktionen in den Raum Drontheim und Narvik zu verlegen beabsichtigte - die Entsendung von weiteren vier U-Booten nach Narvik und von zwei U-Booten nach Drontheim vor. Die Boote der 5. Gruppe wurden entsprechend angesetzt.
Da die für Narvik vorgesehenen Nachschubdampfer nicht angekommen waren, befahl die Skl., daß die noch in den Stützpunkten liegenden Boote U 26, U 29 und U 43 sofort für Transportzwecke nach Narvik bereitzustellen wären. Sie liefen, unmittelbar nach diesem Befehl, mit jeweils 50 Tonnen Infanterie- und Flakmunition und weiterem Heeresnachschub beladen, nach Narvik aus. Unterwegs wurden sie nach Drontheim umdirigiert, weil Narvik von den feindlichen Seestreitkräften abgeriegelt war und zehn deutsche Zerstörer dort in der Falle saßen. Später liefen weitere drei U-Boote mit je 130 Tonnen Flugzeugbenzin nach Drontheim aus.
Weitere Sichtmeldungen von Kriegsschiffen und Transportschiffen des Gegners gingen in den nächsten Tagen ein.
Am 10. April war es U 4 unter Kptlt. Hinsch gelungen, vor Skudesnes das britische U-Boot »Thistle« zu versenken.
Doch im allgemeinen blieben Versenkungsmeldungen aus. Als am 16. April

der Kommandant von U 47 einen Funkspruch an den BdU absetzte, schien dieser des Rätsels Lösung aufzuzeigen. Es lag an den Torpedos!

Die Torpedomisere vor Norwegen

Der Funkspruch, den der Funker von U 47 am 16. April 1940 um 04.10 Uhr absetzte, hatte folgenden Wortlaut:
»15. 4.: nachmittags feindliche Zerstörer, die Gebiet sichern und absuchen. Wegen eigenartiger Kurse der Zerstörer Vermutung, daß Minen an mehreren Stellen geworfen sind.
Abends drei große Transporter (je 30.000 BRT) und drei etwas weniger große, von zwei Kreuzern begleitet, im Südteil Bygden, zum Teil vor zwei Ankern, so daß sie eben frei voneinander liegen und etwas überlappen.
22.00 Uhr: Boot setzt zum ersten Angriff unter Wasser an. Absicht, mit je einem Torpedo Kreuzer, großen Transporter, großen Transporter, Kreuzer (einer davon Typ Suffren) anzugreifen, dann nachzuladen und neuer Angriff.
22.42 Uhr: vier Schüsse gelöst. Geringste Entfernung 750 m, größte 1500 m. Tiefeneinstellung der Torpedos 4 und 5 m. Eine Wand von Schiffen vor dem Boot.
Keine Wirkung. Gegner nicht aufgescheucht. Nachgeladen.
Neuer Anlauf vor Mitternacht: Überwasser. Sicherste Schußunterlagen. Genaueste Überprüfung aller Einstellungen durch Kommandant und I. WO. Vier Torpedos, Tiefeneinstellung wie beim ersten Angriff. Kein Erfolg. Ein Geradlaufversager am Felsen detoniert.
Beim Abdrehen auf Grund geraten. In schwierigster Nähe vorbeilaufenden Bewachers wieder freigekommen. Bemerkt: Wabo-Verfolgung. Wegen Maschinenschadens Rückmarsch angetreten.
19. 4.: ›Warspite‹ und zwei Zerstörer gesichtet und Schlachtschiff auf 900 m Entfernung mit zwei Torpedos angegriffen. Kein Erfolg. Ein Enddetonierer hat schwerste Verfolgung des Bootes durch aus allen Richtungen herankommende Zerstörer zur Folge.«
Dieser Kurzbericht Priens, der bereits zu dieser Zeit an der Spitze der erfolgreichen U-Bootkommandanten stand, rüttelte die schon vorher alarmierte U-Bootführung vollends wach. Bereits am 11. 4. hatte Konteradmiral Dönitz die U-Boote der Narvikgruppe zu einer Lagemeldung aufgefordert, um sich ein Bild von den Ursachen der Erfolglosigkeit einer so großen Anzahl an Booten machen zu können.
Von U 25 war bereits am 11. April eine Meldung eingegangen:
»10. April abends zwei Zerstörer torpediert. Wirkung nach Detonation nicht beobachtet.«
U 48 unter dem erfolgreichen KKpt. Schultze meldete am selben Tage:
»12.30 Uhr: ›Cumberland‹ Dreierfächer, Fehlschuß, ein Endstreckendeto-

nierer. 21.15 Uhr Dreierfächer auf Yorkkreuzer. Fächer früh gezündet. Tiefe 7 m, Zone 4.«
In dieser Art gingen die FT-Sprüche der U-Boote U 51, U 48, das Torpedoversager beim Angriff auf die »Warspite« meldete, U 65, U 37 und noch einmal am 19. 4. von U 47 ein. Wieder hatte es U 47 in der Hand, die »Warspite« aus einer Entfernung von 900 m zu torpedieren. Aber alle Torpedos waren entweder Frühzünder oder Endstreckendetonierer gewesen.
Insgesamt griffen deutsche U-Boote während des Norwegenfeldzuges viermal das Schlachtschiff »Warspite«, 14mal Kreuzer, 10mal Zerstörer und 10mal große Transportschiffe an. Aber lediglich ein Transportschiff wurde bei diesen vielen Angriffen, die oftmals unter größter Gefahr für die Boote gefahren wurden, versenkt. Aus allen eingegangenen Meldungen zog der BdU die einzige mögliche Schlußfolgerung. Er beorderte alle Boote zurück.
Als U 47 am 26. April wieder in Kiel einlief und Prien am nächsten Vormittag dem BdU seinen Bericht abstattete, ließ sich Dönitz alle Situationen mehrfach schildern. Als der Kommandant geendet hatte, sagte der BdU:
»Prien, eine gute Unternehmung! Auch wenn ihr durch die Torpedoversager der Erfolg versagt geblieben ist. Wenn es Ihnen im Vaagsfjord geglückt wäre, wo Sie ja rechtzeitig genug eintrafen, von den großen Transportern, auf die Sie zum Schuß gekommen sind, auch nur einen zu versenken, dann wäre das ganze Norwegenunternehmen anders gelaufen, dann hätten Sie die Lage bei Narvik entscheidend beeinflussen können.«
Zum Schluß, als der BdU den Kommandanten zur Tür brachte, sagte Dönitz: »Also, Prienchen, zunächst einmal Urlaub. Auf der nächsten Unternehmung werden Sie wieder mehr Glück haben.«
»Jawohl, Herr Admiral«, erwiderte Kptlt. Prien. »Wenn wir die richtigen Torpedos kriegen und nicht mit hölzernen Säbeln kämpfen müssen.«
Vier Boote waren während dieser Unternehmung verlorengegangen.

Die Untersuchung der Torpedokrise

Bereits nach der Mitteilung des Inspekteurs des Torpedowesens vom 19. 4., daß bei Versuchsschüssen erneut ein größeres Tiefersteuern der Torpedos festgestellt worden war, hatte der BdU die Boote aus dem Vaagsfjord, dem Nams- und dem Romsdalfjord zurückgezogen, weil sie gegen die Zerstörer über keine Waffe verfügten. Torpedos mit Magnetzündung wurden Frühzünder und jene mit Aufschlagzünder unterliefen den Gegner.
Das Vertrauen der U-Bootfahrer zu ihrer Hauptwaffe, dem Torpedo, war verlorengegangen. Der Befehlshaber der U-Boote begann eine Untersuchung, bei der er zunächst bei sich selbst und bei der U-Bootführung anfing. Daß die Aufstellung der eingesetzten Boote richtig war, zeigten die vielen Angriffsmöglichkeiten und die 36 durchgeführten Angriffe. KKpt. Godt war der Ansicht, daß ein weiterer Einsatz der U-Boote vor einer entscheidenden

Verbesserung der Torpedos nicht zu verantworten sei. Doch der BdU wußte, daß er die Boote nicht in den Stützpunkten verkommen lassen durfte.
Bereits am 20. April berief Großadmiral Raeder eine besondere Torpedokommission ein. Anerkannte Fachleute aus Wirtschaft und Industrie versuchten, den Ursachen dieser Krise auf den Grund zu gehen. Daneben ließ der OB der Kriegsmarine auch noch ein Kriegsgericht zusammentreten.
Es stellte sich bei diesen Untersuchungen heraus, daß man den bereits sehr früh erkannten Fehlern nicht energisch genug nachgegangen war. Dies lag zum Teil am Mangel an Geldmitteln und zum anderen am fehlenden Personal in der Torpedoversuchsanstalt Eckernförde.
Großadmiral Raeder bemerkte dazu:
»Die Situation war außerordentlich ernst. Es durfte nichts unversucht gelassen werden, um Klarheit zu schaffen. Alle mit der Entwicklung, Konstruktion, Herstellung und Erprobung der Torpedos befaßten Stellen innerhalb und außerhalb der Marine nahmen sich dieses Problems mit größtem Nachdruck an.
Die Energie des Befehlshabers der U-Boote hat sich hierbei stark ausgewirkt.
Das eindeutige Ergebnis der sorgfältigen und systematischen Untersuchungen war, daß der für die Unterseeboote gelieferte Torpedo weder mit seinem Tiefenlauf noch mit seiner Zündvorrichtung den Anforderungen entsprach, die an eine frontbrauchbare Waffe gestellt werden müßte.« (Siehe Raeder, Erich: »Mein Leben«. Von 1935 bis Spandau 1945.)
Der neue Inspekteur der Torpedoinspektion, Vizeadmiral Kummetz, ging mit seinen technischen und militärischen Mitarbeitern mit Nachdruck an die Arbeit, um einen zuverlässigen Torpedo zur Frontreife zu bringen.
In den Wochen nach dem Norwegen-Unternehmen der U-Boote befand sich Konteradmiral Dönitz auf Reisen von einer Flottille zur anderen. Er besuchte ebenfalls alle Ausbildungsstellen in der Ostsee und sprach zu den Besatzungen, die ihn kannten und ihm vertrauten. So gelang es ihm, die Niedergeschlagenheit der U-Bootmänner und damit auch die Krise zu überwinden.
Er selbst sagte dazu:
»Die Boote gingen mit neuem Mut wieder auf Unternehmung. Daß diese Krise gemeistert wurde, zeigte den im Grunde unerschütterlichen Geist der deutschen U-Bootbesatzungen in seiner ganzen Größe.«

DIE SCHLACHT IM ATLANTIK BEGINNT

Vorgeplänkel

Nachdem der Norwegeneinsatz zu Ende gegangen war, mußten alle U-Boote gleichzeitig zur Überholung in die Werften. Nur einige wenige Boote standen im Einsatz. Eines davon war U 9 unter Wolfgang Lüth.
Das Boot war Anfang Mai ausgelaufen. Operationsgebiet war die Scheldemündung und der Seeraum vor der französischen Küste. Noch während des Anmarsches sichtete der I. WO, Oblt. z.S. Gramitzki, bei Terschelling ein feindliches U-Boot. Es war das französische U-Boot »Doris«. Oblt. z.S. Lüth berichtete darüber:
»Wir gehen auf höhere Fahrt, um vor dem Gegner in Schußposition zu kommen. Hoffentlich sieht er unsere Bugsee nicht. Dann zeigt er uns plötzlich das Heck. Wieder hinterher. Das U-Boot scheint hier Patrouille zu fahren.
Eine Stunde drehen wir uns schon um das Boot herum. Dann aber haben wir es. Eben hat es seinen Kurs geändert. Wir fahren jetzt mit E-Maschinen, da die Dieselmotoren bei der ruhigen Nacht weit zu hören sind. Mit kleiner Fahrt laufen wir auf ihn zu. Auch unsere Silhouette ist so schmal wie möglich. Der Vorhaltewinkel ist nach Gefühl eingestellt. Ich gebe Feuererlaubnis. Gramitzki zielt ruhig.
›Rohr eins fertig! - Rohr eins lllos!‹
Wie ein weißer Strich eilt die Torpedolaufbahn auf den Gegner zu. Das Meerleuchten ist schuld daran. Nur nicht entdeckt werden . . . Wir haben gestoppt, um nicht noch näher heranzukommen.
Dann: getroffen!
Eine Feuersäule steigt mittschiffs am U-Boot in die Höhe. Haushoch, masthoch, jetzt 100 m hoch. Ein grausiges Schauspiel, das von lauten Detonationen begleitet wird. Seine Torpedos fliegen mit in die Luft.«
(Siehe Lüth, Wolfgang und Korth, Klaus: »Boot greift wieder an!«)
An der Westhinder Boje versenkte U 9 am 11. 5. kurz nach Mitternacht ein Schiff und am Nachmittag dieses Tages ein weiteres, ehe seine Feindfahrt zu Ende ging.
Neben diesem Boot waren es U 37 unter Kptlt. Oehrn und U 101 unter Kptlt. Frauenheim, die im Mai Erfolge errangen. U 37 versenkte vom 19. bis zum 29. 5. acht Dampfer und war am 1. und 3. 6. nordwestlich Kap Finisterre noch je einmal erfolgreich.
Dies gab den U-Bootkommandanten wieder einiges Selbstvertrauen. Als U 37 am 9. Juni nach nur 26 Seetagen Feindfahrt wieder in Wilhelmshaven einlief, hatte das Boot 10 Schiffe mit insgesamt 43.000 BRT versenkt.

Der BdU schrieb in sein KTB: »Der Bann war gebrochen. Die Kampfkraft der U-Bootwaffe war wieder erwiesen. Die weiteren Boote gingen mit der Überzeugung in See, es U 37 gleichtun zu können. Der Norwegen-Mißerfolg war psychologisch überwunden.« (Siehe Dönitz, a.a.O.)
Ein weiteres Boot, das im Mai zur Feindfahrt auslief, war U 48. Diesmal war jedoch nicht KKpt. Schultze als Kommandant an Bord, sondern KKpt. Hans-Rudolf Rösing. Das Boot hatte bereits 16 versenkte Schiffe auf seinem Konto. An Bord standen erfahrene Offiziere. In Oblt. (Ing.) Zürn hatte er einen erfahrenen Leitenden Ingenieur. I. WO war Oblt. z.S. Reinhard Suhren und II. WO Oblt. z.S. Otto Ites.
Am 26. 5. legte U 48 zu seiner sechsten Feindfahrt von der Tirpitzmole in Kiel ab. Nach der Ausbesserung eines defekten Montageluks und der erneuten Auswechselung desselben in Bergen lief U 48 nach Drontheim weiter. Hier wurde ein neues Montageluk aufgesetzt.
Am 3. 6. legte U 48 ab und versenkte den kleinen Dampfer »Stancor« durch 77 Schuß aus dem Buggeschütz am Morgen des 6. 6. 1940. Am nächsten Tage wurde nach einem Fehlschuß der Dampfer »Frances Massey« mit dem zweiten Torpedo versenkt.
Der britische Dampfer »Eros«, der eine halbe Stunde später gesichtet wurde, sackte nach dem Torpedotreffer tiefer, funkte aber noch SSS (d. h.: »Submarine«). Die »Eros« sank dann aber ebenfalls.
Nachdem U 48 viermal vor Sunderland-Flugbooten in den »Keller« mußte, wurde am Spätnachmittag bei glatter See das Umladen der Oberdeck-Torpedos durchgeführt.
Am 11. 6. traf das Boot auf einen voll beladenen Frachter. Es war die »Violanda N. Goulandris«, die aus 600 m Entfernung den Torpedotreffer erhielt und binnen 39 Sekunden sank.
U 43 meldete wenig später einen Konvoi, den auch U 48 angriff. Kurz darauf meldete auch U 29 einen Geleitzug. Der BdU befahl über FT-Spruch, daß U 29, U 43, U 46, U 48 und U 101 diesen letzten Geleitzug angreifen sollten.
Da U 48 keinen der beiden Konvois erreichen konnte, brauchte KKpt. Rösing den übrigen Kommandanten keine Weisungen zu erteilen. Das Boot lief nach Westen, sichtete einen Konvoi und griff dessen beide vordersten Dampfer an. Der Schuß aus Rohr I fiel nicht, der aus Rohr IV ging vorbei.
Im zweiten Anlauf wurde der Dampfer »Tudor« (6607 BRT) versenkt. Nach einem weiteren Einzelschuß aus Rohr I ging die »Baron Loudoun«, 3164 BRT, auf Tiefe.
Von einem Kanonenboot gejagt, ließ KKpt. Rösing U 48 mit dreimal AK und auf Zickzackkurs ablaufen und setzte sich ein weiteres Mal vor.
Bei diesem Angriff wurde ein Dampfer von etwa 7000 BRT getroffen, und obgleich nun einige Schiffe des Geleitzuges auf U 48 schossen, ließ Rösing noch einen dritten Dampfer angreifen. Es war die »British Monarch«, die

als dritter Dampfer sank. Abermals griff das Kanonenboot an, und U 48 ging mit Alarmtauchen in die Tiefe.
Nach dem Wiederauftauchen wurde der Erfolg und der augenblickliche Standort gemeldet. Ein in der Nacht zum 20. 6. gesichteter Einzelfahrer wurde im Unterwasserangriff aus 350 m Distanz mit einem Torpedo beschossen. Der Schuß saß dicht vor dem Schornstein. Der Tanker »Moerdrecht« sank zwei Minuten darauf.
Am 21. 6. trat das Boot den Rückmarsch an. Es hatte acht Dampfer mit etwa 42.000 BRT versenkt. Auf diesem Rückmarsch mußte U 48 noch an einem Tage achtmal vor Flugzeugen tauchen. Am 28. 6. traf es um 13.07 Uhr auf den Sperrbrecher 9, der U 48 bis zur Schleuse Brunsbüttel Geleit gab. Um 23.42 Uhr machte das Boot an der Kieler Tirpitzmole fest. Die Stellungnahme des BdU zu dieser Feindfahrt lautete:
»Ausgezeichnete Unternehmung. Zäher Angriff auf Geleitzug am 19. 6. beispielhaft.«

Die übrigen Feindfahrten im Juni 1940

Neben diesem U-Boot und U 37, dessen Einsatz zuvor geschildert wurde, war es U 46 unter Oblt. z.S. Endrass, das im Juni Erfolge erzielte. Am 6. 6. wurde von dem Wache gehenden I. WO dieses Bootes ein riesiger Dampfer gesichtet. Es war der britische Hilfskreuzer »Carinthia«, 20.277 BRT.
Da das Schiff mit Unterwasserfahrt nicht einzuholen war, ließ Endrass auftauchen und in Überwasserfahrt dem außer Sicht gelangten Dampfer folgen. Um 13.13 Uhr fiel der Dreierfächer. Dreimal nacheinander peitschten im Eineinhalb-Sekunden-Abstand die Ausstoßpatronen, zischte Preßluft in den Bugraum hinein, fielen die Torpedos ins Wasser und liefen auf den Gegner zu.
Engelbert Endrass, im Sattelsitz des Angriffsrohres, sah als einziger die drei masthohen Sprengsäulen an dem Riesenschiff emporsteigen. Er berichtete:
»Drei Treffer! - Schiff stoppt! Es bekommt Schlagseite!«
Inzwischen hallte der Notruf des Hilfskreuzers über FT durch den Äther:
»SSS from ›Carinthia‹ - torpedoed by Submarine, sinking quickly.«
Das Boot kam am 9., 11. und 12. abermals zum Schuß. Am 12. gelang es, binnen weniger Minuten zwei Dampfer zu versenken. Am 17. 6. wurde abermals ein Dampfer vernichtet.
Am 22. 6., kurz nach Mitternacht, entdeckte die Brückenwache von U 46 in wildem Sturm, der zum Orkan anwuchs, einen kleinen Kriegsschiffsverband. Die große Einheit wurde als der Flugzeugträger »Illustrious« ausgemacht. Zwei Zerstörer waren bei ihm. Sie schossen ihre letzten beiden Torpedos ab, als schon die Zerstörer auf sie eingedreht waren. Das Boot mußte tauchen.
Später stellte es sich heraus, daß es der Flugzeugträger »Arc Royal« gewe-

sen war, der sich auf der Überführungsfahrt ins Mittelmeer befand. Der Träger wurde nicht getroffen.
Am 26. 6. lief U 46 in die Loiremündung ein und steuerte den Hafen St. Nazaire an. Am ausgefahrenen Luftzielsehrohr flatterten sechs Versenkungswimpel.
Mitte dieses Monats versenkte U 101, Frauenheim, nach drei vorausgegangenen Erfolgen das britische Motorschiff »Wellington Star« (13.212 BRT).
Drei Tage zuvor hatte U 25, ein Typ des ersten Tauchbootes für Hochseeverwendung der Kriegsmarine, unter KKpt. Beduhn den britischen Hilfskreuzer »Scotstoun« versenkt.
Als der Monat Juni zu Ende ging, war die Torpedokrise überwunden. Und noch ein Umstand kam der deutschen U-Bootwaffe zugute: Der Frankreich-Feldzug war zu Ende gegangen. In fieberhafter Eile wurden die ersten französischen Atlantikhäfen für Aufnahme und Versorgung deutscher U-Boote vorbereitet.
Noch einmal war auch U 47 in diesem Monat zur Feindfahrt ausgelaufen. Kptlt. Prien versenkte einen großen Tankdampfer von 13.056 BRT und weitere fünf Schiffe, das letzte davon am 30. 6. um 14.45 Uhr, auf 50.25 N/14.33 W.

Die deutschen U-Bootstützpunkte an der französischen Atlantikküste

Bereits Ende Mai, als ganz Nordfrankreich in deutscher Hand war und die britische Expeditionsstreitmacht sich auf die Britischen Inseln zurückgerettet hatte, war vom BdU ein Torpedozug bereitgestellt worden.
Am Tage nach Unterzeichnung des Waffenstillstandes im Walde von Compiégne, dem 22. 6. 1940, fuhr dieser Zug mit Torpedos, dem Stützpunktpersonal und Material aller Art vollbeladen, in Richtung Atlantikküste.
Der Erkundungsstab, der vorsorglich von Konteradmiral Dönitz Anfang Juni nach Frankreich entsandt worden war, hatte die besetzten Häfen, unmittelbar nachdem sie von der deutschen Wehrmacht in Besitz genommen worden waren, auf ihre Verwendung als U-Bootstützpunkte hin untersucht. Zu dieser Entwicklung sagt Großadmiral a.D. Dönitz in seinem Werk (siehe Dönitz: a.a.O.):
»Ich selbst hatte keinen Zweifel, daß auch die U-Bootführung, falls die Front-U-Boote nach Westfrankreich verlegt würden, in diesen Raum gehörte. Es kam mir dabei in erster Linie darauf an, meine enge Fühlung mit den U-Bootbesatzungen, vor allem den Kommandanten, zu behalten, was durch große räumliche Trennung erschwert wurde. Ich war der Ansicht, daß ich nach vorn, an die U-Bootfront gehörte. Der hierdurch bedingte Nachteil weiterer Entfernung von der Seekriegsleitung in Berlin und der heimatlichen U-Bootausbildung mußte durch Einrichtung der besten Nachrichten-

verbindung so gut es ging ausgeglichen werden. Daß ich mich selbst in diesem Raum der Biskayaküste befand, schien mir auch wichtig im Hinblick auf eine Zusammenarbeit mit der deutschen Luftwaffe, welche ich dort für die Zukunft erhoffte.
Um mir über diese Fragen ein endgültiges Urteil bilden zu können, fuhr ich unmittelbar nach dem Waffenstillstand am 23. Juni 1940 nach der Biskayaküste. Aufgrund der positiven Ergebnisse dieser Besichtigungsreise glaubte ich, die volle Verwendung der Biskayahäfen als U-Bootstützpunkte in folgenden Etappen erreichen zu können: 1. Versorgungsmöglichkeiten für Brennstoff, Proviant, Wasser. 2. Möglichst kurze Reparaturen. 3. Verlegung der Befehlsstelle, sobald die Punkte 1 und 2 für die Mehrheit der Atlantikboote klar waren. 4. Möglichkeit voller Überholung der Boote.«
(Soweit der Bericht des Großadmirals.)

Nach U 46, das nur zu kurzem Aufenthalt in die Loiremündung eingelaufen war, lief am 7. 7. 1940 U 30 als erstes Boot aus dem Atlantik zur Ausrüstung mit Torpedos und Brennstoff in Lorient ein.
Die Werft in Lorient wurde inzwischen in fieberhafter Eile für die U-Bootreparatur eingerichtet. Sie konnte am 2. 8. das erste U-Boot aufnehmen.
Von diesem Zeitpunkt an liefen die U-Boote aus dem Atlantik nach ihren Einsätzen nicht mehr zur Überholung nach Deutschland, sondern zu den eingerichteten Stützpunkten an der französischen Atlantikküste.
Am 29. 8. 1940 übersiedelte die Operationsabteilung des BdU von Sengwarden nach Paris. Diese Übersiedlung erfolgte, weil alle Befehlsstellen der Marine für die Operation »Seelöwe« in Paris zusammengefaßt werden sollten.
Am Bois de Boulogne, auf dem Boulevard Suchet, richtete sich die Operationsabteilung in einem schmalen vierstöckigen Etagenhaus ein. Von hier aus leitete der BdU nach Rückkehr aus Lorient, wohin er kurzfristig gefahren war, die Operationen der U-Bootwaffe, bis der nachrichtenmäßige Ausbau der Befehlsstelle in Kernevel bei Lorient beendet war.
Dönitz, inzwischen zum Vizeadmiral befördert, übersiedelte, nachdem »Seelöwe« nicht mehr durchgeführt wurde, mit seinem gesamten Stab nach Kernevel, nahe Lorient. Hier wurden nunmehr die weiteren Geleitzugschlachten vorbereitet. Von hier aus wurden die Schlachten des Herbstes und Winters 1940 geführt.
Die Vorteile dieser neuen Stützpunkte an der Atlantikküste, von denen je einer in Brest, Lorient, La Pallice, St. Nazaire und Bordeaux eingerichtet wurde, lagen auf der Hand.
Die von hier auslaufenden U-Boote brauchten bedeutend weniger Zeit, um die atlantischen Operationsgebiete zu erreichen. Die aus dem Atlantik heimkehrenden Boote wiederum erreichten diese Häfen an der Atlantikküste ebenfalls bedeutend eher. Daraus ergab sich, daß die U-Boote, die von den

französischen Atlantikhäfen zur Feindfahrt ausliefen, eine bedeutend längere Zeit in See stehen konnten. Das wiederum vervielfachte die Erfolgschancen und auch die Erfolge, wie sich sofort zeigen sollte.
Zum ersten Mal seit Beginn des Zweiten Weltkrieges schöpfte der BdU trotz der geringen Bootzahlen Hoffnung. Trotz der abnehmenden absoluten Zahl der Frontboote erhöhte sich infolge der kurzen An- und Rückmarschwege die Zahl der am Feind stehenden Boote im Sommer und Herbst 1940 auf 8 bis 9 Boote.
Frontboote konnten nicht so schnell gebaut werden, um die eingetretenen Verluste auszugleichen. Beim Stab des BdU wußte man, daß der Tiefstand noch nicht erreicht war. Der sollte erst im Februar 1941 eintreten, als ganze 22 Front-U-Boote zur Verfügung standen.
Die Schlacht im Atlantik hatte begonnen. Aber in Deutschland war der Blick mehr auf die Siege zu Lande gerichtet. Dies war in England anders, wo die U-Bootgefahr richtig eingeschätzt wurde.

Blutiger Sommer

Im Juli begann die erste Phase der Schlacht im Atlantik, die 48 Monate dauern und von beiden Seiten höchste Opfer fordern sollte. Nach der Überwindung des Norwegen-Mißerfolges standen im Juli wieder eine Reihe Boote in See. Von ihnen fuhren 15 einen erfolgreichen Angriff, und einige dieser 15 Boote versenkten mehrere Schiffe.
Diese Angriffe zeigten, daß der Gegner noch immer kein Mittel gefunden hatte, die deutschen U-Boote zu stoppen. Die Geleitzüge waren immer noch zu schwach gesichert. Es gab nach wie vor eine Reihe ungeschützter Einzelfahrer, die zur leichten Beute der U-Boote wurden.
Hinzu kam, daß nach Gewinnung der französischen Atlantikküste der Geleitzugverkehr nach England nicht mehr südlich um Irland herumgeleitet, sondern in den Raum nördlich von Irland durch den Nordkanal geführt werden mußte.
Daß die aus England auslaufenden Geleitzüge bis Oktober 1940 nur bis 12 Grad und später nur bis 19 Grad westlicher Länge geführt und daß auch erst von dort die einlaufenden Geleitzüge unter Geleitschutz genommen werden konnten, war bald zu erkennen. Dementsprechend erfolgte der Einsatz der U-Boote.
Der erste Kommandant, der mit U 30 einen Erfolg verbuchen konnte, war Kptlt. Lemp. Am 1. Juli versenkte er den britischen 5000-Tonner »Beignon« und gut drei Stunden später die ebenfalls über 5000 BRT große »Clearton«. Die »Sea Glory« ereilte dasselbe Schicksal, und am 21. 7. war es der kleine Dampfer »Ellaroy«. Vor Tory Island versenkte U 30 am 9. 8. die »Canton.« Am 16. 8. sank die »Clan McPhee« mit 6628 BRT. Als Kptlt. Lemp von dieser Feindfahrt zurückkam, erhielt er als neunter U-

Bootfahrer das Ritterkreuz. Der BdU versprach ihm ein neues, wirkungsvolleres Boot.
Ein neues, besseres Boot hatte inzwischen Kptlt. Kretschmer erhalten. Es war U 99, das er am 1. 5. 1940 übernahm und einfuhr. Dieses Boot war vom Typ VII C. Eines der am meisten gebauten Kampfboote der U-Bootwaffe. Die Versuchsfahrten wurden durchgeführt.
Am 17. 6. 1940 lief U 99 von Kiel zur ersten Feindfahrt aus. Am 5. 7. sichtete das Boot am Nachmittag einen auf Ostkurs laufenden Einzelfahrer. Im Unterwasserangriff wurde ein Torpedo geschossen. Der Dampfer »Magog« brach nach einer Explosion auseinander. Der schwedische Frachter »Bissel« folgte am späten Abend des 7. 7., und am folgenden Tage war es die »Humber Ann«, die »den Weg in die Tiefe« antrat.
Geleitzerstörer griffen U 99 mit Wasserbomben an. Einige der Wabos detonierten dicht beim Boot. Aber es gab keinen Wassereinbruch. Sechs Stunden dauerte der Waboangriff. Dann war Stille. Aber diese Stille trog, denn nach 40 Minuten waren die Zerstörer wieder über dem Boot.
Die nächste Serie Wabos detonierte nahebei und drückte das Boot um 50 Grad herum. Weitere sechs Stunden dauerte dieses infernalische Hämmern der Detonationen. Das Boot war inzwischen in 210 m Tiefe abgesunken. Eine Tauchtiefe, für die es eigentlich nicht mehr geeignet war, denn die Sicherheitsgrenze lag bei 165 m. Nicht weniger als 127 Wasserbomben wurden geworfen, wie Obersteuermann Petersen nach seiner Strichliste zählen konnte. 14 Stunden dauerte der Angriff. Um 03.30 Uhr ließ Kretschmer auftauchen.
Als U 99 am 18.·7. die »Woodbury« mit den beiden letzten Torpedos versenkte, ließ Kretschmer Schlafdecken und Rum auf die ausgebrachten Flöße werfen, weil er fürchtete, daß die Schiffbrüchigen zugrunde gehen würden.
U 99 meldete, daß es keine Torpedos mehr habe, und wurde angewiesen, den französischen Hafen Lorient anzulaufen. Mit U 99 lief das zweite deutsche U-Boot in Lorient ein.
Von Lorient aus trat U 99 am 24. 7. seine zweite Feindfahrt an.
Knapp vier Tage später, am frühen Morgen des 28. 7., wurde ein großes Schiff gesichtet. Aus 2500 m Entfernung fiel der Einzelschuß aus Rohr I und traf den Dampfer ins Heck. Es war die »Aukland Star«, die ihren SSS-Ruf in den Morgen hineinfunkte. Die Besatzung des 13.202 BRT großen Motorschiffes ging in die Boote. Aber vom Heck des Schiffes schoß die Geschützbedienung auf das U-Boot. U 99 tauchte weg, wurde in Sehrohrtiefe eingependelt und griff abermals an. Zwischen Brücke und Schornstein getroffen, sackte die »Aukland Star« zur Seite weg, kenterte und verschwand für immer.
Am nächsten Morgen fiel die »Clan Menzies« den Torpedos von U 99 zum Opfer, und am 31. 7. waren es gleich zwei Dampfer.
Am Nachmittag des 1. 8. wurde ein Geleitzug gesichtet, der Westkurs steu-

erte und aus 20 Schiffen bestand. Bis zum Abend hatte sich U 99 an der Steuerbordseite vorgesetzt. Da das Boot nur noch über 4 Torpedos verfügte, ließ Kretschmer mitten in den Geleitzug hineinsteuem und zuerst auf einen 10.000-Tonnen-Tanker feuern. Der aus nur 600 m Distanz geschossene Torpedo traf den norwegischen Motortanker »Strinda«, 10.973 BRT, in Höhe des Maschinenraumes und riß das Achterschiff auf.
Während die übrigen Schiffe des Konvois wild zu kurven begannen, feuerte U 99 bereits auf den zweiten erkannten Tanker. Dieser Torpedo traf das Vorschiff des britischen Tankers »Lucerna«, 6556 BRT. Die »Lucerna« sank.
Während die Schiffe eine Schwenkung ausführten, traf der dritte Torpedo den britischen Motortanker »Alexia«, der mit 8016 BRT einer der großen Tanker war.
Der vierte Torpedo hatte sich als Versager erwiesen. Binnen 30 Minuten hatte U 99 drei große Tanker vernichtet. Zwei Schiffe, die zum Rammstoß auf das gesichtete U-Boot angesetzt hatten, kollidierten. Mit 30 Schüssen aus der Bugkanone vom Kaliber 8,8 cm sollte die »Alexia« nun endgültig versenkt werden. Aber die Besatzung erwiderte das Feuer. Vor einem heranlaufenden Zerstörer drehte U 99 ab.
Der Rückmarsch wurde angetreten.
U 47 unter Kptlt. Prien war am 4. Juni zur sechsten Feindfahrt ausgelaufen. Auf dem Ausmarsch ins Operationsgebiet fand man die Besatzung eines deutschen notgewasserten Flugzeuges. Es waren drei Mann, von denen einer verwundet war. Das war am Morgen des 14. 6. Wenige Stunden später sichtete man den Konvoi HX 48, aus dem U 47 am Abend die »Balmoralwood« herausschoß. Danach wurde das Boot abgedrängt und unter Wasser gedrückt. Erst eine Woche später sichtete man einen anderen Geleitzug mit mindestens 30 Schiffen. U 47 kam bis zur Abenddämmerung in Schußposition. Prien ließ drei Schiffe, darunter einen großen Tanker, anvisieren und Einzelschüsse abgeben. Der Tanker wurde mittschiffs getroffen. Zwei Zerstörer drehten auf U 47 zu, das mit Alarmtauchen den Konvoi unterlief. Der Tanker »San Fernando«, 13.056 BRT, sank auf 50.20 N/10.24 W. Die beiden anderen beschossenen Schiffe zeigten keine Wirkung.
Am 24. 6. wurde die »Cathrine« durch Artillerie versenkt. Drei Tage später folgten die »Lenda« und der niederländische kleine Tanker »Leticia« nach. Letzterer wurde ebenfalls durch Artillerie versenkt, um die letzten Torpedos für wichtigere Ziele aufzuheben. Die »Empire Toukan« wurde am 29. 6. torpediert, und am 30. 6. war es der Grieche »Georgios Kyrikiades«.
Am frühen Morgen des 2. Juli meldete der Torpedomaat den letzten Torpedo, der unklar gewesen war, einsatzbereit. Wenig später wurde ein großer Dampfer gesichtet. Es war die »Arandora Star« mit 15.501 BRT. Mit dem letzten Torpedo wurde das Schiff aus nächster Distanz unter dem vorderen Schornstein getroffen und sank.

Am 5. 7. lief U 47 in den Stützpunkt ein. Es hatte auf dieser Feindfahrt 7 Schiffe versenkt.
Im Juli 1940 stand auch U 57 unter seinem neuen Kommandanten Oblt. z.S. Topp wieder im Einsatz. Am 17. 7. versenkte das Boot einen schwedischen Dampfer von knapp 2000 Tonnen. 12 Stunden später folgte der britische Dampfer »Manipur« mit 8652 BRT. Die »Athos« traf es am 3. 8. 1940. Das Boot mußte den Rückzug antreten.
Auf der nächsten Feindfahrt kam das Boot am 24. 8. wieder zum Schuß, als es den Geleitzug OB 202 sichtete und mit drei Einzelschüssen die britischen Dampfer »Comberland«, »Saint Dunstan« und »Havildar« versenkte. Der erste hatte eine Verdrängung von fast 11.000 BRT. Die beiden anderen waren jeweils über 5000 BRT groß. Am 25. 8. versenkte das Boot den britischen Motortanker »Pecten«, 7468 BRT.
U 57 wurde von Geleitzerstörern gejagt und später unter Wasser gedrückt.
Es gelang dem kleinen Boot, die Schleuse Brunsbüttel zu erreichen. Es war inzwischen September geworden. In der Schleuse Brunsbüttel wurde U 57 von einem auslaufenden norwegischen Dampfer gerammt. Binnen 15 Sekunden sank das Boot. Es gelang, den Großteil der Besatzung zu retten. Aber sechs Tote blieben im Boot zurück, das später gehoben und wieder instand gesetzt wurde.
Das Seegericht sprach den Kommandanten von jeder Schuld frei. Für Erich Topp war es dennoch ein niederschmetterndes Erlebnis. Als im Morgengrauen die geretteten Männer angetreten waren, meldete der Rangälteste:
»Herr Oberleutnant, die Besatzung ist angetreten bis auf 6 Mann. Ich übermittle Ihnen den Wunsch der Besatzung, zusammenzubleiben und unter Ihrem Kommando weiterfahren zu dürfen.«
Ein neues Boot machte in diesen letzten Wochen des ersten Kriegsjahres von sich reden.
Es war U 124 unter Kptlt. Wilhelm Georg Schulz, der sein altes Boot U 64 in Norwegen verloren hatte.
Am 11. 6. 1940 stellte Schulz U 124, ein Boot des Typs IX-B, für die 2. U-Flottille »Saltzwedel« in Dienst und lief am 20. 8. zur ersten Feindfahrt aus. Als Kommandantenschüler war Oblt. z.S. Hardegen eingestiegen, und als überzähliger Offizier befand sich Kptlt. Kleinschmidt an Bord.
Westlich der Hebriden stieß U 124 am 25. 8. auf den Konvoi HX 65 A. In zwei Einzelanläufen versenkte Schulz drei Dampfer mit rund 15.000 Tonnen. Danach wurde das Boot vom BdU über Funk auf eine Position südlich Island beordert, um dort als Wetterbeobachter stehenzubleiben. Es lief erst am 24. September 1940 in Lorient ein.
Insgesamt gesehen brachte der Juli 1940 die Versenkung von 43 Schiffen. Als einziges Kriegsschiff wurde der Zerstörer »Whirlwind« am 5. 7. von U 34 unter Kptlt. Rollmann versenkt. Rollmann war im Juli mit der Versenkung von 12 Schiffen, darunter ein Zerstörer und der Motortanker »Thiara«

von 10.364 BRT, einer der erfolgreichsten U-Bootkommandanten geworden.

Im August wurden insgesamt 70 Schiffe versenkt. Zum ersten Mal schrieben sich auch italienische U-Boote in die Versenkungsliste ein.

Am 17. 8. 1940 erklärte das Oberkommando der Wehrmacht im Rahmen des Operationsgebiets um die Britischen Inseln die »totale Blockade Englands«. Dieses Gebiet deckte sich ziemlich genau mit der amerikanischen Kriegszone, deren Befahren amerikanischen Bürgern und US-Schiffen verboten worden war. In diesem Gebiet sollten von nun an alle dort angetroffenen Schiffe warnungslos versenkt werden.

Als das erste Kriegsjahr zu Ende ging, hatte die deutsche U-Bootwaffe 1 Schlachtschiff, 1 Flugzeugträger, 4 Zerstörer, 2 U-Boote, 5 Hilfskreuzer und rund 440 Handelsschiffe mit etwa 2,330.000 BRT versenkt. Elf Angehörigen der U-Bootwaffe war das Ritterkreuz des Eisernen Kreuzes verliehen worden.

Während bei Kriegsbeginn der Bestand an Booten bei 57 gelegen hatte, betrug er am 31. 8. 1940 noch immer 57 Boote, denn den 28 Neubauten stand der Verlust von ebensovielen deutschen U-Booten gegenüber.

Trotz derselben Zahl an Booten mußte die deutsche U-Bootwaffe mit 12 Booten weniger ins zweite Kriegsjahr gehen. Diese Boote mußten den Schulflottillen zugeführt werden, um die für die erwarteten Neubauten notwendigen Besatzungen ausbilden zu können.

»Diese Langsamkeit, mit der die Deutschen ihren U-Bootausstoß vergrößerten, hatte für Großbritannien höchst glückliche Folgen«, beurteilte der britische Seekriegshistoriker Captain Roskill diese Tatsache.

DIE FRANZÖSISCHE U-BOOTWAFFE

Der Bestand an U-Booten - Neubauten vor dem Kriege

Der Bestand der französischen Marine an Kriegsschiffen aller Art betrug im Jahre 1935, zur Zeit des deutsch-englischen Flottenabkommens, etwa 60 Prozent der englischen Kriegsschiffstonnage. Das Bemerkenswerte daran war jedoch nicht etwa diese Größenordnung, sondern die Tatsache, daß sie 96 U-Boote besaß und 16 Neubauten in verschiedenen Fertigungsphasen auf den Helligen lagen.

Im Jahre 1938 wurde das Bauprogramm der französischen Marine um zwei Schlachtschiffe, zwei Kreuzer, zwei Zerstörer-Führer und 18 Zerstörer sowie um weitere 18 U-Boote der modernsten Art erweitert.

Die hohe Zahl an Neubauten bewirkte, daß Frankreich zu Beginn des Zweiten Weltkrieges über eine beträchtliche Anzahl an modernen U-Booten verfügte.

Es ging Frankreich darum, mit U-Booten den Schutz seiner Seestraßen sicherzustellen. Drei Viertel der französischen Importe kamen aus Übersee und wurden in den Atlantikhäfen gelöscht. Darüber hinaus mußte Frankreich im Mittelmeer zum Schutz der nordafrikanischen Verbindungslinien U-Boote bereitstellen, da zu befürchten stand, daß Italien an Hitlers Seite in den Krieg ziehen würde. Hinzu kam die Sicherung der Seewege nach Afrika über den Atlantik.

U-Boote waren für diese Aufgaben gut geeignet, und aus diesem Grunde wurde der Bau der U-Bootwaffe Frankreichs forciert.

In den zwanziger Jahren hatte Frankreich ab 1924 31 große U-Boote auf Stapel gelegt. Diese Boote waren mit einem Deplacement von 1570/2084 t sehr groß; die Bewaffnung war effektiv, die Seeausdauer beträchtlich.

Ab 1928 wurde in Frankreich eine Serie von 630-t-Booten auf Stapel gelegt. Ihnen folgten ab 1932 die Boote der »Orion«-Klasse mit dem gleichen Deplacement, aber in der Ausführung verbessert. Diese Boote hatten eine Verdrängung von 656/822 t. Ihre Geschwindigkeit betrug über Wasser 14 und unter Wasser beachtliche 9,2 kn. Die 6 Bugtorpedorohre hatten ein Kaliber von 55 cm, während die beiden Heckrohre 40 cm Kaliber aufwiesen.

Im Jahre 1931 wurden in Frankreich schließlich 5 Flotten-U-Boote auf Stapel gelegt, deren Größe mit 1570/2084 t angegeben wird. (Siehe Masson, H. Le: »Du ›Nautilus‹ au ›Redoutable‹«.) Ab 1935 wurden weitere Boote dieses Typs gebaut. Ihre Geschwindigkeit war auf 20 bzw. 10 kn/h gebracht worden. Damit zählten sie neben den englischen Flotten-U-Booten der »River«-Klasse, die 22,5 kn leisteten, zu den schnellsten U-Booten der

Welt. Die Bewaffnung bestand aus insgesamt 11 Torpedorohren, einer 10-cm-Kanone und 4 sMG.
Als der Zweite Weltkrieg begann, standen Frankreich 76 einsatzbereite U-Boote zur Verfügung; 10 weitere waren im Bau. Man hatte eine Reihe alter Boote ausgemustert und so zwar eine kleinere Zahl von Booten zur Verfügung als 1935, die jedoch ungleich kampfstärker waren.
Die Verteilung der französischen U-Boote am 1. 9. 1939 sah folgendermaßen aus.

Admiral Nord (englischer Kanal u. Nordsee):		4	U-Boote
Admiral West (Atlantik):		12	U-Boote
Admiral Süd (Mittelmeer):	in Toulon	12	U-Boote
	in Bizerta	17	U-Boote
	in Oran	12	U-Boote
		1	U-Boot-Tender
	in Marokko	4	U-Boote

Geleitaufgaben und freie Jagd

Am 1. 9. 1939 nahmen die Seestreitkräfte Frankreichs die für den Kriegsfall gegen Deutschland und Italien vorgesehenen Ausgangspositionen ein.
Da man französischerseits einen deutschen Handstreich auf die marokkanische Küste befürchtete, wurden große U-Boote als Sperre vor Vigo und vor der portugiesischen Küste in einem Suchstreifen formiert. Andere U-Boote postierten sich entlang der Schiffahrtswege Frankreichs im Mittelmeer.
Während England sich seit dem 3. 9. 1939 um 11.00 Uhr als mit Deutschland im Kriegszustand befindlich betrachtete, hatte Frankreich sein Ultimatum an Deutschland auf 17.00 Uhr dieses 3. 9. befristet, und General Gamelin ließ den Befehl ausgeben, daß bis zum 4. 9. um 05.00 Uhr nichts zu unternehmen sei.
Am 6. 9. übersiedelte Admiral Darlan, der Oberbefehlshaber der französischen Marine, von Paris nach Maintenon über.
Die erste offizielle Operation der französischen U-Bootwaffe begann am 14. 9., als die Boote »Agosta«, »Quessant«, »Poncelet« und »Persée« im Gebiet der Azoren nach heimkehrenden deutschen Transportschiffen und Blockadebrechern suchten. »Poncelet« unter KKpt. de Saussine gelang am 23. 9. die Aufbringung der »Chemnitz«, eines 5522 BRT großen deutschen Frachters, der versuchte, aus Las Palmas auslaufend, die Heimat zu erreichen.
Da deutsche Schiffe bei Kriegsbeginn auch in nordspanischen Häfen Zuflucht gesucht hatten, beorderte die U-Bootführung Frankreichs die Boote »Achille«, »Casabianca«, »Pasteur« und »Sfax« in Höhe von Cap Ortegal in eine Lauerstellung.

Auch in der Karibischen See befanden sich bei Kriegsbeginn deutsche Frachtschiffe und Tanker. Aus diesem Grunde wurden, ebenfalls am 22. 9., die Boote »Agosta«, »Bévéziers«, »Quessant« und »Sidi-Ferruch« zwischen den Durchfahrten der Großen Antillen postiert.
Den ersten Geleitsicherungsauftrag führte bereits Ende September ein großes Flotten-U-Boot der Franzosen durch. Es lief mitten in einem aus der Karibischen See nach Frankreich gehenden Geleitzug mit. Es war der mit 20,3-cm-Geschützen bewaffnete U-Kreuzer »Sourcouf«. Allerdings verlor das U-Boot die Schiffe aus der Sicht, als diese, von deutschen U-Booten angegriffen, auseinanderliefen.
Von Halifax in Richtung Osten auslaufende Großgeleite wurden ebenfalls von großen französischen Booten begleitet. Dieses Geleitsystem wurde bis Mitte Mai 1940 durchgeführt. Insgesamt liefen französische U-Boote bei 56 Geleitzügen mit. Von diesen Geleitzügen gingen insgesamt von Oktober 1939 bis Mai 1940 nur 4 Schiffe verloren.
Als der deutsche Tanker »Nordmeer« am 9. 12. aus Curaçao auslief, wurde er von der »Quessant« verfolgt. Er schüttelte den Verfolger ab und erreichte Vigo.
Auch die »Agosta« hatte kein Glück, als sie den aus Aruba auslaufenden deutschen Frachter »Consul Horn«, 8384 BRT, verfolgte, um ihn zu versenken. Als sowjetischer Frachter getarnt, erreichte dieses Schiff die norwegischen Gewässer, wo es von deutschen Seestreitkräften aufgenommen wurde.

Französische U-Boote vor Norwegen

Da die französischen U-Boote teilweise nicht ausgelastet waren, regte die französische Marine an, daß ein Teil der U-Bootwaffe den Überwachungsdienst in der Nordsee mit versehen könne. Bis dahin waren sämtliche Mittelmeerboote infolge der Nichtkriegführung von seiten Italiens zur Tatenlosigkeit verurteilt.
Die Royal Navy nahm dieses Angebot an, und am 23. 3. trafen der U-Boottender »Jules Verne« mit einer Division der 10. U-Flottille, »Amazone«, »Antilope« und »Sibylle« in Harwich ein. Es waren mittlere Boote der 630-t-Klasse.
Am 14. 4. folgte die zweite Division dieser Flottille mit den Booten »Circe«, »Doris« und »Orphée« nach. Am 20. 4. trafen noch die »Calypso« und die »Thetis« ein.
Bereits am 17. 4. waren Teile der 2. U-Bootdivision, die Boote »Achille«, »Casabianca«, »Pasteur« und »Sfax«, nach Harwich gelaufen, und am 1. 5. traf das Minen-U-Boot »Rubis« dort ein. Diese 12 U-Boote, das Minen-U-Boot und der U-Boottender, bedeuteten eine beträchtliche Verstärkung

für die Home Fleet, denn bereits am 31. 3. war die »Sibylle« zur ersten Feindfahrt in die Nordsee ausgelaufen.
Mit Beginn des Norwegenfeldzuges wurden diese 13 französischen U-Boote mit ihrem Mutterschiff eingesetzt. Die großen französischen Boote der 1500-t-Klasse unternahmen Vorstöße bis hinein in die norwegischen Fjorde. So die »Casabianca«, die versuchte, vor Norwegen deutsche Schiffe zu versenken. Das Minen-U-Boot »Rubis« legte dreimal Minen in das Küstenfahrwasser Norwegens. An diesen Sperren scheiterten 6 Schiffe und der U-Jäger »D«.
Den gesamten Mai hindurch befanden sich neben englischen Booten auch die französischen U-Boote »Antiope«, »Circé«, »Doris«, »Calypso«, »La Sibylle« und »Thetis« vor der niederländischen Küste und in den Hoofden zur Deckung der Osteinfahrt in den Kanal im Einsatz. Hier wurde - wie vorher geschildert - die »Doris« von U 9, Oblt. z.S. Lüth, versenkt.

Einsätze im Mittelmeer

Mit dem Eintritt Italiens in den Krieg am 10. 6.1940 wurden auch die französischen Mittelmeerboote eingesetzt. Von tunesischen Häfen operierten die Boote »Centaure«, »Caiman«, »Fresnel«, »Monge«, »Morse«, »Narval«, »Redoutable«, »Souffleur« und »Vengeur«, »Pegasé« und »Le Tonnant«.
Vor Sfax lief am 15. 6. »Le Tonnant« auf eine Mine und sank.
Von der Ostküste des Mittelmeeres, aus Beirut, operierten die Boote »Achéron«, »Acéton«, »Espadon«, »Phoque« und »Protée« in Richtung Dodekanes. Die Boote »Archiméde«, »Iris«, »Pallas« und »Vénus« liefen aus Toulon aus. Ihr Einsatzgebiet war das Tyrrhenische Meer. Von Oran stießen die Boote »Ariane«, »Danaé«, »Diane« und »Eurydice« in den Raum Gibraltar vor.
Die »Saphir« legte unter Führung von Kptlt. Caminati eine Minensperre vor Cagliari, auf welcher 2 Schiffe sanken. Aufgrund der von »Nautilus« vor Tripolis gelegten Sperre sank ein Schiff.
Als feststand, daß deutsche Truppen am Abend des 18. 6. in Brest einmarschieren würden, galt es, 83 Kriegsschiffe aus dem Hafen in Marsch zu setzen. Darunter auch den U-Kreuzer »Surcouf«. Vier U-Boote mußten im Brester Hafen gesprengt werden.

Britische Nacht- und Nebelaktionen

Nach Abschluß des deutsch-französischen Waffenstillstandes in Compiégne befanden sich in Plymouth und Portsmouth neben den Großkampfschiffen auch 7 französische U-Boote.
Gegen diese und gegen die Großkampfschiffe sollte es, trotz der deutschen

Zusicherung gegenüber Frankreich, in den genannten Häfen zu einer »Nacht- und Nebeloperation« kommen.

Die Klausel des deutsch-französischen Waffenstillstandsvertrages, der die Marine betraf, lautete im Kern:

»Die deutsche Regierung erklärt feierlich, daß sie eine Verwendung der französischen Kriegsschiffe für eigene Zwecke nicht beabsichtigt.

Die deutsche Regierung erklärt feierlich und förmlich, daß sie nicht beabsichtigt, irgendeinen Teil der französischen Flotte bei Friedensschluß zu beanspruchen.«

Am 2. 7. erhielten die britischen Admirale Befehl, im Morgengrauen des 3. 7. die französischen Schiffe in den beiden genannten Häfen »in geradezu indianischer List« in die Hand zu bekommen. (Siehe Paul Auphan, Jacques Mordal: »Unter der Trikolore«, S. 131.)

Während es in Portsmouth zu keinem Blutvergießen kam, gelang es in Plymouth den Offizieren des Zerstörers »Mistral«, die Seeventile zu öffnen und ein paar Räume zu fluten. Die Versenkung mißlang, weil der Kommandant des Schiffes das Leben der im Schiff eingeschlossenen Besatzung - man drohte englischerseits, die Seeleute mit dem Schiff untergehen zu lassen - nicht gefährden wollte.

Als auch der U-Kreuzer »Surcouf«, der in Councy lag, solcherart geentert wurde, setzten sich die Offiziere mit ihren Revolvern zur Wehr. Es gab vier Tote. Unter den Toten befand sich auch der Kommandant des britischen U-Bootes »Thames« und der für die französischen U-Boote zuständige Verbindungsoffizier. Auch ein junger Offizier des U-Bootes »Surcouf« fiel. Die Besatzungen der Boote »Junon« und »Minerve«, die ebenfalls hier lagen, ergaben sich.

Mit aufgepflanztem Bajonett wurden die Besatzungen in ein Lager nach Liverpool geschafft, wo sie mehrere Monate in Zelten lebten.

In Falmouth wurden die französischen U-Boote »Orion« und »Ondine«, in Dundee das U-Boot »Rubis« geentert.

Der englische Angriff auf Mers el Kebir, westlich von Oran, verlief bedeutend blutiger. Hier verlor die französische Marine 1147 Mann.

Die vier in Oran liegenden U-Boote liefen aus, um den ehemaligen Verbündeten und neuen Feind zu vernichten. Sie blieben erfolglos.

Die französischen Kriegsschiffe, die diesen Überfall überstanden, liefen nach Toulon ein. Admiral Darlan erließ einen Befehl, daß alle britischen Schiffe, die sich auf weniger als 20 sm der französischen Küste näherten, beschossen werden sollten.

Am 6. 7. unternahmen Torpedoflugzeuge des Trägers »Arc Royal« einen weiteren Angriff auf Mers el Kebir. Ein kleines beim Schlachtschiff »Dunkerque« liegendes Fahrzeug wurde versenkt; das Schlachtschiff erhielt ein großes Leck. 150 weitere französische Seeleute fielen dem Angriff ihrer ehemaligen Verbündeten zum Opfer.

Am 8. 7. griffen Flugzeuge des britischen Trägers »Hermes« das Schlachtschiff »Richelieu« an, das nach Dakar ausgelaufen war. Das Schiff wurde achtern von einem Lufttorpedo getroffen.
Erst am 12. 7. erließ Winston Churchill die Weisung, die Angriffe gegen französische Kriegsschiffe einzustellen.

Der Einsatz der französischen U-Boote im Zweiten Weltkrieg war damit beendet. Bis auf jene Boote, die in englischem Dienst standen und jene, die für die Vichyregierung in Syrien im Einsatz standen, als britische und gaullistische Truppen vom 7. 6. bis zum 14. 7. 1941 versuchten, Syrien zu erobern.
Der Marinebefehlshaber Syrien, Konteradmiral Gouton, verfügte neben einigen kleinen Schiffen über die U-Boote »Caiman«, »Morse« und »Souffleur«. Die »Caiman« versuchte am 9. 6. den britischen Kreuzer »Ajax« zu vernichten. Der Torpedo verfehlte nur knapp sein Ziel. Am 25. 6. wurde die »Souffleur« in der Bucht von Djounieh von dem britischen U-Boot »Parthian« unter Cdr. Rimington, versenkt. Als am 14. 7. der Waffenstillstand in Syrien unterzeichnet wurde, liefen die beiden übriggebliebenen französischen U-Boote nach Bizerta aus.
Die noch für die Vichyregierung verfügbaren U-Boote lagen in Toulon (etwa 12 Boote), in Oran (12 Boote), in Dakar (8 Boote), in Casablanca (12 Boote). Darüber hinaus lagen einzelne U-Boote in den Stützpunkten Beirut, Libanon, Fort de France auf Martinique, Diego Suarez auf Madagaskar und in Saigon, Indochina.
Der Kriegseinsatz der französischen U-Boote war zu Ende.

Italienische U-Boote im Einsatz

Mit Eintritt Italiens in den Zweiten Weltkrieg am 10. Juni 1940 verfügte die italienische U-Bootwaffe über 102 einsatzbereite Boote verschiedenster Größen. Weitere 6 waren in Bau. Damit verfügte die italienische Marine über die doppelte Anzahl an U-Booten wie die deutsche. Vom 4. bis 9. 6. liefen nach dem Befehl des Comando Sommergibili in Rom im Mittelmeer insgesamt 54 U-Boote auf ihre Positionen, um am Tage des Kriegseintritts der Italiener einsatzbereit zu sein. Von diesen liefen zwischen dem 14. und 16. 6. 28 wieder in ihre Stützpunkte ein. Die übrigen 26 Boote kehrten bis zum 26. 6. zurück oder wurden abgelöst.
Die Einsatzgebiete der Mittelmeerboote waren:
Französische Riviera: »Fieramosca«, »Gondar«, »Mocenigo«, »Neghelli« und »Veniero«.
Golf von Genua: »H 1«, »H 4«, »H 6« und »H 8«.
Afrikanische Küste: »Faà di Bruno«, »Dandolo«, »Marcello«, »Morosini«, »Provana«.

Nördlich Algier: »Barbarigo« und »Nani«.
Südlich Sardinien: »Adua«, »Alagi«, »Aradam«, »Axum«, »Turchese«.
Sizilienstraße: »Beilul«, »Brin« und »Durbo«.
Vor Malta: »Bausan«.
Griechisch-albanische Küste: »Anfitrite«, »Balilla«, »Sciesa« und »Uarsciec«.
Südlich Gaudo (Kreta): »Bagnolini«, »Giuliani«, »Salpa«, »Tarantini«.
Nördlich von Sollum: »Diamante«, »Nereide«, »Topazio«.
Vor Alexandria: »Argonaute«, »Fisalia«, »Naiade«, »Smeraldo«.
Zwischen Kreta-Rhodos: »Delfino«, »Jalea«, »Jantina«, »Tricheco«, »Velella«, »Zaffiro«.
Ägäis: »Ametista«, »Gemma«, »Squalo«.
Acciajo: »Medusa«.
Nördlich und nordwestlich Kreta: »Settimo«, »Uebi Scebeli«.

Bereits am 12. 6. kam das Boot »Bagnolini« unter KKpt. Tosoni-Pittoni zum Schuß auf den leichten Kreuzer »Calypso«. Auf 33.45 N/24.32 O ging der leichte Kreuzer unter. Die beiden Boote »Nereide« und »Naiade« griffen am selben Tag je einen Tanker an. Während der von der »Naiade« getroffene Tanker brennend eingeschleppt werden konnte, sank der von der »Nereide« unter KKpt. Spano angegriffene und von zwei Torpedos getroffene Tanker »Orkanger« (8029 BRT).
Unter dem Kommando von Kptlt. Boris griff »Dandolo« am 13. 6. einen französischen Kreuzerverband an und verfehlte die »Jean de Vienne« knapp. »Provana«, geführt von KKpt. Botta, stieß zum Angriff gegen den französischen Konvoi IR 2 F vor. Sein Torpedofächer ging vorbei. Der Aviso »La Curieuse« warf Wasserbomben, die das Boot zum Auftauchen zwangen. Es wurde von dem Aviso durch Rammstoß versenkt.
Am 20. 6. stießen zum ersten Mal im Mittelmeer zwei U-Boote der kampfführenden Parteien aufeinander.
Die »Diamante« wurde durch das britische U-Boot »Parthian« unter LCdr. Rimington versenkt.
Die zweite Welle italienischer U-Boote lief vom 19. 6. an ins westliche Mittelmeer aus, um sich auf die französischen Schiffahrtsrouten zwischen Südfrankreich und Nordafrika zu konzentrieren. Bis zum 2. 7. standen hier insgesamt 12 Boote, die überwiegend keinen Erfolg hatten. Lediglich »Capponi« versenkte ein Schiff, und »Glauco« beschädigte ein anderes im Artilleriegefecht.
Die in den ersten 14 Tagen des Juli ostwärts Gibraltar im Einsatz befindlichen Boote »Emo«, »Barbarigo«, »Dandolo« und »Marconi« nahmen einige Male Kriegsschiffe unter Beschuß. Hierbei wurde der britische Zerstörer »Escort« durch »Marconi« unter KKpt. Chialamberto versenkt.
Am 10. 7. errang die »Scire« einen Erfolg, als sie den kleinen französischen

Dampfer »Cheik« vernichtete. Vor Haifa schoß »Tarantini« am selben Tage zwei Torpedos auf den Dampftanker »Beme« ab, der sank.
Inzwischen hatte die italienische Führung dem OKW eine Beteiligung italienischer U-Boote am U-Bootkrieg im Atlantik vorgeschlagen. In einer Besprechung des OWM am 25. 7. war Hitler mit einer Beteiligung Italiens einverstanden.
Da aber einer taktischen Unterstellung der italienischen U-Boote unter den BdU italienischerseits die gleichen Forderungen beispielsweise gegenüber den in Nordafrika eingesetzten deutschen Fliegern nachfolgen mußten, wünschte Hitler zunächst eine völlige Trennung der deutschen und italienischen U-Bootführung.
Großadmiral Raeder schlug vor, einen Verbindungsstab des BdU bei der italienischen U-Bootführung zu installieren. Dies wurde von Hitler genehmigt. Die Versorgung der italienischen U-Boote sollte eine Sache der Italiener sein.
Bereits in der Nacht zum 13. Juni 1940 war das erste italienische U-Boot, die »Finzi« unter FKpt. Alberto Dominici, durch die Straße von Gibraltar gelaufen.
Admiral Angelo Perona wurde zum Ersten Befehlshaber der italienischen Unterwasserstreitkräfte im Atlantik ernannt. Er organisierte »Betasom«, die italienischen U-Bootkräfte der 11. Gruppo Sommergibili in Bordeaux.
Der Durchbruch durch die Straße von Gibraltar war für die italienischen U-Boote, ebenso wie später für die deutschen Boote, eine dramatische Angelegenheit.
In der Nacht zum 3. 8. lief »Malaspina« unter Mario Leoni durch die Gibraltarstraße. Das Boot wurde erkannt, es mußte bis auf 157 m Tiefe tauchen, um den Wasserbomben zu entkommen.
Den nachfolgenden Booten ging es nicht weniger böse. Aber sie kamen durch. Und während im August im Mittelmeer nur noch zwei Feindschiffe versenkt werden konnten, operierten die ersten italienischen U-Boote bereits im Atlantik.
»Malaspina« stieß am frühen Morgen des 12. 8. auf den britischen Motortanker »British Fame«, 8406 BRT, und versenkte ihn durch Torpedotreffer. Das Schiff befand sich auf dem Wege von Liverpool zum Persischen Golf. Kommandant des Schiffes war Captain William George Knight aus Paignton. Der erste Torpedo wurde aus 1600 m Distanz abgeschossen. Gleich darauf wurde der Schuß aus Rohr II gelöst. Die »British Fame« brannte und wurde durch 2 Schüsse mit der Kanone versenkt, der Kommandant wurde an Bord genommen und die Besatzung mit ihrem Boot bis auf 150 Meilen an die Azoren herangeschleppt und dann losgemacht.
24 Stunden später erreichte die Besatzung der »British Fame« den Hafen Ponta Delgada.
Am selben Tage aber gelang es »Barbarigo«, KKpt. Giulio Ghiglieri, den

britischen Dampfer »Aguila« durch 5 Treffer aus der 10-cm-Bugkanone zu versenken.
Nacheinander liefen in den nächsten Wochen durch die gefährliche Straße von Gibraltar die Boote »Dandolo«, »Emo«, »Faà di Bruno«, »Giuliani«, »Baracca«, »Torelli«, »Tarantini«, »Marconi«, »Finzi«, »Bagonolini«, »Da Vinci«, »Glauco«, »Otaria«, »Veniero«, »Nani«, »Tazzoli« und »Argo« in den Atlantik.
Sie fuhren zunächst nach Bordeaux, um sich in der neuen italienischen U-Bootbasis zu melden.
»Dandolo« unter KKpt. Riccardo Boris war bereits am 21. 8. erfolgreich, als es den niederländischen Motortanker »Hermes«, 3768 BRT, versenkte. Am 26. 8. kam das Boot ein zweites Mal zum Einsatz. Seinen Torpedos fiel der britische Motortanker »Ilvington Court« zum Opfer, der 5187 BRT groß war.
Nicht weniger als 33mal durchbrachen italienische U-Boote die britischen Sicherungen der Straße von Gibraltar, um aus dem Mittelmeer in den Atlantik zu gelangen. Es war dies eine Route, die keines der ins Mittelmeer beorderten deutschen U-Boote jemals zurücklegte. Diese Fahrt in entgegengesetzter Richtung war nämlich wegen ihrer außerordentlichen navigatorischen Schwierigkeiten beinahe unmöglich. Es stellt eine Meisterleistung der italienischen U-Bootwaffe dar, mit so vielen Booten ohne Verluste durchbrechen zu können.
Die italienischen U-Boote hatten einen achtbaren Einstand gegeben. Sie sollten in der Folgezeit noch oft von sich reden machen.
Ein großer Überraschungsschlag wurde von der italienischen U-Bootwaffe schon im Sommer 1940 vorbereitet. Und zwar sollte in der Nacht des 25. 8. 1940 das U-Boot »Iride« mit vier Langstreckentorpedos SLC (Silura a lunga corsa) von der Bombabucht aus nach Alexandria geschafft und dort gegen britische Großkampfschiffe zum Einsatz gebracht werden. Noch während die »Iride« beladen wurde, wurde die Schiffsansammlung (das Depotschiff »Monte Gargano« und das Torpedoboot »Calipso« hatten die »Iride« in die Bucht von Bomba begleitet, um sie zu sichern) von einem englischen Aufklärer entdeckt.
Wenig später wurden diese Schiffe von drei »Swordfish«-Maschinen der 813. Squadron angeflogen und mit 46-cm-Torpedos von der Seeseite aus angegriffen.
Die »Iride« hatte inzwischen die SLC in die dafür vorgesehenen Behälter verstaut und lief soeben auf tieferes Wasser, um dort die Behälter beim Tauchen zu testen.
Captain Patch warf einen Torpedo auf das U-Boot. Die »Iride« wurde vor dem Turm getroffen. Sie zerbrach und sank sofort. Auch die »Monte Gargano« wurde versenkt. Damit war dieser Überraschungsschlag verpufft, noch ehe er angesetzt werden konnte.

Von Juni bis August verlor die italienische U-Bootwaffe 11 U-Boote. Eines dieser elf Boote, die »Galileo Galilei«, wurde am 19. 6. durch die englische Korvette »Moonstone« im Roten Meer gekapert. Fünf Tage vorher war ebenfalls im Roten Meer die »Macelle« durch die »Accident« versenkt worden.
Die »Provana« war am 17. 6. vor Oran durch die »La Curieuse« versenkt worden. Die »Diamante« wurde vor Tobruk versenkt. Die »Evangelista Torricelli« wurde im Roten Meer von einer englischen U-Jagdgruppe gestellt und von der »Kandahar«, »Kingston« und »Shoreham« vernichtet. Im Persischen Golf ging am 23. 6. die »Luigi Galvani« unter, und vor Kreta traf vier Tage später die »Liuzzi« das gleiche Schicksal, während die »Argonauta« am 28. 6. von einer Luftpatrouille der 230. Squadron im zentralen Mittelmeer gesichtet und angegriffen wurde. Die »Uebi Scebeli« traf es am 29. 6. westlich von Kreta. Ihr wurde eine britische U-Jagdgruppe zum Verhängnis, und am selben Tage wurde die »Rubino« im Ionischen Meer von einer Luftpatrouille erfaßt und mit Bomben vernichtet.
Die »Iride« wiederum wurde - wie vorab geschildert - von einem Trägerflugzeug der »Eagle« am 22. 8. in der Bombabucht für immer unter Wasser gedrückt.
Das waren herbe Verluste für die italienische U-Bootwaffe.

DAS ZWEITE KRIEGSJAHR

Das Unternehmen »Seelöwe« und der U-Bootkrieg

Als der Oberbefehlshaber der U-Bootflotte, Admiral Dönitz, am 26. August von einer Besprechung im FHQ nach Lorient zurückkehrte, ließ er alle im Hafen liegenden U-Bootkommandanten ins Hotel Terminus rufen, wo er sich mit einer schweren Erkältung zu Bett gelegt hatte. Er eröffnete die keinen Aufschub duldende Besprechung mit der Bekanntgabe des Termins für das geplante Unternehmen »Seelöwe«:

»Der Tag der Invasion ist endgültig festgesetzt. Es ist der 15. September. Ich habe alle in See stehenden Boote zurückgerufen und nach Cherbourg dirigiert, um dort zu bunkern und Torpedos nachzuladen. Ihre Aufgabe wird es sein, eine Sperre am Westeingang des englischen Kanals zu bilden.

Kein Kriegsschiff der Royal Navy darf die Sperre passieren, da sonst unsere Nachschublinien über den Kanal ernstlich gefährdet werden könnten. Ich wiederhole und betone: kein britisches Schiff darf in den Kanal einfahren.«

Den U-Bootkommandanten wurden versiegelte Befehle übergeben, die erst auf das Stichwort »Seelöwe« geöffnet werden durften. Dieses Stichwort wurde dann allerdings nicht gegeben, denn es gelang der Luftwaffe trotz verzweifelter Anstrengungen nicht, die Luftherrschaft über dem Operationsgebiet zu erringen.

Der BdU hoffte in dieser Zeit bald zu Geleitzugschlachten zu kommen. Er erwartete von solchen Rudelangriffen auf feindliche Geleitzüge wesentliche Erfolge.

Zunächst jedoch war ein Auffinden eines Geleitzuges bei der niedrigen Zahl der im Einsatz stehenden Boote sehr schwierig. Der BdU gab daher den U-Booten den grundsätzlichen Befehl, jeden gesichteten Geleitzug zu melden. Das Oberkommando der Kriegsmarine verfügte über einen eigenen Funkhorch- und Entschlüsselungsdienst. Dieser konnte der U-Bootführung weitere wichtige Hinweise geben. Allerdings war die Entschlüsselung der Funksprüche oftmals schwierig, und wenn die Entschlüsselung gelang, waren sie meistenteils überholt und die darin genannten Konvois nicht mehr einzuholen oder zu stellen.

Am 6. 9. 1940 wurde Hitler vom ObdM in seinem Lagevortrag der Einsatz der Kriegsmarine vorgetragen. In bezug auf den U-Bootkrieg hieß es dort:

»c) U-Bootkrieg: Strategische Ausgangsbasis Drontheim-Lorient-Bordeaux gibt umfassende operative Einsatzmöglichkeiten. Zur Zeit Hauptoperationsgebiet westlicher Nordkanal - westlich Schottland. - Sehr ergiebig! - Ansatz von Lorient und Heimat aus. Augenblickliche Erfolge beträchtlich.

Nach Fortfall aller bisher noch bestehenden Bindungen durch Erklärung

Operationsgebietes um England und Freigabe warnungslosen Schusses gegen alle Ziele ist eine weitere allmähliche Steigerung der Erfolge zu erwarten. - Abwehr zur Zeit weniger durch zahlenmäßig schwache Geleitstreitkräfte als durch starke Luftsicherung und U-Bootbekämpfung durch Flugzeuge.
Verluste seit Kriegsbeginn: Von 61 Booten der operativen U-Bootwaffe gingen 28 Boote, gleich 46 Prozent, verloren.
Anerkennung der U-Bootwaffe durch den Führer bei nächster sich bietender Gelegenheit (Rede) erbeten; vom Führer zugesagt.
Unterstützung des Atlantikkrieges durch die italienische U-Bootwaffe. Der Ausbau des Stützpunktes Bordeaux ist im Gange. Die Vereinbarungen mit der italienischen Kriegsmarine sind abgeschlossen. Die deutsche Marine richtet Örtlichkeiten ein, übernimmt deren militärische Sicherung außerhalb italienischen Geländes sowie die Sicherung nach See und Luft für das Hafengelände und die Auslaufwege.
Die operative Führung auch der italienischen Boote erfolgt durch den BdU. Zur Abstimmung taktischer und operativer Fragen wird der Austausch von Verbindungsoffizieren vorgeschlagen. Das erste Boot ist in Bordeaux eingelaufen. Zur Zeit befinden sich 3 Boote im Atlantik, 6 auf dem Anmarsch. Bis Ende Oktober sollen 36 Boote in den Atlantik entsandt werden.« (Siehe: Lagevorträge des Oberbefehlshabers der Kriegsmarine vor Hitler 1939-1945.)
Während dieses Lagevortrages kam auch die Unterstützung der englischen Kriegführung durch die USA zur Sprache, die sich durch die Abgabe von 50 Zerstörern dokumentiert hatte, die am 2. September 1940 beschlossen worden war. Es wurde festgestellt, daß dieser Austausch von Zerstörern gegen Stützpunkte eine feindselige Handlung Deutschland gegenüber darstelle.
Eine Überprüfung der Möglichkeit des aktiven Eingreifens der USA in den Krieg führte zu dem Ergebnis, daß die USA kaum entscheidende materielle und personelle Unterstützung nach England schicken würden, daß aber Aktionen gegen spanische und portugiesische Inseln im Atlantik durch die USA möglich seien.
Inzwischen hatte die U-Bootwaffe, die zu Anfang September mit nur 3 Booten im Atlantik stand, weitere Boote hinausgeschickt. In den ersten Septembertagen war vom Entzifferungsdienst der Marine der Zusammenstoß eines ostwärts ziehenden Geleitzuges mit der Heimatsicherung entschlüsselt worden. Der BdU versuchte, diesen Geleitzug mit vier inzwischen im Atlantik stehenden Booten zu finden.

Die ersten Geleitzüge - Deutsche U-Boote im Rudelangriff

Am 1. September 1940 eröffnete U 101 unter Oblt. z.S. Frauenheim die

Septembererfolge mit der Torpedierung des griechischen Dampfers »Efploia« (3867 BRT), dessen Wrack allerdings durch ein britisches Kriegsschiff versenkt wurde.
Am selben Tag stieß U 32 unter Oblt. Jenisch auf einen in Richtung Dakar marschierenden Verband und meldete die Torpedierung des Hilfskreuzers »Scythia«. Doch es war der britische Kreuzer »Fiji«, der getroffen und beschädigt worden war.
U 46, das im August in See gestanden hatte, befand sich nach der Versenkung von vier Schiffen, darunter des Hilfskreuzers »Dunvegan Castle«, 15.007 BRT, bereits auf dem Rückmarsch, als das Boot auf den Konvoi OB 205 angesetzt wurde.
Der Konvoi wurde am Nachmittag des 2. 9. von U 46 gesichtet. Das Boot drehte zum Angriff auf die Steuerbordkolonne ein. Um 22.04 Uhr wurden zwei Zweierfächer abgeschossen. Beide trafen. Die »Thornlea«, 4261 BRT, und die »Bibury«, 4616 BRT, sanken auf 55.14 N/16.40 W im Nordatlantik. Da das Boot nunmehr verschossen hatte, erhielt es den Rückmarschbefehl und lief nach St. Nazaire ein.
Inzwischen hatte auch U 47 das Operationsgebiet Nordatlantik erreicht. Das Boot war am 26. 8. zu seiner 7. Feindfahrt ausgelaufen. Am 2. 9. hatte ein Einzelfahrer, die »Ville de Mons«, 7463 BRT, das Pech, gesichtet zu werden. Sie wurde durch einen Zweierfächer versenkt. Zwei Tage später gelang es, aus dem Konvoi OA 207 ein Schiff herauszuschießen.
Auf den Konvoi SC 2 angesetzt, der vom B-Dienst rechtzeitig gemeldet worden war, sichtete U 47 diesen Geleitzug mit 42 Dampfern und drei Sicherungsfahrzeugen. Prien ließ für die anderen Boote Peilzeichen geben und schloß am Abend des 2. 7. mit U 47 zum Angriff auf.
Prien schoß den ersten Torpedo auf einen Zerstörer ab. Der Aal lief unter dem Kiel des Zerstörers her. Der zweite Einzelschuß traf die »Neptunian«. Danach mußte U 47 tauchen, weil der verfehlte Zerstörer das Boot angriff. Wasserbomben schüttelten U 47 durch, aber es kam frei, und als der Zerstörer abdrehte und seine Schraubengeräusche verstummten, befahl Prien aufzutauchen.
Das Boot fuhr hinter dem Konvoi her und hatte nach 75 Minuten abermals Anschluß gefunden. Binnen 18 Minuten wurden zwei weitere Dampfer herausgeschossen.
Am 9. 9. schoß Prien noch einen Nachzügler aus dem SC 2 heraus. Es war die »Possidon«. Kuhnke kam mit U 28 ebenfalls heran und versenkte die »Mardinian«.
U 28 kam am 11. 9., erreichte auch noch den Konvoi OA 210 und torpedierte drei Schiffe, von denen zwei sanken.
U 48, nunmehr von Kptlt. Bleichrodt als drittem Kommandanten geführt, beschoß am 14. 9. vier Schiffe mit Torpedos, darunter die »Dundee«. Am 18. 9. wiederholte Bleichrodt seinen Erfolg vom 15., indem er an diesem

Tage drei Dampfer versenkte, unter ihnen den britischen Dampfer »City of Benares« mit 11.081 BRT. Mit der »Blairangus« und der »Broompark« gelang es Bleichrodt am 21. 9., insgesamt 9 Schiffe zu versenken, ehe das Boot verschossen den Rückmarsch antreten mußte.
Lüth, soeben zum Kapitänleutnant befördert, stellte mit U 138 ein neues Boot des Typs II D in Dienst. Im September 1940 lief er damit zur ersten Feindfahrt aus, nachdem harte Wochen der Ausbildung und des Einfahrens vorausgegangen waren.
Beim Auslaufen ging beinahe alles schief. Das Boot streifte am ersten Tage eine Mine. Am zweiten Tage stellte der LI fest, daß die Regelzelle ein Leck hatte.
Bereits im Nordkanal stehend, sichtete die Brückenwache von U 138 am 20. 9. einen Geleitzug. Es war der OB 216. Das Boot lief zum Angriff heran, und Lüth gab binnen 6 Minuten drei Einzelschüsse ab: einen auf einen Tanker, den er auf 7500 Tonnen schätzte, und jeweils einen weiteren auf zwei Dampfer.
Alle drei Torpedos trafen. Die Dampfer »Boca« und »Empire Adventure«, jeweils über 5000 BRT, sanken sofort. Der Tanker funkte SOS. Er stand in Flammen. Sein Name war »New Sevilla«, er hatte nach dem Lloyds-Register 13.801 BRT.
Von Geleitfahrzeugen unter Wasser gedrückt, mußte Lüth abdrehen. Doch er schwenkte bald wieder auf den Generalkurs des Konvois ein, gewann in der dunklen Nacht Anschluß und griff am 21. 9. um 02.27 Uhr einen weiteren großen Dampfer des Geleitzuges an. Es war die »City of Simla«, 10.138 BRT, die auf 55.50 N/08.20 W versenkt wurde.
Nach der Vernichtung dieser vier Schiffe mit insgesamt 34.644 BRT trat U 138 den Rückmarsch an.
Ein weiteres Boot war Ende August wieder auslaufbereit: U 99. Ende des Monats war Kptlt. Kretschmer ins Hotel Terminus zum BdU befohlen worden. Dieser hatte ihn mit dem italienischen U-Bootkommandanten FKpt. Primo Longobardo bekanntgemacht und erklärt, daß Longobardo an Bord von U 99 die nächste Feindfahrt als Beobachter der Atlantikszene mitmachen werde.
Am Nachmittag des 2. 9. 1940 legte U 99 in Lorient ab.
Bereits am 4. September wurde der kleine britische Dampfer »Luimneach« gesichtet und mit 26 Granaten, darunter 6 Phosphorgranaten, in Brand geschossen und versenkt.
Als am 8. 9. ein von England westgehendes Geleit gesichtet wurde, kam U 99 nach 24stündiger Verfolgung zwar dreimal zum Schuß, aber alle drei Torpedos waren Versager. Allerdings traf einer der vorbeigelaufenen Torpedos den Dampfer »Albionic«.
Am 15. September, dem vorgesehenen Tag der Invasion Englands, die inzwischen bereits abgeblasen worden war, wurde in der Nacht ein einzeln

fahrendes Schiff gesichtet. Aus großer Distanz wurde der Einzelschuß ausgelöst. Es war der Dampfer »Hird«, der versenkt wurde.
Am Abend des 17. 9. wurde abermals ein Einzelfahrer gesichtet und mit einem Torpedo angeschossen. Mit Phosphorgranaten unter Feuer genommen, geriet die »Crown Arun« in Brand und sank.
U 99 fing am 20. 9. einen Funkspruch von U 47 auf, nach welchem Priens Boot einen Geleitzug gesichtet hatte. Der BdU setzte fünf im Nahbereich der gemeldeten Position operierende Boote auf diesen Konvoi an. Es waren neben U 99 noch U 48 (Bleichrodt), U 100 (Schepke) und U 32 (Jenisch).
Mit Einbruch der Nacht meldete U 47 abermals seine Position sowie Standort und Kurs des Geleitzuges. In den ersten Morgenstunden des 21. 9. war U 99 an den Konvoi herangekommen. Um 02.30 Uhr wurde der erste Schatten gesichtet. Wenig später trafen sich U 47 und U 99 am Geleitzug.
Um 03.12 Uhr hatte sich U 99 auf Schußentfernung an die äußere Kolonne des Geleitzuges herangearbeitet. Ein großer Tanker wurde beschossen. Der Torpedo traf die »Invershannon«, 9154 BRT, am Bug. Eine Stunde später wurde der zweite Dampfer torpediert. Er explodierte. Danach wurde die »Elmbank« torpediert. Als sie nicht sank, wurde sie mit Phosphorgranaten beschossen und zum Sinken gebracht. (Übrigens hatte U 47 kurze Zeit vorher das beschädigte Schiff ebenfalls mit Phosphorgranaten beschossen.)
Um 06.14 Uhr kam auch U 48 zum Schuß.
Im Verlauf dieses 21. 9. kam U 100 mit Höchstfahrt näher. Kptlt. Schepke, der seit einiger Zeit mit U 100 ein Boot des Typs VII B führte, hatte am Mittag des 21. 9. aufgeschlossen. Von 23.10 bis 23.13 Uhr ließ er die gesamte Chargierung seines Bootes abschießen. Der Dampfer »Canonesa« und der mit 10.364 BRT sehr große Tanker »Torinia« sanken. Ein weiteres Schiff wurde torpediert, lief aber weiter, aber dann traf es noch die »Dalcairn«. Von zwei Geleitzerstörern wurde U 100 auf Tiefe gezwungen. Aber schon bald tauchte das Boot wieder auf und griff abermals an. Am 22. 9., kurz nach Mitternacht, wurde die »Empire Airman« versenkt und 28 Minuten darauf die »Scholar« torpediert, die am 24. 9. sank.
Um 01.52 Uhr traf ein Zweierfächer die »Frederick S. Fales« (10.525 BRT) mittschiffs und Achterkante Brücke. Der Tanker stand wenige Minuten später in Flammen. U 100 drehte vor einem heranlaufenden Zerstörer ab, brauchte aber nicht zu tauchen, weil der Zerstörer dem Boot nicht folgte.
Um 02.14 Uhr folgte der Zweierfächer aus den beiden nachgeladenen Rohren. Die Aale trafen die »Simla«, 6031 BRT, die ebenfalls sank. Verschossen erhielt U 100 den Rückmarschbefehl nach Lorient.
Der Konvoi HX 72 hatte, nachdem auch noch U 32 am 22. 9. zum Versenkungserfolg gekommen war, insgesamt 14 Schiffe verloren. Das war der größte Erfolg, den bis dahin ein U-Bootrudel im Geleitzugkampf errungen hatte. Dieser Erfolg stellte die Richtigkeit und Wirksamkeit der Rudeltaktik unter Beweis. Was nunmehr fehlte, war eine große Zahl an U-Booten, mit

denen alle großen Geleitzüge im Atlantik hätten angegriffen werden können.

Im Monat September sanken durch deutsche und italienische U-Boote 69 Schiffe. Wohl die interessanteste Kampfhandlung dieses Monats war die Torpedierung des britischen Schlachtschiffes »Resolution« durch das Vichy-U-Boot »Bévéziers« unter KKpt. Lancelot am 25. 9. vor Dakar. Das englische Schlachtschiff hatte an dem britisch-freifranzösischen Angriff - der Operation »Menace« - auf Dakar teilgenommen. Aufgrund des Treffers auf das Schlachtschiff befahl Churchill Admiral Cunningham, die Operation abzubrechen.

Am 27. 9. 1940 wurde zwischen Deutschland, Italien und Japan in Berlin der Dreimächtepakt abgeschlossen. Ziel dieses Paktes war es, ein Eingreifen der USA in den Krieg zu verhindern. Die Drohung des Zweifrontenkrieges im Atlantik und im Pazifik würde, dessen war man sicher, die USA aus dem Krieg heraushalten. Die Beziehungen der drei Mächte zu der UdSSR sollten von diesem Pakt unberührt bleiben.

Die »Nacht der langen Messer«

Der Oktober brachte im ersten Drittel einige Einzelerfolge deutscher und italienischer U-Boote im Atlantik. Erfolgreichster Kommandant dieser ersten 10 Tage war einmal mehr KKpt. Schütze, der mit U 103 viermal erfolgreich war. U 48 brachte es auf drei Erfolge, und im zweiten Oktoberdrittel waren auch U 138 (Lüth), U 38 (Liebe) und U 48 (Bleichrodt) dabei.

Als Mitte Oktober U 48 unter Kptlt. Bleichrodt nordwestlich der Rockall Bank einen nach England laufenden Konvoi sichtete, meldete er diesen Konvoi über Funk dem BdU. Vizeadmiral Dönitz setzte die Boote U 46, U 99, U 100, U 101 und U 123 an.

Am 17. 10. kam U 48 zum Schuß. Zwei Dampfer wurden versenkt, einer torpediert. Das Boot wurde unter Wasser gedrückt und verlor in der anschließenden Wabo-Verfolgung die Fühlung. Vier Stunden später konnte jedoch U 38 diesen Konvoi angreifen und versenkte am 17. und 18. 10. ebenfalls zwei Dampfer. Bleichrodt war bis zum 18. 10. abermals herangekommen und versenkte die »Sandsend«. U 123 griff die »Beatus« an.

Inzwischen hatte der BdU, nachdem U 48 die Fühlung verloren hatte, die verfügbaren Boote in einem senkrecht zur vermutlichen Vormarschrichtung verlaufenden Suchstreifen zusammengefaßt, der erheblich weiter östlich des letzten Geleitzugstandortes gebildet wurde, damit er mit Sicherheit noch vor dem Konvoi lag. Sieben Boote hatten ihn am Vormittag des 18. 10. gebildet. Am Nachmittag dieses Tages lief der Geleitzug in ihn hinein. Fünf U-Boote standen am Konvoi.

Den Angriff eröffnete U 46 unter Kptlt. Endrass am späten Abend.

Noch außerhalb der Sicherung stehend, schoß er auf drei Schiffe, von denen

eines sank. Auch U 101 schoß außerhalb der Sicherung auf zwei Frachter, von denen die »Shekatika«, ein Holzdampfer, getroffen wurde. Sie wurde jedoch erst am 19. 10. durch U 123 versenkt.
U 99 schloß auf. An der Flanke des Konvois vorstoßend, setzte U 99 zum Angriff auf das Flügelschiff der äußersten Steuerbordkolonne an. Drei Zerstörer bildeten hier die Sicherung. Diese hatten die deutschen Boote, die bis dahin geschossen hatten, auf sichere Distanz gehalten. Nicht so Kretschmer. U 99 schob sich zwischen die drei Zerstörer und passierte diese Bewacherkette, indem es zwischen dem vorn und dem an Steuerbord herausgesetzt laufenden Zerstörer hindurchstieß. Bei knapp einer Meile Abstand zum nächsten Zerstörer gelang dieses Wagnis. Die Steuerbordkolonne der Schiffe kam näher.
Der erste Einzelschuß ging vorbei. Der zweite traf die »Empire Miniver« mittschiffs. Binnen einer halben Minute war sie gesunken.
Von der anderen Seite des Konvois hörten die Männer auf dem U-Bootturm zwei weitere Torpedodetonationen. Die Dampferkolonne vollführte eine Hartruder-Kursänderung, und Kretschmer ließ U 99 mitlaufen. Als der Kommandant eine Lücke im Konvoi sah, ließ er U 99 hineinsteuern. Die »Gunborg« wurde versenkt, und dann beschoß Kretschmer das Schlußschiff dieser Kolonne, weil sein Boot von einem Frachter beschossen worden war und er ausscheren mußte. Der Torpedo traf die »Empire Brigade«, die nach dem Treffer in der Mitte auseinanderbrach.
Von achtern brach U 99 anschließend wieder in den Konvoi ein. Die »Sedgepool« wurde schwer getroffen und sank binnen einer Minute.
Der nächste Dampfer, der versenkt wurde, war die »Thalia«.
Insgesamt wurden aus dem Konvoi SC 7 21 Schiffe herausgeschossen, davon allein 7 durch Kretschmer.
Am frühen Morgen des 19. 10. traten neben U 99 auch U 101 und U 123 den Rückzug an. Die übrigen Boote blieben draußen, und noch am selben Morgen sichtete U 47 unter Kptlt. Prien einen neuen Geleitzug. Es war der HX 79, der westlich von Rockall Bank aufgespürt wurde. Gegen ihn operierten nunmehr die Boote U 47, U 46, U 48 und U 100. Darüber hinaus wurden vom BdU noch U 38 und U 28 eingesetzt. Alle Boote bis auf U 28 kamen in der Nacht zum 20. 10. heran. Diesmal war es Günther Prien, der den Löwenanteil an Versenkungen erzielte. Nachdem U 38 die ersten beiden Schiffe um 22.13 Uhr des 19. 10. versenkt hatte, kam U 47 um 22.37 Uhr zum Schuß. Bis zum frühen Morgen des 22. 10. versenkte das Boot sechs Schiffe, darunter den Großtanker »Athelmonarch« mit 8995 BRT.
Auch Schepke war mit drei Versenkungserfolgen an der Dezimierung dieses Konvois beteiligt. Endrass versenkte ebenfalls drei Schiffe, und U 124 konnte die »Sulaco« vernichten.
Insgesamt verloren dieser Konvoi und der HX 79s 15 Schiffe.
Einige weitere Boote, darunter auch zwei italienische, waren noch im Okto-

ber erfolgreich. Als der Monat zu Ende ging, hatten deutsche U-Boote im Atlantik 61 alliierte Handelsschiffe mit insgesamt 344.684 BRT versenkt. Bemerkenswert war in diesem Monat die Versenkung des britischen Hilfskreuzers »Cheshire«.
Am 28. 10. versenkte U 32 den großen britischen Dampfer »Empress of Britain« mit 42.348 BRT. Das Schiff war von deutschen Flugzeugen in Brand geworfen worden, und U 32 hatte beim britischen Versuch, den Dampfer einzuschleppen, diesen mit zwei Torpedos versenkt.
U 32 wurde zwei Tage später nordwestlich von Irland durch die britischen Zerstörer »Harvester« und »Highlander« versenkt. Fünf weitere U-Boote gingen im selben Monat verloren.
Damit war die erste Phase der Schlacht im Atlantik zu Ende gegangen. Aber während man in England alle Kräfte zusammenfaßte, um der drohenden U-Bootgefahr begegnen zu können, dessen ganze Gefährlichkeit man erkannt hatte, war man in Deutschland gegenüber dieser Tatsache gleichgültig. Großadmiral a.D. Karl Dönitz faßte dieses unbegreifliche Faktum in den Worten zusammen:
»Bei uns gab es nicht, wie bei der englischen Staats- und Wehrmachtführung und im englischen Volk, den Begriff und das Bewußtsein von der ›Schlacht im Atlantik‹. Bei uns war der Blick mehr auf die Landschlachten des Kontinents gerichtet. Dadurch, daß man diese gewann, glaubte man auch die Seemacht England besiegen zu können.
Daß draußen im Atlantik die wenigen deutschen U-Boote den entscheidenden Kampf gegen England zu kämpfen hatten, war der leider immer nur kontinental denkenden deutschen Staats- und Wehrmachtführung nicht klar.« (Siehe Dönitz: a.a.O.)

Einsamer Winter - Keine »Augen« für die U-Boote

Im Monat November begann die zweite Phase der »Schlacht im Atlantik«. Nachdem Hitler die geplante Besetzung Englands offiziell auf den Mai des nächsten Jahres verschoben hatte (sie war in Wirklichkeit aufgegeben worden), blieben nur noch zwei Wege, den größten und zu dieser Zeit einzigen Gegner Deutschlands, England, friedensbereit zu machen.
Der erste war die völlige Abschnürung Englands von seinen Seeverbindungen.
Der zweite bestand in der Eroberung und Beherrschung des Mittelmeerraumes durch die Achsenmächte und die daraus resultierende Verdrängung Englands aus dem Nahen Osten.
Die zweite Möglichkeit hätte wahrscheinlich England nicht entscheidend getroffen. Die Insel selbst konnte eben nur bedroht werden, wenn man den Einsatz gegen die englischen Seeverbindungen forcierte, diese schließlich völlig unterband und so die Britischen Inseln von jeder Versorgung von

außen abschnitt. Von seinen Seeverbindungen hing das Schicksal Großbritanniens ab.
Durch die Indienststellung der Atlantikhäfen war die deutsche U-Bootwaffe mehr denn je zu diesem Erfolg in der Lage. Dazu hätte es aber der einen entscheidenden Voraussetzung bedurft: Alle Kräfte der deutschen Rüstungsindustrie *und* die gesamte deutsche Kriegsstrategie hätten auf dieses *eine* Ziel ausgerichtet werden müssen.
In dem offiziellen Geschichtswerk Englands über den Seekrieg urteilte Captain Roskill über den deutschen U-Bootbau der ersten beiden Kriegsjahre:
»Die Langsamkeit, mit der die Deutschen ihren U-Bootbestand vergrößerten, hatte für Britannien höchst glückliche Folgen.«
Nachdem im November 1940 die englische Luftüberwachung in den Western Approaches stärker und dichter geworden war und der Weg von den Britischen Inseln bis zum 15. Grad westlicher Länge, in dem sich überwiegend der bisherige Geleitzugkampf abgespielt hatte, als Todesfalle für die deutschen U-Boote erwies, mußte das Operationsgebiet weiter nach Westen verlegt werden, wo die Royal Air Force, und insbesondere das Coastal Command, nicht operieren konnte. Ab November waren denn auch die deutschen U-Boote im Atlantik nur noch westlich des 15. Längengrades im Einsatz.
Durch diese Ausweitung des Seeraumes wurde das Auffinden der Geleitzüge erheblich erschwert. Es war nunmehr eine der vordringlichsten Aufgaben des Befehlshabers der U-Boote, dafür Sorge zu tragen, daß die begrenzte Sichtweite der U-Boote durch weiträumige Patrouillenflüge der Luftwaffe ergänzt wurde. Aber zu dieser Zeit besaß die deutsche Seekriegsleitung keine eigene Luftaufklärung. Dieser Mangel, der schwerwiegende Folgen für den optimalen Einsatz deutscher U-Boote hatte, war durch den Machtanspruch des Oberbefehlshabers der Luftwaffe, Reichsmarschall Göring, entstanden, dessen Devise lautete:
»Alles, was fliegt, gehört mir!«
Großadmiral Raeder hatte über Jahre hinweg versucht, eine marineeigene Luftwaffe zu erhalten. Er war jedoch ständig an dem Veto des Reichsmarschalls Göring gescheitert, obgleich einwandfrei feststand, daß ja auch die Luftwaffe Seekrieg führte und daß jene Teile der Luftwaffe, die dies taten, eigentlich zur Marine gehört hätten.
Bereits am 8. 6. 1940 hatte die Seekriegsleitung einen neuen Versuch unternommen und das OKW aufgefordert, »die Unterstützung des U-Bootansatzes im Atlantik durch Seeaufklärung« in Angriff zu nehmen.
Im Verlauf der folgenden Monate wurde eine (!) Maschine abgestellt, die einmal am Tage, und dies auch nur im Seegebiet südwestlich von Irland, Aufklärung flog. Die Eintragungen im KTB des Befehlshabers der U-Boote charakterisieren die Wirksamkeit dieser Aufklärung wie folgt:
»1. 10. 1940: Die Luftwaffe, die nördlich, nordostwärts, südlich und südost-

wärts vom Operationsgebiet aufklären müßte (im Seegebiet von Rockall Bank), verfügt trotz all meiner Bemühungen nicht über die für diese Aufklärung notwendigen Kräfte.«

Am 9. 12. 1940 trug der BdU in sein Kriegstagebuch ein:

»Die Luftaufklärung durch die Flugzeuge der Gruppe 406 (Hauptaufklärertyp BV 138) muß wegen technischer Mängel dieses *Typs* bis auf weiteres ausfallen (voraussichtlich zwei Monate).«

Am 14. 12. 1940 faßte Vizeadmiral Dönitz die Wünsche seiner Operationsabteilung zusammen und schrieb der Skl.:

»Der Krieg hat gezeigt, daß die U-Boottaktik des Ansatzes mehrerer U-Boote an einem Geleitzug richtig ist und große Erfolge bringt. In allen Fällen jedoch war die Herstellung der ersten Fühlung mit dem Geleitzug eine zufällige. Durch das Fehlen jeglicher Aufklärung für die U-Boote werden ihre Möglichkeiten am Feind nicht voll ausgeschöpft. Dem BdU ist bekannt, daß die Seekriegsleitung sich seit langem für entsprechende Aufklärung beim Luftwaffenführungsstab einsetzt.«

Zu diesem Gesamtkomplex äußerte sich der BdU am 2. 2. 1941 gegenüber dem ObdM. Am selben Tage trug er seine Überzeugung auch deutlich und unmißverständlich dem Chef des Wehrmachtsführungsstabes, General Jodl, vor. Es gelang ihm, Jodl von der Richtigkeit seiner Ausführungen zu überzeugen.

Die Folge dieser Unterredung, in welcher Dönitz von Jodl den täglichen Mindesteinsatz von 12 Maschinen forderte, war, daß Hitler persönlich eingriff und dem BdU die I. Gruppe des Kampfgeschwaders 40 in Bordeaux unterstellte. Diese Gruppe war mit Maschinen des Typs Focke-Wulf 200 - Condor - ausgerüstet. Damit hatte die U-Bootführung einen entscheidenden Schritt auf dem Wege der weiträumigen verbesserten Aufklärung getan.

Göring indessen versuchte, diese Befehle rückgängig zu machen. Als er am 7. 2. 1941 mit seinem Befehlszug in der Nähe von Lorient hielt, bat er den Befehlshaber der U-Boote zu sich.

Göring versuchte, den BdU zu bewegen, einer Aufhebung des Führerbefehls zuzustimmen. Vizeadmiral Dönitz lehnte dieses Ansinnen des Reichsmarschalls kategorisch ab. Beide Männer schieden im Groll.

Das Kampfgeschwader 40 wurde Oberstleutnant Harlinghausen unterstellt. Unter seiner Führung leistete die I. Gruppe in der See-Fernaufklärung das Bestmögliche und trug so mit dazu bei, die Effektivität der U-Boote zu steigern.

Die zweite Phase der Schlacht im Atlantik

Nach den Geleitzugschlachten im Oktober 1940 trat zunächst im Atlantik eine U-Bootleere ein, denn fast alle Boote hatten sich an den Oktobergeleitzügen verschossen und mußten zu den Stützpunkten zurückkehren.

Einige wenige kämpften allein weiter. Es war dies unter anderem U 124, das die erste Versenkung des November erzielte, als es die »Empire Bison« versenkte.
Nach nur gut einwöchiger Liegezeit, die der Neuausrüstung und Aufmunitionierung diente, war U 99 bereits Ende Oktober wieder ausgelaufen. Das Boot stand am 3. 11. in der Höhe der Bloody Forelands im Operationsgebiet. Einer der Brückenwächter sichtete am Nachmittag dieses Tages ein großes Schiff.
U 99 setzte sich zum Angriff vor, und als es gerade die zum Schuß günstige Position erreicht hatte, wurde ein zweites, noch größeres Schiff gesichtet.
Der erste Schuß traf den britischen Dampfer »Casanare« mittschiffs. Das Schiff sank schnell. Während sich nun alles auf das zweite große Schiff konzentrierte, tauchte aus der Nacht ein dritter Dampfer auf.
Vom zweiten Schiff, das über Funk die Anwesenheit eines feindlichen U-Bootes meldete, fing der Funker von U 99 den Namen auf: »Laurentic«.
Die »Laurentic« war zum Hilfskreuzer ausgerüstet worden. Sie hatte nach dem Lloyds-Register 18.724 BRT. Wenig später war auch der Name des dritten Schiffes, das in den Funkverkehr einfiel, bekannt: »Patroclus«. Auch dieses Schiff von 11.314 BRT war ein mit Kanonen bestückter Hilfskreuzer.
Aus einer Distanz von 1500 m schoß Kretschmer den ersten Torpedo auf die »Laurentic« ab, die mittschiffs in Höhe des Kesselraumes getroffen wurde und stoppte. Boote wurden zu Wasser gelassen, aber der Riesendampfer sank nicht. Deshalb feuerte Kretschmer noch einen zweiten Torpedo ab, der achtern detonierte. Aber erst nach dem dritten Torpedo, den der Kommandant von U 99 aus kürzester Distanz abschießen ließ, sackte der Dampfer tiefer. Gleichzeitig schoß die Artillerie Leuchtgranaten und Sprenggranaten in Richtung U-Boot, das in Zickzackfahrt lief. Inzwischen war der zweite Hilfskreuzer herbeigelaufen und nahm einige der Schiffbrüchigen an Bord.
Aus nächster Nähe gab Kretschmer einen Einzelschuß auf die »Patroclus« ab. Der Torpedo traf das Heck. Ein zweiter Aal detonierte hinter dem Vormast. Die »Patroclus« eröffnete das Feuer. Ihre ersten Granaten schlugen dicht neben U 99 ein. U 99 mußte sich von diesem gut und genau schießenden Hilfskreuzer absetzen, um nicht tödlich getroffen zu werden.
Als U 99 drei Stunden nach Mitternacht auftauchte, war das Boot wieder angriffsbereit. Beide Hilfskreuzer schwammen noch, und wenig später wurde ein Zerstörer gesichtet, der mit Höchstfahrt herankam.
»Boot greift die ›Laurentic‹ an!« befahl Kretschmer, und aus etwa 300 m fiel der Torpedoschuß aus Rohr I. Dieser Torpedo traf das Heck des Hilfskreuzers und riß ihm das ganze Achterschiff weg, weil die dort lagernden Wasserbomben bei dem Treffer mit detonierten. Die »Laurentic« sank.
Nun lief U 99 mit AK auf den zweiten Hilfskreuzer zu, um ihn noch vor dem Eintreffen des Zerstörers ebenfalls mit Fangschuß zu versenken. Nach

dem insgesamt sechsten Treffer brach die »Patroclus« in zwei Teile, die beide gleichzeitig versanken.
Der Zerstörer jagte mit AK auf das U-Boot zu, das abgedreht hatte. Als erkennbar war, daß dieser Gegner nicht abzuschütteln sein würde, ließ Kretschmer tauchen.
Als U 99 in der Morgendämmerung auftauchte, sichteten die Ausgucks den Zerstörer an der Stelle der See, wo Rettungsboote der versenkten Schiffe auf dem Wasser schwammen.
Als das Boot im Verlaufe dieses Tages einen Geleitzug entdeckte, gab Kretschmer die Sichtmeldung durch und griff einen Tanker an. Es war der Motortanker »Scottish Maiden«, 6993 BRT, der mit dem letzten Torpedo versenkt wurde.
Das Boot trat dann den Rückmarsch nach Lorient an.
In diesem Monat ging auch der Stern von Oblt. z.S. Wohlfahrt auf, der mit U 137 vier Schiffe versenkte.
Der OB 244 verlor durch U 103 und U 123 sieben Schiffe, und der SC 11 wurde von U 100 angegriffen. Kptlt. Schepke gelang es, sieben Dampfer aus diesem Geleit herauszuschießen.
U 99 war nach kurzer Ausrüstungszeit am 27. 11. wieder zur Feindfahrt ausgelaufen. Vier Tage dauerte der Marsch ins Operationsgebiet. Das Wetter war schlecht, die See ging sehr hoch und überrollte oftmals den Turm des Bootes. Unter diesen widrigen Bedingungen gelang es, den Hilfskreuzer »Forfar«, 16.402 BRT, der als Geleitschutz für den Konvoi HX 90 diente, zu torpedieren. Erst nachdem mit dem fünften Treffer das Heck getroffen wurde und die dort lagernden scharfgemachten Wasserbomben detonierten, legte sich das Schiff auf die Seite und sank.
Am selben Tage sichtete U 99 den Einzelfahrer »Samnanger«, der torpediert und mit Phosphorgranaten in Brand geschossen wurde.
Vor dem Minengebiet des Nordkanals stehend, drehte U 99 ab und ging auf Südkurs. Eine Stunde nach dem Abdrehen wurde ein Nachzügler des Geleitzuges gesichtet. Es war der Motortanker »Conch« (8376 BRT). Dieses Schiff war bereits am 2. 12. von U 47 durch einen Torpedotreffer gestoppt worden. Danach hatte U 95 diesem Tanker drei Fangschüsse gegeben, dennoch war er nicht gesunken. Er wurde nun von U 99 mit einem Fangschuß versenkt.
Am 7. 12. gelang es noch, den Niederländer »Farmsum« zu versenken. Dann war es mit dem Schußglück zu Ende, und nach dem Versuch, die um Hilfe funkende »Aghia Eirini« zu erreichen, wurde U 99 von einem Zerstörer gestellt und unter Wasser gedrückt.
Als das Boot nach einigen Stunden in der Nacht auftauchte, stellte man fest, daß das Sehrohr beschädigt und einer der E-Motoren für die Unterwasserfahrt ausgefallen war.
U 99 trat den Rückmarsch an.

U 47 war nach ebenfalls nur zehntägiger Liegezeit am 3. 11. 1940 wieder ausgelaufen. Das Boot geriet mitten in die Novemberstürme, die über der Biskaya tobten. Dicht hinter U 47 war auch U 137 unter Kptlt. Wohlfahrt ausgelaufen.
U 47 erlebte bittere Sturmtage im Atlantik. Als endlich der portugiesische Dampfer »Gonzalo Velho« gesichtet wurde, ließ Prien das Schiff anhalten. Es hatte Stockfisch aus Island geladen und wurde freigelassen.
Erst am 1. 12. wurde von U 101 unter Kptlt. Mengersen ein Geleitzug 300 sm westlich Irland gesichtet. Es war der HX 90.
Als Mengersen in der Nacht die Begleitboote herangekommen wähnte, griff er an. Er feuerte von 22.12 Uhr bis 22.14 Uhr drei Einzelschüsse auf einen Tanker und zwei große Dampfer ab. Der Tanker »Appalachee«, 8826 BRT, wurde ebenso wie der Dampfer »Lady Glanely« versenkt.
Knapp fünf Stunden später hatte Mengersen abermals die Chance, alle nachgeladenen Rohre leerzuschießen. Er griff zwei Schiffe an, von denen die »Kavak« liegenblieb und sank.
Unmittelbar darauf erlitt das Boot eine Dieselpanne und mußte abdrehen. Mengersen meldete dies über Funk. Der BdU befahl ihm, so lange Fühlung zu halten, bis eines der anderen näherkommenden Boote die Fühlungshalterrolle übernehmen konnte. U 101 blieb also in Überwasserfahrt am Geleit und führte alle anderen Boote heran. Unter diesen Booten befand sich auch U 47, das drei Wochen lang in der von Orkanen und Stürmen hoch aufgewühlten See vergeblich nach Schiffen Ausguck gehalten hatte.
Mit AK lief U 47 durch die See in Richtung des Geleitzuges.
»Auf Gefechtsstationen!« befahl der Kommandant, als sie nahe genug aufgeschlossen hatten. Prien gab dem Torpedowaffen-Offizier, Oblt. z.S. von Varendorff, Weisungen für den Torpedoschuß. Der Zweierfächer aus Rohr I und II, der auf einen großen Dampfer abgeschossen wurde, lief vorbei.
Beim nächsten Anlauf wurden zwei Einzelschüsse abgegeben, doch in dem Augenblick, als die Torpedos ins Wasser klatschten, nahm der Konvoi eine Kursänderung vor und zackte weg.
Vor einem heranschnürenden Zerstörer der Geleitsicherung drehte U 47 ebenfalls weg und lief mit Höchstfahrt über Wasser ab. Der Zerstörer folgte dem Boot nicht.
Beim nächsten Angriff am Morgen des 2. 12. gelang es, die »Ville d'Arlon« zu torpedieren. Der Tanker sank. Eine Stunde später griffen sie einen Dampfer von mindestens 8000 BRT an. Sie trafen ihn mit einem Einzelschuß. Der Dampfer blieb liegen.
»Der ist mit Sicherheit weg«, meinte von Varendorff. Doch er sollte sich getäuscht haben. Die »Conch«, ein großer Motortanker, wurde noch von U 95 und U 99 beschossen, ehe er sank. U 47 trat verschossen den Rückmarsch an.
Am 14. 9. 1940 hatte Kptlt. Lehmann-Willenbrock an der Kieler Blücher-

brücke U 96 in Dienst gestellt. Am Turm des Bootes prangte der vom Kommandanten ausgesuchte Sägefisch als Wappen.
Dieses Boot lief am 2. Dezember 1940 aus Kiel zur ersten Feindfahrt aus. Am Morgen des 11. 12., dem Geburtstag des Kommandanten, wurde in Höhe von Kap Wrath, auf der Breite Stack Skerry, eine Rauchsäule gesichtet. Es war ein kleiner Geleitzug, der Richtung Nordkanal lief. Unter Wasser setzte sich U 96 vor. Wenig später fiel der erste Schuß dieses VII-C-Bootes. Es traf den britischen Erzdampfer »Rotorua«, der mit 10.890 BRT einer der »Riesen der See« war. Der zweite Torpedo wurde abgefeuert. Er verfehlte sein Ziel, weil der Konvoi HX 92 einen Haken schlug.
Lehmann-Willenbrock ließ auftauchen und in großer Fahrt die Verfolgung aufnehmen. Als es dunkel war, hatte das Boot wieder aufgeschlossen. Der abgefeuerte Torpedo traf die »Towa« tödlich.
Zu einem dritten Angriff lief U 96 durch die schwere See. Um Mitternacht war die günstigste Schußposition erreicht. Ein Zweierfächer besiegelte das Schicksal der »Stureholm«.
Dann mußte das Boot vor einem feindlichen Bewacher abtauchen. Es tauchte nach einer Stunde wieder auf, lief hinter dem Konvoi her, gewann wieder Anschluß und traf mit einem Einzelschuß die »Macedonier«, die sofort sank.
Der Einzelfahrer »Western Prince«, 10.926 BRT, wurde am Vorschiff getroffen. Er sank, nachdem die Besatzung in die Boote gegangen war, nach einem Fangschuß. Das Schiff hatte den kanadischen Munitionsminister an Bord. Es war mit Flugzeugen und Munition bis unter die Lukendeckel vollgeladen.
Sunderland-Flugboote drückten U 96 unter Wasser. Zehn Stunden später - das Boot war wieder aufgetaucht - wurde ein zweiter Einzelfahrer gesichtet. Es war die »Empire Razorbill«, die das Artilleriefeuer von U 96 erwiderte. U 96 mußte diesen Dampfer ziehen lassen.
Die beiden Oberdecktorpedos wurden in der kommenden Nacht umgeladen. Bei dem Versuch, ein Schlachtschiff anzugreifen, wurde das Boot von Zerstörern unter Wasser gedrückt und erlitt durch die geworfenen Wabos Schäden, die aber ausgebessert werden konnten.
Mit dem letzten Torpedo vernichtete U 96 am 18. 12. den Motortanker »Pendrecht« (10.746 BRT).
Mit 7 versenkten Schiffen, darunter drei von jeweils über 10.000 BRT, hatte das Boot sich hervorragend geschlagen. In das KTB schrieb der BdU:
»Ausgezeichnete Unternehmung. Zäh, entschlossen und mit festem Willen zum Erfolg durchgeführt. Besonders bei der Geleitzugverfolgung des 11. und 12. 12. gez. Dönitz.«
Ende des Jahres standen nur noch ganze zwei deutsche U-Boote im Atlantik und führten mit einigen italienischen Booten gemeinsam den Handelskrieg gegen England.

In den Monaten Dezember 1940 bis Februar 1941 war die Zahl der deutschen Front-U-Boote weiter gesunken. Für die operative Kriegführung im Atlantik standen dem BdU nur 18 Boote zur Verfügung. Von ihnen war jeweils etwa ein Drittel im Einsatz.
»Es führten demnach in der U-Bootwaffe zeitweilig nur 120 bis 240 Mann den Krieg gegen den Hauptgegner, die große Seemacht England.« (Siehe Dönitz: a.a.O.)

Tödliches Frühjahr

Der im Januar 1941 eintretende Mangel an U-Booten wirkte sich nur durch das Eingreifen mehrerer italienischer U-Boote in das Kampfgeschehen im Atlantik nicht so katastrophal aus, wie er wirklich war. U 96 kam auf seiner zweiten Feindfahrt zum Einsatz. Außerdem U 65, U 124, U 105, U 106, U 94, U 93 und U 123. Insgesamt standen also im Monat Januar 1941 acht deutsche U-Boote im Einsatz.
Nach nur zwei versenkten Schiffen mußte U 96 den Rückmarsch antreten, weil sich das Boot binnen kurzer Zeit verschossen hatte. Aber die beiden Erfolge wogen schwer. Der britische Passagierdampfer »Oropesa« mußte dreimal angegriffen werden, ehe dieser 14.118 BRT große Riese endgültig sank. Das geschah am frühen Morgen des 16. 1. 1941.
Knapp 24 Stunden später wurde abermals ein schneller Einzelfahrer gesichtet. U 96 griff an. Das britische Kühlschiff »Almeda Star«, mit seinen 14.935 Tonnen eines der wichtigsten Schiffe der britischen Handelsflotte, wich dreimal den Angriffen von U 96 aus, ehe es einen schweren Torpedotreffer hinnehmen mußte. Doch das starke Schiff benötigte drei weitere Fangschüsse, ehe es sank.
Ein dritter stark bewaffneter großer Dampfer wurde angegriffen. Zwei Anläufe mit insgesamt drei geschossenen Torpedos gingen vorbei. Das Boot, das sich bis auf die beiden Oberdecktorpedos verschossen hatte, lief zur Torpedoergänzung nach Lorient ein. Es hatte zwar nur zwei Schiffe, aber insgesamt 29.053 BRT feindlichen Schiffsraumes auf dieser nur 2662 sm langen Fahrt versenkt.
Am 31. 1. lief U 96 zur dritten Feindfahrt von Lorient aus.
Am 13. 2. 1941 wurde im Seegebiet südlich Islands, auf 60.10 N/ 16.55 W das erste Schiff des Konvois HX 106 gesichtet. Das Boot hängte sich am Rande des Sichtkreises an. Der erste Einzelschuß wurde auf einen Tanker abgeschossen; er traf mittschiffs und machte die »Clea«, 8074 BRT, manövrierunfähig. Der zweite Torpedo traf den Tanker achtern unter dem Mast. Brände schossen in die Höhe, aber die »Clea« schwamm. Nach dem dritten Treffer, der unter der Brücke einschlug, war noch immer nicht zu erkennen, ob dieser Tanker sinken würde. Lehmann-Willenbrock ließ auftauchen. Er griff die »Clea« mit Artillerie an. Nach 15 Treffern sank der

Tanker immer noch nicht. Erst nach dem vierten Torpedo sackte die »Clea« steil vorlastig in die Tiefe.
Zwei Stunden später lief der Tanker »Arthur F. Corwin« in den Weg von U 96. Das Boot griff diesen Tanker an, der bereits von U 123 mit zwei Torpedos beschossen worden war. Der erste Treffer ließ den Tanker, der 10.516 BRT groß war, stoppen. Nach dem Fangschuß sackte er weg.
Am 18. 2. wurde der Dampfer »Black Osprey« aus dem Konvoi HX 107s herausgeschossen. Vier Tage später traf es den Dampftanker »Scottish Standard« mit 6999 BRT, und am 23. 2. kam U 96 als erstes Boot an den gemeldeten Geleitzug OB 288s heran. Das Boot gab Peilzeichen und führte die anderen Boote des Suchstreifens heran. Durch Funkspruch wurde ihm vom BdU für 21.10 Uhr der Angriff freigegeben, weil dann einige der heranlaufenden Boote ebenfalls Anschluß gewonnen haben würden.
U 96 versenkte im ersten Anlauf den Dampfer »Huntingdon«, den es an seinem Tarnanstrich und der guten Bewaffnung als Hilfskreuzer ansah.
Wenig später brüllten auch an anderer Stelle dieses Konvois Torpedodetonationen durch die Nacht. U 95 war herangekommen. Kptlt. Schreiber zerstörte zwei Schiffe des Konvois.
Gut eine Stunde nach Mitternacht versenkte Lehmann-Willenbrock einen kleinen Dampfer. Um 02.20 Uhr des 24. 2. folgte der nächste Dampfer. Auch Schreiber versenkte ein weiteres Schiff. U 73 und das italienische Boot »Bianchi« konnten ebenfalls den OB 288 angreifen, während U 97, Kptlt. Heilmann, zwei Schiffe aus dem OB 289 versenkte.
Als U 96 am 1. März 1941 in Lorient einlief, hatte es sieben weitere Schiffe zerstört.

Das Ende der U-Bootasse

Am 20. 2. 1941 legte U 47 nach zwei Probefahrten am 15. und 18. 2., die erhebliche Mängel an dem alten Boot aufgezeigt hatten, von dem französischen Kanonenboot »Ysére« ab, das ihm als Anleger gedient hatte.
Drei Tage später ging ein FT-Spruch von U 47 beim BdU ein. Prien hatte einen Geleitzug gesichtet. Das Boot wurde abgedrängt, meldete sich jedoch fünf Stunden später abermals:
»Feind in Sicht! - Feind in Sicht! - Steuert jetzt südwestlichen Kurs. Beim Geleitzug eine Sunderland!«
Prien griff an. Er versenkte am Morgen des 26. 2. aus dem Konvoi OB 290 die »Kadango«, den Motortanker »Diala«, den Dampfer »Rydboholm« und die »Borglund«. Er selbst gab keine Zahl an, sondern nur die Versenkung von 22.000 Tonnen, als er sich noch einmal meldete und von einer Wasserbombenverfolgung berichtete.
Am 22. 2. lief U 99 unter Kptlt. Kretschmer aus Lorient aus. Kretschmer war ebenso wie Prien und Schepke, den drei U-Bootassen, vom BdU eine

Landdienststelle zugewiesen worden. Alle drei hatten abgelehnt. Prien wollte noch eine Fahrt auf U 47 machen, um dann ein großes neues Boot in Dienst zu stellen.
Am Morgen des 26. 2. nahm der Funkmaat von U 99 einen FT-Spruch von U 47 auf:
»Geleitzug in Sicht. Sieben Knoten Geschwindigkeit. Durch Sunderland abgedrängt, Prien!«
Zwei Tage lang operierte U 99 gegen diesen von Prien gemeldeten Konvoi. An beiden Tagen hatte das Boot durch dichten Nebel kaum Sicht. Aber am 28. 2. trafen sich beide Boote am Geleit, und Prien berichtete Kretschmer, daß er kurz vorher auch U 100 (Schepke) getroffen habe. Er müsse mit seinem Boot dicht hinter ihnen stehen.
Als in dieser Phase der Nebel verflog, sichteten U 47 und U 99 den Geleitzug, der mit 40 Schiffen in knapp 3 sm Distanz an ihnen vorüberzog.
Am 28. 2. versenkte U 47 den Dampfer »Holmelea« durch Artilleriebeschuß.
Als bis zum 4. 3. noch immer keine neuen Erfolgsmeldungen in Kernevel eingetroffen waren, ließ der BdU alle im Operationsgebiet südlich Islands stehenden U-Boote sich zu einem neuen Suchstreifen quer zum Kurs dieses Geleitzuges formieren. In diesem Streifen standen nunmehr U 47, U 95, U 99 und U 100. Die Boote befanden sich im seitlichen Abstand von 25 sm zueinander und liefen Kurs Ost.
Am Morgen des 6. 4., um 04.45 Uhr, meldete sich U 47. Das Boot hatte einen anderen Geleitzug gesichtet, der von den Nord-Minches mit acht Knoten Fahrt und Kurs Nordwest durch die See lief.
Sofort drehte U 99 auf diesen Konvoi ein und lief mit AK auf ihn zu. Es war der Geleitzug OB 293. Er wurde von einer starken Zerstörereinheit begleitet. U 99 erreichte ihn am 7. März um 01.00 Uhr. Sofort ließ Kptlt. Kretschmer sein Boot um die Geleitzugspitze herum auf die Flanke des Mondschattens nach Steuerbord drehen.
U 99 wurde abgedrängt.
Zwei Stunden später bekam die Brückenwache einen riesigen Schiffsschatten zu Gesicht. Der Dampfer gehörte wahrscheinlich nicht zum Konvoi. Der Einzelschuß traf den Riesen, der sofort Notruf abgab.
»Heißt ›Terje Viken‹«, meldete Oberfunkmaat Kassel.
Nach Lloyds-Register handelte es sich bei dem Schiff um eine Walkocherei von 20.638 BRT.
Ein zweiter Torpedo traf einen Tanker, der ebenso wie die Walkocherei gestoppt liegenblieb und Notruf abgab.
U 99 versuchte nun, den Tanker durch Feuer aus dem Buggeschütz zu versenken. Den Namen des Tankers gab der Oberfunkmaat mit »Athelbeach«, 6568 BRT, an. Erst der zweite Torpedo versenkte ihn.
In diesem Augenblick fing U 99 einen Funkspruch von U 47 auf, in dem

Prien erneut Standort, Kurs und Geschwindigkeit des von ihm gesichteten Geleitzuges meldete.
Wenig später fing U 99 einen FT-Spruch von U 70 unter Kptlt. Matz auf. Das Boot meldete schwere Schäden am Turm. Kurz darauf wurde U 70 gesichtet. Aber in dem Augenblick, als sich die beiden Kommandanten zuwinkten, griffen zwei feindliche Korvetten an, die aus einer Regenbö herausgeschossen kamen. Beide U-Boote wurden unter Wasser gedrückt.
Während Kretschmer der Wabo-Verfolgung entgehen konnte, wurde U 70 den ganzen Tag über von den Korvetten »Camellia« und »Arbutus« verfolgt und schließlich durch eine Wabo-Serie auseinandergerissen. Der Kommandant und einige Männer der Besatzung wurden aufgefischt.
Als U 99 wieder auftauchte, fing es einen Funkspruch von U A unter Kptlt. Eckermann auf, das schwere Schäden und seine Rückkehr nach Lorient meldete.
Nun waren nur noch U 47 und U 99 am Geleit. Aber auch U 47 meldete sich nicht. Wahrscheinlich war das Boot unter Wasser gedrückt worden.
Im Verlauf des 7. März wurde U 47 mehrfach vergeblich von der Stabsfunkstelle des BdU in Kernevel gerufen. Es meldete sich auch jetzt nicht. Und es sollte sich nie wieder melden!

Das Ende von U 47

Über das wahrscheinliche Ende von U 47 gab Lieutenant-Commander J. M. Rowland, Kommandant des Zerstörers »Wolverine«, später im Feststellungsbüro der britischen Admiralität in London dem Befehlshaber der Western Approaches, Captain Creasy, einen mündlichen Bericht. Er sei hier wiedergegeben:
»Ich begleitete mit meinem Zerstörer ›Wolverine‹ den Konvoi OB 293. Am Abend des 7. März standen wir südöstlich von Island. Wir hielten genauen Kurs und feuerten keine Leuchtgranaten, um den Standort des Geleites nicht zu verraten. Dann gab es U-Bootalarm, und ich eilte auf die Brücke. Um 00.23 Uhr meldete der Horchgast am Asdic Schraubengeräusche, und eine halbe Minute später sichtete der Ausguck Brücke voraus Rauchwolken.
Ich operierte mit 18 Seemeilen auf diese Stelle zu und gab Signal an ›Verity‹, die als zweiter Zerstörer auf der Steuerbordseite des Konvois lief. Als der Ausguck Kielwasser sichtete, ging ich auf 22 Meilen herauf. Um 00.27 Uhr erkannte ich ein U-Boot und ging auf AK voraus. Als die ›Verity‹ um 00.31 Uhr Leuchtgranaten feuerte, tauchte das Boot. Entfernung von mir ungefähr eine Meile. Um 00.48 Uhr, als der Horchraum ›Over Head‹ meldete, ließ ich einen Wabo-Teppich werfen. Wenig später bekam ich wieder Kontakt, warf einen Achterfächer und anschließend eine überschwere Wabo.
Gegen 03.31 Uhr meldete mein Ingenieur-Offizier Ölflecke auf der See. Er

nahm eine Probe und kam zu der Überzeugung, daß es das Öl eines deutschen U-Bootes sei.
Abermals faßten wir das Boot auf und warfen erneut Wabos. Um 04.03 Uhr sichteten wir eine weitere Ölspur. Als wir dieser Spur nachliefen, meldete der Horchraum Schraubengeräusche achteraus. Wir hatten es mit einem gewiegten Kommandanten zu tun.
Auf Gegenkurs gehend, sichteten wir dann um 05.18 Uhr das U-Boot, das aufgetaucht war.
Ich befahl ›AK voraus! - Klar zum Rammen!‹ Doch das Boot bemerkte uns rechtzeitig und kippte weg. Im Wegtauchen sah ich, daß es drehte, und befahl meinem Rudergänger, mitzudrehen. Zum Glück war das Wasser sehr klar. Ich erkannte deutlich die Hecksee des niederstoßenden Bootes und sah eine keilförmige Blasenspur ausgestoßener Preßluft am Heck.
Als ich über dem Boot stand, ließ ich einen Zehnerteppich werfen. Es war genau 05.22 Uhr. In Intervallen von vier Sekunden wurden jeweils zwei Wabos geworfen, mit kleiner, mittlerer und tiefer Einstellung. Ich selbst lief nach Abgeben des Befehls zur Steuerbordnock und sah, daß die Steuerbord-Racks ihre Wabos genau dort in die See schleuderten, wo sich die eine Seite der Blasenspur befand. Das U-Boot konnte kaum fünfzehn Meter tief gekommen sein.
Ich ließ aufdrehen, um nach Wrackteilen zu suchen; doch im gleichen Augenblick meldete der Horchraum neue Kontakte. Ich drehte auf diesen neuen Gegner ein. Dort aber, wo wir die Bomben geworfen hatten, sah ich kurz darauf orangerote Flammen auf der See, die zehn Sekunden aufleuchteten und dann erloschen.
Drei Stunden später stellten wir fest, daß die neuen Kontakte von keinem U-Boot, sondern von einem Schwarm Schweinsfische stammten. Sie hatten uns zum Narren gehalten. Sofort lief ich wieder zurück. Doch wir fanden nichts.«
Soweit der Bericht Rowlands. Captain Creasy stellte abschließend fest:
»Ich bin fast sicher, daß es U 47 gewesen ist, das Sie am Morgen des 8. März mit Wabos belegten, und daß Sie wahrscheinlich das Boot versenkt haben. Dennoch ist Ihr Bericht kein Beweis, daß das Boot wirklich von Ihnen vernichtet wurde und daß die gesamte Besatzung mit dem Boot untergegangen ist.«
Doch es war so! Die »Wolverine« hatte U 47 vernichtet.

Der Untergang von U 99 und U 100

Am 9. März lief U 110, ein neu in Dienst gestelltes Boot, zu seiner ersten Feindfahrt aus. Kommandant war Kptlt. Fritz-Julius Lemp.
Bereits am 14. März meldete U 110 den Konvoi HX 112. Sofort stießen die beiden im Operationsgebiet stehenden Boote U 99 und U 100 hinterher.

Während U 99 und U 100 mit AK auf Kollisionskurs zum Geleitzug aufzuschließen versuchten, lief U 110 bereits am 15. März auf der Steuerbordseite dieses Konvois zum Angriff an.
Während des Tages jedoch wurde das Boot mehrfach von den Geleitfahrzeugen der 5th Escort Group abgedrängt, ohne daß diese Geleitfahrzeuge das U-Boot zu Gesicht bekamen. Als die Dunkelheit einfiel, befand sich U 110 wieder in ausgezeichneter Angriffsposition. Kptlt. Lemp ließ U 110 zum Angriff eindrehen.
»Wir schießen die ganze Chargierung auf die Steuerbordkolonne. Es sind alles große Dampfer, die einander überlappen!« sagte er.
Der Viererfächer verließ die Bugrohre und rauschte dem Geleitzug entgegen. Zwei der vier Torpedos trafen den Benzintanker »Erodona« (6207 BRT). Unmittelbar nach den beiden Detonationen sprangen hell lodernde Flammen aus dem Tanker in den Nachthimmel. Wie eine riesige Fackel lag die »Erodona« auf der See.
Geben wir hier Captain Donald Macintyre das Wort, der als Commander und Chef der 5th Escort Group diesen Angriff von U 110 miterlebt hatte:
»Wir liefen am 14. März zu unserem Rendezvous mit dem Konvoi HX 112. Neben meinem eigenen Schiff, der ›Walker‹, bestand meine Geleitgruppe aus den Zerstörern ›Vanoc‹, ›Volunteer‹, ›Sardonyx‹ und ›Scimitar‹ sowie den Korvetten ›Bluebelle‹ und ›Hydrangea‹.
Wir trafen den Konvoi und zogen mit ihm ostwärts.
Kurz vor Mitternacht am 15. März zeigte sich das erste U-Boot auf der Steuerbordseite des Konvois. Es griff an und feuerte einen Viererfächer auf eine lange Reihe überlappender Dampfer. Zwei Minuten später wurde der Petroleumdampfer ›Erodona‹ getroffen. Er stand sofort in hellen Flammen, und dann folgten die Torpedodetonationen. Verzweifelt suchten wir die See, die von den lodernden Flammen des brennenden Tankers erhellt wurde, nach dem U-Boot ab. Im Zickzackkurs liefen wir hindurch. Nichts war zu sehen, und auch unser Asdic zeigte keinen Gegner. Alle anderen Geleitfahrzeuge sichteten ebenfalls nichts. Ich beorderte die Korvette ›Bluebelle‹ zu dem sinkenden Tanker, um die in der See schwimmenden Schiffbrüchigen aufzufischen.«
U 110 kam in der Nacht nicht mehr zum Schuß, weil die Geleitfahrzeuge mit Hartruderlegen auf das Boot eingedreht hatten.
Kptlt. Lemp tauchte schnell auf 120 Meter Tiefe, um auf dieser ersten Fahrt mit dem neuen Boot nichts zu riskieren.
Als U 110 am anderen Morgen auftauchte und, achtern des Konvois stehend, wieder Anschluß zu bekommen versuchte, kam es nicht mehr heran.
Inzwischen war es U 100 gelungen, aufzuschließen. »Scimitar«, die vor dem Konvoi lief, sichtete das Boot und meldete:
»To ›Walker‹ from ›Scimitar‹: U-Boot in Sicht! Sechs Meilen voraus!«
Sofort ließ Commander Macintyre alle vorn laufenden Geleitfahrzeuge auf

volle Kraft voraus gehen. Signale verließen die Brücke der »Walker«, und die »Vanoc« begleitete sie auf dem Weg nach vorn zur »Scimitar«.
Als die Verfolger ihre Entfernung zum U-Boot auf drei Seemeilen verringert hatten, tauchte das U-Boot binnen weniger Sekunden weg. Nach zwei Stunden lief »Walker« zum Konvoi zurück, während »Vanoc« und »Scimitar« die Jagd noch zwei weitere Stunden fortsetzten, ehe auch sie aufgaben. Immerhin war es ihnen gelungen, das Boot unter Wasser zu drücken. Es konnte nach den Berechnungen Macintyres nun frühestens in der Nacht zum 17. März angreifen. Aber diese Hoffnung des Führers der Geleitsicherung trog. Gerade als die »Walker« sich am Ende des Konvois befand - es war am 16. März um 10.06 Uhr -, hörte Commander Macintyre eine donnernde Explosion auf der anderen Seite des Konvois, die ihm zeigte, daß seine Überlegungen falsch gewesen waren.
Der Kampf um das Schicksal des Konvois HX 112 hatte begonnen.
U 100 hatte ein Schiff aus dem HX 112 heraustorpediert. Dann griff U 99 in das Kampfgeschehen ein.
Mit AK stieß U 99 zwischen den beiden Zerstörern der Außensicherung hindurch mitten in den Konvoi und torpedierte einen Tanker. Es war die »Ferm« (6593 BRT), die nach der explosionsartigen Stichflamme binnen weniger Sekunden in Flammen stand. Ein Zerstörer tauchte auf, und U 99 tauchte weg.
Als die »Walker« nach der ersten Explosion eine leichte Kurve lief, sichtete Captain Macintyre in dieser Drehung einen weißen Gischtstreifen, der nur von einem U-Boot herrühren konnte. Plötzlich sah er auch das U-Boot vor sich. Es war U 100. Sofort gab der Commander den Befehl, auf dreißig Knoten zu gehen, und ließ die »Walker« direkt auf das Ziel zustoßen.
Eben noch rechtzeitig sichtete die Brückenwache von U 100 den Verfolger, und in einem Schwall von Gischt verschwand das Boot wieder von der Wasseroberfläche. Nur ein großer Flecken phosphoreszierenden Wassers stand dort, als die »Walker« wenige Sekunden später die Tauchstelle passierte. Sie warf einen Zehnerfächer.
Captain Macintyre sagte dazu:
»So schnell, wie wir ihm nachgestoßen waren und gehandelt hatten, mußten wir das U-Boot eigentlich getroffen haben. Die zehn Wabos detonierten mit hartem Krachen, und gigantische Wasser-Spouts sprangen masthoch aus der See hinter unserem Heck empor. Zweieinhalb Minuten später krachte eine weitere Explosion, und ein orangeroter Blitz sprang sekundenlang an die Wasseroberfläche. Wir glaubten, daß wir das U-Boot versenkt hätten und daß es mit der zweiten Explosion auseinandergerissen worden sei. Doch bald darauf wurde ich eines Besseren belehrt.
Eineinhalb Stunden später hatten wir mit demselben Boot wieder Kontakt. Wir hatten es also doch nicht versenkt.«
Während der Jagd nach U 100 durch die Zerstörer war U 99 wieder aufge-

taucht, um der wirksamen gegnerischen Asdic-Ortung zu entgehen. Das Boot passierte den nun sinkenden Tanker »Ferm« und brach, von achtern aufdampfend, in die mittlere Dampferkolonne ein. Dicht an kleineren Dampfern vorbeilaufend, griff Kretschmer wieder einen großen Tanker an. Die »Bedouin« (8136 BRT) stand unmittelbar nach dem Treffer in Flammen.
Gut eine Viertelstunde später nahm U 99 einen dritten Tanker aufs Korn. Auch die »Franche Comte« (9314 BRT) blieb nach dem Treffer brennend liegen.
Jetzt wurde die Stille der Nacht durch Wabo-Detonationen zerrissen. Noch immer lief U 99 mitten im HX 112 weiter. Es gelang Otto Kretschmer, sein Boot bis zur Spitze des Geleitzuges vorzubringen, wo einige große Frachter liefen.
Zwei gezielte Einzelschüsse ließen beide anvisierten Dampfer stoppen. Die »Venetia« (5728 BRT) sank schnell. Es gelang der Besatzung, in die Boote zu gehen. Die »J. B. White« (7375 BRT) jedoch sank nicht. Der nächste Torpedo, als Fangschuß abgegeben, wurde ein Fehlläufer, weil seine Steuerung versagte. Der dritte Torpedo traf die »J. B. White« achtern. Auf ebenem Kiel reitend, sank auch dieses Schiff.
U 99 tauchte wieder achteraus weg.
Während die feindliche Geleitsicherung Wasserbombenteppiche warf, lief die »Walker« auf die Stelle zu, wo die »J. B. White« gesunken war. Unter dem Schutz der »Vanoc« fischte die »Walker« den Kapitän und 37 Besatzungsmitglieder der »J. B. White« auf.
U 99 war inzwischen auf einen achtern laufenden Tanker zum Angriff übergegangen. Mit dem Hecktorpedo wurde das Schiff in zwei Teile zerrissen. Oberfunkmaat Kassel gelang es noch, den Namen des Tankers aufzufangen. Es war die »Korsham« mit 6673 BRT.
Völlig verschossen stieß U 99 zwischen zwei Bewachern hindurch und lief nun in Richtung der Läuse-Bänke ab.
U 100, das bei der Wabo-Verfolgung durch die »Walker« schwere Schäden erlitten hatte, konnte gegen 03.00 Uhr des 17. März nicht mehr länger unter Wasser bleiben und mußte auftauchen. Gerade als die »Vanoc« die »Walker« umkreiste, um sie bei der Bergung der Schiffbrüchigen der »J. B. White« zu schützen, stand U 100 direkt unter der »Vanoc« und passierte den Zerstörer, während es langsam auftauchte.
Das Boot wurde zuerst von der Radarstation der »Vanoc« gesichtet und dann, als es durchbrach, auch sofort von der Brücke. Dort gab man einen Morsespruch zur »Walker« hinüber, den der Signalgast der »Walker« jedoch nicht entziffern konnte.
Commander Macintyre befahl, mit voller Kraft nach vorn zu laufen. Lieutenant Bray, der neben dem Kommandanten der »Walker« auf der Brücke stand, schrie plötzlich:

»Sie müssen ein U-Boot gesichtet haben, Sir!«
Da kam auch schon ein neuer Funkspruch der »Vanoc«, die mit AK auf irgendein Ziel zulief und plötzlich stoppte. Dieser Spruch lautete:
»Habe soeben ein U-Boot gerammt und zum Sinken gebracht!«
Die »Vanoc« hatte U 100 mittschiffs gerammt.
Joachim Schepke, der gehofft hatte, der Zerstörer würde achtern vorbeilaufen, wurde durch die Wucht des Zerstörerstevens auf der Brücke seines Bootes eingeklemmt. Er verlor beide Beine und wurde dann, als die »Vanoc« auf volle Kraft zurückging, über Bord geschleudert. Er versank, um sich schlagend, in der See.
U 100 sank unmittelbar darauf. Nur fünf Männer der Besatzung von U 100 wurden von der »Vanoc« aufgefischt.
»Dies«, so sagte Captain Macintyre, »war für uns ein glücklicher Moment, ein erfolgreicher Höhepunkt in einem langen und mühsamen Kampf. Wir hatten für unsere Verluste am Konvoi Rache genommen. Aber nun mußten wir die ›Vanoc‹ schützen, die die wenigen Schiffbrüchigen des versenkten U-Bootes auffischte.«
In dieser Situation fing auch der Asdic-Mann auf der »Walker« Geräusche auf. Er meldete Kontakt mit einem anderen U-Boot.
Commander Macintyre wollte einfach nicht glauben, daß ausgerechnet an dieser Stelle des Atlantik zwei Boote so dicht beieinander gestanden haben konnten. Er äußerte seine Zweifel gegenüber dem Asdic-Offizier, First Lieutenant J. C. Langton. Aber der Asdic-Mann beharrte auf der Richtigkeit seiner Meldung.
»Der Kontakt kommt definitiv von einem U-Boot!« meldete er abermals.
Da gab Oberleutnant Langton Befehl, die Wasserbomben zu werfen. Ein Fächer von sechs Wabos folgte. Als die »Walker« drehte, um den nächsten Angriff einzuleiten, kam von der »Vanoc« das alarmierende Signal:
»U-Boot hinter Ihnen aufgetaucht!«
Der Scheinwerfer der »Vanoc« glitt wie ein Lichtbalken über die See und erleuchtete den Umriß von U 99, das gestoppt auf der See lag.
Die Geschützbedienungen der »Walker« traten in Aktion. Die 10-cm-Geschütze begannen zu feuern. Dann fiel die Leuchtspur der leichteren Waffen in das Feuer ein.
Während alle Geschütze der »Walker« feuerten, blitzte auf der Brücke des U-Bootes eine Signallampe auf:
»Wir sinken!«
Das machte der »Walker« klar, daß der Kampf vorüber war. Sekunden später sank U 99 in die Tiefe.
Die »Walker« wurde auf die Windseite der Schiffbrüchigen dirigiert und die überlebenden Deutschen an Bord geholt.
Der letzte, der von Bord ging und zum Zerstörer hinüberschwamm, war Kptlt. Kretschmer. Mit dem Boot war Oblt. z.S. (Ing.) Schröder in die Tiefe

gegangen. Kretschmer zählte am Kletternetz seine Männer. Außer dem LI wurden zwei weitere Besatzungsmitglieder vermißt.
Zur gleichen Zeit rief die Funkstelle des BdU in Kernevel immer wieder den gleichen Funkspruch in den Äther:
»U 99 und U 100: Standort, Lage und Erfolg melden!«
Dieser Funkspruch wurde nicht beantwortet. Beide Boote gab es nicht mehr.
Otto Kretschmer wurde im April 1941 außerplanmäßig zum Korvettenkapitän befördert. In der Verlustmeldung des Bootes, die am 25. April 1941 herausgegeben wurde, hieß es unter anderem:
»KKpt. Kretschmer hat nunmehr nach der Vernichtung von drei feindlichen Zerstörern insgesamt 313.611 BRT feindlichen Schiffsraumes versenkt.«
Nachdem drei Monate lang kein einziges deutsches U-Boot verlorengegangen war, fielen im März 1941 allein fünf Boote den Abwehrwaffen des Gegners zum Opfer. Als fünftes Boot wurde U 551 unter Kptlt. Schrott am 23. März südöstlich von Island durch die britische Korvette »Visenda« versenkt. Es entstand Totalverlust.
Noch am selben Morgen des 17. März, als Commander Macintyre seinen Erfolg meldete, sprach ihm der Premier seine und der Lordschaften Glückwünsche aus. Sie würdigten diese beiden Versenkungserfolge der 5th Escort Group durch die Verleihung des - D.S.O. Distinguished Service Order, der nach dem Victoria Cross höchsten britischen Auszeichnung, die mehrfach verliehen werden konnte - an Commander Macintyre.
Der Verlust dieser fünf Boote und die offenbar werdende Verkehrsstille im Seeraum südlich Island veranlaßten Vizeadmiral Dönitz Ende März dazu, dieses Seegebiet nach Südwesten hin zu räumen. Ein Operieren so dicht vor dem Nordkanal schien nicht mehr erfolgversprechend zu sein.
Mit dieser Verlegung der U-Bootoperationsgebiete ging die zweite Phase der Schlacht im Atlantik zu Ende. Sie war die erfolgreichste Phase des Kampfes zur See.
Ein neuer Abschnitt des Kampfes begann. Es war die Zeit der mit letzter Erbitterung ausgefochtenen Duelle zwischen U-Booten und Geleitfahrzeugen, bei denen »Pardon weder gegeben noch erwartet wurde«, wie Captain Roskill in »Royal Navy« schrieb.
Am 23. Mai 1941 wurde auch der Verlust von U 47 bekanntgegeben, als feststand, daß das Boot unter keinen noch so glücklichen Umständen mehr existieren konnte. Der Wehrmachtsbericht gab an jenem Tage bekannt:
»Das von KKpt. Prien geführte Unterseeboot ist von seiner letzten Unternehmung nicht zurückgekehrt.«

Der Kampf im Südraum

Bereits Ende Februar 1941, als das Potential an Geleitzügen und damit auch die Erfolgschancen im Nordatlantik zurückgegangen waren, entschloß sich

der BdU, die ersten drei Boote des Typs IX in den Südatlantik zu entsenden. Sie sollten im Seeraum vor Freetown operieren und alle Konvois angreifen, die auf den Seerouten nach Freetown liefen.
Es waren zunächst die Boote U 124, U 105 und U 106, die in dieses neue Operationsgebiet zogen, um in den Nächten zwischen dem 3. und 6. 3. in Las Palmas aus dem deutschen Tanker »Germania«, der dort interniert lag, Brennstoff zu ergänzen.
Am 23. 2. lief U 124 unter Kptlt. Schulz von Lorient aus und fuhr in Richtung Süden. I. WO des Bootes war Oblt. z.S. Mohr, II. WO Oblt. z.S. Henke. Beide Offiziere sollten bereits wenig später eigene Boote zu Erfolgen führen.
Zum ersten Male war mit Dr. Goder auch ein Arzt an Bord.
Am späten Abend des 3. 3. ging U 124 an der »Germania« längsseits. Während der Ölübernahme konnte die Besatzung törnweise zum Baden und zum Abendessen an Bord des Tankers gehen.
Gegen 04.00 Uhr des 4. 3. verabschiedete sich Schulz von dem Tankerkapitän. U 124 setzte seinen Weg fort. Der Kurs lag auf Freetown, wo sich seit Frühjahr der Sammelpunkt für alle aus Südamerika und um das Kap der Guten Hoffnung laufenden Schiffe befand.
Als wenig später zwei große Kriegsschiffe gesichtet wurden, versuchte Schulz, in günstige Schußposition zu gelangen, weil er annahm, das britische Schlachtschiff »Malaya« vor sich zu haben, das in diesem Seeraum operierte. Als die beiden Kriegsschiffe wenig später deutlicher zu sehen waren, stellte der Kommandant fest, daß es die deutschen Schlachtkreuzer »Scharnhorst« und »Gneisenau« waren, die im Südatlantik operierten. Beide Schiffe kamen wenig später aus der Sicht. Aber sie fanden den Konvoi SL 67 und gaben über Funk eine Sichtmeldung durch, die auch von U 124 aufgenommen wurde.
U 124 lief nun auf Kollisionskurs zum Geleitzug. Dies geschah am 7. 3. 1941. Als die erste Sichtmeldung erfolgte, kam der Kommandant auf den Turm und übernahm die Führung des Bootes. In dreistündiger Fahrt setzte sich U 124 zum Angriff vor. Aber es war ein zweites Mal die »Gneisenau«. Es kam zum Sprechverkehr zwischen den beiden ungleichen Brüdern und Admiral Lütjens. Der auf »Gneisenau« eingestiegene Flottenchef erfuhr, daß U 124 sein Schiff zweimal mit Torpedos hätte angreifen können.
U 124 setzte anschließend den Marsch in Richtung Geleitzug fort. Das Boot stieß auf U 105 unter Kptlt. Schewe, mit dem Schulz einen Winkspruch wechselte.
Am selben Tag - es war bereits dunkel geworden - wurde der Konvoi gesichtet. Es waren mindestens 30 Schiffe, die in drei Kolonnen fuhren.
»Wir lassen uns in den Konvoi hineinsickern«, befahl der Kommandant. In diesem Augenblick tauchte ein gigantischer Schatten auf.
Es war das britische Schlachtschiff »Malaya«, das den Konvoi begleitete.

U 124 wollte Anschluß gewinnen, doch plötzlich zackte das Riesenschiff weg und lief mit AK ab.
Das Boot lief zwischen der Steuerbord- und der mittleren Kolonne in den Konvoi hinein. Als ein Zerstörer in Sicht kam, befanden sie sich bereits zwischen den beiden Kolonnen, deren Abstand zueinander etwa 1000 m betrug.
»Alle Rohre klar zum Überwasserschuß. Boot schießt Bug- und Heckrohre in Einzelschüssen!«
Abermals tauchten Zerstörer auf. Einer der beiden drehte soeben in Lage Null auf den Standort des Bootes ein, als weiter entfernt an der Backbordkolonne des Konvois eine Torpedodetonation die Nacht zerriß. Sekunden später schoß dort ein von U 105 getroffener Dampfer Seenotraketen. Beide Zerstörer zackten weg, und nun war der Weg für U 124 frei.
Binnen zwei Minuten fielen sechs Einzelschüsse. Nach genau 30 Sekunden Laufzeit erfolgte die erste Torpedodetonation. Der Dampfer »Nardana« sank. Fünf Torpedos erreichten insgesamt ihr Ziel. Der sechste wurde nicht ausgemacht.
Die »Tielbank« und die »Lahore« gingen unter. Ein weiteres viertes Schiff wurde sinkend gesehen, ehe die zurückpreschenden und Leuchtgranaten schießenden Zerstörer das Boot unter Wasser drückten.
Als der Gegner abgeschüttelt war, luden die Torpedogasten im Bugraum die Rohre nach.
Aber U 124 erhielt keine Fühlung mehr am Geleit. Das Boot trat die Weiterfahrt nach Freetown an und übernahm am 18. 3. aus dem nach Süden marschierenden Hilfskreuzer »Kormoran« (Schiff 41) Treibstoff.
Während dieser Zeit gelang es U 105 und U 106, den Konvoi SL 68 zu finden. Beim Angriff auf diesen Geleitzug sichtete U 106 unter Kptlt. Oesten die »Malaya«. Das britische Schlachtschiff wurde getroffen und mußte für lange Zeit in die Werft. Aus dem Konvoi versenkten beide Boote vom 17. bis 21. 3. sieben Schiffe.
Inzwischen war U 124 wieder in das Seegebiet Freetown zurückgelaufen. Auf der Rückfahrt traf sich das Boot befehlsgemäß mit dem Handelskrieg führenden Panzerschiff »Admiral Scheer«, das dringend Weißmetall und einen Reserve-Schwingquarz für seine ausgefallene Funkmeß-(Radar-)-Anlage benötigte. Nach kurzem Halt und Übergabe der Materialien lief U 124 weiter.
Am 30. 3. versenkte das Boot 90 sm südwestlich von Freetown den britischen Dampfer »Umona«. Am 4. 4. folgte die »Malrene«. Wieder drei Tage später wurde die »Portadoc« versenkt, und am 8. 4. traf es die »Tweed«.
Als Wilhelm Georg Schulz zur Untergangsstelle der »Tweed« zurücklaufen ließ, sah er, daß deren großes Rettungsboot umgeschlagen war. Er nahm die Schiffbrüchigen kurzzeitig an Bord, richtete das Rettungsboot wieder auf und versorgte die Seeleute mit Lebensmitteln und Wasser. Einer der Män-

ner, ein junger Seeoffizier mit Namen Howard Dick Baker, vergaß diese noble Geste nicht. Nach dem Krieg ließ er über deutsche Zeitungen den Kommandanten suchen. Heute sind beide Seeleute Freunde.
Am 11. 4. sank der griechische Dampfer »Aegeon«, und am 12. und 14. 4. wurden die »St. Helena« und die »Corinthic« torpediert. Mit 12 Versenkungswimpeln am ausgefahrenen Luftzielsehrohr lief U 124 am 1. 5. 1941 nach 69 Seetagen in Lorient ein.

Der Kampf im Nordatlantik geht weiter

Im Nordatlantik wurde am 2. 4. 1941 der Konvoi SC 26 von einer neuen U-Bootgruppe erfaßt, die der BdU befohlen hatte. Es gelang U 46, U 73, U 69, U 74, U 94 und U 98 heranzukommen. Bis zum 4. 4. wurden aus diesem Konvoi 10 Schiffe herausgeschossen. Erfolgreichster Kommandant war Kptlt. Rosenbaum, der mit U 73 drei Schiffe versenkte.
Gleichzeitig mit diesem Bootsrudel waren die Boote U 552, U 123 und U 96 zu einer kleinen Suchharke südlich Islands angesetzt worden. Alle Boote erzielten Einzelerfolge. Schließlich entdeckte U 123 einen Geleitzug. Es war der HX 121, der südlich von Island angelangt war. Drei Boote griffen an.
U 552 kam zuerst zum Schuß. Mit diesem neuen Boot unternahm Kptlt. Topp seine zweite Feindfahrt.
Die »Beaton Grange«, ein Motorschiff von 10.160 BRT, fiel seinen Torpedos zum Opfer. Die »Capulet« wurde in Brand geschossen, das Wrack am 2. 5. von U 201 unter Kptlt. Schnee versenkt. U 65 griff ebenfalls diesen Konvoi an und versenkte die »Port Hardy«.
Am 28. 4. war auch U 96 herangekommen. Dieses Boot befand sich auf seiner vierten Feindfahrt. Es war das erste Mal aus seinem neuen Stützpunkt St. Nazaire ausgelaufen.
In einem einzigen Anlauf schoß Lehmann-Willenbrock den Tanker »Caledonia« (9892 BRT) und den Tanker »Oilfield« (8516 BRT) heraus. Der vierte Torpedo ging vorbei.
U 96 wurde von einer Fregatte der Geleitsicherung entdeckt und gejagt. Drei weitere Bewacher stießen hinzu. Neun Stunden dauerte die Waboverfolgung.
Als das Boot am anderen Morgen auftauchte, um die Verfolgung aufzunehmen, wurde es von einer Sunderland erneut unter Wasser gedrückt. Damit war der Konvoi aufgelöst.
Am 19. 5. wurde von U 96 noch ein kleiner Dampfer versenkt, bevor das Boot nach 6436 sm Fahrt wieder in St. Nazaire einlief und festmachte.
Der nächste Geleitzug aber war bereits seit den ersten Maitagen unterwegs. Wie dieses Unternehmen aus der Sicht beider Seiten ablief, sei im folgenden dargestellt.

Geleitzugschlacht am OB 318 - Britische Verteidigungsmaßnahmen

Ende April war in Liverpool der Konvoi OB 318 mit 17 Schiffen zusammengestellt worden. 12 weitere Schiffe, die in westschottischen Häfen lagen, sollten auf See zum Konvoi stoßen. Aus den Firth of Clyde kamen weitere 5 und aus Milford Haven vier Schiffe hinzu. Sie waren zum Teil bereits aus den Ostküstenhäfen um Nordschottland herumgeleitet worden.
Von Island aus sollten vier weitere Frachter zum Geleit stoßen. Drei Dampfer dieses Konvois hatten Order für Island.
Der OB 318 erhielt Befehl, geschlossen bis auf 50.50 Grad Nord/35.00 Grad West zu laufen und sich dort, zwischen der Südspitze von Grönland und Island, aufzulösen und getrennt die Zielhäfen anzulaufen.
Die britische Admiralität hatte die 7. Escort Group für den ersten Teil der Reise bestimmt. Ihr Führer war KKpt. I. H. Bockett-Pugh (auf dem Zerstörer »Westcott«). Die Group bestand aus drei Zerstörern, einer Sloop, fünf Korvetten und einem Fischdampfer. Nur die »Westcott« war mit einer Radaranlage ausgerüstet. Die 15th Group des Coastal Command wurde über den Kurs des Konvois verständigt.
Am 7. 5. sollte die 3. Escort Group unter KKpt. A. J. Baker-Cresswell 150 sm südlich von Reykjavik die erste Geleitsicherung ablösen.
Der Gesamtgeleitzug mußte nach dem Hinzustoßen aller für ihn bestimmten und der Lösung der drei für Island bestimmten Schiffe 38 Schiffe mit 204.811 BRT aufweisen, darunter 5 Tanker, die in die Karibische See gehen sollten.
Die 3. Escort Group, die in einem isländischen Hafen lag, erhielt Befehl, so rechtzeitig Island zu verlassen, daß sie sich am 7. 5. um 10.00 Uhr auf 61.07 N/23.37 W mit dem Geleitzug treffen und die 7. Escort Group ablösen konnte.
Am 6. Mai stand eine Suchharke von 6 deutschen U-Booten im mittleren Atlantik. Es waren U 94, U 93, U 97, U 98, U 201 und U 556. Zwei Aufklärer sichteten am Morgen dieses Tages den nach England laufenden Konvoi HX 122. Außerdem war auch noch der ebenfalls in Richtung Osten fahrende SC 29 unterwegs. Diesen Konvoi sichtete U 95 am Mittag des 7. 5., konnte ihn aber nicht angreifen, da er schon zu dicht an England herangekommen war.
Die Sichtmeldung von U 95 wurde vom britischen Funkhorchdienst eingepeilt. Die britische Admiralität war allerdings der Meinung, daß diese Meldung dem OB 318 gelten würde.
Der Konvoi wurde gewarnt und ihm eine Abweichung vom Kurs nach Steuerbord bis auf 62 Grad Nord empfohlen. Erst von dort aus sollte dann Westkurs gesteuert werden.
Commodore Mackenzie, der Geleitzugchef, ließ die empfohlene Schwenkung ausführen. Diese Bewegung trieb den Geleitzug direkt auf ein anderes

U-Boot zu. Es war U 94, das der BdU am 6. 5. zu der im mittleren Atlantik stehenden Suchharke geschickt hatte.
KKpt. Baker-Cresswell hatte am Vormittag des 7. 5. sein Führerschiff, den Zerstörer »Bulldog«, zwei weitere Zerstörer, den Hilfskreuzer »Ranpura«, drei Korvetten, den Fischdampfer »St. Apollo« und die vier Islandschiffe, die für den OB 318 bestimmt waren, auf die Treffpunktposition gebracht und eine Stunde vor der vereinbarten Zeit den Konvoi erreicht. Die beiden Escort-Group-Führer besprachen sich. Dann lief KKpt. Bockett-Pugh mit den drei Zerstörern seiner Escort Group zurück. Die übrigen Fahrzeuge seiner Group sollten noch bis zum Abend des nächsten Tages beim Konvoi bleiben. Dann sollten auch sie entlassen werden und den Geleitschutz des einlaufenden HX 123 übernehmen.
U 94 sichtete den OB 318 am 7. 5. 1941. Kptlt. Kuppisch brachte sein Boot in vorliche Position zum Geleitzug und ließ es am Rande der Sichtweite mitlaufen. Dann ließ er einen FT-Spruch an den BdU tasten:
»Konvoi gesichtet in AK 2699. Kurs 15 Grad West, Geschwindigkeit 9 Knoten.«
Wenig später erhielt U 94 die Antwort:
»Angreifen! - Auf jeden Fall weiter Fühlung halten.«
Um 19.45 Uhr ließ Kuppisch das Boot auf Sehrohrtiefe hinuntertauchen, um nicht vorzeitig gesichtet zu werden.
Er ließ alle Rohre zum Unterwasserschuß klarmachen. Hintereinander fielen drei Einzelschüsse aus den Bugrohren. In der Drehung schoß U 94 auch noch den Hecktorpedo. Es war genau 21.11 Uhr.
Nach den Schüssen ließ Kuppisch auf 80 Meter tauchen. Am Ende der Laufzeit des ersten Torpedos erschütterte eine gewaltige Detonation das Boot. Sekunden später dröhnten gleichzeitig zwei weitere Detonationen und zeigten ebenfalls Torpedotreffer an. Dann erfolgte noch eine Explosion, die aber nach Ansicht von Kuppisch nicht von einem Torpedo herrührte.
»Wir haben mindestens drei Schiffe getroffen und gehen rauf, um nachzusehen!« berichtete Kuppisch der Besatzung. U 94 stieg auf Sehrohrtiefe empor. Vorsichtig wurde das Sehrohr ausgefahren. Im ersten Augenblick sah Kuppisch nichts als grelle Flammen, die ihn blendeten. Dann bemerkte er knapp 400 m an Steuerbord einen Bewacher, der genau auf ihn zudrehte.
»Auf 100 m gehen!«
Mit AK der beiden E-Maschinen stieß U 94 wieder in die Tiefe hinunter. Es hatte 80 m erreicht, als über ihm ein Zehnerfächer mit Wasserbomben detonierte. Das Boot wurde durchgeschüttelt. Für kurze Zeit fiel das Licht aus. Die Schäden waren jedoch schnell behoben. Doch das Pinken der feindlichen Asdic-Ortung war immer noch zu hören. Einer der Verfolger griff abermals an und warf fünf Wabos, die aber 400 m achteraus detonierten und keinen Schaden verursachten. In der nächsten Stunde fielen sechs weitere Wabofächer. Mindestens drei, wenn nicht vier Jäger mußten auf U 94 Jagd

machen. Gegen 22.36 Uhr detonierte ein weiterer Wabofächer genau über dem Boot. Manometergläser zersprangen. Alle Kompasse fielen zeitweise aus. Das achtere Tiefenruder ließ sich nicht mehr elektrisch bedienen. Es mußte von Hand gedreht werden. Dazu bliesen zwei Preßluftflaschen Luft aus.

Das Boot war schwer getroffen worden. Aber es blieb trotz seiner Beschädigungen in See. Vier Stunden hatte die Waboverfolgung gedauert, der Feind hatte in dieser Zeit 89 Wasserbomben geworfen.

Das Boot selbst hatte zwei Dampfer versenkt, die »Ixion« mit 10.263 BRT und die »Eastern Star« mit 5658 BRT. Die beiden anderen Detonationen, die gehorcht worden waren, rührten von je einer Wasserbombe her, welche die Zerstörer »Bulldog« und »Rochester« als Schreckbomben geworfen hatten.

Damit war der erste U-Bootangriff auf den OB 318 beendet. Weitere Operationen sollten folgen. Der Konvoi erreichte um 23.55 Uhr den 62. nördlichen Breitengrad und ging hier - nach den Weisungen der britischen Admiralität - auf Westkurs.

Nach der Erfolgsmeldung von Kptlt. Kuppisch ließ die Operationsabteilung des BdU alle weiter nördlich stehenden Boote nach Westen vorpreschen. U 110 unter Kptlt. Lemp, das am 15. 4. aus Lorient ausgelaufen war, sichtete am Nachmittag des 8. 5. den OB 318 und gab die Meldung an den BdU weiter. Die Operationsabteilung befahl dem Boot, Fühlungmeldungen und Peilzeichen zu tasten und anzugreifen. Gleichzeitig wurden alle in der Nähe stehenden Boote auf diesen Konvoi angesetzt.

Eines der Boote, die nahebei standen, war U 201 unter Oblt. z.S. Schnee.

Die britische Horchfunkstelle hatte inzwischen die Sichtmeldung von U 110 aufgefangen und den Konvoi vor diesem Fühlunghalter gewarnt. Commodore Mackenzie befahl deshalb am Abend des 8. 5. eine Kursänderung um 30 Grad aus dem bisher gelaufenen Kurs heraus. Aber U 110 blieb am Geleitzug und schloß bei Einfall der Abenddämmerung auf. Da die Nacht jedoch mondhell war, griff Lemp noch nicht an. Am frühen Morgen des 9. 5. gab er wieder Fühlungmeldung. Vom BdU wurden nun U 96 und U 556 angesetzt.

U 201 sichtete an diesem Morgen das Boot U 110. Beide Boote schlossen dicht zueinander auf, tauschten ihre Erfahrungen aus und liefen dann mit kleiner Fahrtstufe weiter.

Bald verloren sie einander aus den Augen. Um 10.30 Uhr sichtete die Wache auf dem Turm von U 201 Rauchwolken. Zur gleichen Zeit sichtete auch U 110 den Konvoi. Lemp ließ sein Boot auf Tauchstation gehen, und als der Konvoi aufgeschlossen hatte, waren die Bugtorpedorohre von U 110 klar zum Unterwasserschuß.

Um 11.58 Uhr gab Lemp den Feuerbefehl für vier Einzelschüsse. Drei Torpedos wurden abgefeuert. Der vierte Aal blieb im Rohr stecken, weil die

Zündung versagte. Oblt. (Ing.) Eichelbom, der LI, pendelte das Boot wieder auf Sehrohrtiefe ein. Zwei Torpedotreffer ließen das Boot erzittern.
»Sehrohr aus!« befahl Lemp. Er sah das vorderste Schiff der Steuerbordkolonne mit starker Schlagseite bewegungslos daliegen. Es brannte bereits. Ein zweiter Dampfer, der nach Backbord herausgestaffelt war, lag ebenfalls brennend auf der See. Es waren die »Esmond« und die »Bengore Head«, die den Torpedos von U 110 zum Opfer gefallen waren.
Vor einem Zerstörer, der mit AK auf das Boot zulief, ging U 110 mit Schnelltauchen auf 120 m Tiefe und drehte mit Hartruder Steuerbord ab. Die ersten Wabos detonierten an Backbord mit mittlerer Tiefeneinstellung. Wenig später detonierte ein zweiter Fächer an Back- und Steuerbord über dem Boot.
Das Tiefenruder fiel aus. Beide E-Maschinen verstummten, die Batterien begannen zu gasen. Ein Öleinbruch wurde aus dem Bugraum gemeldet. Bei 95 m Tiefe angelangt, drang Preßluft aus einem gebrochenen Verteilerstutzen.
»Boot ist nicht zu halten!« meldete der LI.
Lemp mußte sofort handeln, wenn er wenigstens die Besatzung retten wollte. Er befahl, Preßluft auf alle Tauchtanks zu geben und das Wasser auszublasen. Das Boot wurde so zum Stehen gebracht und glitt dann in die Höhe. Als es die Wasseroberfläche durchbrach, gab Lemp den rettenden Befehl: »Alle Mann aus dem Boot!«
Als die Männer durch das Turmluk kletterten, begann der Gegner zu schießen. PK-Mann Ecke, der als einer der letzten von Bord sprang, sah, daß Kptlt. Lemp allein zurückblieb, bis der letzte Mann draußen war. Dann sprang auch er. Als er auf den Pulk der im Wasser schwimmenden U-Bootmänner zugeschwommen war, vermißte Lemp seinen II. WO, Wehrhöfer. Er fragte den I. WO nach dem jungen Offizier, doch Oblt. z.S. Loewe hatte ihn nicht gesehen. Lemp schwamm weiter, um Wehrhöfer zu finden. Auch er wurde nie wieder gesehen.
34 Männer von U 110 wurden aufgefischt. Unter denen, die in See blieben, waren der Kommandant und der II. WO.
Das Prisenkommando ging an Bord von U 110. Die Männer durchsuchten jeden Winkel des Bootes. Sie fanden auch das Ritterkreuz von Fritz-Julius Lemp. Nach dem Kriege übergab Captain Baker-Cresswell es der Schwester des gefallenen U-Bootkommandanten.
(Man versuchte, U 110 mit dem Zerstörer »Bulldog« nach Reykjavik einzuschleppen, aber am 11. 5. sackte das Boot plötzlich ab. Die Schlepptrossen mußten gekappt werden.)
Es blieb den Überlebenden von U 110 verborgen, daß die Engländer auf ihrem Boot die komplette Schlüsselmaschine M (die Marineversion der von der deutschen Wehrmacht benützten Enigma-I-Schlüsselmaschine) sowie die meisten Schlüsselunterlagen erbeutet hatten. Das blieb bis 1958 eines

der bestgehüteten britischen Geheimnisse. Zwar hatten die Engländer bereits seit Beginn des Krieges eine von den Polen nachgebaute Enigma-Maschine in ihrem Besitz, konnten wegen der fehlenden Einstellungen aber nicht sonderlich viel damit anfangen. Das änderte sich nun gewaltig. Die britischen Kodeknacker in Bletchley Park, Buckinghamshire, konnten ab 1. Juni den damals für die U-Boote verwendeten Funkschlüssel »Hydra« zeitgleich mitlesen und den »submarine tracking room« in der Admiralität mit einem exakten Lagebild versorgen.
Nachdem sich U 201 von diesem Boot getrennt hatte, lief es zum Angriff auf den OB 318 an. Es war 11.05 Uhr, als Schnee »Auf Gefechtsstationen!« befahl. Das Boot tauchte und drehte per Unterwasserfahrt auf den Konvoi ein. In Lage Null auf das Boot zudrehende Zerstörer zwangen Schnee zum Abdrehen und Tiefertauchen.
20 Minuten später ließ er auf Sehrohrtiefe hinaufgehen. Er sah, daß zwei Bewacher zwischen seinem Boot und dem Konvoi standen. Schnee ließ auf 100 m Tiefe gehen und lief mitten zwischen den beiden Bewachern her unter den Konvoi. Dann stand das Boot genau vor dem Hauptgeleit. Die Torpedowaffe wurde klargemeldet. Schnee gab nach einem weiteren kurzen Ausblick den Befehl zum Fächerschuß auf ein großes Schiff und zum Einzelschuß auf ein kleineres. Als alle drei Torpedos liefen, ließ er das Boot drehen und schoß den Hecktorpedo auf einen 6000-Tonner ab.
Noch in der Drehung hörten die Männer im Boot die Detonationen. 40 Sekunden nach Abschuß des Hecktorpedos traf auch dieser den zuletzt anvisierten Dampfer. Durch das Sehrohr sah Schnee eine 200 m hohe Explosionswolke. Er sah, wie der Konvoi eine weitere Kursänderung vornahm und daß ein Zerstörer in Lage Null auf das Boot zulief.
Oblt. z.S. Schnee ließ das Boot auf 140 m Tiefe durchsacken. Schwere Wasserbombendetonationen erschütterten das Boot. Mit dreimal AK der E-Maschinen, dann wieder in Schleichfahrt und bei immer neuen Kursänderungen gelang es U 201 zu entkommen. Die Besatzung in der Zentrale hatte 99 Wasserbomben gezählt. Da einer der Treibstofftanks leckte, mußte U 201 den Rückzug antreten. Das Boot hatte die Dampfer »Gregalia« und »Empire Cloud« versenkt.
Inzwischen hatte aber U 556 die Fühlungmeldungen von U 110 und U 201 aufgenommen und kam am 10. Mai in den ersten Morgenstunden in Schußposition. Da eine dichte Wolkendecke vor dem Mond lag, wagte Kptlt. Wohlfahrt einen Überwasserangriff. Er ließ die U-Bootzieloptik auf den Turm bringen und auf die Zielsäule aufsetzen. Je einen Einzelschuß ließ er auf zwei Dampfer abfeuern. Der Dampfer »Aelbryn« wurde getroffen. Es gelang ihm jedoch, am 17. 5. Reykjavik zu erreichen. Der zweite Schuß, welcher der »Chaucer« gegolten hatte, ging vorbei, weil dieses Schiff mit Hartruderlegen zur Seite ausgebrochen war.
Das Boot lief ab. Die Rohre waren eine Stunde darauf nachgeladen. Zum

zweiten Anlauf glitt U 556 auf den OB 318 zu. Es war aber zu hell geworden, und Wohlfahrt ließ das Boot am Rande des Sichtkreises mitlaufen, um sich vorzulegen und im Unterwasserangriff abzuschießen.
Um 07.52 Uhr wurde ein Einzelschuß aus Rohr I abgefeuert. Die »Empire Caribou«, die mit einer Kalkladung von Portland nach Maine unterwegs war, sank zwei Minuten nach dem Treffer.
U 556 nahm die Verfolgung auf. Drei Stunden später wurde ein Nachzügler gesichtet. Doch der Torpedo lief unter dem Kiel des Schiffes hindurch, das in Ballast fuhr. Wohlfahrt gab die Jagd immer noch nicht auf. Mit AK lief U 556 hinter dem Konvoi her. Ein Dampfer wurde gesichtet. Binnen zweier Stunden gewann das Boot den nötigen Vorsprung. Es tauchte, drehte auf dieses Schiff ein.
Der um 20.37 Uhr abgeschossene Torpedo traf den belgischen Frachter »Gand« Unterkante Brücke. Als der Dampfer nicht sank, wurde er mit Geschützfeuer versenkt.
Die weitere Verfolgung des Konvois wurde durch einen Defekt am Luftkompressor vereitelt, die Reparatur konnte nur bei stillgelegten Dieselmaschinen ausgeführt werden.

Ein kleiner Rückblick aus britischer Sicht

Im Mai hatten im Nordatlantik die langen Tage eingesetzt. Mit den ständig kürzer werdenden Nächten schmolzen auch die Schießmöglichkeiten für die U-Boote zusammen. Dies war für die Durchbringung der Geleitzüge die günstigste Jahreszeit.
Mit der steigenden Sonne versuchte der Gegner, immer mehr Geleitzüge durchzubringen. Vor allem konnte ja auch die gegnerische Luftsicherung länger operieren. Die Aufklärer waren vom ersten Licht bis zum Einfall der Abenddämmerung in der Luft und drückten die gesichteten deutschen U-Boote unter Wasser.
Dennoch griffen die U-Boote immer wieder an, wie der zähe Angriff auf den OB 318 bewies. Aber England schlief nicht! Der Schock, der den britischen Verantwortlichen durch die Rudelschlachten vom Herbst 1940 bis Frühjahr 1941 zugefügt worden war, zwang sie gleichzeitig zu vermehrten Verteidigungs- und Sicherungsmaßnahmen.
So war Sir Admiral Percy Noble, der Oberbefehlshaber der Western Approaches, im Februar 1941 mit seinem Stabe von Plymouth nach Liverpool übergesiedelt. Er hatte die ständigen Escort Groups eingeführt. In besonderen Schulen wurden Technik und Taktik der U-Bootbekämpfung laufend weiter vervollkommnet. Darüber hinaus gestaltete Admiral Noble die Zusammenarbeit mit der 15th Group des Coastal Command immer lückenloser.
In den ersten drei Monaten des Jahres 1941 waren 687 Schiffe in HX-Kon-

vois, 306 in SC-Konvois und 1282 in auslaufende OB-Konvois zusammengefaßt worden. Alle auslaufenden Geleitzüge wurden nur bis zum 35. Grad West gesichert.
Unter diesen Bedingungen hatten in der Folgezeit die kleinen U-Bootrudel den Geleitzugkampf zu führen.

Der Geleitzugkampf geht weiter

In einer neuen Suchharke aufgestellt, gewannen sieben U-Boote am 19. 5. Anschluß an den Konvoi HX 126. Kptlt. Wohlfahrt, der auch am OB 318 Erfolge erzielt hatte, schoß drei große Schiffe heraus, darunter den 13.037 BRT großen Motortanker »San Felix«. Insgesamt wurden aus diesem Konvoi 11 Schiffe herausgeschossen.
U 556, das sich nunmehr verschossen hatte, stieß auf dem Rückzug am 26. 5. auf einen großen Kriegsschiffsverband mit dem Schlachtkreuzer »Renown« und dem Flugzeugträger »Arc Royal«. Zu dieser Zeit, da U 556 die große Chance verpaßte, ein Schlachtschiff zu versenken, stiegen vom Flugdeck der »Arc Royal« jene Flugzeuge auf, die den Angriff auf das deutsche Schlachtschiff »Bismarck« flogen. Ein erfolgreicher Angriff von U 556 auf das Schlachtschiff oder den Träger hätte mit Sicherheit das Schicksal der »Bismarck« beeinflußt. So aber wurde das deutsche Schlachtschiff 300 sm nordwestlich Quessant von britischen Kriegsschiffen umstellt und angegriffen. In diese Angriffe fielen Flugzeuge mit ein.
U 74 unter Kptlt. Kentrat, das Mitte Mai zu seiner zweiten Feindfahrt ausgelaufen war, erhielt am Abend des 26. 5. über Funk Befehl, in den Kampfraum der »Bismarck« einzudringen. Mit AK fuhr das Boot durch die See auf den Standort des deutschen Schlachtschiffes zu. Um 21.05 Uhr nahm Oberfunkmaat Hallet einen FTSpruch der »Bismarck« auf. Er lautete: »Werde von Trägerflugzeugen angegriffen. Lufttorpedotreffer.« Um 23.25 Uhr meldete die »Bismarck« abermals: »Bin umringt von ›Renown‹ und leichten Seestreitkräften!« Und der dritte Funkspruch deutete bereits das Ende an: »Schiff nicht länger manövrierfähig. Wir kämpfen bis zur letzten Granate!« Am anderen Morgen trafen sich U 74 und U 556 in der stürmisch gehenden See nahe dem Standort der »Bismarck«. U 556 setzte einen Blinkspruch an das Boot ab.
»Muß Fühlunghalter aufgeben. Brennstoffgrenze erreicht und keine Torpedos.« Kentrat ließ zurückblinken:
»Verstanden! - Wir übemehmen Fühlunghalter!«
Oberfunkmaat Hallet nahm noch einen vierten Funkspruch der »Bismarck« auf, nämlich, daß ein U-Boot zum Schlachtschiff laufen und das KTB desselben bergen solle.
Durch die Sturmsee lief U 74 weiter, dem Standort 47.40 N/14.50 W entgegen. Um 10.38 Uhr wurde der Kommandant in den Funkraum gerufen. Er

hörte gemeinsam mit Oberfunkmaat Hallet die starken Sinkgeräusche des deutschen Schlachtschiffes.
Eine Minute darauf wurden feindliche Kriegsschiffe gesichtet. Das Boot ging auf Sehrohrtiefe und steuerte den Kriegsschiffen entgegen. Ein Zerstörer sichtete das Sehrohr und warnte den Verband, der mit AK wegdrehte. Kurz darauf wurden durch das Sehrohr Schiffstrümmer der »Bismarck« gesichtet. Leichen trieben vorbei. Kentrat ließ U 74 auftauchen, um nach Überlebenden zu suchen. Nach 48 Stunden hatte das Boot insgesamt 3 lebende Seeleute geborgen und an Bord genommen. Vom Gegner wurden 110 Soldaten aufgefischt, und der Dampfer »Sachsenwald« fand zwei Männer des Schlachtschiffes. Über 2000 deutsche Soldaten gingen mit der »Bismarck« unter.
Der Juni und Juli sah weitere Einzelangriffe und Angriffe kleiner Rudel gegen Konvois. U 107 war Ende März 1941 ausgelaufen. Es sollte im Raum zwischen den Kanarischen Inseln und Freetown operieren. Die ersten Erfolge gab es am 8. und 9. 4., als zwei Dampfer versenkt werden konnten. Ein schneller Einzelfahrer mußte nach vier verschossenen Torpedos vorbeigelassen werden. Der Dampfer »Calchas« wurde mit zwei Torpedos lahmgeschossen und versuchte dennoch, das deutsche U-Boot mit seinen beiden Geschützen zu vernichten.
Der Dampfer »Wilwood« konnte als Amerikaner nicht angegriffen werden.
Am 3. 5. versorgte sich U 107 an der »Nordmark« mit Treiböl. Auch U 105 unter Kptlt. Schewe tauchte auf. Die beiden Kommandanten tauschten ihre Erfahrungen aus. Am 9. 5. erfolgte an der »Egerland« die Torpedoübernahme. 14 neue Torpedos wurden an Bord genommen. Das Boot war wieder voll einsatzbereit.
Eine Woche später stand U 107 wieder im Einsatzgebiet bei Freetown. Ein Dampfer wurde versenkt. Es war der Argentinier »Marisa« mit 8029 BRT.
Der Dampfer »Piako« benötigte trotz seiner 8286 BRT nur einen Torpedo.
Der am Abend des 26. 5. in Sicht kommende Frachter »Colonial« tastete »SSS-Meldung« und versuchte zu entkommen. Doch nach Schüssen aus den beiden Heckrohren und einem Fangschuß ging er unter. Der griechische Dampfer »Papalemos« folgte nach, und am 31. 5. ging die »Sire« nach einem Zweierfächer auf Tiefe.
Am nächsten Morgen, es war der 1. Pfingsttag, wurde gegen 11.40 Uhr ein Dampfer gesichtet, der merkwürdige Zickzackkurse steuerte und nach den beiden Treffern liegenblieb. Er entpuppte sich als U-Bootfalle mit mehreren Geschützen, die durch einen Zufall entdeckt wurden. Der Trick, das deutsche U-Boot zum Auftauchen zu bringen, um es mit den 15-cm-Kanonen zu vernichten, schlug fehl. Statt dessen wurde die »Alfred Jones« versenkt.
Als U 107 am 6. 6. auf dem Wege zur »Egerland« war, um erneut Torpedos zu übernehmen, erhielt es einen Funkspruch von U 38, daß die »Egerland« gesunken und daß auch die »Esso« nicht gesichtet worden sei. U 107 lief in

den Raum Freetown zurück. Es hatte noch einige Torpedos und für vier Wochen Proviant.
Die »Adda« wurde am 8. 6. versenkt, und in dicken Regenböen des 13. 6. griff U 107 den schnellen Einzelfahrer »Pandias« an, der mitsamt seiner 8000 Tonnen Kohle und den 11 Spitfire-Jägern sank.
Am Treffpunkt mit der »Lothringen« traf U 107 auch die Boote U 69 und U A, doch der Versorger war inzwischen ebenfalls versenkt worden.
U 107 trat den Rückmarsch an und lief am 2. 7. 1941 in Lorient ein.
Es hatte mit 14 versenkten Schiffen (insgesamt 86.699 BRT) die erfolgreichste Feindfahrt des Zweiten Weltkrieges durchgeführt.
Gleichzeitig mit U 107 stand auch U 108 im Tonnagekampf. Kptlt. Scholtz hatte auf seiner vorangegangenen Feindfahrt einen Sonderauftrag erhalten. Und zwar sollte er ein Dickschiff - schwerer Kreuzer oder Hilfskreuzer - finden und versenken. Dieses Schiff stand im Raume der Dänemarkstraße und meldete alle deutschen Verbände, die durch diese Straße in den Atlantik liefen.
U 108 lief in einem großen Bogen von der Eisgrenze aus um Island herum. Bei schwerer See, durch Eistreiben und Schneestürme lief das Boot auf Suchkurs und sichtete das Dickschiff am 12. 4. 1941. Es war ein Hilfskreuzer. Der erste Schuß, aus 2000 m Entfernung abgefeuert, ging vorbei. Am frühen Morgen des 13. 4. gelang es dem Kommandanten, das Boot bis auf 700 m an den Hilfskreuzer heranzuführen. Der Dreierfächer traf mit zwei Torpedos die »Rajputana« (16.444 BRT), die liegenblieb.
U 108 unterlief den Hilfskreuzer und feuerte aus nur 400 m trotz der Zerstörer einen Fangschuß ab. Die »Rajputana« sank. Das Boot erhielt Rückmarschbefehl.
Danach ging U 108 zum Tonnagekampf im Nordatlantik in See. Am 2. 6. wurde ein großes Schiff torpediert. Es war die »Michael E«, die nach dem Zweierfächer sank.
Sechs Minuten vor Mitternacht des 8. 6. wurde die »Baron Naim«, fünf Stunden später die »Dirphys« versenkt. Die »Christian Krohg« folgte nach. Verschossen trat das Boot den Rückzug an.
Der HX 133 wurde von fünf Booten angegriffen, die acht Schiffe versenkten und zwei Tanker torpedierten. U 556 unter Kptlt. Wohlfahrt griff am 27. 6. den HX 133 noch einmal an. Das Boot wurde von drei britischen Korvetten durch Wasserbomben schwer beschädigt und mußte auftauchen. Die Besatzung verließ das Boot. Der Kommandant und ein Teil der Besatzung gerieten in Gefangenschaft. U 556 sank.
U 651 unter KKpt. Lohmeyer, das am 28. 6. aus dem HX 133 ebenfalls ein Schiff versenkte, wurde von den Geleitzerstörern »Malcolm« und »Scimitar« aufgefaßt, gestellt und vernichtet. Der Kommandant und ein Teil der Besatzung wurden auch hier gerettet.
Der BdU brach am 29. 6. den Kampf gegen diesen Konvoi ab. Bis dahin

waren aus ihm 11 Schiffe mit 57.212 BRT versenkt worden, zwei weitere Schiffe wurden torpediert. Aber die U-Bootwaffe hatte ebenfalls zwei Boote verloren.
Während der Monate Juli und August standen nur jeweils acht bis zwölf deutsche U-Boote in den Operationsgebieten zwischen Grönland und Island und nordwestlich von Irland.
Der Gegner hatte in der Zwischenzeit ein weitmaschiges Peilnetz aufgebaut, das nunmehr den gesamten Nordatlantik überspannte. Seine Peilstellen hörten den gesamten Funkverkehr der deutschen U-Boote ab. Damit konnten sie auch die deutschen Suchstellungen erkennen und die Geleitzüge weiträumig um sie herumdirigieren. Diese Peilstellen reichten von den Shetlands bis nach Landsend, dem südwestlichsten Teil Englands hinunter.
Da der deutschen U-Bootführung bekannt war, daß der Gegner damit jeden Funkspruch eines in See stehenden deutschen U-Bootes einpeilen und abhören konnte, erließ Admiral Dönitz bereits am 9. 6. den Kriegsbefehl Nr. 243 über das Funken der U-Boote:
»Im Angriffsraum:
Funkspruchabgabe nur bei taktisch wichtigen Meldungen oder auf Anforderung der Führung oder wenn die Position ohnehin dem Gegner bekannt ist.
Auf dem Marsch:
Wie vorher. Gelegentliche Funkspruchabgabe von weniger wichtigen Nachrichten: Hierbei beachten, daß durch das Senden nicht das Gebiet für folgende oder dort stehende Boote vergrämt wird.
Technisch:
Häufiger Wellenwechsel, zusätzliche Verkehrskreise, Funkdisziplin, um dem Gegner das Einpeilen zu erschweren.«
Bis heute mag niemand so recht glauben, daß es den Kodeknackern von Bletchley Park gelungen war, den deutschen U-Bootschlüssel »Hydra« zeitgleich zu entschlüsseln, d. h. also sofort mitzulesen. Dönitz selbst hat diese Möglichkeit noch 1973 bestritten, inzwischen wurden aber große Teile dieser »Ultra«-Dokumente (von den Engländern mit der höchsten Geheimhaltungsstufe »Ultra Secret« geschützt) nach der dreißigjährigen Sperrfrist freigegeben und harren der historischen Aufarbeitung. Erste Ergebnisse zeigen z. B., daß die Vernichtung der deutschen Troßschiffe nach dem Untergang der »Bismarck« nur darauf zurückzuführen ist, daß durch die Entschlüsselung die Versorgungspunkte und -zeiten bekannt waren. Die Engländer brauchten bloß einen Kreuzer dorthin zu schicken. Daß es erst 1941 gelang, in den U-Bootschlüssel einzubrechen, hat eine ganze Reihe von Gründen. Zum einen verwendete die deutsche Kriegsmarine Funk nur wenn unumgänglich notwendig, ansonst wurden die Fernschreib- und Telefonverbindungen verwendet. Erst mit der Ausdehnung des Dritten Reiches über große Teile Europas wurde mehr gefunkt. Wesentlich funkfreudiger war die Luftwaffe, deren Schlüsselgewohnheiten den Briten Anhaltspunkte für den

Marinefunkverkehr gaben, wobei erschwerend war, daß in den Schlüsselmaschinen der Marine die zusätzlich eingeführten Schlüsselwalzen VI bis VIII reine Marinewalzen waren. Trotz der Tatsache, daß das elektromechanische Prinzip der seit 1923 von Scherbius entwickelten Enigma-Schlüsselmaschine bekannt war, weil es den Polen gelungen war, die Maschine nachzubauen, brachte erst die Erbeutung aller Geheimunterlagen von U 110 den entscheidenden Durchbruch. Dem BdU war natürlich nicht verborgen geblieben, daß der Gegner unangenehm genau über die U-Bootlage Bescheid wußte. Er hat aber nur die halbe Wahrheit erkannt und angenommen, daß sich die Engländer aufgrund von Peilergebnissen die Lage »zusammenreimen«. Aber so lieb ihm das auch gewesen wäre, auf Funkkontakt mit seinen Booten konnte er nicht verzichten, weil sonst sein Führungssystem zusammengebrochen wäre. Sein Befehl hat den britischen Entschlüsselungsteams sicherlich eine Menge Zusatzarbeit gebracht, so daß manche wichtigen Funksprüche allein wegen des vermehrten Arbeitsaufwandes zu spät entschlüsselt wurden, um noch rechtzeitig darauf reagieren zu können. Doch die unangenehmen Überraschungen nahmen wieder zu, so daß schließlich am 1. 2. 1942 eine neue Schlüsselmaschine für U-Boote eingeführt wurde, wobei man allerdings am alten Konstruktionsprinzip grundsätzlich festhielt. Doch darüber und über den damit eingeführten Funkschlüssel »Triton« später.
Trotz fehlender U-Boote im Atlantik während des Sommers 1941 gelang es einigen wenigen Booten, Ende Juli den OG 69 anzugreifen, der am 24. 7. vom B-Dienst erfaßt worden war und den auch Focke-Wulf-200-Aufklärer sichteten und meldeten. Sieben Schiffe wurden aus diesem Konvoi versenkt.
Der SL 81 zahlte mit 5 Schiffen einen weniger starken Preis, und der OG 71, aus dem zum Auftakt am 19. 8. KKpt. Kell den Zerstörer »Bath« herausschoß, verlor 11 Schiffe, darunter die Korvette »Zinnia«, die von U 564 am 23. 8. vernichtet wurde.
Am 27. und 28. 8. schließlich wurde der Konvoi OS 4 angegriffen. Sechs Schiffe gingen verloren. Hier war Kptlt. Paulshen mit 4 Versenkungen erfolgreich. U 558 unter Kptlt. Krech versenkte das 10.298 BRT große Motorschiff »Otaio«.
Damit ging das zweite Kriegsjahr zu Ende. Die Situation der U-Bootwaffe hatte sich im Vergleich zum ersten Kriegsjahr nicht verschlechtert. Mit nur 19 verlorengegangenen U-Booten war dieser Zeitabschnitt das Jahr mit den niedrigsten Verlusten während des gesamten Zweiten Weltkrieges.
Die Anzahl der Neuzugänge steigerte sich und begann sich in den letzten Monaten des zweiten Kriegsjahres positiv auszuwirken. Die neu aus der Erprobung kommenden Boote, die nunmehr einsatzbereit waren, erlaubten dem BdU die Bildung einer »Nordgruppe«, die neben jenen auf der Gibraltarroute und im Südatlantik eingesetzten Booten operieren konnte.

Als diese Nordgruppe Ende August auf 17 Boote angewachsen war, wurde sie in einer großen Suchharke auf die von Island in Richtung Grönland und Neufundland laufenden Geleitzüge angesetzt. Diese Maßnahmen sollten bereits zu Beginn des dritten Kriegsjahres zu erheblichen Erfolgen führen.
Zuvor jedoch bleibt ein Ereignis nachzutragen, das am 22. 6. 1941 begann: der Rußlandfeldzug, in dessen Verlauf die U-Bootführung weitere Boote aus den schwachen Kontingenten für die nunmehr ins Blickfeld gerückten Seekriegsschauplätze Polarmeer und Ostsee abziehen mußte.

Der U-Bootkrieg gegen Rußland

Mit Beginn des Krieges gegen die Sowjetunion am 22. 6. 1941 wurden zunächst acht U-Boote gegen den sowjetischen Schiffsverkehr in der Ostsee eingesetzt. Von diesen gelangten U 140, U 142, U 144, U 145 und U 149 zum Einsatz.
Damit operierten nach 13 Monaten erstmals wieder deutsche U-Boote in der Ostsee. Am 22. 6. versenkte U 140 unter Kptlt. Hellriegel das sowjetische U-Boot S 11. Einige Besatzungsmitglieder des Bootes konnten gerettet werden.
U 144 griff am 23. 6. vor Windau ebenfalls ein U-Boot des Gegners an. Es torpedierte M 78. Wieder drei Tage später torpedierte U 149 unter Kptlt. Höltring ein U-Boot der M-Klasse. Das U-Boot explodierte nach dem Treffer, als seine Torpedos mit detonierten.
Wahrscheinlich war dies M 101, ein Boot der 8. sowjetischen U-Bootdivision.
Neben diesen acht genannten Booten wurden sechs weitere zum Einsatz ins Polarmeer entsandt. Zu Kämpfen gegen Geleitzüge oder Einzelfahrer kam es in den ersten Monaten des Rußlandfeldzuges nicht.
Im Juli traten auch finnische U-Boote auf deutscher Seite in Erscheinung. Das Boot »Vesikko« versenkte am 4. 7. den sowjetischen Dampfer »Viborg« (4100 BRT).
Durch Minensperren, die von finnischen Booten im Finnischen Meerbusen gelegt worden waren, sanken einige russische Schiffe.
Das Legen dieser Sperren wurde in der Nacht zum 23. 6. von den Booten »Iku Turso«, »Vetehinen« und »Vesihiisi« mit jeweils 20 Minen besorgt. Am 24. 6. legten die »Vesihiisi« und die »Iku Turso« abermals Minen - östlich und südöstlich von Rodskär. Die »Vetehinen« legte am 28. 6. zwischen Sursaari und Klein Tütters die Sperre F 6. Weitere Sperren wurden von U-Booten und Minenlegern der Finnen im Juli geworfen.
Der erste Einsatz der deutschen Boote im Nordmeer erfolgte am 5. 7.; die Kämpfe zogen sich bis zum 17. 7. hin und brachten einige Erfolge. Es waren U 81 und U 652, die vor der Kolaküste operierten. U 652 unter Oblt. z.S. Fraatz versenkte am 6. 7. das sowjetische Wachschiff SKR 70, während

das Wachschiff »Brilliant« am 12. 7. seinerseits versuchte, U 81 mit Artillerie unter Wasser zu drücken.
Vom 18. 7. bis zum 6. 8. operierten U 81 und U 652 zum zweiten Mal vor der Kolaküste, ohne jedoch Erfolge zu erzielen. U 451 und U 566 standen in den ersten 20 Augusttagen vor der Einfahrt zum Weißen Meer, wo U 451 am 10. 8. vor Svajtoj den sowjetischen Bewacher SKR 29 versenken konnte.
Die nächste U-Bootgruppe kam vom 23. 8. bis zum 17. 9. vor der Kolaküste zum Einsatz. Diesmal waren es U 451, U 566, U 571 und U 752. Oblt. z.S. Schroeter versenkte mit U 752 am 25. 8. einen russischen Trawler und torpedierte zwei Tage darauf einen Bewacher. Der sowjetische Transporter »Marija Uljanowa« wurde am 26. 8. durch U 571 unter Kptlt. Möhlmann versenkt.
Damit gingen die ersten zwei Monate des U-Bootkrieges in den russisch kontrollierten Gewässern zu Ende. Was aber hatte die UdSSR in diesen Gewässern aufzubieten? Welche Entwicklung hatte die sowjetische U-Bootwaffe überhaupt durchlaufen?

DIE SOWJETISCHE U-BOOTWAFFE

Ihre Anfänge

In den Jahren 1922/23 stieß eine erste sowjetische U-Bootdivision mit 9 Booten zur baltischen Flotte. Zwei U-Boote wurden 1924 in der Schwarzmeerflotte in Dienst gestellt. Einige weitere Boote kamen in den nächsten Jahren hinzu. Es handelte sich um Boote, die in aller Welt gekauft wurden.
Der U-Bootbau auf russischen Werften begann im Jahre 1930. In diesem Jahr wurde das erste U-Boot von einem russischen Konstrukteur entworfen und auf einer sowjetischen Werft gebaut. Es waren Boote des Typs »D«, die noch verschiedene Mängel aufwiesen.
Der Bau von Booten der Nachfolgetypen »L« und »SC« begann im Jahre 1933. Mit den »L«-Booten baute die Marine das erste Minen-U-Boot.
Das Boot der »M«-Klasse wurde 1932 von dem Konstrukteur B. M. Malinin konstruiert. Diesem wiederum folgten zwei Serien großer Boote der »P«- und »S«-Klasse. Der Typ des »K«-Bootes wurde 1936 auf Stapel gelegt. Dies war ein Boot für den Übersee-Einsatz, das stark armiert war.
Damit war binnen weniger Jahre eine sowjetische U-Flotte aufgestellt worden, die zu Kriegsbeginn am 22. 6. 1941 zahlenmäßig die stärkste der Welt war.

Erste Einsätze gegen Finnland

Mit Eröffnung der sowjetischen Feindseligkeiten gegen Finnland am 30. 11. 1939, das der sowjetischen Gebietsforderung bezüglich der Karelischen Landenge nicht zustimmte, kam es zugleich auch zum ersten Einsatz sowjetischer U-Boote, die von den Häfen der baltischen Küste aus operierten. Die 1. und 2. U-Bootbrigade stießen in den Raum der finnischen Schären vor und versenkten einige Schiffe, darunter auch deutsche Dampfer, die sich im Gebiet des Sperrstreifens befanden.
Die Winterkämpfe wurden schließlich durch die Eislage beendet, und am 12. 3. 1940 wurde in Moskau der Waffenstillstand zwischen Finnland und der UdSSR unterzeichnet; dieser beendete den finnisch-russischen Winterkrieg und damit auch die sowjetischen U-Booteinsätze. Die sowjetische U-Bootwaffe war zum ersten Mal öffentlich in Erscheinung getreten. Sie wurde im Verlaufe der nächsten 15 Monate weiter ausgebaut.

Sowjetische U-Boote im Einsatz gegen Deutschland

Mit Beginn des deutschen Angriffes auf die UdSSR am 22. 6. 1941 standen

in den sowjetischen westlichen und nördlichen Grenzgewässern folgende U-Bootgruppen einsatzbereit:
Im Bereich der Nordmeerflotte: Die U-Kreuzer K 1 und K 2, das große Boot D 3, die mittleren Boote ŠČ 401, ŠČ 402, ŠČ 403, ŠČ 404, ŠČ 421, ŠČ 422. Hinzu kamen die kleinen Boote M 171, M 172, M 173, M 174, M 175, M 176.
Im Bereich der baltischen Flotte: Im Kriegshafen Libau 15 Boote. Vor der lettischen Küste M 79, M 81, M 83. Beiderseits der Irbenstraße M 78 und M 80.
Insgesamt standen der Sowjetflotte am 22. 6. 1941 in der baltischen Flotte 65 U-Boote, in der Nordflotte 15 U-Boote und in der Schwarzmeerflotte 47 U-Boote zur Verfügung. Damit war die U-Bootwaffe der UdSSR die größte aller kriegführenden Staaten.
Am 22. 6. 1941 entsandte die U-Bootbrigade der sowjetischen Nordflotte unter Kpt. 1. Ranges N. I. Vinogradov die Boote K 1, D 3, ŠČ 421 und ŠČ 401 in den Söröysund, zum Nordkap, in den Raum Nordkyn und vor den Syltefjord, um den deutschen Nachschubverkehr lahmzulegen. Im Gebiet der Fischerhalbinsel wurden die kleinen Boote M 173, M 174 und M 175 in einem Abwehrstreifen aufgestellt, während die Boote ŠČ 403 und ŠČ 404 in einer Defensivstellung vor der Kolaküste lagen, um hier möglicherweise deutsche U-Bootangriffe abzuwehren.
Die Verteidigung der sowjetischen Flottenbasis Libau mit den 15 Booten der 1. U-Bootbrigade der baltischen Flotte war eine vordringliche Aufgabe. Zu diesem Zweck liefen zwischen Memel und Libau L 3, M 79, M 81 und M 83 auf ihre Positionen.
In der Nacht zum 23. 6. wurden sechs Boote und in der Nacht zum 26. 6. weitere vier Boote von Libau nach Dünamünde verlegt. Während des ersten Verlegungsmarsches wurde M 78 vor Windau durch einen Torpedo von U 144 versenkt.
Die Boote »Kalev« und »Lembit« verlegten mit einem Transporter und dem Wachboot MO 218 nach Windau.
Als sich am 23. 6. S 3 mit überzähligem Personal anderer U-Boote (die nicht fahrbereit waren) an Bord auf dem Wege von Libau nach Dünamünde befand, wurde es vor Steinort von der deutschen Schnellbootrotte S 35 und S 60 mit Wasserbomben und Handgranaten vernichtet.
In Libau wurden am 24. 6. neben anderen Schiffen auch die U-Boote S 1, M 71, M 80 »Ronis« und »Spidola« gesprengt, weil sie nicht fahrbereit waren. Das von seiner Position zwischen Memel und Libau zurücklaufende M 83 versenkte sich vor Libau selbst. Die übrigen noch in See auf ihren Positionen stehenden Boote erhielten den Rückzugbefehl nach Dünamünde. Damit waren alle sowjetischen U-Boote, die in Libau gelegen hatten, dem deutschen Zugriff entzogen.
Der erste Höhepunkt der sowjetischen U-Bootaktivitäten war dann der Ein-

satz sowjetischer U-Boote in der Ostsee bis zum 30. 6. Die Boote S 4, S 10, S 7 und S 101, die sich am Tage des Kriegsausbruchs zur Aufklärung in See befanden, fuhren in den nächsten Tagen eine Reihe Einsätze gegen deutsche Schiffe, die allerdings keine zählbaren Erfolge, sondern nur die Vernichtung der Boote S 10 (Minentreffer in der Irbenstraße am 26. 6.) und S 101 (durch U 149) erbrachte.
Vor dem Finnischen Meerbusen standen die Boote ŠČ 322, ŠČ 323 und ŠČ 324 in einer Riegelstellung. Im Raume Bengtskär-Utö operierten M 94, M 96, M 99 und M 102. L 3 lief zu einer Minenunternehmung vor Memel aus.
Von Reval gingen 6 Boote der 2. U-Bootbrigade in See. Bis zum 27. 6. waren insgesamt 20 U-Boote in diesem Raum eingesetzt, um defensive Aufgaben zu erfüllen.
Vom 22. 6. an standen auch im Schwarzen Meer U-Boote der 1. U-Bootbrigade der Schwarzmeerflotte im Einsatz. Sie operierten, aus Sewastopol auslaufend, vor der bulgarisch-rumänischen Küste bei Konstanza, Managlia und Varna.
Eine Gruppe stand vor der Donaumündung, während der Rest zu einem Abwehrriegel vor der Kaukasusküste formiert war. In den ersten Julitagen ging ŠČ 204, ein Boot der zweiten Welle, auf einer rumänischen Minensperre verloren.
Bei der Räumung von Dünamünde, die am 30.6. begann, wurden auch die Boote der 1. U-Bootbrigade nach Reval verlegt. Hier liefen M 77 und M 79 auf deutsche Minensperren. Die Boote konnten Reval jedoch erreichen. M 81 hingegen ging verloren.
Die im Juli vor der Polarküste operierenden sechs sowjetischen U-Boote erzielten trotz mehrerer Angriffe auf Transportschiffe und deutsche U-Jäger keinen Erfolg.
Erfolgreicher waren die sowjetischen Minenoperationen mit U-Booten. So sanken auf den Sperren, die von »Kalev«, L 3 und K 3 gelegt wurden, einige deutsche Schiffe.
Neben den genannten Booten liefen 13 weitere im selben Zeitabschnitt aus Reval aus oder gingen vom Soelosund aus in See. Davon wurde M 99 auf der Fahrt vernichtet, als das Boot auf eine Mine lief. S 9 wurde auf dem Rückmarsch zur Basis durch ein deutsches Flugzeug beschädigt. M 94 stieß am 22. 7. auf U 140 und wurde im Duell versenkt. S 11 lief am 2. 8. vor dem Soelosund auf eine Mine und sank.
Bis Mitte August verloren die Sowjets 17 U-Boote. Dies war ein viel zu hoher Aderlaß, gemessen an den geringen Erfolgen, die von den U-Booten erzielt wurden.
ŠČ 307 kam am 28. 7. zum Erfolg, als es das deutsche Boot U 144 im Finnischen Meerbusen versenkte.
Die sowjetischen U-Booteinsätze im Nordmeer brachten im August einige

Bewegung in diese Gewässer vor der Nordküste Norwegens. Es kam zu einigen Angriffen, die kein Ergebnis zeitigten.
Erfolgreicher als die sowjetischen Boote waren jene zwei britischen U-Boote, die zu sowjetischen Nordmeerbasen geschickt worden waren. Die »Tigris« und »Trident« liefen am 11. und 18. 8. zu ihren Unternehmungen im Rahmen der sowjetischen Unterwasseroperationen aus. »Tigris« versenkte am 17. 8. den Norweger »Haakon Jarl«, »Trident« torpedierte den Dampfer »Levante«, der ebenfalls sank. Aus einem deutschen Konvoi versenkte dieses Boot am 22. 8. den Dampfer »Ostpreußen«. Am 30. 8. griff es abermals einen Konvoi an. Diesmal sanken die Dampfer »Donau« und »Bahia Laura«. Damit waren die beiden britischen U-Boote im Nordmeer ebenso erfolgreich wie alle sowjetischen U-Boote zusammengenommen.
Über den Ostsee-Weißmeer-Kanal trafen am 25. 8. die Boote K 21, K 22 und K 23 in Molotowsk ein.
Die im Schwarzen Meer operierenden U-Boote kamen zu einem Versenkungserfolg, als ŠČ 211, das bei Varna Agenten abgesetzt hatte, auf dem Rückmarsch den rumänischen Dampfer »Peles« versenkte. L 5 legte vor Sulina eine Minensperre.
Während der Evakuierungsoperationen der baltischen Flotte vom 28. bis 29. 8. 1941 von Reval aus nach Kronstadt befanden sich in den einzelnen Gruppen insgesamt 12 U-Boote. Von ihnen sanken beim Durchbruch durch die Jumindasperre in der Nacht zum 29. 8. SČ 301, S 5 und S 6. Das zur Deckung der Rückführungsaktionen eingesetzte ŠČ 322 kehrte ebenfalls nicht zurück.

DIE BRITISCHE U-BOOTWAFFE IM ZWEITEN KRIEGSJAHR

Vollsicherung für britische Konvois

Mitte Mai 1941 hatte bereits eine Neuerung im britischen Geleitzugsystem die Konvois sicherer gemacht. Die britische Admiralität hatte zu diesem Zeitpunkt acht kanadische Zerstörer und 20 Korvetten zu einer Escort Group zusammengefaßt. Diese Group unterstand der westlichen Sektion der Nordatlantikroute.

Da die britischen Geleitgruppen auch kanadische Schiffe sicherten, hatte das HQ der kanadischen Marine den britischen Vorschlag akzeptiert, ihre Escort Group nicht nur in den Gewässern bei Neufundland operieren zu lassen, sondern sie als Anti-Submarine-Group zur Sicherung des gesamten ersten Teiles des Seeweges von den USA nach England einzusetzen. Sie begleiteten in Zukunft die Schiffe bis zum Treffpunkt mit den britischen Geleitgruppen südlich von Island. Mit dieser Einrichtung der St. Johns Escort Forces war erstmals eine Geleitsicherung der Konvois über den gesamten Atlantik vorhanden.

Als erster Geleitzug hatte der HX 129 diese Vollsicherung erhalten. Dieser Konvoi erreichte unentdeckt England.

Nach dieser Verbesserung im Konvoiverkehr kam es im August zu einer folgenschweren Begegnung. Am 10. 8. trafen sich vor Argentia der britische Kriegspremier Churchill und US-Präsident Roosevelt. Diese Zusammenkunft leitete eine neue Phase in der Schlacht im Atlantik ein. Von diesem Zeitpunkt an befanden sich die USA praktisch im Kriegszustand mit Deutschland. Roosevelt hatte Churchill nämlich versprochen, die US-Marineverbände am Geleitschutz zu beteiligen. Diese neue Einteilung sah folgendermaßen aus:

Die kanadische Marine führte die nach Osten fahrenden Konvois ab Neufundland bis zum Western-Ocean-Meeting-Point (WOMP). Dort übernahmen US-Sicherungsfahrzeuge die HX-Konvois. Kanadische Escort Groups und britische Einheiten sicherten die langsamen SC-Geleitzüge.

Vom Mid-Ocean-Meeting-Point (MOMP), auf etwa 22.00 Grad West, führten dann die auf Island stationierten Sicherungsstreitkräfte alle einlaufenden Geleitzüge weiter. Sie begleiteten die Konvois bis zum Treffpunkt mit den Sicherungsverbänden des Western Approaches Command, die von Londonderry oder vom Clyde aus operierten.

Ebenso wie die Marinestreitkräfte der USA begannen im August auch die Langstreckenflugzeuge der USAAF und der US-Marine, deutsche U-Boote zu bekämpfen. Der freie Raum, in dessen Bereich deutsche U-Boote noch

unbehindert durch feindliche Flieger operieren konnten, war damit ein beträchtliches Stück enger geworden.
Gleichzeitig damit entsandten die USA zwei Schlachtschiffe und zwei Kreuzer nach Island, welche die Bewachung der nördlichen Ausgänge des Atlantik übernehmen sollten.
Am 1. 9. 1941 bildete die US-Atlantic-Fleet die »Denmark-Strait-Patrol«. Mit Stützpunkten auf Island standen in dieser von KAdm. Giffen geführten Kampfgruppe 2 schwere Kreuzer, 13 Zerstörer und 2 Schlachtschiffe.
Diese Serie aktiver Eingriffe in die Kriegführung setzte sich weiter fort. Am 4. 9. griff der auf dem Marsch nach Island befindliche US-Zerstörer »Greer« U 652 mit Wasserbomben an. Dieser Zerstörer war von einem englischen Flugzeug von der Anwesenheit des deutschen U-Bootes informiert worden. Als die »Greer« auf die Position des getauchten U-Bootes zulief und dieses mit zwei Wasserbomben belegt wurde, schoß U 652 zwei Torpedos ab, die die »Greer« verfehlten. (Es stellte sich nach dem Kriege heraus, daß nicht die »Greer«, sondern das britische Flugzeug die Wasserbomben geworfen hatte.)
Als Konsequenz der britischen U-Bootverluste in den Küstengewässern wurde ab September 1941 die britische U-Bootwaffe auf jenen Routen eingesetzt, die küstenentfernter waren und auf denen sie auf deutsche U-Boote und Überwasserstreitkräfte stoßen mußten.
So im Golf von Biskaya, in der Nordsee und auf den Atlantik-Schiffsrouten. Zu den Patrouillenbooten, die im Golf von Biskaya auf Position standen, wurden zeitweise alle ins Mittelmeer entsandten Boote mit eingesetzt, ehe sie die Straße von Gibraltar passierten. »Tigris« - aus dem Nordeinsatz zurück - und »Truant« kamen zu einigen Erfolgen.
Am 2. 9. wurde zwischen den USA und Großbritannien der Destroyer-Naval-Base-Deal unterzeichnet, der den Verkauf von 50 US-Zerstörern an England regelte. Die ersten acht Zerstörer erreichten England am 6. 9.
Die britische U-Bootwaffe versuchte in der Nordsee ebenso wie im Nordatlantik und im Mittelmeer zu Erfolgen zu kommen. Deutsche Konvois wurden in der Nordsee angegriffen. Einzelne Schiffe fielen britischen U-Bootangriffen zum Opfer.
Jenes U-Bootrudel, das im Oktober vor der norwegischen Küste eingesetzt war - darunter zwei niederländische und ein französisches Boot -, erzielte einige Erfolge. Besser operierten die in der Biskaya eingesetzten Boote »Taku« und »Usk«. »Swordfish«, das die vor Brest lauernde »Usk« ablösen sollte, ging am 10. 1. 1941 verloren. Zwei Monate vorher war vor der norwegischen Küste O 22 von deutschen U-Jägern vernichtet worden.
Von Ende Februar an liefen britische Boote auch in Geleitzügen mit, die von Halifax nach England unterwegs waren. Und Ende Februar wurden vier Boote der »Ta-Klasse mit ihrem Depotschiff »Forth« nach Halifax entsandt, um von dort aus zu operieren. Etwa zur gleichen Zeit wurde auch die fran-

zösische »Surcouf«, ein U-Kreuzer, zum selben Zweck eingesetzt. Man hoffte, durch diese im Konvoi mitlaufenden eigenen U-Boote feindliche U-Boote abzufangen oder möglicherweise auch auf einen der großen Kreuzer zum Schuß zu kommen, die im Atlantik auf Tonnagekriegsfahrt waren.
Diese so eingesetzen U-Boote erzielten keinen einzigen Erfolg. Sie waren, im Gegenteil, für die Geleitfahrzeuge eine Quelle ständiger Sorge: mehr als einmal wäre es um ein Haar zu Einsätzen gegen diese eigenen U-Boote gekommen, weil man sie mit einem deutschen U-Boot verwechselt hatte. So war letztlich diese Art des U-Booteinsatzes nur sehr kurzlebig. Später wurde sie auf den PQ- und QP-Geleitzugswegen wieder eingeführt.
Man ging wieder dazu über, die heimkehrenden deutschen Großkampfschiffe auf den Zwangswechseln zu erwarten.
Während der Zwischenzeit hatten im Februar Boote der 9. britischen U-Flottille, durch zwei niederländische und das französische Boot »Minerve« verstärkt, vor Norwegen operiert.
Im Golf von Biskaya stand um die gleiche Zeit eine Gruppe von fünf Booten, von denen »Tigris« zwei Erfolge erzielte. »Snapper« ging auf einer Minensperre verloren.
Im März waren es fünf U-Boote, die vor der norwegischen Küste operierten, aber keine Erfolge hatten.
In der Biskaya kamen »Tigris« und »Urge« zu Erfolgen. Letzteres vernichtete den italienischen Blockadebrecher »Franco Martelli«, einen Motortanker von 10.535 BRT, der, mit Erdöl beladen, aus dem karibischen Raum zurückkehrte.
Währenddessen tobte im Mittelmeer der U-Booteinsatz in einem Ausmaß, wie es vorher kaum denkbar gewesen wäre. Doch darüber im folgenden Abschnitt.
Am 6. 6. 1941 wurde vom US-Senat ein Gesetz verabschiedet, das es der US-Regierung erlaubte, alle Schiffe fremder Nationen, die in US-Häfen lagen, zu beschlagnahmen.
Dem tauchunfähigen freifranzösischen U-Minenleger »Rubis« gelang Ende August mit unwahrscheinlichem Glück die Heimkehr in den schottischen Stützpunkt. Das Boot war für die Verwendung britischer U-Bootminen umgebaut worden und am 14. 8. zu seiner zehnten Minenlegefahrt nach Norwegen ausgelaufen. Nach Erfüllung des Minenauftrages schoß »Rubis« am 21. 8. mittags 2 sm vor der Küste von Egersund aus einem deutschen Geleit einen Frachter heraus. Durch die Detonationswirkung der eigenen Torpedos fiel die gesamte elektrische Anlage aus, die Batterien begannen zu gasen, das Boot trieb in Sichtweite der Küste bewegungsunfähig an der Oberfläche. Während der Nacht konnte »Rubis« immerhin 45 sm von der Küste ablaufen, bevor Glimmbrände im Batterieraum ausbrachen, worauf das Boot bis zum Mittag des 23. abermals bewegungsunfähig und tauchunklar liegenblieb. Auf den Funknotruf der »Rubis« hatten die Engländer

inzwischen umfangreiche Maßnahmen eingeleitet, Maschinen des RAF Coastal Command übernahmen die Luftsicherung des Havaristen, und ein starker Rückholverband, bestehend aus dem Flakkreuzer »Curacao«, vier Zerstörern, vier U-Jägern und einem Hochseeschlepper, war unterwegs, machte aber auf der anderen Seite des großen Defensiv-Minenfeldes vor Norwegen halt. In der Nacht gelanges »Rubis« schließlich, mit notdürftig zusammengeflickter Maschine und 7 kn Fahrt das Minenfeld zu durchqueren und sich mit dem Rückholverband zu vereinigen, der es sicher zurück nach Dundee brachte. Erstaunlich ist, daß dieses tagelang nahe der norwegischen Küste bewegungsunfähig treibende U-Boot und alle zu seiner Einbringung entwickelten Aktivitäten der deutschen Aufklärung vollkommen verborgen geblieben waren und keinerlei Gegenmaßnahmen eingeleitet werden konnten.

Das Fazit des Kampfes im Nordatlantik

Nach den Erfolgen der deutschen U-Boote im ersten Halbjahr 1941, die für die britischen Geleitzüge sehr verlustreich waren, konnte nach Einfügung der kanadischen Geleitkräfte und der US-Geleitfahrzeuge ein stärkerer Schutz für die Handelsschiffe auf den Geleitzugrouten geboten werden.
Dieser komplizierte Einsatz der drei verschiedenen Gruppen forderte von der britischen Admiralität und insbesondere vom Stabe des Oberbefehlshabers der Western Approaches - der ja die Verantwortung im Atlantik trug - den stärksten Einsatz.
Die Luftsicherung konnte verbessert werden, auch wenn dem Coastal Command noch immer ein Flugzeug von großer Reichweite fehlte. Die deutschen U-Boote konnten nur mehr in einem 1300 km breiten Raum operieren, der noch nicht von Flugzeugen überdeckt war.
Die Verluste der Geleitzüge, die im Mai 1941 58 Schiffe mit 325.000 Tonnen betragen hatten, und die folgenden Monate mit großen Geleitzugschlachten zeigten den Verantwortlichen, daß sie mit aller Kraft an der weiteren Sicherung des Geleitzugsystems arbeiten mußten. Es mußten »Killer-Groups« und »Flugzeugträger-Gruppen« aufgestellt werden, um einer bis zum Ende des Jahres auf 135 Boote angewachsenen deutschen U-Bootwaffe wirksam begegnen zu können.

Englische U-Boote im Mittelmeereinsatz

Im Mittelmeer standen bei Ausbruch der Feindseligkeiten am 10. 6. 1940 zwei britische U-Bootflottillen im Einsatz: die 8. U-Flottille in Gibraltar und die 1. U-Flottille mit Stützpunkt in Alexandria. Erst ab Januar 1941 wurde in Malta die 10. U-Flottille aufgestellt.
Die erste große U-Bootoperation begann am 22. 9. Nicht weniger als fünf

Boote kamen zum Schuß, mehrere Schiffe sanken. Das italienische T-Boot »Palestro« wurde von »Osiris« unter LtCdr. Harvey versenkt.
Im Oktober waren es die »Triton« und die »Regent«, die je ein Schiff versenkten. Die »Regent« kam noch im Oktober zu einem zweiten Erfolg.
Nachdem am 4. 11. die »Tetrarch« vor Bengasi aus einem italienischen Geleitzug ein Schiff versenkte, wurde am selben Tage die »Triad« im Golf von Tarent durch das italienische T-Boot »La Farina« vernichtet.
Auch die »Triton« bezahlte ihren Versenkungserfolg vor Durazzo mit der eigenen Vernichtung durch das T-Boot »Confienza«. 12 Tage zuvor war die »Regent« vor Tarent auf eine italienische Minensperre gelaufen und gesunken. Dies war ein verlustreicher Auftakt im Mittelmeer und zeigte den Engländern, daß U-Bootoperationen in diesen Gewässern mit den nahen Landbasen und der Klarheit des Wassers, durch die man U-Boote noch in 50 m Tiefe erkennen konnte, oft genug tödlich ausliefen.
Zu Ende des Jahres 1940 nahmen auch die ersten griechischen U-Boote am Kampf gegen Italien teil. »Papanicolis«, »Proteus« und »Katsonis« kamen zu Erfolgen. Dabei wurde »Proteus« durch das italienische T-Boot »Antares« erkannt und gerammt. Das U-Boot sank.
Mit Beginn des Jahres 1941 liefen die in Alexandria liegenden großen U-Boote der 1. Flottille zu Feindfahrten aus, die sie durch das ganze Mittelmeer führten und auf denen sie teilweise in Gibraltar einliefen, um Torpedos zu ergänzen.
Diese von Captain Raw geführten Boote operierten in der Hauptsache gegen die italienischen Geleitrouten nach Afrika.
Zur gleichen Zeit standen auch wieder griechische Boote an der albanisch-griechischen Mittelmeerküste im Einsatz. Das freifranzösische Boot »Narval«, das sich der britischen U-Bootwaffe angeschlossen hatte, wurde am 7. 1. vor Tobruk durch das T-Boot »Clio« versenkt.
»Pandora«, »Parthian« und »Regent« konnten Versenkungserfolge verbuchen.
Inzwischen waren die ersten beiden Boote der neu aufzustellenden 10. U-Flottille (Malta) ins Mittelmeer gelangt und liefen gleich zur ersten Feindfahrt aus, die allerdings erfolglos blieb.
Mit vier Booten nahm diese Flottille dann am 27. 1. 1941 den Kampf ernsthaft auf. Die erste Feindfahrt brachte ihr einige Erfolge, und zum ersten Mal tauchte auch der Name des U-Bootes »Upholder« auf, wurde dessen Kommandant, LtCdr. Wanklyn, genannt. Er sollte im Mittelmeer zum erfolgreichen U-Bootkommandanten aufsteigen. Es steht fest, daß Wanklyn mit 21 Schiffen und zwei Zerstörern die größte Versenkungsquote aller U-Boote des Mittelmeeres erreichte.
Die Aktivität dieser 10. U-Flottille, deren erklärtes Ziel es war, den Nachschub Italiens und auch des am 14. 2. 1941 ins Leben gerufenen Deutschen Afrika-Korps zu unterbinden, nahm beinahe täglich zu. Aber auch die Boote

der 1. U-Flottille waren nicht weniger einsatzfreudig. Einen schweren Schock erlitt die italienische Führung im Mittelmeer, als es »Upright«, einem Malta-U-Boot, gelang, aus einem von Neapel nach Tripolis laufenden Geleitzug den leichten Kreuzer »Diaz« herauszuschießen.
Die ersten deutschen Truppen- und Materialtransporter wurden im Mittelmeer vernichtet. Am 31. 3. vernichtete »Rorqual« das italienische U-Boot »Capponi«.
Im April waren wiederum drei britische U-Boote erfolgreich, und die »Regent« drang in die Bucht von Cattaro ein und nahm dort den geflüchteten britischen Gesandten in Jugoslawien an Bord.
Aus einem Afrikageleitzug mit deutschen Soldaten schoß vom 30. 4. bis 1. 5. »Upholder« zwei Schiffe heraus. Wenige Tage zuvor hatte LtCdr. Wanklyn bereits ein Schiff versenkt. Diese drei Versenkungen mit insgesamt 15.410 BRT waren ein großer Aderlaß für die Truppen in Afrika.
Vom 1. 5. bis zum 30. 6. griffen insgesamt 12 britische U-Boote an und versenkten 12 Schiffe, darunter das italienische U-Boot »Salpa«, das durch »Triumph« vernichtet wurde.
Die Stationierung der britischen U-Boote im Mittelmeer am 30. 6. 1941 lautete:
10. U-Flottille (Malta): »Ursula«, »Utmost«, »Upright«, »Unique«, »Upholder«, »Unbeaten«, »Urge«, »Union«, P 32, P 33.
1. U-Flottille (Alexandria): »Truant«, »Triumph«, »Taku«, »Tetrarch«, »Torbay«, »Regent«, »Rover«, »Otus«, »Rorqual«, »Cachelot«, »Parthian«, »Pandora«.
Griechische U-Boote in Alexandria: »Glavkos«, »Katsonis«, »Nereus«, »Papanicolis«, »Tritona.
8. U-Flottille (Gibraltar): »Clyde«, »Severn«, O 21, O 23, O 24.
Weitere U-Boote befanden sich noch auf dem Überführungsmarsch ins Mittelmeer zu den Flottillen 1 und 10.
Auf seiner Feindfahrt vom 30. 6. bis 10. 7. in der Ägäis versenkte »Torbay« 1 Schiff, 6 Segler und das italienische U-Boot »Jantina« und torpedierte ein weiteres Schiff.
Im Gefecht mit einem kleinen Schiff und dem Kanonenboot »De Lutti« versenkte am 6. 7. »Triumph« beide Fahrzeuge. Auch »Triumph« wurde beschädigt und mußte nach Malta einlaufen.
Im Gegenzug kam das italienische T-Boot »Circe« gegen das britische U-Boot »Union« zum Erfolg.
Dann war es abermals »Upholder«, der einen Transporter versenkte und auch noch die Fernsicherung dieses Geleitzuges angriff und den Kreuzer »Garibaldi« torpedierte, der jedoch aus eigener Kraft seinen Stützpunkt erreichen konnte.
U-Boote der Gibraltar-Flottille führten Ende Juli einige Transporte wichtiger Versorgungsgüter nach Malta durch.

Den Abschluß der Mittelmeereinsätze des 2. Kriegsjahres bildete der Einsatz britischer U-Boote gegen einen nach Tripolis laufenden Geleitzug. Die »Esperia«, ein Truppentransporter von 11.398 BRT, wurde von einem Dreierfächer der »Unique« getroffen. Von den 1170 Soldaten konnten 1138 gerettet werden.
Mit »Upholder« und P 33 kamen noch einmal Malta-Boote zum Erfolg. P 33 versenkte das T-Boot »Partenope«.

DIE ITALIENISCHEN U-BOOTE IM ZWEITEN KRIEGSJAHR

Der Einsatz im Mittelmeer

Die im Mittelmeer eingesetzten italienischen U-Boote liefen im September 1940 wieder zu Patrouillenfahrten im Bereich der britischen Schiffsrouten aus. Vier Boote operierten im Raume nördlich von Kreta, um dorthin fahrende britische Einheiten zu stellen und zu vernichten.
Für sie galt es darüber hinaus, die eigene am 19. 9. in Nordafrika begonnene Offensive gegen Eingriffe von See her zu schützen. Die südlich Kreta stehende U-Bootgruppe hatte den gleichen Auftrag erhalten, und einige vor der Cyrenaika stehende Boote sollten die Nahsicherung der Küstenzone sicherstellen.
Alle Boote kamen nicht zum Schuß. Als »Berillo« einen britischen Kriegsschiffsverband angriff, wurde das U-Boot von den Zerstörern »Havock« und »Hasty« gestellt und durch Wasserbomben vernichtet.
Die hart östlich von Gibraltar in der gefährdetsten Position stehenden italienischen U-Boote erlitten zwei Verluste. »Durbo« wurde am 18. 10. durch zwei Zerstörer versenkt, und am 20. 10. ereilte auch »Lafolè« das gleiche Schicksal.
Die am 15. 10. zwischen Kreta und Alexandria aufgestellte U-Bootgruppe operierte ebenfalls glücklos. Als »Toti« infolge einer Tauchpanne zu seinem Stützpunkt zurücklaufen wollte, stieß er auf das britische U-Boot »Rainbow«. Im Artilleriegefecht gelang es dem Boot, seinen britischen Gegner so zu beschädigen, daß das Boot am 19. 10. 1940 als irreparabel außer Dienst gestellt wurde.
Die im Roten Meer stehenden U-Boote kamen in den ersten Monaten zu keinem Erfolg.
Zum ersten Versorgungsunternehmen in Richtung Leros lief am 25. 11. »Atropo« aus. Weitere Versorgungsfahrten italienischer Boote zu den griechischen und italienischen Inseln folgten. Auch nach Afrika brachten U-Boote in kritischen Phasen des Kampfes wichtige Versorgungsgüter und Benzin.
Vom 9. bis 11. 12. gab es dann in der Obersten italienischen Marineführung einige Umbesetzungen.
Admiral Riccardi löste Admiral Cavagnari als Unterstaatssekretär und Chef Supermarina ab. Der Chef des II. Geschwaders, Geschwaderadmiral Iachino, wurde neuer Flottenchef, der Admiral Campioni ablöste. Die einzelnen Geschwader wurden neu gegliedert.
Als es der »Neghelli« in der Ägäis am 19. 1. gelang, den Transporter »Clan

Cummings«, 7264 BRT, zu versenken, wurde das U-Boot entdeckt, gejagt und anschließend von dem Zerstörer »Greyhound« versenkt.
Die Nachschubboote »Zoea« und »Micca« brachten Ende Februar und Anfang März weiteres Material nach Leros.
Erst Ende März gelang der italienischen U-Bootwaffe wieder ein Erfolg. Bei der Operation »Lustre«, in welcher vier britische Divisionen nach Griechenland geschafft wurden, kamen zunächst alle 11 beiderseits von Kreta stehenden italienischen U-Boote nicht zum Schuß. »Anfitrite« hingegen wurde beim Angriff auf den Konvoi GA 8 am 6. 3. durch den Zerstörer »Greyhound« versenkt.
Am 30. 3. aber griffen »Dagabur« und »Ambra« einen diese Bewegungen sichernden Kreuzerverband an. Beide Boote schossen mehrere Torpedos auf verschiedene Ziele ab. Von Geleitzerstörern gejagt, vernahmen die Boote zwei Detonationen. Durch das Sehrohr sah Kptlt. Arillo, Kommandant der »Ambra«, eine große Explosion auf einem Kreuzer. Von zwei Treffern der »Ambra« war der Kreuzer »Bonaventure« tödlich getroffen worden und sank nach einer Kesselexplosion.
Mit Beginn des Balkanfeldzuges am 6. 4. 1941 liefen drei italienische U-Boote jugoslawische Häfen an. Sie sichteten jedoch keine Ziele.
Als dann in Nordafrika wieder das Benzin für die deutsch-italienischen Verbände zur Neige ging, weil die Großgeleite nur teilweise durchkamen, unternahmen »Zoea« und »Atropo« vom 9. bis 25. 5. jeweils zwei Benzinfahrten von Tarent nach Derna.
Alle Maioperationen italienischer U-Boote blieben ergebnislos.
Auch der Juni brachte nur eine Versenkung. Im Juli wiederum liefen drei U-Boote zu Transportunternehmungen nach Bardia aus. »Diaspro« kam am 22. 7. zum Erfolg, als es vor Bougie den Zerstörer »Nestora versenkte. (Laut britischer Quellen wurde »Nestor« am 15. 6. 1942 von italienischen Flugzeugen im östlichen Mittelmeer versenkt.) Als am 1. 8. das vor Marsa Matruk stehende U-Boot »Delfino« von einem Sunderland-Flugboot angegriffen wurde und nicht mehr tauchen konnte, nahm es den Kampf auf und schoß die Sunderland ab. Vier Mann der Besatzung des Flugbootes wurden von dem U-Boot gerettet.
Vom 6. bis 20. 8. transportierten wiederum drei U-Boote Nachschub und Brennstoff nach Bardia. Damit ging das zweite Kriegsjahr im Mittelmeer für die italienischen U-Boote zu Ende. Den verhältnismäßig hohen Verlusten standen nur geringe Erfolge gegenüber.
Wie aber hatte sich die Lage bei jenen italienischen Booten entwickelt, denen es gelungen war, durch die Straße von Gibraltar in den Atlantik zu gelangen?

Italienische U-Boote im Atlantik

Nach den ersten Überführungsmärschen aus dem Mittelmeer in den Atlantik und dem Einsatz der durchgekommenen Boote im Seeraum der Azoren, der der Eingewöhnung der italienischen Boote diente, fuhren diese Boote nach Bordeaux, dem neuen Stützpunkt der Force Subacquee Italiane in Atlantico, BETASOM. Nacheinander trafen in Bordeaux 27 Boote ein.

Wenig später traf auch Admiral Angelo Parona als erster Oberbefehlshaber der italienischen Atlantikboote in Bordeaux ein. Großadmiral Dönitz berichtet über dieses Zusammentreffen:

»Sehr bald danach kam der Führer der italienischen U-Boote, Admiral Parona, zu mir. Seine charaktervolle und kluge Persönlichkeit gewann mich in kurzer Zeit. Er war von ganzem Herzen zur Zusammenarbeit bereit. Sehr bald bildete sich ein Vertrauensverhältnis zwischen uns.« (Siehe Dönitz, Karl: a.a.O.)

Admiral Parona war damit einverstanden, daß Admiral Dönitz die allgemeine operative Führung über alle U-Boote ausüben sollte. Beide Oberbefehlshaber kamen aber darin überein, daß der italienische FdU weitgehend selbständig operieren und auch die Verantwortung über seine U-Boote behalten sollte.

Im September 1941, noch während der ersten Einsätze, waren drei Boote erfolgreich. Im Oktober erzielten die in der zweiten Welle durch die Straße von Gibraltar fahrenden U-Boote ebenfalls Erfolge.

Am 9. 10. lief »Malaspina« als erstes Boot von Bordeaux zum Einsatz in den Nordatlantik aus. Im Laufe des Oktober folgten »Dandolo«, »Otaria«, »Barbarigo«, »Finzi«, »Baracca«, »Bagnolini«, »Marconi«, »Cappellini« und »Faá di Bruno«.

Am 15. 10. erzielte »Cappellini« am OB 223 einen Versenkungserfolg. Im November versenkte »Marconi« einen Dampfer durch Fangschuß, der von einer Focke-Wulf 200 des KG 40 in Brand gesetzt worden war.

»Argo«, »Veniero« und »Bagnolini« konnten je einen Dampfer versenken.

KKpt. Alberto Agostini griff am 21. 12. mit »Mocenigo« den in Richtung Gibraltar laufenden Konvoi OG 47 an. Aus 600 m Entfernung schoß das Boot vier Bugtorpedos auf drei Schiffe ab. Die »Mangen« sank, bei den übrigen Schiffen wurden Treffer gemeldet. Einen Tag später versenkte das Boot die »Sarastone«.

»Tazzoli«, »Glauco«, »Bagnolini«, »Cappellini«, »Marcello«, »Dandolo« und »Torelli« versenkten im Januar insgesamt 9 Schiffe. Erfolgreichster Kommandant war KKpt. Longobardo, der mit »Torelli« vier Schiffe mit insgesamt 17.500 BRT versenkte.

Als die Boote aus ihren Operationsräumen nach Bordeaux zurückfuhren, waren die hochgespannten Erwartungen der deutschen U-Bootführung verflogen. Zwar mußte anerkannt werden, daß die italienischen Boote mit ihren

Besatzungen unter härtesten Einsatzbedingungen ihren Mann standen, doch die Effektivität, die im Tonnagekampf allein entscheidend war, war gering. Daß dies nicht an den italienischen U-Bootkommandanten und ihren Soldaten lag, war erwiesen. Es waren die Boote, die nicht für den Überwasserkampf an Geleitzügen im Atlantik geeignet waren. Der Turm der meisten italienischen U-Boote war zu hoch. Er wurde aus großer Entfernung von den Wachgängern der Kriegsschiffe bemerkt.
Ein weiteres Hemmnis war der fehlende Diesel-Zuluftmast im Turm. Dies wiederum hatte zur Folge, daß die Boote mit geöffnetem Turmluk fahren mußten, damit die Dieselmaschinen genügend Luft erhielten. Dies war im Mittelmeer kein Hindernis. Im Atlantik aber war ein geöffnetes Turmluk bei grober See, die meistenteils herrschte, eine Katastrophe, die im Winter zu einem völligen Fiasko auswuchs. Dann schwappten nämlich während der Stürme riesige Roller über den Turm hinweg, Seewasser schlug ins Boot und verursachte Störungen an technischen und vor allem elektrotechnischen Anlagen.
Admiral Parona versuchte mit seinem technischen Stab diese Fehler auszumerzen. Die Boote liefen in die Werft, wo sie unter Führung von Capitano Feano mit kürzeren Türmen versehen wurden. Der Diesel-Zuluftmast wurde eingebaut.
Nach einer Besprechung mit Admiral Parona kamen die beiden U-Bootbefehlshaber überein, daß die italienischen Boote westlich der deutschen Boote in freier See und südlich der deutschen Suchstreifen eingesetzt werden sollten. Eine Reihe von Besatzungen fuhr zur Schulung zu den deutschen Lehrflottillen und Lehrdivisionen. Als sie Anfang Februar 1941 zurückkehrten, wurde ein neuer Versuch des gemeinsamen Operierens an Geleitzügen unternommen.
So erhielten die in See stehenden italienischen Boote am 18. 2. Befehl, weiter nach Norden zu fahren und die Aufstellungslinie der deutschen Boote südlich Island nach Süden zu verlängern.
»Bianchi« errang im neuen Operationsgebiet Erfolge, nachdem das Boot schon vorher, am 14. 2., einen Dampfer versenkt und einen zweiten torpediert hatte.
Am 24. und 27. 2. kam »Bianchi« abermals zum Schuß. Zwei Schiffe wurden versenkt, ein drittes torpediert.
Im März war »Emo« mit einer Versenkung und einer Torpedierung erfolgreich. Im selben Monat konnte auch »Veniero« den ersten »Atlantikerfolg« verbuchen.
»Tazzoli«, unter KKpt. Feccia di Cossato, griff am 12. 4. einen Zerstörer an. Diesem gelang es, den gesichteten Torpedo auszudampfen. Drei Tage später torpedierte das Boot den Dampfer »Aurillac«, der liegenblieb und durch Artillerie versenkt wurde. Dieses Boot griff auch am 7. und 9. 5. jeweils einen Dampfer an. Beide wurden vernichtet.

»Barbarigo«, »Otario« und »Marconi« kamen ebenfalls zu Erfolgen. Letzteres versenkte den 8129 BRT großen Motortanker »Cairndale« und versenkte vor Kap St. Vincent einen Fischdampfer.
Damit war im Mai wieder die taktische Zusammenarbeit zwischen deutschen und italienischen U-Booten beendet. Auch in dieser Phase entsprach sie nicht den deutschen Vorstellungen. Beim Erfassen und Bekämpfen von Geleitzügen waren die italienischen Kommandanten einfach nicht geübt genug. Sie galten als zähe Kämpfer, die in der Verfolgung, im Heranschließen und Bekämpfen von Einzelfahrern Großes leisteten. Aber der Kampf an Geleitzügen lag ihnen nicht. Sie waren nicht - wie die deutschen U-Bootfahrer - seit 1935 in der Rudeltaktik, sondern unter ganz anderen Aspekten ausgebildet worden.
In einer Besprechung, die Admiral Dönitz am 15. 5. mit Admiral Parona führte, wurden im gegenseitigen Einvernehmen abermals neue Operationsgebiete für BETASOM festgelegt. Es waren:
a) Die Seeräume westlich Gibraltar.
b) Ein Gebiet im Nordatlantik südlich der deutschen Operationsräume.
c) Das Seegebiet vor Freetown (nach vorheriger Vereinbarung).
Vorab sei bereits hier vermerkt, daß italienische U-Boote in den südlichen Einsatzgebieten Erfolge gegen Einzelfahrer und später auch an Geleitzügen erzielten.
Im Juni operierte »Marconi« weiter erfolgreich. Das Boot schoß aus dem OG 63 zwei Schiffe heraus und torpedierte zwei weitere. »Emo« und »Velella« griffen zwar auch diesen Konvoi an, doch ein Erfolg blieb diesen beiden Booten versagt.
Aus dem SL 75 schoß »Brin« unter KKpt. Longanesi-Cattani zwei Schiffe heraus und torpedierte zwei weitere, die aber ihre Fahrt fortsetzen konnten.
Am 24. 6. wurde westlich von Gibraltar eine U-Bootgruppe von zehn Booten aufgestellt. Das auf dem Ausmarsch befindliche Boot »Bianchi« wurde am 5. 7., noch in der Biskaya auf dem Weg in diesen Suchstreifen befindlich, durch das britische Boot »Tigris« versenkt.
»Da Vinci«, »Morosini«, »Malaspina«, »Bagnolini« und »Barbarigo« kamen im Juni, Juli und August zum Schuß. Im letzten Monat waren es insbesondere »Marconi« und »Tazzoli«, die erfolgreich waren.
Damit ging für die italienische U-Bootwaffe das zweite Kriegsjahr im Atlantik zu Ende.

Italienische U-Boote im Einsatz mit Kleinkampfmitteln

Nachdem bereits am 22. 8. 1940 das U-Boot »Iride« in der Bombabucht versenkt worden war, noch bevor es mit seinen drei SLC-Kleinkampfmitteln in die Ausgangsposition zum Angriff auf den britischen Kriegshafen

Alexandria übergegangen war, gab es auch im zweiten Kriegsjahr einige weitere Bemühungen der italienischen Kleinkampfverbände.
Am 29. 9. 1940 befand sich das U-Boot »Gondar« mit Kleinkampfmitteln an Bord noch 100 sm vor Alexandria, als das U-Boot von britischen Jägern gestellt und 12 Stunden lang mit Wasserbomben belegt wurde. Das U-Boot ging mitsamt seinen Kleinkampfmitteln verloren.
An Bord hatten sich drei dieser »maiali« (deutsch: Schweine, Zweimanntorpedos) befunden. Vier Besatzungen zu jeweils zwei Mann waren ebenfalls eingestiegen. Die vierte stand für den Fall bereit, daß eine der drei anderen, die diesen Angriff unternehmen sollten, ausfallen würde.
Es waren die Teams Toschi-Ragnati, Franzini-Cacioppo, Stefanini-Scappino und Calcagno-Lazzaroni.
Daß die Kleinkampfverbände nach diesen zwei Schiffbrüchen und Mißerfolgen dennoch nicht aufgaben, spricht für ihre Kampfmoral. Alle italienischen Soldaten, die sich zu diesem Kommando gemeldet hatten, brannten darauf, sich zu bewähren.
Von den acht Pionieren der Kleinkampfverbände waren bereits drei ums Leben gekommen: Toschi, Franzini und Stefanini.
Dennoch wurde sofort ein dritter Einsatz geplant. Diesmal sollte Gibraltar das Ziel sein, und das Boot, welches die Torpedoreiter mit ihren »maiali« ins Operationsgebiet bringen sollte, war die »Scire«. Sie sollte drei dieser SLC vor Gibraltar aussetzen. Diese sollten dann mit ihren schwimmenden Torpedos in den Hafen einlaufen.
Am 24. 9. legte »Scire« zu dieser Operation in La Spezia ab. Das Boot erreichte in der Nacht zum 30. 10. den Ausgangspunkt der Operation. Die drei Kommandanten der »maiali«, die sich nun auf den Weg machten, waren Tesei, Birindelli und De la Penne.
Von allen drei SLC kam keiner zum Angriff. Alle hatten Defekte. Ein Gerät trieb trotz der Auslösung der Sprengladung an der spanischen Küste an. Es wurde sichergestellt, und die Meldung über dieses seltsame »Ding« ging auch nach England, so daß man dort noch vor dem ersten Einsatz Kenntnis von dieser neuen Waffe besaß.
Die ebenfalls durch die »Scire« in der Nacht zum 25. 5. 1941 gegen Gibraltar zum Ansatz gebrachten drei SLC blieben ein weiteres Mal erfolglos. Die »maiali« wurden von ihren Besatzungen gesprengt.
Der gegen Malta geführte Einsatz in der Nacht zum 25. 7., bei dem neben Spreng- und S-Booten auch zwei SLC eingesetzt werden sollten, schlug ebenfalls fehl. Es sah so aus, als sei die ganze Sache eine Spinnerei verrückter Techniker, die abenteuerlichen Krieg spielen wollten. Viele Offiziere höherer italienischer Stäbe waren der gleichen Ansicht.

DAS DRITTE KRIEGSJAHR

Rückblick und Ausblick – Der Stand der Schlacht im Atlantik

Am 25. 7. 1941 hielt Großadmiral Raeder in der Wolfsschanze bei Rastenburg Hitler Vortrag über die Lage im Seekrieg gegen England. Hitler erklärte an diesem Nachmittag, daß die Sorge des ObdM, die Oberste Führung vernachlässige die U-Bootwaffe, völlig unbegründet sei. Er stehe nach wie vor auf dem Standpunkt, daß der Zufuhrkrieg durch U-Boote und Flugzeuge in erster Linie gegen England wirke. Er wolle nur vermeiden, daß die USA während der Dauer des Ostfeldzuges Deutschland den Krieg erklärten. Deshalb seien Angriffe auf amerikanische Schiffe nicht zu fahren. Allerdings werde er auch keinen U-Bootkommandanten zur Rechenschaft ziehen, der versehentlich ein US-Schiff torpediere.

Als Hitler während dieser Orientierung fragte, ob nicht U-Boote ins Mittelmeer entsandt werden könnten, erwiderte der ObdM, daß dies nicht möglich sei, weil dann der Atlantikkrieg geschwächt würde. Er schlug vor, daß die italienische U-Bootabwehr zweckmäßig organisiert werden müsse, denn die Feinde der Transportschiffe im Mittelmeer und insbesondere der Transporte deutscher und italienischer Schiffe nach Nordafrika seien einmal Flugzeuge und zum anderen feindliche U-Boote. Diese seien mit U-Booten nicht zu bekämpfen.

Durch den ObdM wurde auch der U-Bootbau erneut dargelegt. An einer Grafik führte der ObdM aus, daß die monatliche U-Bootablieferung nicht unter 25 Boote betragen dürfe. Bei der im Augenblick erfolgenden monatlichen Zahl von 21 abgelieferten Booten sei die Zahl der vom BdU geforderten 300 Frontboote erst am 1. Juli 1943 erreicht. Bei einer mit 5 Prozent angesetzten Verlustrate müßten monatlich 15 Boote ausfallen, so daß die Zuwachsrate bei den augenblicklichen Ablieferungsquoten nur 6 Boote betrage. Falls einmal - was durchaus im Bereich des Möglichen liege - eine Verlustrate von 10 Prozent im Monat eintrete, also 30 Boote ausfielen, würde dies gegenüber der Baurate von 21 Booten ein Minus von 9 Booten bedeuten. Zur Zeit, so betonte der ObdM, betrügen die Verluste 42 Boote im Jahr, und das seien 6 Prozent.

Der Oberbefehlshaber wies noch darauf hin, daß von Ende 1941 an der monatliche U-Bootausstoß nur 14 Boote betragen wurde:

»Der feindliche Geleit- und Zufuhrverkehr ist nach wie vor der schwächste und empfindlichste Punkt der britischen Kriegführung. Das Ziel der deutschen Kampfführung gegen England muß daher der Vernichtungskampf gegen die britische Zufuhr im Nordatlantik sein. Die Stärke der gegnerischen Abwehr macht eine Konzentration aller verfügbaren Kräfte auf dieses Ziel erforderlich.«

Die Steigerung der Erfolge der U-Boote war also von entscheidender Bedeutung. Über die Aussichten, die die deutsche U-Bootwaffe hatte, äußerte sich der BdU folgendermaßen:

»1. Das Hauptproblem des U-Bootkrieges liegt nach wie vor im Finden des in Geleitzügen konzentriert fahrenden Gegners im weiten Raum.

2. Der Versuch, eine Bündelung des Verkehrs weiter im Westen zu erfassen, hat nicht zum Erfolg geführt. Nebel und schlechtes Wetter haben dabei eine wesentliche Rolle gespielt. Mit Neuaufstellung vom 21. 7. wird daher versucht, den Verkehr näher vor der englischen Küste zu erfassen.

Diese Aufstellung ermöglicht gleichzeitig den erneuten Versuch unmittelbarer Zusammenarbeit mit der Luftaufklärung.

3. Trotzdem kann das Problem der Aufklärung im Großen nur mit größeren Bootszahlen gelöst werden. Jede Abzweigung von Booten für Sonderaufgaben schwächt daher die Erfolgsaussichten im Handelskrieg mehr, als es der reinen Zahl abgestellter Boote allein entsprechen würde.

4. Bei den Versenkungsergebnissen macht sich in zunehmendem Maße bemerkbar, daß überwiegend neue Boote mit unerfahrenen Besatzungen an der Front sind. Trotzdem waren die Erfolge im Juni und ersten Julidrittel befriedigend.

5. Im Südraum ist durch Ausfall der Versorgungsmöglichkeiten eine neue Lage entstanden, die offenbar durch Umlegung des Feindverkehrs, auch in dem für U-Boote gesperrten Raum, noch erschwert ist.

6. Auch unter Berücksichtigung der genannten Punkte muß die augenblickliche Ergebnislosigkeit des U-Bootkrieges als vorübergehende Erscheinung angesehen werden.« (Siehe BdU Op. GKados 452 Chefsache.)

Da die Lage des Deutschen Afrika-Korps überwiegend von den Zufuhren über See abhing und nach einer Berechnung, die am 22. 8. 1941 Hitler in der Wolfsschanze vorgelegt wurde, die Verluste an deutscher Handelsschiff-Tonnage im Mittelmeer bis zum 31. 7. 73 Prozent betragen hatten, brachte Hitler am 26. 8. wieder die Frage der Entsendung deutscher U-Boote ins Mittelmeer auf den Tisch.

In seiner Erwiderung bestand der ObdM darauf, daß »auch bei steigenden U-Bootzahlen alle verfügbaren Boote im Atlantik bleiben« müßten. »Eine Abstellung von U-Booten für andere Kriegsschauplätze und Aufgaben darf daher nur bei dringenden Notlagen erfolgen.«

Erst wenn im Atlantik 40 Boote auf Position stünden, hielt Großadmiral Raeder die Abgabe von Front-U-Booten für das Mittelmeer für möglich.

Aber Hitler ließ die schweren Verluste bei den Transporten des Deutschen Afrika-Korps nicht mehr aus dem Auge. Am 17. 9. befahl er kategorisch die sofortige Entsendung von 6 deutschen U-Booten ins Mittelmeer.

Der Befehlshaber der U-Boote entschloß sich nach der Verlegung der

U-Boote näher an die Britischen Inseln Anfang September dazu, den Atlantik wieder weit nach Westen »abzuharken« . Hierfür bildete die Operationsabteilung je nach Zahl der im Operationsgebiet stehenden Boote zwei bis vier Suchgruppen, die in Form von Aufklärungsstreifen in schnellerer Folge als bisher über die Weite des Atlantiks verschoben wurden. Dazu Großadmiral a. D. Dönitz:
»Wir gingen hierbei mit der U-Bootaufstellung bis an die Ostküste Grönlands. Denn ich glaubte, daß der Gegner mit seinen von Nordamerika kommenden Geleitzügen nach Passieren von Kap Race, der Südostecke von Neufundland, sehr bald weit nach Norden ausholte. Die Richtigkeit dieser Annahme wurde sehr bald bestätigt. Dicht unter der Ostküste von Grönland entdeckten die U-Boote am 11. September 1941 einen nach England laufenden Geleitzug. Es war der SC 42.« (Siehe Dönitz, Karl: a.a.O.)

Geleitzugschlachten im Nordatlantik

Im ersten Monat des dritten Kriegsjahres nahmen die Versenkungserfolge deutscher U-Boote erstmals wieder Ausmaße an, die für den Gegner bedrohlich waren. Im September vernichteten deutsche U-Boote insgesamt 54 Schiffe mit 208.822 BRT. Der Erfolg wurde in erster Linie bei vier Geleitzügen erzielt. Es waren die langsamen, nach England gehenden Konvois SC 42 und SC 44, der von Gibraltar nach England laufende Konvoi HG 73 und der von Sierra Leone heimkehrende SL 87.
Am 27. 8. wurde, diesmal erfolgreich, ein deutsches U-Boot von britischen Streitkräften gekapert. Es handelte sich um U 570 unter KKpt. Hans Rahmlow, das südlich von Island von einer Hudson der 269. Squadron Coastal Command angegriffen wurde, so daß die Besatzung wegen Gasens der Batterien an Deck mußte. Vorher hatten allerdings einige beherzte Offiziere alles Geheimmaterial vernichtet. Das Boot wurde schließlich nach Island geschleppt. Ende September 1942 wurde es von der Royal Navy als »Graph« in Dienst gestellt und vor Norwegen eingesetzt. 1943 wurde das Boot wegen technischer Mängel schließlich in Schottland außer Dienst gestellt und strandete auf dem Weg zur Abwrackwerft.
Die U-Bootgruppe »Markgraf«, die südwestlich von Island auf ihrem Suchstreifen lief, bestand aus 14 Booten. Von diesen erfaßte am Nachmittag des 9. 9. U 85, Oblt. z.S. Greger, den Konvoi SC 42. Greger erkannte etwa 70 Schiffe, die von einem Zerstörer und drei Korvetten geleitet wurden. Die Geleitsicherung wurde von der 24th Escort Group, Cdr. Hibbard, geführt. Geleitzugcommodore war der bekannte Commodore Mackenzie.
Der Funkspruch von U 85 erreichte die Operationsabteilung des BdU. Dönitz konnte alle in diesem Seeraum stehenden 14 Boote auf den Konvoi ansetzen. Das bisher größte U-Bootrudel gewann Anschluß an den Geleitzug. Der erste Angriff von U 85 ging fehl. Doch auf die Fühlungmeldung

des Bootes hin waren U 81, U 432, U 652 und U 82 am 10. aufgeschlossen und eröffneten die Versenkungsserie. Diese ersten fünf Boote schossen am 10. 9. acht Schiffe aus dem SC 42 heraus.

Der 11. 9. sah wiederum sechs Boote im Angriff. Ihnen fielen acht Schiffe zum Opfer.

Inzwischen war auch U 501 aufgeschlossen. Noch ehe das Boot zum Schuß kam, wurde es von den von achtern auflaufenden Korvetten »Chambly« und »Moosejaw« gestellt und durch Artillerietreffer versenkt. Der Kommandant, KKpt. Förster, und ein Teil der Besatzung wurden gerettet.

U 569 wurde durch die Korvette »Kenogami« abgedrängt und mit Wasserbomben belegt.

Dann traf es auch U 207 unter Kptlt. Meyer, das vermutlich zwei britische Dampfer versenkte, ehe das Boot von den Zerstörern »Veteran« und »Leamington« von der 2. britischen Escort Group, Commander Banks, versenkt wurde. Es entstand Totalverlust.

Das letzte Schiff schoß U 98 unter Kptlt. Gysae am 16. 9. aus dem SC 42 heraus.

Die vom Gegner anerkannte Gesamtbilanz betrug 16 Schiffe mit 65.409 BRT versenkt, ein Tanker mit 6508 BRT beschädigt. Der Tanker wurde von einer Korvette nach Island geleitet.

Nach dem Erfolg gegen den SC 42 verblieben die brennstoffstarken Boote noch in ihrem Suchstreifen südostwärts Grönland. Hier sichtete U 74 unter Kptlt. Kentrat am 18. 9. den Konvoi SC 44.

U 74 war bereits am 8. 9. aus St. Nazaire ausgelaufen. Kentrat schickte folgenden Funkspruch an den BdU:

»Geleitzug mit 66 Schiffen in Sicht, südostwärts Grönland. Ein Zerstörer, vier Korvetten.«

Der BdU setzte fünf weitere Boote auf diesen Konvoi an. Die Boote standen bereits im Operationsraum in der U-Bootgruppe »Brandenburg«.

In den frühen Morgenstunden des 19. 9. griff U 74 das erste Mal an. Vom Boot aus sah man Torpedodetonationen, aber es wurde kein Schiff als versenkt gemeldet.

In der folgenden Nacht gelang es Kentrat, den Dampfer »Empire Burton« als erstes Schiff aus dem SC 44 zu versenken. Die Korvette »Levis«, die zur gleichen Zeit in Sicht kam, wurde ebenfalls von einem Torpedo achtern getroffen. Im Detonationswirbel ihrer Wasserbomben wurde sie binnen weniger Sekunden zerrissen.

U 552 hatte inzwischen auch aufgeschlossen. Topp schoß einen Zweierfächer auf überlappende Schiffe und versenkte den Tanker »T. J. Williams« und die »Pink Star«. Zwei Stunden später konnte das Boot noch den Tanker »Barbro« versenken. Der SC 44 verlor damit 5 Dampfer und eine Korvette.

Die nicht an diesem Angriff beteiligten Boote der Gruppe »Brandenburg« wurden in einem neuen Vorpostenstreifen südostwärts Kap Farewell ange-

setzt. Es waren U 69, U 94, U 372, U 373, U 431, U 562, U 564, U 572 und U 575.
Die Boote traten nacheinander den Heimmarsch an, weil sie entweder verschossen oder die Grenze der Reichweite und Seeausdauer erreicht hatten. Einige der Boote kamen zu Einzelerfolgen.
Der HG 73, der von dem italienischen Boot »Torelli« unter KKpt. di Giacomo direkt nach dem Verlassen Gibraltars am 20. 9. gesichtet und gemeldet worden war, wurde in den folgenden Tagen von mehreren Booten angegriffen.
Die Fühlung am Geleit ging verloren. 24 Stunden später gelang es einem Fernaufklärer, den Konvoi zu finden, der bereits in Höhe von Kap Finisterre stand. U 124, U 201 und U 203 schlossen auf.
Am Morgen des 25. 9. kam U 124 zum Schuß. Das Boot war von Kptlt. Mohr übernommen worden, nachdem Kptlt. Schulz zu neuer Verwendung abkommandiert war. Auf dieser ersten Feindfahrt hatte U 124 bereits am 20. 9. aus dem Konvoi OG 74 zwei Schiffe herausgeschossen. Nun wollte Mohr abermals zu Erfolgen kommen.
Als erstes Schiff sank die »Empire Stream«. 24 Stunden darauf folgten zwei Dampfer, und abermals 20 Stunden später sank ein weiterer Dampfer.
Am frühen Morgen des 27. 9. kam auch noch U 201 zum Schuß und versenkte zwei Dampfer und das Jäger-Katapultschiff »Springbank«. Zum Eigenschutz der Konvois hatte die Royal Navy Handelsschiffe mit einem Katapult und einer »Ein-Weg-Spitfire« ausgerüstet. Dieser Jäger konnte nur einmal aufsteigen und seinen Kampfauftrag ausführen, danach mußte er wassern, wobei es darum ging, den Piloten zu retten. U 203 unter Kptlt. Mützelburg hatte in der ersten Stunde des 26. 9. bereits drei Schiffe aus dem Konvoi versenkt.
Am 29. 9. mußte der Angriff abgebrochen werden. Der Konvoi war in die Western Approaches eingelaufen. Zehn Schiffe und das Jäger-Katapultschiff »Springbank« waren diesem Geleit verlorengegangen.
Der vorher erwähnte OG 74 verlor insgesamt 5 Schiffe. Dem SL 87 gingen vier Schiffe verloren.
Dies war ein erfolgreicher Auftakt des dritten Kriegsjahres. Die Einzelheiten aller Angriffe aufzuzeigen, ist unmöglich, dies würde den Rahmen des Werkes bei weitem sprengen.
Nach diesem furiosen Beginn mußte der Oktober naturgemäß weniger Erfolge bringen, weil eben weniger Boote in See standen. Die »Svend Foyn«, ein britisches Walfangmutterschiff von 14.795 BRT, wurde von U 502 unter Kptlt. v. Rosenstiel am 7. 10. versenkt. U 94 (Ites) hatte bereits am 1. 10. mit der Versenkung des Tankers »San Florentino«, 12.842 BRT, für einen besonderen Paukenschlag gesorgt. Der Tanker brauchte drei Fangschüsse, ehe er in der Mitte durchbrach und sank.
Mitte Oktober kam es am SC 48 zu einem großen Angriff. Eine südostwärts

Kap Farewell aufgestellte U-Bootgruppe hatte Glück, als U 553 unter Kptlt. Thurmann in der Nacht zum 15. 10. den Geleitzug sichtete, der noch aus 39 Schiffen und vier Geleit-Korvetten bestand. Elf Schiffe waren durch einen Sturm abgedrängt und liefen als Nachzügler hinterher.
U 553 griff um 08.15 Uhr an und versenkte zwei Schiffe. Eine Stunde nach Mitternacht des 16. 10. kam auch U 568 unter Kptlt. Preuß zum Schuß und versenkte die »Empire Heron«; U 558 unter Kptlt. Krech, das am 15. 10. das kanadische Motorschiff »Vancouver Island«, 9472 BRT, versenkt hatte, griff eine Stunde nach Preuß am 17. 10. an. Ein Tanker von 9552 BRT und die Korvette »Gladiolus« fielen seinen Torpedos zum Opfer, und eine Stunde darauf versenkte das Boot noch einen kleinen Dampfer.
U 432 (Schultze) versenkte zwei Dampfer und einen großen Tanker, und Preuß gelang am 17. 10. die Torpedierung des amerikanischen Zerstörers »Kearny«, der zur US-Escort-Group gehörte, die ab 16. 10. dem SC 48 zu Hilfe gekommen war.
Schließlich war es U 101 unter Kptlt. Mengersen, das den britischen Zerstörer »Broadwater« versenkte, der aus Reykyavik zur Hilfeleistung herbeigeeilt war.
Am Morgen des 17. 10. war außerdem eine britische Escort Group mit den Zerstörern »Amazon«, »Bulldog«, »Georgetown«, »Highlander« und »Richmont« herangekommen. Flugzeuge der US-Navy-Staffeln VP 73 und VP 74 drängten dann alle U-Boote ab. Die Operation war beendet.
Der US-Zerstörer »Kearny« konnte nach Hvalfjord geleitet werden. Der SC 48 hatte 10 Schiffe und drei Geleitfahrzeuge verloren.
Auch der HG 75 verlor einige Schiffe und den britischen Zerstörer »Cossack«.
Mit der Versenkung von 39 Schiffen mit 182.412 BRT ging dieser Monat zu Ende.
Der November brachte allerdings erst den Tiefstand des U-Bootergebnisses. Lediglich 19 alliierte Handelsschiffe mit 91.628 BRT wurden in diesem Monat versenkt, und im Dezember waren es auch nur 23 Handelsschiffe (einschließlich der Erfolge im Mittelmeer) mit 101.687 BRT.
Was war geschehen? War das scharfe Schwert der U-Bootwaffe stumpf geworden?
Die Ursache des Rückgangs der Versenkungserfolge lag in zweierlei Fakten begründet. Zum einen verfügte die U-Bootwaffe anstelle der geforderten 300 Boote zu diesem Zeitpunkt nur über 90 Boote, zum zweiten war inzwischen eine ganze Anzahl von Booten ins Mittelmeer ausgelaufen und ging damit für den Einsatz im Atlantik verloren. (Siehe Abschnitt: Einsatz der deutschen U-Boote im Mittelmeer.)
Das ganze Jahr 1941 hatte aber gezeigt, daß große Versenkungserfolge gegen stark gesicherte Geleitzüge nur in Rudelschlachten erzielt werden konnten. Die Rudeltaktik hatte ihre Schlagkraft und Erfolgsträchtigkeit an

einer Reihe von Geleitzügen bewiesen. Was fehlte, waren immer noch U-Boote, um genügend starke und viele Rudel bilden zu können.
Die außerdem vom BdU angewandte Bewegungstaktik, welche die Überwassergeschwindigkeit der Boote voll ausnutzte, brachte die Rudel in stundenlangen, oft Tage währenden Märschen an den Gegner heran. Vereint mit der Gruppentaktik wurde so der gleichzeitige Angriff mehrerer Boote ermöglicht und eine Zersplitterung der Sicherungsstreitkräfte der Konvois erreicht.
Der 22. November brachte dann dem Befehlshaber der U-Boote, Admiral Dönitz, eine besondere Überraschung. Nach den Verlegungen von insgesamt zehn U-Booten ins Mittelmeer erteilte die Skl. Admiral Dönitz Befehl, die gesamte Front-U-Bootwaffe schwerpunktmäßig im Mittelmeer und westlich der Straße von Gibraltar einzusetzen. Eine weitere Anordnung der Skl. vom 29. 11. zwang Admiral Dönitz dazu, ständig beiderseits der Straße von Gibraltar 15 U-Boote und im östlichen Mittelmeer weitere 10 Boote Position beziehen zu lassen. Um diese Forderung erfüllen zu können, mußte die gesamte Front-U-Bootwaffe aus dem Atlantik abgezogen werden.
Dies war letztlich die entscheidende Ursache für das Nachlassen des U-Bootkampfes im Atlantik. Alle Versuche des BdU, die Freigabe der teilweise unnütz in diesen Räumen stehenden Boote zu erreichen, schienen nichts zu fruchten. Dazu Großadmiral a.D. Dönitz:
»Es war meiner Ansicht nach operativ nicht notwendig, eine so starke Gruppe von U-Booten ständig im Gibraltarraum einzusetzen. Ich hielt ihre Aufstellung dort aber auch taktisch für nicht richtig. Das Seegebiet um Gibraltar war für englische Flugzeuge von dem unmittelbar in der Nähe liegenden Luftstützpunkt aus leicht und ständig zu überwachen. Ebenso konnten U-Bootjagdfahrzeuge von Gibraltar aus ohne langen Anmarschweg westlich und ostwärts der Enge aufgestellt werden.
Es kam hinzu, daß die Engländer nach dem Eindringen der ersten deutschen U-Boote in das Mittelmeer, Ende September 1941, zur Verstärkung der U-Bootabwehr im Seegebiet von Gibraltar Kräfte aus dem Atlantik abgezogen hatten, zumal sie sehr bald den Rückgang der U-Bootkriegführung im atlantischen Raum spürten.
Die westlich und ostwärts der Gibraltarstraße eingesetzten deutschen U-Boote konnten sich daher nicht über Wasser aufhalten. Sie waren nahezu ständig getaucht und einer dauernden erheblichen Gefährdung ausgesetzt. Ihr Gesichtskreis war dementsprechend klein. Sie hatten auch nur geringe Möglichkeiten, etwaigen Schiffsverkehr festzustellen.
Diese Ereignisse hatten also die ›Flaute in der Atlantikschlacht‹ bewirkt. Sie hatten die U-Boote von ihrer Hauptaufgabe, dem Versenken, abgehalten. - In den Rudelschlachten auf dem Atlantik hätten diese Boote bedeutend wirksamer operieren können.«
An dieser Stelle abschließend der Einsatz einiger weniger U-Boote am Kon-

voi HG 76, welcher der letzte Konvoi war, der im Jahr 1941 angegriffen wurde.

»Die lange Jagd!«

In Gibraltar wurde am Abend des 14. 12. 1941 der Homeward-Konvoi HG 76 mit 32 Schiffen in fünf Marschsäulen zusammengestellt. Commander Walker erhielt Befehl, mit seiner 36. Geleitgruppe die Sicherung zu übernehmen. Er befand sich auf seiner Sloop »Stork«. Zu seiner Gruppe gehörten die zweite Sloop »Deptford« und die Korvette »Rhododendron« sowie die »Marigold«, »Convolvulus«, »Penstemon«, »Gardenia«, »Samphire« und »Vetch«. An einem bestimmten Treffpunkt stießen der Geleitträger »Audacity« (der vom Gegner aufgebrachte und umgebaute HAPAG-Dampfer »Hannover« mit 11.000 BRT) und die Zerstörer »Blankney«, »Exmoor« und »Stanley« hinzu.
Am 15. 12. wurde durch eine Agentenmeldung aus Gibraltar der Konvoi gemeldet, der in der Nacht zuvor ausgelaufen war. Die beiden Boote U 74 und U 77, die sich auf dem Weg ins Mittelmeer befanden, wurden sofort angesetzt. Am 15. 12. wurden noch die in einer Suchharke südwestlich St. Vincent stehenden Boote U 107, U 127, U 574, U 131 und U 108, das soeben in Vigo bei einem deutschen Tanker Nachschub holende Boot U 434 und die westlich Portugal in Marschrichtung Mittelmeer laufenden Boote U 569, U 573 und U 83 angesetzt. Alle Boote bildeten die Gruppe »Seeräuber«.
Am frühen Morgen des 15. 12. griff U 77 zum ersten Mal ein Schiff dieses Konvois an und versenkte einen Dampfer. Ein Tanker wurde torpediert. Dann wurde das Boot unter Wasser gedrückt und abgedrängt. Am Nachmittag sichtete U 131 unter FKpt. Baumann den Konvoi und meldete:
»Beim Geleit Flugzeugträger. Schnelle einmotorige Jäger. Windstille, glatte See. 32 Schiffe, mindestens 14 Bewacher.«
Zweimal versuchte Baumann den Angriff, vergeblich. Als das Boot von Zerstörern unter Wasser gedrückt wurde und danach auf den Konvoi eindrehte, um ihn getaucht zu erreichen, wurde es eine halbe Stunde nach dieser Kursänderung plötzlich mit einer Zehnerserie Wasserbomben belegt. Schäden wurden gemeldet. Die Batterien begannen zu gasen. Zwei Stunden später mußte das Boot auftauchen.
Um 13.55 Uhr meldete der backbordachtere Ausguck von U 131 achteraus Schiffe, die rasch in Lage Null auf das Boot zuliefen. Mit AK versuchte das Boot zu entkommen. Neun Minuten dauerte die Jagd. Dann tauchten zwei Martlet-Maschinen auf. Eine davon wurde abgeschossen, die andere drehte nach dem Bombenwurf weg. Um 14.15 Uhr tastete das Boot einen Funkspruch:
»Boot tauchunklar. Werden von vier Zerstörern gejagt.«

Eine Minute darauf eröffnete »Stork«, das Führerboot von Commander Walker, das Artilleriefeuer auf das U-Boot. Die Zerstörer »Blankney« und »Exmoor« fielen ein. Dann schoß auch die Korvette »Penstemon«.
»Besatzung aus dem Boot!« befahl FKpt. Baumann, als Wassereinbrüche das Ende andeuteten. Mit dem Boot wurde der Kommandant hinuntergerissen, aber die See gab ihn wieder frei. Er wurde gerettet.
Die 36. Escort Group hatte die erste Runde der »Langen Jagd« gewonnen. Die zweite Runde begann, als am Nachmittag des 17. 12. U 108 Anschluß an den HG 76 gewann. KKpt. Scholtz meldete dies durch einen Kurzspruch an den BdU.
Am Abend des 17. 12. schoß U 108 den ersten Torpedo. Ein Treffer mit anschließender Rauchwolke wurde beobachtet. Vor einem mit AK in Lage Null anlaufenden Zerstörer mußte U 108 wegtauchen.
Am 18. 12. wurde das Boot ständig von Geleitfahrzeugen und später auch von Flugzeugen unter Wasser gedrückt. Die Maschinen stiegen von dem im Geleit mitlaufenden Flugzeugträger »Audacity« auf.
Der Geleit-Gruppe gelang es am 18. 12., U 434 unter Kptlt. Heyda zu stellen. Die Zerstörer »Stanley« und »Blankney« vernichteten das Boot mit Wasserbomben, die einen Hecktorpedo des Bootes hochgehen ließen. Es gelang dem Kommandanten, das Boot noch einmal an die Wasseroberfläche zu bringen. Die Besatzung ging von Bord, und U 434 versank wieder. Damit war bereits das zweite U-Boot am Geleit vernichtet worden.
FKpt. Baumann hatte vom Zerstörer »Blankney« aus die letzte Phase des Unterganges von U 434 miterlebt. Man hatte ihm erlaubt, auf die Brücke zu kommen.
Bei Einbruch der Dunkelheit meldete die »Penstemon« ein aufgetauchtes U-Boot in 10 sm Entfernung an Backbord. Commander Walker befahl ihr, sofort anzugreifen. Er entsandte die »Convolvulus« zur Hilfeleistung.
Zu dieser Zeit waren die Zerstörer »Exmoor« und »Blankney« bereits nicht mehr am Konvoi, sondern befanden sich auf dem Rückzug nach Gibraltar.
Es war U 107, das sofort wegtauchte und im Tauchen einen Zweierfächer auf die »Penstemon« abschoß, von dem ein Torpedo nur 6 m an deren Heck vorbeischoß.
Am Morgen des 19. 12. meldete der Zerstörer »Stanley« ein U-Boot. Es war U 574 unter Oblt. z.S. Gengelbach. Gengelbach ließ einen Zweierfächer auf den Zerstörer abschießen. »Stanley« meldete noch: »Torpedos von achtern!«
Sekunden später erhielt er zwei Treffer, und Commander Walker sah, wie der Zerstörer in Flammen aufging.
»Operation Butterblume!« befahl Walker.
Alle Begleitfahrzeuge schossen nun Leuchtgranaten ab. Die See war taghell erleuchtet, und »Stork« lief auf die brennende »Stanley« zu. Man warf Wasserbomben an der Stelle, wo man das U-Boot vermutete. Als das Boot am

Heck des brennenden Zerstörers vorbeilief, meldete das Asdic einen Kontakt. Commander Walker ließ sofort einen Zehnerfächer werfen. Dann drehte die »Stork« 800 m ab und machte sich zum neuen Fächerwurf bereit.
Doch dazu kam es nicht mehr, denn 200 m vor ihr stieß ein U-Boot aus der See heraus.
Walker ließ »Stork« mit AK auf Kollisionskurs steuern. Als er zum Rammstoß ansetzte, drehte das Boot mit Hartruder Backbord, und beide, die »Stork« und das U-Boot, liefen drei volle Kreise. Das U-Boot auf dem inneren Kreis, weil es wendiger war als der Zerstörer. Doch dann kam das Ende: »Es gelang der ›Stork‹, ihre Beute vor dem Turm zu rammen. Einen Augenblick hing das Boot am Steven, dann glitt es ab und glitt unter unserem Kiel her bis zum Heck, wo ein Hagel von Wasserbomben mit geringer Tiefeneinstellung das Wrack empfing. Es flog in tausend Stücke, und ›Stork‹ selbst geriet gefährlich ins Schwanken.« (Siehe: Macintyre, Donald: »U-Boat-Killer«.)
Trotz dieser totalen Vernichtung gelang es der »Stork«, noch eine Anzahl U-Bootmänner dieses Bootes zu bergen. Der Kommandant ging mit seinem Boot unter.
Am 19. 12. kam U 108 wieder an den Konvoi heran. Seine beiden Einzelschüsse trafen, doch nur die »Ruckinge« sank. Wieder mußte das Boot schnell wegtauchen, als ein Zerstörer in Lage Null aufschloß.
Am Abend des 19. 12. wurden noch U 71, U 567 und U 751 auf den HG 76 angesetzt.
In der Nacht zum 21. 12. ließ Commander Walker den Konvoi, der einen Sondereinsatz hinter sich hatte, wieder auf Generalkurs zu den Western Approaches einschwenken.
Am frühen Morgen des 21. 12. schloß U 567 auf und versenkte die »Annavore«. Als die Geleitfahrzeuge Jagd auf Endrass machten, gelang es U 751, unter Kptlt. Bigalk, in Schußposition zu kommen. Er visierte die »Audacity« an und traf den Flugzeugträger mit einem Zweierfächer mittschiffs. Die »Audacity« rief um Hilfe. Commander Walker schickte sofort die »Marigold« und die »Convulvulus« sowie die »Samphire« zum Träger, der mit starker Schlagseite dalag.
Während die Besatzung geborgen wurde, entdeckte die »Deptford« ein U-Boot querab zum Konvoi. Sofort kam ihr die »Stork« zu Hilfe. Beide Boote warfen eine Stunde lang Wasserbomben.
Das verfolgte Boot, es war U 567 unter Kptlt. Endrass, sank, von Wasserbomben in Stücke gerissen.
Dieser Einsatz endete am 22. 12. um 03.00 Uhr. Die »Audacity« war mit allen Flugzeugen gesunken.
Um 03.15 Uhr wurde die »Stork« von der »Deptford« gerammt, die ein U-Boot zu sehen glaubte. Hierbei wurde das Asdic-Gerät der »Stork« so schwer beschädigt, daß es ausfiel.

Als der Konvoi in den Morgenstunden des 25. 12. die Sicherheitszone der Western Approaches erreicht hatte, ließ der BdU den Kampf abbrechen.
Auch U 108 beendete nun die Verfolgung. 144 Stunden lang war KKpt. Scholtz im Einsatz gewesen. Sie waren einige Male in größter Gefahr gewesen. Vier der übrigen Boote hatten mit ihrem Untergang für die mageren Erfolge bezahlt, die an diesem Konvoi errungen wurden, denn auch U 127 wurde - noch auf dem Weg zum Operationsgebiet - am 15. 12. westlich von Gibraltar durch den Zerstörer »Nestor« versenkt.
Nicht zuletzt aufgrund dieser Niederlage, welche die deutschen U-Boote an diesem Geleitzug erlitten, war man im Operationsstab des BdU der Meinung, daß man nun nicht mehr in der Lage sei, Geleitzüge zu bekämpfen. Der BdU war jedoch anderer Überzeugung. Er erklärte:
»Ich konnte mich aufgrund der bisherigen Erfahrungen und angesichts der Tatsache, daß eine Niederlage von so großer Schwere an einem Geleitzug im Geleitzugkampf einmalig war, dieser Meinung nicht anschließen. Die Wetterlage war für die U-Boote bei dem soeben beendeten Kampf sehr ungünstig gewesen. Es herrschten Windstille bis Windstärke 1, und die See war spiegelglatt. Dadurch war der englischen Abwehr die Sicht, das Horch-Orten und Überwasser-Orten der U-Boote erleichtert.
Es erwies sich später als richtig, daß ich aus diesem Ereignis keine grundsätzlichen Schlüsse für die weitere Bekämpfung der Geleitzüge durch U-Boote zog. Wir sollten im Jahr 1942 bis März 1943 noch die größten Geleitzugschlachten schlagen.« (Siehe Dönitz, Karl a.a.O.)

DIE SCHLACHT IM ATLANTIK – DRITTE PHASE

Die allgemeine Lage - U-Boote vor der nordamerikanischen Küste

In der Zwischenzeit war auch die Weiterentwicklung der deutschen Schlüsselmittel vorangetrieben worden, um damit der vom BdU geäußerten Sorge vor einer Kompromittierung der Schlüsselmittel nach dem Verlust der Tanker im Sommer 1941 Rechnung zu tragen. Die neue Schlüsselmaschine M 4 hatte links neben den bisherigen Schlüsselwalzen eine zusätzliche vierte, die sogenannte »Griechenwalze«, deren Walzen mit den griechischen Buchstaben Alpha, Beta, Gamma und Delta bezeichnet wurden. Am 1. Februar 1942 war es schließlich soweit: Durch einen Stichwort-Befehl wurden die Front-U-Boote im neuen Schlüsselbereich »Triton« zusammengefaßt und die Walze »Alpha« in Betrieb genommen. Da die Rechenanlagen der britischen Kodeknacker nur auf die Kombinationsmöglichkeiten von Drei-Walzen-Anlagen ausgelegt waren, mußten die britischen Kryptographen nochmals von vorn beginnen. Da die deutschen U-Boote in der Ostsee und beim Anmarsch nach wie vor den geknackten Schlüssel »Hydra« verwendeten, konnte man die Meldungen jedes einzelnen Bootes bis zum Übergang in den Schlüsselkreis »Triton« genau mitlesen, danach konnte man die Peilergebnisse in Arbeitshypothesen diesen Booten zuordnen. Im Dezember war dann aufgrund langwieriger und komplizierter Knobelarbeit auch der Schlüssel »Triton« gebrochen, von da an wußte der »submarine-tracking-room« in der britischen Admiralität über jedes deutsche U-Boot genau Bescheid, und die nachrichtendienstlichen Weichen für den alliierten Sieg in der Schlacht um den Atlantik waren gestellt.

Durch den japanischen Angriff auf Pearl Harbor wurde am 7. 12. 1941 auch die deutsche Führung überrascht. Zwei Tage später erhielt der ObdM ein Fernschreiben aus Berlin, in dem ihm eine einschneidende Änderung bekanntgegeben wurde. Es hatte in dem die U-Bootführung interessierenden Teil folgenden Wortlaut:

»USA und alle diejenigen Länder Mittel- und Südamerikas, die sich dem Verhalten der USA gegen Deutschland oder seine Verbündeten anschließen, sind nunmehr als feindlich anzusehen. Für Bekämpfung ihrer Kriegs- und Handelsschiffe gelten dieselben Bestimmungen wie gegen englische Schiffe.«

An diesem Tage teilte die Skl. der U-Bootführung mit, daß nunmehr alle Einschränkungen im U-Bootkrieg entfielen. Damit waren auch die amerikanischen Gewässer in das Kriegsgebiet mit einbezogen.

Am selben Tage erbat Admiral Dönitz von der Skl. die Freigabe von 12 Booten für den Einsatz vor der USA-Küste.
Die Freigabe der 12 U-Boote erfolgte allein deshalb nicht, weil es einfach nicht so viele Boote gab.
Die U-Bootlage sah nach den Unterlagen der Skl. (siehe B. Nr. 1 Skl. Iop [Ib] 2224/41 Gkados, Chefs.) so aus:

Vorhandene Frontboote:	98	Boote
Im Operationsgebiet bzw. auf dem Weg dorthin:	38	Boote
a) Aufgabe amerikanische Küste	3	Boote
b) Aufgabe Nordmeer	3	Boote
c) Norwegische Westküste	5	Boote
d) Aufgabe Mittelmeer (einschl. Gibraltar)	20	Boote
e) Sonderaufgaben Atlantik (Täuschungsfunk)	1	Boot
Auf dem *Rückmarsch:*		
a) aus dem Südatlantik	2	Boote
b) im Mittelmeer	3	Boote
c) aus dem Raum westl. Gibraltar	1	Boot

Von den verbleibenden 60 Frontbooten außer Kriegsbereitschaft:

a) in westfranzösischen Häfen	38	Boote
b) in Kiel	13	Boote
c) in Drontheim	1	Boot
d) in Mittelmeerhäfen	8	Boote
Insgesamt:	60	Boote

Von den Frontbooten zu »B« vorbehaltlich weiterer Werftverzögerungen einsatzbereit:

a) Bis 1. 1. 1942 in westfranzösischen Häfen:	4	Boote
aus Kiel:	3	Boote
b) Bis zum 15. 1. 1942 aus westfranzösischen Häfen:	13	Boote
aus Kiel:	2	Boote
aus Drontheim:	1	Boot
aus Mittelmeerhäfen:	2	Boote
c) Bis zum 1. 2. 1942 aus westfranzösischen Häfen:	7	Boote
aus Kiel:	1	Boot
aus Mittelmeerhäfen:	1	Boot
Daher bis zum 1. 2. 1942 wieder klar:	34	Boote

Aus dem EKK-Verhältnis waren bis zum 1. 2. 1942 weitere 15 Frontboote zu erwarten.

Aus dieser Sachlage ergibt sich, daß - wenn man vom Faktor der Drittelung ausgeht - etwa 20 Boote den Seekrieg auf allen Meeren zu führen hatten. Es standen also für den Einsatz vor der US-Küste nur dann 12 Boote zur Verfügung, wenn sie von anderen Positionen abgezogen wurden. Deshalb bat der BdU auch darum, die sechs Boote, die westlich von Gibraltar operierten, für den Einsatz vor der US-Küste freizugeben.
Diesem Antrag wurde jedoch nicht stattgegeben. So konnte der BdU nur sechs U-Boote gegen die US-Ostküstengewässer ansetzen, davon war eines nicht rechtzeitig auslaufbereit.
Am 12. 12. erklärte Deutschland den USA den Krieg. Die 5 U-Boote, die Ende Dezember aus den Atlantikhäfen zum Tonnagekrieg gegen die USA ausliefen, erhielten Weisung, völlig unbemerkt zur US-Ostküste vorzudringen und erst auf einen Befehl des BdU hin schlagartig mit dem Einsatz zu beginnen. Auf dem Marsch ins Operationsgebiet durften nur Schiffe über 10.000 BRT torpediert werden.
Der BdU bat Ende Dezember noch einmal um die Freigabe der »Gibraltarboote«. Die Skl. entschied am 2. 1. 1942 (Chefsache 2220 unter Punkt 3):
»Westlich Gibraltar sind laufend drei U-Boote aufzustellen. Absetzen in Richtung Azoren bleibt für diese Boote anheimgestellt.«
In dieser Chefsache wurde auch erklärt, daß nur noch zwei bis drei U-Boote ins Mittelmeer geschickt werden sollten. In sein KTB schrieb Admiral Dönitz hierüber am 2. 1. 1942:
»Mit dieser Entscheidung ist also der Abschluß weiterer U-Bootabgaben ins Mittelmeer und damit die Wiederaufnahme einer Kriegführung im Atlantik abzusehen, die seit gut zwei Monaten zum überwiegenden Teil, seit etwa sechs Wochen praktisch ganz aufgehört hat.«
Am 9. 1. 1942 setzte der BdU den Beginn der Kampfhandlungen der U-Boote gegen die USA auf den 12. 1. 1942 fest. Der erste große Einsatz konnte beginnen.
Er begann mit der Versenkung des englischen Dampfers »Cyclops« (9076 BRT) vor dem Hafen von New York durch U 123 unter Kptlt. Hardegen. Von dieser Stunde an ging es Schlag auf Schlag.
U 130 unter KKpt. Kals schoß am Morgen des 13. 1. zwei Dampfer aus dem dichten Verkehr in diesen Gewässern heraus. Am 14. 1. setzte U 123 seine Erfolgsserie fort. Der Motortanker »Norness«, 9577 BRT, folgte am 14. 1. Einen Tag später fiel der nächste Tanker den Torpedos von U 123 zum Opfer. Am 17. 1. wurde ein kleiner Dampfer versenkt, und vor Kap Hatteras kam Hardegen am 19. 1. vom frühen Morgen bis zum Mittag gleich viermal zum Schuß. Der Tanker »Malay« mußte erst durch Artillerie beschossen werden, ehe er sank.
Neben U 123 und U 130, das noch fünf weitere Schiffe versenkte, und zwar die Tanker »Alexandra Hoegh« mit 8248 BRT, »Olympic« mit 5335 BRT, »Varanger« mit 9305 BRT, »Francis E. Powell« mit 7096 BRT und »Halo«

mit 6986 BRT, kam auch U 109 unter Kptlt. Bleichrodt am 19. 1. zum ersten Angriff.
U 109 versenkte insgesamt 5 Schiffe, darunter den Motortanker »Montrolite« mit 11.309 BRT.
U 66 unter Kptlt. Zapp war bereits am 18. 1. zum ersten Erfolg gekommen. Die »Allan Jackson« war ein Tanker von 6635 BRT. Die »Lady Hawkins« folgte am 19. 1. Am 22. 1. ging die »Novana« unter, und am 24. 1. kam das Boot in den ersten Morgenstunden mit zwei Fächerschüssen zum Doppelerfolg. Der Motortanker »Empire Gem«, 8139 BRT, und der moderne Dampfer »Venore«, 8017 BRT, sanken.
Als fünftes Boot hatte U 125 unter Kptlt. Folkers am 25. 1. zwei Dampfer angegriffen. Die »Olney« wurde nicht getroffen, aber der Dampfer »West Ivis«, der 5666 BRT hatte, sank.
Wäre der Antrag des BdU von der Skl. genehmigt worden, dann hätten anstelle der sechs 12 Boote vor der US-Küste angreifen können.
Als dieses U-Bootrudel den Rückzug antrat, hatten bereits weitere Boote den Westatlantik erreicht. Und zwar war eine Gruppe von 8 Booten im Gebiet zwischen der Neufundlandbank und Nova Scotia im Einsatz, der bis zum 19. 2. andauerte. Neun Schiffe wurden versenkt, mehrere beschädigt. Der britische Zerstörer »Belmont« fiel den Torpedos von U 82 zum Opfer.
Die zweite Welle der U-Boote, die wiederum dicht vor der US-Ostküste operierte, bestand aus den Booten U 103 unter Kptlt. Winter, U 106 unter Kptlt. Rasch, U 107 unter Kptlt. Gelhaus, U 108 unter KKpt. Scholtz und U 128 unter Kptlt. Heyse.
Alle Boote erzielten Erfolge. Insgesamt wurden von ihnen 19 Schiffe versenkt. Das größte Schiff, die »Amerikaland« mit 15.355 BRT, wurde von U 106 unter Kptlt. Rasch versenkt.
Als der Januar 1942 zu Ende ging, waren von der deutschen U-Bootwaffe im Atlantik und im Nordmeer 49 Schiffe mit 276.173 BRT versenkt worden.
Am 1. 2. 1942 waren die U-Boote in folgenden Operationsgebieten eingesetzt:

Nördlich Norwegen	7	Boote (Sicherungsaufgaben)
Amerikanische Küste	6	Boote (Tonnagekrieg)
Westlich Gibraltar	3	Boote (Sicherungsaufgaben)

Da Hitler zu dieser Zeit einen alliierten Angriff auf Norwegen befürchtete, erteilte die Skl. dem BdU Weisung, acht Boote für den Schutz der skandinavischen Gewässer aufzustellen. Am 6. 2. wurden außerdem die vier im Nordmeer stehenden Boote um zwei verstärkt. Darüber hinaus befahl die Skl., zwei U-Boote ständig in Narvik oder Tromsö einsatzbereit zu halten. Auch in Drontheim und Bergen sollten stets jeweils zwei Boote bereitliegen. Acht weitere sollten im Raume Island/Hebriden auf Suchstreifen stehen.

Aus diesen vielen Anforderungen erkannte der BdU, daß man im Führerhauptquartier keine exakte Vorstellungen von den vorhandenen Booten hatte und daß man nicht einmal ahnte, welcher Kräfteaufwand notwendig war, um den laufenden Einsatz vor der US-Ostküste aufrechterhalten zu können.
Die Skl. befahl weiter, daß bis zum 15. 2. 1942 20 U-Boote im Raume Norwegen stationiert sein müßten. Damit wurde der Nachschub an Booten aus Deutschland für die Kriegführung im Atlantik auf Monate hinaus völlig unmöglich.
Diese Bindung von gut einem Drittel aller Front-U-Boote an die für den Tonnagekrieg toten Gebiete Nordmeer und Mittelmeer wirkte sich auf die Versenkungserfolge im Atlantik entsprechend aus. Daß im ersten Halbjahr 1942 dennoch zahlenmäßig so große Erfolge erzielt wurden, war den neuen Operationsgebieten vor der US-Küste zu verdanken.
Von der dritten U-Bootwelle, die mit insgesamt 15 Booten einzeln im Gebiet zwischen Neufundland und Kap Hatteras operierte, konnten 13 Boote vor der US-Ostküste Erfolge erringen.
Auch die in den Raum Aruba-Curaçao-Trinidad entsandten Boote erzielten Erfolge. Hier fielen den U-Booten 18 Schiffe, überwiegend Tanker, zum Opfer.
Insgesamt betrug die Versenkungsquote des Februar 70 Schiffe mit 411.560 BRT.
Am bemerkenswertesten war die Geleitzugschlacht gegen den OSN 67, die am 22. 2. von U 155 unter Kptlt. Piening mit der Versenkung von zwei Schiffen eröffnet wurde. U 558, U 162, U 158 und U 587 waren ebenfalls erfolgreich. Insgesamt fielen den U-Booten neun Schiffe zum Opfer. U 558 unter Kptlt. Krech war mit 4 Versenkungen und einem Fangschuß für den von U 587 torpedierten Motortanker »Eidanger« erfolgreich.
Der März übertraf alle Erwartungen, denn in diesen 31 Tagen der Frühjahrsstürme fielen im Atlantik, im Mittelmeer und im Nordmeer 84 alliierte Handelsschiffe mit insgesamt 446.044 BRT deutschen U-Booten zum Opfer.
Diese Erfolge wurden überwiegend in Einzeleinsätzen errungen. Einer der erfolgreichen Kommandanten war KKpt. Karl-Friedrich Merten. Mit U 68 war er am 11. 2. 1942 zur dritten Feindfahrt in den Raum Freetown-Liberia ausgelaufen. Am 3. 3. wurde die »Helenus«, ein Schiff von 7366 BRT, versenkt. Fünf Tage darauf blieb die »Beluchistan« vor Kap Palmas an der westafrikanischen Küste nach Torpedotreffer liegen und wurde mit Fangschuß versenkt. Erst kurz vor Mitternacht des 16. 3. folgte der Dampfer »Baron Newlands«. Zwei Dampfer gingen am Morgen und Mittag des 17. 3. unter, und am Abend dieses Tages sank die »Allende«. Der letzte Dampfer, die »Muncaster Castle«, wurde am 30. 3. versenkt. Verschossen und ohne genügend Brennstoff lief U 68 am 13. 4. 1942 wieder in den Stützpunkt ein. Ein weiteres Boot, das in dieser Zeit im Einsatz war, war U 96, das unter KKpt. Lehmann-Willenbrock am 31. 1. 1942 zur 8. Feindfahrt

aus St. Nazaire ausgelaufen war. Diese Feindfahrt wurde mit 8029 zurückgelegten Seemeilen zu einer der längsten, die ein Boot des Typs VII-C, ohne in See nachzutanken, unternahm.
Am 19. 2. kam das Boot zum ersten Mal zum Torpedoschuß. Die »Empire Seal« wurde im Unterwasserangriff mit einem Zweierfächer versenkt. Sie hatte 7965 BRT. Am 20. 2. sank die »Lake Osweya«. Die »Torungen« folgte am 22. 2., und der Motortanker »Kars« (8888 BRT) sank am späten Abend dieses Tages.
Im dichten Nebel setzte sich U 96 weiter nach Süden in Richtung auf Kap Cod ab. Hier wollte Lehmann-Willenbrock den durch den Golf of Maine nach Boston gehenden Verkehr überwachen. Zu den Ereignissen in diesem Seegebiet schrieb der Kommandant in sein KTB:
»Plötzliches Erscheinen und Verschwinden der Schatten von Schiffen, Kriegsfahrzeuge und Flugzeuge zwischen Nebelschwaden, Nebelbänken mit scharf abgegrenzten Konturen, Schneetreiben in den Blizzards. Erfolg oder unheilvolles Schicksal waren hier wie nirgendwo so stark dem glücklichen Zufall anheimgegeben. Er mußte instinktiv erfaßt und ausgenutzt werden.
Im Boot haben wir 5 Grad minus. Auf der Brücke minus 10 bis 15 Grad. Wird der Eisansatz zu groß, tauchen wir zum Abtauen. Flakwaffen sind nicht zu gebrauchen. Sehrohrglas vereist sofort nach dem Ausfahren.«
Dennoch kam U 96 noch einmal zum Schuß. Am 9. März wurde der Dampfer »Tyr«, 4265 BRT, im Unterwasserangriff mit einem Zweierfächer versenkt. Am 23. 3. lief das Boot in St. Nazaire ein. Heinrich Lehmann-Willenbrock gab es nun ab, um in Brest die 9. U-Flottille zu übernehmen.
Ein drittes Boot, das am 7. März 1942 zur Feindfahrt auslief und beachtliche Versenkungserfolge erzielte, war U 552 unter Kptlt. Topp. Es war die achte Feindfahrt des Bootes und die erste, die es vor die US-Ostküste führen sollte. Topp selbst machte seine 15. Feindfahrt.
Einen Tag, bevor das Boot Kap Cod erreichte, wurde ein Tanker gesichtet, der das Boot um ein Haar gerammt hätte. Der erste Torpedo traf die »Oceana«, die Notruf funkte, am Heck. In Sekundenschnelle entwickelte sich eine gewaltige Flammensäule.
Das Wrack des Tankers brannte völlig aus.
U 552 setzte seinen Marsch fort. Es lief in Richtung Pollock-Feuerschiff und von dort bis zum Nanseat-Feuerschiff. Viermal nacheinander kam das Boot zum Schuß. Alle Torpedos verfehlten ihr Ziel. Der Geradlaufapparat versagte. So wurde denn, um Torpedos zu sparen, der Kohlefrachter »David A. Atwater« mit 93 Schuß aus der Bugkanone versenkt. Am 5. 4. kam das Boot auf die »Byron T. Benson« zum Schuß. Der 7953 BRT große Tanker sank. Die »British Splendour«, ebenfalls ein großer Motortanker, folgte am 7. 4., und am Mittag dieses Tages wurde noch die »Lancing« versenkt.
In der Nacht zum 8. 4. wurden die Oberdecktorpedos umgeladen. Der Tan-

ker, der am frühen Morgen des 9. 4. gesichtet wurde, sank, und am 10. 4. folgte der Tanker »Tamualipas«.
Verschossen trat das Boot den Rückzug an und traf am 27. 4. in St. Nazaire ein. Es hatte sieben Schiffe versenkt und ein weiteres torpediert.

Damit sind bereits die ersten April-Einsätze der U-Boote vor der US-Ostküste geschildert worden. Wieder war hier auch U 123 unter Kptlt. Hardegen erfolgreich, das acht Schiffe versenkte.
Ein weiterer Kommandant schrieb sich in die Abschußliste ein. Es war Oblt. z.S. Georg Lassen mit U 160. Lassen hatte das Boot des Typs X-C am 16. 10. 1941 in Kiel in Dienst gestellt.
Am frühen Morgen des 1. 3. 1942 machte U 160 in Wilhelmshaven, wohin es überführt worden war, die Leinen los. Es ging durch die Nordsee in den Nordatlantik. Trotz der Frühjahrsstürme wurde das Operationsgebiet vor der US-Ostküste erreicht.
Am 27. 3. wurde als erstes Schiff die »Equipoise« mit 6210 BRT versenkt.
Am 29. 3. traf es die »City of New York«, ein Motorschiff von 8272 BRT.
Am 1. 4. folgte die »Rio Blanco«, und am 6. 4. war es der Motortanker »Bidwell«, der sank. Der Dampfer »Malchace« sank am 9. April auf flachem Grund vor der Küste, war aber Totalverlust.
Am 11. 4. kam auf 34.23 N/75.35 W ein großer Dampfer in Sicht. Lassen ließ alle vier Torpedos der Bugchargierung abschießen. Vor einem plötzlich erscheinenden Flugboot mußte das Boot wegtauchen. Drei Treffer wurden ausgemacht und später auch Sinkgeräusche. In einem FT-Spruch des BdU, der dem Boot den Rückzug befahl, wurde U 160 mitgeteilt, daß es mit diesem Viererfächer den britischen Dampfer »Ulysses« mit 14.647 BRT versenkt habe.
Das Boot trat den Rückzug an. Drei Tage später konnte die Besatzung den Wehrmachtbericht mithören, in dem von ihren Erfolgen berichtet wurde. Es hatte 6 Schiffe mit 43.568 BRT versenkt.
Mützelburg mit U 203, Scholtz und Möhlmann waren weitere erfolgreiche Kommandanten, die das Gesamtergebnis dieses Monats auf 72 Schiffe mit 394.760 BRT erhöhten.
Die für den Gegner besorgniserregenden Erfolge der deutschen U-Boote waren derart einschneidend, daß der britischen Admiralität schwere Bedenken kamen, ob ein solcher Aderlaß noch lange durchzuhalten sei. Captain Roskill berichtete darüber:
»In der britischen Admiralität erregte das von den U-Booten angerichtete Gemetzel die schwersten Besorgnisse. Die meisten versenkten Schiffe waren britische, gingen aber in Gewässern verloren, in denen die Admiralität nicht zu bestimmen hatte. Zudem fühlten wir mit Recht, daß Verluste dieses Ausmaßes vermieden werden konnten, wenn die Amerikaner nur das Geleitzugsystem einführen würden.

Es war daher natürlich, daß unser Admiralstab verblüfft war von der Menge ungesicherter Handelsschiffe, die sich auf wohlbekannten Seestraßen vor der US-Ostküste auf und ab bewegten. Wir setzten unseren Verbündeten auf verschiedene Weise unter Druck, doch es dauerte bis Mai 1942, bevor das Geleitzugsystem längs der amerikanischen Küste eingeführt wurde.
Als die Angriffe gegen die Schiffahrt in der westlichen Hemisphäre ihren Höhepunkt erreichten, liehen wir den Amerikanern zwei Dutzend U-Jäger, verlegten zwei unserer mittelatlantischen Sicherungsgruppen zur Verstärkung an die amerikanische Ostküste, boten der US-Navy eine Anzahl unserer Korvetten an und verlegten ein kampferfahrenes Flugzeuggeschwader des Coastal Command auf die Westseite des Atlantik.
Es fiel uns schwer, mehr zu tun, denn Dönitz war ein viel zu gewitzter Taktiker, als daß er die Transatlantik-Geleitzüge sich selbst überlassen und uns so eine umfassende Neuverteilung unserer Geleitschutz-Flottillen gestattet hätte.« (Siehe Roskill, Capt., S.W.: a.a.O.)

Die »Milchkühe« kommen

Das Ereignis des Monats April 1942 war das Auslaufen des ersten deutschen U-Tankers unter U 459, KKpt. von Wilamowitz-Möllendorff. Dieses Boot des Typs XIV konnte nicht weniger als 700 t Dieselöl mitführen. Das heißt, daß es bis 600 Tonnen Dieselkraftstoff in See an andere U-Boote abgeben konnte. Booten des Typs VII-C war es bei Übernahme von 50 t Dieselöl möglich, auch in der Karibischen See zu operieren. Die großen Boote, die in den Raum Kapstadt entsandt wurden, mußten 90 t Dieselöl von der »Milchkuh« übernehmen, um entsprechend länger im Feindgebiet bleiben zu können, wie es ihm bei eigenem Brennstoff möglich war.
Als erstes deutsches U-Boot übernahm U 108 unter KKpt. Scholtz am 22. 4. 1942 von U 459 genau 500 sm nordöstlich der Bermudas Treibstoff. In den nächsten Wochen versorgte U 459 14 weitere Boote mit Treibstoff.
Zwei weitere U-Tanker liefen noch im April aus. Es waren U 460 unter Kptlt. Schäfer und U 116 unter KKpt. von Schmidt. Diese Boote versorgten bis Mitte Juni 20 deutsche U-Boote, die in der Karibischen See im Einsatz standen.
Anfang Mai faßte Admiral Dönitz im Nordatlantik acht Boote zur Gruppe »Hecht« zusammen und ließ sie bis zum 14. 5. einen Vorpostenstreifen auf dem »Großkreis« (dem kürzesten Weg zwischen den amerikanischen Auslaufhäfen und dem Nordkanal) nördlich Irland bei 30 Grad West bilden.
Noch vor Erreichen dieses Zieles sichtete U 569 unter Oblt. z.S. Hinsch am 11. 5. den Konvoi ONS 92 mit 42 Schiffen.
Drei Boote kamen zum Schuß, unter anderem U 124, das sich seit dem 4. 5. auf seiner vierten Feindfahrt befand. Auf der dritten Feindfahrt hatte U 124 vor der US-Ostküste im Einsatz gestanden und neun Schiffe mit geschätzten

50.000 BRT versenkt. Nunmehr lief es nach der Peilzeichenabgabe von U 569 auf den gemeldeten Geleitzug zu und fand in der Nacht zum 12. 5. Anschluß. U 124 stieß in den Konvoi hinein, und Kptlt. Mohr schoß die gesamte Chargierung auf Einzelziele.
Beim ersten Anlauf beobachtete Mohr nach den Treffern das Sinken von drei Schiffen. Beim zweiten Anlauf, 26 Minuten später, beobachtete er einen weiteren Treffer.
U 569 und U 94 kamen knapp eine Stunde später zum Schuß, und im dritten Anlauf gelang es U 124, um 03.55 und 03.58 Uhr je einen Dampfer zu versenken. Der Geleitzug lief nach allen Richtungen auseinander. Er verlor am 13. 5. durch U 94 zwei weitere Schiffe. Insgesamt wurde vom Gegner die Versenkung von 7 Schiffen mit 36.285 BRT gemeldet.
Von den 7 Booten, die ab 5. 5. einzeln von Kap Hatteras zur Floridastraße und dann ins Gebiet der Großen Antillen, nach Kuba, Yucatan und in die ostkaribische See ausliefen, errangen U 106, U 753 unter KKpt. von Mannstein, U 751, U 558, U 103 und U 107 Erfolge. Insbesondere U 104 unter Kptlt. Winter war mit neun versenkten Schiffen erfolgreichster Kommandant. Diese Einsätze dauerten bis zum 22. 6.
Bei Einzelangriffen in der Karibischen See waren bis zum 28. 6. weitere Kommandanten erfolgreich. Hier war U 156 unter Kptlt. Hartenstein mit 11 versenkten Schiffen am Erfolg maßgeblich beteiligt. Hartenstein torpedierte außerdem am 25. 5. den US-Zerstörer »Blankely«, der sofort sank.
Die Gesamtbilanz des Monats Mai war mit 125 versenkten alliierten Schiffen, die insgesamt 584.788 BRT verdrängten, noch größer als die des Vormonats.
Der Juni brachte noch einmal eine Steigerung der versenkten Tonnage. In diesem Zeitraum wurden 131 alliierte Schiffe mit insgesamt 616.905 BRT vernichtet.
Wieder waren es die hartnäckig geführten Einzelkämpfe, die den Löwenanteil an der Versenkungsquote ausmachten. Aber auch einige Konvois wurden gestellt. So der ONS 100, aus dem zum Auftakt U 124 die frei-französische Korvette »Mimosa« herausschoß, die das Boot angriff. Mohr war nicht mit U 124 getaucht, sondern hatte einen Torpedo abgefeuert, der die Korvette zerriß. U 94 schoß drei Schiffe aus diesem Konvoi heraus und Mohr ein weiteres.
Als nächsten traf es den Konvoi HG 84. Dieser Geleitzug wurde von der 36. Geleitgruppe unter Commander Walker gesichert. Er traf sich am 9. 6. mit der Geleitgruppe. Seine 20 Schiffe wurden von Commodore H. T. Hudson geführt. In der Sicherung standen »Stork«, Walkers Flaggschiff »Marigold«, »Convulvulus« und »Gardenia«.
Am 9. 6. war U 552 von St. Nazaire ausgelaufen. Vier Tage später wurde der FT-Spruch einer Focke-Wulf 200 aufgenommen, die einen Konvoi gesichtet hatte, der aus Gibraltar nach England auslief. Neben U 552 ver-

suchten sieben weitere Boote der Gruppe »Endrass«, Anschluß zu gewinnen.
Topp sichtete den Geleitzug und setzte einen FT-Spruch an den BdU ab. Dieser Spruch wurde von der »Copeland« aufgenommen, die einen »Huff-Duff«-Funkpeiler an Bord hatte.
So wurde der High Frequency Direction Finder in der Marine genannt, mit dem auf Kurzwelle getastete Funksprüche deutscher U-Boote auf See eingepeilt werden konnten.
Commander Walker wußte nun, daß ein U-Boot achtern vom Konvoi stand und schnell näher kam. 15 Minuten darauf sichtete die Brückenwache der »Stork« das Boot. Die Sichtmeldung wurde an die achtern laufende »Gardenia« weitergegeben, die ebenfalls auf das Boot zudrehte. Aus einer Entfernung von 13.500 m wurde das Feuer eröffnet. U 552 verschwand von der Wasseroberfläche.
Das Boot wurde bis 22.00 Uhr gejagt. Aber es entkam. Auf dem Generalkurs weiterlaufend, gewann es Anschluß an den HG 84. Kurz nach Mitternacht des 15. 6. fielen die Einzelschüsse aus allen Rohren.
Drei Schiffe, darunter das Spitzenschiff mit Commodore Hudson an Bord, sanken.
Mit Hartruder Steuerbord drehte das Boot ab und schoß auch noch den Hecktorpedo ab; dieser war allerdings ein Fehlschuß.
Mit Höchstfahrt lief U 552 aus dem Konvoi heraus, denn Commander Walker hatte seine »Operation Butterblume« - das Schießen von Leuchtgranaten - begonnen.
Knapp drei Stunden später griff Topp mit U 552 abermals an. Wieder feuerte er die gesamte Chargierung. Zwei Dampfer wurden versenkt, ein dritter nach Topps Meinung getroffen, denn eine entsprechende Detonation wurde ausgemacht.
Der britische Dampfer »Thurso«, der in einem grellen Feuerball explodierte, ließ Walker abermals die Aktion »Butterblume« befehlen. U 552 wurde abgedrängt. Topp griff wieder und wieder an, um erneut ausgemacht und abgedrängt zu werden. Außer U 552 hatte kein anderes Boot am HG 84 Erfolg.

Wo bleiben die neuen U-Boote?

Als das erste Halbjahr 1942 zu Ende ging, hatte die deutsche U-Bootwaffe einen großen Erfolg errungen. Was dem BdU bedrohlich erschien, war die Tatsache, daß selbst das geplante und dann reduzierte U-Bootbauprogramm von 21 Booten nicht erreicht worden war. Von Januar bis März waren lediglich 13 Boote je Monat ausgeliefert worden, und von April bis Juni waren es nur zehn Boote, die monatlich zu den Frontboot-Flottillen stießen. Der effektive Zuwachs betrug im ersten Halbjahr 1942 69 Boote. Von ihnen

wurden allein 26 - das sind etwa 40 Prozent - in den Seeraum um Norwegen entsandt. Zwei weitere Boote wurden ins Mittelmeer geschickt.
Von Januar bis Juni waren im Atlantik 12 deutsche U-Boote verlorengegangen, so daß als Zuwachs für den reinen Tonnagekrieg nur 29 Boote verblieben.
Damit standen zu Beginn der zweiten Jahreshälfte genau 101 Front-U-Boote im Atlantikkampf. Im Tagesdurchschnitt waren 59 Boote in See und 42 in Reparatur. Von den in See stehenden Booten befanden sich etwa 19 im Operationsgebiet.
Da die Erhaltung der Kampfkraft der U-Boote entscheidend war für eine erfolgreiche Durchführung des Tonnagekrieges, richtete Admiral Dönitz sein besonderes Augenmerk auf die Feststellung, ob, in welchem Umfang und in welcher Form der Gegner neue Abwehrmaßnahmen oder neue U-Bootabwehrgeräte, vor allem aber Überwasser-Ortungsmittel anwandte. Es hatte sich gezeigt, daß einzelne U-Boote vom Feind überraschend direkt angeflogen oder angesteuert wurden, obgleich diese Angreifer keine Sicht hatten. Worauf auch immer dies zurückzuführen war, die U-Bootführung mußte in Erfahrung bringen, wie man diesem Übel begegnen konnte.
Vom 1. 1. bis zum 30. 6. 1942 waren vor der US-Küste Amerikas 495 Schiffe mit etwa 2,5 Millionen BRT versenkt worden, darunter 142 große Tanker.
Jetzt kam es darauf an, im Juli den Einsatz noch zu forcieren, und es sah so aus, als sollte dies auch gelingen, denn im Monat Juli 1942 wurden zum ersten Mal 30 U-Boote abgeliefert. Es war dem BdUorg. Admiral von Friedeburg in Kiel zu verdanken, daß diese hohe Ausstoßzahl erreicht wurde. Admiral von Friedeburg war der Schöpfer des »Laufenden Bandes« bei der U-Bootfertigung. Sein Verdienst war es ebenfalls, daß diese neuen U-Boote auch ausgebildete Besatzungen erhielten. So hatten der Chef der Organisationsabteilung und sein Stab eine gigantische Arbeit zu leisten. Während des Krieges mangelte es nie an ausgebildeten und eingefahrenen Besatzungen.

Die vierte Phase der Schlacht im Atlantik

Die vierte Phase der Schlacht im Atlantik begann am 1. 7. 1942. Sie stand im Zeichen einiger Geleitzugschlachten. Der OS 33 wurde am 11. 7. von U 116, einem Treibstoffversorger, gesichtet. KKpt. von Schmidt schoß den ersten Dampfer heraus. Fünf weitere Boote der Gruppe »Hecht« wurden angesetzt. Beim Anlaufen wurde U 136 unter Kptlt. Zimmermann von der Geleitsicherung vernichtet. Drei Boote aber schlossen auf. Unter ihnen wieder einmal U 201 unter Kptlt. Schnee. Dieser befand sich mit seinem Boot auf der 7. Feindfahrt und auf seiner 17. Feindfahrt insgesamt. U 201 versenkte die von U 116 kurz nach Mitternacht des 12. 7. angeschossene »Cortona« durch Fangschuß. Das Boot schoß noch drei weitere Schiffe aus dem

Konvoi heraus. Auch U 582 unter Kptlt. Schulte und ein zweites Mal U 116 kamen noch zum Schuß. Dann war der Konvoi vorbeigelaufen.
Der OS 34 wurde von der U-Bootgruppe »Wolf« mit 6 Booten gesucht. U 564 griff am 19. 7. um 02.30 Uhr an. Es feuerte vier Einzelschüsse ab. Zwei der Schiffe, die jeweils zwei Treffer erhalten hatten, sanken sofort. U 108 unter KKpt. Scholz feuerte ebenfalls vier Einzelschüsse ab, machte vier Detonationen aus, doch es ging kein Schiff verloren. Dann war der Konvoi außer Sicht geraten.
Am ON 113 erzielte am 25. 7. Topp zwei Erfolge. U 607 und U 704 unter Kptlt. Keßler schossen je ein Schiff heraus, und am 30. 7. kam auch noch U 132 zum Schuß und versenkte die »Pacific Pioneer«.
Als der Juli zu Ende ging, hatten die Alliierten weitere 93 Schiffe mit 454.535 BRT verloren.
Dieses Wiederaufleben der Schlacht im Atlantik zwang die britische Admiralität dazu, einschneidende Maßnahmen gegen die deutsche U-Bootwaffe zu unternehmen.

Die Bekämpfung deutscher U-Boote

Um weitere schwerwiegende Schiffsverluste zu vermeiden, entschloß sich Großbritannien zur Gründung des Anti-U-Boat Warfare Committee.
Unter Vorsitz des Kriegspremiers, Churchill, waren in diesem Committee neben englischen Fachleuten auch die Stabschefs der USA vertreten. Churchill erklärte zur Aufgabe dieser kleinen Spezialgruppe:
»Wir müssen hier versuchen, dem Kampf gegen die U-Boote neue Impulse zu geben, die Operationen unter einheitliche Führung stellen und stets für eine ausreichende Zuteilung an Schiffen, Flugzeugen und Material zu sorgen.«
Das Committee beschloß die Aufstellung einer Support Group durch Großbritannien. Sie sollte im Atlantik zum Einsatz kommen, wenn zusätzliche Sicherungsfahrzeuge für einen stark bedrohten Konvoi benötigt wurden.
Der Commander in Chief Western Approaches, Admiral Noble, stellte erstmalig im Sommer 1942 eine solche Support Group auf. Mit ihrer Führung wurde Commander Walker beauftragt. Als diese Group jedoch im September stand, wurde sie wieder aufgelöst, weil alle Kriegsschiffe zur Operation »Torch« (Invasion der Alliierten in Nordwestafrika) benötigt wurden.
Die Beteiligung der Royal Air Force an der U-Bootbekämpfung war ebenfalls Gegenstand langwieriger Erörterungen. Die für den Einsatz über See im Coastal Command zusammengefaßten Flugzeuggeschwader waren endlich nach langem Tauziehen der Admiralität unterstellt worden.
Das Area Combined Headquarters koordinierte die taktische Zusammenarbeit zwischen See- und Luftstreitkräften. Die 15. Group, in welcher das Coastal Command vereinigt war, hatte mit den Kommandostellen der

Western Approaches eine gemeinsame Führungszentrale, in der alle Einsätze aufeinander abgestimmt werden konnten.
Die RAF bedachte zum Glück für die deutsche U-Bootwaffe das Coastal Command sehr stiefmütterlich mit Langstreckenbombern. Bis auch hier Churchill persönlich eingriff und die Zuteilung neuer Langstreckenbomber für die U-Bootbekämpfung erzwang.

Zähes Ringen an den Konvois

Am 5. 8. sichtete U 593 den Konvoi SC 94. Das zur U-Bootgruppe »Steinbrinck« gehörende Boot versenkte ein Schiff und wurde anschließend unter Wasser gedrückt.
U 454, das als zweites Boot Fühlung bekommen hatte, wurde durch Wasserbomben schwer beschädigt und drehte ab.
U 210, das am 6. 8. aufgeschlossen hatte, wurde von dem kanadischen Zerstörer »Assiniboine« gerammt und versenkt. Der Kommandant und ein Teil der Besatzung konnten nicht gerettet werden.
Am 8. 8. kam U 704 unter Kptlt. Keßler zum Schuß und machte eine Torpedodetonation aus. U 660 unter Kptlt. Baur schoß ebenfalls, registrierte aber nur einen Aufschlag ohne Detonation.
Erst U 176 unter Kptlt. Dierksen, das drei Zweierfächer abschoß, kam zum Erfolg und versenkte drei Schiffe, während U 379 ebenfalls zwei Schiffe aus dem Konvoi herausschoß. Am 9. 8. kam U 176 noch einmal zum Schuß und versenkte die »Radchurch«. Der Angriff von U 597 am Morgen des 10. 8. schlug fehl.
U 379 war inzwischen von der Korvette »Dianthus« nach vorhergehender Waboverfolgung nach dem Auftauchen gerammt worden. Kein Mann der Besatzung konnte sich aus dem sofort sinkenden Boot retten.
Am nächsten Tag wurde auch U 595 schwer beschädigt und trat den Rückzug an. Auch U 597 wurde beim Angriff beschädigt.
Nachdem am 10. 8. noch 5 Schiffe aus dem SC 94 versenkt worden waren, ließ der BdU am 11. 8. die Operation abbrechen. Elf Schiffe wurden aus dem Konvoi versenkt. Zwei U-Boote gingen verloren, drei weitere wurden beschädigt.
Aus dem Konvoi TAW 12 und TAW 13 in der Karibischen See versenkten drei U-Boote acht Schiffe mit 37.459 BRT.
Vor der Küste Brasiliens war U 507 unter KKpt. Schacht mit 7 Versenkungen erfolgreich. Die brasilianische Regierung erklärte aufgrund dieses Vorfalles - es waren durchweg brasilianische Schiffe - Deutschland den Krieg.
Die Gruppe »Blücher« erzielte am SL 118 nur zwei Erfolge. Der TWA 13 verlor drei Schiffe und der SL 118 ebenfalls drei.
Den ganzen Monat August hindurch standen die U-Boote in beinahe pausenlosen Rudelschlachten im Einsatz. Ob es am ON 122 war, der 4 Schiffe

verlor, oder am TAW 15, von dem fünf Schiffe versenkt wurden, überall standen kleine U-Bootrudel am Feind.
Die letzte Geleitzugschlacht dieses Monats begann am 31. 8. und zog sich bis zum 2. 9. hin. Es war der ŠČ 97, aus dem am 31. 8. Kptlt. Rudloff mit U 609 zwei Schiffe herausschoß. U 756 kam ebenfalls am 31. 8. zum Schuß. Das Boot wurde am nächsten Tage durch die starke Geleitsicherung versenkt. Keines der angesetzten 10 Boote der Gruppe »Vorwärts« kam mehr an diesen stark gesicherten Konvoi heran.
Das 3. Kriegsjahr war zu Ende gegangen. Der August hatte noch einmal mit 105 versenkten Handelsschiffen und 517.295 BRT einen großen Erfolg gezeitigt.
Einem besonderen Typ von Schiffen waren die deutschen U-Boote jedoch nicht begegnet, obwohl sie seit Mitte 1942 unaufhörlich den Atlantik in beiden Richtungen überquerten. Es waren die »Monster«, sechs der größten Passagierdampfer der Welt, darunter die beiden »Queens«, »Queen Mary« und »Queen Elizabeth«, je über 81.000 BRT groß. Auf jeder Reise überführten allein die »Queens«, mit einer Stammbesatzung von über 1000 Mann, jeweils mehr als 15.000 Mann US-Truppen für den Aufbau der »Zweiten Front«, der Invasion in Europa. Die Versenkung eines dieser Schiffe wäre mit dem Verlust einer größeren Landschlacht gleichbedeutend gewesen, daher wurden zu ihrer Wegeführung sorgfältigste Maßnahmen gesetzt. Sehr erfolgreich wurden diese großen Einzelfahrer um alle bekannten U-Bootstandorte herumgeleitet, so daß sie nur selten gesichtet wurden und keiner verlorenging.
In diesem so überaus erfolgreichen dritten Kriegsjahr waren aber auch insgesamt 60 deutsche U-Boote verlorengegangen.

Der U-Booteinsatz im Nordmeer

Während die Schlacht im Atlantik mit unvorstellbarer Härte weitergeführt wurde, deutsche U-Boote in den Südraum vorstießen und ab Januar 1942 auch im Westatlantik und vor der USA-Ostküste kämpften, lief am 28. September 1941 der erste alliierte Konvoi QP 1 mit 14 Schiffen von Archangelsk in Richtung Scapa Flow aus. Mit diesem Geleitzug sollte dem russischen Verbündeten vor allem von den USA Material und Waffen geschickt werden.
Zur Geleitsicherung gehörte der britische Kreuzer »London«, der eine britisch-amerikanische Mission nach Murmansk gebracht hatte und nun wieder nach England zurückkehrte.
Einen Tag später folgte der erste planmäßige Nachschub-Konvoi PQ 1, der von Hvalfjord auf Island nach Archangelsk in See ging. Er bestand aus zehn Frachtern, die der schwere britische Kreuzer »Suffolk«, zwei Zerstörer und eine U-Jagdgruppe sicherten.

Damit war eine völlig neue Geleitzugroute entstanden, auf der fortan immer neue Konvois nach Rußland fuhren.
Stalin bat Churchill immer wieder um Waffenlieferungen. Daher beschlossen die Alliierten Mitte September 1941, trotz aller Schwierigkeiten, Geleitzüge nach den russischen Häfen Murmansk (1400 sm) oder weiter nach Archangelsk (2000 sm) in Marsch zu setzen.
Bis Ende Dezember erhielten die Sowjets auf dieser Route 600 Panzer, 800 Flugzeuge und 1400 Kraftwagen.
Als die deutsche Luftaufklärung diese Konvois zum ersten Mal sichtete, wurde ein englischer Handstreich auf Norwegen vermutet. Erst später wurde klar, daß es sich um einen neuen Geleitzugweg in die westsibirischen Häfen handelte.
Die ersten U-Boote wurden auf diese Nordroute angesetzt. Und zwar liefen die Boote der Gruppe »Ulan« mit U 134, U 454 und U 584 in der Meerenge südlich der Bäreninsel auf Position.
Am 2. 1. 1942 griff U 134 unter Kptlt. Schendel den Konvoi PQ 7 an. Der Dampfer »Waziristan« (5135 BRT) sank. Die übrigen Boote kamen nicht heran, sie standen teilweise noch zu weit ab.
Am 17. 1. griffen alle drei Boote den PQ 8 an. U 454 unter Kptlt. Hackländer torpedierte den britischen Dampfer »Harmatris« und versenkte ihn. Als ein Zerstörer auf ihn zudrehte, feuerte Hackländer einen Einzelschuß ab. Getroffen blieb der Zerstörer liegen.
Als U 454 vier Stunden später abermals angriff, wurde wieder ein Zerstörer gesichtet. U 454 traf die »Matabele« achtern. Der Zerstörer sank. Dann beobachtete Hackländer auf einem weiter entfernt stehenden Dampfer eine Sprengsäule. Nach einem Einzelschuß detonierte ein Dampfer mit einer etwa 300 m hohen Sprengsäule, die anzeigte, daß er Munition und Sprengstoffe geladen hatte.
Die übrigen Boote kamen nicht zum Schuß.
Die beiden Geleitzüge PQ 9 und PQ 10 vereinigten sich am 1. 2. in Reykjavik und kamen unangefochten in Murmansk an. Vom 6. bis 22. 2. kam auch der PQ 11 durch.
Nordöstlich von Kap Teriberskij griff am 1. 3. 1942 U 436 unter Kptlt. Seibicke ein russisches Schiff an. Der Aal traf nach 47 Sekunden, das Schiff explodierte.
Erst am PQ 13 sollte es wieder Erfolge geben, nachdem zuvor der QP 9 mit 19 Schiffen durch die deutsche U-Bootvorpostenkette geschlüpft war. Während U 655 am 24. 3. vom M-Boot »Sharpshooter« durch Rammstoß versenkt wurde, geriet der PQ 13 vom 24. bis 27. 3. in einen schweren Sturm und wurde zerstreut. Nach der Sichtmeldung einer BV-138 wurden am 28. 3. die Boote U 435, U 436, U 454, U 456, U 585 und U 589 auf diese einzeln fahrenden Schiffe angesetzt. Hinzu kamen die Boote der 8. Z-Flottille und Ju 88 des KG 30.

Beim Angriff auf den beschädigten Kreuzer »Trinidad« wurde U 585 unter Kptlt. Lohse von dem sichernden Zerstörer »Fury« versenkt.
Am 30. 3. hatten mit U 209 und U 376 zwei weitere Boote aufgeschlossen. U 76 versenkte die »Induna« und U 456 die »Mana«. Auch U 435 kam zum Schuß und versenkte die »Effingham«.
Die Operationen gegen die Konvois PQ 14 und QP 10 vom 8. bis 24. April sahen wieder U 435 unter Kptlt. Strelow im Angriff, der am 13. 4. zwei Schiffe aus dem QP 10 herausschoß. U 209, das ebenfalls am Morgen des 13. 4. angriff, wurde von der Geleitsicherung abgedrängt. U 377, U 456 und U 376 griffen ebenfalls an. U 376, geführt von Kptlt. Marks, verfehlte den Kreuzer »Edinburgh« knapp.
Drei Tage später griff U 403 östlich der Bäreninsel ein Schiff des PQ 14 an. Die »Empire Howard« sank. U 456 und U 88 konnten am 30. 4. den QP 11 erreichen. Während U 88 einen Dreierfächer abschoß und eine Trefferdetonation ausmachte, konnte U 456 unter Kptlt. Teichert die vorauslaufende »Edinburgh« mit zwei Torpedos treffen. (Der Kreuzer wurde am 1. 5. durch die Zerstörer Z 24 und Z 25 versenkt.)
Weitere Boote kamen zum Schuß, aber nur U 251 unter Kptlt. Timm erzielte einen weiteren Versenkungserfolg am QP 11.
Der Konvoi PQ 16 verließ Reykjavik am 21. 5. 1942. Mit 35 Frachtern war er der bisher stärkste Geleitzug nach Rußland. Zur Nahsicherung ließ Admiral Tovey dem Konvoi vier Kreuzer beigeben. Am selben Tage stach in Murmansk auch der QP 12 in See. Die Konvois trafen sich vier Tage darauf.
Am 24. 5. sichtete man auf den Geleitfahrzeugen zum ersten Mal deutsche U-Boote. Zwei Zerstörer drängten diese mit Wabos ab. So errang zunächst die Luftwaffe die ersten Erfolge, die 5 Schiffe des Konvois mit Bomben und Lufttorpedos traf.
Am 26. 5. griffen die wieder aufgeschlossenen U-Boote an. Das erste deutsche U-Boot tauchte plötzlich zwischen den beiden englischen U-Booten auf, die im Geleitzug mitliefen. Während sich alle Abwehrmaßnahmen auf dieses Boot konzentrierten, gelang es U 703 unter Kptlt. Bielfeld, auf der Steuerbordseite zum Schuß zu kommen. Der mit Sprengstoff vollgeladene Dampfer »Syros« flog mit einer 300 m hohen Sprengsäule in die Luft. 50 Seeleute wurden mit dem zerberstenden Schiff getötet.
Das war in dieser Nacht der einzige Erfolg. Am nächsten Tag versenkte die Luftwaffe vier Schiffe aus dem PQ 16. Am 29. 5. griff U 586 unter Kptlt. von der Esch an. Sein Fächerschuß ging vorbei. Das Boot wurde gesichtet und abgedrängt. Am 31. 5. lief der Konvoi in Murmansk ein. Er hatte sieben Schiffe mit 43.205 BRT verloren. Der Großteil der Ladung bestand aus 147 Panzern, 77 Flugzeugen und 770 Kraftwagen.
Am 27. 6. lief der PQ 17 aus Reykjavik aus. Er bestand aus 36 Handelsschiffen. Der Nahsicherung unter Konteradmiral Hamilton wurden wieder

vier Kreuzer zugeteilt. Chef des Geleitzuges war der erfahrene Kapitän Commodore Dowding.
Die Geleitsicherung bestand aus 6 Zerstörern, 4 Korvetten, 3 Minensuchern, 4 Trawlern, 2 Flakschiffen und 2 U-Booten.
Die Ferndeckungsgruppe unter Admiral Tovey stach mit 2 Schlachtschiffen, 2 Kreuzern, 9 Zerstörern und dem Flugzeugträger »Victorious« von Scapa Flow aus in See. Sie lief das Gebiet zwischen Island und der Bäreninsel an. Später stießen noch weitere 5 Zerstörer hinzu.
Der PQ 17 wurde am 1. 7. vom deutschen B-Dienst erfaßt. U 255 und U 408 gewannen 60 sm ostwärts Jan Mayen Fühlung. Zwei weitere Boote wurden sofort von der Operationsabteilung des BdU angesetzt: U 334 und U 456. Ostwärts vom Standort des Geleitzuges ließ der BdU durch sechs Boote die Gruppe »Eisteufel« bilden.
Am 2. 7. griffen vier Boote den Konvoi das erste Mal an. Sie wurden von der überaus starken Sicherung abgedrängt. Von ihnen behielt U 456 unter Kptlt. Teichert Fühlung.
Am Nachmittag des 2. 7. war auch die deutsche Kampfgruppe I mit der »Tirpitz«, »Admiral Hipper«, 4 Zerstörern und 2 T-Booten von Drontheim ausgelaufen.
Am 3. 7. griff U 88 einen Zerstörer an, der Torpedo ging vorbei. Fünf weitere Boote gewannen Anschluß an den Konvoi. Aber keines kam an diesem 3. 7. zum Schuß. Die ersten Verluste wurden dem PQ 17 durch die Luftwaffe zugefügt. Sie beschädigte auch die »William Hooper«, die am späten Abend des 4. 7. mit Fangschuß von U 334 unter Kptlt. Simon versenkt wurde.
Am selben Abend fällte der Erste Seelord der britischen Admiralität, Admiral Pound, eine Entscheidung, die entsetzliche Folgen für den PQ 17 haben sollte. Er befahl - in Erwartung eines Überwasserangriffes der »Tirpitz« und der »Admiral Hipper« -, die Kreuzergruppe vom Konvoi abzuziehen und den Geleitzug aufzulösen. Jedes Schiff sollte von nun an, so gut es ging, Murmansk selbständig erreichen. Konteradmiral Hamilton ließ die sechs Zerstörer der Geleitsicherung ebenfalls zum Kreuzerverband stoßen und mit diesem ablaufen.
Unmittelbar nach diesem Befehl griffen die deutschen U-Boote an. Zu ihnen gesellten sich die Flugzeuge des KG 30, die in den nächsten Tagen acht Schiffe versenkten und weitere sieben Dampfer beschädigten, die anschließend durch Fangschüsse der U-Boote versenkt wurden.
U 88 kam am 5. 7. zum Schuß und versenkte zwei dieser havarierten Dampfer. U 707 versenkte ein weiteres, von den Bombern beschädigtes Schiff, und U 456 traf die »Honomu« entscheidend. Nun folgte Schlag auf Schlag. Bis zum Eintreffen des letzten Dampfers in Murmansk am 28. 7. 1942 hatte der PQ 17 durch U-Boote 16 Schiffe verloren, acht Schiffe waren von der Luftwaffe versenkt worden. Mit 24 versenkten Schiffen hatte der PQ 17 den

größten Verlust erlitten, den jemals ein Konvoi im hohen Norden hatte. Neun Schiffe erreichten die russischen Häfen.
Der Monat August sah keinen PQ-Geleitzug unterwegs. Einige deutsche Boote kamen aber noch im Nordmeer zu Erfolgen. Und zwar konnte U 209 unter Kptlt. Brodda in der Jugorstraße zwei Schleppdampfer mit Leichtern durch Artillerie und einen Torpedofangschuß versenken.
U 601 kam nach einer Versenkung am 1. 8. auch noch am 24. 8. in der Jugorstraße zu einem weiteren Erfolg, als es den Dampfer »Kujbysev« (2332 BRT) versenkte.

DEUTSCHE U-BOOTE IM MITTELMEER

Warum deutsche U-Boote im Mittelmeer?

Als im Juli 1941 die monatlichen Verluste der für die Versorgung der Afrikafront eingesetzten deutschen und italienischen Tonnage auf 73 Prozent anstiegen, der Nachschub nicht mehr ausreichte und die Existenz des Deutschen Afrika-Korps gefährdet war, forderte General Rommel deutsche U-Boote an. Sie sollten die Festung Tobruk abriegeln, die über See versorgt wurde.

Hitler griff ein und befahl die Entsendung deutscher U-Boote in das Mittelmeer. So liefen Ende September 1941 die ersten sechs Atlantikboote durch die Straße von Gibraltar.

In Salamis wurde gleichzeitig die 23. U-Flottille aufgestellt. Chef wurde Kptlt. Frauenheim. Ende Oktober wurde in La Spezia und Pola die 29. U-Flottille aufgestellt. KKpt. Becker übernahm hier das Kommando. Beide Flottillen wurden dem Marinekommando Italien unterstellt.

Salamis wurde Stützpunkt, weil er sich in deutscher Hand befand und schnell zur Aufnahme von U-Booten hergerichtet werden konnte. Er lag günstig zum Haupteinsatzgebiet im östlichen Mittelmeer. Die italienische Marine stellte Pola und La Spezia zur Verfügung. Beide Häfen waren für die Aufnahme von U-Booten geeignet.

Als erster »mit Wahrung der Geschäfte beauftragter Führer der U-Boote Mittelmeer« ging KKpt. Oehrn Anfang November 1941 zur Führungsstelle nach Rom.

Die Befehlsstelle wurde zunächst im italienischen Marineministerium untergebracht. Die Funkstelle des FdU Mittelmeer wurde in der Campagna, 10 km von Rom entfernt, eingerichtet.

Anfang November liefen vier weitere U-Boote ins Mittelmeer. Die Skl. forderte 26 Boote für diesen Seeraum an. Zunächst wurden nur Boote des Typs VII-C ins Mittelmeer entsandt.

Unter Kptlt. Guggenberger lief U 81 als zweites Boot durch die Straße von Gibraltar und erreichte das freie Wasser des Mittelmeeres. Als das Boot am 4. Oktober in Salamis festmachte, wurden die Männer bereits von der Besatzung von U 331 begrüßt, das unter Oblt. z.S. von Tiesenhausen am 2. 10. in Salamis eingetroffen war.

Nacheinander trafen in kurzen Abständen U 75, U 97, U 79 und U 205 in Salamis ein. Am 4. 10. liefen die ersten Boote zur Feindfahrt gegen die englische Verkehrsverbindung Alexandria-Tobruk aus. U 331 erzielte die ersten Erfolge gegen Nachschubleichter. U 75 und U 97 konnten ebenfalls Versenkungserfolge melden, und U 79 vernichtete am 18. 10. einen Leich-

ter und torpedierte das T-Boot »Gnat«, das zwar nach Bardia eingeschleppt wurde, aber nicht mehr eingesetzt werden konnte.
U 371 wurde durch Wasserbomben beschädigt.
Die beiden in See stehenden Boote U 205 und U 81 wurden auf die von der italienischen Luftaufklärung erfaßte britische »Force K« mit dem Schlachtschiff »Malaya«, den Flugzeugträgern »Ark Royal« und »Argus« sowie mehreren Zerstörern angesetzt. U 205 kam als erstes Boot zum Schuß. Das Boot errang keinen zählbaren Erfolg.
U 81 unter Kptlt. Guggenberger, das in günstiger Position stand, wurde mehrfach durch Flugzeuge und Zerstörer unter Wasser gedrückt. Der Kommandant kam jedoch näher an drei große Kriegsschiffe heran.
Um 16.37 Uhr ließ er einen Viererfächer abschießen. Nach langer Laufzeit wurden zwei Torpedodetonationen ausgemacht. Das Boot hatte den Flugzeugträger »Ark Royal« getroffen. Der Träger sank am anderen Morgen um 06.15 Uhr 25 sm östlich von Gibraltar. U 81 entkam den Zerstörern, die 132 Wasserbomben warfen.
Am 15. 11. faßte der BdU die Boote U 81, U 205, U 431 und U 565 zur Gruppe »Arnauld« zusammen, deren Stützpunkt erstmals La Spezia war. Einen Tag darauf wurde aus den Atlantikhäfen eine dritte Welle mit weiteren sechs U-Booten zum Mittelmeer in Marsch gesetzt.
Als Begründung zur Entsendung dieser dritten Welle gab die Skl. an:
»1. In Nordafrika hat eine Offensive der Engländer an der ganzen Front eingesetzt.
2. Nach Agenten- und B-Meldungen sollen westlich und ostwärts Gibraltar je ein Boot versenkt worden sein. Um welche Boote es sich handelt, ist vorläufig noch ungewiß.«
Diese Vermutung bestätigte sich. U 433 unter Kptlt. Ey war am Morgen des 17. 11. südlich von Malaga durch die Korvette »Marigold« versenkt worden. Damit war das erste Boot im Mittelmeer gesunken.
Inzwischen war U 331 von Salamis aus zur zweiten Feindfahrt ausgelaufen. Das Boot setzte einen Kommandotrupp bei Ras Gibeisa ab und sollte ihn in der kommenden Nacht wieder abholen. In der Nacht des 18. 11. kam der Trupp jedoch nicht zurück. Er war in Gefangenschaft geraten. U 331 lief nun in Richtung Tobruk, um dort auf Schiffe zu lauern. Bis zum Morgengrauen des 25. 11. wurde jedoch kein Schiff gesichtet. Dann aber meldete der Horchgast Schraubengeräusche aus Richtung Norden. Das Boot lief unter Wasser darauf zu und tauchte auf, als die Schraubengeräusche nachließen.
Um 14.30 Uhr wurden Rauchsäulen gesichtet. Zehn Minuten später tauchten Zerstörer auf, dann ein größerer Schiffsverband, in der Mitte ein Schlachtschiff.
Wenig später erkannte der Kommandant, der das Boot nach einer Kurskorrektur des Kriegsschiffsverbandes auf Sehrohrtiefe hatte tauchen lassen,

drei Schlachtschiffe. Sie wurden von acht Zerstörern geleitet. Kptlt. a.D. von Tiesenhausen berichtete:
»Ich versuchte mit Hartruderlegen das Boot dicht an das vorderste Schlachtschiff heranzudrehen. Doch mein Manöver kam zu spät. Aber den zweiten Riesen, den mußte ich treffen! Das Boot lief mit neuer Ruderkorrektur dicht heran. Schnell kam das Schlachtschiff auf. Die Schußwerte wurden in die Rechenmaschine eingespeist. Alle vier Rohre waren zum Fächerschuß klar. Aus 350 m Distanz fielen die vier Schüsse.
Das Sehrohr weit nach achtern drehend, sah ich das dritte Schlachtschiff, das genau auf unser Boot zuhielt. Ich ließ den Turm räumen und auf 50 m gehen.«
Soweit der direkte Bericht des Kommandanten. Der Steven dieses dritten Schlachtschiffes - es war die »Valiant« - zog nur wenige Meter am U-Boot vorbei.
Von drei Torpedos getroffen, sank das 33.000 BRT große Schlachtschiff »Barham«, das durch eine gewaltige Munitions-Explosion auseinandergerissen wurde. 862 britische Seeleute gingen mit ihm unter.
Im KTB des BdU steht unter dem 26. 11. 1941: »Erfolgsmeldung. U 331 hat im östlichen Mittelmeer ein Schlachtschiff torpediert. - Ein schöner Erfolg.«
Am 24. und 26. 11. 1941 passierten U 95 und U 431 die Straße von Gibraltar.
Am 28. 11. wurde U 95 durch das niederländische Boot O 21 versenkt.
U 557 und U 562 nahmen in spanischen Häfen Nachschub auf und liefen ins westliche Mittelmeer aus, um von dort mit U 431 ab 2. 12. in das östliche Mittelmeer weiterzufahren. Von den in Cadiz von deutschen Dampfern versorgten Booten kam U 652 am 28. 11. unbehelligt durch die Straße von Gibraltar und stand bis zum 7. 12. hart ostwärts auf Lauerstellung.
U 96 und U 558 wurden am 1. und 3. 12. durch Swordfish-Maschinen mit ASV-Radar geortet und durch Bombenwürfe beschädigt. Sie mußten umkehren. Am 21. 12. versenkten U 562 und U 557 je ein Schiff.
Am 26. 11. 1941 standen im Mittelmeer folgende U-Boote zur Verfügung:

Ostmittelmeer:	U 81, U 205, U 331, U 559, U 565, U 431,U 79
Westmittelmeer:	U 95 (am 28. 11. durch O 16 versenkt), U 562, U 557, U 652. (Hinzu kommen sollten: U 90, U 96, U 558.)
Westlich von Gibraltar:	U 332, U 375, U 453, U 67.

Vom BdU war die Verstärkung der Ostmittelmeerboote durch die am 29. 11. auslaufenden Boote U 206, U 71 und U 563 vorgesehen. Für das Gebiet

Gibraltar sollten 5 Boote der Gruppe »Steuben«, die zur Zeit noch bei den Azoren im Geleitzugkampf standen, abgestellt werden.
So befanden sich Ende November 1941 von den 16 ins Mittelmeer entsandten Booten 14 im neuen Kampfgebiet. Zwei waren verlorengegangen (U 433 und U 95).
Wohl waren die strategischen Auswirkungen der beiden großen U-Booterfolge bedeutend, dennoch war die Entsendung so vieler Boote ins Mittelmeer ein entscheidender Fehler, weil die Chance, England niederzuringen, nur in der Abschnürung des Zufuhrverkehrs nach England lag.
Im Dezember waren die U-Booterfolge, gemessen an den Bootszahlen, gering. 14 Schiffe wurden versenkt.
Ein großer Schlag gelang U 557, das am 15. 12. den Kreuzer »Galatea« versenkte.
Das Boot erhielt den Rückmarschbefehl und wurde am 16. 12. westlich Kreta von dem italienischen T-Boot »Orione« bei Nacht als Feind angesehen und gerammt. U 557 sank. Kommandant und Besatzung kamen um.
Beginnend mit dem 6. 12. 1941, gingen weitere U-Boote ins Mittelmeer. Zuerst vier Boote, die sich teilweise auf der ersten Feindfahrt befanden. Es waren U 208, U 568, U 372 und U 375.
Einen Tag später wurden drei weitere Boote für das östliche Mittelmeer abgestellt: U 652, U 573 und U 374.
U 453 unter Kptlt. Frhr. von Schlippenbach, das bisher ebenfalls westlich von Gibraltar stand, erhielt als neuen Angriffsraum das Gebiet ostwärts Gibraltar zugewiesen.
Neben den genannten Booten liefen bis zum 23. 12. noch U 74, U 77, U 432, U 83, U 577 und U 202 mit dem neuen Einsatzziel Mittelmeer aus.
Doch nun wurde das Durchlaufen der Straße von Gibraltar kritischer. U 208 wurde am 11. 12. noch westlich von Gibraltar von der Korvette »Bluebelle« vernichtet. Kein Mann der Besatzung wurde gerettet. U 432 erlitt einen Bombentreffer und mußte umkehren. U 451 wurde am 21. 12. unmittelbar vor Tanger von Bomben britischer Flugzeuge getroffen und sank so schnell, daß kein Mann gerettet werden konnte. U 202 wurde von in Gibraltar stationierten Flugzeugen des gesunkenen Trägers »Ark Royal« beschädigt und mußte den Rückmarsch antreten.
U 206, das bereits Ende November ins Mittelmeer auslaufen sollte, wurde am 30. 11. beim Verlassen der Biskaya von einem Flugzeug angegriffen und ging mit der gesamten Besatzung unter.
U 71, U 558 und U 563 mußten wegen Bomben- und Motorenschadens umkehren.
Am 11. 12. meldeten U 568 und U 374, daß sie die Straße von Gibraltar passiert hätten. Sie wurden operativ dem FdU Italien unterstellt.
Am 18. 12. berichtete das amtliche Tagebuch des BdU über die Lage im Mittelmeer:

»Bei Betrachtung der augenblicklichen U-Bootlage und der noch beabsichtigten Verstärkungen muß klar erkannt werden, daß sich der größte Teil der erfahrenen Kommandanten und Besatzungen der deutschen U-Waffe im Mittelmeer befindet bzw. dorthin marschieren muß.
Der Einsatz unserer U-Boote im Mittelmeer ist zur Zeit notwendig; er birgt jedoch die Gefahr in sich, daß sich die U-Boote dort in einer Falle befinden. Die Lösung dieser Frage muß der weiteren Entwicklung vorbehalten bleiben.«

Weitere U-Booteinsätze im Mittelmeer

Im letzten Dezemberdrittel hatten U 573, U 559, U 75 und U 568 einige Erfolge erzielt. Am 24. 12. versenkte U 568 die britische Korvette »Salvia«.
Ende Dezember übernahm Kpt. z.S. Leo Kreisch als neuer Führer der U-Boote Italien die Führung von KKpt. Oehrn, der als 1. Admiralstabsoffizier bei ihm blieb.
Anfang Januar 1942 standen 21 U-Boote einsatzbereit. Ihr Hauptauftrag lautete: Angriff auf den von Suez und Alexandria auslaufenden Nachschubverkehr längs der afrikanischen und syrischen Küste, vor allem im Seegebiet zwischen Suez und Tobruk.
Einzelne Boote wurden auch ins westliche Mittelmeer entsandt.
Am 9. 1. 1942 wurde U 577 unter Kptlt. Schauenburg durch Flieger angegriffen und versenkt. Das Boot riß seine gesamte Besatzung mit in die Tiefe. Drei Tage darauf kam es zu einem U-Bootduell östlich von Catania zwischen U 374 unter Oblt. z.S. Fischel und dem Malta-U-Boot »Unbeaten« unter Kptlt. Woodward. U 374 wurde durch Torpedofächer versenkt.
So begann der Monat Januar mit zwei herben Verlusten. Auf der Erfolgsseite standen einige kleine Schiffe. U 77 versenkte den britischen Zerstörer »Kimberley« vor Tobruk, U 133 unter Kptlt. Hesse gelang es, den Zerstörer »Gurkha« zu vernichten.
Auch der Februar brachte keine zählbaren Erfolge. Erst im März gelang es U 565 unter Oblt. z.S. Jebsen, einen Kriegsschiffsverband aufzuspüren, der aus Alexandria ausgelaufen war und sich auf Westkurs befand. Es war eine Kampfgruppe des 15. britischen Kreuzergeschwaders unter Admiral Vian. Drei Kreuzer und »ein Rudel Zerstörer« wurden gesichtet. Jebsen schoß um 20.01 Uhr einen Dreierfächer auf einen Zerstörer ab. Nach dem Doppeltreffer ging der Kreuzer »Naiad« auf Tiefe.
Drei Tage später lief U 133, das aus Salamis kam, auf eine vor dem Hafen liegende eigene Minensperre. Das Boot wurde von einer Mine auseinandergerissen und sank sofort, die gesamte Besatzung kam um.
Nach einigen kleinen Schiffen torpedierte am 2. 3. U 652 (Fraatz) den Geleitzerstörer »Heytrop«. Sechs Tage später griff es den Zerstörer »Jaguar« an, der den Marinetanker »Slavol« nach Tobruk geleitete. Der erste Tor-

pedo traf den Zerstörer entscheidend. Mit dem zweiten Einzelschuß versenkte Fraatz den Tanker »Slavol«.
Am 7. 4. stieß U 453 auf einen großen Dampfer. Es war die 9716 BRT große »Somersetshire«, die als Lazarettschiff eingesetzt war. Kptlt. von Schlippenbach erkannte das Schiff nicht als Lazarettschiff und torpedierte es. U 331, das wieder in See stand, schoß eine Reihe Leichter mit Artillerie in Brand, und U 81 torpedierte einen Bewacher und den Tanker »Caspia« vor der Küste bei Beirut. Danach lief Guggenberger mit U 81 entlang der Palästinaküste und versenkte eine Reihe ägyptischer Segler mit Artillerie. U 565 (Franken) griff zwei Schiffe an, von denen eines sank.
U 74, das Boot von Kptlt. Kentrat, lief unter dem neuen Kommandanten Oblt. z.S. Friedrich Ende April zur ersten Feindfahrt aus La Spezia aus. Am 2. 5. wurde das Boot im westlichen Mittelmeer von Flugzeugen des Geschwaders 202 aufgespürt, angegriffen und unter Wasser gedrückt. Die herbeigerufenen Zerstörer »Wishart« und »Wrestler« orteten das Boot und vernichteten es mit Wasserbomben. Auch hier entstand Totalverlust.
48 Stunden vorher war U 573, das ebenfalls ins westliche Mittelmeer ausgelaufen war, nordwestlich von Algier durch britische Maschinen schwer beschädigt worden. Das tauchunklare Boot lief in Cartagena (Spanien) ein. Hier wurden Boot und Besatzung am 1. 5. interniert.
Zum Erfolg kam U 561 (Bartels), als das Boot am 15. 4. vor Port Said drei große Dampfer versenkte. U 31 unter Kptlt. Dommes griff am 18. und 27. 5. verschiedene Dampfer an. Ein Versenkungserfolg ist bei diesen Angriffen bestätigt.
Im östlichen Mittelmeer wurde U 652 vor Sollum durch Fliegerbomben schwer beschädigt. Es war tauchunklar und mußte verlassen werden. Das in der Nähe stehende U 81 nahm Besatzung und Kommandant, Kptlt. Fraatz, an Bord und versenkte das Boot. U 568 wurde am 28. 5. nach fünfzehnstündiger Jagd durch drei Zerstörer vernichtet. Es entstand Totalverlust.
Das verbissene Ringen im Juni war durch die Duelle der U-Boote mit feindlichen Kriegsschiffen gekennzeichnet. U 77 versenkte am 12. 6. den Geleitzerstörer »Grove«, und am 16. 6. vernichtete U 205 unter Kptlt. Reschke südlich von Kreta den Kreuzer »Hermione«. Der 30. 6. sah U 372 unter Kptlt. Neumann erfolgreich. Sein Fächerschuß traf die mit 90 Reservetorpedos für die britischen U-Boote vollbeladene »Medway«, die mit ihren 14.650 t das größte U-Bootmutterschiff der Royal Navy war.
Zu Beginn des zweiten Halbjahres verlagerte sich der Schwerpunkt des U-Booteinsatzes nach Westen. Aber auch im östlichen Mittelmeer operierten einige Boote erfolgreich. So U 97, U 375, U 562 und U 77.
Am 10. 8. 1942 lief der britische Großkonvoi »Pedestal« ins Mittelmeer ein. Sein Ziel war Malta. Neben 14 vollbeladenen Dampfern bestand er aus einem Tanker und drei Flugzeugträgern. Zwei Schlachtschiffe, 7 Kreuzer und 25 Zerstörer bildeten die Geleitzugsicherung.

U 73, das unter Führung von Kptlt. Rosenbaum am 4. 8. aus La Spezia ausgelaufen war, registrierte in der Morgenfrühe des 11. 8. Schraubengeräusche, auf die der Kommandant zulaufen ließ. Durch das Sehrohr wurde wenig später ein großes Fahrzeug gesichtet.
»Vielleicht ein Schlachtschiff!« berichtete der Kommandant. Er ließ nun das Luftzielsehrohr weiter ausfahren. Bei einem Rundblick erkannte er den gesamten Verband und ließ darauf zuhalten.
»Unser Ziel ist ein Flugzeugträger!« erklärte er wenig später.
Große Frachter liefen vorbei. Aber Rosenbaum wollte das wichtigste Ziel: den Träger! Dann befand sich die »Eagle« in Schußposition. Vier Torpedos jagten - auf 6 m Tiefe eingestellt - dem Flugzeugträger entgegen. Alle vier trafen, denn die Distanz betrug nur etwa 500 m. Sinkgeräusche wurden registriert, als das Boot auf Tiefe gegangen war. 14 Minuten darauf eine mächtige Kesselexplosion. Der 22.600 t große Flugzeugträger war gesunken. Mit ihm gingen 260 Seeleute in den Tod.
Von Zerstörern gejagt, rettete sich U 73 in die Tiefe der See. Das Boot wurde beschädigt und schleppte nach dem Auftauchen eine lange Ölfahne hinter sich her. Es erhielt den Rückmarschbefehl.
Kpt. z.S. Kreisch, der von Rom nach La Spezia gekommen war, um die Besatzung zu empfangen, erklärte zu diesem Einsatz:
»Die Versenkung der ›Eagle‹ ist ein Musterbeispiel für einen taktisch richtigen und ungewöhnlich schneidigen U-Bootangriff. Als wertvollste Einheit erkannte Rosenbaum den Träger. Er setzte alles auf eine Karte und schaffte es.«
Bis zum Ende des Monats kamen U 83 und U 375 noch zu Erfolgen. Da die Gesamtzahl der U-Boote inzwischen auf 15 abgesunken war, wurde von Kpt. z.S. Kreisch Verstärkung angefordert, denn von den 15 Booten konnten nur etwa fünf gleichzeitig den Kampf führen.

DIE ITALIENISCHE U-BOOTWAFFE IM DRITTEN KRIEGSJAHR

Im Kampffeld Mittelmeer

Die zwischen Tobruk und Port Said operierenden italienischen U-Boote fanden in der ersten Hälfte des September 1941 keine Ziele. Es war »Topazio« unter KKpt. Berengan, das am 10. 9. an der syrischen Küste den ersten Erfolg im dritten Kriegsjahr erzielte.

Damit waren bis auf die Versenkung eines kleinen Dampfers durch »Ascianghi« die Septembererfolge auch schon beendet.

Die »Scire« war wieder zu einer Sonderaufgabe ausgelaufen, doch darüber im folgenden Abschnitt mehr.

Das U-Boot »Fisalia« wurde am 28. 9. vor Haifa durch die Korvette »Hyacinth« versenkt.

Im Oktober kam es zu neuen Transporten mit den U-Booten »Saint Bon« und »Atropo« von Tarent nach Bardia. Trotz verschiedener Luftangriffe gelang es ihnen, 354 Tonnen Brennstoff und Nachschubgüter in Bardia zu löschen.

Erst am 4. 11. griff »Dandalo« unter Kptlt. Auconi einen Tanker und am 8. 11. ein spanisches Schiff an. Beide Schiffe wurden versenkt. Das Boot hatte sie nicht als »Neutrale« erkannt. Der Tanker »Tarn« war französischer Nationalität.

Wiederum wurden zwischen dem 13. und 26. 11. mehrere Transportunternehmungen durchgeführt. Diesmal waren es »Atropo«, »Saint Bon«, »Cagni« und »Millo«, die wichtigen Treibstoff nach Bardia schafften. Dieser Einsatz wurde mit dem Großeinsatz italienischer U-Boote zum Nachschubtransport zwischen dem 28. 11. und 31. 12. fortgesetzt. Die Boote »Millo«, »Menotti«, »Cagni«, »Settimo«, »Caracciolo«, »Saint Bon«, »Mocenigo«, »Dandalo«, »Otaria«, »Bragadino«, »Veniero« und »Emo« beteiligten sich an diesen gefahrvollen Fahrten. »Millo« führte in diesem Zeitraum drei solcher Fahrten durch.

Am 11. 12. wurde »Caracciolo« auf dem Rückmarsch durch den britischen Zerstörer »Farndale« versenkt. In dieser Transport-Großoperation wurden insgesamt 1758 Tonnen Güter, überwiegend der so dringend benötigte Brennstoff, befördert.

Am 14. 12. griff »Dagabur« unter KKpt. Torri den Kreuzer »Galatea« an und registrierte eine Detonation. Der Kreuzer wurde am nächsten Tage von U 557 versenkt.

Die nächsten drei Monate waren für die italienische U-Bootwaffe von vielen vergeblichen Operationen und Suchstreifen gekennzeichnet, ohne daß

sich mehr als der Erfolg abzeichnete, der von »Mocenigo« mit der Versenkung eines französischen Dampfers am 14. 3. erzielt wurde. Das U-Boot »Medusa« wurde in der Adria durch »Thorn« unter LtCdr. Norfolk Ende Januar 1942 versenkt.
Am 6. 4. konnte die »Aradam« den britischen Zerstörer »Havock«, der bei Kelibia auf Grund gelaufen war, durch einen Torpedo versenken.
Die gegen den Konvoi »Pedestal« angesetzte U-Bootgruppe mit den Booten »Brin«, »Dagabur«, »Giada«, »Uarsciec«, »Volframio«, die zwischen den Balearen und Algier auf Suchstreifen standen, eine zweite U-Bootgruppe, die im Gebiet nördlich Tunesien vor Kap Bon Aufstellung genommen hatte und aus den Booten »Granito«, »Emo«, »Otaria«, »Dandolo«, »Avorio«, »Cobalto«, »Alagi«, »Ascianghi«, »Axum«, »Bronzo« und »Dessie« bestand, sowie das westlich Malta stehende Boot »Asteria« versuchten seit dem 11. 8. zum Schuß zu kommen.
»Uarsciec« unter Kptlt. Arezzo della Targia griff am frühen Morgen des 11. 8. den Flugzeugträger »Furious« an. Bereits nach 50 Sekunden Laufzeit machte das Boot einen Treffer aus. Am nächsten Tag schloß »Emo« auf und schoß auf den Zerstörer »Tartar«, der verfehlt wurde.
Am Abend um 19.55 Uhr griff »Axum« zwei Kreuzer und einen Transporter an. Der Kreuzer »Cairo« wurde schwer getroffen und sank. Auch der Kreuzer »Nigeria« erhielt einen Treffer und mußte von zwei Zerstörern zurückgeleitet werden. Der Tanker »Ohio« erhielt ebenfalls einen Treffer.
Der Angriff des Bootes »Alagi« unter Kptlt. Puccini, gut eine Stunde später, galt dem Kreuzer »Kenya« und dem Frachter »Clan Fergus«.
Der Kreuzer wurde durch einen Torpedotreffer beschädigt, die »Clan Fergus« sank.
Als drittes Boot kam »Bronzo« unter Kptlt. Buldrini zum Schuß und versenkte den 12.688 BRT großen Frachter »Empire Hope«.
Damit hatten die italienischen Boote Ende dieses Jahres doch noch Erfolge zu verzeichnen.

Italienische Kleinkampfverbände erringen Erfolge

Das U-Boot »Scire« unter KKpt. Fürst Borghese hatte drei Torpedoreiter-Gruppen an Bord, als es sich in den späten Abendstunden des 20. 9. 1941 der Bucht von Gibraltar näherte. Kommandanten der drei »maiali« waren die Kapitänleutnante Catalano, Vesco und Visintini.
Einige Male mußte das Boot Ausweichbewegungen durchführen, ehe es auftauchen und die Torpedoreiter aussetzen konnte. Die drei Teams liefen nun mit ihren eigengetriebenen Torpedos zur Reede von Gibraltar weiter und stießen hier auf eine Reihe von Schiffen. Gleichzeitig ihre Sprengköpfe anbringend, gelang es, die »Fiona Shell« zu versenken. Das Motorschiff

»Durham«, 10.894 BRT, wurde schwer beschädigt, und der große Marinetanker »Denbydale« sank.
Trotz der einsetzenden Abwehr konnten alle Teams das U-Boot wieder erreichen. Dies war ein guter Auftakt für die nächste Operation, die dem Kriegshafen von Alexandria galt.
Zu diesem Unternehmen lief die »Scire« unter dem inzwischen zum FKpt. beförderten Fürsten Borghese am 3. 12. 1941 aus La Spezia aus. Wieder befanden sich drei Torpedoreiter-Teams an Bord. Es waren Oblt. z.S. Luigi Durand de la Penne mit Obermaat Emilio Bianchi als zweiten Mann, Kptlt. (Ing.) Antonio Marceglia mit Spartaco Schargat und Oblt. Vincenco Martellotta mit Obermaat Mario Marino. Sie hatten drei ihrer »maiali« an Bord, Torpedos mit abschraubbaren Sprengköpfen.
Am 9. 12. erreichte die »Scire« Porto Lago auf Leros. Von hier aus lief das Boot am 14. 12. in Richtung Süden aus und stand am Abend des 17. 12. in See zwischen dieser Insel und Alexandria. Da FKpt. Borghese nicht wußte, ob die britische Flotte im Hafen lag, setzte er einen Funkspruch an Supermarina ab, in dem er die Verschiebung der Aktion auf die Nacht zum 19. 12. bekanntgab. Gleichzeitig forderte er über Funk Aufklärung über die Hafenbelegung an.
FKpt. Ernesto Forza, Chef der Decima Flottiglia MAS, der die Torpedoreiter unterstanden, befand sich zur Zeit in Athen, um die Luftraumüberwachung Alexandrias für die Torpedoreiter zu führen und zu koordinieren. Als ihm am Vormittag des 18. 12. gemeldet wurde, daß sich zwei Schlachtschiffe im Hafen von Alexandria befänden, gab er diese Meldung sofort an die »Scire« weiter. Nun konnte FKpt. Borghese sicher sein, entsprechende Ziele zu finden.
Die »Scire« lief in Richtung Alexandria aus und erreichte am Abend des 18. 12. den Ausgangspunkt der Operation, etwa 1,3 sm vor dem Hafen. Angesichts des Leuchtfeuers der Hafenmole ging das Boot auf Tiefe und legte sich auf Grund.
Gegen 21.00 Uhr tauchte die »Scire« auf und setzte unmittelbar nach dem Auftauchen die drei »maiali« aus. Es waren dies 6,5 m lange Torpedos mit 50 cm Durchmesser, die einen eigenen Antrieb hatten. Der Gefechtskopf, der 300 kg schwer war, konnte durch einen Hebelmechanismus ausgeklinkt werden.
In ihren Gummianzügen, mit Gummikappen und Tauchatemgeräten ausgestattet, fuhren die drei Teams, zu je zwei hintereinander auf dem Antriebstorpedo sitzend, in Richtung Hafensperre, die für sie ein unüberwindliches Hindernis zu sein schien. Mit 3 kn Fahrt erreichten sie die Stelle, wo die Sperre für die soeben einlaufenden Zerstörer Admiral Vians geöffnet worden war. Zwischen den Zerstörern liefen die drei »maiali« in den britischen Kriegshafen ein.
Die drei Piloten operierten nun selbständig. Kptlt. de la Penne sah an Back-

bord den gewaltigen Schatten des Schlachtschiffes »Queen Elizabeth«. An Steuerbord gegenüber, direkt am Kai, lag der Motortanker »Sagona«, 7554 BRT. Am Tanker hatte der Zerstörer »Jervis« längsseits festgemacht.
Dicht voraus erkannte er Sekunden später das Schlachtschiff »Valiant«. Der Stahlgigant lag völlig abgeblendet.
De la Penne steuerte die »Valiant« an. Dicht beim Schlachtschiff angekommen, ließ er sich von dem Torpedo heruntergleiten und schwamm auf das Schiff zu, bis er gegen das Stahlnetz stieß, das den Schiffskörper vor Torpedos schützen sollte.
Am Netz entlang tauchte er ein Stück hinunter. Er bemerkte keinen Sprengkörper. Dann schwamm er zu Bianchi, seinem Mitfahrer, zurück, mit dem er durch eine Leine verbunden war.
Zentimeterweise holten sie gemeinsam den Torpedo an das Netz heran. Dann warfen sie sich vorn und achtern des Torpedos auf die obere Netzkante. Das Netz sackte gerade weit genug weg, daß der Torpedo hinüberglitt. Sie befanden sich nun, getaucht, dicht an der Steuerbord-Bordwand des Schlachtschiffes und suchten die günstigste Stelle für die Sprengladung: unterhalb des vorderen Turmes.
Während de la Penne noch einmal wegtauchte, um zu beobachten, begann Bianchis Atemgerät zu streiken. Er mußte auftauchen. Als de la Penne zurückkam, fand er Bianchi nicht vor. Der Torpedo war in den Hafenschlick eingesunken und ließ sich nicht mehr starten. De la Penne löste den 300 kg schweren Gefechtskopf und schleppte ihn unter den Rumpf der »Valiant«. Er lag dort nur 1,5 m unter dem Kiel, genau unter dem vorderen Gefechtsturm. Der Zeitzünder war auf 06.00 Uhr eingestellt.
Als de la Penne auftauchte, wurden plötzlich auf der Mole Scheinwerfer eingeschaltet. Schüsse krachten, Kugeln peitschten ins Wasser. Unter Wasser schwamm er zu einer der Ankerbojen hinüber und stieß hier auf seinen Mitfahrer Bianchi.
Wenig später wurden die beiden Soldaten von einem zu Wasser gelassenen und das Gebiet um das Schlachtschiff absuchenden Boot aufgenommen und an Bord der »Valiant« geschafft.
Zur gleichen Zeit hatte auch das Team Martellotta-Marino seinen Sprengkopf an dem norwegischen Motortanker angebracht. Sie schwammen an Land und wurden wenig später entdeckt und festgenommen.
Marceglia und Schargat, deren Ziel die »Queen Elizabeth« war, brachten ihre Sprengladung ebenfalls an der richtigen Stelle an. Sie schwammen an Land und machten sich auf den Weg nach Alexandria. Sie kannten die Adresse eines Agenten, der sie aufnehmen würde. Sie wurden von der Wache des U-Bootes »Rosetta«, das am Ende der Pier lag, gefangengenommen.
Um 05.54 Uhr stieg am Tanker »Sagona« eine gewaltige Stichflamme hoch. Der wuchtige Detonationsschlag traf den Flottentanker und ließ ihn

sinken. Der längsseits liegende Zerstörer »Jervis« wurde ebenfalls schwer beschädigt.
Sechs Minuten später erfolgte die zweite Detonation. Die »Valiant« wurde wie von einer Riesenfaust emporgewuchtet, legte sich dann, wieder zurückfallend, auf die Seite und begann zu sinken. Eine halbe Minute später hatte das Schlachtschiff den Grund des hier nur flachen Wassers erreicht.
Abermals vier Minuten später ging die dritte Sprengladung unter dem vorderen Mast der »Queen Elizabeth« hoch. Das starke dumpfe Krachen war weithin zu vernehmen. Auch dieses Schlachtschiff sank auf den Grund. Nur seine Aufbauten schauten noch aus dem Wasser heraus, als es festlag.
Als die Sonne des 19. 12. 1941 bereits ein Stück über den Horizont gestiegen war, erfolgten abermals drei Detonationen. Die drei Trägertorpedos waren durch die eingestellten Zünder in die Luft geflogen.
Nach diesem Einsatz der Kleinkampfeinheiten, der die vielen vergeblichen Versuche vorher rechtfertigte, hatte sich das Schwergewicht des Mittelmeerkampfes eindeutig zugunsten der Achsenstreitkräfte verschoben.

Italienische U-Boote in der Atlantikschlacht

Am 18. September 1941 übernahm der bisherige Chef des Stabes der italienischen Atlantikboote, Kpt. z.S. Romolo Polacchini, von Admiral Parona den Hauptbefehl über die italienischen Atlantikboote.
Zu dieser Zeit hatten diese Boote bereits einige Erfolge in der Schlacht im Atlantik errungen. Dennoch war ihr Einsatz, gemessen an der Zahl der Boote, nicht sehr erfolgsträchtig.
Einige Hinderungsgründe wurden dafür bereits genannt. Aber im ersten Jahr der italienischen Atlantikeinsätze hatten sich weitere Hinderungsgründe gezeigt. So stellte sich heraus, daß die italienischen U-Boote eine Dauer-Höchstgeschwindigkeit von nur 13 Knoten hatten. Die angegebene Höchstgeschwindigkeit von 18 Knoten konnten die Boote nur auf kurzen Fahrtstrecken erreichen. Es gelang diesen Booten meistens nicht mehr, Anschluß an den Konvoi zu erlangen, wenn sie für einige Stunden unter Wasser gedrückt oder abgedrängt worden waren.
Die langsame Tauchzeit von 50 bis 60 Sekunden konnte glücklicherweise auf 30 bis 35 Sekunden herabgesetzt werden. Dennoch war auch diese Zeit noch doppelt so hoch wie die der deutschen VII-C-Boote.
Nach dem Auftauchen war es den italienischen Booten erst nach einigen Minuten möglich, die Dieselmotoren wieder anzustellen. Auch dies bedeutete im Falle eines Angriffes feindlicher Seestreitkräfte eine neue Gefahr.
Hinzu kamen die schlechte Manövrierfähigkeit der italienischen Boote und der geringe Aktionsradius. Es fehlte an Bord eine Feuerleitanlage, die mit einem Zielgerät verbunden war. Allein durch diese Anlage war es den deutschen Booten möglich, auf sechs Ziele gleichzeitig abzufeuern.

Konteradmiral Polacchini, dem alle diese Mängel nur zu gut bekannt waren, setzte die wenigen Boote, über die er im dritten Kriegsjahr verfügte - es waren im Durchschnitt nach den Verlusten und der Rückkehr einiger weiterer Boote ins Mittelmeer etwa 12 Boote -, vor allem gegen Einzelfahrer ein, weil mit dieser Taktik die größtmöglichen Erfolge erzielt werden konnten.
Die Septembereinsätze italienischer Boote im Atlantik wurden mit zwei Versenkungen eröffnet. Das U-Boot »Baracca« versenkte am 5. 9. das kleine panamesische Motorschiff »Trinidad« und wurde am 8. 9. selbst versenkt.
Am 24. 9. soll das U-Boot »Malaspina« unter Kptlt. Prini drei Schiffe versenkt haben, wie ein deutscher Aufklärer meldete. Das Boot wurde bei dieser Operation von den Sicherungsstreitkräften des SL 87 gestellt und versenkt.
Im Oktober und November gelang es keinem der wenigen Boote, zum Schuß zu kommen. Erst der Dezember brachte einen Angriff von »Cappellini« auf einen Dampfer, der jedoch keine Beschädigungen erlitt.
»Leonardo da Vinci« unter KKpt. Cattani blieb auf seiner Feindfahrt vom 19. 11. bis zum 9. 12. im Raume der Azoren erfolglos. Erst auf der zweiten Feindfahrt, zu der es am 28. 1. 1942 aus Bordeaux auslief, versenkte er zwei Schiffe mit rund 7200 BRT.
Dazwischen hatte auch »Torelli« im Februar zwei Erfolge zu vermelden (16.469 BRT).
Im März kamen »Tazzoli«, »Morosini« und »Finzi« zu Erfolgen. »Tazzoli« unter Fecia di Cossato versenkte am 6. 3. die »Astrea« und griff am 7. 3. den norwegischen Frachter »Tönsbergfjord« an, der sank. Am 9. 3. lief die »Montevideo« dem Boot vor die Geschütze. Auch dieses Schiff wurde durch einen Torpedotreffer gestoppt und mit Artillerie versenkt.
Vor den Bahamas, nahe San Salvador, gelang es Fecia di Cossato am 11. 3., die »Cygnet« mit einem Einzelschuß zu stoppen. Wieder trat die Artillerie von »Tazzoli« in Aktion, ehe der Dampfer sank.
Nach dem gleichen Rezept wurde auch der fünfte Dampfer am 13. 3. zur Strecke gebracht. Es war die 6434 BRT große »Daytonian«. Zwei Tage später wurde ein großer Tanker gesichtet. Der Kommandant von »Tazzoli« schloß auf, traf die »Athelqueen« per Torpedoschuß mittschiffs und versenkte den brennenden Tanker durch Artillerie.
Damit hatte das Boot 6 Schiffe versenkt. Es trat verschossen den Rückzug an.
Diese Versenkungsserie war eine der größten, die ein italienisches U-Boot auf einer Feindfahrt erzielte.
Im gleichen Zeitraum war auch »Finzi« unter KKpt. Giudice auf Feindfahrt. Es gelang dem Boot am 6. und 10. 3., zwei einzeln laufende große Tanker von 7011 und 9957 BRT zu versenken. Am 7. 3. fiel dem Boot ein Frachter zum Opfer.

»Morosini« unter Kptlt. Fraternale kam am 12. und 16. 3. zum Schuß und versenkte einen Dampfer und einen Tanker. Am 23. 3. fiel diesem Boot ein weiterer Tanker von 9741 BRT zum Opfer. Damit war der März, nachdem am 29. und 31. 3. auch noch »Calvi« unter Kptlt. Olivieri den Dampfer »Dredinnick« und den Tanker »T. C. McCobb« (7452 BRT) versenkt hatte, der erfolgreichste Monat des dritten Kriegsjahres. 13 Schiffe mit 74.837 BRT waren den Torpedos und der Artillerie dieser vier Boote zum Opfer gefallen.
Von den genannten Booten blieb nur »Calvi«, das später ausgelaufen war, länger im Operationsgebiet. Es griff am 8. 4. einen Tanker an, der auch versenkt wurde. Der 11. 4. brachte einen weiteren Erfolg. Am 12. 4. blieb der Tanker »Ben Brush«, 7691 BRT, nach dem Torpedotreffer liegen und wurde mit der Artillerie versenkt; damit hatte auch »Calvi« fünf Schiffe versenkt und trat verschossen den Rückzug an.
Nachdem in der ersten Maihälfte ein U-Bootmangel eintrat, kam am späten Abend des 18. 5. wieder »Barberigo« unter KKpt. Grossi zum Schuß. »Cappellini« war knapp drei Stunden später erfolgreich.
Am 23. 5. versuchte »Archimede«, das KKpt. Gazzana am 21. 4. übernommen hatte und mit dem er zur ersten Feindfahrt unterwegs war, einen Kreuzer anzugreifen. Der Torpedofächer ging vorbei. Erst am 15. 6. hatte der Kommandant Erfolg.
»Bagnolini«, »Barberigo« und »Cappellini« waren im Mai noch mit je einer Versenkung erfolgreich.
Im Juni stand bereits wieder »Da Vinci« unter Longanesi-Cattani im Einsatz und versenkte am 2. 6. abends einen kleinen Frachter. Am 7. 6. folgte ein großes Motorschiff, ein weiterer Dampfer wurde am 10. 6. versenkt und am 13. ein vierter Dampfer. Das Boot trat verschossen den Rückzug an.
KKpt. Fecia di Cossato hatte am 1. 8. mit »Tazzoli« den Dampfer »Kastor« versenkt. Das Boot errang am 6. 8. seinen zweiten Erfolg, indem es den brennenden Tanker »Havsten«, der nach Torpedotreffer von U 160 von seiner Besatzung verlassen worden war, mit einem Zweierfächer versenkte.
Mit drei Versenkungserfolgen schrieb sich auch noch »Giuliani« in die Erfolgsliste des dritten Kriegsjahres ein, die mit 35 versenkten Schiffen und einer Tonnage von 190.514 BRT beträchtlich war. Fünf Angriffe waren nicht von einem Versenkungserfolg gekrönt, und jener Sieg über drei Schiffe, der von »Malaspina« am 24. 9. 1941 erzielt worden war, ist ebenfalls unklar.

ENGLANDS U-BOOTE IM DRITTEN KRIEGSJAHR

Allgemeine Betrachtung

Im Juni 1941 hatte Air Chief Marshal Joubert das Coastal Command übernommen, in dem alle Flugzeuggeschwader vereinigt waren, welche die U-Bootjagd betrieben. Die seit Sommer 1941 bestehende Operation-Research-Abteilung für das Coastal Command, die von Prof. Patrik Blanchett eingerichtet worden war, entwickelte neue Waffen gegen die deutschen U-Boote. Einer der Mitarbeiter dieses Instituts, Prof. Williams, entwickelte die »Torpex-Wasserbombe«, die mit dem verbesserten Sprengstoff »Torpex« gefüllt war und 115 kg wog. Hinzugekommen war das in seinen ersten Exemplaren bereits im Sommer 1940 eingebaute Flugzeugradar ASV Mark I, das mit den Typen Mark II und Mark III verbessert wurde. Einige Staffeln des Coastal Command verfügten über das »Sunderland«-Flugboot, das zum wichtigen Typ für die U-Jagd wurde. Die ersten 30 Catalina-Flugboote waren bereits aus den USA geliefert worden. Sie hatten eine um ein Drittel größere Reichweite.

Das »Leigh Light«, ein Flugzeugscheinwerfer für den Nachtangriff auf U-Boote, war von Squadron Leader Humphry de Verde Leigh entwickelt worden. Was aber das wichtigste war: den britischen Schlüsselexperten in Buckinghamshire gelang es, einen großen Teil jener Funksprüche zu entziffern, die von deutschen U-Booten mit der »Schlüsselmaschine M« verschlüsselt worden waren. Von nun an konnten Funksprüche des BdU und auch Standortmeldungen der U-Boote mitgelesen werden.

Inzwischen war englischerseits vom Sonderkommando U-Booterfassung unter Commodore Winn, das sich in der britischen Admiralität in Whitehall in einem der unterirdischen Lageräume befand, das System der Rudelschlachten studiert worden. Aus diesem U-Bootlageraum in Whitehall erfolgten die Befehle für die Geleitzüge, Schwenkungen und Kursänderungen auszuführen.

Das erste Halbjahr 1941 zeigte Großbritannien, daß Hitlers Strategie der Niederringung Englands durch den Tonnagekrieg - die in Wirklichkeit die Strategie des Befehlshabers der U-Boote war - zum Ziele führen konnte. In diesen sechs Monaten wurden 1,4 Millionen Tonnen Handelsschiffsraum versenkt. Die U-Boote waren zur schwersten Bedrohung Englands geworden, folglich mußten die größten Anstrengungen unternommen werden, um dieser Gefahr Herr zu werden.

Die Luftüberwachung wurde soweit wie möglich verstärkt. Dies trieb die U-Boote tiefer in den Atlantik hinein. Allerdings konnten dort die U-Boote angreifen, ohne englischen Flugzeugen zu begegnen.

Als es die ersten Geleitträger gab, die mit ihren Flugzeugen am Geleitzug blieben und diesen auf seiner ganzen Reise begleiteten, war dieser Freiraum für die deutschen U-Boote abgedeckt. Es war der Träger »Audacity«, der von September 1941 an im Geleitzugverkehr mitlief.
Wie aber stand es um die britische U-Bootwaffe?

Britische U-Boote im Atlantikkampf

Mit der Ausweitung des Seekrieges in das Nordmeer hinein erwuchs auch für England ein neuer Seekriegsschauplatz, denn es galt, die soeben anlaufenden PQ-Geleitzüge zu schützen. Hier ging man wieder zu dem alten System über, zwei U-Boote in den Geleitzügen mitlaufen zu lassen oder sie so aufzustellen, daß sie rechtzeitig dort waren, wo die Geleitzüge von deutschen Überwasserstreitkräften und U-Booten angegriffen wurden. Die beiden Boote »Tigris« und »Trident« wurden Ende August ins Polarmeer entsandt, um die 11 russischen U-Boote bei der Geleitzugsicherung zu unterstützen. Andere Boote kamen hinzu. Sie dienten auch der Flankensicherung.
Gleichzeitig mit den Polarmeer-Patrouillen kämpften die britischen U-Boote im Golf von Biskaya, um dort auslaufende deutsche und italienische U-Boote abzuschneiden und einlaufende abzufangen.
Desgleichen standen U-Boote auf den Überführungsrouten von Deutschland zum Atlantik sowie vor der gesamten norwegischen Küste. In den Gewässern des Golf von Biskaya war keines der U-Boote erfolgreich.
Erfolgreich waren sie auf den Routen der Handelsschiffe. Die Heimatbasis-Flottillen versenkten auf diesen »Zwangswechseln« im Jahre 1941 20 Handelsschiffe mit 52.498 BRT und beschädigten fünf weitere mit 13.700 BRT.
Der Schwerpunkt des britischen U-Booteinsatzes lag jedoch im dritten Kriegsjahr eindeutig im Mittelmeer. Hier kämpften drei ganze U-Bootflottillen.

Ihr Mittelmeer-Einsatz

Anfang September 1941 wurden die in Malta stationierten U-Boote offiziell zur 10. Malta-U-Flottille unter Captain G. W. G. Simpson zusammengefaßt.
Die operative Kontrolle über diese Flottille von U-Booten im Zentrum des Mittelmeeres lag in den Händen des Chefs der 1. U-Flottille in Alexandria, Captain S. M. Raw. Dieser wiederum unterstand direkt dem Commander-in-Chief Mittelmeer, Admiral Cunningham.
Die 10. U-Flottille war bis zu diesem Zeitpunkt auf 20 Boote gebracht worden. Die Stellenbesetzungsliste lautet:

Flottillenchef:	Captain G. W. G. Simpson
Flottillenstab:	Commander G. Tanner
	LtCdr. S. A. McGregor

	LtCdr. R. Hiddings
	Lieutenant J. D. Martin
Die Boote:	Die Kommandanten:
»Upright«	Lieutenant E. D. Norman
	Lieutenant J. S. Wraith
»Utmost«	LtCdr. R. D. Cayley
»Unique«	Lieutenant A. F. Collett
»Upholder«	LtCdr. M. D. Wanklyn
»Usk«	Lieutenant P. R. Ward
	Lieutenant G. P. Darling
»Ursula«	Lieutenant A. J. MacKenzie
	Lieutenant A. R. Hezelet
»Undaunted«	Lieutenant J. L. Livesay
»Union«	Lieutenant R. R. Golloway
»Urge«	LtCdr. E. P. Tomkinson
P 33	Lieutenant R. D. Whiteway-Wilkinson
P 32	Lieutenant D. A. B. Abdy
»Sokol« (poln.)	Commander Karnicki
P 34	Lieutenant P. R. H. Harrison
P 31	Lieutenant J. B. Kershaw
»Una«	Lieutenant D. S. R. Martin
	Lieutenant C. P. Norman
P 38	Lieutenant R. J. Hemmingway
P 35	Lieutenant S. L. C. Maydon
P 36	Lieutenant H. N. Edmonds
P 39	Lieutenant N. Marriott

Den Auftakt machten im September die Boote der Gibraltar-Flottille. Die beiden niederländischen Boote O 21 unter Kptlt. Van Dulm und O 24 unter Kptlt. de Booy versenkten ein bzw. zwei Schiffe. Weitere Erfolge erzielten Boote der 1. Flottille in Alexandria.

Der Angriff der Maltaboote »Upright«, »Upholder«, »Unbeaten« und »Ursula« auf einen italienischen Konvoi brachte der 10. Flottille am 17. 9. 1941 die ersten Erfolge. »Upholder« versenkte den 19.475 BRT großen italienischen Truppentransporter »Neptunia« und die »Oceania«, die mit 19 507 BRT noch um einige Tonnen größer war.

»Upright« wurde durch Zerstörer abgedrängt. »Ursula« verfehlte die »Vulcania« nur knapp. Dieser schnelle Geleitzug der drei großen Schiffe sollte italienische Soldaten nach Nordafrika bringen. Von den 6900 Soldaten wurde der Großteil gerettet. 384 Italiener ertranken.

Vor Sizilien gelang es »Upright«, Ende September das italienische T-Boot »Albatros« zu versenken.

Im Oktober waren ebenfalls Boote aller drei Flottillen erfolgreich. Auf einer

von »Rorqual« im Golf von Athen gelegten Minensperre sanken die italienischen T-Boote »Altair« und »Aldebaran«. Am 14. 10. setzten die U-Boote »Talisman« und »Torbay« eine Kommandoeinheit an Land, die den Auftrag hatte, einen Angriff gegen das Hauptquartier des deutschen Befehlshabers in Afrika, General Rommel, zu unternehmen. Die Aktion schlug fehl.
Im zentralen Mittelmeer waren die Maltaboote erfolgreich. »Ursula«, »Urge«, »Utmost«, »Truant«, »Triumph« und »Thrasher« versenkten eine Reihe italienischer Schiffe. »Rorqual« legte eine neue Minensperre vor Sardinien.
Im Überwassergefecht mit Artillerie konnte »Utmost« am Abend des 1. 11. in einem mehrere Stunden dauernden Gefecht die beiden Frachter »Marigola« und »Balilla« versenken.
Im Kampf der Force K gegen einen italienischen Großgeleitzug für Nordafrika gelang es am Morgen des 9. 11. »Upholder«, den mit der Bergung der Überlebenden beschäftigten italienischen Zerstörer »Libeccio« zu versenken.
Bei einer weiteren Geleitzugoperation konnte »Utmost« am späten Abend des 21. 11. den schweren Kreuzer »Trieste« torpedieren. Der Kreuzer erreichte jedoch Messina.
»Upright« versenkte am 13. 12. aus einem Zubringerkonvoi zwei italienische Motorschiffe mit insgesamt 13.000 Tonnen. »Porpoise« versenkte ebenfalls ein Motorschiff von über 6000 BRT, und »Urge« konnte am 14. 12. das von einer Geleitoperation zurückkehrende Schlachtschiff »Vittorio Veneto« torpedieren, das schwer beschädigt wurde und für mehrere Monate ausfiel.
Das U-Boot »Perseus« ging in dieser Zeit verloren, als es vor der griechischen Westküste auf eine Mine lief und sank.
Als letzte Boote kamen »Thorn« unter LtCdr. Norfolk und »Proteus« am 30. 12. zum Schuß. Die Erfolgsbilanz von September bis Dezember 1941 betrug 6 deutsche Schiffe mit 17.413 BRT und 19 italienische Schiffe mit 61.805 BRT.
Im Januar versenkten die britischen U-Boote im Mittelmeer 8 Schiffe mit 22.141 BRT. An dem Erfolg waren wieder die Maltaboote beteiligt »Upholder« gelang es, das als Transportboot eingesetzte italienische Boot »St. Bon« zu versenken.
»Unbeaten« vernichtete U 374. »Porpoise« legte vor Kreta 50 Minen; »Triumph« ging vor Milos verloren. In Malta wurde bei einem der ersten deutschen Luftangriffe P 31 beschädigt.
In der Adria gelang es »Thorn«, das italienische U-Boot »Medusa« zu vernichten.
Sechs weitere britische U-Boote erreichten, aus Heimatbasen auslaufend, in diesem Monat ihre neuen Stationen im Mittelmeer.
Ende Februar, Anfang März kamen noch einmal »Upholder«, »Torbay«,

»Unbeaten« und P 31 (das repariert worden war) zum Schuß und versenkten insgesamt 5 Schiffe mit 22.500 BRT.
Anfang März begannen die Bombardierungen der U-Bootbasis der 10. U-Flottille auf Malta. Drei Boote wurden schwer beschädigt. Dennoch kamen die Malta-U-Boote auch im März wieder zu Erfolgen. Am schwersten waren die Schläge von »Ultimatum«, »Unbeaten« und »Upholder«, welche die italienischen U-Boote »Millo«, »Guglielmotti« und »Tricheo« versenkten. Neben diesen drei italienischen U-Booten wurden auch drei deutsche U-Boote von Januar bis März von britischen U-Booten versenkt.
Im März versenkten die U-Boote weitere 6 Schiffe mit 17.298 BRT. »Torbay« drang in den Hafen von Korfu ein, um nach feindlichen Schiffen zu suchen. »Proteus« versenkte Ende März bis zum 5. 4. zwei Schiffe mit 11.688 BRT, und am 1. 4. gelang »Urge« ein großer Erfolg, als es vor Stromboli den italienischen Kreuzer »Bande Nere« versenkte.
Die deutschen Luftangriffe auf Malta hatten in der Zwischenzeit so große Zerstörungen angerichtet, daß insgesamt 3 U-Boote sanken und die Docks weitgehend zerstört waren. Da noch mehr Verluste zu befürchten waren, befahl die britische Admiralität die Verlegung der gesamten 10. Flottille nach Alexandria. Auf dem Überführungsmarsch gab es keine Verluste. Von Alexandria aus setzten die Boote der 10. Malta-Flottille ihre Feindfahrten fort.
Im April aber traf es die Mittelmeer-Flottille gleich viermal. Vier Boote gingen verloren, darunter auch »Upholder« unter LtCdr. Wanklyn. »Upholder« wurde bei einem Versuch, vor Tripolis einen italienischen Geleitzug anzugreifen, vom T-Boot »Pegaso« gestellt und mit Wasserbomben versenkt. In seinem Bericht an die Admiralität schrieb der Flottillenchef, Captain Simpson:
»Die glänzenden Erfolge von Malcolm David Wanklyn und seiner ›Upholder‹ werden stets ein hervorragendes Beispiel in der Geschichte der britischen Unterseebootfahrt sein. Die ›Upholder‹ wäre nach Erfüllung dieser 25. Patrouillenfahrt ins Vereinigte Königreich zurückgekehrt.«
Im Mai kam es zu einigen Ansätzen von U-Bootgruppen. »Turbulent« versenkte 3 Schiffe und den Zerstörer »Pessagno«, »Thrasher« versenkte ein, »Proteus« zwei Schiffe.
»Thrasher« und »Turbulent« waren auch im Juni erfolgreich. Im Juli kam »Safari«, ein neues Boot, zum ersten Erfolg, als es vor Sardinien ein Schiff versenkte und ein zweites torpedierte. Zu einem bedauerlichen Zwischenfall kam es, als die »Thrasher« vor Port Said durch den Angriff eines eigenen Swordfish-Flugzeuges beschädigt wurde und ins Dock mußte.
Anläßlich der Operation »Pedestal«, eines großen Nachschubkonvois für Malta, stellte Supermarina eine starke Kampfgruppe zusammen, von der am 13. 8. die Kreuzer »Bolzano« und »Attendolo« vor den Äolischen Inseln von »Unbroken« torpediert wurden.

»Porpoise« legte vor der Küste der Cyrenaika wiederum eine Minensperre, auf der am 22. 8. das T-Boot »Cantore« verlorenging. Auf dem Rückmarsch versenkte das U-Boot noch zwei Dampfer mit 10.623 BRT aus einem stark gesicherten italienischen Konvoi.
Am 17. 8. torpedierte »Turbulent« unter LtCdr. Linton bei Navarino den Transporter »Nino Bixio« (7137 BRT), der 2000 englische Soldaten als Gefangene an Bord hatte. Bei dieser Versenkung kamen 336 Engländer ums Leben.
»United«, eines der neuen Boote, torpedierte die »Rosolino Pilo«, 8326 BRT, und »Safari« unter Cdr. Bryant 2 Schiffe mit 5075 BRT.
Als letzte Aktion des dritten Kriegsjahres legte »Rorqual« am 30. 8. vor Korfu eine Minensperre und versenkte einen Transporter durch Torpedoschuß.

SOWJETISCHE U-BOOTE IM DRITTEN KRIEGSJAHR

Einsätze in der Ostsee

Mit Beginn des dritten Kriegsjahres am 1. 9. 1941 stand die sowjetische U-Bootwaffe sowohl in der Baltflot als auch im Schwarzen Meer und im Nordmeer im Einsatz.
In der baltischen Flotte unternahmen im September 1941 die Boote L 1, L 2, P 1 und P 3 Transportfahrten zwischen Kronstadt und Hangö. Dabei gingen die Boote L 2 und P 1 auf der Juminda-Minensperre verloren. »Kalev« lief ebenfalls auf eine Mine und sank.
Vom 20. 9. bis 21.10. operierten die Boote ŠČ 317, ŠČ 319 und ŠČ 320 in der Danziger Bucht und vor der schwedischen Küste. ŠČ 319 ging verloren. Zwei kleine Schiffe fielen diesen Operationen zum Opfer.
Bei dem Luftangriff des Sturzkampfgeschwaders 2 unter Oberstlt. Dinort auf den Hafen von Kronstadt wurde ŠČ 306 schwer beschädigt. Treffer mußte auch das U-Bootmutterschiff »Smolnyj« hinnehmen. In der Leningrader Werft wurde bei diesem Angriff P 2 vernichtet, im Hafen ŠČ 302 beschädigt.
Als dem russischen Nachrichtendienst das Eindringen der deutschen »Baltenflotte« in die Aalandsee gemeldet wurde, setzte Baltflot im westlichen Finnischen Meerbusen die U-Boote S 4, ŠČ 303, ŠČ 311, M 95 und M 98 sowie »Lembit« und L 3 ein. ŠČ 303 griff am 13. 10. den Kreuzer »Köln« an. Der Torpedo ging fehl. Bei sieben Angriffen gegen Handelsschiffe vom 15. 10. bis zum 5. 11. konnte das Boot nur einen Dampfer versenken, die 3724 BRT große »Baltenland«.
Mehrere Boote waren im November zwecks Mineneinsätzen unterwegs, und S 7 setzte in der Narwabucht Agenten ab. Als S 8 zum Einsatz aus Kronstadt auslaufen wollte, geriet es westlich von Suursaari auf eine Minensperre und sank.
Als es darum ging, die sowjetischen Truppen vom 31. 10. bis zum 4. 11. von Hangö zu evakuieren, wurden neben den Zerstörern und Kreuzern auch die U-Boote S 9 und ŠČ 324 zur Deckung der Operation am Westeingang des Finnischen Meerbusens sowie S 7 vor Reval eingesetzt. S 9 und ŠČ 324 kehrten von dieser Feindfahrt nicht zurück.
Nach einigen kleineren Operationen gestattete die Eislage keine Einsätze mehr. Erst am 29. 5. lief M 97 unter Kptlt. Djakov zur ersten Unternehmung aus. Das Boot hatte den Auftrag, die deutsche Minensperre »Seeigel« zu entschärfen.
Als dies geschehen war, liefen vom 12. 6. bis zum 19. 6. die U-Boote S 4, ŠČ 304, ŠČ 317, ŠČ 320 und M 95 von Lavansaari in eintägigem Abstand

zum Durchbruch durch die »Seeigel«-Sperre aus. M 95 lief am 15. 6. ostwärts Suursaari auf eine Mine und sank.

Von den in die Ostsee durchgebrochenen sowjetischen U-Booten operierten bis zum 5. 8. ŠČ 303 und ŠČ 304 im Raume Porkkala-Utö. Vor der schwedischen Küste standen ŠČ 317 und ŠČ 406 auf Suchposition, und an der baltischen Küste und vor Rixhöft operierten S 4 und ŠČ 320. S 7 stand zunächst vor der schwedischen Küste, lief aber bald darauf den Raum vor der baltischen Küste an.

Es wurden neun Schiffe versenkt und zwei beschädigt. Unter den versenkten Schiffen befanden sich drei schwedische Dampfer. Einige Boote erzielten keinen Erfolg.

Als ŠČ 317, mit dem Divisionschef Kpt. 3. Ranges Egorov an Bord, nach der Feindfahrt zum Stützpunkt zurücklief, wurde es zwischen der »Nashorn«-Sperre und der »Seeigel«-Sperre von deutschen und finnischen U-Jägern versenkt.

Auch das zurücklaufende S 4 wurde an der »Seeigel«-Sperre durch Minentreffer beschädigt. Das Boot erreichte ohne seinen Kommandanten, der bei der Explosion über Bord geschleudert wurde, Lavansaari. Die Boote ŠČ 303, ŠČ 406 und S 7 erreichten nach ihren Operationen ebenfalls den Stützpunkt Lavansaari.

Mit dem 18. 8. 1942 durchbrach die zweite U-Bootwelle die Minensperren und operierte bis zum 28. 9. vor der Pommernbucht, vor Gotland, im Bottnischen Meerbusen und vor Porkkala. Sie versenkte 5 Schiffe, ein weiteres wurde torpediert. Auf einer von L 3 gelegten Minensperre sank ein Schiff. Während des Durchbruchs des ersten Teiles vom 11.-21. 8. war ŠČ 405 auf eine alte Minensperre aufgelaufen und gesunken.

Sowjetische U-Boote im Eismeereinsatz

Zur sowjetischen Nordflotte gehörten am Tage des Kriegsausbruchs gegen Rußland folgende U-Boote:

Die U-Kreuzer K 1 und K 2, das große U-Boot D 3, die mittleren Boote ŠČ 401, ŠČ 402, ŠČ 403, ŠČ 404, ŠČ 421, ŠČ 422 und die kleinen Boote M 171, M 172, M 173, M 174, M 175 und M 176.

Mit diesen Booten sollte nicht nur der Handelskrieg geführt, sondern auch die Sicherung des Geleitzugverkehrs auf der Nordroute von Island nach Murmansk und Archangelsk gesichert werden.

An der norwegischen Polarküste standen im September 8 sowjetische U-Boote im Einsatz. Von ihnen legte K 2 am 10. 9. die erste Minensperre im Nordmeer vor Vardö. An Bord dieses Bootes befand sich der Chef der 1. U-Bootdivision, Kpt. 2. Ranges M. I. Gadziev. Den ersten Versenkungserfolg buchte ŠČ 422 auf sein Konto, als es am 12. 9. den norwegischen Dampfer »Ottar Jarl«, 1459 BRT, versenkte. M 172 kam am 15. 9. zum

Schuß, und M 173 unter Kptlt. I. A. Kunec setzte an der Küste der Halbinsel Varanger 13 sowjetische Agenten ab. Das britische U-Boot »Tigris« erzielte ebenfalls einen Erfolg.
Die »Tigris« operierte Mitte Oktober gemeinsam mit den russischen Booten K 1, M 172, M 174, ŠČ 401 und ŠČ 402 vor der norwegischen Polarküste. K 1 legte im Breisund eine Minensperre. ŠČ 402 versenkte mit Artillerie einen kleinen norwegischen Küstendampfer.
Anfang November begann eine weitere U-Bootoperation vor der norwegischen Polarküste, an der K 22, ŠČ 421, K 21 und das britische Boot »Trident« beteiligt waren. K 23 kam hinzu und legte eine Minensperre im Bökfjord bei Kirkenes, auf der M 22 am 5. 11. auflief und schwer beschädigt wurde. M 172 und S 102 liefen ebenfalls zu Patrouillenfahrten aus. Der deutsche U-Jäger UJ 1213 wurde von der »Trident« versenkt, die auch noch einen Dampfer torpedierte. Auf der von K 21 gelegten Minensperre sank der Dampfer »Bessheim«.
In der zweiten Novemberhälfte kamen auch die neu in das Nordmeer beorderten beiden britischen U-Boote »Sealion« unter LtCdr. Colvin und »Seawolf« unter Lt. Raikes zu ihren ersten Erfolgen.
Zu einem großen Mineneinsatz liefen am 21. 11. die Boote K 23 unter Kpt. 3. Ranges Potapov und K 3 unter Kpt. 3. Ranges Malofeev aus. An Bord des letzteren war auch der Chef der 1. U-Bootdivision. Beide Boote legten in der Nacht zum 27. 11. Minensperren im Kvaenangenfjord und vor Hammerfest.
Als die deutschen U-Jäger UJ 1403, UJ 1416 und UJ 1708 am 26. 11. K 23 angriffen und einige Wabotreffer erzielten, ließ Kpt. Gadziev das Boot wegen der entstandenen Schäden auftauchen. Im Überwasserkampf gelang es K 23, UJ 1708 mit einem Artillerie-Volltreffer zu versenken.
D 3 unter Kptlt. Bibeev, mit dem Chef der 2. U-Bootdivision, Kpt. 2. Ranges Kolyskin, an Bord, griff vor dem Porsangerfjord zweimal Dampfer an. Die Torpedoschüsse gingen vorbei. M 174 landete nun auch an der Varangerküste russische Agenten.
Am 6. 12. lief noch K 22 mit dem Kommandeur der Nordmeer-U-Bootbrigade, Kpt. 1. Ranges Vinogradov, an Bord, zur Feindfahrt aus und legte eine Minensperre im Rolvsöy-Sund. Das Boot versenkte am 11. 12. einen Schleppzug.
Die Operation der zweiten Dezemberhälfte mit den Booten S 101, S 102, ŠČ 403, ŠČ 404, M 172 und M 174 brachte nur einen Versenkungserfolg. Der Dampfer »Emshörn«, 4301 BRT, sank vor Vardö nach Torpedotreffer durch M 174.
Einer neuen Minenaufgabe unterzog sich in der ersten Januarhälfte K 23. Die Boote ŠČ 404 und ŠČ 401 griffen erfolglos Schiffe an, während S 102 den Dampfer »Türkheim« versenkte.
Der Angriff der beiden U-Kreuzer K 23 und K 22 auf zwei norwegische

Fischerhäfen und einige weitere Angriffe kleiner Boote brachten einige Versenkungen kleiner Schiffe sowie des Dampfers »Konsul« mit 2975 BRT.
Es folgten einige Deckungsaufgaben für PQ- und QP-Geleitzüge. So am PQ 12 und QP 8, am PQ 13 und QP 9. ŠČ 421 lief auf dem Rückmarsch von der letzten Operation auf eine deutsche Minensperre. Die Besatzung wurde von K 22 übernommen, das schwerbeschädigte Boot versenkt.
Am PQ 14 und QP 10 waren K 21, S 101 und ŠČ 401 als Flankensicherung aufgestellt. Nach Erfüllung dieses Auftrages liefen sie zur Polarküste aus. ŠČ 401 versenkte hier aus einem gesicherten Geleitzug den Dampfer »Stensaas« (1359 BRT). Es wurde von den beiden U-Jägern UJ 1101 und UJ 1110 mit Wasserbomben belegt und ist seitdem vermißt.
Die 3. U-Bootdivision stand mit allen einsatzbereiten Booten vom 12. 4. bis zum 28. 5. beiderseits der Halbinsel Varanger im Einsatz. Fünf Angriffe fuhr M 172, vier wurden von M 171 gefahren, M 173 kam auf 3, M 176 wiederum auf 5 Angriffe. Zählbare Erfolge: Ein Schiff wurde torpediert, ein weiteres, der Dampfer »Blankenese«, 3236 BRT, versenkt.
Auch der Doppelkonvoi PQ 15 und QP 11 wurde von einigen sowjetischen U-Booten gedeckt, die anschließend ins Operationsgebiet Polarküste weiterliefen. Bei einem dieser Angriffe wurde K 23 nach langer Verfolgungsjagd durch U-Jäger, denen das Boot in Überwasserfahrt davonlief, von einem herbeigerufenen deutschen Flugzeug unter Wasser gedrückt und von den U-Jägern im Gruppenangriff versenkt.
Beim deutschen Luftangriff auf Murmansk wurde am 15. 5. das sowjetische U-Boot ŠČ 403 schwer beschädigt.
Im PQ 16 liefen zwei britische U-Boote mit, und als Flankensicherung standen fünf weitere britische und drei sowjetische U-Boote gegen deutsche Überwasserstreitkräfte am Konvoi. Sie kamen nicht zum Schuß.
Zur Sicherung des PQ 17 wurden die britischen U-Boote »Sahib«, »Sturgeon«, »Minerve« (freifranzösisches Boot), »Unrivalled«, »Unshaken«, »Ursula«, »Tribüne«, »Seawolf« und »Trident« in der zweiten Linie südlich der Häreninsel aufgestellt. Die sowjetischen U-Boote K 22, K 21, D 3, ŠČ 402 und ŠČ 403 kamen hinzu. Vordem Varangerfjord standen einige weitere sowjetische U-Boote. Von diesen ging M 176 auf einer deutschen Minensperre verloren.
D 3 lief ebenfalls auf eine Mine und sank. Keines der Boote konnte die deutschen Überwasserstreitkräfte angreifen.
M 173 ging bei einem Angriffsversuch auf zwei Konvois im Varangerfjord am 24. 8. verloren.

Der Einsatz im Schwarzen Meer

In der sowjetischen Schwarzmeerflotte befand sich auch die 1. U-Bootbrigade unter Kpt.1. Ranges P. I. Boltunow, mit der 1., 2., 3. und 4. U-Bootdivision, zu denen die großen U-Boote D 3 bis D 6, L 3 bis L 6, S 31 bis S 34 und ŠČ 204 bis ŠČ 216 gehörten.
Hinzu kam die 2. U-Bootbrigade mit den U-Bootdivisionen 5, 6 und 7. In dieser Brigade standen die Boote A 1 bis A 5, M 51, M 52, M 54, M 58, M 59, M 60, M 62 und M 31 bis M 36. Es waren dies insgesamt 43 U-Boote.
Die U-Boote bezogen nach Kriegsbeginn ihre Positionen vor der Westküste des Schwarzen Meeres und am Bosporus.
Nach einigen Mineneinsätzen, an denen mit L 4 eines der erfolgreichsten russischen U-Boote beteiligt war, waren in der zweiten Septemberhälfte 1941 einige U-Bootoperationen erfolgreich. ŠČ 211 versenkte am 29. 9. den italienischen Tanker »Superga«, 6154 BRT, südlich von Varna. ŠČ 206 lief vor Sulina an der Donaumündung auf eine Minensperre und sank. L 4 und L S legten abermals Minensperren, auf denen drei Schiffe und zwei Schlepper sanken.
ŠČ 214 unter Kptlt. Vlasov kam am 5. und 11. 11. zum Erfolg gegen einen Segler und einen italienischen Tanker. ŠČ 215 versenkte einen kleinen türkischen Frachter. Zwei Boote, und zwar ŠČ 211 und S 34, gingen am 11. und 14. 11. vor Kap Schabla und Sozopol verloren, als sie auf Minen liefen.
Als das Jahr 1941 zu Ende ging, hatten über 40 einsatzbereite sowjetische U-Boote nur vier Schiffe und einen Schoner mit 15.498 BRT versenkt. Auf den von L 4 und L 5 gelegten Minensperren sanken zwei Schiffe und zwei Schlepper.
Auf den deutsch-rumänischen Flanken-Minensperren sanken bis zum 31. 12. 1941 die U-Boote S 34, ŠČ 204, ŠČ 206, M 34, M 54, M 58 und M 59. ŠČ 205 und ŠČ 212 konnten nach Minentreffer noch Sewastopol erreichen.
Das Jahr 1942 sah bis zum 24. 2. kaum sowjetische U-Boote im Einsatz. Erst am 24. 2. gelang ŠČ 213 unter Kptlt. Isaev nördlich des Bosporus im Angriff gegen einen bulgarischen Dampfer, der unter panamesischer Flagge lief, eine Versenkung. Das Schiff war am 12. 12. aus Konstanza ausgelaufen. An Bord befanden sich 769 jüdische Flüchtlinge, die nach Palästina wollten.
Die türkischen Behörden untersagten die Landung der Flüchtlinge und auch die Weiterfahrt des Schiffes. Sie zwangen am 24. 2. das Schiff zum Auslaufen, nachdem 5 Flüchtlinge an Land durften. Das Schiff wurde versenkt, mit ihm gingen 764 Juden unter.
Seit dem 7. Mai liefen beinahe täglich mehrere sowjetische U-Boote zur Versorgung der eingeschlossenen Festung Sewastopol aus. In insgesamt 77 Einsätzen brachten die Boote wichtige Versorgungsgüter in die Festung.

D 4 brachte es auf fünf Einsätze. L 4 konnte sieben Fahrten durchführen, L 5 war sechsmal unterwegs, L 23 brachte es ebenfalls auf sieben Fahrten, S 31 auf fünf, S 32 auf sieben, und alle übrigen Boote schafften zwischen drei und einer Fahrt.

Bei seiner letzten Rückfahrt nahm L 4 85 Soldaten aus der völlig eingekreisten Festung Sewastopol mit. Insgesamt wurden bei diesen Fahrten 2323,5 Tonnen wichtigen Nachschubes in die Festung geschafft, darunter 1038 Tonnen Lebensmittel und 574 Tonnen Benzin. Auf den Rückfahrten wurden insgesamt 1313 Verwundete mitgenommen.

ŠČ 212 ging durch eine Benzin-Explosion verloren, ŠČ 208 wurde von dem italienischen Klein-U-Boot CB am 18. 6. durch Torpedoschuß versenkt. ŠČ 214 fiel am 19. 6. den Torpedos des italienischen S-Bootes MAS 571 zum Opfer, und schließlich wurde S 32 am 26. 6. von einem deutschen Bomber versenkt.

Auch in dieser Zeit liefen einige U-Boote zur sogenannten freien Jagd aus. So versenkte ŠČ 205 zwei türkische Dampfer, ŠČ 214 drei kleine Schoner. In der Odessabucht versenkte A 3 den Transporter »Sulina« (3495 BRT) und A 5 den Transporter »Ardeal« (5695 BRT).

Nach dem Fall von Sewastopol und der Räumung der gesamten Halbinsel Krim war der U-Booteinsatz vorläufig beendet.

DIE JAPANISCHE U-BOOTWAFFE

Die Boote und ihre Verwendung

Die japanische Marineführung sah in ihren U-Booten eine Waffe mit zwei Hauptaufgaben. Erstens sollten U-Boote die große japanische Flotte während ihrer Operationen begleiten und sichern. Zweitens sollten sie gegen feindliche Kriegsschiffe eingesetzt werden.

Darüber hinaus war eine Flotte sehr großer U-Kreuzer von etwa 3500 t geplant, mit denen alle jene Inseln mit Munition und Material versorgt werden sollten, die im Kriegsfalle abgeschnitten sein würden. Für diese Zwecke wurden in Japan die Flotten-U-Boote der I-Klasse gebaut.

Daneben wurden kleinere Boote der RO-Klasse gebaut, und schließlich ging man auch dazu über, U-Boote zu bauen, auf denen Seeflugzeuge transportiert und zur Fernerkundung gestartet werden konnten. Hierzu kamen fünf große Boote, die Kleinst-U-Boote mitführen und einsetzen konnten.

Der japanischen Kriegsforschung war es zwischen 1928 und 1933 gelungen, einen Torpedo zu konstruieren, der zu den besten Waffen der Welt zählte. Es war der mit Sauerstoff angetriebene Torpedo 95, Modell 2, mit 60,96 cm Durchmesser und einer Reichweite von 5700 m. In seinem Sprengkopf führte er 1210 Pfund Sprengstoff mit. Dieser Torpedo war 49,2 kn schnell. Der Torpedo des Typs 93 lief ebenfalls 49 kn und hatte eine Reichweite von 22.000 m.

Im japanischen Bauprogramm 1940-1942 wurde der eigene Typ »Kaichû - 6«, ein mittlerer Marinetyp, bis zur Baunummer RO 75 gebaut. Es war einer der besten japanischen U-Bootentwürfe. Dieses Boot verfügte über gute See-Eigenschaften und war sehr manövrierfähig. Seine Tauchtiefe war mit nur 80 m allerdings gering. Das Boot lief über Wasser 19,7 kn und beachtliche 10 kn unter Wasser.

Der kleinere Typ »Kaishô«, der für die Verteidigung der Luftstützpunkte auf den Inseln des Mandatsgebietes vorgesehen war, hatte eine Verdrängung von 525/782 t. Er verfügte über 4 TR von 53,3 cm und hatte 38 Mann Besatzung.

Es folgten sehr einfache Boote der H-Klasse, die in Rumpfbauweise in 5 Monaten Bauzeit hergestellt werden konnten. Diese Boote von 370/493 t waren als Transportboote geplant und konnten 60 t Ladung aufnehmen. 1944 wurde der Bau dieser Serie langsamer Boote eingestellt.

Ein U-Kreuzer war der Typ »Junsen« 1 bis 3. Dieses große Boot verdrängte beim Typ »Junsen« 3 2231/3583 t. Das Boot war 23 kn über und 10 kn unter Wasser schnell. Es verfügte über zwei 14-cmKanonen, 2 FlaMW (1,3 cm) und ein Flugzeugkatapult. Die 6 TR hatten 53,3 cm Durchmesser. Die

Besatzung dieses hocharmierten Bootes betrug 100 Mann. Im Jahre 1943 - dies sei vorausgeschickt wurde auf I 8 die Katapulteinrichtung entfernt und damit für 4 Kaiten (Einmann-Torpedos) auf dem Achterdeck Platz geschaffen. Das Katapult und die zwei versenkbaren, druckfesten Hangars brachten den beiden Booten I 7 und I 8 die Beförderung zu Flaggschiffen der japanischen U-Bootwaffe.
I 9, eine Weiterführung dieses Programms, hatte bereits 2434/4149 t Verdrängung, das Boot lief 23 kn und hatte 114 Mann Besatzung. Seine Seeausdauer betrug 22.000 sm.
Mit dem Typ »Sen-taka« schufen Japans Konstrukteure ein schnelles Unterwasserboot, das getaucht 19 kn lief. Es war in Japan das erste echte Unterwasserboot, vergleichbar dem späteren deutschen Elektroboot des Typs XXI. Es kamen von diesen Booten jedoch nur noch 3 Stück zur Front.
Am 7. 12. 1941 verfügte die japanische U-Bootwaffe über 65 einsatzbereite Boote. Es waren dies 47 Flotten-U-Boote der I-Klasse, 13 Küstenverteidigungsboote der RO-Klasse und 5 Klein-U-Boote.
Alle Angehörigen der japanischen U-Waffe waren Freiwillige, die auf der U-Bootschule in Yokosuka ausgebildet worden waren. Die Hauptstreitmacht der japanischen U-Boote war in der 6. Flotte versammelt, die von Vizeadmiral M. Shimizu geführt wurde. Ihre Basis war die Marshall-Insel Kwajalein. Hier lagen 40 Boote der I-Klasse mit den ihnen beigegebenen U-Tendern.
In der 3. Flotte - der Blockade- und Transportstreitmacht - befanden sich 6 U-Boote und ein U-Tender. Im Rahmen der 4. Flotte, der Truk-Basis, waren 16 U-Boote und 2 Tender eingesetzt. Wie wurden nun diese japanischen Boote verwendet, und welche Ergebnisse erzielten sie im ersten Kriegsjahr im Pazifik?

Japans U-Boote im Einsatz

Mit dem Angriff der japanischen Streitkräfte auf Pearl Harbor liefen, am 18. 11. beginnend, die U-Bootgeschwader 1 unter KAdm. Sato und 2 unter KAdm. Yamasaki aus Yokosuka aus. Ihr Ziel war Hawaii. Ihre Aufgabe war: Erkundung und Aufklärung des Seeraumes um Hawaii, Informationsübermittlung für die Schlachtflotte und Angriffe auf feindliche Kriegsschiffe. Zwei U-Boote liefen mit der Kampfflotte aus, zwei Fernaufklärer-U-Boote folgten wenig später. Die meisten dieser Einheiten waren ozeantüchtige I-Boote. Elf von ihnen waren mit kleinen Seeaufklärungsflugzeugen, fünf mit Kleinst-U-Booten ausgerüstet. Die 5 Kleinst-U-Boote mit jeweils 2 Mann Besatzung gehörten zu der neugebildeten Marine-Sonderangriffs-Einheit. Ihr Auftrag lautete, in den Hafen Pearl Harbor einzudringen und die dort liegenden US-Kriegsschiffe zu vernichten.
Einige der großen Boote liefen auch aus Kure aus. Sie marschierten zunächst

Die Boote der ersten Stunde: U 8, U 9, U 10 (Foto: Autor)

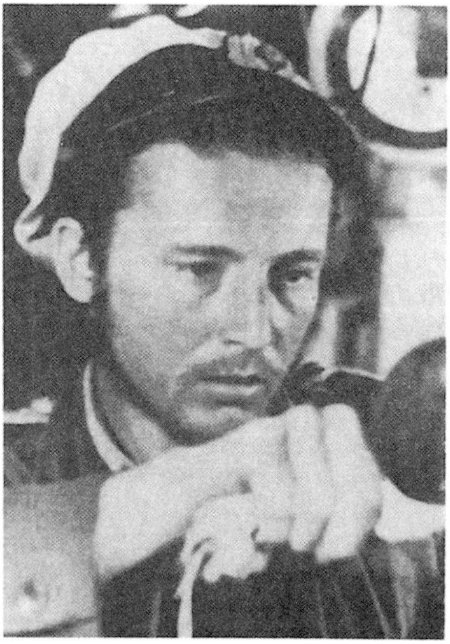

oben: Die Freiwache, im Bug-Torpedoraum zusammengedrängt (Foto: Autor)

unten links: Günther Prien, der »Stier von Scapa Flow« (Foto: Autor)

unten rechts: Albert Schnee, Kommandant von U 201, zwischen Rio und Freetown (Foto: Autor)

oben: Torpedierter Tanker im Nordatlantik (Foto: Autor)

unten: Die »Arc Royal« sinkt am 13. 11. 1941, von U 81 vernichtet (Foto: Imperial War Museum)

oben: Britisches Torpedo-Zielgerät in einem Boot der S-Klasse (Foto: Imperial War Museum)

unten: Drei U-Boote werden aus der Luft angegriffen (Foto: Imperial War Museum)

oben: Luftbild eines Malta-Konvois (Foto: Imperial War Museum)

unten: Die Besatzung des britischen U-Bootes »Turbulent« nach einer Feindfahrt (Foto: Imperial War Museum)

oben: Großadmiral Dönitz im Gespräch mit Hitler und Mussolini (Foto: Autor)

unten: Der Hedgehog-Wasserbombenwerfer ist geladen (Foto: Imperial War Museum)

Die »Starling« hat abgeworfen (Foto: Imperial War Museum)

oben: Das Boot ist getaucht. Der Gegner wirft Wasserbomben (Foto: Autor)

unten: Ölübernahme im Atlantik (Foto: Autor)

oben: Das von einem Tanker gerammte U-Boot läuft in La Pallice in seine Box ein (Foto: Autor)

unten: Auf U 198 wird die Sonne »geschossen« (Foto: Autor)

oben: Von der »Wolverine« wurde U 47 versenkt
(Foto: Imperial War Museum)

unten: Auf Rammkurs gegen ein deutsches Boot (Foto: Imperial War Museum)

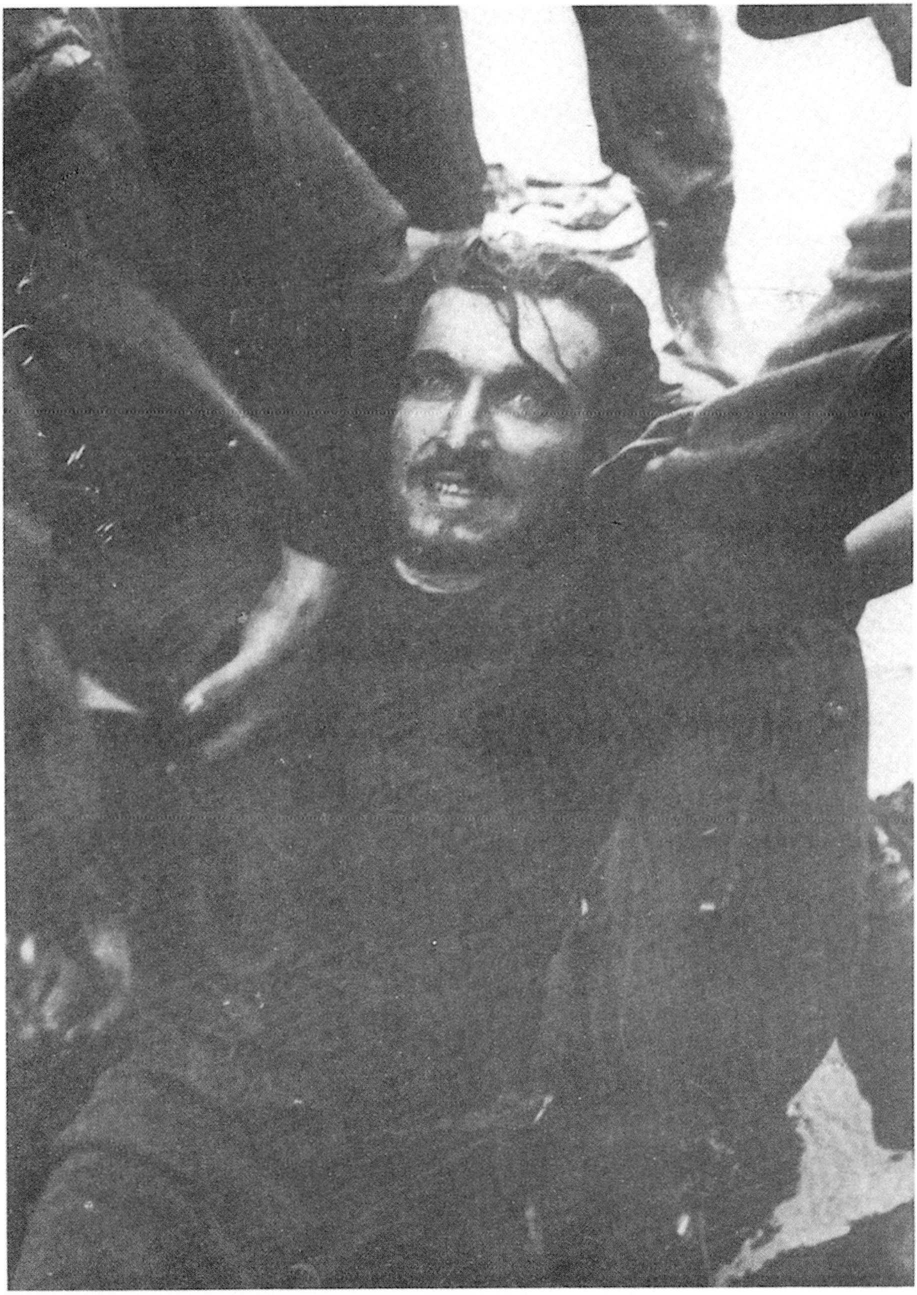

Deutscher U-Bootmann von der kanadischen Fregatte »Swansea« gerettet (Foto: Imperial War Museum)

oben: Das Ende der »Eagle«, die von U 73 am 11. 8. 1942 versenkt wurde. Die »Eagle« kentert. Der Zerstörer rechts im Bild wirft Wasserbomben (Foto: Imperial War Museum)

unten: Dieses U-Boot ist schwer getroffen und sinkt (Foto: Imperial War Museum)

oben: Hier befindet sich U 118 westlich der Kanarischen Inseln (12. 6. 1943). Acht Trägerflugzeuge der »Bogue« versenken das Boot (Foto: Imperial War Museum)

unten: Der Operationsraum für die Geleitzugführung im Derby House in Liverpool (Foto: Imperial War Museum).

oben: Werner Hartmann, Kommandant von U 198; letzter Führer der U-Boote im Mittelmeer (Foto: Autor)

unten: Oberstleutnant Lehmann (links) und Reservesteuermann Jersch auf der Brücke von U 107 (Foto: Autor)

oben: Das Geleitboot »Wren« fischt überlebende deutsche U-Bootmänner auf (Foto: Imperial War Museum)

unten: Die Fregatte »Mannow«, eine Stütze der Geleitsicherung im Nordatlantik (Foto: Imperial War Museum)

oben: Ein schwer getroffenes deutsches Boot (Foto: Imperial War Museum)

unten: Ein großer Ölfleck kennzeichnet die Stelle des Untergangs (Foto: Imperial War Museum)

zunächst nach Kwajalein, um dort aufzutanken. Während von dort aus I 10 und I 26 zu ihren Erkundungsmärschen nach den Fidschiinseln, nach Samoa und zu den Aleuten aufbrachen, liefen alle übrigen in Richtung Hawaii aus. Bis zum 5. 12. hatten alle Boote ihre Operationsräume erreicht.
In der Nacht zum 7. 12. setzten die bis unmittelbar vor Pearl Harbor gefahrenen Boote I 16, I 18, I 20, I 22 und I 24 ihre Kleinst-U-Boote aus.
Lt. z.S. Iwase hatte diese Idee gehabt. Er erhielt nun auch den Auftrag, sie in die Tat umzusetzen.
Dieser erste U-Booteinsatz verlief erfolglos. Zum einen, weil das erste der Kleinst-U-Boote bereits um 3.42 Uhr gesichtet worden war und seit der Zeit die Jagd auf diese U-Boote begonnen hatte. Nur zwei Booten gelang es, durch die soeben für auslaufende Minenleger geöffnete Netzsperre in den Hafen zu gelangen. Eines davon wurde vom Zerstörer »Monaghan« gestellt. Das zweite Boot wurde von der »Ward« versenkt. Ein drittes lief auf ein Riff am Kanaleingang. Ein viertes wurde ebenfalls im Hafen versenkt. Auch die übrigen U-Boote auf ihrem Vorpostenstreifen erzielten keinen Erfolg und kehrten Mitte Januar zurück. Sieben Boote erhielten Weisung, zur US-Westküste zu fahren und sich dort mit I 10 und I 26 zu vereinigen. I 26 war in der Zwischenzeit durch einige Versenkungen kleiner Handelsschiffe erfolgreich gewesen.
Die Boote des 4. und 5. U-Geschwaders unter den KAdm. Yoshitomi und Hashimoto, die mit insgesamt 10 Booten in das Operationsgebiet der Anambos-Inseln ausgelaufen waren, erzielten einige Erfolge. I 66 versenkte auf dem Rückmarsch aus diesem Raum das niederländische U-Boot K 16.
Die 4 Minen-U-Boote des 6. U-Geschwaders unter KAdm. Kono legten Sperren vor Balabac, auf denen 1 Schiff verlorenging.
Den ersten Verlust erlitt die U-Waffe Japans, als I 70, ein Boot des 3. U-Geschwaders, südlich Hawaii von einem Flugzeug des Trägers »Enterprise« vernichtet wurde. Von den sechs Booten wurden zwei Schiffe versenkt.
Japanische U-Boote operierten im Dezember ostwärts Oahu und versenkten acht Schiffe. Der Tanker »Agwiworld« wurde torpediert, konnte aber entkommen. Die Boote des 6. U-Geschwaders legten Minen vor Surabaja.
Bei der Invasion von Wake wurden zwei U-Boote als Späher vorausgeschickt. Am 11. 1. 1942 beschossen U-Boote die US-Marinestation in Pago Pago auf Samoa. Am 11. 1. traf ein tieflaufender Torpedo des japanischen Bootes I 26 500 sm südwestlich von Oahu den Flugzeugträger »Saratoga«. Drei Kesselräume wurden überflutet.
Der Träger erreichte aus eigener Kraft Oahu.Von hier aus lief er nach Bremerton zur Reparatur weiter.
Die in den Indischen Ozean entsandten Boote des 5. U-Geschwaders operierten in der Java-See, später vor Rangun und versenkten 5 Schiffe. Bei der Fahrt durch die Sundastraße wurde I 60 durch den britischen Zerstörer »Jupiter« versenkt.

Im Golf von Bengalen war I 164 mit vier Versenkungen erfolgreich. I 162 torpedierte zwei Tanker mit 17.000 BRT.
Bei Mineneinsätzen des 6. U-Geschwaders in der Clarencestraße, in der Sundastraße und vor Port Darwin wurde I 124 durch den US-Zerstörer »Edsall« und drei australische Minensucher gejagt und mit Wasserbomben vernichtet. I 173, das am 25. 1. Midway beschoß, wurde durch zwei US-Zerstörer versenkt. I 172 versenkte im Seeraum 135 sm westlich Oahu den Flottentanker »Neches« aus der Lexington-Gruppe.
Im Indischen Ozean operierten 9 U-Boote gegen die amerikanische Evakuierungsflotte, die Java räumen sollte. 12 Schiffe wurden hier, südlich des niederländischen Archipels, versenkt. Erfolgreichstes Boot mit 3 Versenkungen war I 153 unter KKpt. Nakamura. Drei weitere Boote führten Minenoperationen durch. In einem späteren Einsatz wurden im März im Indischen Ozean von 3 U-Booten sechs Schiffe torpediert. Vier davon sanken. Auch die im Raume der Malediven und Lakkadiven operierenden Boote erzielten einige Erfolge.
Im April standen in der japanischen Patrouillengruppe unter Kpt. z.S. Ishizaki die Boote I 21, I 24, I 28 und I 29 bereit. In der Angriffsgruppe wurden RO 33, RO 34 unter Capt. Iwagami eingesetzt.
In den nun gebildeten Angriffsstreitkräften für den Kampf um Midway wurden unter Vizeadmiral Teruhisa Komatsu folgende U-Boote eingesetzt.
Subron 3: I 164, I 169, I 171, I 174, I 175.
Subron 5: I 156, I 157, I 158, I 159, I 162, I 165, I 166.
Subdiv 13: I 121, I 122, I 123.
Die drei letzten Boote sollten Gas und Öl nach Lisianki Island und French Frigate Shoals schaffen.
Der leichte Seeflugzeugträger »Nisshin« beförderte noch 6 Kleinst-U-Boote für einen Sondereinsatz.
Als Patrouillenboote und Erkundungsboote standen in der nördlichen Kampfgruppe unter Konteradmiral Shigeaki Yamasaki die Boote I 9, I 15, I 17, I 19, I 25 und I 26 zur Verfügung. Diese Boote erkundeten die Küste von Dutch Harbor bis nach Kodiak. Dieses Aufklärungsunternehmen wurde mit Bordflugzeugen durchgeführt, die von I 9, I 26, I 25 und I 19 gestartet wurden.
Mit dem 30. 5. liefen die genannten Bootgruppen in ihre Operationsgebiete. Noch auf dem Ausmarsch dorthin wurde I 64 durch das US-U-Boot »Triton« versenkt.
Während der See-/Luft-Schlacht bei Midway vom 3. bis 7. 6. 1942 kamen jedoch nur einige wenige U-Boote zum Schuß. Lediglich I 168 gelang es, die beschädigte »Yorktown« und den längsseits liegenden Zerstörer »Hammann« zu versenken.
Ab Ende Mai, über Juni und Juli hinweg, waren die 5 im Indischen Ozean eingesetzten großen japanischen U-Boote erfolgreich. Es waren die Boote

des 8. U-Geschwaders unter KAdm. Ishikasi, die zuerst im Raume Madagaskar operierten. Gegen die britische Eastern Fleet, von der ein Teil im Hafen Diego Suarez auf Madagaskar von dem Bordflugzeug von I 10 entdeckt wurde, setzte KAdm. Ishikasi I 16 und I 20 mit ihren Kleinst-U-Booten ein. In der Nacht zum 31. 5. drangen beide Kleinst-U-Boote in die Reede ein und torpedierten das britische Schlachtschiff »Ramillies« und den Tanker »British Loyality« (6993 BRT). Das dritte Kleinst-U-Boot, das von I 18 gestartet werden sollte, fiel wegen Motorpanne aus. Die Kleinst-U-Boote wurden anschließend durch Wabos versenkt. Der Erfolg war aufsehenerregend.
Danach tauchte I 30 noch einmal vor Durban auf, während die übrigen vier Boote zum Handelskrieg östlich von Moçambique ausliefen. I 30 fuhr nach Erfüllung seines Auftrages und Versorgung an einem Tanker nach Westfrankreich. Das Boot lief als erstes japanisches U-Boot am 5. 8. in Lorient ein.
Als letztes Boot dieser Gruppe kehrte I 16 am 10. 8. nach Penang zurück. Das erfolgreichste Boot dieser Gruppe war I 10 unter FKpt. Kayahara, das 8 Schiffe versenkte. Insgesamt wurden von den vier zum Schuß gekommenen Booten 22 Schiffe mit 99.068 BRT vernichtet.
Das 2. U-Geschwader operierte im Juni und Juli im Raume der Aleuten. Nur ein Boot kam hier zum Erfolg.
Während der Einsätze des Juli und August im Südpazifik versenkten die 5 Boote des 3. U-Geschwaders 6 Schiffe und torpedierten zwei weitere.
In der zweiten Augusthälfte standen wieder 5 Boote im Einsatz. I 29, das mit einem Flugzeug zur Erkundung ausgerüstet war, versenkte vier Schiffe mit 23.303 BRT.
Am 23. 8. liefen Boote des 7. U-Geschwaders zu einer Deckungsoperation ihrer Kriegsschiffsgruppen in Richtung Guadalcanal aus. Bei diesem Einsatz wurde I 121 durch ein US-Träger-Flugzeug beschädigt. Am 29. 8. gelang es dem Zerstörer »Gamble«, I 123 zu stellen und mit Wasserbomben zu versenken. Der australische Zerstörer »Arunta« vernichtete RO 33, das gerade einen Transporter torpediert hatte, mit Wabos.
In diesen Kämpfen, die bis Mitte September andauerten, gelang es den japanischen Booten nach den schweren Niederlagen, ebenfalls Versenkungen zu erzielen. So wurde der US-Flugzeugträger »Wasp« von I 19 mit einem Sechserfächer Torpedos beschossen, von denen 3 trafen. Die »Wasp« sank. Einer der sechs Torpedos, der vorbeilief, erreichte das Schlachtschiff »North Carolina« und ein weiterer den Zerstörer »O'Brien«. Der Zerstörer sank bei der Überführung in die USA.

DIE U-BOOTWAFFE DER VEREINIGTEN STAATEN VON AMERIKA

U-Bootbau und Aufbau der U-Waffe

Am 12. 10. 1900 wurde die »Holland 1« als erstes U-Boot der Welt für die US-Navy in Dienst gestellt.
Von diesem Ereignis an entwickelte sich der U-Bootbau in den USA kontinuierlich weiter. Man war dort mit dem Schriftsteller Jules Verne der Meinung: »Der nächste Krieg wird ein großer Kampf zwischen den U-Booten der kriegführenden Nationen werden.« (Siehe Brief von Jules Verne an den US-U-Bootkonstrukteur Simon Lake.)
Nach den ersten fünf Booten der Holland-Klasse wuchs die amerikanische U-Bootwaffe sehr rasch weiter an und erhielt von Jahr zu Jahr neue, modernere Boote. Im Jahre 1931 verfügten die USA bereits über 55 U-Boote im Pazifik und 12 U-Boote im Rahmen der asiatischen Flotte.
Ende der zwanziger Jahre wurden in den USA die beiden Schwestern-U-Boote »Narwhal« und »Nautilus« und die etwas größere »Argonaut« als Flotten-U-Boote gebaut.
Die beiden »N«-Boote waren 111,3 m lang und verdrängten 2730 t. Sie waren mit 2 Kanonen vom Kaliber 12,7 cm bestückt und verfügten über 6 TR, von denen 4 Bug- und 2 Heckrohre waren.
Die »Argonaut« war mit 114,3 m zwar etwas länger, verdrängte jedoch nur 2710 t. Dieses Boot verfügte lediglich über 4 Bugtorpedorohre. Die Kanonenbewaffnung war mit jener der »N«-Boote identisch. Es konnte 60 Minen an Bord nehmen.
Danach konzentrierte sich der Bau der U-Boote auf drei Typen der Gato-, Balao- und Tench-Klasse. Diese Boote wurden ständig weitergebaut, weil sie für den Einsatz am besten geeignet waren. Sie waren 93,6 m lang, verdrängten über Wasser 1526 t (der Typ »Tench« verdrängte 1570 t) und waren mit vier großen Dieselmotoren ausgestattet, die den Booten eine Geschwindigkeit von 20,25 kn bei Überwasserfahrt gaben. Die Elektromotoren mit Batterieantrieb schafften 8,75 kn. Außerdem war noch ein fünfter, kleiner Dieselmotor eingebaut, der das Boot mit 3 bis 4 kn Fahrt antrieb, wenn alle Diesel ausgefallen waren.
Die drei Bootstypen verfügten über 6 Bug- und 4 Hecktorpedorohre. Sie konnten 24 Torpedos mitnehmen. Anfangs waren sie mit einer Deckkanone von 7,5 cm, später mit einer 10-cm- und zum Schluß mit einer 12,7-cm-Kanone bestückt. Hinzu kamen 4-cm- und 2-cm-FlaMW. Eines dieser U-Boote, die »Barb«, wurde mit Raketenwerfern ausgestattet.
Das U-Bootbauprogramm brachte 1936 4 neue Boote zur Truppe. Im Jahre

1937 waren es 6, 1938 wiederum 6 und 1939 4 weitere Boote, die zur Truppe stießen.
Neben den U-Bootbasen in den Häfen des US-Kontinentes richtete die US-Navy auch solche in Alaska, auf Kodiak und Dutch Harbor ein.
Am 1. 5. 1941 verfügten die US-Seestreitkräfte und die mit ihnen verbündeten Seestreitkräfte der Niederlande im Pazifik über folgende U-Boote:

Pazifik-Flotte:	27 Boote
Asiatische Flotte:	28 Boote
Niederländische Flotte:	15 Boote

Commander der Submarines Asiatic Fleet war bis zum 10. 12. 1941 Captain W. E. Doyle. Danach übernahm Captain Wilkes die Führung dieser U-Bootgruppe.
Die U-Boote der asiatischen Flotte in Manila Bay und in Olongapo waren:

Commander Submarines:	Captain W. E. Doyle (bis 10. 12. 41)
	Captain John Wilkes
Die Boote und ihre Kommandanten:	
S 37	Lt. J. C. Dempsey
S 38	Lt. W. C. Chapple
S 40	Lt. N. Lucker jr.
S 41	Lt. G. M. Holley
»Porpoise«	LtCdr. J. A. Callaghan
»Pike«	LtCdr. W. A. New
»Shark«	LtCdr. I. Shane jr.
(in Überholung)	
»Tarpon«	LtCdr. J. Wallace
»Perch«	LtCdr. D. A. Hurt
»Pickerel«	LtCdr. B. E. Bacon jr.
»Permit«	LtCdr. A. M. Hurst
»Salmon«	Lt. E. B. McKinney
»Seal«	LtCdr. K. C. Hurd
»Skipjak«	Lt.C. I. Freeman
»Snapper«	LtCdr. H. I. Stone
»Stingray«	LtCdr. R. S. Lamb
»Sturgeon«	LtCdr. W. L. Wright
»Sargo«	LtCdr. T. D. Jacobs
»Saury«	LtCdr. J. I. Burnside
»Spearfish«	LtCdr. R. F. Pryce
»Sculpin«	Lt. L. H. Chappell
»Sailfish«	LtCdr. M. C. Mumma jr.
»Swordfish«	LtCdr. C. C. Smith
»Seadragon«	LtCdr. W. E. Ferrall
(in Überholung)	

»Sealion« (in Überholung)	LtCdr. R. G. Voge
»Searaven«	LtCdr. T. C. Aylward
»Seawolf«	LtCdr. F. B. Warder

Weitere U-Boote waren in folgenden Basen stationiert:

In Lingayen:	S 36, Lt. J. R. McKnight jr.
In Sorsogon Bay, Luzon:	S 39, Lt. J. W. Coe

Mit Ausbruch des Krieges verfügte die US-Submarine über insgesamt 111 U-Boote, 73 weitere waren in Bau. Von diesen U-Booten standen für Operationen bereit: insgesamt 55 Boote, davon 29 in der asiatischen Flotte auf den Philippinen und 22 in der Pazifik-Flotte in Pearl Harbor.
Am Nachmittag des 7. 12. 1941 befahl Washington über Funk allen in See stehenden U-Booten den uneingeschränkten U-Bootkrieg gegen Japan.
Die Nord- und Zentral-Pazifik-U-Boote unterstanden KAdm. Thomas Whiters, dem Commander Submarines Pazifik Fleet, die in die beiden Gebiete Nord- und Südpazifik unterteilt war.
Nach der Ablösung von Captain Doyle wurden die beiden Süd- und Südwest-Pazifik-U-Bootgruppen von Captain John Wilkes geführt.
Alle U-Bootoperationen der USA liefen vom ersten bis zum letzten Kriegstage unter stärkster Geheimhaltung. Erst nach 1945 wurden die Ergebnisse des U-Bootkrieges veröffentlicht. Von amerikanischer Seite wird behauptet, daß die ständige Verkündung weiterer Erfolge des deutschen U-Bootkrieges sich auf die deutsche U-Bootwaffe und die U-Boote selbst negativ ausgewirkt hätte (siehe Morison, Samuel: a.a.O.).
Captain Wilkes und sein Chef des Stabes, Commander James Fife jr., flogen am 10. 12. nach Manila, um von hier aus ihre U-Boote zu führen (siehe War Activities Submarines US-Asiatic Fleet Dez. 1. 1941 - April 1. 1942).

Die Einsätze im Pazifik

Mit dem 11. 12. liefen die ersten US-U-Boote aus Pearl Harbor zu ihren Operationen aus. Es waren »Cachalot«, »Dolphin«, »Gudgeon«, »Pollack«, »Plunger«, »Narwhal« und »Tautog«, die den japanischen Angriff heil überstanden hatten. Zwei weitere Boote der Pazifik-Flotte, »Tambor« und »Triton«, liefen in den Großraum um Wake ein, um den dortigen Verteidigern zu helfen. »Triton« schoß am 10. 12. den ersten scharfen Torpedo auf ein japanisches Schiff ab, verfehlte es aber. Am 11. 12. nahmen die Boote am Kampf um Wake teil. »Pompano« kam noch hinzu, das sich auf Patrouille nahe Wake befand.
»Pollack« unter LtCdr. Mosely, »Gudgeon« unter LtCdr. Grenfell und »Plunger« unter LtCdr. White versenkten vor der japanischen Ostküste bis zum 18. 1. 1942 4 Schiffe und beschädigten ein weiteres.
Im Golf von Siam, vor Hainan und vor Davao standen ebenfalls die ersten

US-Boote im Einsatz, zu dem als erstes niederländisches Boot O 19 hinzukam. Sie versenkten fünf Schiffe.
Vor der Küste von Niederländisch-Indien versenkte eine kleine Gruppe von fünf Booten, darunter wieder ein niederländisches, insgesamt acht Schiffe. »Shark« wurde dabei vor Menado durch den japanischen Zerstörer »Amatsukaze« versenkt.
Im Gegenzug stellte »Gudgeon« am 27. 1. bei Midway eines der japanischen Boote, die im Schutze der Dunkelheit die Auslauf- und Heimfahrtpassage durchliefen. Es war I 173, das nach einem Torpedotreffer sank.
S 37 unter Lt. Dempsey versenkte am 8. 2. vor Makassar den japanischen Zerstörer »Natsushio«.
Die US-Boote der Pazifikflotte waren im Monat Januar mehrfach erfolgreich. »Pollack«, »Gudgeon«, »Pompano«, »Tautog« und »Plunger« liefen bis vor die japanische Küste. Sie meldeten zwar insgesamt 7 Versenkungen, aber es wurden nur drei Schiffe wirklich versenkt (siehe Joint Army Navy Assessment Committee Japanese Naval and Merchant Losses World War II by Submarines, Washington 1947).
Bis Januar 1942 waren außer den genannten Booten noch S 41 und »Sealion« verlorengegangen.
Die in die asiatische Flotte übernommenen niederländischen U-Boote waren K 7, K 10, K 11, K 12, K 13, K 14, K 15, K 16, K 17, K 18, O 16, O 17, O 19, K 8 und K 9. Das bedeutete eine hochwillkommene Verstärkung der U-Waffe, zumal diese Boote sehr effektiv waren.
Sechs von Captain Wilkes' Booten wurden Mitte Januar in Surabaja stationiert und liefen von hier zu ihren Einsätzen aus.
Von Januar bis März bekämpften die US-U-Boote die feindlichen Nachschublinien von Davao durch die Molukker- und Makassarstraße und von der Sulusee nach Hainan und Indochina. Hier waren »Pickerel« und »Stingray«, »Swordfish« und »Seadragon« erfolgreich. »Swordfish« sollte zu einem der erfolgreichsten U-Boote des Pazifikkampfes werden. Captain Wilkes' Boote meldeten im März die Versenkung von 12 japanischen Schiffen mit 50.000 BRT.
Hinzu kamen die Erfolge der neun im Einsatz stehenden Pazifik-U-Boote, die im März jeweils ein Schiff versenkten bzw. torpedierten.
»Salmon« torpedierte während der Kämpfe um Java den Zerstörer »Suzukaze«. Im Gegenzug wurde »Perch« von den japanischen Zerstörern »Amatsukaze« und »Hatsukaze« versenkt.
In Surabaja mußten die nicht fahrbereiten niederländischen Boote K 10, K 13 und K 18 gesprengt werden, damit sie den Japanern nicht in die Hände fielen, die am 9. 3. ganz Java in Besitz genommen hatten.
Das U-Boot »Shark« ging am 11. 2. bei japanischen Wabo-Angriffen vor Menado verloren, S 36 hatte Grundberührung und wurde dabei schwer beschädigt.

Mit dem Verlust von Java fiel auch Surabaja als Stützpunkt aus. Das letzte U-Boot verließ den Stützpunkt bereits am 1. 3. Captain Wilkes richtete sein neues HQ und die neue U-Bootbasis in Freemantle ein. Hier erhielten die Geschwader der asiatischen U-Bootflotte neue Boote und neue Besatzungen aus der Heimat.
Die ostaustralische U-Bootgruppe sah zu dieser Zeit folgendermaßen aus:

Kommandeur:	KAdm. Francis W. Rockwell
Subdivision 53:	LtCdr. Elmer E. Yeomans
Die Boote:	S 42 LtCdr. O. G. Kirk
	S 43 LtCdr. E. R. Hannon
	S 44 LtCdr. J. R. Moore
	S 45 LtCdr. I. C. Eddy
	S 46 LtCdr. R. C. Lynch
	S 47 LtCdr. J. W. Davis
Subdivision 201:	Commander Ralston V. Van Zant
Die Boote:	S 37 LtCdr. J. R. Z. Reynolds
	S 38 Lt. H. G. Munson
	S 39 Lt. F. E. Brown
	S 40 LtCdr. N. Lucker jr.
	S 41 LtCdr. G. M. Holley

Im April und Mai stand eine Reihe U-Boote im Einsatz vor der japanischen Küste, wo »Drum« unter LtCdr. Rice den Seeflugzeugtender »Mizuho« und zwei Schiffe versenkte. Auch »Grenadier« war mit zwei Versenkungen erfolgreich. »Silversides«, »Pompano« und »Trout« vernichteten ebenfalls 2 Schiffe. »Tautow« torpedierte zwei Schiffe und das japanische U-Boot I 28. »Triton« brachte es auf 3 Versenkungserfolge. Mit je einem Erfolg waren auch »Thrasher«, »Tuna« und »Pollack« beteiligt. Letzteres versenkte zwei kleine Bewacher.
Nach offiziellen Angaben wurden in dieser Zeit 80.900 BRT feindlichen Handelsschiffsraumes versenkt und 35.691 BRT torpediert.
Im Südchinesischen Meer waren zur selben Zeit drei Boote (5 Versenkungen) tätig, im Südpazifik versenkten zwei Boote zwei Schiffe, darunter einen Minenleger.
Die weiteren Operationen in der Südchina-See, die vom 25. 5. bis zum 21. 6. durchgeführt wurden, sahen fünf U-Boote im Einsatz, die sämtlich Erfolge erzielten. »Salmon« versenkte das Werkstattschiff »Asahi« mit 11.421 t und einen weiteren Frachter (»Ganges Naru«, 4382 BRT) und war in diesem Raum und Zeitabschnitt erfolgreichstes Boot.
Unter der Einsatzkontrolle von KAdm. Robert H. English, dem neuen Commander Submarine Forces Pacific-Fleet in Pearl Harbor, wurden folgende drei Operationsgruppen für Midway aufgestellt bzw. gingen in See:

Task Group 7.1. Midway Patrol Group mit den *Booten:*

»Cachalot«	LtCdr. G. A. Lewis
»Flying Fish«	LtCdr. G. R. Donaho
»Tambor«	LtCdr. J. W. Murphy
»Trout«	LtCdr. F. W. Fenno
»Grayling«	LtCdr. E. Olsen
»Nautilus«	LtCdr. W. A. Brockman jr.
»Grouper«	LtCdr. C. E.Duke
»Dolphin«	LtCdr. R. L. Rutter
»Gato«	LtCdr. W. G. Meyers
»Cuttlefish«	LtCdr. M. P. Hottel
»Gudgeon«	LtCdr. H. B. Lyon
»Grenadier«	LtCdr. W. A. Lent

Task Group 7.2. Roving Short Stops:

»Narwhal«	LtCdr. C. W. Wilkins
»Plunger«	LtCdr. D. C. White
»Trigger«	LtCdr. J. H. Lewis

Task Group 7.3. North of Oahu Patrol:

»Tarpon«	LtCdr. Lewis Wallace
»Pike«	LtCdr. W. A. New
»Finback«	LtCdr. J. L. Hull
»Growler«	LtCdr. H. W. Gilmore

Insgesamt standen noch sechs weitere Boote zur Verfügung, so daß KAdm. English 25 Boote einsetzen konnte.

Zwischen dem 21. und 25. 5. fuhr bereits die Midway Patrol Group zu ihren Bereitstellungsräumen westlich von Midway. Die drei Boote der RSS-Group liefen zu einer Aufklärungslinie 200 sm nördlich von Hawaii und halbwegs zwischen Midway und Oahu aus, für den Fall, daß der Gegner sich teilen und auch noch einen Angriff auf Pearl Harbor wagen sollte. Vier weitere Boote wurden in einem Aufstellungsstreifen 300 sm nördlich von Oahu verteilt, und die letzten sechs Boote begleiteten die Aleuten-Streitmacht (siehe Submarine Operational History World War II, I/174-189).

Während der Schlacht um Midway vom 3. bis 7. 6. 1942 griff die »Nautilus« am Morgen des 6. 6. einen Kreuzer ohne Erfolg an. Sie wurde abgedrängt, sichtete aber um 11.45 Uhr Rauchwolken, die von dem beschädigten Flugzeugträger der »Soryu« herrührten. Das Boot lief unter Wasser zum Angriff an und schoß zwischen 13.59 und 14.05 Uhr 3 Torpedos aus einer Distanz von nur 810 m ab. Alle drei Torpedos trafen den nur noch mit 2 km Fahrt laufenden Träger, dessen achteres Flugdeck bereits durch Bombenangriffe zertrümmert war.

Die beiden den Träger begleitenden Zerstörer jagten die »Nautilus« mit Wasserbomben. Als das Boot um 16.10 Uhr zum ersten Mal auftauchte, sah Commander Brockman, daß der Träger brannte. Dann explodierten seine Treibstofftanks, der Träger barst auseinander und sank um 19.20 Uhr auf 30.42 N/17.37 W.

Der Juli und August sahen weitere Angriffe kleiner U-Bootgruppen sowohl im Nordpazifik als auch vor den südlichen Kurilen. Im Nordpazifik konnte »Grunion« unter LtCdr. Abele zwei japanische U-Jäger versenken, die das Boot jagten. »Triton« geriet in einen Zweikampf mit dem japanischen Zerstörer »Nenohi«, der nach einem Treffer sank. »Narwhal« war mit 5 Versenkungen in diesem Zeitraum das erfolgreichste Boot. »Gudgeon« versenkte nur ein Schiff, torpedierte aber zwei Frachter von insgesamt 20.000 BRT so schwer, daß sie für die Zeit des Krieges ausfielen.

Mit Beginn der Operation »Watchtower«, der US-Landung auf Guadalcanal, standen die U-Boote noch einmal im dritten Kriegsjahr im Brennpunkt des Kampfes. Mehrere Boote versuchten, zum Schuß zu kommen. Dabei gelang es S 44 unter LtCdr. Moore vor Kavieng, den Kreuzer »Kako« aus einem zurücklaufenden japanischen Verband herauszuschießen.

Vor Nordost-Honshu waren Ende August die Boote »Guardfish« (mit 5 Erfolgen), »Cuttlefish«, »Gaddock«, »Growler« und »Grouper« erfolgreich. »Growler« versenkte in einem entschlossenen Angriff gegen einige Geleitfahrzeuge den Marinetransporter »Kashino« mit 10.360 BRT.

Auf dem ebenfalls von »Grouper« versenkten Transporter »Lisbon Maru« befanden sich 1800 britische Gefangene. Nur wenige konnten dem in das Schiff einflutenden Wasser entkommen.

DAS VIERTE KRIEGSJAHR

Die Lage im U-Bootkrieg

Ende August 1942 hatten die seit Jahresbeginn vor der US-Küste erzielten Erfolge nachgelassen. Der Gegner war dort zur Bildung von Geleitzügen übergegangen und hatte seine Luftabwehr von den Landbasen bedeutend verstärkt.
Dieses Gebiet sollte nur noch für einzelne, überraschend dort auftauchende U-Boote Operationsgebiet sein. Vor allem aber sollten die US-Häfen von Minen-U-Booten heimgesucht werden.
In der Karibischen See und im Golf von Mexiko hingegen lief der Einzelverkehr nach wie vor weiter; allerdings hatte sich hier die Abwehr verstärkt.
Im Juli und August war mit 22 bzw. 25 neuen Booten eine Verstärkung der U-Waffe erreicht worden.
Dies ermöglichte dem BdU die Wiederaufnahme der Geleitzugbekämpfung. Er ließ zwei U-Bootrudel an den Zwangswechseln im nördlichen und mittleren Atlantik aufstellen.
Ende August kam im Führerhauptquartier zur Sprache, daß die neuen Ortungseinrichtungen der englischen Flugzeuge der U-Bootwaffe schwerste Verluste zugefügt hätten.
So seien durch überraschend auftauchende und trotz Sichtbehinderung direkt auf die U-Boote zufliegende Maschinen in der Biskaya 4 U-Boote versenkt und 3 weitere beschädigt worden. Vier weitere U-Boote seien von Flugzeugen schwer beschädigt worden.
Vorgeschlagen wurde ein Angriff der U-Boote an mehreren Stellen gleichzeitig. So sollte neben der Aufstellung einzelner U-Boote in der Natal-Enge bzw. im Seegebiet vor Freetown der Einsatz von 4 U-Booten, mit einem U-Tanker zur Versorgung dieser Boote, im Raume Kapstadt erfolgen.
Für Angriffe auf Nordmeerkonvois wurden 2 Boote nördlich von Island zur Überwachung der Dänemarkstraße aufgestellt. Sieben weitere Boote standen bereits dort im Einsatz, und darüber hinaus sollten einige wenige Boote in den Stützpunkten zurückgehalten werden, bis ein neuer großer PQ-Konvoi durch den B-Dienst erkannt wurde.
Die Bootsverluste im dritten Kriegsjahr wurden auf dieser Besprechung im Führerhauptquartier mit 58 angegeben. Von 8 weiteren Booten wußte man noch nicht, was mit ihnen geschehen war. (Die Liste basierte auf dem Stand vom 24. 8. 1942.) Der August hatte mit 10 verlorengegangenen Booten einen Höchststand erreicht.
Die Gesamtzahl der seit Kriegsbeginn eingesetzten U-Boote betrug 304. Der Gesamtverlust belief sich auf 105 Boote. Mit den verlorengegangenen

U-Booten waren 1959 Soldaten gefallen. 1148 U-Bootmänner gerieten bei Verlust ihrer Boote in Gefangenschaft und 696 wurden vermißt.

Neue U-Boote

Am 26. 8. wurde im Lager »Werwolf« des FHQ auch die Frage nach neuen U-Booten behandelt. Der ObdM trug an Hand einer Skizze das bisherige Ergebnis der Versuche der Firma Walter, Kiel, vor. Dort hatten seit Frühjahr 1940 Versuche mit einem U-Boot, V 80, stattgefunden. Dieses 80 t große Boot war mit einer außenluftunabhängigen Einheitsmaschine für Über- und Unterwasserfahrt ausgerüstet. Bei Unterwasserfahrt hatte das stromlinienförmige Boot 23 kn Geschwindigkeit erreicht. Ein solches Kleinst-U-Boot konnte von einem großen U-Boot gestartet werden.
Ein weiterer Konstruktionsauftrag für ein Boot des Typs V 300, der im Januar 1940 erteilt worden war, sah ein herkömmliches U-Boot vor, jedoch mit einem Zweiturbinen-Unterwasserantrieb. Das Boot sollte unter Wasser 19 kn schnell sein. Als atlantiktüchtiges Boot war seine Größe mit 800 t angegeben. Die Reichweite sollte 8000 sm betragen.
Im Jahre 1942 war noch ein dritter Bauauftrag für ein Versuchsboot mit der Bezeichnung Wa 201 bzw. Wk 202 vergeben worden. Dies sollte ein Boot von 200 t werden, das mit zwei Turbinen von je 2180 PS 25,2 kn Fahrt erzielen sollte.
Die Werften Blohm und Voss und Germaniawerft Kiel hatten je 2 Boote in Auftrag (Wa 201 Blohm und Voss; Wk 202 Germaniawerft).
Im Frühjahr 1942 waren die ersten Langstrecken-Boote des herkömmlichen Typs IX D 2 in Dienst gestellt worden. Eines der ersten Boote dieses Typs war U 181, das von Kptlt. Lüth bei der Deschimag in Bremen in Dienst gestellt wurde. Diese Boote wurden im Frühsommer und Sommer eingefahren und standen zu Beginn des vierten Kriegsjahres einsatzbereit. Sie verdrängten 1616/1804 tund hatten einen Fahrbereich von 31.500 sm. Die Flakbewaffnung des Bootes war groß. Mit den sechs Torpedorohren war es ein stark armiertes Boot, das in den Weiten des Ozeans monatelang operieren konnte (siehe Anhang: Die deutschen U-Boote).

Weitere Rudelschlachten

Am 20. 8. 1942 lief U 68 als letztes Boot der Gruppe »Eisbär« zu dem vom BdU geplanten Einsatz vor Kapstadt aus. Vor ihm waren U 156, U 172, U 505, U 179 und der U-Tanker U 459 unter KKpt. von Wilamowitz-Möllendorf ausgelaufen. Die Boote hatten Weisung, möglichst erst nach Eintreffen im Operationsgebiet zu schießen.
Einige der in See stehenden Boote erzielten die ersten Versenkungserfolge, von denen die Torpedierung der »Tuscan Star«,11.449 BRT, durch U 109

unter Kptlt. Bleichrodt der herausragendste war. Am QS 33 kamen drei Boote zum Schuß, die am 6. und 7. 9. fünf Schiffe versenkten.
Am 9. 9. wurde die aus 14 Booten bestehende U-Gruppe »Vorwärts« auf den vom B-Dienst erkannten Konvoi ON 127 angesetzt. Dieser bestand aus 34 Schiffen. Vier Boote kamen am 10. 9. zum Schuß. Sie versenkten zwei und torpedierten drei weitere Schiffe. U 659 unter Kptlt. Stock, der den Tanker »Empire Oil« torpediert hatte, wurde von herbeieilenden Geleitfahrzeugen unter Wasser gedrückt und schwer beschädigt. Es mußte die Jagd aufgeben. Bis zum 14. 9. dauerte der Einsatz der Boote. Zehn von ihnen kamen zum Schuß. Sie versenkten 8 Schiffe mit 50.602 BRT und beschädigten vier weitere mit 36.240 BRT. Nachdem U 517 bereits am 11. 9. die kanadische Korvette »Charlottetown« versenkt hatte, gelang es U 91 unter Kptlt. Walkerling am 14., den kanadischen Zerstörer »Ottawa« zu vernichten.
Am Abend war auch U 68 200 sm nördlich St. Helena zum ersten Erfolg gekommen. Am Abend des 12. 9. versenkte U 156, genau auf 05.05 S/11.38 W stehend, den britischen Passagierdampfer »Laconia«, 19.695 BRT. Dieser Dampfer war nach dem britischen Handbuch der bewaffneten Schiffe mit 14 Geschützen armiert und wurde als Truppentransporter eingesetzt. Darüber hinaus hatte das Schiff Wasserbomben zur U-Bootbekämpfung an Bord.
Als dieses Schiff gesunken war, vernahmen die Männer auf dem U-Bootturm italienische Hilferufe. Kptlt. Hartenstein lief zur Untergangsstelle und begann mit den Rettungsarbeiten. Er erfuhr von den ersten Geretteten, daß außer den Engländern noch etwa 1500 italienische Kriegsgefangene, mit 160 polnischen Soldaten als Wächtern, an Bord gewesen seien. Bei den Engländern handelte es sich um 436 Mann Besatzung sowie 268 britische Urlauber mit 80 Frauen und Kindern.
12 Minuten nach Mitternacht des 13. 9. erhielt der BdU über Funk von diesem Vorfall Kenntnis:
»Versenkt von Hartenstein Brite ›Laconia‹, Marinequadrat FT 7721, 310 Grad. Leider mit 1500 italienischen Kriegsgefangenen. Bisher 90 gefischt, Passat 3, erbitte Befehle.«
Der Befehlshaber der U-Boote leitete - entgegen den Grundsätzen des Seekrieges - eine großangelegte Rettungsaktion ein. Bei dieser Aktion wurden von den insgesamt 811 an Bord befindlichen Engländem 800, von den 1800 Italienern (soviel waren es wirklich) nur 450 gerettet.
Admiral Dönitz ließ alle für Kapstadt eingesetzten Boote Kurs auf die Untergangsstelle nehmen. Außerdem hatte er die im Raume Freetown stehenden Boote U 506 und U 507 dorthin umgeleitet.
Der italienische FdU Bordeaux schickte das in der Nähe stehende Boot »Cappellini«.
Kptlt. Hartenstein ließ über die 25-m-Welle und später auch auf der interna-

tionalen 600-m-Welle einen offenen Funkspruch absetzen, daß er mit Rettungsarbeiten beschäftigt sei. Hartenstein ließ darüber hinaus funken:
»If any ship will assist the ship-wrecked ›Laconia‹-crew, I will not attack her, providing I am not being attacked by ship or airforces. I picked up 193 men, 4° 52' South, 11° 26' East, Gemman Submarine.«
Am 16. September, die Vichy-Regierung hatte bereits französische Kriegsschiffe zur Übernahme der Schiffbrüchigen in Marsch gesetzt, flog ein viermotoriges US-Flugzeug um 11.25 Uhr U 156 an, das eine große Rote-Kreuz-Fahne über den Turm gebreitet hatte. Es verschwand wieder, um um 12.32 Uhr zurückzukehren und in nur 80 m Höhe fliegend zwei Bomben zu werfen. Eines der im Schlepp befindlichen Boote mit den Schiffbrüchigen kenterte, als das Flugzeug eine dritte Bombe mitten in den Pulk der Boote warf. Nach Werfen einer vierten Bombe drehte die Maschine ab, kam dann wieder zurück, um weitere zwei Bomben zu werfen, die das Boot beschädigten.
Hartenstein mußte die geretteten Engländer und Italiener wieder von Bord geben, tauchen und ablaufen. Eine amerikanische Liberator hatte diesen Angriff geflogen.
Dennoch ließ der BdU die Rettungsaktionen fortsetzen. Daß dies falsch war, erfuhr er durch einen Funkspruch von U 506, das mit 142 Schiffbrüchigen an Bord, darunter Frauen und Kinder, von einem Flugboot angegriffen worden war.
Nicht ein einziges englisches Schiff erschien, um die Schiffbrüchigen zu retten. Am 17. 9. tauchten die beiden französischen Kriegsschiffe »Annamite« und »Gloire« auf und übernahmen die Schiffbrüchigen von den U-Booten und aus den Rettungsbooten. U 507 hatte rund 330 Engländer und Polen, darunter 15 Frauen und 16 Kinder, gerettet und an die »Gloire« übergeben. Nach diesen bösen Erfahrungen ließ der BdU am 17. 9. einen Befehl an alle Boote funken, »jegliche Rettungsversuche von Angehörigen versenkter Schiffe zu unterlassen«.
(Im Nürnberger Prozeß versuchte man von seiten der englischen Anklagebehörde, diesen Befehl als »Mordbefehl« auszulegen. Das Internationale Militärgericht, in dem die vier Siegerstaaten über die Besiegten zu Gericht saßen, konnte sich der Behauptung der englischen Anklage jedoch nicht anschließen. In Nürnberg wurde demgemäß *weder* die U-Bootwaffe als Ganzes *noch* der Befehlshaber der U-Boote wegen der Art der Führung des Seekrieges verurteilt.)
Admiral Chester W. Nimitz, US-Oberbefehlshaber im Pazifik, bestätigte, daß im Krieg gegen Japan von der US-U-Bootwaffe die gleiche Praxis verfolgt werde (siehe Air University Review März/ April 1964, »Origin of the Laconia Order«).
Deutsche U-Boote versenkten im September 1942 97 alliierte Handelsschiffe mit 472.653 BRT.

Die im Oktober 1942 beginnende 5. Phase der Schlacht im Atlantik sah ständig zwei U-Bootgruppen im Einsatz.
Der Angriff auf den Konvoi SC 104 leitete eine langwährende Phase des Geleitzugkampfes ein, die sich bis in den April 1943 fortsetzte.
Vom frühen Morgen des 13. bis zum Morgen des 15. 10. gelang es fünf Booten der Gruppe »Leopard«, acht Schiffe zu versenken. Erfolgreichster Kommandant war der junge Oblt. z.S. Hans Trojer, der 5 Schiffe mit 29.681 BRT versenkte, darunter den Dampfer »Southern Empress« mit 12.398 BRT.
Vor Kapstadt waren im Oktober die Boote der Gruppe »Eisbär« erfolgreich. U 68 versenkte auf dieser Feindfahrt 9 Schiffe mit 61.649 BRT. U 156 versenkte 3 Schiffe mit 30.381 BRT.
Einer jener Kommandanten, die in dieser Zeit bekannt wurden, war Werner Henke, der am Morgen des 12. 8. 1942 zu seiner ersten Feindfahrt mit dem neu in Dienst gestellten U 515 auslief. Das Boot hatte Befehl zum Einsatz im Raume der Kleinen Antillen, vor Trinidad, erhalten. Dort liefen viele Tanker zu den Raffinerien.
Gleichzeitig waren auch U 514 und U 516 zur ersten Feindfahrt auslaufbereit.
Am 12. 9. gelang es Henke, den panamesischen Motortanker »Stanvac Melbourne« (10.013 BRT) zu versenken. U 515 versenkte insgesamt 8 Schiffe mit 42.114 BRT und torpedierte eines mit 6034 BRT.
Der Oktober sah noch eine weitere Geleitzugschlacht am Konvoi HX 212. Die Gruppe »Puma« wurde auf diesen vom B-Dienst am 24. 10. erkannten Konvoi angesetzt. Von den 11 Booten kamen vier zum Schuß. Sie versenkten 6 Schiffe mit 51.997 BRT und torpedierten zwei weitere mit 12.633 BRT. Auf den SL 125 wurde die Gruppe »Streitaxt«, die zwischen den Kapverdischen Inseln und Madeira aufgestellt worden war, angesetzt. Sieben Boote vernichteten 12 Schiffe mit 77.981 BRT. Erfolgreichster Kommandant war Kptlt. Witte mit U 509, der 3 Schiffe torpedierte und ein viertes versenkte. Der November sah den Einsatz der im Raume ostwärts Neufundland und südlich Grönland stehenden Gruppe »Veilchen«. Das Geleit SC 107 lief mitten in dieses U-Bootrudel hinein.
15 Schiffe mit 87.818 BRT wurden aus dem Geleitzug herausgeschossen. Aber am 2. und 3. Tag des Einsatzes ging je ein deutsches U-Boot durch die Luftsicherung des Konvois verloren.
Der TAG 18 wurde am 3. 11. von U 160 angegriffen. Kptlt. Lassen vernichtete aus diesem Geleitzug in zwei Anläufen 4 Schiffe mit 25.855 BRT. U 129 unter Kptlt. Witt schoß alle Torpedos auf 5 verschiedene Schiffe ab. Doch nur zwei Tanker mit zusammen 14.622 BRT sanken.
Der Oktober hatte bei einer Versenkung von 91 alliierten Handelsschiffen mit 585.359 BRT einen großen Erfolg gebracht. Nun hoffte man, diesen Erfolg im November fortsetzen zu können. Die beiden ersten Geleitzug-

kämpfe dieses Monats deuteten an, daß dies den deutschen U-Booten gelingen würde.
Doch noch im ersten Drittel des November trat ein Ereignis ein, das lange befürchtet worden war: die alliierte Landung in Nordwestafrika.

Die Operation »Torch« und der U-Bootkrieg

Nachdem die Skl. am 8. 11. dem BdU Mitteilung von den Landungsoperationen der Anglo-Amerikaner an der marokkanischen Küste gemacht hatte, beorderte Admiral Dönitz alle Boote, die zwischen der Biskaya und den Kapverdischen Inseln standen, in diesen neuen Kampfraum.
Die ersten Boote trafen jedoch erst am 11. 11. dort ein. Sie fanden eine starke Abwehr vor, griffen dennoch entschlossen an.
U 173 unter Oblt. z.S. Schweichel durchbrach am Abend des 11. 11. die feindliche Zerstörersicherung der auf der Reede von Fedala liegenden US-Truppentransporter und schoß alle Torpedos auf drei Schiffe ab. Von diesen sank die »Joseph Hewes«, 9359 BRT, während die beiden anderen beschädigt wurden.
In der Nacht zum 12. 11. durchstieß U 130 unter dem erfahrenen KKpt. Kals ebenfalls die Sicherung der vielen Zerstörer und vernichtete in einem einmaligen Anlauf, bei dem das Boot nur 30 m Wasser unter dem Kiel hatte, drei große amerikanische Transporter mit 34.507 BRT.
Unter dem zähen Draufgänger Henke gelang es U 515 in mehreren gefährlichen Anläufen, das britische Depotschiff »Hecla«, 10.850 t, zu versenken und den britischen Zerstörer »Marne« zu torpedieren. »Marne« wurde nach Gibraltar eingeschleppt.
U 155 unter Kptlt. Piening schoß am frühen Morgen des 15. 11. einen Viererfächer gegen einen Konvoi mit großen Transportern. Er versenkte den wichtigen Geleitträger »Avenger« mit 9000 t und den Transporter »Ettrich« mit 11.279 BRT. Eine dritte Detonation war ein Treffer am Frachter »Almaak«, der jedoch nicht sank.
24 Stunden vorher hatte U 413 unter Kptlt. Poel aus dem Geleitzug MK 1 mit einem Dreierfächer die »Warwick Castle« versenkt. Dieses britische Motorschiff hatte 20.107 BRT.
Diese Vernichtungsschläge und die Erfolge am ONS 144, der vom 17. bis 19. 11. angegriffen wurde und 5 Schiffe und eine Korvette verlor, sowie die Angriffe auf den SC 109 und den ON 145 ließen die Versenkungserfolge im November auf 119 Schiffe mit insgesamt 743.321 BRT ansteigen.

U-Boote der Schlacht im Atlantik entzogen

Obgleich die Nordmeerflotte bereits mit 23 Booten in einem Raum mit geringen Erfolgsaussichten operierte, erhielt der BdU am 16. 11. von der

Skl. Weisung, die hohen U-Bootverluste im Mittelmeer durch die Zuführung von Atlantikbooten auszugleichen.
Im Mittelmeer waren von den 24 vorhandenen Booten binnen kurzer Zeit 5 verlorengegangen. Diese Verluste sollten ausgeglichen werden.
Darüber hinaus wurde verlangt, ständig 20 Boote westlich von Gibraltar und vor der marokkanischen Küste aufzustellen. Dies schwächte die gesamte U-Bootkriegführung entscheidend. In der »GKados-Sache 508« an die Skl. legte Admiral Dönitz dar, daß sich diese Verlegung und Bindung der Boote nachteilig auf den Tonnagekrieg auswirken würde und daß er, der BdU, den Tonnagekrieg nach wie vor als Hauptaufgabe der U-Bootwaffe ansehe.
Im Atlantik befanden sich am 19. 11. 57 U-Boote und zwei U-Tanker im Operationsgebiet, 33 davon auf dem An- oder Rückmarsch. 3 Boote operierten noch vor Kapstadt, 4 im Golf von Guinea und vor Freetown, 7 bei Trinidad. Das Gros mit 25 Booten aber stand westlich von Gibraltar zum Angriff auf den feindlichen Nachschub ins Mittelmeer bereit. Eine Gruppe von 14 Booten, die sich hauptsächlich durch neue, aus der Erprobung kommende Boote ergänzte, stand im Kampf gegen die Nordatlantik-Geleitzüge.
Nachdem einige Boote bereits in den ersten Dezembertagen zum Schuß gekommen waren, wurde am 4. 12. der Konvoi HX 217 gesichtet. Zwei U-Bootgruppen mit 22 Booten wurden angesetzt. Die ersten Angriffe wurden am 7. 12. gefahren, ohne zählbare Erfolge zu erringen. Vom 8. bis 10. 12. wurden 2 Schiffe versenkt und mehrere torpediert.
An diesem Konvoi stießen, zum ersten Mal im Zweiten Weltkrieg, zwei U-Boote zusammen. U 221 war es, das U 254 rammte. U 254 sank.
Beim Angriff auf den Konvoi ON 153, an dem 13 Boote der Gruppe »Raufbold« beteiligt waren, konnten nur 3 Schiffe und der Zerstörer »Firedrake« versenkt werden.
Erst die Operation auf den ONS 154 brachte wieder einen großen Erfolg. Dieser Konvoi war am 26. 12. von U 260 gesichtet worden.18 Boote, die eingesetzt wurden, bildeten die Gruppen »Spitz« und »Ungestüm«. Elf Boote kamen in den nächsten 6 Tagen zum Schuß; 14 Schiffe mit 109.839 BRT sanken. U 356 ging am 27. 12. an diesem Konvoi verloren. Das Boot war von vier Sicherungsfahrzeugen eingekreist und mit über 100 Wabos belegt worden, die es tödlich trafen.
59 Schiffe mit 315.673 BRT wurden im Dezember versenkt.
Die 5. Phase der Schlacht im Atlantik war zu Ende. Die deutschen und italienischen U-Boote hatten im gesamten Jahr 1942 1160 Schiffe mit 6,266.215 BRT vernichtet. Captain Roskill schrieb darüber:
»Es war der britischen Admiralität klar, daß die Schlacht auf den Geleitzugwegen noch nicht entschieden war, daß der Feind größere Kräfte besaß als jemals zuvor und daß die Krise in diesem sich schon lange hinziehenden Kampf nahe bevorstand.« (Siehe Roskill: a.a.O.)

Allgemeine Lage zu Beginn des Jahres 1943

Mitte Januar 1943 hatte der Oberbefehlshaber der deutschen Kriegsmarine, Großadmiral Raeder, seinen Rücktritt eingereicht. Der Grund war, daß während der Neujahrsnacht 1942/43 die Schlacht um den Eismeer-Konvoi JW 51-B (deutsch: Unternehmen »Regenbogen«) so unglücklich ausging. Während der schwere Kreuzer »Admiral Hipper« im Gefecht mit der britischen Deckungsgruppe stand, meldete das Fühlung haltende U-Boot U 354 emphatisch: »Ich sehe nur noch Rot.« Hitler wollte dem durch die Ereignisse um Stalingrad geschockten deutschen Volk den Neujahrstag mit einer Sondermeldung über eine Geleitzugschlacht versüßen. Während die beschädigten deutschen Kriegsschiffe unter Wahrung absoluter Funkstille in die Häfen zurückliefen, wurde Hitler immer ungeduldiger. Als er schließlich nach eintägigem Warten erfuhr, daß »Hipper« beschädigt und ein Zerstörer verloren worden war, explodierte er. Der tobende Führer verlangte die sofortige Verschrottung aller großen Überwasserkriegsschiffe. Raeder kam mit seinem penibel ausgearbeiteten Memorandum über den Wert von schweren Überwasserkriegsschiffen gar nicht zu dem von ihm gewünschten Vortrag, worauf er seinen Rücktritt einreichte. Er schlug Generaladmiral Carls und Admiral Dönitz als seine möglichen Nachfolger vor. Hitler entschied sich für Dönitz.

So erhielt der Befehlshaber der U-Boote seine Ernennung zum Oberbefehlshaber der Kriegsmarine. Gleichzeitig damit erfolgte seine Beförderung zum Großadmiral.

Großadmiral Dönitz beauftragte seinen Chef des Stabes, KAdm. Godt, mit der U-Bootkriegführung. KKpt. Heßler, der mit den übrigen Generalstabsoffizieren des BdU die Hauptlast der Stabsarbeit des U-Booteinsatzes trug, stand Godt als erster Admiralstabsoffizier zur Seite.

Die U-Bootführung siedelte nach Berlin über, wo sie im Hotel am Steinplatz ihr HQ bezog.

Ihre neue Bezeichnung lautete: 2. Abteilung Skl. - BdU op.

In die letzte Phase der Schlacht im Atlantik ging die U-Bootwaffe im Januar 1943 mit 215 U-Booten. Ihre Dislozierung sah so aus:

Atlantik:	164 U-Boote
Mittelmeer:	24 U-Boote
Nordmeer:	21 U-Boote
Schwarzes Meer:	6 U-Boote.

Die letzte Phase der Schlacht im Atlantik

Im gesamten Monat Januar 1943 wurden von deutschen U-Booten im Atlantik, im Nordmeer und im Mittelmeer 42 Schiffe mit 218.449 BRT versenkt.

Der TM 1 verlor eine Reihe Schiffe und Tanker, der HX 222 und 223 ebenfalls. U 522 unter Kptlt. Schneider war mit 3 Versenkungserfolgen daran beteiligt. Kptlt. Mohr konnte mit U 124 vier Schiffe versenken.
Nach diesem schwachen Jahresbeginn mit verhältnismäßiger U-Bootleere stieg die Erfolgskurve im Februar wieder steil an. Der HX 224 kam mit zwei ihm von U 456 unter Kptlt. Teichert beigebrachten Verlusten glimpflich davon. Der SC 118, der am 3. 2. gesichtet wurde, erlebte den Angriff der U-Bootgruppen »Pfeil« und »Haudegen«. Bei schwerem Sturm und Seegang zwischen 7 und 8 kamen dennoch 5 der 21 Boote zum Schuß. U 187 wurde in der Nacht zum 5. 2. durch die Zerstörer »Vimy« und »Beverly« versenkt. Am Morgen des 5. 2. kam auch U 262 zum Schuß. Aber erst am Nachmittag des 5. 2. wurde das erste Schiff, die »West Portal«, von U 413 versenkt.
Am 6. 2. kamen U 266 und U 262 zum Schuß. Zwei Schiffe sanken. Am 7. 2. gelang Kptlt. von Forstner in einem dramatischen Anlauf die Versenkung von 6 Schiffen und einem Leichter.
An diesem Tag wurden U 609 durch die Korvette »Lobelia« und U 623 durch viermotorige britische Bomber versenkt.
Vier weitere Boote, die Anschluß zu gewinnen versuchten, wurden ebenfalls abgedrängt.
Am 9. 2. brach der BdU die Operation ab. Sie hatte den Konvoi 13 Schiffe mit 59.765 BRT gekostet. Über diesen Einsatz schrieb Großadmiral Dönitz: »Es war die vielleicht härteste Geleitzugschlacht des Krieges.«
Der ON 166 wurde der Operationsabteilung am 18. 2. durch Flieger gemeldet. Er stand 300 sm westlich des Nordkanals auf Auslaufkurs Richtung USA-Küste. 48 Schiffe waren in ihm vereinigt. Die beiden U-Bootgruppen »Ritter« und »Knappen« mit insgesamt 21 Booten wurden am 20. 2. auf ihn angesetzt. 12 Boote kamen zum Schuß.
In sechs Tagen erbitterter Angriffe und Verteidigungskämpfe wurden 15 Schiffe mit 97.382 BRT aus dem Konvoi herausgeschossen. Zwei Boote gingen verloren.
Im Februar fielen den deutschen U-Booten insgesamt 68 alliierte Handelsschiffe mit 380.835 BRT zum Opfer. Im Atlantik allein waren es 57 mit 339.704 BRT.
Der Monat März wurde für die U-Bootwaffe sozusagen zum Fanal. Der HX 227, der bereits am 27. 2. von U 759 gesichtet worden war, entging mit seinen 62 Schiffen einem Desaster. In den Schnee- und Regenschauern kamen nur U 405 und U 634 zum Schuß und versenkten zwei große Schiffe und zwei Motor-Torpedoboote, die sich an Bord der von U 405 versenkten »Wade Hampton« befanden.
Als am 6. 3. durch den B-Dienst der Konvoi SC 121 erkannt wurde, befahl der BdU trotz der Meldung von U 405, daß der Konvoi schon 90 sm nördlich des Rudels lief, die Verfolgung. Drei Gruppen mit 29 Booten versuch-

ten Anschluß zu gewinnen. 10 Boote kamen heran und gingen zum Angriff über. In 13 Anläufen versenkten sie 13 Schiffe und torpedierten ein weiteres. Der Gegner verlor 62.198 BRT, kein U-Boot ging verloren.
Um diese Zeit kam auch U 510 unter KKpt. Neitzel an dem Bahia-Trinidad-Geleitzug BT 6 zum Schuß. Auf acht Schiffe feuerte der Kommandant in zwei Anläufen. Drei Schiffe sanken. Fünf weitere wurden getroffen und liefen in Nothäfen ein.
Am 9. März war dem B-Dienst bereits ein weiterer Konvoi aufgefallen und dem BdU gemeldet worden: der HX 228, der aus 60 schnellen Schiffen bestand.
Sein gemeldeter Standort lag noch 300 sm westlich der U-Bootgruppe »Neuland«. Es kamen nur 12 Boote heran. Unter ihnen wieder U 221 unter Oblt. z.S. Trojer.
Nach einer gefährlichen Waboverfolgung gelang es U 221, sich abzusetzen. Das Boot hatte zwei Dampfer versenkt und einen torpediert. U 444, U 406, U 757, U 432 kamen noch zum Erfolg. U 432 versenkte den britischen Zerstörer »Harvester«.
Dieser Zerstörer hatte wenige Stunden vorher, am Morgen des 11. 3., U 444 gerammt und versenkt.
U 432 wurde kaum eine Stunde nach diesem Erfolg durch Wabowürfe der französischen Korvette »Aconit« versenkt. Kptlt. Eckhardt ging mit seinem Boot unter. Ein Teil der Besatzung wurde gerettet. Zum ersten Mal wurde an diesem Geleitzug der Flugzeugträger »Bogue« gesichtet. Am 13. 3. ließ der BdU die Operation abbrechen.

Die größte Geleitzug-Doppelschlacht des Zweiten Weltkrieges

Am 14. 3. wurden alle im Nordatlantik stehenden Boote in einem nach Westen verlaufenden Aufklärungsstreifen aufgestellt. Der B-Dienst hatte am Tage zuvor einen Funkspruch des Konvois HX 229 aufgenommen und entschlüsselt. Danach stand dieser südöstlich von Kap Race und steuerte 89 Grad Ostkurs. Einen Tag später wurde vom B-Dienst ein zweiter FT-Spruch entziffert, der dem Konvoi SC 122 galt.
In der Nacht zum 13. 3. wurde die Western Local Escort, die beide Konvois auf dem ersten Teil der Fahrt nach Osten geleitete, auf der Höhe von St. Johns durch die Ocean Escort Group abgelöst. Für den SC 122 bestand diese Sicherung aus 2 Zerstörern, einer Fregatte und fünf Korvetten. Der HX 229 wurde durch vier Zerstörer und eine Korvette geschützt.
Beide Konvois liefen auf der Südroute, weil die britische Admiralität deutsche U-Boote nur auf der Nordroute vermutete.
Am 15. 3. hatten sich die Gruppen »Stürmer« mit 18 und »Dränger« mit 11 Booten gebildet. Am Tage zuvor hatte sich der BdU entschlossen, auch die

Gruppe »Raubgraf«, die auf der Nordroute gegen den ON 170 eingesetzt war, mit großer Fahrt vor den Kurs des SC 122 zu legen. Doch der SC 122 passierte vor den Booten, die im schweren Sturm aufgehalten wurden, den Kollisionspunkt.

Am 16. 3. um 23.00 Uhr wurden die ersten Torpedos auf den HX 229 geschossen und bis zum frühen Morgen des 17. 3. 2 Schiffe versenkt und eines torpediert.

Am Morgen des 17. 3. begann der Angriff auf den SC 122, als U 338 unter Kptlt. Kinzel drei Schiffe versenkte und eines torpedierte. Von nun an ging es Schlag auf Schlag. In immer neuen Anläufen jagten 38 deutsche U-Boote hinter den beiden Geleitzügen her, die näher und näher zueinander aufschlossen.

Schiff um Schiff wurde herausgeschossen.

Am Nachmittag des 17. 3. setzte über beiden Konvois die Luftüberwachung aus Nordirland und Island ein. Viermotorige Liberatorbomber drückten an diesem Tag acht U-Boote unter Wasser und drängten sie vom Geleitzug ab. Nur zwei Boote kamen in der folgenden Nacht zum Schuß: U 338, das aus dem HX 229 ein Schiff herausschoß, und U 305 unter Kptlt. Bahr, das einen Frachter des SC 122 vernichtete und einen zweiten anschoß. Zwei U-Boote wurden durch Bomber beschädigt.

Am Abend des 17. 3. standen immer noch 32 Boote dicht an den beiden Konvois. Neun von ihnen kamen bis auf Sichtweite heran. Als aber gegen 09.30 Uhr die Luftüberwachung wieder einsetzte, wurden abermals acht der neun herangekommenen Boote abgewehrt. Nur U 221 hielt Anschluß und versenkte am Nachmittag des 18. 3. zwei große Dampfer von 7191 und 8293 BRT.

Die Konvoisicherung, die am Morgen des 19. 3. auf 18 Einheiten angewachsen war, drängte die sieben angreifenden Boote ab. Die Luftsicherung kam hinzu und versenkte U 384. U 338 wurde schwer beschädigt und mußte den Rückzug antreten.

Am Morgen des 20. 3. ließ der BdU diesen Angriff abbrechen, weil sich beide Geleitzüge bereits innerhalb der Landbereiche des Coastal Command befanden. Die U-Boote setzten sich nach Westen ab. In dieser Absetzbewegung wurden U 441 und U 631 durch Bombenwürfe beschädigt und mußten den Rückzug antreten.

Nicht weniger als 21 Schiffe der Alliierten mit 140.842 BRT wurden versenkt. 11 weitere Schiffe waren torpediert worden, von denen über die Hälfte der schweren See zum Opfer fielen. Als beide Geleitzüge am 23. 3. in den Nordkanal einliefen, waren von den insgesamt 100 Schiffen nur noch 69 übriggeblieben.

Insgesamt verloren die Alliierten im März 105 Schiffe mit zusammen 590.234 BRT. Im Admirality Monthly vom Dezember 1943 heißt es:

»Niemals kamen die deutschen U-Boote ihrem Ziel, die Verbindungen zwischen der Alten und der Neuen Welt zu unterbrechen, so nahe wie in den ersten 20 Tagen des März 1943.«

Das Finale des U-Bootkampfes

Im Atlantik begann - auch wenn sich der Kampf der U-Boote bis zum letzten Kriegstag hinzog - in dieser Periode der großen Siege bereits das Finale. Es war nicht nur das Radar, das - wie allgemein angenommen wird - das Ende der Rudelschlachten bedeutete.

Im März konzentrierten die Alliierten alles an Abwehrkräften zum entscheidenden Kampf im Atlantik. In der Anfang März 1943 stattfindenden Atlantic-Convoi-Conference wurde mit dem US-Geleitträger »Bogue« und fünf begleitenden Zerstörern die erste Träger-Geleit-Gruppe zusammengestellt, die den HX 128 über den ganzen Atlantik geleitete.

Admiral Horton stellte im Laufe des März die ersten fünf Support Groups auf, so daß mit der vorgenannten Group sechs Begleitgruppen einsatzbereit waren. Darüber hinaus wurde gerade in dieser entscheidenden Phase des Kampfes die Zahl der Langstreckenflugzeuge des Coastal Command entscheidend aufgestockt.

Die Geleitfahrzeuge waren nach Einbau der »High Frequency Direction Finders« (HF/DF) in der Lage, von sich aus Zerstörer und Flugzeuge auf angreifende U-Boote anzusetzen. Da auch immer mehr Flugzeuge und Sicherungsfahrzeuge mit Radar ausgerüstet waren, konnten diese jedes aufgetauchte deutsche U-Boot, auch bei Nacht und schlechtester Sicht, orten und angreifen.

Die Sicherungsfahrzeuge waren inzwischen mit dem neuen Wasserbombenwerfer »Hedgehog« ausgerüstet worden, der 24 Wabos als Fächer gleichzeitig abwerfen konnte.

Der letzte, schwer ins Gewicht fallende Faktor aber war eine neue, überschwere Wasserbombe, die Thorpex-Bombe, die jedes noch so tief getauchte U-Boot erreichen und vernichten konnte.

Die Erfolge der U-Boote - die selbst im Erfolgsmonat März 1943 erst die halbe Stärke jener Kampfkraft besaßen, die Dönitz gefordert hatte - hätten den Gegner in die Knie zwingen können. Das berichtet The Times Literary Supplement in dem Artikel »Hitlers Two Fronts«:

»Der einzige der militärischen Spezialisten, der eine Konzeption hatte, die der globalen Kriegführung gerecht wurde, war Dönitz. Hätte Hitler früher auf ihn gehört, hätte Dönitz für seinen U-Bootkrieg den totalen Vorrang erhalten, den er forderte, so hätte der Krieg ein anderes Ergebnis haben können.«

Ferne Operationsgebiete

Während Ende März 1943 im Atlantik der Entscheidungskampf ausgetragen wurde, kam es auch in fernen Operationsgebieten wieder zu Geleitzugkämpfen. So konnten in der Karibischen See einige Geleitzüge von einzeln operierenden deutschen Booten erfaßt werden. U 150 unter KKpt. Neitzel stieß bei Cayenne auf den nach Trinidad fahrenden BT 6. Er versenkte daraus vier Schiffe und beschädigte fünf weitere.
Ein anderes Boot, das am 21. 2. 1943 auslief, um ins Operationsgebiet vor Freetown vorzudringen, war U 515.
Nach der Versenkung der »California Star« am 4. 3. in Höhe der Azoren wurde U 515 in die Gruppe »Unverzagt« einbezogen, die den aus den USA kommenden Konvoi USG 6 angreifen sollte. Es gelang Henke, die »Molly Pitcher«, die von zwei Booten bereits getroffen worden war, mit Fangschuß zu versenken. Von U 106, das bei diesem Angriff durch Wasserbomben beschädigt worden war, übernahm U 515 Treibstoff. Das Boot wurde in das Gebiet Freetown umdirigiert und versenkte hier am 9. 4. das Motorschiff »Bamako«.
Die nächsten 20 Tage kreuzte das Boot vor der westafrikanischen Küste, ohne einen Dampfer zu sichten. Die Temperaturen im Boot betrugen 50 Grad. Am Abend des 30. April wurde Henke auf den Turm gerufen. Sie hatten einen Trinidad-Geleitzug ausgemacht, der in Richtung Freetown lief. Alle sechs Rohre des Bootes wurden zum Schuß vorbereitet. In Überwasserfahrt schob sich U 515 mit beginnender Nacht näher und näher an den Konvoi heran. Nacheinander verließen vier Torpedos die Rohre. Als die erste Trefferfontäne aufstob, schoß U 515 die beiden Hecktorpedos ab. Ein Zerstörer drehte auf das Boot zu, das sofort wegtauchte.
Fünf Sinkgeräusche wurden registriert. Die Dampfer »Manking« (5931 BRT), »Corabella« (5682 BRT), »Bandar Shapur« (5236 BRT), »Kola Tjandi« (7295 BRT) und »Nagina« (6551 BRT) waren gesunken.
Um 01.30 Uhr tauchte U 515 wieder auf.
»Boot greift erneut an!« befahl der Kommandant.
Zum zweiten Mal schloß U 515 zum Überwasserangriff auf. Vier gezielte Einzelschüsse verließen die Rohre, und die Dampfer »Clan McPherson« (6940 BRT), »City of Singapore« (6555 BRT) und die »Mocambo« (4996 BRT) sanken. Damit hatte U 515 binnen weniger Stunden aus dem Konvoi TS 39 acht Schiffe mit 49.186 BRT versenkt. Dies war der größte Erfolg eines Einzelbootes an einem Konvoi während des Krieges.
Ein weiteres Boot, das große Erfolge erzielte, war das in den Raum um Südafrika entsandte U 160 unter Kptlt. Lassen.
Das Boot stand am 1. 3. 1943 direkt vor Port Shepstone, wo es aus einem Konvoi drei Schiffe und einen Tanker herausschoß. Der Tanker »Tibia«, 10.356 BRT, wurde mit einem Fangschuß versenkt. Insgesamt schoß Lassen

aus diesem Geleitzug in mehreren Anläufen 5 Schiffe heraus und torpedierte zwei weitere.

Das große U-Bootsterben

Alle diese Erfolge einzelner Boote in entfernten Operationsgebieten täuschten die U-Bootführung jedoch nicht darüber hinweg, daß die Schlacht im Atlantik ihrem Ende entgegenging.
Im April 1943 wurden nicht weniger als 14 Geleitzüge von deutschen U-Booten angegriffen, doch nur 19 Schiffe von den in diesem Monat insgesamt versenkten 48 Dampfern mit 276.517 BRT wurden aus Geleitzügen heraus versenkt.
Den größten Erfolg erzielte die Gruppe »Löwenherz«, die vom 4. bis 7. 4. den HX 231 angriff und 6 Schiffe versenkte.
U 635 wurde von der Fregatte »Tay« am Konvoi vernichtet, und noch am selben Tage wurde U 632 von einer Liberator der Luftsicherung südwestlich Island versenkt.
U 732, das zur Gruppe »Meise« gehörte, sichtete am 23. 4. den Konvoi ONS 4 mit 32 Schiffen und 11 Sicherungsfahrzeugen, der von England auf Westkurs lief. Dieser Konvoi wurde von der Escort Group 2 unter Commander MacIntyre geleitet. Das Flaggschiff dieser Group, die »Hesperus«, war kurz vorher mit dem Hedgehog-Wasserbombenwerfer und einem HF/DF-(»Huff-Duff«-)Kurzwellenpeiler ausgerüstet worden.
Als das erste deutsche U-Boot vom Geleitträger »Biter« (der 12 Swordfish-Maschinen zur Geleitsicherung und U-Bootjagd an Bord hatte) geortet worden war, rief Commander MacIntyre die Korvette »Clematis« zur Hilfeleistung heran und nahm die Verfolgung auf. MacIntyre erklärte später:
»Wir hatten Kontakt! Hier war unsere Chance gekommen, unseren neuen Killer, den Hedgehog, auszuprobieren. Bill Ridley kontrollierte das Asdic-Team, ich brachte die ›Hesperus‹ in Wurfposition. Als wir über Kopf waren, brüllte Bill ›Feuer‹!
Als wir unser Hedgehog nachgeladen hatten, flogen abermals alle 24 Wabos des Hedgehog in die See. Als der Knopf der Stoppuhr eingedrückt wurde, gingen zwei scharfe Explosionen durch das Schiff.
›Wir haben es!‹ schrie Bill, als er aus der Asdic-Kabine sprang. Und wirklich, wir hatten es! U 191 ging mit seiner gesamten Besatzung auf den Grund hinunter.« (Siehe MacIntyre, Donald: U-Boat-Killer).
Am 25. 4. sichteten Swordfishes der »Biter« U 203. Sie griffen das Boot an, das beschädigt wegtauchte. Der Zerstörer »Pathfinder« lief heran und warf 24 Wabos mit dem Hedgehog. U 203 sank.
Anfang Mai war wieder eine Reihe U-Boote ausgelaufen. Der BdU stellte daraus vier U-Bootgruppen zusammen. Am 4. 5. lief ein von England kommender Konvoi mitten in eine der Suchharken hinein. Es war der ONS 5 mit

30 Schiffen. Elf deutsche U-Boote griffen an. Sie schossen in der ersten Nacht 6 Schiffe aus dem Konvoi heraus. Während des Nachmittags wurden fünf weitere Schiffe aus dem ONS 5 versenkt.
Aber U 630 war schon am 4. 5. von einem Canso-Flugboot der RCAF-Squadron 5 versenkt worden. Am 5. 5. vernichtete die Korvette »Pink« U 192. 15 Boote aber blieben an diesem Tage am Geleitzug. Zwei Stunden vor Einfall der Dunkelheit setzte plötzlich starker Nebel ein. Während die U-Boote blind weiterliefen, konnten die Sicherungsfahrzeuge mit ihren Radar- und HF/DF-Geräten alle Boote anpeilen und angreifen. Sechs Boote wurden von den Zerstörern mit Artillerie beschossen, die übrigen unter Wasser gedrückt und mit Wabos belegt.
U 638 ging noch am 5. 5. durch einen Wabofächer der Korvette »Loosestrife« verloren. U 125 wurde von dem in Lage Null anlaufenden Zerstörer »Oribi« gerammt. Schwer beschädigt, entkam das Boot, funkte SOS, wurde von der Korvette »Snowflake« angepeilt und durch Artillerie vernichtet.
Am selben Tage wurde auch U 531 von der »Oribi« versenkt. U 533 entkam, von der »Sunflower« gerammt, mit Mühe und Not.
Inzwischen war als zusätzliche Sicherung die 1. Escort Group zum Konvoi gestoßen. Ihr Führungsboot, die Fregatte »Pelikan«, stellte U 438 mittels Radar, drückte es mit Artilleriefeuer unter Wasser und belegte das gerade untergetauchte Boot mit Wasserbomben. U 438 sank. Drei weitere Boote wurden beschädigt.
Großadmiral Dönitz ließ den Kampf abbrechen. 13 Schiffe waren aus dem ONS 5 versenkt worden.
Aber die U-Bootwaffe hatte mit dem Verlust von sieben Booten und der Beschädigung von vier weiteren teuer dafür bezahlt.
Nach Abbruch dieser Geleitzugschlacht standen nur noch 18 U-Boote im Atlantik. Sie wurden östlich von Neufundland zur Gruppe »Elbe« zusammengestellt.
Am Konvoi HX 237 gingen vom 11. bis 13. 5. weitere drei Boote verloren. Ihnen standen drei versenkte Schiffe gegenüber. Am ONS 7 blieben zwei Boote, während nur ein Schiff daraus versenkt werden konnte.
Am 14. 5. wurde der Konvoi SC 129 gesichtet. Die Gruppe »Elbe«, inzwischen wieder auf 25 Boote angewachsen, wurde darauf angesetzt. Elf Boote nahmen Fühlung auf, zehn davon wurden von der Geleitsicherung erfaßt und abgedrängt. Nur U 402 schloß auf und schoß zwei Dampfer aus dem Konvoi heraus.
Die »Hesperus«, das Führerboot der 2. Escort Group, die gemeinsam mit der Support Group 5 mit dem Träger »Biter« die Sicherung durchführte, beschädigte U 223 schwer. Doch das Boot erreichte die Heimat. Böser erging es U 186, das von der »Hesperus« versenkt wurde. U 266 ging durch den Bombenabwurf einer Liberator verloren.
Bis zum 24. 5. gingen in den Kämpfen im Atlantik noch weitere sieben

U-Boote verloren. Von diesen sanken allein vier am SC 130, von dem nur ein einziges Schiff versenkt werden konnte.
Am 24. 5. befahl Großadmiral Dönitz, nachdem bis zum 22. 5. 31 Boote im Monat Mai verlorengegangen waren, das Kampfgebiet Nordatlantik zu verlassen und in den Raum südwestlich der Azoren auszuweichen. Zum ersten Mal seit Beginn der Schlacht im Atlantik war damit der Nordatlantik frei von deutschen U-Booten.
Bis zum Monatsende hatte sich die Zahl der im Mai gesunkenen U-Boote auf 41 erhöht. Diesen ungeheuerlichen Verlusten stand eine Gesamtversenkungsquote von 44 Schiffen mit 225.772 BRT gegenüber.
»Wir wußten«, sagte Captain Roskill, »daß wir einen Griff abgeschüttelt hatten, der uns beinahe den Hals zugedrückt hätte.«
Doch der U-Bootkrieg ging weiter, aus Gründen, die Großadmiral Dönitz folgendermaßen umriß:
»Wenn wir schon 1943 den U-Bootkrieg eingestellt hätten, wären beim Gegner frei geworden:
1. Ein gar nicht abzuschätzendes Industrie- und Werftpotential der Alliierten.
2. Durch Aufhören des Zwanges, Geleitzüge zu bilden, etwa 25 Prozent der Handelsschiffstonnage zur anderen Kriegsverwendung.
3. Hunderte von Bewachungsstreitkräften und Flugzeugen. Diese hätte der Gegner zu anderen Kriegsunternehmungen einsetzen können.
Schon um dem Gegner diese militärischen Möglichkeiten nicht zu geben, mußte daher im Mai 1943 der U-Bootkrieg fortgesetzt werden. Der Atlantik war das Vorfeld, in welchem in der vordersten Linie die Heimat verteidigt wurde.
Die U-Bootwaffe konnte 1943 nicht aufhören, sich einzusetzen. So nahmen denn die U-Bootfahrer in selbstlosem, echtem Soldatentum diese schweren Kämpfe auf sich.«
Der Tonnagekrieg wurde in den fernen Gewässern fortgesetzt. Es gelang den U-Booten, nach dem Tiefpunkt im Juni, mit nur 20 versenkten Schiffen von insgesamt 86.807 BRT, im Juli wieder 46 Schiffe mit 245.178 BRT zu versenken. Aber im August fiel die Quote abermals auf 17 Schiffe mit nur 88.957 BRT ab.
Diese geringen Erfolge wurden im Raum Madagaskar erzielt. Hier wurden die Feindfahrten durchgeführt, die unsagbare Strapazen von den U-Bootfahrern forderten. Es waren die Einsätze der Boote des Typs IX D 2, über die hier in knapper Form berichtet werden soll.

Lange, harte Fahrt

Am 12. 9. 1942 lief U 181, eines der ersten Boote des Typs IX D 2, von Kiel zu seiner ersten Feindfahrt aus. Operationsgebiet dieses ersten großen

Bootes und der Schwesternboote U 177 und U 178 war der Raum Kapstadt. Alle drei Boote erzielten Erfolge. U 181 versenkte und torpedierte 12 Schiffe mit über 58.000 BRT. U 177 kam auf acht Versenkungen mit rund 49.000 BRT, und U 178 versenkte sechs Schiffe mit 47.000 BRT.
Die nächste Feindfahrt der großen Boote für weite ozeanische Verwendung sah U 181, U 177, U 178, U 195, U 196, U 197 und U 198 im Einsatzgebiet zwischen Südafrika und Madagaskar. Wieder errangen diese Boote überragende Erfolge. Bereits am 20. 8. 1943 war jedoch U 197 südlich Madagaskar durch britische Flieger versenkt worden. Alle übrigen Boote kamen durch. U 181, das am 23. 3. 1943 ausgelaufen war, kehrte am 14. 10. 1943 nach 206 Seetagen zum Stützpunkt Bordeaux zurück. KKpt. Lüth hatte mit diesem Boot abermals 10 Schiffe versenkt.
U 196 unter Kptlt. Kentrat, das am 13. 3. 1943 in Bordeaux ausgelaufen war, blieb 225 Tage in See, ehe es am 23. 10. 1943 wieder in Bordeaux festmachte. Auch dieses Boot hatte eine Reihe von Versenkungen erzielt und die längste Feindfahrt des Zweiten Weltkrieges hinter sich gebracht.
Einer der ganz alten Kommandanten, FKpt. Hartmann, war am 9. 3. 1943 zur ersten Feindfahrt mit U 198 ausgelaufen. Am 1. 4. wurde er zum Kpt. z.S. befördert, und nach 200 Seetagen brachte er das Boot nach acht Versenkungserfolgen wohlbehalten nach Bordeaux zurück.
Die Operationen im Indischen Ozean, im Roten Meer, im Persischen Golf dauerten vom Sommer 1943 bis zum Dezember dieses Jahres an.
Ende August 1943 waren die ersten deutschen U-Boote mit dem akustischen Torpedo T 5 ausgerüstet worden. Diese neue Waffe, auch »Zaunkönig« genannt, ortete die Schallwellen der Zerstörerschrauben auf und wertete diese für seine Ruderanlage aus. Der Torpedo arbeitete auf 13.000 Hertz und suchte selbständig sein Ziel. Dies war nach dem FAT - Flächen absuchenden Torpedo - und dem LUT - lagenunabhängigen Torpedo - eine dritte gefährliche Waffe im Kampf gegen die Hauptfeinde der U-Boote, die Zerstörer.

Deutsche U-Boote im Mittelmeer

Im Mittelmeer waren in den ersten zwei Monaten des vierten Kriegsjahres nur wenige deutsche U-Boote im Einsatz, von denen nur geringe Erfolge gemeldet wurden. Allerdings ging auch nur ein Boot, U 559 unter Kptlt. Heidtmann, am 30. 10. vor Port Said verloren.
Am 7. 11. ging vor Algier U 605 unter Kptlt. Schütze verloren.
Mit der alliierten Landung in Nordwestafrika bei Casablanca, Oran und Algier begann auch im Mittelmeer eine Zeit der verzweifelten Angriffe, die mit hohen Verlusten verbunden waren.
Das erste Boot, das im Mittelmeer auf ein Schiff der Landungsflotte stieß, war U 331 unter Kptlt. von Tiesenhausen, das vor Algier am 9. 11. den US-

Dampfer »Leedstowna, 9135 BRT, durch Fangschuß - nach Lufttorpedo- und Bombentreffer - versenkte.
U 81 unter Kptlt. Guggenberger versenkte am selben Tage die »Garlinge«, und zwei Stunden darauf griff U 431 unter Kptlt. Dommes den britischen Zerstörer »Martin« an, der nach dem Treffer von seinen eigenen Wasserbomben zerrissen wurde.
Am 11. 11. versenkte U 407 unter Kptlt. Brüller den britischen Truppentransporter »Viceroy of India«, der mit seinen 19.627 BRT ein entsprechendes Ziel abgab. U 380 unter KKpt. Röther griff den Niederländer »Nieuw Zeeland«, 11.069 BRT, an, die nach dem Fangschuß sank. U 596 unter Kptlt. Quaet-Faslem vernichtete am 12. 11. die »Browning«, und am selben Tag torpedierte U 77 (Hartmann) die Korvette »Stork«.
U 431 unter Kptlt. Dommes konnte noch den niederländischen Zerstörer »Isaac Sweers« versenken. U 81 und U 73 kamen am 13. und 14. 11. zu Erfolgen, und in den nächsten Tagen griffen U 617 unter Kptlt. Brandi, U 380 und einige italienische Boote Zerstörer, ein Schlachtschiff und mehrere Dampfer an, ohne gesicherte Erfolge zu erzielen.
Als der November zu Ende ging, hatten die Mittelmeer-U-Boote den schwersten Monat hinter sich gebracht. Immer wieder von Kriegsschiffen gejagt, war am 12. 11. vor Oran U 660 unter Kptlt. Baur von den Korvetten »Lotus« und »Starwort« versenkt worden. Nordostwärts Oran wurde am 14. 11. U 595 von einer Fliegerbombe getroffen. Einen Tag später ereilte U 259 das gleiche Schicksal. Wenige Sekunden nach dem Bombentreffer sank das Boot. Es riß Kptlt. Köpke und die gesamte Besatzung mit in die Tiefe. U 331 unter Kptlt. von Tiesenhausen wurde am 17. 11. durch Bomben und Lufttorpedos von Flugzeugen vernichtet, die von dem Träger »Formidable« aufgestiegen waren. 15 Mann und der Kommandant wurden aufgefischt. Vor Kap Bon wurde am 20. 11. U 411 von Bomben getroffen und von dem australischen Zerstörer »Quiberon« mit Hilfe des britischen Zerstörers »Quentin« versenkt.
Nicht weniger als 6 Boote waren in diesem einen Monat verlorengegangen.
Der Dezember brachte einige Erfolge. So am 1. 12. die Versenkung des britischen Minenkreuzers »Manxman« durch U 375 und am 9. 12. des britischen Zerstörers »Porcupine« durch U 602. Das achtere Schiffsdrittel der »Porcupine« blieb schwimmfähig, wurde später nach England geschleppt und dient heute als Wohnhulk in Portsmouth. Am 18. 12. gelang es auch U 565 unter Kptlt. Franken, einen Zerstörer zu versenken. Es war die »Partridge«, die den Konvoi KMF 5 schützte.
U 562 unter Kptlt. Hamm versenkte am 21. 12. den britischen Großdampfer »Strathallan«, 23.722 BRT, und am 22. 12. griff noch einmal Franken an. Von zwei Torpedos getroffen, sank die »Cameronia« zwar nicht, aber sie fiel mit ihren 16.297 BRT für die gesamte Kriegsdauer aus. U 617 griff vom 18. bis 30. 12. insgesamt fünf Schiffe und einen Zerstörer an. Das Boot

wurde stets unter Wasser gedrückt, registrierte aber drei Treffer und Sinkgeräusche.
Am 1. 1. 1942 hatten sich 21 U-Boote im Mittelmeer befunden. 14 neue Boote waren im Verlaufe dieses Jahres hinzugekommen und 15 verlorengegangen. Am 1. 1. 1943 trat die U-Bootwaffe also mit 20 U-Booten zum weiteren Einsatz in diesem gefährlichen Gewässer an.
Leo Kreisch, der Führer der U-Boote Italien, wurde am 1. 1. 1943 zum Konteradmiral befördert. Mit 20 Booten begann seine U-Waffe das Jahr 1943. Von diesen gingen bereits im Januar 2 Boote verloren. Am 13. 1. wurde U 224 unter Oblt. z.S. Kosbadt vor der Küste bei Algier von der kanadischen Korvette »Ville de Quebec« versenkt. U 301 unterlag im Duell mit dem britischen U-Boot »Sahib« am 21. 1. 1943 westlich der Bonifaziostraße (Korsika). Kpltl. Körner ging mit der gesamten Besatzung unter.
Die im westlichen Mittelmeer vor der tunesisch-algerischen Küste stehenden Boote erzielten weitere Erfolge. Der Auftakt gelang U 73, das die »Arthur Middleton«, 7176 BRT, torpedierte. Der Dampfer, der Munition geladen hatte, explodierte und war 17 Sekunden später von der Wasseroberfläche verschwunden.
U 371 vernichtete am 7. 1. den U-Jäger »Jura« und torpedierte die »Ville de Strasbourg«. Kptlt. Brandi schoß mit U 617 aus einem kleinen Geleitzug zwei Dampfer heraus, und U 453 unter von Schlippenbach versenkte vor Kap Tenes den 5859 BRT großen Dampfer »Jean Jadot«. Schließlich war auch noch U 431 (Schöneboom) vor der Küste von Haifa mit der Versenkung von vier syrischen Seglern erfolgreich.
U 617 unter Kptlt. Brandi stieß auf dem Marsch in Richtung Tobruk auf einen Kriegsschiffsverband mit dem Minenkreuzer »Welshman«. Nach über drei Minuten Laufzeit trafen beide Aale des Doppelfächerschusses. Die über 100 an Deck geladenen Minen rissen den Minenkreuzer in Stücke. Die »Welshman« war eines der wichtigsten Schiffe für die Versorgung Maltas.
Zwei weitere Schiffe wurden von U 617 am 5. 2. versenkt. Die Boote U 77 - mit zwei großen Schiffen - und U 81 schrieben sich im Februar ebenfalls in die Versenkungslisten ein.
In diesem Monat gingen drei U-Boote verloren. U 205 am 17. 2., U 562 am 19. 2. und U 443 am 23. 2. 1943.
Der März 1943 war einer der erfolgreichsten Monate des Mittelmeereinsatzes. Von insgesamt nur acht Booten wurden 12 Schiffe mit 46.823 BRT versenkt und 3 mit 19.409 BRT torpediert. U 596 unter Kptlt. Jahn war mit 3 Versenkungen und zwei Torpedierungen erfolgreichstes Boot. Zu seinen Opfern zählte auch der 9551 BRT große Motortanker »Hallanger«.
Am 28. März wurde U 77, das in diesem Monat erfolgreich gewesen war, östlich von Cartagena durch einen Lufttorpedotreffer zum Auftauchen gezwungen. Die Besatzung kämpfte stundenlang gegen zwei immer wieder angreifende Flugzeuge. Als die Flugzeuge abgedreht hatten, ließ Kptlt.

Hartmann die Geheimsachen vernichten und die 47 Mann der Besatzung von Bord gehen. Zehn Überlebende wurden am Nachmittag von einem spanischen Dampfer aufgefischt. Alle übrigen kamen um.
5 versenkten Schiffen im April stand der Verlust von U 602 gegenüber. Die im Mai operierenden Boote wurden von den nunmehr lückenlos entlang der nordafrikanischen Küste aufgebauten Radarstationen sofort erfaßt. Zwischen dem Auftauchen eines U-Bootes, dem Erfassen desselben durch Landstellen, der Alarmierung von Flugzeugen oder Zerstörern und dem Eintreffen derselben im Operationsraum der U-Boote vergingen höchstens 30 Minuten.
U 414 unter Kptlt. Huth, das am 18. 5. zwei große Schiffe versenkt hatte, wurde erkannt und lange verfolgt. Am 25. 5. wurde das Boot von der Korvette »Vetch« nordwestlich vor Tenes gestellt und mit Wasserbomben versenkt.
Im neuerlichen Zweikampf U-Boot gegen U-Boot wurde U 303 unter Kptlt. Heine südlich von Toulon durch das englische Boot »Sickle« versenkt.
Im Juli war das Seegebiet vor Oran und Algier bevorzugtes Einsatzgebiet der U-Boote. 6 Schiffe wurden versenkt und fünf torpediert. Am 23. 7. griff U 407 unter Kptlt. Brüller den britischen Kreuzer »Newfoundland« an und torpedierte ihn.
Am 30. 7. ging U 375 verloren. Das Boot wurde von dem US-U-Bootjäger PC 624 versenkt. Zwei weitere Boote wurden ebenfalls versenkt. Zum ersten Mal auch eins von einem britischen MTB. Es war U 561, das in der Straße von Messina den Torpedos dieses Motor-Torpedobootes zum Opfer fiel. U 409 unter Oblt. z.S. Massmann wurde von einem britischen Zerstörer mit Wabos vernichtet.
Der August brachte nur geringe Erfolge, glücklicherweise aber auch nur einen Verlust. U 410 unter Oblt. z.S. Fenski und U 596 unter Kptlt. Jahn waren am erfolgreichsten. U 73 unter Kptlt. Deckert torpedierte den US-Kreuzer »Philadelphia«. Damit ging das vierte Kriegsjahr im Mittelmeer zu Ende.

Der Nordmeereinsatz

Die Nordmeereinsätze deutscher U-Boote konzentrierten sich auch im vierten Kriegsjahr auf Angriffe gegen die Rußland-Konvois. Die Bekämpfung des Konvois PQ 18 sah am 13. 9. einige Angriffe der Boote U 405, U 408 und U 589. U 405 und U 589 versenkten am Vormittag des 13. 9. zwei Dampfer mit 10.750 BRT. U 457, das in der Nacht herankam, schoß einen Viererfächer auf einen Dampfer, einen Tanker und einen Zerstörer ab. Der Motortanker »Atheltemplar«, 8992 BRT, sank. Das Boot hatte aber auch auf dem Dampfer und dem Zerstörer Treffer registriert.
Die weiteren Angriffe vom 16. bis 20. 9. brachten kein zählbares Ergebnis.

Nunmehr wurden die Boote U 251, U 255, U 403, U 408, U 435, U 592 und U 703 auf den Konvoi QP 14 angesetzt. U 435 versenkte am 20. 9. das Minensuchboot »Leda« und konnte am 23. 9. mit einem Fächerschuß auf Einzelziele die Dampfer »Bellingham«, »Ocean Voice« und den Tanker »Grey Ranger« versenken.
U 703 unter Kptlt. Bielfeld hatte bereits am 20. 9. den Zerstörer »Somali« torpediert. Dieser sank im Schlepp der »Ashanti« am 24. 9. im Sturm. Im Verlauf dieser Kämpfe wurden durch die Sicherungsstreitkräfte des QP 14 U 88 unter Kptlt. Bohmann, U 457 und U 589 versenkt.
Vor der sowjetischen Nordmeerküste kam im Oktober nur U 592 zum Einsatz. Das Boot versenkte einen sowjetischen Dampfer. U 589 hatte dort am 27. 8. einen sowjetischen Hilfs-U-Jäger versenkt.
In diesem Monat legte U 592 unter Kptlt. Borm vor der Jugorstraße die Minensperre »Paul«. U 212 und U 586 klärten vor Jan Mayen auf, und U 377 unter Kptlt. Köhler setzte auf Spitzbergen den Wettertrupp »Nußbaum« ab.
Im November gelang es vier Booten, 6 Schiffe mit insgesamt 29.941 BRT zu versenken. Zwei davon wurden aus dem QP 15 herausgeschossen.
Erst Ende Dezember war wieder ein U-Boot im Nordmeer im Einsatz. Es war U 354 unter Kptlt. Herschleb, das drei Frachter des JW 51B angriff. Es wurden Treffer registriert, aber kein Schiff ging verloren. (Die PQ-Konvois wurden ab September 1942 als JW-Konvois fortgesetzt.)
Am 5. 1. 1943 stellte U 354 die »Krasnyj Partisan« und versenkte sie. Es war ein Einzelfahrer, der nach England unterwegs war.
Drei Boote, U 622, U 625 und U 255, griffen den Konvoi JW 52/RA 52 an (RA-Konvois hießen ab November 1942 QP-Konvois). Während die beiden zuerst genannten Boote ihre Ziele verfehlten, versenkte U 255 am 26. und 29. 1. je ein Schiff und kam am 3. 2. abermals zum Schuß. Der US-Dampfer »Greylock«, 7460 BRT, sank.
Aus dem JW 53 versenkte U 255 unter Kptlt. Reche am 5. 3. den Dampfer »Executive« und am 10. 3. den Amerikaner »Richard Bland«. U 586 (von der Esch) torpedierte die »Puerto Rican«, U 657 verfehlte das Ziel.
Vom 20. 7. bis zum 10. 8. legten deutsche U-Boote zur Störung des sowjetischen Verkehrs in der Pecorasee einige Minensperren. So U 625 unter Kptlt. Benker vor der Jugorstraße, U 601 unter Kptlt. Grau vor Belusa, U 629 unter Oblt. z.S. Bugs im Westeingang der Pecorabucht und vor Russkij Savorot. U 586 unter Kptlt. von der Esch legte Minen ostwärts der Pecorabucht, U 212 und U 636 vor Kolguev und U 639 in der Pecorasee. Auf diesen Sperren sanken einige Flußschiffe.
Nachdem am 20. 7. U 625 einen sowjetischen Hilfs-U-Jäger und U 255 unter Oblt. z.S. Harms ein weiteres Vermessungsschiff versenkt hatte, torpedierte am 30. 7. U 703 unter Oblt. z.S. Brünner einen Bewacher.
Mit der Operation »Wunderland«, einem deutschen Vorstoß auf die sibiri-

schen Seewege, wurde die U-Bootgruppe »Wiking« mit U 302, U 354 und U 711 und später auch noch U 255 und U 601 beauftragt. Am 21. 8. sichtete U 354 unter Kptlt. Herschleb vor Port Dickson einen kleinen Konvoi, den es verfolgte und am 27. 8. ein Schiff versenkte. U 302 unter Kptlt. Sickel kam am Tage darauf zum Schuß und versenkte die »Dickson« (2900 BRT). Bis zum 3. 10. dauerte diese Operation, in deren Verlauf mehr und mehr Boote hinzustießen.

Der Kampf im Schwarzen Meer

Mit dem Vordringen deutscher Truppen entlang der Nordküste des Schwarzen Meeres und der Inbesitznahme der Halbinseln Krim und Kertsch wurde auch das Schwarze Meer zum Schauplatz des Seekrieges. Da infolge der Neutralität der Türkei keine Kriegsschiffe aus dem Mittelmeer durch Dardanellen und Bosporus ins Schwarze Meer gelangen konnten, wurde deutscherseits bereits im Frühjahr 1942 mit dem Transport leichter Kriegsschiffe, Schnellboote, Räumboote, Marinefährprähme und dann auch von U-Booten auf dem 2400 km langen Land-Wasser-Weg auf der Elbe bis Dresden, von dort auf der Reichsautobahn nach Regensburg und dann über die Donau weiter ins Schwarze Meer, begonnen.
Im Oktober wurde in Konstanza die 30. U-Flottille aufgestellt. Flottillenchef wurde Kptlt. Rosenbaum. Sechs Einbäume der Küsten-U-Boote verlegten bereits vorher von Gotenhafen aus nach Kiel, wo sie in die Werft gingen, um für den Land-Fluß-Transport »geleichtert« zu werden. Die Diesel- und E-Maschinen wurden herausgenommen, die Türme abgeschnitten, und dann traten sie den 2400 km langen Weg ins Schwarze Meer an.
Per Eisenbahntransport wurden die 500 Soldaten der neuen Schwarzmeerflottille nach Konstanza geschafft, wo ein Hotel, eine Schule und ein Wohnhaus den neuen Stützpunkt bildeten. Es waren die Boote U 9, U 18, U 20, U 19, U 23 und U 24, welche nunmehr die Schwarzmeer-Flottille bildeten.
Am 10. 2. 1943 wurden U 24, U 9, U 19 und U 23 gegen den sowjetischen Truppentransportverkehr vor der Kaukasusküste von Tuapse nach Gelendschik angesetzt. U 19 unter Kptlt. Gaude versenkte daraus am 14. 2. den Transporter »Krasnyi Profintern«, 4648 BRT.
Beim nächsten Einsatz erreichten U 19 und U 24 die Kaukasusküste im Raume Suchumi und Gagry. U 19 torpedierte am 23. 3. einen Transporter. Am 31. 3. kam auch U 24 zum erfolgreichen Torpedoschuß. Der große Tanker »Sowjetskaja Neft«, 8228 BRT, wurde versenkt.
Am 5. 5. torpedierte U 9 unter Oblt. z.S. Schmidt-Weichert südlich vom Kap Kodor den sowjetischen Tanker »Kreml«, 7666 BRT.
Vom 15. bis 23. 7. standen wieder einige Boote in See, um den sowjetischen Nachschubverkehr vor der Kaukasusküste im Zusammenwirken mit den eingesetzten deutschen Schnellbooten zum Erliegen zu bringen. U 24

versenkte vor Tuapse am 15. 6. einen Minensucher, U 18 unter Oblt. z.S. Fleige am 23. 6. den Dampfer »Leningrad«; er torpedierte vor Suchumi einen weiteren. Das Boot meldete noch einen Leichter vor Kap Pizunda als versenkt.
Am 17. 7. gelang es U 18, den Tanker »Vorosilov«, 3908 BRT, südöstlich von Tuapse zu versenken. U 19, U 23 und U 20, die ebenfalls zum Einsatz ausgelaufen waren, kehrten ohne Erfolg zurück.
Im letzten Julidrittel liefen die Boote U 9, U 18, U 19, U 23 und U 24 aus Konstanza zur Feindfahrt in Richtung Kaukasusküste aus. Dort torpedierte U 24 unter Kptlt. Petersen am 30. 7. um 20.07 Uhr den großen sowjetischen Tanker »Emba« im Hafen von Suchumi. Der 7886-Tonnen-Tanker sank auf Grund. Am 22. 8. setzte das Boot seine Erfolge mit der Versenkung eines Schleppers und zweier Motorboote fort. U 23 unter Kptlt. Wahlen meldete am 24. 8. die Versenkung eines Räumbootes vor Kap Kodor, und U 18 kam am 29. und 30. 8. zum Schuß und versenkte eine mit Ultraschall-arbeitende U-Falle.

ITALIENS U-BOOTE
IM VIERTEN KRIEGSJAHR

Einsatz im Mittelmeer

Der Einsatz der italienischen U-Boote im Mittelmeer war im vierten Kriegsjahr durch eine Vielzahl von Angriffen auf Kriegsschiffe gekennzeichnet, denen überwiegend der Erfolg versagt blieb. Schmerzlich war die Kaperung des italienischen U-Bootes »Perla« am 9. 7. Das Boot wurde im östlichen Mittelmeer von einer britischen Jagdgruppe gestellt, gekapert und nach Haifa eingeschleppt. 1944 wurde das Boot der griechischen Exil-Marine überlassen, die es als »Matrozos« in Dienst stellte.
So verlief der September 1943 für die italienischen U-Boote im Mittelmeer ereignislos. Erst am 6. 10. kam »Sciesa« unter KKpt. Galletti zum Schuß auf ein englisches U-Boot. Das Boot gab die Versenkung dieses U-Bootes an.
Als vom 5. 11. an starke Schiffsansammlungen in Gibraltar beobachtet wurden, setzte Supermarina die Boote »Axum«, »Topazio«, »Argo«, »Platino«, »Mocenigo«, »Emo«, »Nichelio«, »Asteria«, »Porfido«, »Velella«, »Brin«, »Dandolo«, »Argento«, »Acciaio«, »Bronzo«, »Turchese«, »Corallo«, »Aradam«, »Diaspro«, »Alagi« und »Avorio« im Gebiet vor Algier und ostwärts davon an. Diese Streitmacht von 21 Booten erzielte ihren ersten Erfolg, als »Argo« unter Kptlt. Gigli auf der Reede von Bougie das durch Minentreffer und Luftangriffe beschädigte Flakschiff »Tynwald« und den Transporter «Awatea«, 13.482 BRT, torpedierte. Beide Schiffe sanken auf flachem Wasser.
»Platino« unter Kptlt. Rigoli torpedierte den ebenfalls durch Luftangriff beschädigten britischen Transporter »Narkunda«, 16.632 BRT. Das Schiff wurde am nächsten Tag durch einen erneuten Luftangriff versenkt. Am 15. 11. kam auch noch »Ascianghi«, Kptlt. Erler, zum Schuß. Das Minensuchboot »Algerine« sank.
Verloren ging in diesem Gebiet das U-Boot »Emo«.
Am 19. 11. griff »Mocenigo« einen Tanker an. Nach Ablauf der Laufzeit wurden zwei Treffer ausgemacht. Der Kommandant, Kptlt. Longhi, meldete die Versenkung dieses Tankers.
»Malachite«, von Kptlt. Cinti geführt, schoß am 24. 11. zwei Zweierfächer gegen einen Dampfer und einen Tanker und registrierte nach 3 Minuten Laufzeit einen Treffer auf dem Dampfer. Ein zweiter Treffer, den der Kommandant vermutete, traf ein Geleitfahrzeug.
In der Nacht zum 12. 12. wurde abermals eine Kleinkampf-Gruppe eingesetzt. Und zwar lief das U-Boot »Ambra« unter KKpt. Arillo mit drei SLC

und 10 Kampfschwimmern vor den Hafen von Algier. Die drei Torpedoreiter und die Kampfschwimmer drangen in den Hafen ein. Sprengladungen wurden an den Frachtern »Ocean Vanquisher«, »Berto«, »Empire Centaur« und »Harmattan« angebracht. Alle vier Schiffe wurden schwer beschädigt und gelangten nicht mehr zum Einsatz.
»Dandolo« unter Kptlt. Scano schoß am 22. 1. um 03.49 Uhr einen Fächerschuß auf einen Tanker ab und registrierte 2 Detonationen.
Zwischen dem 6. und 23. 1. transportierten die U-Boote »Settimo«, »Narvalo«, »Otaria« und »Santarosa« zum letzten Mal Brennstoff und Munition nach Tripolis. Auf dem Rückmarsch wurde »Narvalo« am 14. 1. durch die britischen Zerstörer »Pakenham« und »Hursley« mit Wasserbomben vernichtet. »Santarosa« wurde am 19. 1. von MTB 260 gestellt und versenkt.
Der 5. 2. sah »Avorio« im Einsatz, das den britischen Hilfs-U-Jäger »Stronsay« durch Torpedoschuß versenkte. Das Boot wurde am 8. 2. von der kanadischen Korvette »Regina« mit Wasserbomben vernichtet. Kptlt. Priggione ging mit seiner gesamten Besatzung unter.
»Platino« schoß am 7. 2. auf einen britischen Transporter. Doch der Schuß ging fehl. Wenig später griff »Acciaio« unter Kptlt. Beltrami den Hilfs-U-Jäger »Tervani« an. Der britische Trawler sank.
Dem Angriff jener Flottenstreitkräfte der 7. US- und der 8. britischen Armee, die zur Invasion Siziliens vom 10. bis 31. 7. im Unterstützungskampf in See standen, wurde ein massierter italienischer U-Booteinsatz entgegengestellt. Dabei wurde das italienische U-Boot »Bronzo« am 12. 7. vor Sizilien von einer neuseeländischen U-Jagdgruppe zum Auftauchen gezwungen und gekapert. Das Boot wurde nach Syrakus eingeschleppt und 1944 der freifranzösischen Marine überlassen, die es als »Narval« in Dienst stellte.
»Dandolo« unter Kptlt. Turcio gelang am 16. 7. die Torpedierung des Kreuzers »Cleopatra«. Die Angriffe von »Argo«, »Alagi«, »Ambra«, »Beilul«, »Diaspro«, »Nereide«, »Nichelio« und »Platino« schlugen fehl. »Flutto«, »Acciaio«, »Remo«, »Micca«, »Nereide« und »Ascianghi« wurden in harten Gefechten mit britischen Zerstörern und MTB vernichtet. »Bronzo«, das einem Wasserbombenangriff entkam, mußte zum Aufladen der Batterien auftauchen und sah sich mitten in einem britischen Verband. Das Boot wurde gekapert.
Am 25. 7. 1943 wurde der italienische Staatschef Mussolini nach seinem Besuch bei König Viktor Emanuel III. verhaftet. Das faschistische Regime brach zusammen. Neuer Regierungschef wurde Marschall Badoglio, der beteuerte, den Krieg an der Seite Deutschlands fortsetzen zu wollen. Insgeheim jedoch trat er schon bald in Verhandlungen mit den Alliierten ein.
Damit war der Kampf italienischer U-Boote im Mittelmeer beendet. Folgen wir jenen Booten, die von Bordeaux aus in dieses für Italien letzte Kriegsjahr gingen.

Der September 1942 sah keinen Einsatz der Boote von BETASOM im Atlantik. »Archimede« versenkte am 9. 10. vor der Guineaküste Afrikas den großen britischen Dampfer »Oronsay«, 20.043 BRT, durch einen Viererfächer.
Einen Tag später griff das Boot die »Nea Hellas Duchess« an und torpedierte den 16.991 BRT großen Schiffsriesen.
Bereits am 10. 8. 1942 war »Da Vinci« unter Kptlt. Gazzana aus Bordeaux ausgelaufen. Mit ihm verließen zwei weitere italienische Boote den Stützpunkt. Operationsgebiet der drei Boote war der Raum zwischen Bahia, Kap San Roque und der Amazonasmündung.
Den ersten Erfolg erzielte »Da Vinci« am 2. 11. Der britische Dampfer »Empire Zeal«, 7009 BRT, wurde mit einem Torpedo gestoppt und anschließend mit der Artillerie versenkt. Als dem Boot das Libertyschiff »Frans Hals« am 3. 11. vor die Rohre lief, wurde dieses mit sechs Torpedos vergeblich beschossen.
Dem Kapitän des Schiffes gelang es immer wieder, den Torpedos auszuweichen. Als die »Da Vinci« auftauchte, um die »Frans Hals« mit der Artillerie zur Strecke zu bringen, erwiderte der Dampfer das Feuer. Das Boot mußte tauchen.
Am selben Tage versenkte »Cagni« unter Kptlt. Liannazza das britische Motorschiff »Dagomba«, 3045 BRT. In der Nacht des 4. 12. war wieder »Da Vinci« erfolgreich. Abermals wurde ein Schiff mit Torpedos angehalten und durch die Artillerie versenkt. Es war die »Andreas« mit 6566 BRT.
Am 9. 12. vernichtete »Da Vinci« die »Marcus Wittmann«. Sie sank auf 05.40 S/32.41 W.
Die »Veerhaven« mit 5291 BRT folgte am 11. 11. Gazzana trat mit »Da Vinci« den Rückmarsch an und lief am 6. 12. in Bordeaux ein. Das Boot hatte 4 Schiffe mit insgesamt 26.042 BRT versenkt.
Im Dezember war auch »Tazzoli« unter KKpt. Fecia di Cossato im Einsatz. Das Boot vernichtete am 12. 12. die »Empire Hawk« durch Torpedotreffer und Artillerie. Noch am selben Tage gelang es, den niederländischen Dampfer »Ombilin« zu versenken, und zum dritten Erfolg kam das Boot am 21. 12., als die »Queen City« um 19.59 Uhr mit zwei Torpedos angeschossen und mit der Artillerie versenkt wurde.
Am 25. 12. fiel das Motorschiff »Dona Aurora« den Torpedos dieses erfolgreichen Bootes zum Opfer. Damit kam auch »Tazzoli« zu vier Versenkungen.
Erst Anfang Februar lief »Barbarigo« aus und griff am 24. 2. den spanischen Dampfer »Monte Igueldo« an, der nach dem Zweiertreffer sank. Am 2. 3. hatte das Boot abermals Erfolg. Der spanische Dampfer »Alfonso Penna« sank nach dem Torpedotreffer und anschließender Beschießung mit der

Artillerie. 24 Stunden später wurde das Motorschiff »Stag Hound«, 8591 BRT, versenkt.
Die am 20. 2. nach längerer Werftliegezeit wieder in See gestochene »Da Vinci« hatte inzwischen das Operationsgebiet entlang der westafrikanischen Küste erreicht. Neben ihr war auch »Finzi« unter Kptlt. Rossetto in das gleiche Operationsgebiet ausgelaufen. Am 14. 3. wurde vor Sierra Leone der britische Truppentransporter »Empress of Canada« gesichtet. Das Schiff lief als Einzelfahrer ohne Geleitsicherung, weil es eine enorme Geschwindigkeit entwickelte. Sein Ziel war Kapstadt. Es gelang Kptlt. Gazzana, sich in eine günstige Schußposition zu bringen. Er ließ einen Zweierfächer abschießen.
Die »Empress of Canada«,mit 21.517 BRT ein Riesenschiff, sank. Sie hatte etwa 3000 englische, griechische und französische Spezialtruppen der Marineluftwaffe an Bord, die in Kapstadt einen neuen Stützpunkt einrichten sollten. Darüber hinaus befanden sich noch 500 italienische Gefangene an Bord dieses Schiffes. Von diesen Gefangenen erhielt Gazzana Kenntnis, als es seiner Besatzung gelang, den gefangenen Marinearzt Vittor de Vecchio zu retten.
Das Boot lief mit Kurs Kapstadt weiter. Unterwegs versenkte es am 19. 3. den britischen Dampfer »Lulworth Hill« mit 7628 BRT. Am 5. 4. lief das Boot um Kap Agulhas herum. Es kreuzte von nun an vor Kapstadt und lief in den Indischen Ozean hinein. 160 sm südostwärts von Durban konnte »Da Vinci« am 18. 4. die »Manaar«, 8007 BRT, versenken.
Am 21. 4. wurde der US-Dampfer »John Drayton«, 7177 BRT, gestellt und torpediert. Es gelang dem Funker dieses Schiffes, einen Notruf zu senden. Der Schlepper »Prudent« lief aus Durban aus. Er fischte 25 Überlebende auf und brachte sie zurück. Am 24. 4. sank der Tanker »Doryssa«, 8078 BRT, 180 sm südlich Port Elizabeth.
»Da Vinci« trat den Rückzug an. Es hatte 6 Schiffe mit 58.973 BRT versenkt. Dies war die erfolgreichste Einzelunternehmung eines italienischen U-Bootes.
Am 22. 5. setzte das Boot einen FT-Spruch ab und teilte mit, daß es am 29. 5. in Bordeaux einlaufen würde. Dieser FT-Spruch wurde von den Engländern eingepeilt. Das U-Boot wurde von diesem Augenblick an gejagt und von dem Zerstörer »Active« und der Fregatte »Ness« am 23. 5. 300 sm südwestlich Kap Finisterre entdeckt und angegriffen. »Da Vinci« mußte wegtauchen. Es sank nach einem stundenlangen Wasserbombenangriff um 11.45 Uhr auf 42.05 N/ 15.34 W und riß die gesamte Besatzung mit in die Tiefe. Kptlt. Gianfranco Gazzana wurde posthum zum KKpt. befördert und erhielt die Goldene Tapferkeitsauszeichnung. Im Juni 1943 erhielt er nachträglich das Ritterkreuz des Eisernen Kreuzes. Er hatte von April 1942 bis Mai 1943 in drei Feindfahrten (die erste mit »Archimede«) 11 Schiffe mit 90.601 BRT versenkt und ein weiteres mit 7176 BRT beschädigt.
Inzwischen hatte »Finzi« unter Kptlt. Rossetto am 28. 3. den Griechen

»Granicos«, 3689 BRT, und am 30. 3. den britischen Dampfer »Celtic Star«, 5575 BRT, versenkt.
Im April schaltete sich »Archimede«, nunmehr unter Kptlt. Saccardo, erneut in den Kampf ein. Am 8. 4. vernichtete das Boot das spanische Motorschiff »Castillo Monteallegro« (mit 3972 BRT). Aus diesem Einsatzgebiet auf 09.46 N/16.50 W kehrte »Archimede« nicht mehr zurück. Sie blieb verschollen.
Im Mai und Juni errangen italienische U-Boote im Atlantik keine Erfolge. »Barbarigo« wurde im Juni in der Biskaya versenkt.
Erst am 12. 7. griff »Cagni« unter Kptlt. Rosselli-Lorenzini einen großen Dampfer an, dem der Kommandant mit drei Torpedos zusetzte, die alle trafen. Der Dampfer ist jedoch nicht gesunken.
Am 25. 7. kam »Cagni« abermals zum Schuß. Es sichtete ein großes Schiff, das der Kdt. als Flugzeugträger ansah. Es war jedoch der von drei Zerstörern geleitete britische Hilfskreuzer »Asturias«, mit 22.048 BRT einer der größten Hilfskreuzer überhaupt. Nach drei Treffern sank er, und »Cagni« wurde von zwei der drei Zerstörer gejagt.
Dies war der letzte Erfolg eines italienischen U-Bootes im Atlantik. Italien kapitulierte. Am Nachmittag des 8. 9. 1943 gab General Eisenhower den Waffenstillstand mit Italien bekannt.

Das Fazit - Verbleib der U-Boote von BETASOM

Von den insgesamt vom Comando Superiore delle Forze Subacque in Atlantico (11. Gruppe) eingesetzten 32 U-Booten gingen 16 auf See im Kampf verloren. Es waren: »Calvi«, »Tarantini«, »Glauco«, »Marcello«, »Nani«, »Barbarigo«, »Faá di Bruno«, »Morosini«, »Tazzoli«, »Malaspina«, »Baracca«, »Bianchi«, »Marconi«, »Da Vinci«, »Archimede« und »Ferraris«.
Weitere 10 Boote kehrten im Laufe des Jahres 1941 ins Mittelmeer zurück. Dies waren: »Argo«, »Velella«, »Otaria«, »Dandolo«, »Veniero«, »Mocenigo«, »Emo«, »Brin«, »Guglielmotti« und »Perla«.
Nach der Desarmierung am 20. 9. 1943 lief »Cagni« in den britischen Hafen Durban ein. »Finzi« und »Bagnolini« wurden nach ihrer Rückkehr nach Bordeaux von den Deutschen beschlagnahmt. »Torelli«, »Giuliani« und »Cappellini« erreichten den Fernen Osten und wurden von den Japanern in Besitz genommen. 34 U-Boote wurden am 21. 9. 1943 von England beschlagnahmt.
Die italienische U-Bootwaffe hatte sich bis zuletzt gut geschlagen. Sie wurde - was die Atlantikboote angeht - völlig von den geheimen Verhandlungen und vom Waffenstillstand überrascht.

ENGLANDS U-BOOTWAFFE IM VIERTEN KRIEGSJAHR

Allgemeine Betrachtungen

Nach dem Verlust von 12 britischen U-Booten im dritten Kriegsjahr allein im Mittelmeer und einem Neubau von 35 Booten verschiedener Klassen im Jahre 1942 stand die britische U-Bootwaffe zu Beginn des vierten Kriegsjahres zwar, was die Zahlen angeht, in etwas günstigerem Licht da, aber die Zahl der Aufgaben war ebenfalls gewachsen.
Als wichtigste Aufgaben werden von Captain Roskill genannt: Die Vorpostenstellungen der eigenen Boote in der Biskaya gegen ein- und auslaufende deutsche U-Boote. Eine weitere Postenkette gegen ein und auslaufende deutsche Blockadebrecher. Der Einsatz vor der nordnorwegischen Küste als Flankendeckung für die Nordmeergeleitzüge und eine weitere Gruppe zur Sicherung dieser Geleitzüge selbst und zur Bildung einer Vorpostenkette vor den Lofoten.
Im Februar 1942 ereilte den deutschen schweren Kreuzer »Prinz Eugen« im gleichen Seegebiet ein ähnliches Schicksal wie zwei Jahre zuvor die »Lützow«. Am 23. 2. torpedierte das unter dem Kommando von Cdr. Sladen fahrende britische U-Boot »Trident« den deutschen Kreuzer während seiner Verlegungsfahrt von Kiel nach Drontheim. Das ganze Heck knickte ab und mußte bei einer in Norwegen vorgenommenen Notreparatur abgeschnitten werden. Mühsam zusammengeflickt und mit handbetriebenen Notrudern navigierend, mußte die »Prinz Eugen« einige Zeit später zur Reparatur nach Deutschland zurückkehren, wobei sie fast ein Opfer eines großangelegten britischen Luftangriffs geworden wäre.
Zur Unterstützung des Unternehmens »Torch«, wie die alliierten Landungen in Nordafrika kodiert wurden, standen in der Centre Task Force 2, in der Eastern Task Force 3 und in der Western Task Force 4 U-Boote im Einsatz.
Nicht vergessen sei, daß die Hauptstreitmacht der britischen U-Boote in den drei Malta-U-Flottillen gebunden war.

Die Einsätze

Zur Sicherung des Konvois PQ 18 wurden zwei U-Bootgruppen aufgestellt. Vier Boote standen als Sicherung vor den Lofoten und drei vor der nordnorwegischen Küste. Beide Gruppen kamen bei dieser Unterstützungsaktion nicht zum Schuß.
Zur Sicherung des QP 15 wurden 4 U-Boote vor dem Altafjord aufgestellt,

um die beiden deutschen Kreuzer »Admiral Hipper« und »Köln« am Auslaufen zu hindern. Auch diese Boote errangen keinen zählbaren Erfolg.
Bereits am 11. 11. 1942 wurde »Unbeaten«, das in der Biskaya auf Lauerstellung lag, beim Nachtangriff eines britischen Flugzeuges versenkt. Die Maschine hatte das Boot für ein deutsches U-Boot gehalten.
Mit dem U-Boot »Tuna« wurde eine kleine Kampfgruppe unter Major Hasler zur Girondemündung geschafft. Dort ausgesetzt, gelang es der Kommandogruppe, ihre Sprengladungen an vier großen deutschen Schiffen anzubringen und sie schwer zu beschädigen.
Es waren die »Alabama«, »Tannenfels«, »Dresden« und »Portland«.
Am Konvoi JW 51 B im Nordmeer waren ab 29. 12. 1942 die Boote »Trespasser«, »Seadog«, »Unruly« und »Graph« (ex U 570) als Flankendeckung im Einsatz.
Ab Januar operierten die U-Boote der Home Fleet mit etwa einem halben Dutzend Einheiten ständig vor der norwegischen Küste und im Nordmeer.
Am Konvoi JW 52/RA 52 waren wieder einige britische U-Boote, zusammen mit sowjetischen U-Booten, in den beiden Flankengruppen vor der norwegischen Küste vereinigt.
Auch im März und April 1943 befanden sich Boote der 9. britischen U-Flottille in diesem nördlichen Einsatzraum auf Patrouillenfahrt. Mitte April wurden mehrere britische und die ersten US-Boote in die Biskaya entsandt, um dort auf den Ein- und Ausmarschwegen nach U-Booten und Blockadebrechern zu suchen.
Eines der U-Boote, die »Shad« unter LtCdr. McGregor, fügte dem heimkehrenden Blockadebrecher »Orseolo« einen Torpedotreffer zu. Das mit wichtigem Kriegsgut vollbeladene Schiff konnte jedoch am 2. 4. in die Gironde eingebracht werden.
Das vierte Kriegsjahr ging, was die britischen U-Booteinsätze im Atlantik betrifft, ereignislos zu Ende.

Britische U-Boote im Mittelmeer

Die Einsätze britischer U-Boote im Mittelmeer begannen am 10. 9. 1942, als »Una« westlich von Kreta einen Konvoi angriff. Das Boot blieb erfolglos. Die übrigen Boote erzielten im September geringe Erfolge. Am 16. 9. lief »Talisman« in der Sizilienstraße auf eine Mine und sank. Kein Mann überlebte.
»Taku« und »Thrasher« standen Ende des Monats vor Tobruk, das seit dem 20. 6. in deutscher Hand war. Ihre Versuche, den deutschen Nachschub zu unterbinden, schlugen fehl. Lediglich »Umbra« erzielte einen größeren Erfolg, als es bei Navarino aus einem stark gesicherten Konvoi ein Schiff mit 6343 BRT herausschoß.
Im Oktober errangen »Safari« unter Cdr. Bryant, »Turbulent« unter Cdr.

Linton, »Unbending« unter Lt. Stanley und »Unison« unter Lt. Halliday Erfolge. »Porpoise«, Cdr. Bennington, legte eine Minensperre vor der Einfahrt von Tobruk.
In der zweiten Oktoberhälfte standen »Unruffled«, »Utmost« und »Thrasher« im Einsatz. Die drei Boote versenkten 5 Schiffe und 2 Segler.
Der aus 4 Dampfern bestehende, von sechs Zerstörern und zwei Torpedobooten von Neapel nach Tripolis geleitete italienische Konvoi lief am 19. 10. in eine britische Suchharke hinein. »Unbending« kam zum ersten Erfolg, »Unbroken« und »Umbra« griffen mit an. Alle vier Dampfer wurden nach dramatischen Gefechten, die bis zum 26. 10. andauerten, versenkt.
Als ein Minenlegerverband, gedeckt vom italienischen Kreuzer »Attilio Regolo«, nach dem Legen einer Minensperre sich ostwärts von Kap Bon auf dem Rückmarsch befand, gelang es »Unruffled« unter Lt. Stevens, den Kreuzer zu torpedieren. Dieser wurde von dem Schlepper »Polifemo« eingeschleppt, der dabei von drei T-Booten gesichert wurde.
Zur Deckung der Operation »Torch« wurden im westlichen Mittelmeer alle einsatzbereiten Boote der 1., 8. und 10. U-Flottille zusammengezogen.
Vor Oran lagen »Ursula« und »Unshaken«, vor Algier »Unrivalled«, P 48 und »Shakespeare«. Zwischen Sardinien und Sizilien hatten »Safari«, »Sahib« und »Saracen« Aufstellung genommen. Die Boote »United«, »Unruffled«, »Unbending«, »Umbra« und »Unison« standen nördlich von Sizilien und Messina, südlich von Messina waren »Utmost« und »Una« auf ihre Positionen gelaufen, und südlich der französischen Küste standen »Unseen« und P 222. Zwei Boote erhielten Sonderaufträge. Und zwar sollte »Seraph« General Clay in Nordafrika absetzen und »Sibyl« den französischen General Giraud abholen.
Nicht weniger als 25 britische U-Boote standen also anläßlich dieser Operation im Einsatz. Das war das größte U-Bootaufgebot, das je von seiten Englands während des Krieges zu einer Unternehmung eingesetzt wurde. Sechs Boote kamen zum Schuß, die insgesamt 8 Schiffe und drei kleine Fahrzeuge versenkten. Am 24. 11. ging »Utmost« westlich Sizilien verloren.
»Splendid« versenkte am 21. 11. den Zerstörer »Velite«, der einen Konvoi nach Afrika geleitete. »Unrivalled« unter Lt. Sprice versenkte vor Tunis das Lazarettschiff »Citta di Trapani«, 1467 BRT, und einen Segler.
Bis zum 18. 12. kam es zu weiteren Einsätzen mit einigen Erfolgen. »Umbra« vernichtete 2 Schiffe, P 222 wurde beim Angriff auf einen Konvoi vor Neapel am 12. 12. durch das T-Boot »Fortunale« versenkt. Vor Bizerta fielen zwei Schiffe den Booten »Sahib« und »Unruffled« zum Opfer. »Splendid« gelang vor Sardinien ein Doppelerfolg. Am 15. 12. war es ein Dampfer von 5048 BRT und am 17. 12. der Zerstörer »Aviere«. »Rorqual« war einmal mehr mit dem Legen einer Minensperre, diesmal vor Ischia, beschäftigt, und »Taku« versenkte in der Ägäis ein Schiff mit 5322 BRT und einen Segler.

Neben P 222 gingen in diesem Monat »Traveller« (am 12. 12. im Golf von Tarent vom italienischen Torpedoboot »Fortunale« versenkt), P 48 (im Golf von Tunis durch »Argente« versenkt) und P 311 (vor Maddalena auf eine Mine gelaufen) verloren.
Dennoch kam es noch im Dezember zu einer Reihe von Angriffen, bei denen fünf Boote insgesamt 10 Schiffe und Boote versenkten. Am 30. 12. wurde »Ursula«, das am 28. 12. einen Dampfer versenkt hatte, von einem anderen Dampfer gerammt und mußte beschädigt einlaufen.
Von den U-Booten »Thunderbolt« und »Trooper« wurden in der Nacht des 3. 1. 1943 je zwei Torpedoreiter-Teams vor dem Hafen von Palermo ausgesetzt. Auf dem Marsch zum Einsatzgebiet ging P 311, das ebenfalls zwei Teams an Bord hatte, verloren. Die vier Teams drangen in den Hafen ein und beschädigten mit Haftladungen den Kreuzer »Ulpio Traiano« und den Transporter »Viminale« schwer.
Im Januar operierten die Boote der 10. Malta-Flottille vor der osttunesischen Küste. 5 U-Boote versenkten insgesamt 9 Schiffe und sechs Segler und torpedierten ein weiteres Schiff.
Bis zum 7. 2. versenkten die im Tyrrhenischen Meer eingesetzten sieben U-Boote mehrere Schiffe. »Sahib« konnte neben einem Schiff von 1194 BRT noch das deutsche U 301 versenken. Insgesamt fielen 14 Schiffe und U 301 den Torpedos dieser Boote zum Opfer.
Erst Ende März kam es wieder zu einem größeren Ansatz von U-Booten, der bis zum 28. 4. andauerte. »Rorqual« startete zu einem großen Minenunternehmen. Auf seinen vor der afrikanischen Küste gelegten Minen gingen einige Rückführungsschiffe des Deutschen Afrika-Korps verloren. »Unrivalled« vernichtete am 29. 3. in der Bucht von Picarenzi die beiden U-Jäger UJ 2201 und UJ 2202. »Unshaken« torpedierte das T-Boot »Climente«, das am 28. 3. unterging.
Aber auch die britischen U-Boote mußten ihren Preis zahlen. Nach den drei Verlusten im März versenkte die Korvette »Gabbiano« am 18. 4. das U-Boot »Regent«. Am 21. 4. sichtete der Zerstörer »Hermes« unter FKpt. Rechel nahe Capri die »Splendid«, die nach Wasserbombenwürfen sank. Drei Tage später wurde »Sahib« ebenfalls durch »Gabbiano« schwer beschädigt, zum Auftauchen gezwungen und durch eine Ju 88 der II./LG 1 mit Bombenwurf versenkt. Bereits am 14. 4. waren »Turbulent« und »Thunderbolt« verlorengegangen.
Der Mai und Juni sah britische U-Bootoperationen im westlichen Mittelmeer. »Safari« versenkte drei Schiffe und beschädigte ein viertes. »Sportsman« vernichtete ebenfalls zwei Schiffe. »Sickle« griff UJ 2213 an und versenkte es.
Das zentrale Mittelmeer und die Südadria waren zur gleichen Zeit Schauplatz schwerer Kämpfe. Hier konzentrierten sich die U-Boote der drei Flotten, um die Invasion Siziliens vorzubereiten. Von den neun eingesetzten

Booten wurden 12 Schiffe und ein Segler vernichtet und ein weiteres Schiff torpediert.
Im Juli und August liefen die wieder einsatzbereiten und versorgten Boote erneut zu Feindfahrten aus, die zunächst ins westliche Mittelmeer führten. Neun Boote standen im Einsatz. Alle errangen Erfolge. »Simoon«, Lt. Milner, versenkte den Zerstörer »Gioberti«, »Shakespeare« blieb im Duell mit dem U-Boot »Velella« Sieger.
Das mittlere Mittelmeer war Schauplatz des Kampfes von sieben U-Booten, die einige große Schiffe versenkten. Hier gelang es »Ultor« unter Lt. Hunt, neben einem Frachter mit 6200 BRT noch das italienische T-Boot »Lince« zu versenken.
Die Ägäis, nach wie vor Jagdrevier des Minen-Bootes »Rorqual« unter Cdr. Napier, sah dieses Boot wieder im Einsatz. Ihm gesellten sich »Sickle« und »Torbay« hinzu. Diese Operationen zogen sich bis in den Monat September 1943 hin.
Im August gingen wieder zwei Boote verloren. Es waren die »Parthian«, die vor Brindisi auf eine Mine lief, und die »Saracen«, die von den italienischen Korvetten »Minerva« und »Euterpe« versenkt wurden. Damit verlor die englische U-Bootwaffe allein im Mittelmeer im vierten Kriegsjahr 14 U-Boote.

SOWJETISCHE U-BOOTE IM VIERTEN KRIEGSJAHR

Einsätze der Nordmeerflotte

Im Laufe des Jahres 1942 wurde die sowjetische Nordflotte weiter mit Schiffen und U-Booten aufgefüllt. Man wollte versuchen, die deutschen Nickelerzfrachter aus dem Varangerfjord ebenso zu vernichten wie deutsche Großkampfschiffe, welche die Waffenkonvois von England-Rußland dezimierten.

Am 26. 9. 1942 begann im Pazifikstützpunkt der sowjetischen Pazifik-U-Flotte Petropawlowsk der Abmarsch von sechs U-Booten. Diese Boote sollten die im Nordmeer stehenden sowjetischen U-Streitkräfte verstärken. Sie hatten bis zum Nordmeer 17.000 Seemeilen zurückzulegen und erreichten es erst im März 1943. Das letzte Boot, L 15, mußte in Greenock in Reparatur; es kam erst am 20. 5. im Nordmeer an. Eines der sechs Boote, L 16, war bereits am 11. 10. versenkt worden.

Das sowjetische Minenkommando, das vom 12. 11. bis zum 17. 12. 1942 an der norwegischen Polarküste operierte, sah neben den Minenlegern auch L 20 und L 22 im Einsatz. Die beiden Minen-U-Boote legten Minen im Porsangerfjord, auf denen am 16. 12. die beiden Vorposten-Boote V 6116 und V 6117 sanken.

Vor dem Kongsfjord versenkte L 20 unter Kpt. 3. Ranges Tamman am 1. 1. 1943 den Dampfer »Muansa«, 5472 BRT. Das Boot legte vor dem Tanafjord eine Minensperre und setzte am 5. 2. Agenten an der Küste ab.

L 22 unter Kpt. 3. Ranges Afonin legte eine weitere Minensperre vor Honningsvaag. Die Boote K 21 und L 15 beteiligten sich ebenfalls an Minenoperationen.

Bei den Angriffen von S 101 wurde der Dampfer »Bahia Castillo« torpediert. Er konnte eingebracht werden.

Von den sowjetischen U-Booten M 172, ŠČ 402 und ŠČ 404 vor Svaerholt und im Varangerfjord kam am 29. 1. M 171 unter Kpt. 3. Ranges Starikow vor dem Kongsfjord zum Erfolg, als es den Dampfer »Ilona Siemers«, 3243 BRT, versenkte. Das Vorpostenboot V 6115 ging nach Artillerietreffer durch ŠČ 403 unter. V 5909 wurde von M 172 versenkt. L 20 kam mit einem Zweierfächer auf den Transporter »Othmarschen«, 7007 BRT, zum Erfolg.

Die erste Februarhälfte sah die taktische Zusammenarbeit zweier sowjetischer U-Boote gegen ein Ziel. Und zwar griff K 3, das den Kommandeur der U-Bootbrigade, KAdm. Vinogradov, an Bord hatte, vor dem Kongsfjord die U-Jäger UJ 1101 und UJ 1108 gemeinsam mit K 22 an. An Bord von

K 22 befand sich der Kdr. der 1. U-Bootdivision, Kpt. 2. Ranges Kotelnikow. UJ 1108 wurde durch K 3 versenkt.
Beim Angriff auf das Artillerieschulschiff »Brummer«, das von einem Mineneinsatz gegen die Reede von Kildin zurückkehrte, kamen K 22 und L 20 nacheinander zum Schuß. Ihre Torpedos liefen vorbei. K 22 traf auf eine Flankenminensperre und sank. Am 12. 2. gelang K 3 die Torpedierung der »Fechenheim«, 8116 BRT, aus einem Konvoi heraus. Das Schiff wurde eingeschleppt.
Zur Geleitsicherung am JW 53 ab Mitte Februar standen neben einigen Booten der britischen 9. U-Flottille auch sowjetische U-Boote als Flankensicherung. Von ihnen legte K 21 bei Arnöy eine Flankenminensperre und setzte vier Agenten an Land.
Im März und April kam es zu neuen Operationen gegen den deutschen Nachschubverkehr an der norwegischen Polarküste. Im Varangerfjord torpedierte M 104 den Dampfer »Johannisberger«, 7253 BRT, der auf Strand gesetzt werden mußte, um seine Ladung zu retten. Die U-Jagdgruppe UJ 1102, UJ 1106 und UJ 1111 stellte K 3 und versenkte das Boot im gemeinsamen Waboangriff. Am 24. 3. lief M 174 auf eine Mine und mußte beschädigt den Rückzug antreten. Die Angriffe von S 55, S 101 und S 102 auf zwei Geleitzüge vor dem Lask-, Tana- und Korsfjord endeten mit der Versenkung des deutschen Dampfers »Ajax«, 2297 BRT, der von mehreren Torpedos getroffen wurde und sank. L 20 und L 22 legten Minensperren vor der Polarküste.
Die inzwischen an verschiedenen Stellen der einsamen Küsten abgesetzten Agententrupps funkten nunmehr Meldungen über deutsche Geleite an ihre U-Bootbasen. Aufgrund dieser Meldungen griffen sowjetische U-Boote immer wieder an. Am 29. 4. versenkte S 55 die »Sturzsee« mit 708 BRT. Am 17. 5. war S 56 erfolgreich. Der torpedierte Tanker »Eurostaft«, 1118 BRT, sank. Am 31. 5. wurde ŠČ 422 durch UJ 1206 und M 343 schwer beschädigt. Damit ging das vierte Kriegsjahr im Nordmeer zu Ende.

Sowjet-U-Boote in der Ostsee

Die zweite Welle sowjetischer U-Boote mit den Booten S 13, ŠČ 308 und ŠČ 323 lief zwischen dem 5. und 8. 9. 1942 durch die deutschen Minensperren. Dabei geriet ŠČ 323 auf eine Mine und kehrte schwer beschädigt nach Lavansaari zurück. Die beiden übrigen Boote liefen zum Einsatz weiter. Das heimkehrende Boot L 3 wurde von Wach- und Räumkuttern aufgenommen und durch die Minensperre gelotst.
Alle sowjetischen U-Boote mußten, wenn sie in der Ostsee zum Einsatz gelangen wollten, den Seeraum vor der befestigten finnischen Insel Suursaari (deutsch: Hochland) mit dem Minengebiet von Porkkala-Udd getaucht durchlaufen und an der Westhochland-Fahrrinne wieder auftauchen, um

ihre Batterien nachladen zu können. Dann wurden sie von deutschen U-Jägern verfolgt.
Die erste Gruppe der dritten Welle sowjetischer U-Boote versuchte dies zwischen dem 18. und 30. 9. 1942. Die Boote S 12, M 102, D 2 und ŠČ 307 schafften es trotz mehrerer Nahdetonationen.
Das zurückkehrende Boot ŠČ 407 lief am 25. 9. bei Porkkala auf eine Mine, konnte aber eingebracht werden. ŠČ 308 ging auf dem Rückzug verloren.
Die inzwischen in die Ostsee gelangten Boote S 9, D 2, ŠČ 310 und ŠČ 406 standen in der Bottensee ebenso wie vor der ostpreußischen Küste zwischen Rixhöft und Bornholm. S 12 operierte vor der baltischen Küste. Die Boote ŠČ 307, S 7, ŠČ 305 und ŠČ 306 standen in der Aalandsee, ŠČ 303 befand sich vor der schwedischen Küste, M 102 kämpfte im Finnischen Meerbusen. Mit einem neuen Minenauftrag war L 3 ausgelaufen. Das Boot legte seine Minen vor Utö, Libau und in der Irbenstraße. Die übrigen Boote versuchten, den laufenden deutschen Nachschubverkehr zu unterbinden. Es gelang 8 Booten, insgesamt fünf Schiffe zu versenken und drei zu torpedieren. Den größten Erfolg errang D 2 unter Kpt. 2. Ranges Lindenberg, das ein Schiff mit 4090 BRT versenkte.
Im Oktober durchbrach die letzte Gruppe der dritten Welle mit 9 Booten die deutschen Minensperren. Von ihnen gingen noch auf dem Durchbruch in die Ostsee ŠČ 302, ŠČ 304, ŠČ 311 und ŠČ 320 verloren.
Von den zur gleichen Zeit zurückkehrenden sowjetischen Booten lief ŠČ 310 bei Suursaari auf eine Mine und wurde beschädigt.
Das ausgelaufene S 7 wurde von dem finnischen U-Boot »Vesihiisi« unter Kptlt. Aittola bei Söderarm versenkt. Es konnten vier Gefangene eingebracht werden, darunter der Kommandant, Kpt. 3. Ranges Lisin.
Die drei zur U-Jagd eingesetzten finnischen U-Boote kamen zu zwei weiteren Erfolgen. »Iku-Turso« unter Kptlt. Pakkala versenkte am 26. 10. ŠČ 305, und »Vetehinien« unter Kptlt. Leino vernichtete ŠČ 306 durch Torpedoschuß.
Damit gingen in dieser Phase sieben U-Boote der Roten Flotte verloren.
Als die Vereisung in der Ostsee einsetzte, kehrten die letzten sowjetischen U-Boote durch die Minensperren des Finnischen Meerbusens nach Lavansaari zurück.
Nacheinander gelang es D 2, ŠČ 406, ŠČ 307, ŠČ 303, S 12 und L 3, dieses gefährliche Hindernis zu durchlaufen.
Als letztes Sowjet-U-Boot operierte M 96 noch im November 1942 im Finnischen Meerbusen.
Nach den langen Wintermonaten versuchten sowjetische U-Boote erstmals am 6. Mai 1943 den Ausbruch durch die Minensperren in die Ostsee. Diese Boote wurden von Räumverbänden, Torpedokuttern und von der Luftwaffe unterstützt. Am 11. 5. lief ŠČ 303 von Lavansaari aus und stand nach Durchbruch durch die »Seeigel«-Minensperre vom 18. bis 24. 5. vor der

Netzsperre, ohne diese durchbrechen zu können. Das Boot kehrte nach Lavansaari zurück.
Die am 19. und 20. 5. ausgelaufenen Boote blieben ebenfalls vor der Netzsperre liegen. ŠČ 407 wurde hier von finnischen Vorpostenbooten beschädigt und am 26. 5. durch Boote der 31. M-Flottille vernichtet. ŠČ 406 wurde ebenfalls mehrfach angegriffen. Seine Versenkung erfolgte durch MFP (Marinefährprähme) der 24. Leichter-Flottille.
Erst am 27. 7. versuchten sowjetische U-Boote einen zweiten Durchbruch, der durch Schlachtflugzeuge der Marine-Luftstreitkräfte unterstützt wurde, die die deutsch-finnischen Bewacherboote angriffen. Diese Versuche wurden bis Mitte September 1943 fortgesetzt. Keines der U-Boote kam durch. S 12 und S 9 gingen verloren.

Die Schwarzmeer-U-Boote im Einsatz

Von den sowjetischen U-Booten im Schwarzen Meer waren nach Abschluß der Kämpfe um Sewastopol in den zwei U-Bootbrigaden noch 34 Boote vorhanden, von denen allerdings nur 20 einsatzbereit waren.
Ende August 1942 wurden die beiden Brigaden zu einer U-Bootbrigade vereinigt. Der Kommandeur der 1. Brigade, KAdm. P. I. Boltunow, wurde neuer Brigadekommandeur.
Diese Boote führten im September neun Feindfahrten durch, die bis vor die rumänische Küste und vor die Krim führten.
Die beiden Boote L 4 und L 5 legten bei Sulina vor der Donaumündung und vor Sewastopol Minensperren. Zu Versenkungserfolgen kam es jedoch nicht.
Im Oktober operierten sechs U-Boote vor der Krim-Küste. M 118 versenkte am 1. 10. die »Salzburg« (1742 BRT). Beim folgenden Angriff auf einen rumänischen Kleinkonvoi wurde M 118 durch das Kanonenboot »Ghigulescu« versenkt. Der rumänische Dampfer »Carpati«, 4336 BRT, ging nach einem Zweierfächer von ŠČ 216 unter. M 35 vernichtete einen Kleintanker von 511 BRT.
L 23, das vor dem Bosporus stand, torpedierte den deutschen Tanker »Ossag«, 2793 BRT. Der beschädigte Tanker wurde von einem türkischen Schlepper in den Bosporus eingeschleppt.
Ebenfalls vor dem Bosporus griff D 5 einen türkischen Segler an, der versenkt wurde.
Bis Ende Dezember standen insgesamt 35 U-Boote im Einsatz. Von ihnen gingen acht Boote verloren.
Die gegen den deutsch-rumänischen Geleitverkehr vom Februar bis Mai eingesetzten sowjetischen U-Boote bildeten mehrere Vorpostenstreifen westlich der Krim. Keines der Boote erzielte Erfolge. Ab April wurde ein Vorpostenstreifen im freien Seeraum mit S 33, M 35, M 112 und ŠČ 209

aufgestellt. Von ihnen versenkte S 33 den größten rumänischen Transporter, »Suceava«, mit 6876 BRT.
Gegen den deutschen Versorgungsverkehr durch die Straße von Kertsch wurden allein sieben U-Boote angesetzt, die gegen die flachgehenden MFP keinen Erfolg erzielten. Lediglich M 111 konnte die Leichter »Dunarea« und »Hainburg« mit ihren Zugschiffen versenken.
Westlich der Krim versenkte D 4 am 11. 8. den durch sowjetische Luftangriffe angeschlagenen Dampfer »Boj Federsen«, der mit 6689 BRT einer der größten Dampfer im Schwarzen Meer war. Am 20. 8. kam das Boot abermals zum Schuß. Der Dampfer »Varna« wurde von zwei Torpedos getroffen und sank.
Nach wie vor aber versuchten sowjetische U-Boote gegen den Tankerverkehr durch den Bosporus vorzugehen. Ihre an Land befindlichen Agenten funkten Meldungen über alle durchlaufenden Geleitzüge an die U-Bootbasis. Der Tanker »Firuz«, 7323 BRT, wurde von vier U-Booten verfolgt und am 6. 8. durch ŠČ 216 torpediert. Am 30. 8. gelang es ŠČ 215, den ebenfalls durch Agenten gemeldeten Tanker »Thisbe«, 1782 BRT, zu versenken.

DIE US-U-BOOTWAFFE IM VIERTEN KRIEGSJAHR

Der Tonnagekampf

Die US-U-Bootwaffe stand zu Beginn des vierten Kriegsjahres sowohl vor der japanischen Ostküste im Tonnagekampf gegen japanische Konvois als auch im Mineneinsatz.

Im September standen »Nautilus«, »Kingfish«, »Trigger« und »Greenling« in See. »Drum« und »Guardfish«, »Finback«, »Trout« und S 31 kamen hinzu. Diese Boote versenkten im September/Oktober 1942 16 Schiffe und beschädigten vier. »Greenling« unter LtCdr. Bruton unternahm insgesamt fünf Angriffe. Die »Brazil Maru«, 12.700 BRT, mit 400 Soldaten und 200 Zivilisten an Bord sowie ein weiterer Dampfer von 4500 BRT fielen den Torpedos des Bootes zum Opfer, ehe es am 20. 10. den Flugzeugträger »Hiyo« torpedierte, der nur mit Mühe den nächsten Hafen erreichte.

»Finback« unter LtCdr. Jesse L. Hull torpedierte am 14. 10. die »Teison Maru«. Das Boot lief nach 15.000 BRT Versenkungserfolgen in Midway ein.

Bereits am 28. 9. hatte »Trout« den Geleitflugzeugträger »Taiyo« torpediert.

»Whale« war das erste Boot, das zu einem Minenauftrag in See ging. Ihm folgten »Sunfish«, »Drum« und »Trigger«. Die Minen wurden in den Torpedorohren gelagert und auf den erreichten Positionen ausgestoßen.

Die im Oktober/November durchgeführten Minenunternehmungen begannen im Südwesten des Zentralpazifik, und nach den vorgenannten Booten liefen auch »Thrasher«, »Gar«, »Tautog« und »Grenadier« aus. Sie fuhren dazu bis in den Golf von Siam.

Vor dem Bismarck-Archipel standen drei Boote; sie kamen zu drei Versenkungserfolgen.

Im Dezember probierte »Halibut« sein neues SJ-Radar aus und versenkte damit bei Nacht drei kleine Schiffe.

»Albacore« stellte am 18. 12. vor Mandang Harbor, Neuguinea, den leichten Kreuzer »Tenryu« und versenkte ihn. Im Dezember waren noch »Kingfish«, »Halibut« und »Drum«, »Trigger« und »Triton« erfolgreich. »Drum« beschädigte den Träger »Ryuho«. »Seadragon«, »Grouper«, »Wahoo« und »Triton« schrieben sich ebenfalls in die Erfolgsliste des Dezember ein.

Im Januar 1943 war »Growler« erfolgreich, als es die »Chifuku Maru«, 5857 BRT, mit einem Zweierfächer versenkte. In der Nacht des 7. 2. wurde das Boot von einem Zerstörer angegriffen und gerammt. Der Kommandant und die Kanonenbedienung feuerten. Als LtCdr. Howard W. Gilmore bemerkte, daß das Boot verlorengehen würde, wenn es nicht sofort weg-

tauchte, befahl er zu tauchen. Er und zwei Mann der Geschützbedienung blieben draußen und ertranken. Das Boot wurde gerettet.
»Argonaut«, eines der 2700-Tonnen-Boote, lief ebenfalls im Januar 1943 zum Einsatz aus. Das Boot torpedierte einen Zerstörer. Ein zweiter griff es mit Wabos an und beschädigte es schwer, so daß es auftauchen mußte. Von mehreren Geleitfahrzeugen wurde die »Argonaut« mit Artilleriefeuer versenkt.
Mit seiner 103köpfigen Besatzung fiel LtCdr. John R. Pierce.
Die ebenfalls in See stehende »Nautilus« fand am 9. 1. einen Radarkontakt nördlich von Bougainville und versenkte den wenig später in Sicht kommenden kleinen Frachter. »Guardfish« unter LtCdr. Klakring versenkte einen 4000-Tonnen-Frachter und den Zerstörer »Hakaze«.
»Greenling« operierte im Bismarck-Archipel und torpedierte den Munitionstransporter »Kinposan Maru«, der explodierte.
Am 16. 1. gelang es »Growler« unter Cdr. Howard W. Gilmore, einen 6000-Tonner zu versenken. Am 7. 2. kollidierte das Boot mit einem Schiff und ging mit seiner Besatzung unter.
Auch »Swordfish« kam am 19. 1. zum Erfolg, als es die »Myoho Maru« torpedierte und dann vor einem Zerstörer wegtauchen mußte.
»Searaven«, »Tautog«, »Trout«, »Gar« und »Grayling« standen im Südwestpazifik und versenkten dort im Januar 6 Schiffe. Drei weitere wurden torpediert. »Grayling« torpedierte außerdem das Flugzeugmutterschiff »Notoro«, und »Grayback« stand als »Navigationsmerkpunkt« vor der Westküste von Rendova Island.
Ab 8. 2. 1943 schickte Admiral King, der OB im Pazifik, die ersten 20 Boote in den Südwestpazifik. Sie erhielten den Auftrag zum Geleitzugkampf oder wurden als Spähboote und Aufklärer für die Marine eingesetzt.
Die Zeit vom 8. 2. bis zum 1. 5. wird in der US-Kriegsgeschichte als Übergangszeit im Krieg gegen Japan bezeichnet. Zu Beginn dieser Phase operierten nur 47 Boote im Pazifik. Am Ende derselben waren es bereits 104. Admiral Kings Bemühungen war es zu danken, daß die U-Bootwaffe der 7. Flotte auf zweieinhalb Squadrons moderner Boote anwuchs, die zu dieser Zeit bereits alle mit SJ-Radar ausgerüstet waren und die Jagd auch im Dunkeln fortsetzen konnten.
Eines der ersten Boote, das in dieser Phase im Südpazifik zum Schuß kam, war »Albacore«. Es sichtete am 20. 2. 1943 drei Schiffe, von denen zwei Geleitzerstörer waren. Die ersten drei Torpedos trafen den vorn laufenden Zerstörer. Eine Minute später schoß das Boot auf den achtern laufenden Zerstörer »Oshio«, der getroffen wurde und sank. Schnell mußte das Boot wegtauchen und erhielt 21 Wasserbomben nachgeschickt, die es jedoch nicht beschädigten. Insgesamt kamen im Februar 7 Boote zum Schuß, die 11 Schiffe versenkten und zwei torpedierten. »Amberjack« ging vor Buka verloren.

Am 7. 3. 1943 wurde Konteradmiral Lockwood Commander Submarines im Pazifik. Seine Task Force 71 übernahm KAdm. Christie als Commander. KAdm. Christie führte die Boote bereits seit Februar im Auftrag. Vom 8. 2. bis zum 1. 5. vernichteten die Boote in insgesamt 101 Einsätzen 96 Handelsschiffe mit 473.300 BRT. 57 weitere Handelsschiffe und Kriegsschiffe wurden torpediert und 55 kleinere Fahrzeuge unter 500 Tonnen teils mit Torpedos, teils mit Artillerie versenkt.
Einige Boote legten auch im März 1943 wieder Minen. So legte »Tautog« unter LtCdr. Sieglaff in der Nacht des 6. 3. vor dem Ölhafen Balikapan auf Borneo Minen und kehrte dann nach einigen kleineren Versenkungserfolgen zur Basis zurück.
Während der Märzoperationenen vor Japan kamen drei Boote zu Erfolgen. Sie versenkten 12 Schiffe und torpedierten drei weitere.
Im Zentralpazifik versenkten sechs Boote insgesamt 9 Schiffe. Aus diesem Raum kehrte »Triton« nicht zurück.
Vor Formosa und Niederländisch-Indien waren zwei Boote im Einsatz. Das eine, »Gudgeon« mit LtCdr. Post, erreichte am 19. 3. Surabaja und erzielte am 22. 3. die ersten Erfolge, indem es die »Meigen Maru« torpedierte.
In der Makassarstraße versenkte »Gudgeon« nach zwei Treffern und einem Artillerieduell mit zwei anschließend geschossenen Fangschüssen den Tanker »Toho Maru« mit 10.000 BRT.
Zum Stützpunkt zurückgekehrt, lief »Gudgeon« bereits am 15. 4. zur nächsten Feindfahrt aus und torpedierte in der Nacht des 27. 4. vor Panay ein weiteres Schiff mit 17.526 BRT. Es war der Passagierdampfer »Kamakura Maru«, der nach drei Treffern sank.
Am 30. 4. landete LtCdr. Post 1 Offizier, 3 Mann und 3 Tonnen Geräte für die Guerillas am Pucio Point auf Panay und holte zwei Mann ab, die nach Australien zurückbefohlen wurden. Das Boot war bis zum 12. 5. erfolgreich und versenkte zuletzt den Frachter »Sumatra Maru« mit 5900 BRT nördlich vom Binorongan Point, ehe es verschossen den Rückzug antrat.
Neben »Gudgeon« waren im April 11 weitere Boote erfolgreich. Insgesamt wurden 16 Schiffe mit 67.517 BRT versenkt. Drei Schiffe wurden beschädigt. »Tautog« vernichtete den Zerstörer »Isonami«, »Seawolf« versenkte den Frachter »Kaihei Maru«, 4575 BRT, und torpedierte einen weiteren. »Grenadier« kehrte von diesem Einsatz nicht mehr zurück.
Der Mai sah wiederum eine Reihe U-Boote vor Japan und vor den Kurilen am Feind. Im Zentralpazifik und Südwestpazifik gelang es den US-Booten abermals, zum Schuß zu kommen.
Nicht weniger als 15 Boote errangen Erfolge, und auf den von »Grenadier« gelegten Minen sanken 2 Schiffe.
Der Juni wurde abermals ein erfolgreicher Monat mit 19 beteiligten Booten, die alle erfolgreich waren. »Runner« unter LtCdr. Bourland ging verloren.
Der Juli war in bezug auf den Tonnagekrieg nicht ganz so erfolgreich wie

die Vormonate, dennoch gelang es, eine Reihe Transporter, einen U-Jäger und einen Minenleger zu vernichten.
Im letzten Monat des vierten Kriegsjahres standen wieder die erfahrenen Kommandanten mit 13 Booten im Tonnagekrieg. Sie versenkten 20 Schiffe mit 81.020 BRT und torpedierten zwei weitere. »Grayling« unter LtCdr. Brinker ging nach Versenkung eines Schiffes durch feindliche Zerstörer verloren.

JAPANS U-BOOTE IM EINSATZ

Die allgemeine Lage

Mit Beginn des vierten Kriegsjahres waren die Japaner wieder zum Transport von Soldaten, Waffen und Versorgungsgütern mit U-Booten zurückgekehrt. Ausgangspunkt für alle diese Fahrten war die Kamimbobucht westlich von Kap Esperance. Einige japanische U-Boote beförderten auch Kleinst-U-Boote dorthin.
Daneben standen U-Boote auch in den Seestreitkräften. So wurden zur Schlacht bei den Santa-Cruz-Inseln im Oktober 1942 zwei U-Bootgruppen in die Expeditionsstreitmacht eingegliedert:
Die Force »A« mit den Booten I 1, I 5, I 7, I 8, I 22, I 176.
Die Force »B« mit den Booten I 9, I 15, I 21, I 24, I 174, I 175.
Auch während der großen Seeschlacht um Guadalcanal waren U-Boote im Einsatz, die als Patrouillengruppen und als Spähgruppe fungierten.
Die von VAdm. Ternhisa Komatsu, Befehlshaber der 6. (U) Flotte, geführten Boote bei Guadalcanal waren:
Patrol Groups A, B und D: I 16, I 20, I 24, I 15, I 17, I 26, I 122, I 172, I 175, RO 34.
Scout-Verband: I 7 (vor Santa Cruz), I 9, I 21 und I 31.
Auf diesen Booten befanden sich Seeflugzeuge zur Erkundung San Cristobals, Nouméas und des Raumes Suva.

Die Einsätze

Die beiden U-Bootgruppen der Expeditionsstreitmacht für Santa Cruz standen bereits im September im Kampf. Das zwischen den Salomonen und Malaita stehende I 5 der Force A sichtete einen gesicherten Konvoi US-Schiffe. Bei dem Versuch, diesen anzugreifen, wurde das Boot erkannt, unter Wasser gedrückt und durch Wabos beschädigt.
I 4 versenkte am 29. 9. den US-Transporter »Alhena«. I 22 schoß einen Torpedo auf ein Schiff eines von ihm entdeckten Konvois und wurde sofort unter Wasser gedrückt.
Das Flugzeug von I 7 klärte am 7.10. über Espirito Santo auf. Das Boot beschoß am 14. und 23. 10. die Hafenanlagen der Insel mit seiner Artillerie.
Der 20. 10. sah I 176 am Feind. KKpt. Tanabe griff die Kriegsschiffsgruppe unter Admiral Lee an und torpedierte den Kreuzer »Chester«.
Am 26. 10. um 10.02 Uhr schoß I 21 einen Torpedo auf den US-Zerstörer »Porter« (LtCdr. D. G. Roberts) ab. Dieser Torpedo lief 50 m vor dem Schiff vorbei. Eine Minute später traf der zweite Torpedo den Zerstörer

mittschiffs. Um 10.55 Uhr sank »Porter«, nachdem die Überlebenden von Bord gegangen waren.
Beim Angriff von I 15 am folgenden Tag auf Admiral Lees Flaggschiff »Washington« verfehlten die Torpedos knapp das Ziel. I 15 wird seit dem 4. 11. im Raume Noumea vermißt.
I 26 hatte wieder eine Versorgungsfahrt durchzuführen. An den Ladeschläuchen dieses großen Bootes übernahmen die Shortland-Aufklärer-Flugboote Benzin, um ihre Aufklärungsflüge ohne Pause fortsetzen zu können.
Während dieser Zeit kamen im Indischen Ozean die Boote I 29 und I 165 im September zu fünf Versenkungen, von denen KKpt. Izu mit I 29 allein vier für sich verbuchen konnte.
Im Oktober waren es hier drei weitere Boote, die fünf Schiffe vernichteten. Unter ihnen auch I 27 unter KKpt. Kitamura, der die »Ocean Vintage«, 7174 BRT, mit Zweierfächer versenkte.
Von den gegen die US-Nachschubverbände im Südpazifik eingesetzten Booten der Gruppe A mit I 16, I 20 und I 24 wurde ein Schiff versenkt. I 16 und I 20 setzten am 28. 11. Kleinst-U-Boote ein. Von ihnen torpedierte das Kleinst-U-Boot Nr. 10 vor Guadalcanal das US-Transportschiff »Alchiba« (7293 BRT).
Das Schiff mußte aufgesetzt werden, um die Ladung zu löschen.
Die Boote für die Kriegsschiffsgruppe Gruppe D, I 122, RO 34, I 175 und I 172, die die Kriegsschiffe vor Angriffen schützen sollten, erlitten am Morgen des 10. 11. einen Verlust. I 172 wurde gegen 02.31 Uhr von dem Minensucher »Southard« unter LtCdr. J. G. Tennent gesichtet und mit Wabos und Artillerie versenkt.
Im Kampfraum Guadalcanal, wo die japanische Flottenstreitmacht auf jene der US-Navy traf, um eine Entscheidung zu erzwingen, klärten ebenfalls einige U-Boote auf. Von I 7, I 9, I 21 und I 31 starteten Bordflugzeuge. I 21 versenkte einen Transporter.
Die japanischen U-Transporter, die im Gebiet der Salomonen unterwegs waren, erlitten zwei Verluste. I 3 wurde durch das MTB 59 mit Torpedos versenkt, und I 4 ging nach einem Duell mit dem US-U-Boot »Seadragon« unter.
Im Indischen Ozean waren die japanischen Boote im November und Dezember mit einigen Erfolgen an der Versenkungsquote beteiligt. So versenkte I 166 am 23. 11. einen Dampfer von 5332 BRT, und I 29 trug am selben Tage dem britischen Dampfer »Tilawa«, 10.006 BRT, die tödlichen Torpedos an. Das Boot von KKpt. Izu, I 29, war am 3. 12. noch einmal erfolgreich. Es versenkte den britischen Motortanker »Belita« mit 6323 BRT.
Vor der australischen Küste versenkte KKpt. Muroako mit I 18 5 Schiffe mit 31.437 BRT. Der Einsatz eines Kleinst-U-Bootes von I 18 aus schlug fehl. Das Kleinst-U-Boot sollte im Hafen von Espirito Santo liegende große

Schiffe angreifen. I 18 wurde wenig später beim Angriff auf den Kreuzer »Helena« versenkt.
I 1, das Ende Januar zu einem Truppen- und Materialtransport unterwegs war, wurde von den beiden australischen Korvetten »Kiwi« und »Moa« am 29. 1. 1943 aufgefaßt. »Kiwi« rammte das bedeutend größere Boot dreimal und mußte sich schließlich beschädigt absetzen. »Moa« eröffnete auf Befehl von Cdr. Peter Phipps das Feuer und versenkte das Boot, das um 23.30 Uhr unterging.
Zur gleichen Zeit stand I 10 vor Australien; es versenkte einen 7000-Tonner und torpedierte ein gleich großes Schiff. I 8 beschoß mit seiner Artillerie Anlagen auf der Canton-Insel.
Von Rabaul aus operierten RO 100, RO 101, RO 102 und RO 103 im Raume der Salomonen und vor Neuguinea.
In den folgenden drei Monaten standen wieder 5 japanische U-Boote vor der australischen Küste. Sie versenkten 7 Schiffe mit 35.906 BRT, beschädigten zwei weitere mit 7713 BRT und torpedierten den LST 469.
Die Angriffe im Seeraum der Samoa-Inseln und der Fidschi-Inseln sowie vor Noumea wurden erbittert geführt. So gelang es I 25 unter FKpt. Tagami, einen 10.763 BRT großen Tanker zu versenken. I 19 griff 2 Schiffe mit 14.357 BRT an, die beide sanken, und torpedierte ein weiteres mit 7181 BRT, das vom Gegner noch eingebracht werden konnte. Auf dem von I 17 versenkten Tanker mit 10.169 BRT befanden sich zur Überführung ins Kampfgebiet die Motor-Torpedoboote PT 165 und PT 173.
I 178 wurde am 29. 5. vor Espirito Santo von dem amerikanischen U-Jäger SC 669 vernichtet.
I 25, das zu einer großen Operation ausgelaufen war, wurde am 3. 9. 1943 von dem Zerstörer »Patterson« unter LtCdr. A. F. White auf der Route zwischen Espiritu Santo und den Oberen Salomonen durch Radar aufgefaßt und mit Wasserbomben belegt. An Bord des Zerstörers wurde eine mächtige Unterwasser-Detonation registriert. Das Boot sank.
Im Indischen Ozean war in den ersten drei Monaten des neuen Jahres nur I 27 zum Erfolg gekommen. Das Boot torpedierte am 20. 3. 1943 den Dampfer »Ford Mumford«, 7132 BRT, von dem Wrackteile bei Kap Comorin angetrieben wurden.
Von ihrem Stützpunkt in Penang auslaufend, kamen einige japanische Boote im Mai und Juni im Golf von Oman, im Golf von Aden und vor der ostafrikanischen Küste zu Erfolgen. Nach Versorgung mit Treibstoff durch das nach Penang zurückkehrende I 10 fuhr I 8 in Richtung Frankreich weiter und lief am 4. 7. 1943 in Bordeaux ein. Von den eingesetzten Booten versenkten vier 9 Schiffe mit insgesamt 53.323 BRT.
Die im Mai/Juni im Nordpazifik operierenden Boote waren insbesondere zu Rückführungsfahrten eingesetzt. So evakuierten die Boote I 2, I 5, I 6, I 7, I 9, I 21, I 24, I 35, I 155, I 157, I 169 und I 171 820 japanische Soldaten von

Kiska nach Paramushiro. Bei dieser Aufgabe wurde I 24 am 10. 6. durch den U-Jäger PC 487 mit Wasserbomben versenkt. I 9 wurde am gleichen Tag durch den Zerstörer »Frazier« versenkt, und am 22. 6. griff der Zerstörer »Monaghan« das mit Radar aufgebrachte I 7 an. Es wurde im Artillerieduell versenkt.
Neben den durch Feindeinwirkungen bei den Evakuierungsfahrten verlorengegangenen Booten waren noch I 2 und I 157 bei dichtem Nebel durch Grundberührung leckgeschlagen worden, und I 155 wurde in der groben See so stark durch Seeschlag beschädigt, daß es den Einsatz abbrechen mußte.
Von Mitte Juli bis Mitte August kam es zu einigen weiteren Einsätzen, bei denen die aus Rabaul auslaufenden Boote Erfolge erzielten. So versenkte RO 106 das Landungsschiff LST 342. RO 101, das mehrfach erfolgreich auf Feindfahrt gewesen war, griff am Ende seiner Operation einen kleinen Begleitverband an und wurde am 15. 9. 1943 durch den US-Zerstörer »Saufley« versenkt.
Zu einem Aufklärungsmarsch in Richtung New Georgia liefen I 11, I 17 und I 19 aus. Die Boote hatten den Auftrag, die Seeaufklärung für einen neuen Verstärkungsversuch zu betreiben. I 11 gelang auf dieser Fahrt am 20. 7. die Torpedierung des australischen Kreuzers »Hobart«. Dazu wurde ein Schiff von 7176 BRT torpediert, das sank.
I 17 wurde am 19. 8. vor Espirito Santo von zwei US-Flugzeugen gesichtet und mit Bomben unter Wasser gedrückt. Die herbeigerufene Korvette »Tui«, unter neuseeländischer Führung, vernichtete das Boot mit Wasserbomben.
I 19 kam noch vor Fidschi zum Schuß. Seine zwei Torpedos trafen das anvisierte Schiff voll und versenkten es.
Die im August von Truk und Rabaul auslaufende U-Bootgruppe erhielt Order, im Gebiet der Neuen Hebriden zu erkunden. Am 23. 8. klärte das Bordflugzeug von I 25 über Espirito Santo auf. Das Flugzeug brachte dem Boot die Meldung von einem US-Verband, auf den I 25 zulief, um zum Angriff überzugehen. Doch noch ehe es in Schußposition kam, wurde es durch das Radar des Zerstörers »Patterson« aufgefaßt und versenkt.
Am 31. 8. 1943 torpedierte I 20 unter Kptlt. Otsuka einen Tanker von 10.872 BRT. Das Boot wurde in der Nacht zum 2.10. durch den Zerstörer »Eaton« unter LtCdr. Jackson zwischen Choiseul und Kolombangara gestellt. Die ersten Artilleriesalven trafen das Boot voll. I 20 drehte sich herum und sank. I 39 und I 26 führten Aufklärungsfahrten durch.
In diesen letzten Monaten des vierten Kriegsjahres waren im Indischen Ozean I 27 und I 37 erfolgreich. Während I 27 drei Schiffe von 13.669 BRT versenkte, brachte es I 37 bei derselben Anzahl auf 19.950 BRT. I 29 mit weiteren 5463 und I 10 mit 7634 BRT vervollständigten die Bilanz dieser letzten drei Monate auf acht Schiffe mit 46.716 BRT.

Die japanische U-Bootwaffe hatte in diesem Jahr verlustreich gekämpft. Sie konnte die Erfolge des Vorjahres nicht wiederholen. Dennoch bedeutete ihre Anwesenheit in allen Teilen des Pazifiks eine permanente Bedrohung für die US-Kriegs- und Handelsschiffe. Darüber hinaus waren ihre Transportfahrten, was die Gefährlichkeit dieses Einsatzes angeht, weil ja die Routen bekannt waren, die härtesten des gesamten Krieges.

DEUTSCHE U-BOOTE
IM FÜNFTEN KRIEGSJAHR

Die Situation im U-Bootkrieg

Nach den vernichtenden Schlägen des Mai 1943 schien die deutsche U-Bootwaffe am Ende, und viele Kommandanten glaubten auch, daß der ObdM den U-Bootkrieg einstellen würde. Großadmiral Dönitz sah sich in den Monaten Juni und Juli 1943 vor einer schweren Entscheidung.

Die große Frage, die Dönitz bewegte, war, ob die U-Bootbesatzungen diesen aufopferungsvollen Kampf, bei dem sie keine großen Erfolge erringen konnten, fortzusetzen bereit waren.

Im Sommer 1943 ließ er deshalb alle Chefs der an der Biskayaküste stehenden Flottillen zum Führer der U-Boote West, Kpt. z.S. Rösing, nach Brest kommen. Es kamen Lehmann-Willenbrock, Kuhnke und Sohler, Schulz, Zapp und Scholtz. Sie alle wußten, was ihre Kommandanten und deren Besatzungen sagten und dachten.

Diesen Offizieren schilderte Großadmiral Dönitz die Lage und erklärte ihnen, welche Hifsmittel zur Front gelangen würden.

Da war der Horchtorpedo »Zaunkönig«, der im August frontreif war, da stand im Hintergrund das »totale U-Boot«, ein Boot, das nicht nur zum Angriff oder auf der Flucht unter Wasser lief, sondern ständig. Doch dieses Boot würde erst sehr viel später zur Front gelangen.

Als die Besprechung zu Ende ging und alle Flottillenchefs zu Wort gekommen waren, war Großadmiral Dönitz sicher, daß die überwältigende Mehrheit der U-Bootfahrer seinen Entschluß akzeptierten. Der Kampf der U-Boote ging weiter!

Das »totale U-Boot«

Als sich im Frühjahr und Sommer 1943 die Versenkungen von U-Booten derart mehrten und dies unter ganz bestimmten Voraussetzungen geschah, war von seiten der deutschen Führung klar, daß der Gegner eine neue Ortungstechnik entwickelt und in seine Flugzeuge und Überwasserfahrzeuge eingebaut hatte, die jedes U-Boot auch bei Nacht und Nebel zu finden vermochte.

Großadmiral Dönitz erarbeitete eine Denkschrift, in der er zum Ausdruck brachte, daß die U-Boote von der Wasseroberfläche zu verschwinden hätten. In dieser Denkschrift las man auch den Satz:

»Wir müssen mit dem totalen U-Boot ins Wasser hinein!«

Ein solches U-Boot hätte im Sommer 1943 zur Verfügung stehen können,

denn der Ingenieur Helmuth Walter hatte bereits 1934 dem OKM eine Ideenskizze vorgelegt, in welcher die technischen Möglichkeiten und die Wirkungsweise einer Gasturbine beschrieben wurde, mit deren Leistung es gelingen würde, ein U-Boot bedeutend schneller unter Wasser fahren zu lassen als alle anderen. Das OKM legte diese Vorschläge zu den Akten.
Ingenieur Walter setzte seine Arbeiten fort und legte drei Jahre später seine verbesserten Pläne vor. Walter ging auch zum damaligen Kpt. z.S. Dönitz. Dönitz war dafür. Er setzte sich voll für Walter ein. In Kiel-Tannenberg wurde ein kleines Walter-Werk errichtet.
Dort lief bald die erste Versuchsturbine. Das erste Walter-Versuchsboot V 80 wurde im Frühjahr 1940 von Ingenieuren der Kieler Germaniawerft erprobt. Das Boot erzielte Unterwassergeschwindigkeiten von 26 kn. Alle bekannten Typen der Kriegsmarine liefen unter Wasser höchstens 9 kn.
Walter und Marineoberbaurat Waas sprachen erneut beim OKM vor. Doch dieses argumentierte:
»Jedes zu bauende Boot, von dem wir noch nicht wissen, ob es überhaupt zum Einsatz gelangen wird, verhindert den Bau von bewährten U-Booten des Typs VII-C.«
(Die Boote des Typs VII-C waren die meistgebauten Boote; sie führten Tonnagekrieg im Atlantik.)
Dennoch konnte Walter eine neue Anlage für ein neues Musterboot bauen. Es war das Boot V 300. Es wurde ein unbrauchbarer Entwurf.
Im November 1942 kamen die besten deutschen U-Bootkonstrukteure zum BdU nach Paris. Es waren Ministerialdirektor Scheurer, Ministerialdirigent Bröcking, Marinebaudirektor Oelfken und Marine-Oberbaurat Waas mit Ingenieur Walter. Im großen Lagezimmer des BdU im Hause Nr. 28, auf dem Boulevard Suchet, tagten diese Fachleute. Die Forderung der U-Bootführung nach einem neuen U-Boot, das wirklich ein Unterwasserboot war und ständig unter Wasser lief und zudem schnell genug war, jedem Verfolger auch unter Wasser zu entkommen, das war die Forderung der U-Bootführung.
Walter, inzwischen zum Professor ernannt, trug seine Vorstellungen von dem neuen mit Wasserstoffperoxid betriebenen Turbinen-U-Boot vor. Konteradmiral Thedsen, der leitende Techniker des BdU, hingegen schlug vor, daß im unterenTeil des Walter-U-Bootes, dessen Querschnitt die Form einer stehenden Acht aufwies, anstelle der Wasserstoffperoxid-Tanks zusätzliche Batterien eingebaut werden sollten. Damit würde man auch die doppelte Geschwindigkeit erzielen. Ministerialdirektor Scheurer sekundierte ihm. Er fand das richtige Argument:
»Wenn wir mit einer vergrößerten Batterie auch nicht die Geschwindigkeit des Walterbootes erreichen, so kann doch das Elektroboot gegenüber den bisherigen Typen eine bedeutende Beschleunigung erfahren. *Und dies schon bald!«*

Als es schließlich darum ging, in der Zwischenphase den vorhandenen Booten durch zusätzliche Einrichtungen Möglichkeiten zum längeren Unterwassermarsch zu verschaffen und auch die Chance, unter Wasser fahrend, die E-Maschinen aufladen zu können, entwarf Professor Walter den ersten U-Bootschnorchel, der eine Weiterentwicklung des auf holländischen Beutebooten vorgefundenen Zuluftmastes, des »Snorkel«, war. Durch ihn sollten die Dieselmotoren über eine Schlauchanlage auch im Unterwassermarsch den notwendigen Sauerstoff erhalten. Die Dieselabgase sollten durch den Schlauch nach oben geleitet und durch den Schnorchelmast ausgestoßen werden.
Im Juni 1943, sieben Monate nach dieser Besprechung, erhielt Großadmiral Dönitz die ersten Konstruktionszeichnungen für ein großes Elektroboot des Typs XXI, das unter Wasser 18 kn erzielte. Vier Walterboote wurden weitergebaut und eine Serie von 26 Booten dieses Typs auf Stapel gelegt.
All dies täuschte jedoch nicht darüber hinweg, daß diese neuen Boote nicht vor Ende 1944 zur Front gelangen konnten.

Neue Rudelschlachten

Nachdem vom 20. Juli bis zum 5. August 1943 in der Biskaya 10 U-Boote durch Luftangriffe verlorengegangen waren, mußten die deutschen U-Boote, die im September durch die Biskaya zum Einsatz ausliefen, dieses gefährliche Seegebiet getaucht durchlaufen. Die Boote waren nunmehr mit bis zu acht 2-cm-FlaMW ausgerüstet. Sie waren mit dem verbesserten Nachfolgegerät des »Metox« ausgerüstet. Dieses Funkmeßbeobachtungsgerät »Wanz« (Wellen-Anzeiger, Hersteller: Hagenule/Kiel) erfaßte feindliche Radarstrahlen in Wellenlängen zwischen 150-250 cm an Bord, und zum ersten Mal führte jedes der Boote vier Torpedos T-5 mit: die »Zaunkönige«.
Als sie ihre Operationsgebiete erreichten, wurden sie in zwei Gruppen aufgestellt. Die Hauptgruppe »Leuthen« bestand aus 20 Booten. U 341, ein Boot dieser Gruppe, wurde am 19. 9. von einer Liberator versenkt.
Am frühen Morgen des 20. 9. kam der ON 202 in Sicht. Im Verlaufe der nächsten Tage vereinigte sich dieser Konvoi mit dem ONS 18. Den ersten Torpedoschuß feuerte U 270 ab, das einen T-5 auf die Fregatte »Lagan« abschoß. Schwer beschädigt wurde die Fregatte eingeschleppt.
Von nun an ging es Schlag auf Schlag. Vier Tage und Nächte kämpften die U-Boote. Immer wieder griffen sie mit den neuen Torpedos Geleitfahrzeuge an. Sie meldeten die Vernichtung von 12 Zerstörern und neun Dampfern mit 46.000 BRT. Doch diese Meldungen waren überzogen. Nach englischen Angaben wurden 6 Dampfer mit 36.422 BRT versenkt, der Zerstörer »St. Croix«, die Fregatte »Itchen« und die Korvette »Polyanthus« ebenfalls versenkt sowie die »Lagan« beschädigt.
In diesem zähen Ringen wurde U 338, das zur Abwehr angreifender Flug-

zeuge nicht weggetaucht war, versenkt. U 229 wurde von dem Zerstörer »Keppel« durch Artillerie schwer beschädigt und anschließend mit Rammstoß versenkt. Vier weitere Boote, U 584, U 422, U 377 und U 270, wurden beschädigt.
Nach diesem furiosen Auftakt, der durch dichten Nebel erschwert wurde, kam es im Oktober, November und Dezember 1943 zu Einzeloperationen in allen Seegebieten. Am SC 143 wurde von U 378 unter Kptlt. Mäder der exilpolnische Zerstörer »Orkan« versenkt.
U 515 unter Kptlt. Henke, das am 29. 8. 1943 zur vierten Feindfahrt ausgelaufen war, mußte nach einem Waboangriff, bei dem 310 Wasserbomben auf das Boot geworfen wurden, am 12. 9. wieder nach Lorient zurück. Erst am 9. 11. lief das Boot zur fünften Feindfahrt aus und versenkte am 7. 12. mit der »Kingswood« das erste Schiff. Zwei Tage später wurde die »Phemius« versenkt; die »Dumana«, ein großes britisches Motorschiff, folgte am 24. 12. Danach erhielt das Boot Rückmarschbefehl und lief am 14. 1. 1944 in Lorient ein.
Eines der erfolgreichsten Boote in den beiden letzten Monaten war U 516 unter Kptlt. Tillessen, das 6 Schiffe mit 24.745 BRT versenkte.
Im Monat Januar 1944 wurden ganze drei Schiffe versenkt. Dagegen gingen in diesem Monat verloren: U 757 am 8. 1., U 231 am 13. 1. durch einen Wellington-Bomber, U 377 am 15. 1. durch Geleitfahrzeuge der 4. Support Group, U 305 am 17. 1. durch den Zerstörer »Wanderer«, U 544 am 19. 1. durch Flugzeuge der Hunter-Killer-Group des US-Geleitträgers »Gualdalcanal«. Am 28. 1. gingen U 571 und U 271 verloren, als sie mit anderen Booten der Gruppe »Stürmer« auf den Konvoi ONS 66/KMS 40 angesetzt worden waren.
Der Februar sollte sich noch verlustreicher gestalten. Zwei Dampfer, ein Zerstörer und der Minensucher »Woodpecker« wurden versenkt, ein weiterer Dampfer torpediert. Dafür ging wieder eine Reihe Boote verloren. Es waren dies U 177, das sich auf dem Weg in den Indischen Ozean befand und durch Liberatorbomber von der Insel Ascension versenkt wurde. U 91, U 238, U 257, U 264, U 283, U 386, U 406, U 424, U 545, U 601, U 666 und U 713 traten den letzten Weg an.
Im Februar gab die U-Bootführung den Geleitzugkampf westlich von England auf. Die Verluste standen in keinem Verhältnis mehr zu den Erfolgen. Damit waren die letzten Versuche, mit neuen Waffen und Funkmeßgeräten zu einem zweiten Aufschwung im Atlantikkampf zu kommen, verlustreich gescheitert. Großadmiral Dönitz kam nach langen Beratungen mit dem Gesamtstab des BdU zu der Überzeugung, daß der Rudelansatz nicht mehr gewagt werden dürfe.
Im Frühjahr 1944 wurde das erste Boot mit einem Schnorchel ausgerüstet, der es ihm ermöglichte, unter Wasser zu fahren und unter Wasser die Batterien aufzuladen. Dieses Boot, U 264, ging aber bereits am 19. 2. 1944 auf

Feindfahrt verloren, was zu einer anfänglichen Ablehnung des Schnorchels an der Front führte.

U-Boote in Ostasien

Eine U-Bootgruppe hatte im Herbst und Winter 1943 von sich reden gemacht. Es war die Gruppe »Monsun«, die im Juli mit 11 Booten die westfranzösischen Stützpunkte verlassen hatte, um im Operationsgebiet des Indischen Ozeans und im Golf von Suez zu operieren.
Von diesen 11 Booten erreichten nur 5 den Indischen Ozean. Bis Ende Oktober konnte hier U 532 unter FKpt. Junker 4 Schiffe mit 24.500 BRT versenken und ein weiteres Schiff torpedieren. U 188 unter Kptlt. Lüdden versenkte ein Schiff und torpedierte ein weiteres von 10.000 Tonnen. U 168 unter Kptlt. Pich versenkte ein Schiff und sechs Segler. U 183 unter KKpt. Schäfer und U 533 unter Kptlt. Henning blieben erfolglos.
U 533 wurde am 16. 10. 1943 im Persischen Golf durch Flugzeuge versenkt. Alle anderen Boote liefen nach Penang weiter, wo ein Stützpunkt für die U-Bootversorgung eingerichtet worden war.
Die Japaner hatten bereits im Frühjahr 1943 die Einrichtung deutscher Dienststellen zur Abfertigung von Blockadebrechern und dann auch diesen U-Bootstützpunkt genehmigt. Der zweite Stützpunkt, der später hinzukam, war Surabaja.
Ende 1943 wurde die zweite U-Bootgruppe »Monsun« mit insgesamt 16 Booten in Marsch gesetzt. U 178 erreichte als erstes die indische Westküste und vernichtete dort ein Schiff.
Von Penang aus liefen schließlich die Boote, die diesen fernen Stützpunkt erreichten, wieder in den Indischen Ozean aus. U 532, U 188, U 168, U 183 und U 510 operierten erfolgreich. Mit 7 versenkten Schiffen von insgesamt 42.549 BRT war U 188 das erfolgreichste Boot. U 510 vernichtete 5 Schiffe mit 31.220 BRT.
Auch U 196 war nach seiner längsten Feindfahrt während des Zweiten Weltkriegs im Februar wieder mit Ziel Indik ausgelaufen. Kentrat, inzwischen zum KKpt. befördert, lief ins Arabische Meer aus und weiter bis vor die indische Küste bei Colombo. Zum ersten Mal stand ein deutsches U-Boot in diesem Seeraum. Kein einziges Schiff wurde gesichtet, und nach 150 Seetagen lief U 196 in Penang ein.
Die beiden deutschen Tanker, die in diesem Seeraum die U-Boote versorgten, gingen nacheinander verloren. Die »Charlotte Schliemann« versenkte sich in der Nacht des 12. 2. selbst, als sie von dem Zerstörer »Relentless« gestellt wurde. U 532 übernahm die Besatzung. Der Tanker »Brake« wurde von einer britischen Suchgruppe gefunden und versenkte sich selbst. Die Brake-Besatzung wurde von U 168 übernommen.
Das als Torpedotransporter eingesetzte Boot U 1062 übernahm am 10. 4.

von U 532 Treibstoff und erreichte mit den wichtigen Torpedos Penang. U 178 und U 188 kehrten mit Rohstoffen beladen nach Bordeaux zurück, die anderen Boote liefen nach Penang ein.
U 852 unter Kptlt. Eck versenkte am 13. 3. im Südatlantik den Frachter »Peleus«. Bei dem Versuch, die verräterischen Schiffstrümmer zu versenken, wurden auch überlebende Seeleute des Schiffes, die sich auf den Trümmern befanden, erschossen. (Nach dem Kriege wurde Kptlt. Eck wegen dieser Beschießung zum Tode verurteilt.) Das Boot versenkte am 1. April 1944 ein weiteres Schiff. Es wurde am 30. 4. von Wellington-Bombern beschädigt, setzte sich vor der Somaliküste auf Strand und sprengte sich selbst in die Luft.
Auch im April liefen weitere Boote in den Raum Indik aus. An U 488 unter Kptlt. Studt, das südwestlich der Azoren stand, versorgten vier Boote. Nacheinander liefen U 843, U 196, U 181, U 537, U 198, U 859 in den Indischen Ozean.
Gegen diese U-Bootbewegung standen im Mittelatlantik einige britische Task Groups, von denen U 66 nach einem Artilleriegefecht und beiderseitigen Rammversuchen von der Korvette »Buckley« vernichtet wurde, die zur Task Group 21.11 unter Cpt. Hughes gehörte.
Unter KKpt. Wilhelm Dommes wurden die Stützpunkte Penang und Surabaja ausgebaut und ihre Versorgung sichergestellt. Die Überholung und Versorgung der in Penang einlaufenden Boote mußte von den Besatzungen selbst durchgeführt werden.

Hartes Brot

Im Nordatlantik waren im März einige Boote in Einzeloperationen erfolgreich. U 744 unter Oblt. z.S. Blischke, das am 2. 3. 1944 das Landungsschiff LST 362 versenkt hatte, wurde durch die Sicherung des Konvois HX 280 nach 30stündiger Jagd versenkt. U 255 wurde am Konvoi CU 16 von dem australischen Geleitzerstörer »Leopold« geortet und verfolgt. Oblt. z.S. Harms schoß einen T-5 ab, der die »Leopold« vernichtend traf. U 845 wurde am 10. 3. versenkt, U 625 ging nach Bombentreffer einer Sunderland verloren. U 575 wurde von Geleitfahrzeugen vernichtet. U 653 folgte in einer kombinierten Luft-See-Verfolgung nach.
Von der zweiten Märzhälfte an standen zwischen Irland und Neufundland, teilweise als Wetterboote eingesetzt, 17 Boote. Fünf weitere Boote wurden wieder in die Stützpunkte zurückbefohlen, um die Gruppe »Landwirt« zu bilden. Nach einigen Erfolgen Ende März gelang es U 302 unter Kptlt. Sickel, aus dem SC 156 den Motortanker »South America«, 6246 BRT, und den Norweger »Ruth I«, 3531 BRT, herauszuschießen. Die Fregatte »Swale« stellte das Boot und versenkte es mit Wasserbomben. U 962 wurde am 8. 4. von Schiffen der 7th Escort Group versenkt. Am 16. 4. versenkte

U 550 unter Oblt. z.S. Hänert den US-Tanker »Pan Pennsylvania«, 11.017 BRT.
U 448 ging bei dem Versuch, den Geleitträger »Biter« zu torpedieren, am 14. 4. verloren. U 986 wurde am 17. 4. durch den U-Jäger PC 619 versenkt. Durch Luftangriffe gingen U 311 und U 342 unter.
Der Mai sah einige Boote erfolgreich. Vier Schiffe, eine Korvette und ein Geleitzerstörer fielen den angreifenden U-Booten zum Opfer, die diese Erfolge mit dem Verlust von U 473 bezahlten, das nach Wasserbombenschäden zum Auftauchen gezwungen und im Artillerieduell gegen drei Zerstörer und Korvetten vernichtet wurde, ohne daß die von dem Boot abgeschossenen T-5-Torpedos ihr Ziel erreicht hätten. U 765 wurde durch Flugzeuge versenkt.
Im Juni kam es kaum zu Erfolgen. Lediglich U 988 unter Kptlt. Dobberstein und U 547 (Niemeyer) versenkten drei Handelsschiffe. Am 29. 6. gelang U 984 ein Erfolg gegen vier moderne englische Dampfer von jeweils über 7000 Tonnen. Von diesen vier Schiffen konnte nur die »E. M. House« nach Tyne laufen und repariert werden.
Am 4. 6. 1944 gelang es der US-Navy, »ihr eigenes« deutsches U-Boot zu kapern. Die Idee stammte vom Kommandanten des Geleitträgers »Gualdalcanal«, der die gemischte U-Jagdgruppe (Hunter-Killer-Group) Task Force 22.3 leitete. Es gelang seinen Trägerflugzeugen nordwestlich von Dakar, das unter Oblt. z.S. Harald Lange fahrende U 505 gerade so weit tauchunfähig zu machen, daß es nicht sank. Darauf wurde zum ersten Mal seit 125 Jahren in der US-Navy wieder das Kommando »Entern« gebraucht. Das Boot wurde eingeschleppt, ausgiebig untersucht und von der US-Navy als Versuchs-U-Boot »Nemo« in Dienst gestellt. Seit 1954 steht es als Museumsschiff vor dem Chicagoer Museum für Wissenschaft und Industrie und ist damit eines der beiden einzigen als Schaustück existierenden deutschen U-Boote. Das andere ist U 995, das nach einer Nachkriegslaufbahn als norwegisches U-Boot »Kaura« seit 1971 vor dem Marineehrenmal Kiel-Laboe steht. Die Elektroboote »Wilhelm Bauer« (ex U 2540), »Hai« (ex U 2365) und »Hecht« (ex U 2367), die nach dem Krieg bei der Bundesmarine fuhren, sind leider nicht als Museumsschiffe erhalten geblieben.
Nach diesen geringen Erfolgen war die Meldung von Großadmiral Dönitz vom 4. bis 6. 5. 1944 auf dem Berghof bei Hitler von entscheidender Bedeutung. Darin brachte der ObdM zum Ausdruck, daß nach den neuesten Unterlagen für das Jahr 1944 anstelle der 218 geplanten U-Boote nur 140 ausgeliefert werden könnten. Dies infolge Arbeitermangel beim Stahlbau. Hitler genehmigte keine Sondervollmachten, erklärte aber, daß Speer »unter allen Umständen die zugesagten U-Bootzahlen liefern« müsse.
Der Juli sah noch einmal größere Erfolge. Die insgesamt 8 versenkten Schiffe hatten 28.572 BRT, und die 5 torpedierten waren mit 38.023 BRT zumeist große Schiffe.

Inzwischen forderte eine neue Situation abermals den letzten Einsatz der U-Boote. Die alliierte Invasion an der Normandieküste hatte am 6. 6. 1944 begonnen.

U-Boote im Kampf gegen die Invasionsflotte

Mit Beginn der Invasion erlebte die U-Bootwaffe noch einmal einen verlustreichen Großeinsatz, der bis zum 28. 8. andauerte.
Durch den Einsatz dieser Boote verlor der Gegner in der Seinebucht und vor der englischen Küste fünf Sicherungsfahrzeuge und 12 Schiffe mit 56.845 BRT. Sechs weitere Schiffe, darunter ein Sicherungsfahrzeug, wurden torpediert.
Aus Brest waren am 6. 6. 1944 17 U-Boote ausgelaufen. St. Nazaire stellte 14 Boote, La Pallice war mit 4 Booten und Lorient mit einem Boot an der Streitmacht beteiligt, welche die Gruppe »Landwirt« bildete. In einem dramatischen Ringen fiel Boot um Boot aus.
U 955 und U 970 (auf ihrem Rückmarsch am 7. 6. 1944 versenkt), U 629, U 373, U 740, U 821, U 767, U 441, U 971, U 1191, U 269 und U 988 sanken, U 256, U 413, U 415, U 671, U 963 und U 989 mußten beschädigt umkehren.
Den beiden mit Schnorchel versehenen Minenbooten U 214 und U 218 gelang es, bis nach Plymouth vorzudringen und dort Minensperren zu legen.
Bis zum 30. August hatten noch U 621, U 667, U 480, U 989 Erfolge, wobei U 480 zwei Geleitfahrzeuge und zwei Schiffe versenkte.
Als das fünfte Kriegsjahr zu Ende ging, hatte die deutsche U-Bootwaffe vom 1. 9. 1943 bis zum 31. 8. 1944 248 Boote verloren, zehnmal soviel wie im ersten bzw. im zweiten Kriegsjahr.
Nachdem den Alliierten am 4. 8. 1944 bei Avranches der Ausbruch aus der Halbinsel Cotentin gelang, waren auch die U-Bootstützpunkte in der Biskaya für die deutsche U-Bootwaffe verloren. Von Ende August bis Ende September 1944 wurden die Front-Flottillen nacheinander in den Raum Norwegen verlegt.

Deutsche U-Boote im Mittelmeereinsatz

Mit Beginn des fünften Kriegsjahres begann noch einmal eine Zeit beachtlicher Erfolge für die Mittelmeerboote. U 617 unter Kptlt. Brandi griff am Abend des 6. 9. 40 sm ostwärts von Gibraltar aus einem Kriegsschiffsverband einen Geleit-Zerstörer an, der nach dem Torpedotreffer explodierte. Es war die »Puckeridge«, die binnen Sekunden von der Wasseroberfläche verschwunden war.
U 593 unter Kptlt. Kelbling griff am 21. 9. zwei Frachter an. Einer davon, »William W. Gerhard«, ein Dampfer von 7176 BRT, sank. Am 25. 9. ver-

senkte das Boot den Minensucher »Skill«. Vor der algerischen Küste kam Oblt. z.S. Fenski mit U 410 zum Erfolg. Ein zweiter Frachter wurde von U 410 torpediert.
U 617 war nach dem Angriff auf den Geleit-Zerstörer »Puckeridge« von anderen Zerstörern der Kriegsschiffsgruppe, die das Boot angreifen wollte, unter Wasser gedrückt und mit Wabos belegt worden. In Schleichfahrt gelang es ihm, zu entkommen.
Das Boot wurde mitten in der Nacht von einem Flugzeug angegriffen. Drei Bomben fielen, je eine an Steuerbord und Backbord; die dritte detonierte unter dem Kiel des Bootes.
Das Boot hatte eine Menge Schäden erlitten. Der Backborddiesel war ausgefallen. Oblt. z.S. Graf Arco, der II. WO, meldete weitere Schäden. Auch die elektrische Ruderanlage funktionierte nicht mehr.
»Handruder in Betrieb nehmen!« befahl der Kommandant. Zum Unglück für alle begannen noch die Batterien zu gasen. Die Männer im Boot mußten von nun an durch Tauchretter atmen.
Wenig später griff das zweite Flugzeug an und eröffnete das Feuer auf die an Oberdeck stehenden Männer, die immer um den Turm herum kreisten, um aus der Schußlinie zu kommen.
Dann erreichte das Boot die marokkanische Küste und lief unter Land weiter, um ein Versteck zu suchen; dabei lief das Boot auf einen Unterwasserfelsen auf.
Albrecht Brandi befahl, von Bord zu gehen. Er wollte allein an Bord bleiben und die angeschlagenen Sprengladungen zünden. Als alle im Boot an Land gerudert waren, stellte sich heraus, daß der I. WO, Oblt. z.S. Gautier, und Bootsmann Stork an Bord geblieben waren, um dem Kommandanten zu helfen.
Sie sprengten den im Heckrohr liegenden Torpedo.
Wenig später erschienen drei Kriegsfahrzeuge und eröffneten das Feuer auf den noch aus der See herausragenden Teil des Bootes.
Dem Zerstörer »Hyazinth« wurde die »Versenkung« von U 617 zugeschrieben.
Die Besatzung wurde von den Spaniern interniert. Aus dem Offizierslager Cadiz floh Albrecht Brandi nach Berlin und berichtete über seine letzte Feindfahrt. Im Februar 1944 traf Brandi in Toulon ein und übernahm U 380, um weiter im Mittelmeer auf Feindfahrt zu gehen.
Im Oktober wurde auch im Mittelmeer der »Zaunkönig« eingesetzt. Den Reigen der Versenkungen eröffnete U 410, das beim Angriff auf einen Konvoi fünf Einzelschüsse abfeuerte und vier Treffer registrierte. Die beiden Dampfer »Fort Howe« und »Empire Commerce« sanken.
Einen Tag darauf griff U 223 unter Oblt. z.S. Wächter einen Zerstörer und einen Frachter von 4970 BRT an. Der Frachter sank. U 596 versenkte einen Tanker, und am 9. 10. ging U 616 unter Oblt. z.S. Koitschka auf einen Zer-

störer zum Angriff über. Wie dieser Angriff vor sich ging, hat Dr. Koitschka dem Autor berichtet:

»Von Toulon aus liefen wir ins Einsatzgebiet: die Salernobucht. Es war helle Mondnacht; diesige Schleier hingen über der See und machten sie klein wie einen Ententeich. Voraus tauchte der Schatten eines Einschornsteinzerstörers auf. Plötzlich fiel mir mein ›Zaunkönig‹ ein.

Der Zerstörer war ungefähr 1200 m achteraus, als wir den im Heckrohr liegenden T-5-Torpedo schossen.

Auf der Brücke bekamen wir langsam kalte Füße, denn der Gegner kam weiter auf uns zu. Gerade, als ich Tauchalarm geben wollte, sprang eine hohe Detonationswolke über dem Zerstörer hoch, kurz darauf knallte es.

Aus dem Funkraum kam die Meldung, daß die Ortung weg sei. Binnen kürzester Zeit war der US-Zerstörer »Buck« auf 39.57 Nord/14.28 Ost gesunken.«

U 371 unter Oblt. z.S. Mehl versenkte am 11. 10. das Minensuchboot »Hythe«. Koitschka versenkte am selben Tage ein LST, und am 13. und 15. 10. war es wieder U 371, das den US-Zerstörer »Bristol« und den großen Dampfer »James Russell Lowell« in die Tiefe schickte.

Mit einem Viererfächer schoß U 431 am 19. 10. auf vier Schiffe, von denen eines sank und ein zweites torpediert wurde.

Der November brachte für U 407 zwar nur einen halben Erfolg, aber auch dieser wog schwer, denn es war der Kreuzer »Birmingham«, der von dem Boot torpediert wurde, aber eingeschleppt werden konnte.

Oblt. z.S. Nonn, der U 596 von Kptlt. Jahn übernommen hatte, versenkte am 9. 12. die »Cap Padaran«, 8009 BRT.

U 431 war am 30. 10. bei einem Duell mit dem britischen U-Boot »Ultimatum« versenkt worden. Vor Toulon ging das Boot mit seiner gesamten Besatzung unter.

Im Dezember fiel die Fregatte »Cuckmere« U 223 zum Opfer. Die beiden Geleitzerstörer »Tynedale« und »Holcombe« wurden von U 593 unter Kptlt. Kelbling versenkt, während U 73 den US-Dampfer »John S. Copley« torpedierte.

Nach Vernichtung der beiden Zerstörer am 12. 12. wurde U 593 von einem Pulk amerikanischer und englischer Zerstörer gejagt, die am 13. 12. um 14.23 Uhr den Angriff eröffneten. Es waren der britische Zerstörer »Calpe« und der US-Zerstörer »Wainwright«, welche die entscheidenden Serien warfen, die das Boot zum Auftauchen brachten.

»Wainwright« eröffnete sofort das Feuer auf das nur 1600 m entfernte U-Boot. Als die Besatzung von Bord sprang, ließ Commander Strohbehn das Feuer einstellen. Er ließ den Zerstörer mit der »Calpe« gemeinsam zur Rettung der schiffbrüchigen Gegner anlaufen. Um 15.30 Uhr liefen die beiden Zerstörer mit insgesamt 52 geretteten Deutschen, darunter auch Kptlt. Kelbling, nach Algier.

Auch U 73 bezahlte die Versenkung des Dampfers »John S. Copley« mit seiner Vernichtung. Das Boot wurde vom Zerstörer »Woolsey« zum Auftauchen gezwungen. Im Duell mit dem Zerstörer wurde U 73 schwer getroffen und sank. Das Boot nahm 27 Soldaten mit in die Tiefe. 34 Schiffbrüchige wurden von den US-Zerstörern aufgenommen. Unter ihnen auch der Kommandant.
Als das Jahr 1943 zu Ende ging, bestand die Mittelmeer-U-Waffe nur noch aus 12 Booten.
Die Stützpunkte La Spezia und Pola verloren im Jahr 1944 an Bedeutung für die U-Boote im Mittelmeer. Mehr und mehr liefen die Boote von Toulon zu ihren Feindfahrten aus.
Im Januar kam es zu mehreren Angriffen einiger Boote, die in See standen, darunter auch U 616 unter Oblt. z.S. Koitschka.
Bei der Führung der U-Boote Mittelmeer in Toulon/Aix de Provence hatte inzwischen ein Wechsel stattgefunden. KAdm. Kreisch, der beinahe auf den Tag genau 2 Jahre die U-Boote im Mittelmeer geführt hatte, verließ diesen Kampfraum, um sein neues Amt als Führer der Torpedoboote und Zerstörer zu übernehmen. Für ihn wurde Kpt. z.S. Hartmann neuer FdU Mittelmeer.
Chef der 29. U-Flottille in Toulon war seit August 1943 KKpt. Gunter Jahn.
Im Februar standen die Boote in erbitterten Einsätzen in der Bucht von Anzio. Am 15. 2. versenkte U 410 den Dampfer »Fort St. Nicolas«, 7154 BRT. Einen Tag später kam U 230 zum Schuß und versenkte LST 418. Am 18. 2. griff U 410 den Kreuzer »Penelope« an. Der Kreuzer blieb liegen, und trotz der sofort eingreifenden Zerstörer lief U 410 noch einmal in Schußposition und versenkte den Kreuzer mit Fangschuß. Am 19. 2. verfehlte Fenski um ein Haar einen Zerstörer, und am 20. 2. gelang es ihm, LST 305 zu versenken.
Zum Stützpunkt zurückgekehrt, wurde U 410 am 11. 3. bei einem Luftangriff zerstört. Auch U 380, das neue Boot von Kptlt. Brandi, wurde bei diesem Angriff versenkt.
Inzwischen waren wieder einige Boote ins Mittelmeer gelangt, und Kpt. z.S. Hartmann verfügte im Februar über 16 Boote und erwartete sechs weitere, mit denen er den Kampf fortsetzen wollte.
Der März sah wieder einige Einsätze, die mit großer Entschlossenheit geführt wurden. U 371 unter Kptlt. Mehl gelang es am 17. 3., die »William B. Woods«, 7176 BRT, und die »Maiden Creek«, mit 17.024 eines der größten Transportschiffe im Mittelmeer, zu versenken. Ein drittes Schiff wurde torpediert.
Einen Tag zuvor hatte U 952 unter Oblt. z.S. Curio einen 7000-Tonner versenkt. Am 30. 3. griff U 223 unter Oblt. z.S. Gerlach den Zerstörer »Laforey« an und versenkte ihn mit einem T-5-Torpedo.
Die Verluste des März waren mit drei Booten schwer. Nach U 343, das von dem US-Zerstörer »Hull« am 10. 3. mit Wabos vernichtet wurde, sank

U 450 am selben Tage durch den britischen Zerstörer »Exmoor«. Am 30. 3. ging U 223 nach einem Erfolg über einen Zerstörer verloren, als es nördlich von Palermo von vier britischen Zerstörern gestellt und vernichtet wurde. Bei einer Zuführung von vier Booten hatten die Mittelmeer-Flottillen 5 Boote verloren.
Auch im April erlitt die U-Bootwaffe herbe Verluste. U 455 geriet beim Einlaufen in den Hafen von La Spezia auf eine Mine und sank. Im Stützpunkt Toulon wurde U 421 bei einem US-Luftangriff versenkt.
Die ins Mittelmeer gelangten Boote waren U 455, U 969, U 967 und U 586. Am 24. und 25. 3. kamen noch U 466 und U 422 hinzu. U 618, das ebenfalls die Gibraltarstraße durchlaufen wollte, mußte nach mehreren vergeblichen Versuchen umkehren.
Der Mai brachte eine Reihe Erfolge. U 371 torpedierte am 2. einen Geleitzerstörer und einen weiteren am 4. 5. Mit U 967 fuhr Kptlt. Brandi sein drittes Mittelmeerboot, mit dem er am 5. und 8. 5. einen Dampfer und zwei Zerstörer angriff. Der Geleitzerstörer »Fechteler« sank. U 616 (Koitschka) torpedierte zwei große Frachter. U 453 versenkte die »Fort Missanabie«, 7147 BRT. Das auf deutscher Seite kämpfende italienische U-Boot »Galilei« unter KKpt. Nardi versenkte den Motortanker »James Stove«, 8215 BRT. Am 22. 6. kam ein weiteres italienisches U-Boot, »Torricelli« unter KKpt. Pelosi, das ebenfalls auf deutscher Seite weiterkämpfte, zum Erfolg. Im Überwasserkampf gegen eine vielfache Übermacht traf es die Sloop »Shoream« mit einem 10-cm-Treffer voll.
Bei dem Gefecht mit Geleitfahrzeugen war U 371 nach der Versenkung der »Senegalais« selbst versenkt worden. Das Boot sank unbemerkt. Der Besatzung, 41 Soldaten und 7 Offizieren, gelang es, von Bord zu kommen. Sie wurde vom Minenleger »Sustain« aufgefischt.
U 616 wurde nach seinem Erfolg vom 14. 5. von acht Zerstörern gesucht. Bis zum 16. 5. war ein Verband von zwei Zerstörergruppen dem Boot auf der Spur. Sie kreisten U 616 ein. Vier Tage lang gelang es Oblt. z.S. Koitschka, den Gegner an der Nase herumzuführen. Am 16. 5. kam das Ende. Drei Zerstörer griffen das Boot an, vier weitere standen im Umkreis von 4 sm bereit. Um 07.10 Uhr tauchte U 616 auf. Alle Zerstörer eröffneten das Feuer. Die Besatzung ging von Bord, und U 616 sank. 53 Männer der Besatzung wurden aufgefischt.
U 960 wurde ähnlich gejagt und am 19. 5. versenkt. 20 Schiffbrüchige konnten geborgen werden.
Im Juli standen nur zwei italienische Boote, die »Archimede« und die »Guglielmotti«, im Einsatz. Am 5. 7. griffen 233 B-24-Bomber den Stützpunkt Toulon an. Sie zerstörten dort U 586 und U 642, U 952 wurde leicht beschädigt.
Am 6. 8. 1944 war Toulon abermals an der Reihe. U 952, U 471 und U 969 wurden ebenfalls vernichtet oder schwer beschädigt.

Am 11. 8. mußte U 969 bei der alliierten Invasion in Südfrankreich in Toulon selbst gesprengt werden. U 466 wurde am 9. 8. unter Leitung des Kommandanten, Kptlt. Thäter, ebenfalls gesprengt. U 230, das am 21. 8. aus Toulon auslief, geriet auf der Reede bei den Hyeres-Inseln auf Grund und mußte gesprengt werden.
U 407, das drittletzte Boot des FdU Mittelmeer, das noch zum Einsatz ausgelaufen war, wurde am 19. 9. 1944 südlich Milos durch einen britischen Zerstörer vernichtet. Kommandant und 48 Mann gerieten in Gefangenschaft.
Am selben Tage wurde in Salamis U 565 von US-Bomben getroffen. Der Kommandant ließ das nicht mehr einsatzbereite Boot am 24. 9. sprengen. Auch U 596 wurde an diesem Tage in Salamis gesprengt. Die Besatzung ging mit dem Stab des Admiral Ägäis nach Saloniki.
Der Kampf der U-Boote im Mittelmeer war zu Ende.
Mit den deutschen U-Booten sind viele italienische U-Boote im Mittelmeer kämpfend untergegangen. Bis zum Schluß waren einige Kommandanten mit ihren Booten dabei. Als letzte Boote liefen noch im August 1944 »Ferraris« unter KKpt. Piomarta, »Guglielmotti« unter KKpt. Tucci und »Galvani« unter Kptlt. Spano aus.

Deutsche U-Boote im Nordmeereinsatz

Im Nordmeer waren zu Beginn des fünften Kriegsjahres nur einige wenige U-Boote im Einsatz und versenkten zwei Schiffe. Drei weitere Boote errangen Anfang Oktober zwei Versenkungserfolge.
Als letztes Boot hatte U 636 unter Kptlt. Hildebrand am 14. 11. in der Jugorstraße eine Minensperre gelegt und danach den Rückmarsch angetreten. Die übrigen noch in See befindlichen Boote standen auf ihrem Suchstreifen zwischen Spitzbergen und der Bäreninsel. Es waren U 277, U 307, U 354, U 360 und U 387. Diese Boote der Gruppe »Eisenbarth« sollten auf neue Murmansk-Geleitzüge warten.
Die bald darauf durch U 636 und U 713 verstärkte Gruppe »Eisenbarth« sichtete keines der Schiffe des JW 54 A und keines des westlaufenden Konvois RA 54 B. Lediglich U 307 hatte kurzen Kontakt, wurde aber sofort unter Wasser gedrückt.
Alle Konvois kamen durch, die U-Bootgruppe blieb ohne Erfolg. Erst am 24. 12. gelang es den Booten U 277, U 387, U 354, U 601, U 716, U 957 und U 314, mit dem JW 55 B Fühlung aufzunehmen. Sie erzielten keine Erfolge.
Am 25. 1. 1944 kamen die 10 Boote der neuaufgestellten Suchgruppe »Isegrim« bis auf ein Boot an den Konvoi JW 56 A heran. Kpt. z.S. Peters, FdU Norwegen, befahl den Angriff nach Einfall der Dunkelheit. Nacheinander schossen 7 Boote T-5-Torpedos auf Geleitfahrzeuge. Doch nur der Zerstörer

»Obdurate« wurde von U 360 unter Kptlt. Becker getroffen. Den Konvoi griffen drei Boote an. U 278 versenkte die »Penelope Barker«, 7177 BRT, das zugleich Flaggschiff des Geleitzugkommodore war. Die »Fort Bellingham«, 7153 BRT, wurde von U 360 torpediert und sechs Stunden darauf von U 957 mit einem Fangschuß versenkt. U 716 unter Oblt. z.S. Dunkelberg schoß einen Dreierfächer ab, dem die »Andrew G. Curtin«, 7200 BRT, zum Opfer fiel.
Nach Abbruch dieser Operation stellte Kpt. z.S. Peters die neue Gruppe »Werwolf«, die durch 5 Boote verstärkt wurde, in der Enge zwischen Spitzbergen und der Bäreninsel auf. Sie sichtete den JW 56 B am 29. 1. Mehrere Boote griffen Geleitfahrzeuge an, die den Konvoi umschwärmten. U 278, Oblt. z.S. Franze, versenkte den Zerstörer »Hardy«. Beim zweiten Angriff wurde U 314 von zwei Zerstörern versenkt.
In weiteren Kämpfen an diesen Nordmeergeleitzügen konnte am 25. 2. 1944 U 956 unter Oblt. z.S. Mohs den britischen Zerstörer »Mahratta« versenken. Den Konvoi RA 57 griffen einige Boote an. Nach einem T-5-Fehlschuß wurde U 472 unter Oblt. z.S. Frhr. von Forstner von einem Flugzeug des Trägers »Chaser« beschädigt und vom anlaufenden Zerstörer »Onslaught« beschossen. Das Boot versenkte sich selbst. U 739 verfehlte den Zerstörer »Swift«. Am 4. 3. kam Oblt. z.S. Brünner mit U 703 zum Schuß und versenkte die 7062 BRT große »Empire Tourist«. Das Boot verfehlte den Zerstörer »Milne« nur knapp.
Swordfishmaschinen des Trägers »Chaser« versenkten U 366 und U 973, die ihre Flakwaffen wegen der starken Vereisung nicht einsetzen konnten.
Die Gruppen »Thor«, »Blitz« und »Hammer«, die mit insgesamt 12 Booten und fünf zusätzlich hinzugekommenen Booten Anfang April gegen die Konvois JW 58 RA und JW 58 operierten, kamen zu keinem Erfolg. U 355 wurde dabei versenkt. U 360 fand im Feuerhagel des Zerstörers »Keppel« sein Ende, und U 288 wurde von Flugzeugen der Träger vernichtet, nachdem es dem Boot gelungen war, eine Swordfish abzuschießen.
Am 30. 4. gelang es U 711 unter Oblt. z.S. Lange, aus dem RA 59 die 7176 BRT große »William S. Thayer« herauszuschießen. Alle übrigen Boote der Gruppen »Donner« und »Keil« gingen leer aus. Die Boote U 387, U 278, U 307 und U 959 schossen am 30. 4. und 1. 5. mehrfach auf Geleitfahrzeuge, aber keiner der Schüsse traf. Diesen Angriff bezahlten U 277, U 959 und U 674 mit dem Untergang. Sie wurden von Swordfishes des Trägers »Fencer« versenkt. U 278, das von drei Maschinen angegriffen wurde, schoß eine »Martlet« ab und entkam den Bomben der beiden anderen Swordfishes.
Aus ihren norwegischen Stützpunkten liefen die Boote der Gruppe »Mitte« am 8. und 10. 6. zur Aufstellung vor der norwegischen Küste aus. 13 Boote bildeten einen Verteidigungsstreifen. Ihnen folgten, teilweise als Ablösung, weitere 5 Boote am 20. 6. nach, und am 5. 7. lösten drei Boote die brennstoffschwachen Boote ab. Von diesen vor Norwegen stehenden Booten wur-

den U 317, U 347, U 361, U 742 und U 980 versenkt. Von den aus Norwegen zum Einsatz in den Atlantik auslaufenden Schnorchelbooten wurden in diesem Zeitraum durch Flugzeugangriffe U 423, U 478, U 715 und U 1225 versenkt.
Im Zweikampf mit einem der vor Norwegen nach wie vor operierenden englischen U-Boote traf es U 978, als es »Satyr« unter Lt. Weston gelang, den tödlichen Torpedo anzubringen. Fünf weitere U-Boote wurden beschädigt.
Im Hochsommer 1944 begann der Einsatz deutscher U-Boote auf den sibirischen Seewegen. Hier kam es im August zu einigen Erfolgen und zu erbitterten Kämpfen.
Es war befohlen worden, daß die großen deutschen Überwasserschiffe nach dem Untergang der »Scharnhorst« und der drückenden alliierten Überlegenheit nicht mehr in dieses Einsatzgebiet laufen durften, um nicht vernichtet zu werden. Nunmehr mußten auch hier U-Boote eingesetzt werden.
Der erste sowjetische Konvoi mit dem Eisbrecher »Josef Stalin« und den Transportschiffen »Archangelsk« und »Dickson« lief am 5. 7. in Archangelsk aus und erreichte ungehindert Port Dickson. Der BD-1, der von Port Dickson nach Westen lief, kam ebenfalls durch.
Die deutsche Funkaufklärung hörte den Funkverkehr dieser Schiffe ab, und in der zweiten Julihälfte wurden sechs Boote der Gruppe »Greif« zu Operationen auf diesem Seeweg ausgerüstet. Das erste Boot, U 957 unter Oblt. z.S. Schaar, lief am 23. 7. in Hammerfest aus und klärte in Richtung Port Dickson auf. Es fand jedoch nur kleine Fischereifahrzeuge.
Anschließend wurden von dem neuen FdU Norwegen unter FKpt. Suhren am 2. 8. drei Boote und am 5. 8. zwei weitere Boote eingesetzt. U 711 unter Kptlt. Lange hatte die Funkbeobachtungsgruppe »Kenntmann« an Bord.
Als erstes Boot sichtete U 365 unter Kptlt. Wedemeyer am 12. 8. 60 sm westlich der Belyj-Inseln einen kleinen Konvoi. Nach dem geschossenen Dreierfächer blieb der Dampfer »Marina Raskova«, 5685 BRT, liegen. Danach schoß Wedemeyer einen T-5 auf einen der drei begleitenden Minensucher ab. TŠČ 118 sank.
Das Boot lief ab, legte sich in 60 m Tiefe auf Grund, und Wedemeyer befahl, die Rohre nachzuladen. Wieder auf Sehrohrtiefe auftauchend und dann an die Wasseroberfläche zurückkehrend, schoß das Boot einen Torpedo auf einen zweiten Minensucher ab, der bei dem lahmgeschossenen Frachter geankert hatte. Es war TŠČ 114, der sofort sank. Das letzte Minensuchboot lief nun mit AK ab. Wedemeyer ließ auf den schwer beschädigten Dampfer einen Fangschuß abgeben. Um 01.53 Uhr des 13. 8. sank die »Marina Raskova«.
U 957, das von dem durch Eisgang beschädigten U 711 einen B-Dienstfunker und ein Gerät übernommen hatte, lief weiter nach Norden in die Eiszone hinein. Es wurde einige Tage vom Eis eingeschlossen und stieß dann, zur

Küste zurücklaufend, auf das Vermessungsschiff »Nord« der Russen. Es wurde von U 957 mit den Bordwaffen in Brand geschossen. Einige russische Wissenschaftler wurden gefangengenommen.
Bei einem Angriff auf einen Flottenverband gelang es U 354 unter Oblt. z.S. Stahmer, den Geleit-Träger »Nabob« mit einem Dreierfächer zu torpedieren. Als er den Träger mit einem T-5-Fangschuß versenken wollte, ging der Schuß vorbei und traf den Geleit-Zerstörer »Bickerton«, der sofort sank.

Das Ende der deutschen U-Boote im Schwarzen Meer

Im Schwarzen Meer waren von den sechs deutschen U-Booten jeweils die einsatzbereiten Boote in einer Gruppe zum Einsatz ausgelaufen. Einige der Boote standen auch im September vor der Kaukasusküste, wo U 18 unter Oblt. z.S. Fleige 20 sm nordwestlich Tuapse am 18. 9. eine mit Ultraschall ortende U-Falle versenkte. U 20 unter Oblt. z.S. Schöler, das am 20. 9. vor Sotschi Minen gelegt hatte, griff am 30. 9. vor Anapa einen Leichter an.
Im Oktober waren U 23, U 9 und U 24 erfolgreich. Wieder war die Kaukasusküste ihr Operationsgebiet. Hier lief der russische Nachschubverkehr für die in Richtung Krim vordrängenden sowjetischen Truppen. U 23 torpedierte vor Poti einen beladenen Frachter und griff am 23. 10. einen Küstenfrachter an. Danach versenkte das Boot einen kleineren Fischkutter. U 9 meldete am 29. 10. einen getroffenen Tanker vor Sotschi, und U 24 versenkte 40 sm nordwestlich Suchumi einen russischen Minensucher. Schließlich griff U 18 unter Oblt. z.S. Fleige noch einen Tanker an.
Beim nächsten Inseestechen gelang es nur U 18 am 8. und 18. 11. 1943 vor der Batumi-Reede, einen Tanker zu versenken und 10 sm südlich Tuapse einen Dampfer zu torpedieren.
Die im Januar auslaufenden Boote standen in verschiedenen Einsatzgebieten. U 19, U 20 und U 24 operierten vor der Kaukasusküste. Vor Batumi und Poti standen U 18 und U 19 und später auch U 20.
U 20 torpedierte einen Tanker. U 23 meldete einen Dampfer und einen Tanker als versenkt. U 18 schoß einen Torpedo durch die offene Netzsperre des Hafens Batumi und traf einen dort am Pier liegenden Dampfer, der im Hafenbecken absackte.
Der März sah U 20 und U 24 auf dem Geleitweg von Poti nach Trapezunt, nachdem U 20 vor Poti eine Minensperre gelegt hatte.
Im April standen U 18 und U 23 unter Oblt. z.S. Wahlen wiederum vor der Kaukasusküste, wo U 23 im Artillerieduell ein sowjetisches Räumboot in Brand schoß, das wenig später sank.
U 18 griff 22 sm südostwärts Gelendschik einen Schleppzug an und versenkte mit einem Dreierfächer mindestens einen Schlepper und beschädigte einen Leichter.
Der Mai brachte dann einen Höhepunkt der Einsätze. Fünf deutsche Boote

kamen zu Versenkungserfolgen. U 9 versenkte einen Fischkutter und am 11. 5. den Minensucher T 411. Am 16. 5. torpedierte das Boot einen Dampfer und einen Bewacher. U 24, unter seinem neuen Kommandanten Oblt. z.S. Landt-Hayen, versenkte am 12. 5. einen Bewacher und torpedierte am 22. 5. einen weiteren. Am 27. 5. schoß das Boot einen auf Strand gesetzten sowjetischen Bewacher mit der 2-cm-FlaMW in Brand. U 23 torpedierte einen Dampfer, versenkte einen Tanker, einen Fischkutter und ein Motorkanonenboot. U 19 unter Oblt. z.S. Ollenburg konnte einen Schlepper vernichten.

Im Juni und Juli setzte sich, etwas abgeschwächt, die Erfolgsserie der kleinen Boote fort. U 18, das am 31. 5. vor Poti einen Schlepper versenkt hatte, griff am 1. 6. 14 sm nordwestlich Tuapse ein Kanonenboot an und registrierte eine Detonation. U 20 versenkte am 19. 6. den Dampfer »Pestel«, 1850 BRT, und schoß am 24. 6. nacheinander vier kleine Motorkutter mit seiner FlaMW in Brand. Aus einem Schleppgeleit versenkte U 19 einen Leichter.

Nach einer neuen Überholung und Versorgung im Juli stand Anfang August U 18 vor Poti und versenkte einen Frachter von geschätzten 1500 BRT und machte einen Treffer auf einen Bewacher aus. Am 11. 8. meldete das Boot einen Frachter als versenkt, und am 13. 8. erzielte es einen Torpedotreffer auf ein Motorkanonenboot, das ebenfalls sank.

Mit dem 20. 8. 1944 nahte das Ende der Schwarzmeer-Flottille, als bei einem sowjetischen Luftangriff auf Konstanza U 9 versenkt und U 18 und U 24 beschädigt wurden.

Mit dem Vordringen der Roten Armee, die nach Einheiten der sowjetischen Donau-Flottille (KAdm. Gorskow) Teile der 46. Sowjetarmee zur Donaumündung schaffte, war das Ende der Schwarzmeereinsätze für alle Kleinkampfeinheiten der Kriegsmarine gekommen. Am 24. 8. mußte der Hafen Konstanza geräumt werden. Die nicht mehr fahrbereiten Boote U 18 und U 24 wurden gesprengt. Die letzten drei noch einsatzbereiten U-Boote im Schwarzen Meer, U 19, U 20 und U 23, waren seit dem 25. 8. noch vor Konstanza im Einsatz. U 23 traf mit einem Fächerschuß in den Hafen den Dampfer »Oituz«. Am 2. 9. versenkte U 19 unter Oblt. z.S. Ollenburg vor Konstanza den sowjetischen Minensucher T 410. Dies war der letzte Erfolg deutscher U-Boote im Schwarzen Meer. Die Boote liefen zur türkischen Küste und wurden bei Erkeli von ihren Besatzungen gesprengt.

ENGLANDS U-BOOTE
IM FÜNFTEN KRIEGSJAHR

Der U-Booteinsatz im Atlantik und im Nordmeer

Auch im fünften Kriegsjahr standen Englands U-Boote in ihren Einsatzgebieten. Sie kämpften in der Biskaya gegen ein- und auslaufende U-Boote und Blockadebrecher, führten ihre Patrouillen gegen die norwegische Küste und den daran entlanglaufenden deutschen Schiffsverkehr durch und sicherten die Nordmeergeleitzüge.
Die Operation »Source« mit den sechs Kleinst-U-Booten X 5 bis X 10, die von den großen U-Booten »Thrasher«, »Truculent«, »Stubborn«, »Syrtis«, »Sceptre« und »Seanymph« geschleppt wurden, richtete sich gegen die im Altafjord liegenden deutschen Großkampfschiffe.
Und zwar sollten X 5, X 6 und X 7 das Schlachtschiff »Tirpitz« vernichten, während X 8 den Kreuzer »Lützow« angreifen und X 9 und X 10 den Schlachtkreuzer »Scharnhorst« mit ihren Sprengladungen durch Grundminen zum Sinken bringen sollten.
Auf dem Marsch ins Operationsgebiet ging am 15. 9. als erstes X 9 verloren, als die 1500 m lange Schlepptrosse brach und das Gewicht der langen Trosse das Boot kopfüber in die Tiefe zog. Die vier Mann Besatzung gingen mit dem Boot unter.
Zwei Tage später mußte X 8 wegen Undichtigkeit der Auftriebsbehälter die links und rechts des Bootes angebrachten Sprengladungen von je einer Tonne Gewicht abwerfen. Als dabei eine Ladung detonierte, wurde das Boot schwer beschädigt und mußte versenkt werden. Die Besatzung wurde von der schleppenden »Seanymph« aufgenommen.
X 10 kam wegen einer technischen Panne nicht zum Einsatz. Da nach diesen Vorfällen die Hälfte der Boote ausgefallen war, ließ der Befehlshaber der U-Boote die drei restlichen Boote X 5, X 6 und X 7 wie vorgesehen gegen die »Tirpitz« operieren.
In einem Minenfeld im Fjordeingang sank zu Beginn des Einsatzes am frühen Morgen des 23. 9. 1943 X 5 unbemerkt. X 6 unter Lt. Cameron und X 7 unter Lt. Plaice kamen bis an den Netzkasten heran, der die »Tirpitz« umgab.
Es war um 09.00 Uhr, als von einem der Flak-Stände der »Tirpitz« X 7 gesichtet wurde. Mit dem zufällig zur Abfahrt bereitliegenden Kommandantenboot gelang es einem jungen Leutnant mit einigen Soldaten, am U-Boot längsseits zu gehen. Ein Gefreiter sprang auf das Boot und machte eine Trosse fest. Dann wurde versucht, das Boot von der »Tirpitz« fortzuziehen. Plötzlich öffnete sich das Turmluk, vier Männer booteten aus und kletterten

in die Barkasse. Die Trosse aber brach, als das Boot, dessen Flutventil geöffnet worden war, wegsackte. Die vier Mann wurden zum Kommandanten des Schlachtschiffes, Kpt. z.S. Meyer, gebracht. Das Boot hatte seine Sprengladungen bereits gelegt.
Als Taucher sich fertigmachten, um das Schiff auf Haftminen hin abzusuchen, tauchte direkt am Netz ein zweites U-Boot auf. Es war X 6, das seine beiden Sprengladungen inzwischen unter der »Tirpitz« abgelegt hatte. Das Boot wollte den Rückmarsch antreten und war in die Netzsperre geraten. Mit allen Maschinenwaffen wurde X 6 beschossen. Das Boot sackte weg, aber die Besatzung konnte aussteigen.
Während sich die Ankerspills der »Tirpitz« drehten, erdröhnten die Detonationen der vier Sprengladungen. Es gab schwere Schäden, die das Schiff zwar nicht versenkten, es aber für 6 Monate außer Gefecht setzten.
Im November und Dezember standen Boote der 9. britischen U-Flottille als Fernsicherung an den Nordmeergeleitzügen. Sie nahmen in Richtung Nordwestnorwegen ihre Positionen ein, um auslaufende deutsche Überwasserschiffe aufzuhalten und zu vernichten. »Seadog« torpedierte dabei 1 Schiff von 8597 BRT, das zu einem in Richtung Süden fahrenden deutschen Konvoi gehörte.
Von Januar bis Mai 1944 starteten die Home-Fleet-U-Boote ihren großen Angriff gegen die deutsche Küstenschiffahrt. Sie versenkten in dieser Zeit 15 Schiffe mit 56.000 BRT.
Im Februar operierten diese U-Boote in der Nordsee. »Taku« und »Stubborn« vernichteten fünf Schiffe mit über 18.000 BRT zwischen dem 7. und 12. Februar. Aber am 13. 2. wurde »Stubborn« schwer mit Wasserbomben belegt und entging ganz knapp der Vernichtung. Es gelang dem Boot, über Wasser zu entkommen. Es wurde in der letzten Phase seines Rückzuges nach Lerwick von einem Zerstörer geleitet.
Im März erzielten »Venturer«, »Sceptre« und »Terrapin« Erfolge. »Syrtis« hatte das Pech, bei einer Schlepperprobung das Kleinst-U-Boot X 22 zu rammen. Das Boot ging mit seinen vier Mann Besatzung unter. Am 28. 3. ging dann auch »Syrtis« auf einer deutschen Minensperre vor Bodö verloren. Der April brachte zwei erfolgreiche Feindfahrten des norwegischen U-Bootes »Ula«. Auf der zweiten Fahrt versenkte dieses Boot U 974.
In der ersten Aprilhälfte schleppte »Sceptre« das Kleinst-U-Boot X 24 unter Lt. M. H. Shean durch die Nordsee nach Bergen. X 24 hatte den Auftrag, das Schwimmdock der Laksevag-Werft zu versenken. Doch X 24 legte die Sprengladungen unter dem deutschen Dampfer »Bärenfels«, 7569 BRT, ab. Der Dampfer sank, und das Schwimmdock wurde beschädigt. Nach längerer Tauchzeit erreichte X 24, durch den Fjord zurücklaufend, das Mutter-U-Boot und wurde wieder in Schlepp genommen.
Ende April, während der länger werdenden Tage, wurde der U-Booteinsatz gefahrvoller. In diesem Monat versuchten »Taku« und »Venturer«, durch

das Minenfeld des Skagerrak zur Route der deutschen Handelsschiffe vorzudringen. Die »Taku« wurde durch eine detonierende Mine beschädigt. Beide Boote liefen zum Einsatzhafen zurück.
Im Mai liefen die Kleinst-U-Boote X 20 und X 23 zur Aufklärung in den Invasionsraum vor der Normandieküste. Sie brachten wertvolle Erkundungsergebnisse mit und fungierten aufgrund ihrer Lagekenntnisse vom 6. 6. 1944, dem Tage des Beginns der Invasion an, direkt vor der Küste als Markierungsboote für die Invasionsflotte.

Der U-Booteinsatz im Indischen Ozean

Im Indischen Ozean standen in den beiden ersten Monaten des Jahres 1944 die U-Boote der British Eastern Fleet in der 4. U-Flottille im Einsatz. Captain Ionides führte diese Flottille, der die »T«-Boote »Trespasser«, »Tallyho«, »Tantalus«, »Taurus«, »Truculent«, »Tantivy«, ferner »Sea Rover«, »Stoic«, »Stonehenge« angehörten. Hinzu kamen einige niederländische Boote.
Im Februar wurde die »Stonehenge« vermißt. »Tallyho« unter Cdr. Bennington versenkte zwei Schiffe mit 4876 BRT. Am 11. 1. 1944 gelang diesem Kommandanten der »große« Treffer, als er vor Penang mit einem Dreierfächerschuß den japanischen Kreuzer »Kuma« versenkte.
Der Kreuzer »Kitakami« wurde am 25. 2. von »Templar« unter Lt. Beckley torpediert; er konnte eingeschleppt werden.
Nach diesem furiosen Auftakt wurde im März die 8. U-Flottille im Rahmen der Eastern Fleet aufgestellt. Zu ihr gehörten die Boote »Sea Rover«, »Sirdar«, »Spiteful«, »Stoic«, »Storm«, »Stratagem« und »Surf«. Diese Boote versenkten bereits im März sechs Schiffe und einen Minensucher.
Der Mai sah die Boote »Tantalus«, »Sea Rover«, »Templar« in der Malakkastraße im Einsatz. Sie versenkten je ein Schiff. Auf der von »Taurus« gelegten Minensperre sank ein weiteres Fahrzeug.
Die in der Malakkastraße ein- und auslaufenden japanischen und deutschen U-Boote wurden immer wieder von Booten dieser beiden Flottillen angegriffen. I 166 wurde von »Telemachus« unter LtCdr. King versenkt. Das aus Frankreich kommende I 29 wurde nach einem Zwischenaufenthalt in Penang bei der Weiterfahrt nach Singapore am 26. 7. durch die »Sawfish« versenkt, und am 23. 9. 44 gelang es »Trenchant«, welches das am 7. 8. zurückkehrende U 181 nur knapp verfehlt hatte, U 859 vor Penang zu vernichten.
Im Frühsommer wurde auch das Mutterschiff »Bonaventure« mit jenen für den Einsatz in Fernost konstruierten Kleinst-U-Booten des Typs »XE« nach Australien verlegt. Mit den Schlepp-U-Booten »Spark« und »Stygian« versuchten XE 3 und XE 1, die in Singapore liegenden japanischen Kreuzer »Nachi« und »Takao« zu vernichten.
XE 3 gelang es, seine Minen unter dem schweren Kreuzer »Takao« anzu-

bringen. XE 1, das die »Nachi« nicht unterlaufen konnte, legte seine Sprengladungen ebenfalls neben der »Takao« ab. Der schwere Kreuzer sank auf Grund; zum Glück lag er hier in flachem Wasser und konnte später gehoben werden.
XE 4 mit seinem Schleppboot »Spearhead« gelang es vor Saigon mit Hilfe eines Suchdraggen und einiger Taucher, das Unterseekabel Saigon-Singapore zu zerstören.

Harter Kampf im Mittelmeer

Die englischen U-Boote standen auch im fünften Kriegsjahr im Mittelmeer in einem zähen und opfervollen Einsatz. »Unseen« gelang es am 21. 9., das Minenschiff »Brandenburg« und das Jägerleitschiff »Kreta« zu versenken. »Uproar«, »Dzik« (ein polnisches Boot), »Ultor« und »Sybil« waren ebenfalls erfolgreich. »Ultor« unter Lt. Hunt versenkte den Großtanker »Champagne« (9946 BRT), eines der wichtigsten deutschen Schiffe im Mittelmeer. »Unruly« versenkte das mit Nachschub für Kos voll beladene Minenschiff »Bulgaria« mit 1108 BRT und verfehlte das Minenschiff »Drache« nur knapp.
»Ultimatum«, wieder »Ultor«, »Universal« und das französische Boot »Orphee« kamen ebenso zu Erfolgen wie das polnische Boot »Sokol« sowie »Simoon«, »Sickle«, »Torbay«, »Surf« und »Sportsman«. Von September bis Dezember 1943 wurden insgesamt 28 Schiffe mit 85.555 BRT versenkt. Anfang Dezember 1943 verlegte die 10. U-Flottille von Malta nach Maddalena auf Sardinien, und wenig später ging die 1. U-Flottille von Beirut nach Malta. Sie sollte von dort aus ihre Patrouillenfahrten entlang der Küstenroute der deutschen Transporte von und nach Genua unter Kontrolle halten. Es gab hier nur geringe Erfolge. Nur »Upstart« und »Ultor« konnten im Februar je ein Schiff versenken.
Die »Unruly«, die den mit 900 englischen Gefangenen von Kos kommenden Transporter »Marguerite« versenkte, konnte zwar noch Hilfe für die eigenen Landsleute herbeirufen, doch es wurden nur 350 von ihnen gerettet. Die »Trooper« wurde bei Kalymnos durch die deutsche U-Falle GA 45 versenkt. Diese U-Falle wiederum wurde am 7. 11. durch die Zerstörer »Penn« und »Pathfinder« vor Amorgos versenkt.
Der Januar sah einige kleine Einsätze, und erst im Februar 1944 kam es wieder zu zahlreicheren Einsätzen, bei denen »Ultor« und »Upstart« am 15. 2. einen Segler und das Minenschiff »Niedersachsen« versenkten. »Uproar« versenkte am 29. 2. die »Chieti« und torpedierte die »Cesteriane« mit 6664 BRT.
Der März und April sah die englischen Boote im Raume vor Toulon im Einsatz. »Untiring«, Lt. Boyd, versenkte 2 Schiffe mit 3337 BRT und den U-Jäger UJ 6075.In der Ägäis war eine Reihe U-Boote bis Mitte Mai im

Einsatz. Erfolgreichstes Boot war »Sportsman«, das ein kleines Motorschiff, vier Segler und den Dampfer »Lüneburg«, 5809 BRT, versenkte. »Rorqual« gelang es, den Dampfer »Wilhelmsburg« zu stellen und den 4967 BRT großen Frachter zu vernichten.
Im Tyrrhenischen Meer gab es ebenfalls Erfolge, an denen auch die beiden französischen Boote »La Sultane« und »Curie« beteiligt waren. »Untiring« vernichtete hier UJ 6078.
UJ 2106 wurde in der Ägäis von »Unsparing« (Lt. Piper) versenkt. Im Juli und August kam es zu weiteren Erfolgen, an denen das griechische U-Boot »Pipinos« unter Kptlt. Loundras mit der Versenkung des deutschen Beute-Torpedobootes TA 19 beteiligt war.

DIE SOWJETISCHEN U-BOOTE
IM FÜNFTEN KRIEGSJAHR

Der Einsatz im Nordmeer

Die sowjetische U-Bootwaffe hatte bis zum 1. 6. 1943 1,5 Millionen BRT deutschen Schiffsraumes als versenkt angegeben. Die tatsächlichen Erfolge betrugen etwa 280.000 BRT.
Dennoch war die Bedrohung der Seewege der deutschen Nachschub- und Versorgungsschiffe sowie jene der Erztransporte durch die sowjetische U-Bootwaffe alarmierend.
Von den im September 1943 in See stehenden sowjetischen U-Booten wurde L 20, das bei Sletnes eine Minensperre gelegt hatte, am 3. 9. beim Angriff auf einen deutschen Kleingeleitzug durch UJ 1209 beschädigt. Im Gegenzug gelang es S 51, vor dem Kongsfjord UJ 1202 zu versenken.
S 55 unter Kpt. 3. Ranges Suskin versenkte im Oktober den Sperrbrecher »Ammerland« (5381 BRT). Vor Makkaur operierte ŠČ 403, M 172 stand vor Vardö. Diese Operationen brachten keinen Erfolg. Diese drei U-Boote gingen auf den deutschen Flanken-Minensperren verloren. M 174 ging ebenfalls auf dem Rückzug verloren, und von K 1, einem großen U-Boot, fehlt nach seiner letzten Meldung aus der Karasee jede Spur.
Im November/Dezember standen einige Sowjet-U-Boote als Fernsicherung auf den Geleitzugwegen der Nordmeerkonvois. Die Minenboote L 15 und L 20 legten auf den Auslaufwegen der deutschen Überwasserstreitkräfte Minensperren.
Im Monat darauf standen abermals sowjetische U-Boote neben Booten der 9. britischen U-Flottille als Flankensicherung des JW 55 B und das RA 55 A in See. Von dieser Gruppe wurden drei Boote gegen die »Scharnhorst« angesetzt, ohne zum Erfolg zu kommen. Vor der Polarküste operierten zur gleichen Zeit L 15 und L 22 sowie S 15 und S 103, während M 105 und M 200 abermals im Operationsgebiet Varangerfjord standen, ohne zum Schuß zu kommen.
Die Mitte Januar 1944 beginnende sowjetische Großoperation gegen den deutschen Geleitzugverkehr vor der Polarküste, die mit U-Booten und der Luftwaffe gleichzeitig geführt wurde, sah L 22 und sechs weitere Boote als Aufklärer in einem Suchstreifen nördlich der deutschen Flankenminensperren vom Nordkap bis zum Kongsfjord.
Erst am 28. 1. gelang es S 56, aus einem 8-Dampfer-Geleitzug die »Henriette Schulte«, 5056 BRT, zu versenken.
Am 4. 3. und 17. 3. verliefen sowjetische U-Bootangriffe ebenso erfolglos wie die jener Boote, welche vom 10. bis zum 26. 4. in der russischen Luft-

See-Operation »RV-3« den deutschen Geleitzugverkehr stoppen wollten. Dafür ging S 54 auf einer Minensperre verloren.
Der am 15. 6. in See stehende erste deutsche Sommergeleitzug, der von Kirkenes nach Petsamo lief und von M- und R-Booten sowie von Vorpostenbooten und U-Jägern gesichert wurde, war seit dem 17. 6. Ziel sowjetischer U-Bootangriffe. Der aus Kirkenes am 19. 6. auslaufende Rückgeleitzug wurde von der sowjetischen Luftaufklärung südlich von Vardö erfaßt. Sowjetische U-Boote griffen an. M 211 wurde angegriffen und entkam. Danach versuchte M 22 zum Schuß zu kommen, wurde aber von einem Flugboot BV 138 abgedrängt. S 104 unter Kpt. 2. Ranges Turajew griff am Nachmittag des 20. 6. den Restkonvoi an und versenkte UJ 1209.
Im Juli legte L 15 vor Rolvsöy Minen und klärte auf. Vier weitere Boote kamen am 13. 7. hinzu.
Die letzte Operation des fünften Kriegsjahres gegen den deutschen Geleitzugverkehr an der Polarküste fand in der zweiten Augusthälfte statt. Von den vier im Suchstreifen stehenden U-Booten kam nur M 201 zum Schuß. Vor dem Persfjord sank V 6112 nach dem Torpedotreffer.
Von S 15, S 51 und S 103, die wenige Tage darauf gegen einen Westkonvoi angesetzt wurden, kam nur S 15 zum Schuß und torpedierte den Dampfer »Dessau« aus dem Geleitzug. Der 5983 BRT große Dampfer wurde nach Mehamn eingeschleppt.

Sowjetische U-Boote in der Ostsee . . .

Nach ihren schweren Verlusten in der Ostsee in den Jahren 1941 und 1942 mußten die Reste der dezimierten 4 U-Bootbrigaden mit ihren 20 U-Divisionen reorganisiert werden. Sie wurden nunmehr zu einer einzigen Brigade mit vier Divisionen gestrafft. In diesem Verband befanden sich im Sommer 1943 25 einsatzfähige U-Boote.
Diese Boote wurden entmagnetisiert und erhielten neue Netzabweiser, um ihnen den Ausbruch durch die Minensperre und die dichte Netzsperre möglich zu machen.
Trotz der herben Verluste setzte Baltflot Anfang September 1943 die noch einsatzfähigen U-Boote zum Durchbruch in die Ostsee an. Nachdem zwei weitere Boote beschädigt wurden und keines der mit wirklich großem Einsatz zum Durchbruch anlaufenden Boote sein Ziel erreichte und schließlich auch noch zwei Boote verlorengingen, wurde diese verlustreiche Operation abgebrochen. Die sowjetischen U-Boote mußten sich nunmehr darauf beschränken, selbst einige Minenoperationen östlich der deutschen Sperren zu fahren. Darüber hinaus versuchte man, Agenten mit U-Booten zu den Inseln im Finnbusen zu schaffen.

... und im Schwarzen Meer

Im Schwarzen Meer, wo die sowjetischen Seestreitkräfte mit Kreuzern, Zerstörern, U-Booten, Kanonenbooten und Motortorpedobooten eine überwältigende Übermacht besaßen, waren im Jahr 1942 insgesamt 10 sowjetische U-Boote versenkt worden. Anfang 1943 waren in diesem Seegebiet noch 30 U-Boote der Roten Flotte einsatzbereit, deren Zahl aber bis zum 31. 8. 1943 auf 19 Boote absank. Mit diesen 19 Booten versuchte die Rote Flotte im fünften Kriegsjahr im Schwarzen Meer Erfolge zu erringen.
Der erste größere Erfolg gelang M 111 am 12. 11. 1943. Bei Burnas versenkte es die »Theoderich« (3409 BRT).
M 117 torpedierte am 15. 11. aus einem Geleitzug von Marinefähr-Prähmen F 592, welcher sofort sank. Der Dampfer »Santa Fé«, 4627 BRT, wurde trotz starker deutsch-rumänischer Sicherung westlich der Krim versenkt. Im selben Seegebiet gelang es L 6, den kleinen Tanker »Wolga-Don«, 995 BRT, zu vernichten. Als D 4 aus einem neuen MFP-Konvoi F 566 versenkte, wurde das Boot von einigen U-Jägern gejagt und 38 Stunden darauf von UJ 102 und UJ 103 mit Wasserbomben vernichtet. F 580 wurde dicht unter der Küste der Krim von S 31 torpediert und explodierte. Die U-Jäger der 1. und 23. U-Jagd-Flottille vereitelten im Dezember weitere russische U-Booterfolge und beschädigten vier sowjetische U-Boote durch Wasserbombenwürfe.
Im Januar und Februar konzentrierte sich der russische U-Bootkrieg vor allem auf die Geleitwege zwischen der inzwischen abgeschnittenen Halbinsel Krim und der rumänischen Schwarzmeerküste zwischen Konstanza, Odessa und Sulina.
Westlich von Eupatoria versuchte L 23 unter Kpt. 3. Ranges Faetusnyj, einen Kleingeleitzug anzugreifen. Das Boot wurde von der Geleitsicherung beschädigt und auf dem Rückzug von einer BV 138 versenkt. Mit ihm ging auch der Chef der Schwarzmeer-U-Brigade, Kpt. 1. Ranges Kresowski, unter.
L 6 legte eine Minensperre, und ŠČ 216, das am 9. und 12. 2. jeweils einen deutschen Geleitzug angegriffen hatte, wurde am 16. 2. westlich von Eupatoria durch UJ 103 versenkt.
Die Einsätze sowjetischer U-Boote gegen den deutschen Rückführungsverkehr aus dem eingeschlossenen Odessa über See blieben ergebnislos. Weder L 6, das eine Minensperre legte, noch M 62, M 117, ŠČ 202 und S 31 hatten bei ihren Angriffen Erfolge zu verzeichnen.
Die Angriffe von S 31, A 5, L 6 und ŠČ 215 gegen die Seetransporte von der Krim nach Konstanza scheiterten sämtlich an der Sicherung durch U-Jäger, M- und R-Boote. M 111 verfehlte am 18. 4. den Dampfer »Helga«. Als L 6 versuchte, die durch russische Bomber in Brand gesetzte »Alba Julia«, 5700 BRT, zu versenken, wurde das Boot von UJ 104 aufgebracht,

mit Wasserbomben belegt und vernichtet. M 35 gelang es, den von Bombern beschädigten Dampfer »Ossag« durch Torpedoschuß zu versenken.
Die bis zum 12. Mai, dem Tage der endgültigen Räumung der Halbinsel Krim, in See stehenden sowjetischen U-Boote kamen in diesen turbulenten Tagen, wo es auf dem Wege Krim-Konstanza von deutschen und rumänischen Schiffen wimmelte, zu einigen Erfolgen. So gelang es A 5 und ŠČ 201, die durch Luftangriffe beschädigten Dampfer »Durostor« und »Geiserich« durch Fangschüsse zu versenken.
Die Boote A 5, M 35, M 62, L 4, S 33, ŠČ 201, ŠČ 202 und ŠČ 205 fuhren eine Reihe weiterer Angriffe, blieben aber bis auf L 4 glücklos, das den Tanker »Friederike Firuz«, 7327 BRT, torpedierte. Der Leichter »Elbe-5« fiel einem Torpedo von ŠČ 202 zum Opfer. M 35 versenkte einen Prahm und S 33 einen Motorsegler.
Im Juli wurde von ŠČ 209 der türkische Segler »Semsi-Bahri« mit Artillerie und am 27. 7. ein weiterer Segler ebenfalls mit Artillerie versenkt. M 111 hatte keinen Erfolg, und M 113 und M 117, die das Boot vor Konstanza ablösten, kamen ebenfalls nicht zum Schuß.
Der August 1944 brachte noch einmal einen massierten sowjetischen U-Booteinsatz gegen türkische Motorsegler. An Bord der von Konstanza ausgelaufenen Motorsegler »Bülbül«, »Mefkure« und »Morina« befanden sich 1006 jüdische Flüchtlinge, die mit deutscher Genehmigung zum Bosporus und in die Türkei unterwegs waren. Diese drei Motorsegler wurden in der Nacht zum 5. 8. von dem sowjetischen U-Boot ŠČ 215 unter Kpt. 3. Ranges Strizak vor Burgas angegriffen. Die »Mefkure« wurde mit Artillerie versenkt. Von den 320 Flüchtlingen wurden am nächsten Morgen nur 5 von der »Bülbül« gerettet.

DIE U-BOOTE DER VEREINIGTEN STAATEN IM FÜNFTEN KRIEGSJAHR

Einzeloperationen gegen Kriegs- und Handelsschiffe

Seit September 1943 standen die US-U-Boote in den Weiten des Pazifik im ununterbrochenen Einsatz. Im ersten Monat des fünften Kriegsjahres versenkten sie 3 Kriegsschiffe mit 3085 BRT und 31 Handelsschiffe mit 135.550 BRT. Die erfolgreichsten Boote waren »Harder« mit 5 Schiffen und insgesamt 15.354 BRT, »Bonefish« mit 3 Schiffen und 24.198 BRT, »Trigger« mit 4 Schiffen und 27.095 BRT. »Halibut« unter LtCdr. Galantin versenkte 3 Schiffe mit 10.394 BRT und torpedierte den Kreuzer »Nachi«. Die Boote »Pompano« und »Wahoo« gingen verloren.
Der Oktober war ein »negativer« Monat, dennoch waren einige Boote in dramatische Einsätze verwickelt. So S 44, das im Gebiet der Salomonen 3 Schiffe versenkte und in der Nacht zum 8. 10. den Rückzug antrat. In Höhe von Ochotsk nahm das Boot Kontakt mit einem kleinen Dampfer auf. Es eröffnete mit der Deckskanone das Feuer und wurde sofort vom Artilleriefeuer eines Zerstörers, den es nicht geortet hatte, überschüttet. Der Kommandant, LtCdr. F. E. Brown, befahl: »Alle Mann aus dem Boot.« S 44 sackte so schnell weg, daß nur zwei Mann herauskamen, alle anderen gingen mit dem Boot unter (siehe: US Submarine Losses in World War II, S. 63).
Global unbedeutend, für die deutsche Seekriegsleitung aber sehr schmerzlich, war der Verlust des Hilfskreuzers »Michel«. Dieser wurde am Ende seiner Heimkehr von seinem zweiten Raid am 17. 10. südlich von Yokohama durch das US-U-Boot »Tarpon« mit drei Torpedos versenkt, wobei 290 deutsche Hilfskreuzermatrosen den Tod fanden. Damit war der Handelskrieg im Pazifik durch deutsche Hilfskreuzer beendet.
Ende September hatte Konteradmiral Pownall dem Commander Submarines Pacific Fleet, VAdm. Lockwood, das Gesuch eingereicht, einige Boote in die Häfen der Marcus- und Wake-Inseln zur Rettung abgeschossener Flieger zu stationieren. Diesem Gesuch wurde stattgegeben. Als erstes Boot erreichte »Skate«, Cdr. McKinney, Wake am 6. 10. 1943.
Als »Skate« die erste Meldung über abgeschossene Flieger erhielt, lief das Boot im japanischen Feuer zur Abschußstelle und rettete einen schwimmenden und einen auf einem Schlauchboot hockenden Flieger. Auf dem Weg zum dritten Flieger wurde das Boot von einem Tiefbomber angegriffen und mußte ablaufen.
Als »Skate« durch KAdm. Montgomery, den Befehlshaber der Träger-Streitkräfte, über Funk erfuhr, daß weitere 9 Piloten nahe der Küste von

Wake abgeschossen worden seien, lief das Boot abermals zur Küste und rettete vier Menschen.
26 Handelsschiffe mit 128.088 BRT wurden im Oktober versenkt. Wieder waren die bekannten Boote, nämlich »Grayback« mit 3 Erfolgen, »Salmon«, »Guardfish«, »Silversides«, »Seawolf« und »Kindish« unter den insgesamt 16 erfolgreichen Booten dieses Monats.
Während der »Operation Galvanica bekämpften die U-Boote der Pazifik-Flotte laufend japanische Handelsschiffe. Sie versenkten im November 47 mit 228.313 BRT und 4 Kriegsschiffe mit 9993 BRT.
»Thrasher«, »Apogon« und »Corvina« standen an drei Seiten von Truk. »Sculpin« und »Searaven« befanden sich vor Oroluk zwischen Truk und Panape, »Seal« stand auf Suchposten bei Kwajalein, während »Spearfish« bei Jaluit auf Schiffe wartete. »Plunger« stand im Seenoteinsatz vor Mili, das von Maschinen der Flugzeugträger angegriffen wurde. Am 20. und 21. 11. fischte es je einen Flieger auf und wurde dabei von japanischen Maschinen entdeckt. Es gab sechs Verwundete. »Plunger« lief nach Wotje weiter, und »Paddle« war mit einem Wetterbeobachter zur Erkundung vor Nauru ausgelaufen.
»Thrasher« versenkte bei Tarawa und Abamana je einen Transporter von 4600 BRT. Dann erlitt das Boot Maschinenschaden und mußte vorzeitig nach Pearl Harbor zurück.
»Apogon« versenkte ein 3000-Tonnen-Hilfskanonenboot. »Searaven« griff nördlich von Ponapa den 10.052-Tonnen-Marinetanker »Toa Maru« an, der brennend sank.
»Seal« wiederum stand vor Kwajalein und sendete laufend Meldungen über die Schiffahrt in den Lagunen.
»Corvina«, das unter Führung von Cdr. Rooney aufgetaucht 85 sm südwestlich Truk kreuzte, wurde von I 176 mit drei Torpedos getroffen. Das U-Boot explodierte und riß alle 82 Mann der Besatzung mit sich in die Tiefe.
Dies war nicht das einzige Opfer in diesem Monat. »Sculpin« unter Cdr. Connaway, das auf Feindfahrt vor Oroluk stand und Captain Cromwell als Chef eines U-Bootrudels an Bord hatte, das aus »Sculpin«, »Searaven« und einem dritten Boot bestand, sichtete in der Nacht des 19. 11. einen schnellen Konvoi. Es fuhr einen Unterwasserangriff, wurde entdeckt und unter Wasser gedrückt. Als es nach einer Stunde auftauchte, wurde es abermals unter Wasser gedrückt und von dem Zerstörer »Yamagumo« durch Wasserbomben so schwer beschädigt, daß Cdr. Connaway auftauchen mußte und zum Artilleriegefecht befahl. In diesem Gefecht fiel der Kommandant; ArtOffz. Lt. Brown befahl: »Alle Mann aus dem Boot!« Capt. Cromwell und 12 Mann der »Sculpin« gingen mit dem Kommandanten unter. 24 Mann der Besatzung wurden von dem japanischen Zerstörer aufgefischt. Die Überlebenden und Männer von anderen versenkten US-U-Booten, insgesamt 41 Mann, wurden auf den Begleitflugzeugträgern »Chuyo« und »Unyo« nach

Japan geschafft. Durch »Sailfish« wurde die »Chuyo« versenkt, und mit ihr gingen die darauf befindlichen US-Seeleute bis auf einen unter.
Für die Operation »Flintloch« stellte VAdm. Lockwood 6 Boote zur Verfügung. »Permit«, »Skipjack« und »Guardfish« wurden rund um Truk aufgestellt. »Sunfish«, »Seal« und »Searaven« standen bei Kusaie, Ponapa und Eniwetok. Die drei Boote bei Truk errangen Erfolge, während die anderen leer ausgingen.
Im Dezember wurden drei Kriegsschiffe mit insgesamt 22.120 BRT und 33 Handelsschiffe mit 130.097 BRT versenkt. »Grayback« versenkte hierbei den Zerstörer »Numakaze« sowie 3 Schiffe mit 8730 BRT, »Sailfish« 2 Schiffe mit 9562 BRT und den Geleitträger »Chuyo«. Der leichte Träger »Ryuho« wurde torpediert. Insgesamt waren 21 U-Boote an den Erfolgen beteiligt.
Im Jahr 1943 verlor Japan durch amerikanische U-Boote im Pazifik 22 Kriegsschiffe und 296 Handelsschiffe mit 1,335.240 BRT, während die japanischen Schiffswerften im selben Zeitraum nur etwa 500.000 BRT Schiffsraum neu bauen konnten.
Beschädigt wurden 31 Kriegsschiffe und 76 Handelsschiffe. Die Verluste der U-Bootwaffe der US-Navy beliefen sich im selben Zeitraum auf 15 U-Boote mit 1129 Soldaten und Offizieren.
Am 1. 1. 1944 befanden sich drei U-Bootkommandos im Pazifik, und zwar in Pearl Harbor, Brisbane und Freemantle. Sie verfügten über 75 U-Boote gegenüber 53 am 1. 1. 1943.
Alle Boote waren nunmehr Flotten-U-Boote.
Am Neujahrstag 1944 versenkte »Ray« das zum Schnelltransporter umgebaute Kanonenboot »Okuyo Maru«, 2904 BRT. Der Frachter »Ryuyo Maru«, 6707 BRT, wurde in der Zulusee durch »Puffer« versenkt und der Flugzeugtransporter »Nagoya Maru« im Ostchinesischen Meer durch »Herring«.
»Skipjack« versenkte im Januar den Flugzeugtransporter »Okitsu Maru« und den Zerstörer »Suzukaze« und torpedierte einen Frachter. »Guardfish« versenkte am 14. 1. 1944 den 10.000-Tonnen-Tanker »Kenyo Maru« und bei »Flintloch« selbst den japanischen Zerstörer »Umikaze« (am 1. 2. 1944).
»Searaven« unternahm vom 27. bis 29. 1. 1944 eine Fotoerkundung des Eniwetok-Atolls und stand anschließend als Rettungsboot für abgeschossene Flieger in diesem Raum bis zum 12. 2. 1944 in See.
Die Erfolge des Januar 1944 beliefen sich auf 3 Kriegsschiffe mit 9230 BRT und 53 Handelsschiffe mit 285.672 BRT.
In diesem Monat kamen insgesamt 30 Boote zum Einsatz; einige von ihnen waren erfolgreich. So »Seawolf« mit 4 Versenkungen und einer Beteiligung, »Flasher«, »Thrasher« und »Tinosa« mit ebenfalls vier Erfolgen. »Albacore« versenkte den Zerstörer »Sazanami«.
Am 17. 2. gelang es »Skate« unter LtCdr. Gruner, den am 16. 2. 1944 aus

Truk auslaufenden leichten Kreuzer »Agano« zu stellen. Drei Torpedos trafen den Kreuzer vernichtend.
»Grayback« unter Cdr. John A. More, das zwischen Luzon und Formosa patrouillierte, torpedierte die 17.000 BRT große »Asama Maru« und versenkte drei weitere Schiffe mit 11.500 BRT, ehe das Boot am 27. 2. mit der gesamten Besatzung verlorenging. Wahrscheinlich wurde es von einem japanischen Flugzeug versenkt.
»Pogy« versenkte 2 Schiffe mit 9204 BRT, den Zerstörer »Minekaze« und torpedierte drei weitere Frachter. »Jack«, »Puffer« und »Thrasher« waren mit jeweils 4 Erfolgen beteiligt.
»Trout«, das zu Anfang des Krieges den Goldtransport von Corregidor unternommen hatte, befand sich in seinem 11. Einsatz und stand am 29. 2. 1944 südsüdöstlich von Okinawa, als es einen kleinen schnellen Konvoi sichtete. (Es war der »Eastern Matsu No. 1«.) Das Boot torpedierte einen neuen 11.500-Tonnen-Transporter und versenkte die 9245 BRT große »Sakito Maru«, die 4124 Soldaten und eine Besatzung von 105 Mann an Bord hatte. Von ihnen gingen 2504 Mann mit dem Schiff unter. Bei der Verfolgung wurde »Trout« von den Geleitzerstörern vernichtet.
»Sandlance« lief im Februar zu seiner Jungfernfahrt aus. Das Boot erreichte am 24. 2. das Operationsgebiet vor Paramushiro auf den Kurilen. Es war hier noch von Eis umgeben und lief durch einen wüsten Schneesturm. Entlang der Küste der Kurilen und Hokkaidos fahrend, versenkte das Boot am 28. 2. einen 3500-Tonnen-Transporter und am 3. 3. einen noch größeren. Es lief weiter, passierte Honshu und fuhr - nunmehr bei wärmeren Temperaturen entlang der Bonin-Inseln.
Als man im Boot um Mitternacht des 13. 3., getaucht fahrend, Schraubengeräusche registrierte, tauchte es auf Sehrohrtiefe auf und sah sich mitten in einem Konvoi von vielen Schiffen umgeben.
Im Mondlicht erkannte der Kommandant, Cdr. Garrison, einen leichten Kreuzer. Auf diesen und einen großen Frachter schoß er um 03.10 Uhr jeweils zwei Torpedos ab.
Binnen einer halben Minute war das Boot von wild umeinanderkurvenden und Wasserbomben werfenden Geleitfahrzeugen tief unter Wasser gedrückt. Der anvisierte Kreuzer »Tatsuta« sank, und der große Transporter »Kokuyo Maru« stand in Flammen. Er ging nach 18 Stunden unter.
Insgesamt wurden im Februar vier Kriegsschiffe mit 12.092 BRT und 52 Handelsschiffe mit 252.016 BRT versenkt.
Der März sah nicht so viele US-Boote im Einsatz. Erfolgreichstes Boot war »Tautog« unter LtCdr. Sieglaff mit vier Schiffen. Am 16. 3. gelang es dem Boot, vor Hokkaido den Zerstörer »Shirakumo« zu versenken. »Flying Fish«, »Lapon« und »Pollack« konnten je drei Versenkungserfolge in diesem Monat melden.
»Redfin« versenkte am 11. 4. den Zerstörer »Akigumo«. Damit waren von

Januar bis April sechs japanische Zerstörer durch US-U-Boote versenkt worden.
»Harder« unter Cdr. Dealey gelang am 11. 4. nach einem langen Duell die Versenkung des siebten Zerstörers, »Ikazuchi«, bei den Marianen. Danach lief das Boot südwärts, um im Seeraum nahe dem Woleai-Atoll der Karolinengruppe zu patrouillieren. Hier versenkte es am 16. 4. um 08.25 Uhr den Frachter »Matsu Maru«.
Nachdem es der US-Marine gelungen war, in den Gewässern der Gilbert-Inseln, der Marschall- und der östlichen Karolinen-Inseln die Seeherrschaft zu erlangen und über die Bismarck-Barriere hinaus vorzustoßen, war es nun den U-Booten der Pazifik-Flotte möglich, direkt unter der japanischen Küste zu operieren, wo die Schiffe in dichter Konzentration liefen.
Admiral Lockwood arbeitete eine neue U-Boottaktik aus, die als Rotations-Patrouillenplan bekannt wurde. Dieser Einsatz begann etwa Mitte April. Die noch japanisch kontrollierten Gewässer wurden in Gebiete eingeteilt, und die U-Boote operierten in genau umrissenen Teilen, und zwar von der Küste nach außen laufend und von Norden nach Süden, von den »aktiven« in die »inaktiven« Gebiete.
Zur gleichen Zeit setzte das japanische Oberkommando seine Versuche fort, die Besatzungen der Marianen- und Karolinen-Inseln zu verstärken. Truppenkonvois liefen dorthin, und die US-U-Boote griffen sie an.
Am 3. 4. eröffnete »Pollack« den Reigen der Erfolge, als es aus dem Konvoi »Matsu No. 4« einen Transporter versenkte. Dieser Konvoi lief von Tokio aus in Richtung Truk. Der »Matsu No. 5« brachte seine Schiffe sicher nach Palau. Auf dem Rückzug aber wurde er von »Trigger« unter LtCdr. Harlfinger aufgebracht und am 26. 4. kurz vor Mitternacht angegriffen. Das Boot fuhr drei Angriffe und schoß alle noch vorhandenen Torpedos ab. Die »Miike Maru«, 12.000 BRT, wurde getroffen. Dann ging die »Asosan Maru« unter. Eine Fregatte neigte sich schwergetroffen zur Seite, und die »Miike Maru« erhielt noch einen Fangschuß. Sie brannte drei Tage, ehe sie sank (siehe: The Imperial Japanese Navy in World War II).
Währenddessen hatten auch die Boote der Southwest Pacific Submarines unter KAdm. Christie, aus ihrer Basis Freemantle auslaufend, »Jagdgründe« in der Zulusee sowie in der Celebes-See gefunden. Sie stießen hier Ende April auf den Konvoi »Take Ichi« (Bamboo No. 1), der eine japanische Infanteriedivision von Shanghai zum Vogelkop bringen sollte. »Jack« griff mitten in der Celebes-See die »Yoshida Maru« an. »Gurnard« unter Cdr. Andrews versenkte 3 Transporter mit insgesamt 20.000 BRT. Etwa 1000 japanische Soldaten ertranken.
Einen der dramatischsten Einsätze, die keine zählbaren Versenkungserfolge erbrachten, aber zu den gefährlichsten zählten, unternahm »Harder«, das als Seenotboot für abgestürzte eigene Flieger vor dem Woleai-Atoll stand und von den dort abgestürzten 44 Fliegern allein 26 rettete.

Insgesamt wurden im April 9 Kriegsschiffe mit 12.203 BRTund 24 Handelsschiffe mit 98.199 BRT versenkt.
Vor Nordborneo versenkte »Crevalle« unter LtCdr. Walker jr. am 6. 5. das Walfangmutterschiff »Nissin Maru« mit 16.800 BRT. »Lapon« unter LtCdr. Stone versenkte vor Saigon am 24. 5. 11.000 BRT Handelsschiffsraums aus einem Konvoi. Am selben Tag versenkte »Raton« unter Cdr. Davis eine Fregatte und beschädigte eine zweite, die nahe der Tambelan-Inseln aufgebracht wurde. Dabei kam es zu einem Zwischenfall, als »Lapon« das Schwesterboot »Raton« als feindliches U-Boot ansah und zwei Torpedos abschoß, die kurz vor der »Raton« detonierten und das Boot beschädigten.
»Sandlance« versenkte in dem Seegebiet zwischen Palau und den Marianen 2 Schiffe (am 14. und 17. 5.) mit insgesamt 7400 BRT und griff dann einen nordwärts laufenden Konvoi an, aus dem sie weitere drei Schiffe herausschoß, so daß sie mit 5 Versenkungen in diesem Gebiet führte.
»Silversides« unter LtCdr. Coye konnte zwischen Palau und Saipan am 10. 5. ebenfalls drei Schiffe versenken. Zehn Tage später schickte das Boot das zum Schnelltransporter umgebaute Kanonenboot »Shosei Maru« mit einem Einzelschuß auf Grund und griff am 29. und 30. 5. weitere kleine Konvois an. Aus dem ersten versenkte sie 2 Schiffe, und auf den zweiten schoß sie die letzten vier Torpedos, die fehlgingen, weil der Konvoi unmittelbar nach dem Schuß wegzackte.
Auf die Meldung von Cdr. Coye hin kamen »Shark«, »Pilotfish« und »Pintado« heran, die als kleines Rudel von Captain Blair geführt wurden. Sie schossen in den nächsten Tagen 2 Schiffe aus diesem Konvoi heraus und kamen an den Konvoi 3530 am Abend des 3. 6. heran. Dieser Geleitzug transportierte die 118. ID von Japan nach Saipan. Am 4. 6. kamen die Boote zum Schuß. »Shark« versenkte die 9600 BRT große »Katsukawa Maru«, auf der sich 2800 japanische Soldaten befanden. Am 5. 6. kamen sie wieder heran, und abermals war es die »Shark«, die die »Takaoka Maru« mit 7000 BRT versenkte, auf der sich 3300 Japaner und 11 Panzer befanden.
Am 6. 6. war LtCdr. Clarey mit »Pintado« erfolgreich. Das Boot versenkte einen 2800-BRT-Frachter und den 5600-BRT-Transporter »Havre Maru« mit 1120 Soldaten und 11 Panzern.
»Die Geleitfahrzeuge dieses Konvois leisteten gute Arbeit zur Rettung des größten Teiles der im Wasser schwimmenden 7200 japanischen Soldaten und brachten sie wohlbehalten nach Saipan. Aber diese Truppe hatte alle Waffen und Geräte verloren. Dies wiederum erleichterte den US-Truppen die Eroberung von Saipan.« (Siehe Morison, Samuel: a.a.O.)
In den Gewässern zwischen Mindanao, Neuguinea und den Palau-Inseln versenkten »Aspro«, »Bluegill«, »Pargo« und »Ray« im Mai 5 Schiffe. »Flying Fish« versenkte am 25. 5. zwischen Palau und Guam zwei Dampfer. Vor Formosa schoß ein von Captain Peterson geführtes Rudel mit »Bang«, »Parche« und »Tinosa« aus einem nordlaufenden Konvoi 30.500 BRT her-

aus. »Burrfish« versenkte einen 6000-Tonnen-Tanker. »Spearfish« und »Sturgeon« schossen am 6. und 11. 5. je einen Frachter und »Pollack« den Zerstörer »Asanagi« aus einem Konvoi heraus.
Eine andere Gruppe operierte im Mai, bevor noch das Eis dort geschmolzen war, vor den Kurilen. »Tautog« versenkte hier 4 Handelsdampfer, »Barb« und »Herring« je einen und »Herring« die Fregatte »Ishigaki«.
»Herring« wurde am 1. 6. von einer japanischen Landbatterie durch eine Volltreffersalve vernichtet. Das Boot sank so schnell, daß kein Mann der Besatzung sich retten konnte. Dies war nicht der einzige Verlust. »Gudgeon« unter LtCdr. Bonin, das auf seinen Feindfahrten ein japanisches U-Boot, 1 Fregatte und 70.000 BRT feindlichen Schiffsraumes versenkt hatte, sank auf seiner 12. Feindfahrt am 4. 4. 1944.
»Robalo« unter Cdr. Kimmel lief im Juni aus Freemantle aus und sank am 26. 7. 1944 vor Palawan durch eine Explosion der Elektrobatterien.
Der Mai wurde mit 6 versenkten Kriegsschiffen mit insgesamt 6960 BRT und 54 versenkten Handelsschiffen mit 236.700 BRT ein Erfolgsmonat, dem sich drei weitere Monate großer Erfolge anschließen sollten.
Den Rekord einer einzigen Feindfahrt schaffte »Tang« unter Cdr. Kane, das am 8. 6. aus Pearl Harbor ausgelaufen war und in das Operationsgebiet Ostchinesisches Meer vorstieß. Von dort aus lief es durch das Gelbe Meer. Zwischen dem 24. 6. und dem 6. 7. versenkte das Boot neun Frachter mit insgesamt 39.160 BRT.
Der Junieinsatz sah »Archerfish« erfolgreich, das eine japanische Korvette vernichtete und zwei Schiffe torpedierte. »Swordfish« versenkte 1 Schiff mit 4804 BRT und den Zerstörer »Hatsukaze«. Auch »Shark« war wieder im Einsatz und konnte vier Schiffe mit 22.000 BRT vernichten. »Darter« versenkte den Minenkreuzer »Tsugaru«. Auch »Flasher« unter LtCdr. Whitaker war mit 4 Schiffen und insgesamt 23.582 BRT sowie der Versenkung des Kreuzers »Oi« erfolgreich. »Albacore« versenkte den Flugzeugträger »Taiho«.
Als dieser Monat zu Ende ging, hatten die U-Boote 11 Kriegsschiffe mit 76.570 BRT und 44 Handelsschiffe mit l89.611 BRT versenkt.
Der Juli sah nach der Schlacht in der Philippinensee »Guardfish«, »Piranha«, »Thrasher« und »Apogon« ebenso wie im Ostchinesischen Meer, von der Luzonstraße nach Formosa und zur Küste von China im Einsatz. Sie versenkten vom 12. bis 17. 7. insgesamt 41.000 BRT feindlichen Handelsschiffsraumes.
Ihnen folgten die »Parks Piraten«, eine U-Gruppe, die aus den Booten »Parche«, »Steelhead« und »Hammerhead« bestand und von Cdr. Parks geführt wurde. In der Nacht zum 31. 7. 1944 griffen diese Boote einen Konvoi an. »Steelhead« versenkte einen Tanker, »Parche« eine Fregatte und zwei Tanker, von denen der zweite erst nach zwei Fangschüssen sank. Der Konvoi war zerschlagen, und jedes Schiff versuchte, einzeln laufend, sein Ziel zu

erreichen. Auf diese Einzelfahrer schoß »Parche« alle 19 Torpedos ab und versenkte noch einen Tanker von 10.000 BRT, 2 Transporter von geschätzten 9000 BRT und zwei Passagier-Handelsdampfer. Insgesamt versenkte das Boot 39.000 BRT. Einige weitere Schiffe wurden beschädigt.
Mit 8 versenkten Kriegsschiffen und 40 Handelsschiffen mit einer Gesamttonnage von 235.778 BRT war auch dieser Monat für die Boote im Pazifik erfolgreich.
Im August standen US-Boote sowohl vor der japanischen Küste als auch vor Formosa und im Raume der Kurilen-Inseln. »Croaker« unter LtCdr. Lee vernichtete 3 Schiffe mit 8418 BRT und torpedierte den gestrandeten Kreuzer »Nagara«, der ebenfalls sank.
Einige weitere Boote errangen in diesem Raum Erfolge. In den Gewässern um die Mandatsinseln versenkte »Batfish« den Minensucher »Sokaitei No. 22« und den Zerstörer »Samidare«.
Der Kampfraum vor Insulinde und bei den Philippinen war im August Schauplatz verbissener U-Jagden. Allein hier standen 17 U-Boote erfolgreich im Kampf. In diesem Monat wurden 11 Kriegsschiffe versenkt.
Im fünften Kriegsjahr versenkten amerikanische U-Boote von September 1943 bis August 1944 67 Kriegsschiffe mit 211.352 BRT und 478 Handelsschiffe mit 2,257.566 BRT. Sie erzielten damit das beste Jahresergebnis ihres gesamten Einsatzes.

DIE JAPANISCHEN U-BOOTE IM FÜNFTEN KRIEGSJAHR

Allgemeiner Lagebericht

Die japanische U-Bootwaffe hatte in den 12 Monaten des Jahres 1943 insgesamt 23 U-Boote verloren. Da nicht so viele U-Boote zur Front kamen, wie abgegangen waren, eröffnete die U-Waffe Japans das fünfte Kriegsjahr mit einer kleineren Flotte als vorher.
Die letzten zur Verfügung stehenden 25 RO-Boote wurden auf den Seewegen zu den Marianen eingesetzt. Zunehmender Ölmangel bewirkte eine weitere Zurückhaltung der großen Boote, und infolge des Ölmangels mußte auch die 6. japanische Flotte - die U-Flotte unter Vizeadmiral Takeo Takagi im Frühjahr 1944 von Truk nach Saipan verlegt werden.
Nunmehr versuchte die japanische U-Bootführung eine neue U-Boottaktik mit völlig neuen Mitteln: Die Idee der Einmann-Torpedos »Kaiten« sollte verwirklicht werden. Die Waffe selbst, die von den beiden jungen Seeoffizieren H. Kuroki und S. Nishina im Zusammenwirken mit dem Marinearsenal in Kure entwickelt und konstruiert worden war, wurde erst im Februar 1944 (die Pläne lagen seit Januar 1943 vor) in einigen Prototypen gebaut. Diese »Kaiten« sollten als Nahverteidigungsmittel dienen. Sie basierten auf sehr schnell laufenden Torpedos vom Typ »Lange Lanze«, die von Groß-U-Booten als Trägerfahrzeuge an den Feind gebracht und eingesetzt werden sollten. Diese Großboote würden dabei außerhalb der feindlichen Ortung bleiben.

Einzel- und Gruppenansatz

Die großen Boote liefen immer wieder aus, um im Kreuzerkrieg Erfolge zu erringen. So wurde Ende August 1943 eine U-Bootgruppe im Gebiet der Neuen Hebriden aufgestellt, die bereits am 25. 8. den ersten Verlust erlitt, als RO 35 von dem US-Zerstörer »Ellet« durch Wasserbomben versenkt wurde. I 25, dessen Bordflugzeug über Espiritu Santo Aufklärung geflogen hatte, wurde am 3. 9. durch den Zerstörer »Patterson« versenkt. I 20 gelang am 30. 8. die Torpedierung eines Tankers von 10.872 BRT. Aber auch dieses Boot ging am 11. 9. verloren. I 182 wurde noch auf dem Marsch von Truk ins Operationsgebiet von dem US-U-Boot »Trout« vernichtet. Zu einem Erfolg kam I 39, während I 26 ebenfalls Aufklärungsdienst verrichtete.
Die Boote I 21, I 32, RO 36, I 39, I 171 und I 181 kamen bis auf I 21, das einen Dampfer von 6711 BRT versenkte, nicht zum Schuß.

Zu Transportaufträgen liefen ab Mitte November I 6 und I 16 auch als Aufklärer aus, ferner I 38, I 171, RO 100, RO 104, RO 105 und RO 109 zu den Vorposten und Stützpunkten Japans, um die dortigen Besatzungen zu versorgen.
Die U-Bootgruppe unter Capt. Iwagami mit den Booten I 19, I 35, I 39, I 169 und I 175 wurde am 20. 11. auf die US-Landungsflotte vor Makin und Tarawa angesetzt. Als Verstärkung dieser Gruppe liefen RO 38, I 40 und I 176 von Truk aus. Letzteres versenkte noch auf dem Anmarsch ins Operationsgebiet das US-U-Boot »Corvina«.
Von diesen Booten versenkte I 175 den US-Geleitträger »Liscombe Bay«. 644 US-Soldaten fanden den Tod.
Für diese geringen Erfolge wurde ein hoher Zoll gezahlt, denn Ende November 1943 gingen im Seegebiet der Gilbert-Inseln durch Angriffe amerikanischer Zerstörergruppen verloren: I 35 am 22. 11., RO 38 am 24. 11., I 40 am 25. 11., I 39 am 26. 11. und I 21 am 29. 11., RO 100 war seit 25. 11. in den Salomonen verschollen.
Der letzte Einsatz japanischer U-Boote gegen US-Stützpunkte im südlichen Pazifik, der von Januar bis Mitte März 1944 durchgeführt wurde, sah I 11 vor Funafuti in Sehrohraufklärung. Als das Boot auch die Räume der Ellice-Inseln und vor Samoa aufklären wollte, wurde es von US-Trägerflugzeugen versenkt.
RO 42, das vor den Neuen Hebriden stand, versenkte am 14. 1. den Hafentanker YO 159. Als RO 37 am 23. 1. den 12.000-Tonnen-Tanker »Cache« torpedierte, wurde das Boot von den Geleitfahrzeugen mit Wasserbomben belegt und sank. RO 44 erzielte keinen Erfolg und kehrte zur Basis zurück.
Nach der Räumung von Rabaul durch die japanische Marine verlegten die letzten Boote der von hier aus eingesetzten 7. U-Flottille nach Truk.
Ende Januar fuhren RO 39 und RO 40 zu einem Unternehmen in den Seeraum der Marschall-Inseln. Beide Boote sind seitdem verschollen.
Auch die weiteren Transportfahrten forderten ihren Tribut, so wurde I 175, das bereits zwei erfolgreiche Fahrten durchgeführt hatte, im Februar 1944 versenkt. Am 24. März ging I 32, das ebenfalls einige Fahrten durchgeführt hatte, verloren.
Der April sah im Pazifik, was die japanischen Boote anging, keine U-Boote. I 174, das Ende April auslief, wurde am 30. 4. südlich Truk durch eine Hunter-Killer-Group versenkt.
Die Vorbereitungen zur Operation A-Go, die am 14. 5. 1944 begann, sollte wieder eine Reihe von U-Bootseinsätzen sehen.
Die Operation diente der Versorgung der vorgeschobenen Stützpunkte. Als Initialzündung liefen zwei RO-Boote mit zwei kleinen Frachtern nach Jaluit und zu den Marschall-Inseln. Ihnen folgte I 184, das mit Nahrungsmitteln und Medikamenten vollgepackt war. RO 41 und I 5 unternahmen die gleiche Versorgung für Kusaie und Ponape auf den Karolinen-Inseln, und

RO 15 machte eine ähnliche Rundfahrt von Truk nach Wewak, dem am stärksten besetzten Stützpunkt an der Küste von Neuguinea. Alle Operationen gelangen. Die Stützpunkte wurden versorgt, aber nur 2 Boote kehrten zurück.
Weitere Boote brachten Material und Medikamente nach Bougainville. Am 16. 5. wurde I 176 bei dieser Fahrt von der 94. US-Zerstörer-Division unter Cdr. Reynolds aufgebracht und in fünf Anläufen versenkt (siehe US-Fleet A/S Bulletin July 1944).
I 16 wurde am Nachmittag des 19. 5. von drei Zerstörern einer Geleitsicherungsgruppe in fünf Hedgehog-Angriffen vernichtet.
Am 22. 5. wurde RO 106 von den drei Zerstörern dieser Gruppe unter Cdr. Hains aufgebracht und angegriffen. 2 Minuten nach dem Hedgehog-Wurf des Zerstörers »England« kam das Boot tauchunklar nach oben und wurde mit Artillerie vernichtet.
RO 104 folgte am 23. 5. Auch diesmal waren die drei Zerstörer der Geleitgruppe beteiligt, wenn auch »England« die Exekution vollzog. RO 116 wurde am Abend des 24. 5. durch diese Gruppe versenkt.
Am 25. 5. gab Cdr. Hains auf dem Geleit-Zerstörer »George« den Befehl, nach Seeadler-Hafen auf Manus auszulaufen und Wasserbomben zu ergänzen. Auf diesem Rückmarsch wurde um Mitternacht des 26. 5. in 8 sm Distanz ein U-Boot geortet. Es war RO 108, das sofort angegriffen wurde. Der Zerstörer »England« versenkte das Boot mit der ersten Wasserbombenserie des Hedgehog.
Als die drei Geleit-Zerstörer »Raby«, »England« und »George« nach der Versorgung wieder ausliefen, gesellte sich ihnen »Spangler« zu. Am 29. 5. erreichten sie das Geschwader von Capt. Saunders mit dem Geleitträger »Hoggatt Bay«. Deren Zerstörer »Hazelwood« ortete wenig später RO 105. Dieses Boot wurde verfolgt und von »England« am 31. 5. mit einer Hedgehogsalve vernichtet. Das war der sechste U-Bootversenkungserfolg der »England« binnen 12 Tagen, und Admiral King signalisierte dem Boot:
»Es möge immer eine ›England‹ in der US-Navy geben!«
Am 10. 6. wurde RO 111 gebombt. Das Boot tauchte auf und wurde von der Artillerie des Zerstörers »Taylor« unter Wasser gedrückt und versenkt.
Zwei weitere U-Boote gingen südlich davon unter. RO 44 verließ Saipan am 23. 5. und lief 100 sm nordostwärts Eniwetok-Atoll, um das Atoll durch sein Sehrohr zu beobachten. Am Morgen des 16. 6. erreichte dieses Boot das Bikini-Atoll. Hier wurde es vom Geleit-Zerstörer »Burden R. Hastings« geortet und versenkt.
RO 42 befand sich ebenfalls auf einer Patrouille vor EniwetokAtoll, als es am 10. 6. von dem Geleit-Zerstörer »Bangust« vernichtet wurde.
I 10, ein großes Boot, das in einem Druckzylinder ein Bordflugzeug mitführte, sollte am 12. 6. Majuro erkunden. Daneben stellte Admiral Takagi, U-Bootbefehlshaber in Saipan, noch I 185 und I 5 zu einer Suchgruppe in

einer Linie ostwärts Saipan auf, in der Hoffnung, daß sie zur geplanten Zermürbungsaktion gegen die 5. US-Flotte beitragen würden.
Dieser Einsatz endete für alle drei Boote tragisch. I 185 wurde von den Zerstörern »Newcombe« und »Chandler« am 22. 6. versenkt. I 5 ging Ende des Monats aus unbekannter Ursache verloren. I 10 wurde am 4. 7. von dem Geleitzerstörer »Riddle« unter LtCdr. Cramer gestellt und nach 90minütigem Bombardement zerstört.
I 184, das aus dem Raume Jaluit zurücklief, wurde von der Luftpatrouille einiger vom Geleit-Träger »Suwannee« aufgestiegener Maschinen gestellt und von einer »Avenger« unter Lt. Guy E. Sabin versenkt.
RO 36, das als Wetterboot im Raume Saipan gestanden hatte, wurde vom Zerstörer »Melvin« am 13. 6. vernichtet, und am 16. 6. konnte dieser Zerstörer mit Hilfe eines zweiten Zerstörers, der »Wadleigh«, das zur ersten Feindfahrt von Japan nach Saipan ausgelaufene RO 114 vernichten. Am nächsten Tag wurde RO 117, das RO 114 nachgefolgt war, von einer vom Eniwetok-Flugfeld startenden Liberator gebombt und ging unter.
Damit waren von jenen 25 Booten, die zum Einsatz ausgeschickt wurden, 17 vernichtet (siehe Bericht Capt. Ohmae und Mr. Pineau).
Vizeadmiral Takeo Takagi in Saipan hatte von seinen Booten also nur noch 8 zur Verfügung.

Japanische U-Booteinsätze im Indischen Ozean

Im Indischen Ozean operierten einige der großen japanischen Boote von September bis Dezember erfolgreich. Hier standen sie in einer Abnutzungsschlacht. I 27 unter KKpt. Fukumura torpedierte am 7. 9. 1943 mit einem Viererfächer die »Lyman Stewart«, doch jener Torpedo, der traf, war ein Blindgänger. Am 10. 9. griff I 27 die »Larchbank«, 5151 BRT, an, die nach dem Treffer sank.
Von I 10 wurden zwei Schiffe mit rund 13.537 BRT versenkt. Im Oktober setzte dieses Boot seine Versenkungsserie fort. Der Norweger »Storviken« ging am 1. 10. unter. Der 9057 BRT große norwegische Motortanker »Anna Knudsen« folgte am 5. 10., und am 24. 10. war es die »Congella«, 4533 BRT, die nach dem Torpedotreffer sank. Damit hatte I 10 fünf Schiffe versenkt.
I 37 unter KKpt. Otani, das im Oktober und November mit seinem Bordflugzeug Aufklärung betrieb, kam am 23. 10. auf einen Dampfer zum Schuß und versenkte ihn. Am 27. 11. versenkte es den großen Motortanker »Scotia«, 9972 BRT.
Noch erfolgreicher war I 27 unter Kptlt. Fukumura, das im Golf von Aden operierte und vier Schiffe mit 23.906 BRT versenkte und die »Fort Camosun«, 7126 BRT, torpedierte.
Das aus Frankreich kommende I 8 kehrte am 28. 11. nach Singapore

zurück. I 34, das zu einer Transportfahrt nach Frankreich aus Penang auslief, wurde am 12. 11. vom britischen U-Boot »Taurus« vor Penang versenkt.
I 26, RO 110 und RO 111 versenkten im Golf von Bengalen im Dezember je ein Schiff. I 29 lief zu einer Transportfahrt nach Frankreich aus, um wichtige Rohstoffe für die deutsche Kriegsrüstung abzuliefern. Das Boot traf am 11. 3. 1944 in Lorient ein.
Im Januar und Februar waren wieder I 27 und I 37 neben einigen anderen Booten in diesem Seeraum erfolgreich. RO 110 wurde im Golf von Bengalen am 11. 2. 1944 durch die Sicherung des Konvois JC 36 versenkt. Das Boot hatte am 14. 12. ein Schiff versenkt und aus dem genannten Konvoi, an dem es verlorenging, die »Asphalion« torpediert, die eingeschleppt werden konnte. I 37 unter Kptlt. Nakagawa versenkte 3 Schiffe von insgesamt 19.312 BRT. Am 4. 3. 1944 klärte das Bordflugzeug dieses Bootes den Hafen von Diego Suarez, Madagaskar, auf, und am 14. 3. stand es vor Kilindini.
Auch im März war eine Reihe Boote erfolgreich. I 26 kam auf drei Erfolge mit 23.591 BRT. I 162 und I 165 versenkten je ein Schiff, I 8 am 26. und 30. 3. je einen Dampfer mit zusammen 12.376 BRT.
Im April konnte nur I 8, das noch im Einsatzraum stand, einen Lastensegler mit Artillerie vor dem Addu-Atoll versenken.
Damit waren alle U-Boote wieder eingelaufen, und der Mai verlief in diesem Seeraum ohne Kampfhandlungen. Ende Juni kam I 8, zu neuer Feindfahrt ausgelaufen, zum Versenkungserfolg und wiederholte diesen Erfolg am 2. 7.
I 52 war inzwischen auf dem Weg nach Europa durch den Indischen Ozean gelaufen. I 166 hatte Ende Mai Agenten auf Ceylon gelandet, und I 165 hatte im Juni vergeblich vor der Südküste Australiens auf Lauerstellung gelegen.
Am 17. 7. Iief I 166 wieder aus Penang aus und wurde wenig später vom britischen U-Boot »Telemachus«, Cdr. King, vernichtet. Am 14. 7. war auch I 29, aus Frankreich kommend, in Penang eingelaufen. Dieses Boot wurde beim Weitermarsch nach Singapore am 26. 7. durch das U-Boot »Sawfish«, LtCdr. Bannister, versenkt.
Im August kam kein einziges japanisches U-Boot zum Erfolg im Indischen Ozean.

DAS SECHSTE KRIEGSJAHR

Die Lage der deutschen U-Bootwaffe

Nach Räumung der Biskayahäfen im August und September 1944 war die Lage der deutschen Atlantikboote wieder auf jenen Stand zurückgefallen, den sie vier Jahre zuvor eingenommen hatte; mit dem Unterschied, daß nun einige norwegische Häfen zur Verfügung standen.
Es kam im sechsten Kriegsjahr darauf an, die U-Boote wieder - wie im Winter 1939/1940- vor der englischen Küste einzusetzen, mit der Freigabe der Operationsräume so tief in die Weite des Atlantik hinein, wie der jeweils am Feind stehende Kommandant dies für notwendig hielt.
Was den Stand des Baues der neuen U-Boottypen angeht, so hatte man neben einigen Kleinkampfmitteln auch einige Typen Kleinst-U-Boote entwickelt. Jene Boote aber, die das Idealbild des »totalen U-Bootes« gewesen wären, waren noch nicht fertiggestellt. Anläßlich der Besprechung des ObdM in der »Wolfsschanze« am 16. 10. 1944 kam dieses Problem abermals zur Sprache. Und zwar im Vortrag des ObdM beim Führer unter vier Augen. Hier gab Großadmiral Dönitz seiner Hoffnung Ausdruck, daß im Januar 1945 die ersten Elektroboote des Typs XXIII und im Februar 40 Boote des Typs XXI zum Einsatz gelangen würden. Er wies aber auch auf die Gefahr hin, die der U-Bootwaffe durch alliierte Luftangriffe drohte. Die Hauptgefahr sah der ObdM darin, daß Luftangriffe auf Häfen und Stützpunkte die U-Boote dezimieren würden, wenn sie keine bombensicheren Bunker erhielten.
Auf Hitlers Frage nach den »Seehunden« (einem der Zweimann-Kleinst-U-Boote) erklärte Dönitz, daß ihr Einsatz an der englischen Ostküste bei jenen Booten mit dem vergrößerten Fahrbereich voraussichtlich ab Dezember möglich sein werde.
Das Wiederanlaufen des U-Bootkrieges sei, so führte der ObdM auf einer späteren Besprechung im Dezember 1944 aus, weniger eine Frage der U-Boote als vielmehr eine solche der Werften. Der Gegner würde sich nach den ersten Erfolgen der neuen Boote mit aller Energie gegen die Bau- und Instandsetzungswerften, sodann gegen ihre Stützpunkte wenden.

Die deutschen Einmanntorpedos und Kleinst-U-Boote

Neben der Entwicklung und dem Bau neuer Tauchboote der Typen XXI, XXIII und XXVI, die als schnelle Unterwasserfahrzeuge konzipiert waren und das »totale U-Boot« verkörperten, das der BdU gefordert hatte, wurde

auch in Deutschland Konstruktion, Bau und Einsatz von Kleinst-U-Booten und Einmanntorpedos betrieben.
Die Forderung des Oberkommandos der Wehrmacht, die feindliche Invasionsarmee von ihrem Nachschub abzuschneiden, mußte mit dieser neuen Waffe erreicht werden können. Wegen der damals bereits totalen Luftherrschaft der Alliierten konnte dies nur durch einen Unterwasserangriff geschehen, und zwar durch kleine Kampfmittel, die schnell zum Einsatzort geschafft und ohne großen technischen Aufwand zu Wasser gelassen und zum Ansatz gebracht werden konnten.
Weitere Probleme galt es zu berücksichtigen: den Personalmangel auf den Werften und die rückläufige industrielle Kapazität sowie Mangel an Rohstoffen.
Aus alledem ergab sich, daß selbst Kleinst-U-Boote in ihrer Fertigung zu lange brauchen würden. So verfiel man auf einen »bemannten Torpedo«, denn Torpedos standen in großer Zahl zur Verfügung. Unter Generaladmiral Schniewindt wurde im Spätsommer 1943 ein Stab für Einsatzplanung und Aufstellung von Verbänden der Einmanntorpedo-Fahrer aufgestellt. Chef des Stabes und späterer Befehlshaber der deutschen Kleinkampfverbände wurde Vizeadmiral Heye.
Federführend für die Entwicklung der aus vorhandenen Torpedokomponenten bestehenden Einmanntorpedos war die Torpedoversuchsanstalt in Kiel-Eckernförde. Ihr Marine-Baurat Richard Mohr schlug vor, einfach zwei deutsche Standardtorpedos vom Typ G 7 e untereinanderzuhängen, wobei der Pilot im oberen Torpedo anstelle der Gefechtsladung saß. Das Gerät fuhr an der Oberfläche, der Fahrer saß unter einer Plastikkuppel, atmete über eine Maske und einen Kalipatronen-Luftaustauscher und konnte den unteren Torpedo abschießen, nachdem er über ein einfaches Kimme-Korn-Visier das Ziel eingepeilt hatte. Nach seinem geistigen Vater wurde dieses Gerät »Neger« genannt. Die großen Schwierigkeiten mit dieser primitiven, improvisierten Konstruktion führten schnell zu einer größeren, tauchfähigen Version, dem »Marder«. Insgesamt wurden etwa 200 »Neger« und 300 »Marder« gebaut und mit wechselnden Erfolgen eingesetzt.
Als Weiterentwicklung des »Marders« war der »Hai« vorgesehen. Dessen Trägertorpedo bestand aus zwei Mittelteilen gewöhnlicher Torpedos mit angesetztem Bug- und Schwanzstück. Die verdoppelte Batteriekapazität vergrößerte zwar die Geschwindigkeit und den Fahrbereich, doch zeigte sich der »Hai« wegen seiner übergroßen Länge wenig seetüchtig und manövrierbar; soweit bekannt wurde nur ein einziges Gerät gebaut.
Nach Aufstellung des Marine-Einsatzkommandos standen ab März 1944 die ersten 40 Freiwilligen zur Verfügung. Nach kurzer Übungszeit erfolgte in der Nacht zum 21. 4. 1944 der erste Einsatz im Raume des alliierten Landekopfes Anzio-Nettuno. Von den vorbereiteten Einmanntorpedos kamen nur 17 zum Einsatz. Sie erreichten die Reede und den Hafen von Anzio, fanden

dort aber keine lohnenden Ziele. Schüsse auf einige Bewacher blieben - trotz der zwei Erfolgsmeldungen - ohne einen vom Gegner anerkannten Erfolg. Drei der eingesetzten »Neger« gingen verloren.
Der nächste Einsatz der Einmanntorpedo-Fahrer fand in der Nacht des 5. 7. 1944 von Villers sur Mer in der Seinebucht aus statt. Wieder waren 30 Einmanntorpedos am Start. Kpt. z.S. Böhme, Führer des K-Verbandes, hatte nicht alle 40 vorhandenen »Neger« eingesetzt, weil er kurz nach dem ersten einen zweiten Angriff starten wollte.
Diesmal war die neue Waffe erfolgreicher. Der Matrosengefreite Berger und der Schreiber-Obergefreite Gerhold versenkten je einen Minensucher. Von den 30 »Negern« blieben 9 am Feind.
Drei Nächte später starteten 20 »Neger« zur nächsten Feindfahrt. Bei diesem Einsatz gelang es dem O.Fähnr. z.S. Karl-Heinz Potthast, den zur Invasionsflotte gehörenden polnischen 5000-t-Kreuzer »Dragon« so zu beschädigen, daß dieser auf Strand gesetzt und aufgegeben werden mußte.
In der Nacht des 30. Juli wurde ein dritter Angriff gestartet, bei dem der britische Zerstörer »Isis« versenkt wurde. In den Nächten zum 16. und 17. 8. wurden abermals Angriffe gefahren, doch nun hatte sich der Gegner auf dieses Kampfmittel eingestellt; die Verluste stiegen rapide an.
Parallel zu den Einsätzen der Einmanntorpedos trieb man die Entwicklung richtiger Kleinst-U-Boote hastig voran. Das erste Modell war der immer noch größtenteils aus U-Boot- und Torpedokomponenten aufgebaute »Molch«. Technisch befriedigte der mit zwei Torpedos bewaffnete »Molch« nicht übermäßig, trotzdem wurden 390 Stück gebaut und nach Italien, Holland und Norwegen verlegt. Außer in Holland kam es jedoch zu keinen Einsätzen mehr.
Bei dem vom U-Bootkonstruktionsbüro des OKM entwickelten Kleinst-U-Boot vom Typ XXVII »Hecht« handelte es sich um einen Minenträger nach dem Vorbild der britischen »Midgets«. Die deutschen Konstrukteure mußten große Schwierigkeiten bei der Entwicklung eines speziellen Kleinst-Kreiselkompasses und bei der Anpassung der Mine an die Erfordernisse des vorgesehenen Einsatzes überwinden. Ehe das Boot tatsächlich fertig war, wurde bereits auf den Fronteinsatz verzichtet. Die gebauten 53 Boote wurden zu Übungs- und Ausbildungszwecken verwendet, die gewonnenen Erkenntnisse später beim »Seehund« verwendet.
Nach einer Idee von KKpt. Bartels bauten die Lübecker Flenderwerke innerhalb eines Monats den ersten »Biber«, ein mit zwei Torpedos ausgerüstetes Ein-Mann-U-Boot, das über Wasser mit einem Opel-Blitz-LKW-Motor und unter Wasser batteriegetrieben fuhr. Das Boot hatte einen Fahrbereich von 100 sm und konnte mit Kalipatronenatmung 20 Stunden unter Wasser gefahren werden.
Insgesamt wurden 324 »Biber« gebaut, Pläne wie der Einsatz gegen die alliierte Ärmelkanalpipeline, den sowjetischen Eismeerhafen Murmansk oder

den Lufttransport zum Suezkanal konnten aber nicht mehr erfolgreich abgeschlossen werden. Die vergrößerten Zwei-Mann-Boote »Biber II« und »Biber III« existierten bei Kriegsende nur auf dem Reißbrett.
Objektiv betrachtet, entsprachen alle bisher behandelten deutschen Kleinst-U-Boote noch keineswegs den Mindestanforderungen. Die technische Vollendung stellten die letzten noch im Krieg in Großserie, nach einem Entwurf von Marine-Baudirektor Fischer, gebauten Boote des Typs XXXII »Seehund« dar. Es handelte sich um Zwei-Mann-Boote mit allen technischen Einrichtungen größerer Boote. Es war außerdem das erste Gerät, mit dem die Besatzung auch etwas längere Einsätze durchhalten konnte. Dieser Bootstyp, von dem insgesamt 285 Stück gebaut wurden, hätte den Alliierten sehr gefährlich werden können. Die ersten Boote liefen aber erst im Januar 1945 von Yjmuiden gegen die Themsemündung aus. Immerhin mußten die Alliierten 500 Fahrzeuge und über 1500 Flugzeuge einsetzen, um die täglich im Operationsgebiet stehenden 3 bis 5 »Seehunde« zu jagen. Bei dieser riesigen Meute ist es nicht verwunderlich, daß diese Boote kaum zum Schuß kamen.

Einsätze der Kleinst-U-Boote

Die K-Flottille 411, in der 60 Boote des Typs »Molch« zusammengefaßt waren, wurde im September 1944 nach Italien verlegt und kam zu einigen kleineren Einsätzen, bei denen keine zählbaren Erfolge verzeichnet waren.
Die K-Flottille 412 hingegen wurde ab Dezember 1944 vor der niederländischen Küste gegen den dort laufenden alliierten Schiffsverkehr eingesetzt. Von den in der Nacht zum 22. 2. 1945 eingesetzten 12 Booten gingen acht verloren. Der Vorstoß in der Nacht zum 13. 3. sah 16 Boote im Einsatz, von denen 14 nicht zurückkehrten. Es gab keinen zählbaren Erfolg.
Die K-Flottille 216, die mit »Bibern« ausgerüstet war, startete mit18 dieser Fahrzeuge zum ersten Mal in der Nacht zum 30. 8. 1944 aus dem Stützpunkt Fécamp. Zwei dieser Boote griffen feindliche Schiffe an. Ein Landungsboot und ein Transporter fielen den Torpedos dieser beiden »Biber« zum Opfer. Keines der Kleinst-U-Boote ging verloren. Als Fécamp am 31. 8. aufgegeben werden mußte, wurden alle »Biber« gesprengt.
Von Hellevoetsluis aus, und ab Januar aus dem Lekhafen in Rotterdam, fuhren die Boote der zweiten »Biber«-Flottille bis zum Februar 1945 zur Scheldemündung, um den dort laufenden Nachschubverkehr zu bekämpfen. Es waren insgesamt etwa 110 »Biber«, die in diesen drei Monaten zum Einsatz gelangten.
Inzwischen war auch der »Seehund« fertig geworden.
Vom ersten Einsatz, der am Silvesterabend 1944 von Yjmuiden aus begann, kehrten von den 18 Kleinst-U-Booten nur 2 zurück. Die Boote waren im schweren Sturm gesunken. Von den 10 Booten, die zum zweiten Einsatz

ausliefen, konnten alle die Basis wieder erreichen. Lt. Wolter und Lt. Minetzki versenkten vor Great Yarmouth in der Nacht des 3. 2. 1945 einen Dampfer von 3000 BRT.
Von diesem Zeitpunkt an liefen etwa 40 »Seehunde«, geführt von FKpt. Brandi, zu ihren Feindfahrten bis zum letzten Kriegstag aus. Viele Kommandanten brachten es auf zwei, eine Reihe auf drei und einige wenige auf vier und fünf Fahrten, die in die Straße von Dover bis zur englischen Küste führten. Von Februar bis April 1945 wurde von ihnen eine Reihe Schiffe versenkt, von denen 9 mit 18.451 BRT bestätigt wurden. Von den torpedierten Schiffen wurden von der Feindseite 3 mit 18.384 BRT bestätigt.
Im April starteten »Seehunde« erstmals zu einem Sondereinsatz nach Dünkirchen. Sie brachten statt der Gefechtstorpedos die »Butteraale« (Lebensmittelcontainer) nach Dünkirchen, um die Verpflegung der eingeschlossenen Festung sicherzustellen. Auf dem Rückweg nahmen sie in den hohlen Aalen Briefe der Eingeschlossenen nach Deutschland mit.
Die letzten drei »Seehunde«, die Dünkirchen erreichten, wurden dort von der Kapitulation überrascht. Sie versenkten sich im Hafen selbst, wurden aber von französischen Pionieren gehoben und stehen heute im Pariser Museum für Meereskunde.

Der U-Booteinsatz im Atlantik und vor England bis zum bitteren Ende

Der September 1944 sah einige wenige U-Boote im Einsatz vor der englischen Küste. Hier war es U 482 unter Kptlt. Graf Matuschka, das im Nordkanal von Irland eine Versenkungsserie erzielte. Am 1., 3. und 8. 9. griff er eine Reihe Schiffe an. Die Korvette »Hurst Castle« fiel einem T-5-Torpedo des Bootes am Morgen des 1. 9. zum Opfer. Es folgte am 3. 9. die »Fjordheim« (4115 BRT). Am 8. 9. gegen 05.00 Uhr schoß Graf Matuschka aus dem Konvoi HX 305 mit einem Fächerschuß den kleinen Dampfer »Pinto« heraus und traf den Riesentanker »Empire Heritage«, 15.702 BRT, schwer. Mit einem Fangschuß wurde dieser Tanker, der inzwischen in Brand geraten war, versenkt, bevor er abgeschleppt werden konnte.
Der Führer der U-Boote West, Kpt. z.S. Rösing, der aus Brest nach Berlin verlegt hatte, zog mit seinem Stab Anfang Oktober 1944 nach Bergen in Norwegen, um von hier aus den Atlantikeinsatz der U-Boote zu führen. In der 11. U-Flottille Bergen und in der 13. U-Flottille Drontheim waren jene Boote zusammengefaßt worden, die aus den Biskayahäfen ausgelaufen waren. U 1227 unter Oblt. z.S. Altmeier, das den Zerstörer »Chebogue« torpedierte, der aber nach Talbot eingeschleppt werden konnte, und U 1223 unter Oblt. z.S. Kneip, das einen weiteren Zerstörer torpedierte, kamen allein zum Schuß.
Nach britischen Angaben hatte vor Halifax, Neuschottland, U 1232 unter

Kpt. z.S. Dobratz aus zwei Geleitzugen 4 Schiffe mit 23.331 BRT vernichtet und ein weiteres Schiff torpediert.
Von den in den Nordatlantik ausgelaufenen Schnorchelbooten wurde am 16. 10. U 1006 unter Oblt. z.S. Voigt durch drei Fregatten der 6th Support Group mit Wabos zum Auftauchen gezwungen und dann mit Artilleriefeuer und Torpedobeschuß versenkt. U 246 wurde beim Auslaufen so schwer beschädigt, daß das Boot am 26. 10. umkehren mußte.
Von den in See stehenden Booten kam U 300 unter Oblt. z.S. Hein am Morgen des 10. 11. am Konvoi UR 142 zum Schuß. Sein Viererfächer ließ drei Dampfer sinken, darunter den 6017 BRT großen Tanker »Shirwan«.
Bereits am 1. 11. hatte U 483 im Nordkanal nach mehreren Fehlschüssen den Zerstörer »Whitaker« torpediert. U 978, das am 19., 21. und 23. 11. zum Schuß kam, versenkte ein Libertyschiff mit 7176 BRT und torpedierte ein zweites, die »Empire Cutlass«, mit 7177 BRT.
Die als Wetterboote aufgestellten U 245, U 262 und U 518 wurden im Oktober von U 546, U 170 abgelöst. Diese beiden Boote waren erfolglos von Feindfahrten zurückgekehrt. Die kanadische Korvette »Shawinigan« wurde am 25. 11. von U 1228 versenkt.
Der Dezember sah wieder einige kleinere U-Bootrudel im Atlantik im Einsatz. Das nördlich Schottland operierende U 775 unter Oblt. z.S. Taschenmacher versenkte am 6. 12. den Geleitzerstörer »Bullen« mit einem »Zaunkönig«. Im Bristolkanal gelang es U 1202 unter Kptlt. Thomsen, ein Libertyschiff zu versenken, als er einen Viererfächer auf einen Konvoi schoß. U 486 unter Oblt. z.S. Meyer kam am 18. 12. zum Schuß. Die »Silverlaurel«, 6142 BRT, sank. Am 21. 12. griff er einen Zerstörer an, und am frühen Nachmittag des 24. 12. torpedierte er den Truppentransporter »Leopoldville«. Dieser 11.509 BRT große belgische Dampfer sank. 819 britische Soldaten fanden dabei den Tod. Am 26. 12. gelang es U 486, einen Konvoi zu erreichen. Aus dem EG 1 versenkte es den Zerstörer »Capel« der 1th Support Group und torpedierte einen weiteren Zerstörer. Die »Affleck« konnte jedoch eingeschleppt werden.
U 870 unter KKpt. Hechler, das sich auf dem Marsch in den Seeraum Gibraltar befand, vernichtete aus einem Konvoi am 20. 12. LST 359 und torpedierte den Zerstörer »Fogg«.
Hechler selbst gab zwei Treffer auf LST 350 und LST 369 an. Es sank jedoch nur LST 369. »Fogg« wurde durch T-5 getroffen. Insgesamt wurden im Dezember 8 Schiffe versenkt, drei weitere torpediert und fünf Zerstörer torpediert oder versenkt.
Die Erfolge steigerten sich im Januar auf 10 versenkte und 8 torpedierte Schiffe. U 482 torpedierte einen Geleitträger und U 1172 einen Zerstörer.
Im Februar 1945 fielen 14 Schiffe, darunter einige kleine Kriegsschiffseinheiten, den Torpedos der deutschen U-Boote zum Opfer, darunter die Korvette »Vervain«.

Der März sah eine Reihe deutscher U-Boote im Einsatz in den Gewässern um England und im Atlantik. Von ihnen wurden 13 Schiffe versenkt und 2 torpediert. U 714 wurde nach zwei eigenen Erfolgen von der Fregatte »Natal« am 14. 3. 1945 versenkt.
Am 21. 3. kollidierte U 1003, unter Wasser laufend, mit der Fregatte »New Glasgow«. Die Überlebenden dieses Bootes, das sich anschließend selbst versenkte, wurden von der Fregatte »Thetford Mines« aufgenommen. U 965 und U 722 fielen am, 27. 3. der 21th Escort Group zum Opfer. Am 30. 3. gelang es dieser Gruppe auch noch, U 1021 zu versenken. Damit waren die Märzoperationen beendet.
Am 1. 4. 1945 stand U 1202 unter Kptlt. Thomsen südwestlich von Irland und operierte bis in den Kanal hinein. Es griff zwei Korvetten eines Geleitzuges an und einen 7000-Tonnen-Dampfer, aber ohne Erfolg. Als erstes Elektroboot des Typs XXIII gelang es U 2321, die »Gasray«, 1406 BRT, vor St. Abbs zu versenken.
Als U 1195 am 6. 4. 1945 den Konvoi VWP 16 angriff, feuerte das Boot einen Zweierfächer auf den Dampfer »Cuba« ab. Der 11.420 BRT große Dampfer sank, und U 1195 wurde vom Geleitzerstörer »Watchman« mit Wabos versenkt. Die 3. Support Group vernichtete mit ihrem Führerboot, Zerstörer »Duckworth«, die Boote U 399 und U 246, nachdem es U 246 noch gelang, aus dem Konvoi BTC 111 die Fregatte »Teme« zu versenken.
Die Einsätze der U-Boote von Mitte April bis zum 5. 5. 1945 im Seeraum um England und im Atlantik sahen noch einmal ein letztes Aufbäumen der wenigen noch einsatzbereiten Boote. Von den neuen Booten war U 2324 unter Kptlt. von Rapprad am 16. 4. erfolgreich. U 2329 torpedierte den Norweger »Sverre Helmersen«, und U 2322 griff am 29. 9. einen Dampfer an.
Viele Boote gingen in diesen letzten vier Wochen noch verloren. Nach einer Tauchpanne beispielsweise mußte U 1206 aufgegeben werden, U 1274 wurde von einem Zerstörer mit Wabos versenkt, als es soeben den Motortanker »Athelduke« 8966 BRT, vernichtet hatte. Der Zerstörer »Viceroy« vernichtete dieses Boot am 16. 4. Vor der schottischen Ostküste ging U 398 aus ungeklärter Ursache verloren, und bereits auf ihrem Anmarschweg in das westlich von England liegende Operationsgebiet wurden U 396 und U 1017 durch Angriffe von Liberatorbombern getroffen. U 636 wurde von Geleitzerstörern der 4th Escort Group am 21. 4. versenkt. U 326 wurde vermißt, U 1063 von der Fregatte »Loch Killin« vernichtet und U 285 ein Opfer der Zerstörer der 5th Escort Group. U 1107 unter Kptlt. Parduhn, das am 18. 4. aus dem Konvoi HX 348 zwei große Schiffe mit zusammen 15.209 BRT versenkte, wurde am 25. 4. durch eine Liberator mit dem neuen Zielsuchtorpedo »Fido« versenkt. U 1055 fand am 30. 4. sein Ende bei Quessant.
Als eines der letzten Opfer fiel am 5. 5. 1945 U 853 unter Oblt. z.S. Frömsdorf nach zwei Erfolgen den Wasserbomben einiger Zerstörer zum Opfer.
Den letzten Erfolg in diesem Seeraum erzielte am 7. 5. 1945 U 2336 unter

Kptlt. Klusmeier, das zwei Dampfer versenkte. Damit war der Einsatz der deutschen U-Boote im Atlantik zu Ende gegangen.

Deutsche U-Boote im Indischen Ozean

Anfang September standen im Indischen Ozean nur U 859 und U 861 im Einsatz. Beide Boote erzielten je einen Versenkungserfolg, ehe sie Djakarta anliefen.

Die im Indischen Ozean operierenden deutschen U-Boote waren bis Mitte September 1944 zum Großteil in die neuen Stützpunkte eingelaufen. Zu Penang war Djakarta hinzugekommen. Von hier aus liefen ab 4. Oktober einzelne Boote mit wichtigen Rohstoffen in Richtung Norwegen. U 168, eines der ersten Boote, wurde am 6. 10. nördlich Java von dem niederländischen U-Boot »Zwaartfish« vernichtet. U 181, nach dem Vonbordgehen von KKpt. Lüth von KKpt. Freiwald geführt, lief am 16. 10. aus Djakarta aus. Am 2. 11. versenkte das Boot den US-Tanker »Fort Lee«, 10.198 BRT, auf 27.35 S/83.11 O. Als sich das Boot bereits südlich von Afrika befand, wurde ein Lagerschaden an der Schraubenwelle gemeldet, der nicht mit Bordmitteln behoben werden konnte. U 181 kehrte um und lief am 5. 1. 1945 wieder in Djakarta ein.

U 537 unter Kptlt. Schrewe stand im Einsatz östlich von Surabaja in der Javasee, als es von dem US-U-Boot »Flounder« durch Torpedoschuß versenkt wurde. Das am 11. 11. aus Djakarta auslaufende U 196, das nach dem Ausscheiden von Kptlt. Kentrat von Oblt. z.S. Spiegler geführt wurde, setzte noch einige Funksprüche ab. Seit dem 30. 11. aber wurde es vermißt. Es muß sich zu diesem Zeitpunkt in der Sundastraße befunden haben. Die Ursache seines Unterganges ist ungeklärt.

Das am 28. 11. ausgelaufene U 843 fuhr in Richtung Atlantik. An diesem von Kptlt. Herwartz geführten Boot versorgte das aus Frankreich kommende U 195 unter Oblt. z.S. Steinfeld; U 843 erreichte den Atlantik. Das Boot wurde am 9. 4. 1945 im Kattegat, östlich von Frederikshavn, kurz vor Erreichen des Zieles, durch britische Flugzeuge versenkt. Der Kommandant und 12 Mann der Besatzung wurden gerettet.

U 862, das am 18. 11. 1944 von Djakarta ausgelaufen und mit Südostkurs die Südflanke Australiens umrundet hatte, kam erst vor der Ostküste bei Sidney zum Schuß. Der Zweierfächer ließ ein 7180 BRT großes Libertyschiff sinken. Auf der Rückfahrt um Australien herum kam das Boot vor der Südwestküste bei Perth am 5. 2. zu einem weiteren Erfolg. Wieder wurde ein über 7000 BRT großes Libertyschiff versenkt. Am 15. 12. lief das Boot in Djakarta ein.

Die Rückfahrt der letzten deutschen Ostasienboote nach Europa begann am 6. 1. 1945. U 510 unter Kptlt. Eck war das erste Boot. Es versenkte am 23. 2. auf der Rückfahrt den 7136 BRT großen Dampfer »Point Pleasant Park«

und mußte wegen Brennstoffmangel am 24. 4. die Seefestung St. Nazaire anlaufen.
Als nächstes Boot war U 532 auslaufbereit. Am 13. 1. konnte FKpt. Junker den Befehl zum Ablegen geben. Am 10. März wurde im Atlantik der Frachter »Baron Jedburgh«, 3656 BRT, versenkt. Danach gelang es dem Boot am 28. 3., den US-Tanker »Oklahoma«, 9298 BRT, mit einem Zweierfächer zu vernichten. U 532 stand während der Kapitulation noch in See und lief am 10. 5. 1945 Liverpool an.
U 843 und U 861 kamen durch und trafen im April 1945 in Bergen ein. U 195 mußte wegen einer Panne umkehren, und das zuletzt ausgelaufene U 183 unter Kptlt. Schneewind wurde am 24. 4. 1945 in der Javasee durch das US-U-Boot »Besugo« vernichtet. Es entstand Totalverlust.
Es war diesen wenigen Booten, die zudem noch im Indischen Ozean immer wieder auf Feindverbände stießen, dennoch möglich, Rohgummi und Chinin, Opium und Molybdän, also jene Mangelrohstoffe, die man dringend benötigte, aus Ostasien nach Deutschland zu bringen.
Darüber hinaus waren die ersten Gruppen auch im Tonnagekampf überaus erfolgreich. Als jedoch der Gegner sich auf diese neue Gefahr eingestellt hatte, fielen ihm viele Boote im Indischen Ozean zum Opfer. Allein im August 1944 waren es acht.
Das letzte Boot, das von Kiel aus auf große Fahrt nach Ostasien ging, war U 234 unter Kptlt. Fehler. Dieses Boot des Typs X B, als großer Minenleger gebaut, legte am 23. 3. 1945 in Kiel ab. An Bord befand sich neben der Besatzung ein Teil des vom Tenno angeforderten Luftkriegsstabes und der Luftwaffenattaché unter GendFI. Kessler.
Im Fjord von Horten wäre das Boot beinahe bei einem Tauchversuch gesunken, als es von einem auslaufenden U-Boot gerammt wurde. Nach 14tägiger Reparatur eines gerissenen Treibstofftanks in Christiansand legte U 234 am 14. 4. 1945 abermals ab. Es sollte die ersten 30 Tage, bei Schnorchelfahrt getaucht, durch die Island- und Färöerstraße laufen.
Nach der Kapitulation Deutschlands nahm das Boot Kurs auf den Hafen von Portsmouth in New Hampshire, USA, und lief dort, von dem Geleit-Zerstörer »Sutton« geleitet, am 16. 5. 1945 ein.
U 181, U 195, U 219 und U 862 blieben in Japan zurück. Sie wurden unter der Bezeichnung I 501, I 502, I 506 und I 505 von den Japanern übernommen. U 181 und U 862 kapitulierten nach Kriegsschluß in Singapur, U 195 und U 219 in Djakarta.

Der Einsatz im Nordmeer

Mit Beginn des sechsten Kriegsjahres war das Nordmeer, das von den norwegischen Stützpunkten leicht zu erreichen war, zu einem der Hauptschauplätze der neuen Rudelansätze deutscher U-Boote geworden.

Am ersten Tag dieses sechsten Kriegsjahres schoß U 703 einige Torpedos auf den US-Küstenwachkutter »Northland« ab, der versuchte, das deutsche Wetterbeobachtungsschiff »Kehdingen« an der ostgrönländischen Küste zu stellen. Dieses Schiff hatte den Auftrag, Wissenschaftler an Land zu setzen, die eine Wetterstation einrichten sollten. Die abgeschossenen Torpedos detonierten jedoch im Eis.
Am selben Tag sichtete U 957 im Seeraum Belucha einen sowjetischen Geleitzug mit 5 Schiffen und gab die Sichtmeldung durch. Die westlich davon in Warteposition stehenden Boote U 278, U 362 und U 739 wurden nunmehr in diesen Raum geschickt.
Von diesen drei Booten wurde U 362 am 6. 9. durch das sowjetische Minensuchboot T 116 mit insgesamt sechs Waboserien angegriffen und vernichtet.
Noch vor diesen Ereignissen war am 28. und 29. 8. 1944 die Gruppe »Dachs« von Hammerfest aus in See gegangen. Sie bestand aus den Booten U 425, U 636 und U 995 sowie aus U 956, U 968 und U 992. Diese sechs Boote sollten in der Pecorasee ein Minenunternehmen durchführen.
In der Nacht zum 2. 9. legte U 425 mit 10 TMC-Minen die Sperre »Dorsch« im Westeingang der Pecorasee. Als das Boot einen Konvoi sichtete, griff es diesen mit einem Zweierfächer an. Die Torpedos gingen vorbei.
U 956 legte in der folgenden Nacht vor der Belucha-Bucht die Sperre »Butt«, und wiederum eine Nacht später legten U 992 und U 968 die Sperren »Sprotte« und »Lachs« nördlich der Kolguew-Inseln und vor Kap Kanin Nos.
Die Sperre »Hering« wurde in der Nacht des 5. 9. durch U 995 gelegt, und U 636 legte die Sperre »Forelle« im Ostausgang der Pecorabucht.
Am 9. 9. 1944 trafen sich befehlsgemäß U 739 und U 278 nördlich der Insel Belucha, um in den folgenden Tagen bis hin zum Nordensköld-Archipel aufzuklären.
Die am 7. 11. wieder aus Hammerfest ausgelaufenen Boote U 711 und U 957 sollten bis zum 16. 9. Belucha erreichen und dort ein drittes Boot für den weiteren Verbleib im Einsatzraum ausrüsten. Danach sollte Kptlt. Lange, Kdt. von U 711, mit diesen zwei anderen Booten weiter nach Osten vordringen.
Am 16. 9. erreichten U 711 und U 957 den vereinbarten Treffpunkt. Sie fanden und versorgten U 739. Die aus diesen drei Booten gebildete Gruppe »Greif« lief weiter nach Osten. U 957 sichtete einen Kleinkonvoi, kam aber infolge der Eisdrift nicht zum Schuß.
Um diese Zeit hatte U 315 unter Oblt. z.S. Zoller versucht, in den Kolafjord einzudringen und das Schlachtschiff »Archangelsk« (exbritisch »Royal Sovereign«, Leihgabe) anzugreifen. Das Boot kam aber nicht durch die Netzsperre. U 313 unter Kptlt. Schweiger versuchte dieses gleiche Husarenstück vom 28. bis 30. 9., ebenfalls ohne Erfolg.

Die gegen den Konvoi JW 60/RA 60 eingesetzte Gruppe »Grimm« mit den Booten U 278, U 312, U 425, U 737, U 921, U 956 und U 997 erfaßte den Konvoi am 23. 9.; doch der Konvoi lief am selben Tag in den Kolafjord ein. Beim Auslaufen in der Nacht zum 30. 9. umlief der RA 60 die deutsche Gruppe »Grimm« ebenso wie die neu ins Operationsgebiet eingedrungene Gruppe »Zorn«, in der sich 12 U-Boote befanden. Lediglich U 310 unter Oblt. z.S. Ley, das von dem Konvoi überlaufen wurde, kam zum Schuß und versenkte mit einem Viererfächer die »Edward H. Crockett« und die »Samsuva« mit 14.395 BRT. U 921, von der Gruppe »Grimm« unter Oblt. z.S. Werner, wurde durch eine Swordfish des Geleit-Trägers »Campania« versenkt.
Die Kämpfe in der westsibirischen See gestalteten sich Ende September dramatisch. Am frühen Morgen des 22. 9. bemerkte U 711 zwei Dieselgeleitboote, die aber mit Ostkurs im Nebel verschwanden. Gegen 10.30 Uhr sichtete U 739 den erwarteten Konvoi. U 957 und U 711 versuchten, mit AK Anschluß zu finden. Als U 957 in den ersten Minuten des 23. 9. von einem Geleitfahrzeug angegriffen wurde, schoß es seinen letzten »Zaunkönig« ab. Dieser traf den Minensucher SKR 29, der binnen zwei Minuten sank.
Am 24. 9. torpedierte U 739 unter Oblt. z.S. Mangold den Minensucher T 120 mit einem T-5. Zwei Stunden später wurde der Minensucher mit Fangschuß versenkt.
Auf der Rückfahrt unternahm U 957 ein Landungsunternehmen in die Bucht von Sterligowa hinein. U 711 und U 937 sicherten das Unternehmen zur See hin ab. In der Nacht zum 25. 9. ging eine Kampfgruppe an Land, die Station wurde überrumpelt und am 26. 9. zerstört. Alle drei Boote traten den Rückmarsch nach Hammerfest an, wo sie zwischen dem 1. und 3. 10. eintrafen. Der Oktober sah eine Reihe Angriffe gegen den JW 61, die jedoch keine zählbaren Erfolge brachten. Am 2. 11. gelang es U 295, den Geleitzerstörer »Mounsey« aus dem RA 61 zu versenken.
U 995 und U 363 griffen am 2. 12. einen sowjetischen Küstenkonvoi an, und U 363 versenkte daraus zwei Schiffe mit insgesamt 1556 BRT. Am nächsten Tag versenkte U 1163 unter Oblt. z.S. Balduhn den Kleindampfer »Revolujuija« mit 433 BRT.
Bis zum 31. 12. 1944 wurde nur ein kleiner Bewacher nördlich der Kildin-Insel von U 997 versenkt und der britische Zerstörer »Cassandra« am 11. 12. durch U 365 torpediert. Der sowjetische Dampfer »Tbilisi«, 7176 BRT, wurde am 30. 12. von U 956 torpediert. Er konnte jedoch nach Kildin eingeschleppt und auf Grund gesetzt werden.
Der Januar brachte einen Angriffsversuch mit deutschen Kleinst-U-Booten des Typs »Biber« gegen das Schlachtschiff »Archangelsk« im Kolafjord. An Bord von U 295, U 716 und U 739 wurden je zwei »Biber« zum Ausgangspunkt geschafft. Diese Operation mußte jedoch wegen technischer

Pannen an den Kleinst-U-Booten abgebrochen werden. Sie wurde nicht wiederholt.
Die vor der Kolaküste stehenden Boote U 293, U 295, U 636, U 956, U 968 und U 997 kamen infolge der dichten Luftüberwachung kaum zum Schuß. Lediglich U 997 unter Oblt. z.S. Lehmann versenkte mit einem T-5 den sowjetischen Zerstörer »Dejatelnyj«.
Aus einem anderen Kleingeleit konnte U 293 unter Oblt. z.S. Klingspor den Zerstörer »Razjarennyj« torpedieren, der von dem Minensucher T 117 eingeschleppt wurde.
Die Februar-Operation gegen den JW 64 verlief ohne Erfolg, lediglich U 992 unter Oblt. z.S. Falke konnte die Korvette »Denbigh Castle« torpedieren. U 711 versenkte am 14. 2. die 7200 t große »Horace Gray« aus dem russischen Konvoi BK 3. Diesen stark durch Zerstörer gesicherten Geleitzug griff auch U 968 an, dem der Tanker »Norfjellm«, 8129 BRT, zum Opfer fiel; drei weitere Schiffe, deren Schicksal ungewiß ist, wurden torpediert.
Am 17. 2. konnte Oblt. z.S. Westphalen mit U 968 aus dem RA 64 den US-Dampfer »Thomas Scott«, 7176 BRT, herausschießen, und am selben Tag versenkte U 711 die Korvette »Bluebell«. Die Sloop »Lark« wurde von U 968 torpediert. Sie wurde mit einem Treffer im Vorschiff in den Kolafjord eingeschleppt.
Der Kampf gegen den Konvoi JW 65, der von zwei Geleitträgern, einem Kreuzer und 19 Zerstörern, Fregatten und Korvetten geschützt wurde, gestaltete sich dramatisch, als dieser Konvoi am Morgen des 20. 3. im dichten Schneesturm die Linie der U-Bootgruppe »Hagen« passierte.
U 995 unter Oblt. z.S. Heß torpedierte den Dampfer »Horace Bushnell« und versenkte einen sowjetischen U-Jäger. Als der Konvoi gegen Mittag die zweite Linie passierte, kam U 716 unter Oblt. z.S. Timme zum Schuß und versenkte die Sloop »Lapwing«. U 968 griff die 7210 BRT große »Thomas Donaldson« an. Der Dampfer sank. U 711 und U 312 meldeten je einen Treffer auf einen bewaffneten Fischdampfer.
Von den Booten der Gruppe »Faust« griffen einige am 21. und 22. 4. den sowjetischen Küstengeleitzug PK 9, Petsamo-Kola, an. U 481 versenkte am 19. 4. einen Fischdampfer und schoß am 22. 4. auf zwei sowjetische Zerstörer, die jedoch nicht getroffen wurden. U 997 unter Oblt. z.S. Lehmann schoß ebenfalls auf einen Zerstörer und einen Bewacher und griff am selben Tage zwei Dampfer des PK 9 an. Die »Idefjord« wurde torpediert, die »Onega« versenkt.
U 711 versuchte einen Zerstörer zu vernichten, der Torpedo detonierte aber bereits vor dem Gegner. Am 29. 4. schoß U 968 zwei Torpedos auf Geleitfahrzeuge ab, von denen der britische Zerstörer »Goodall« sank.
Die Boote U 313, U 318, U 363, U 427, U 480, U 711, U 737, U 968, U 992 und U 997 wurden durch starke alliierte Geleitsicherungsgruppen, denen

sich sowjetische Jagdgruppen zugesellten, am 28. und 29. 4. abgedrängt. In den Duellen wurden am 29. 4. U 307 unter Oblt. z.S. Krüger und U 286 unter Oblt. z.S. Dietrich durch Fregatten der 19th Escort Group versenkt. U 427 wurde nach seinen Schüssen auf Geleitzerstörer von einem halben Dutzend Gegner gejagt. 678 Wasserbombendetonationen wurden im Boot registriert. Dies war die größte Zahl Wasserbomben, die je auf ein deutsches U-Boot geworfen wurden. Das Boot entkam ebenso wie U 313, das von sowjetischen U-Jägern mit Wabos belegt wurde.
Am 4. 5. 1945 versenkte U 711 als letztes Boot im Nordmeer das britische Depotschiff »Black Watch« und einen Tanker.

Die Boote und wo sie blieben

In der Nacht zum 5. 5. 1945 versenkten sich bei Bekanntwerden der unmittelbar bevorstehenden Kapitulation entsprechend dem Stichwort »Regenbogen« in der inneren Flensburger Förde die Boote U 29, U 30, U 46,U 267, U 290, U 351, U 397, U 717, U 750, U 827, U 1025, U 1132, U 1161, U 1168, U 1234, U 1304, U 1306, U 2333, U 2352, U 2551, U 3033, U 3524, U 3526, U 3529, U 4701, U 4702, U 4703 und U 4705.
In der Geltinger Bucht gingen unter: U 349, U 370, U 721, U 794 (Walter-Boot), U 999, U 1056, U 1101, U 1162, U 1204, U 1207, U 1303, U 2339, U 2343, U 2346, U 2347, U 2349, U 2357, U 2358, U 2360, U 2362, U 2364, U 2366, U 2368, U 2369, U 2507, U 2517, U 2522, U 2525, U 2541, U 3015, U 3022, U 3034, U 3044, U 3510, U 4707 und U 4710.
In Cuxhafen wurden die Walter-U-Boote U 1406 und U 1407, in Eckernförde U 1405 versenkt.
In Bremerhaven, Wilhelmshaven, Vegesack, Nordenham, Lübeck und Warnemünde hatten sich zwei Tage zuvor insgesamt 39 U-Boote selbst versenkt. Hinzu kamen 79 U-Boote, die in der Lübecker Bucht, in der Kieler Förde, in Eckernförde, im Nord-Ostsee-Kanal und vor Bornholm sanken.
Der letzte U-Booterfolg vor Nordamerika wurde in der Nacht zum 6. 5. 1945 errungen, als U 835 unter Oblt. z.S. Frömsdorf vor Block Island den Dampfer »Black Point«, 5353 BRT, versenkte.
Am 9. Mai 1945 wandte sich Großadmiral Dönitz mit seinem letzten Tagesbefehl an alle in See stehenden Boote:
»9. Mai 1945, 0140-2026/8/k2 O an alle Boote:
U-Bootmänner!
Nach einem heroischen Kampf ohnegleichen habt ihr die Waffen niedergelegt. Das höchste Opfer müßt ihr jetzt eurem Vaterland bringen, indem ihr bedingungslos folgende Weisungen durchführt. Zahlreiche Opfer werden dadurch in der Heimat vermieden. Der mit FT 341/314/316/319 auf Küste erteilte Befehl zum Rückmarsch nach Norwegen ist aufgehoben.

Euer Großadmiral.«

Was folgte, war die Weisung, daß alle U-Boote von nun an direkt zum nächsten US- oder englischen Hafen zu laufen und sich zu ergeben hätten.
Als Antwort ging von U 1023 unter Kptlt. Schröteler folgender FT-Spruch beim ObdM ein:
»0125/10 ad 77. An Großadmiral:
Auf letzter 46tägiger Schnorchelunternehmung aus Geleiten versenkt: 1 Dampfer 8000 BRT und 1 Zerstörer. Ferner ein Großfrachter 10.000 BRT torpediert. Drei Wendefehl, verschossen. Voller Glauben und im festen Vertrauen auf Sie, Herr Großadmiral, führen wir nun den schwersten Befehl aus.
Schröteler, U 1023.«

Von den 43 Booten, die zum Zeitpunkt der Kapitulation in See standen, liefen 23 englische, 3 amerikanische, 4 kanadische Häfen an, 7 fuhren nach Kiel oder Norwegen. Eines strandete bei Amrum, ein weiteres lief in der Elbe auf eine Mine, zwei weitere strandeten und vernichteten sich vor der portugiesischen Küste, zwei fuhren nach Argentinien.
Die auf dem Marsch vom Westfjord nach Drontheim befindlichen Nordmeer-Boote wurden von der 9. Escort Group angehalten und am 19. 5. 1945 nach Loch Eriboll geschafft. Es waren dies: U 278, U 294, U 295, U 312, U 313, U 318, U 363, U 427, U 481, U 668, U 968, U 997, U 1165. Das letzte Boot, U 716, folgte später nach.
Alle Boote wurden im Rahmen der Operation »Deadlight« versenkt.
Die noch in den norwegischen Häfen liegenden U-Boote liefen Zug um Zug ebenfalls nach den britischen Sammelplätzen aus. So am 29. 5. aus Drontheim 10 Boote. Aus Bergen am 29. 5. ebenfalls 4 Boote, am 30. 5. noch einmal 24 Boote (darunter das niederländische UD 5) und am 31. 5. U 778 als letztes Boot.
Aus Stavanger legten am 29. 5. drei Boote und am 31. 5. sechs weitere Boote ab. Christiansand-Süd sah am 29. 5. die Abfahrt von 16 Booten.
Von Horten legten am 29. 5. neun Boote ab.
Von diesen Booten wurden sieben sowjetische, eines amerikanische, sechs britische und zwei französische Kriegsbeute. Alle übrigen U-Boote wurden vom 25. 11. 1945 bis zum 7. 1. 1946 westlich der Hebriden in der Operation »Deadlight« von britischen Seestreitkräften versenkt.
In Norwegen blieben zunächst vier Boote zurück, die später Norwegen als Beute zugesprochen wurden. Fünf weitere Boote, die in Norwegen zurückgeblieben waren, wurden verschrottet.
Als letzte wurden vom 21. bis 30. 6. 1945 von Wilhelmshaven alle noch fahrbereiten deutschen U-Boote nach England überführt.
Allein U 3008, das nachträglich noch von den USA als Kriegsbeute reklamiert wurde, entging seiner Vernichtung im Rahmen der Operation »Deadlight«.

Das Fazit des U-Bootkrieges

Im September 1939 hatte die deutsche U-Bootwaffe 57 Boote zur Verfügung, 1099 Neubauten kamen hinzu, vier Neubauten ausländischer Werften und 10 erbeutete U-Boote erhöhten die Zahl der in Dienst gestellten U-Boote auf 1170. Von diesen kamen 863 Boote zum Fronteinsatz.
Von diesen wiederum blieben 630 Boote in See. Davon 603 durch Feindeinwirkung, 20 aus bisher ungeklärter Ursache und 7 durch Unfälle. In den Stützpunkten und im Heimatgebiet gingen 81 Boote durch Bombenangriffe und Minen verloren, 42 Boote sanken durch Unfälle.
Während des Krieges wurden 38 Boote außer Dienst gestellt und 11 an fremde Marinen abgegeben oder in fremden Häfen interniert.
Bei Kriegsende versenkten oder sprengten die Besatzungen nach dem Stichwort »Regenbogen« 215 U-Boote in den Stützpunkten.
Während der Operation »Deadlight« wurden 153 U-Boote in britische und alliierte Häfen überführt.
Die 863 deutschen U-Boote, die zum Einsatz kamen, hatten 148 Kriegsschiffe vernichtet und 45 Kriegsschiffe torpediert. Sie versenkten insgesamt 2779 Handelsschiffe mit 14,119.413 BRT. Die Zahl der torpedierten Schiffe ist nicht mehr zu eruieren.
Von den 39.000 U-Bootfahrern sind nach den offiziellen Feststellungen 27.082 gefallen.

ENGLANDS U-BOOTE
IM SECHSTEN KRIEGSJAHR

Der Kampf im Mittelmeer

Im Mittelmeer ging im sechsten Kriegsjahr der Einsatz in seinem östlichen Teil zu Ende. Im September und Oktober versenkten britische U-Boote jeweils zwei Schiffe mit insgesamt 8399 BRT. Das französische U-Boot »Curie« unter Lt. Chailley und das britische Boot »Unswerving« unter Lt. Tattersall versenkten aus einem kleinen Konvoi bei Saloniki/Piräus je einen Dampfer. »Virtue« zerstörte sechs kleine Fahrzeuge mit seiner Artillerie. »Vampire« torpedierte den Dampfer »Peter«, 3754 BRT, der sofort sank, »Vigorous« vernichtete den Dampfer »Salomea«, 751 BRT, zwei Segler und die Fähre SF 121, »Vox« vernichtete einen Segler.
Von ihrem ersten Einsatz am 10. 6. 1940, dem Kriegseintritt Italiens, bis zum 31. 12. 1944 hatten die britischen und die unter britischer Führung stehenden alliierten U-Boote im Mittelmeer 286 Schiffe mit 1,039.960 BRT versenkt (ausschließlich kleinere Schiffe unter 500 BRT) einschließlich der auf von britischen U-Booten gelegten Minen verlorengegangenen Schiffe.
An feindlichen Kriegsschiffen wurden versenkt: Vier Kreuzer, einschließlich des Kreuzers »Ulpio Traiano«, der in Palermo durch »Chariots« (Zwei-Mann-Torpedos) am 3. 1. 1943 versenkt wurde, 9 Zerstörer, 8 Torpedoboote und eine Korvette.
Die größten Erfolge aber waren die Versenkung von 16 italienischen und 5 deutschen U-Booten.
Der Preis, der dafür von den drei britischen U-Bootflottillen des Mittelmeeres bezahlt wurde, war enorm hoch. Es gingen 45 britische, 4 griechische, 2 französische und 1 italienisches U-Boot unter britischer Flagge im Mittelmeer verloren.

Die Home-Fleet-U-Boote im Einsatz

Ende Juli 1944 gab die Royal Navy vier ihrer U-Boote an die UdSSR ab. Damit sollten die Russen für die entgangene Beute an italienischen Schiffen entschädigt werden. Diese vier Boote waren »Unbroken«, »Ursula«, »Unison« und »Sunfish«. Auf der Überführungsfahrt nach Rußland wurde »Sunfish«, das nun »B 1« hieß, von einer Liberator des Coastal Command am 27. 7. 1944 durch Bombenwürfe versenkt.
Unter russischer Mannschaft und Kommandanten fuhren die drei übriggebliebenen Boote in den Abwehrkräften der sowjetischen Nordflotte auf den Flanken der Nordmeerkonvois mit.

Die ersten Einheiten der Royal Navy, die den Seekrieg im Küstenverkehr gegen die Deutschen wieder aufnahmen, waren die U-Boote, die bereits im August 1944 ihre Patrouillenfahrten zur norwegischen Küste und in die Nordsee hinein begannen, nachdem die Tage kürzer wurden.
Im September absolvierten diese Boote einen erfolgreichen Einsatz. Die »Venturer« und die »Sceptre« griffen gesicherte deutsche Geleitzüge an. Hinzu kam das französische Minen-U-Boot »Rubis«, das seine Minen im September und Oktober so gut plazierte, daß darauf zwei Schiffe, darunter der Dampfer »Weichselland« (3654 BRT), R 402, ferner UJ 1113 und UJ 1116 sanken.
Die »Rubis« unter KKpt. Rousselot war damit das erfolgreichste alliierte Minen-U-Boot. Auf seinen Sperren waren im Verlaufe des Krieges 15 Schiffe mit 26.000 BRT und 8 kleine Kriegsschiffe gesunken.
Der bedeutendste Einsatz aber war jener der »Sceptre«, die von den Shetlands auslief und das Kleinst-U-Boot X 24 unter Lt. H. P. Westmacott im Schlepp hatte. Ihr Ziel war der Hafen von Bergen. Dort machte X 24 am Abend des 10. 9. 1944 die Schlepptrosse los und fuhr unter Wasser in den Hafen Bergen ein. In den frühen Morgenstunden des nächsten Tages befand sich X 24 im Innenhafen. Lt. Westmacott manövrierte sein Boot unter das große - bereits einmal angegriffene und beschädigte - Schwimmdock, legte die beiden Sprengladungen unter dem Schwimmdock ab und lief unter Wasser zur »Sceptre« zurück.
Die beiden Sprengladungen detonierten und beschädigten das Schwimmdock so schwer, daß es nicht mehr repariert werden konnte. Am 13. 9. 1944 abends erreichten beide Boote wohlbehalten ihren alten Liegeplatz in den Shetlands.
Am 14. 10. gelang es der »Viking« auf ihrer Winterpatrouille, aus einem Konvoi vor Bodö ein Schiff mit 1300 BRT zu versenken. Eine Woche später griff die »Sceptre« bei Nacht einen großen Konvoi an und torpedierte zwei Schiffe. Von deutscher Seite wurde ein Geleitfahrzeug als getroffen gemeldet.
Die »Venturer« erzielte am 11. 11. einen großen Erfolg. Sie sichtete, vor den Lofoten stehend, einen U-Bootturm, und in einem schnellen, geschickten Angriff schoß sie einen Torpedo ab, der U 771 vernichtend traf, das nach einem Einsatz gegen einen Nordmeerkonvoi nach Narvik einlaufen sollte.
Im Januar standen einige U-Boote vor der norwegischen Küste. Von ihnen versenkte »Utsira« vor Drontheim am 16. 1. das Vorpostenboot 6408. »Venturer«, wieder auf Feindfahrt, sichtete vor Stavanger den Dampfer »Stockholm«, 618 BRT, der nach einem Torpedotreffer sank. Am 9. 2. griff die »Venturer« U 864 an. Westlich von Bergen ging dieses deutsche U-Boot mit der gesamten Besatzung verloren.
Im März und April liefen wieder einige U-Boote der Home Fleet zu Einsät-

zen vor der norwegischen Küste aus. Abermals war »Venturer« unter Lt. Launders dabei. Vor Namsos versenkte es am 19. 3. den Dampfer »Sirius«, 998 BRT. Das norwegische Boot »Utsira« unter Kptlt. Valvatne, das im Winter bereits erfolgreich gekämpft hatte, errang vor dem Follafjord einen neuen Erfolg, als es den Frachter »Torridal«, 1501 BRT, vernichtete. »Tapir« schließlich, unter LtCdr. Roxburgh, stieß am 12. 4. auf das aus Bergen ausgelaufene U 486 unter Oblt. z.S. Meyer. Sein Torpedo traf das deutsche U-Boot tödlich.
Dies war der letzte Torpedoschuß englischer U-Boote in den europäischen Seeräumen. Nun standen nur noch im Indischen Ozean und im Pazifik englische U-Boote im Einsatz.
Am 8. 5. 1945 verfügte die Marine Großbritanniens noch über 131 U-Boote. Davon standen allerdings 8 in Reserve, bereit zum Abwracken. Eine große Zahl war außerdem im Schulbetrieb eingesetzt oder befand sich noch in der Erprobung.

Im Indischen Ozean und im Pazifik

Im Indischen Ozean brachte bereits der September 1944 einige U-Booteinsätze. In der Malakkastraße, einem für U-Boote schwierigen Gewässer, sowie im Westteil Insulindes gelang es der »Strongbow«, 8 kleinere Schiffe zu versenken. »Sirdar« traf drei kleine Fahrzeuge, »Tantivy« versenkte ein Schiff, und auf den Minen von »Porpoise« sanken ein Schiff und zwei Bewacher.
Vor Penang versenkte die »Trenchant« am 29. 9. 1944 U 859 und zwei Segler. O 19 unter Kptlt. van Karnebeek griff drei kleine Fahrzeuge mit Artillerie an, und am 5. 10. gelanges »Zwaardfish« vor der Nordküste von Java, U 168 zu torpedieren. Das deutsche Boot sank mit der gesamten Besatzung.
Im Oktober brachte »Trenchant« zwei »Chariots« zum Hafen Phuket, nördlich von Penang. Die Einmanntorpedos drangen in den Hafen ein. Sie zerstörten 1 Schiff mit 4859 BRT und beschädigten ein zweites schwer. Sicher kehrten die »Chariots« zum U-Boot zurück.
Der einzige Verlust in dieser Zeit war am 22. 11. die »Stratagem«, die im groben Wasser der Malakkastraße von einem japanischen Zerstörer versenkt wurde.
In ihren Stützpunkten auf Ceylon waren im September 1944 26 britische U-Boote vorhanden. Sie führten ihre Patrouillenfahrten in den vom Gegner kontrollierten Gewässern durch und liefen zu Mineneinsätzen aus. Daneben griffen sie feindliche Schiffe mit Torpedos an.
Die britische Eastern Fleet wurde am 22. 11. 1944 reorganisiert. Und zwar gab es von nun an die East Indian Fleet unter Vizeadmiral Power und die Pacific Fleet unter Admiral Fraser.
Der Stab der East Indian Fleet übersiedelte am 4. 12. 1944 von Ceylon nach

Australien. Bereits im September war das Depotschiff »Maidstone« mit 10 Booten der 8. U-Flottille nach Westaustralien gefahren. Die britischen Boote der Eastern Fleet liefen von nun an ebenso wie die US-U-Boote des Südwestpazifik aus Freemantle und Brisbane aus, um in den Gewässern um Singapur, Java, Indochina und den Philippinen zu operieren, zu denen die japanischen Streitkräfte nach ihrem Rückzug von den Marschallinseln zurückgekehrt waren.
Im zweiten Halbjahr 1944 versenkten diese Boote der Eastern Fleet 16 Handelsschiffe über 500 BRT mit insgesamt 35.356 BRT.
»Telemachus« versenkte dazu am 17. 7. 1944 bereits in der Malakkastraße das große japanische U-Boot I 166.
In der zweiten Hälfte des Jahres 1944 hatte auch die Blockade des japanischen Mutterlandes durch die U-Boote der zentralen Pazifikflotte begonnen, und bis zum Jahresende erlitt Japan große Schiffsverluste.
Nunmehr lag die 4. britische U-Flottille in Freemantle, während die 8., die im Mai 1944 nach der Subic Bay auf den Philippinen verlegt worden war, bis Kriegsende dort blieb.
Im November waren die britischen U-Boote abermals in die Malakkastraße und zum Westteil Insulindes gefahren. »Tantalus«, »Shalimar«, »Terrapin«, »Storm«, »Tradewind«, »Spirit«, »Thorough«, »Tudor«, »Tallyho«, »Stratagem«, »Park«, »Sturdy«, »Stygian« und O 19 waren in diesem Gewässer erfolgreich. Ihre Beute waren überwiegend kleine Schiffe und Segler, ein Minenleger und das M-Boot »Sokaitei 5«.
Im Dezember stand bereits die nächste U-Bootgruppe in diesem Kampfraum. »Thule« unter Lt. Mars versenkte 20 Segler, »Shalimar« 11 kleine Fahrzeuge. Das größte Schiff wurde von »Shakespeare« unter Lt. Ainslie versenkt. Es hatte 2515 BRT.
Während der britischen U-Bootoffensive, die am 1. 1. 1945 im Indischen Ozean begann und bis zum 30. 6. andauerte, kam es zu neuen Erfolgen - aber auch zu Verlusten. »Porpoise« ging am 16. 1. 1945 während einer Minenaufgabe vor Penang durch japanische Flieger verloren.
Der März sah die britischen U-Boote abermals in der Malakkastraße und im Seeraum der Philippinen. »Trenchant« unter Cdr. Hezlet und »Terrapin« unter LtCdr. Brunner versenkten den U-Jäger »Kusentai 8«. »Stygian« torpedierte den Hilfsminensucher No. 104, den Minenleger »Wakataka« und einen weiteren U-Jäger. Von ihnen sank jedoch nur der Hilfsminenleger. »Selene« vernichtete ein kleines Fahrzeug mit Artillerie.
Der Einsatz der britischen U-Boote im April 1945 sah wiederum vier U-Boote erfolgreich. Von ihnen griff »Statesman« unter Lt. Bulkeley 20 kleine Fahrzeuge an, die er sämtlich mit Artillerie versenkte.
Auch im Mai 1945 kämpften im südostasiatischen Raum britische U-Boote, von denen »Trenchant« 1 Hilfsminensucher und »Thorough« 1 Schiff mit 2594 BRT versenkte.

Im Juni war es die »Trenchant«, die sich mit der Versenkung des japanischen Kreuzers »Ashigara« in die Liste jener wenigen Boote eintrug, die große Kriegsschiffe vernichten konnten.
Der Juli brachte dann noch einmal eine Reihe Angriffe, die bemerkenswert waren. »Stubborn« unter Lt. Gowan vernichtete ein Schiff von 1270 BRT.
Inzwischen hatte das Depotschiff »Bonaventure« mit 6 Kleinst-U-Booten an Bord Brunei Bay erreicht.
Die Kleinst-U-Boote erhielten drei Aufgaben.
Am 26. 7. verließen zur Erfüllung der ersten Aufgabe die U-Boote »Spark« und »Stygan« Brunei mit dem Ziel Singapur. Im Schlepp befanden sich die Kleinst-U-Boote XE 1 und XE 3. Am Osteingang der Singapurstraße machten vier Tage später die Kleinst-U-Boote von den Schlepp-U-Booten los, um zur Marinebasis in der Jahore Street auszulaufen und dort die beiden schweren Kreuzer »Takao« und »Myoko« zu versenken.
XE 1 unter Lt. J. E. Smart lief zuerst ab, weil es 3 sm tiefer zum Liegeplatz der »Myoko« vordringen sollte. Doch das Boot wurde von japanischen Patrouillenbooten abgedrängt, die das Boot jedoch nicht sichteten.
XE 3 unter Lt. I. E. Fraser war inzwischen 40 sm durch die Enge gelaufen, hatte die »Takao« gefunden und griff an. Während dieser Operation wurde XE 3 zwischen Kreuzer und Meeresgrund eingeklemmt. Es kam nur mit Mühe frei und schoß bis an die Oberfläche empor. Glücklicherweise wurde es nicht gesichtet.
Das Boot trat den Rückzug an.
XE 1 hatte sich inzwischen so stark verspätet, daß es nicht mehr die »Myoko« erreichen konnte, ohne Gefahr zu laufen, daß die Detonationen vorher erfolgten. Es legte seine beiden Sprengladungen ebenfalls am Kreuzer »Takao« ab und kehrte zum Schlepp-U-Boot zurück.
Durch die Detonation der vier Sprengladungen wurde der Kreuzer »Takao« schwer beschädigt und sank auf Grund. Am 4. 8. 1945 erreichten beide U-Boote mit den Kleinst-U-Booten im Schlepp Brunei.
Während dieser Operation hatte »Spearhead«, mit XE 4 von Brunei Bay auslaufend, Saigon erreicht. Hier fand am 31. 7. das Kleinst-U-Boot das Unterseekabel und durchschnitt es. Damit war der zweite Auftrag der Kleinst-U-Boote erfüllt. Zum dritten Auftrag lief »Selene« mit XE 5 am 27. 7. aus der Subic Bay aus und erreichte den Seeraum vor Hongkong. Hier suchte XE 5 dreieinhalb Tage im Schlamm der Bucht nach dem Unterseekabel und durchschnitt es, ohne zu wissen, daß es Erfolg gehabt hatte.
Als der Kampf im Pazifik zu Ende ging, hatten die U-Boote aller alliierter Nationen, die hier im Einsatz standen, 1153 japanische Handelsschiffe mit 4,889.000 BRT versenkt. Dies waren 57 Prozent aller japanischer Schiffsverluste (Schiffe unter 500 BRT sind dabei nicht mitgezählt). (Siehe: The United States Joint Army-Navy Assessment Committee's Report - Navexos P-468 vom Februar 1947.)

Von diesen Schiffen versenkten US-U-Boote den Löwenanteil. Mit 29 versenkten Schiffen und einer Gesamttonnage von 65.000 BRT war die britische und mit 10 Schiffen und 42.000 BRT die niederländische U-Bootwaffe an diesem Erfolg beteiligt.

SOWJETISCHE U-BOOTE
IM SECHSTEN KRIEGSJAHR

Der Einsatz im Nordmeer

Im September 1944 standen erneut russische U-Boote im Einsatz gegen den deutschen Geleitverkehr an der Polarküste. S 15, S 51, S 103 und S 101 versuchten zum Schuß zu kommen, doch zuerst erlitt die sowjetische U-Waffe einen Verlust, als ŠČ 402 am 21. 9. von eigenen Flugzeugen versenkt wurde.

Gegen die Räumungsoperationen des XIX. deutschen Gebirgs-AK im Oktober an der Murmansk-Front setzte die sowjetische Nordmeerflotte verschiedene Boote ein. L 20 legte Minen auf den voraussichtlichen Geleitwegen, und kurz darauf liefen auch noch S 51, V 2, S 104 und M 171 zu solchen Minenoperationen aus, während S 14, S 101 und V 4 gegen deutsche Geleitzüge und Einzelfahrer vor der norwegischen Polarküste eingesetzt wurden. Diese genannten Boote kamen zu einer Reihe von Angriffen und meldeten 18 deutsche Schiffe als versenkt. Es ging jedoch nur ein Dampfer mit 1730 BRT verloren. UJ 1219 wurde am 20. 10. 1944 durch V 4 unter Kpt. 3. Ranges Josseliani mit Torpedotreffer versenkt.

Im Januar wurden von der Nordmeerflotte neben den Zerstörern und U-Jägern auch die U-Boote V 2 und V 3 zur U-Jagd gegen deutsche U-Boote eingesetzt, die vor der Kolaküste standen.

Die sowjetischen U-Boote kamen im Nordmeer bis zum Kriegsschluß nur noch sporadisch und ohne Erfolge zum Einsatz.

Sowjetische U-Boote in der Ostsee

Im September 1944 hatte sich durch die Kapitulation und den Abfall der Finnen vom Achsenbündnis die Lage in der Ostsee zugunsten der deutschen Seite verschoben.

Bis Ende Dezember kämpften die sowjetischen U-Boote zäh um jeden Erfolg. Am 15. 10. versenkte ŠČ 310 vor Windau einen Transporter. RO 24 versenkte einen Frachter von 4499 BRT und einen Schlepper. Vor Memel griff ŠČ 407 das 1127 BRT große Schulschiff »Nordstern« an. Der Torpedotreffer ließ die »Nordstern« sinken. ŠČ 307 und S 2 erzielten bei mehreren Angriffen keine Erfolge.

»Lembit« legte vor Brüsterort eine Minensperre und versenkte den Hilfsminensucher M 3619. Die drei kleinen Dampfer »Taunus«, »Terra« und »Thalatta« mit insgesamt 4895 BRT wurden durch S 4 vor Rixhöft versenkt. Der kleine Fischdampfer »Siegfried« fiel auf der Stolpebank den Torpedos von

S 13 zum Opfer, und L 3 unter Kpt. 3. Ranges Konowalow versenkte die »Hilma Lau«, einen 2414 BRT großen Dänendampfer, bei Bornholm. Das Boot legte vor Sassnitz noch eine Minensperre. Auf dieser Sperre sank am 24. 11. das große Torpedoboot T 34. Das Segelschulschiff »Albert Leo Schlageter« wurde auf dieser Sperre am selben Tage beschädigt.
Auch im Dezember operierten sowjetische U-Boote in der Ostsee. ŠČ 309 vernichtete 2 Schiffe mit 5595 BRT. ŠČ 407 drang in die Danziger Bucht ein. Hier fiel ihm der Dampfer »Seeburg«, 12.181 BRT, zum Opfer. »Lembit« legte auch vor Rixhöft eine Minensperre. Zwei Dampfer liefen auf und wurden beschädigt. Zwischen Gotland, Stolpebank und Bornholm operierten K 51, K 56, K 52 und S 4. Ihnen fielen drei Schiffe zum Opfer. K 56, das eines der drei Schiffe versenkte, verfehlte Schulschiff »Hansa« (Ex-Hilfskreuzer) nur knapp.
Nachdem am 14. 2. 1945 die 11. und 12. U-Jagdflottille in die Ostsee verlegt wurden, taten sich die sowjetischen U-Boote schwerer. Bis dahin hatten sie den Schwerpunkt ihres Einsatzes auf den Konvoiweg nach Kurland verlegt. Einzelne große Boote operierten zwischen Bornholm und Rixhöft.
K 51 konnte bei Bornholm am 28. 1. die »Viborg«, 2028 BRT, versenken. S 13 griff am 30. 1. 20 sm nordnordöstlich von Leba den ohne Sicherung fahrenden Passagierdampfer »Wilhelm Gustloff« an. Das 24.484 BRT große Schiff wurde von drei Torpedos des geschossenen Vierfächers getroffen und sank. Von den an Bord befindlichen etwa 6000 Menschen wurden nur etwa 600 gerettet. Alle anderen gingen mit dem Schiff unter. S 13, das am 10. 2. den Passagierdampfer »General Steuben« sichtete und angriff, konnte diesen 14.660 BRT großen Dampferriesen mit einem einzigen Torpedo versenken. Von den über 3000 Schiffbrüchigen wurden nur 300 gerettet.
L 21 unter Kpt. 3. Ranges Mogilewskij legte eine Minensperre vor Hela. Auf dieser Sperre sanken die Torpedoboote T 3 und T 5, später auch U 367. Am 9. 4. wurde auch der funkelnagelneue Zerstörer Z 43 auf dieser Sperre erheblich beschädigt.
Auch »Lembit« und L 3 legten Minen, doch auf diesen Sperren sank kein deutsches Schiff.
K 53, das am 17. 3. vor der Stolpebank operierte, versenkte den Frachter »Margarethe Cords« (1912 BRT). L 21 torpedierte das Vorpostenboot V 2022 und den Schlepper »Emi«; beide Einheiten sanken.
L 3 versenkte am 16. 4. den durch einen Luftangriff beschädigten schweren Artillerieträger »Robert Müller 6« mit Fangschuß. Dieses Boot, geführt von Kpt. 3. Ranges Konowalow, versenkte in der Nacht des 16. 4. auch den Transporter »Goya«, 5230 BRT. An Bord dieses Schiffes befanden sich 6385 Menschen, überwiegend Verwundete, Zivilisten und Kinder. Von ihnen konnten nur 165 gerettet werden. Damit erzielte dieses U-Boot die größten Menschenverluste aller Zeiten bei einem einzigen Angriff.

Damit waren die sowjetischen U-Bootoperationen auch in der Ostsee zu Ende gegangen. Bis zum Tage der Kapitulation versenkten die sowjetischen U-Boote kein deutsches Schiff mehr.
Lediglich im Pazifik operierten nach der sowjetischen Kriegserklärung an Japan am 9. 8. 1945 noch jene 78 U-Boote der sowjetischen Pazifikflotte unter Admiral Jumasew. Bis zur Unterzeichnung der japanischen Gesamtkapitulation am 2. 9. 1945 erzielten die sowjetischen Boote jedoch keinen Erfolg.

DAS SECHSTE KRIEGSJAHR
DER USA IM PAZIFIK

Allgemeine Übersicht

Die U-Boot-Unterstützungs-Gruppe zur Invasion von Leyte, die im Oktober 1944 begann, wurde bereits im September 1944 aufgestellt. Sie setzte sich aus der Task Force 17, Supporting Submarines Pacific Fleet zusammen, die von dem Commander Submarines, Vizeadmiral Lockwood, befehligt wurde.

Die Boote waren zu kleinen »Wolfs-Rudeln« zusammengestellt, welche die Namen der führenden Kommandanten trugen. Im einzelnen waren dies:

»Clarey's Crushers«:	»Pintado«, Cdr. Clarey, »Jallao«, Cdr. Icenhower, »Atule«, Cdr. Maurer.
»Roach's Raiders«:	»Haddock«, Cdr. Roach, »Halibut«, Cdr. Galantin, »Tuna«, Cdr. Steffanides.
»Bannister's Beagles«:	»Sawfish«, Cdr. Bannister, »Drum«, LtCdr. Rindskopf, »Icefish«, Cdr. Peterson.
»Blakely's Behemoths«:	»Shark«, Cdr. Blakely, »Blackfish«, Cdr. Sellars, »Seadragon«, Cdr. Ashley.
»Coye's Coyotes«:	»Silversides«, Cdr. Coye, »Salmon«, Cdr. Nauman, »Trigger«, Cdr. Harlfinger.
»Wogan's Wolves«:	»Besugo«, Cdr. Wogan, »Ronquil«, Cdr. Monroe, »Gabilan«, Cdr. Wheland.
Ferner die Boote:	»Tang«, Cdr. O'Kane, »Sterlet«, Cdr. Robboms, »Barbel«, Cdr. Keating, »Snook«, Cdr. Browne.

Die Supporting Submarines der Seventh Fleet unter KAdm. Ralph W. Christie bestand aus folgenden Booten:

»Darter«, Cdr. McClintock, »Dace«, Cdr. Claggett, »Angler«, Cdr. Hess, »Bluegill«, Cdr. Barr, »Bream«, Cdr. Chapple, »Raton«, Cdr. Shea, »Guitarro«, Cdr. Haskins.

Zur Befreiung der Philippinen standen ab Januar 1945 folgende U-Boote zur Verfügung:

Task Force's 17 Supporting Submarines Pacific Fleet
Viceadmiral A. Lockwood.

»Loughlin's Loopers«:	»Queenfish«, Cdr. Loughlin, »Picuda«, Cdr. Shepard, »Barb«, Cdr. Fluckey.
»Clementson's Clippers«:	»Blueback«, Cdr. Clementson, »Sea Fox«,

	Cdr. Klinker, »Puffer«, LtCdr. Dwyer.
»Bennett's Blazets«:	»Sea Owl«, Cdr. Bennett, »Sea Poacher«, Cdr. Gambacorta, »Piranha«, Cdr. Ruble.
»Post's Panzers«:	»Spot«, Cdr. Post, »Balao«, Cdr. Ramirez de Arellano, »Icefish«, Cdr. Peterson.
»Rebels's Rippers«:	»Sea Dog«, Cdr. Lowrance, »Sea Robin«, Cdr. Stimson, »Guardfish«, Cdr. Hammond.
Ferner die Boote:	»Silversides«, Cdr. Nichols, »Tautog«, Cdr. Basket, »Kingfish«, LtCdr. Harper, »Spearfish«, LtCdr. Cole.

In der Task Group's 71.1 Supporting Submarines Seventh Fleet
Rear Admiral Ralph W. Christie (ab 30. 12. 1944
Rear Admiral James Five) standen folgende Boote:
»Angler«, LtCdr. Bissell, »Barbel«, Cdr. Keating, »Besugo«, Cdr. Wogan, »Blackfin«, Cdr. Kitch, »Bluegill«, Cdr. Barr, »Boarfish«, Cdr. Gross, »Bream«, Cdr. McCallum, »Caiman«, Cdr. Lucas, »Cobia«, Cdr. Becker, »Gabilan«, Cdr. Parham, »Guitarro«, Cdr. Dabley, »Gurnard«, Cdr. Gage, »Hardhead«, Cdr. Greenup. »Kraken«, Cdr. Henry, »Perch«, Cdr. Hill, »Rock«, Cdr. Flachsenhar, »Sealion«, LtCdr. Putman.
Doch nun zum Einsatz all dieser U-Boote, die ab September 1944 in See standen.

Dem Höhepunkt des U-Bootkampfes entgegen

Im September versenkten die in See stehenden US-U-Boote 39 feindliche Handelsschiffe mit insgesamt 135.221 BRT. »Barb« war eines der erfolgreichsten Boote, denn neben 2 Schiffen mit insgesamt 15.655 BRT versenkte es den Geleitträger »Unyo«. Aber auch »Growler« unter LtCdr. Oakley war mit der Vernichtung des Zerstörers »Shikinami« und der Fregatte »Hirato« besonders erfolgreich in der Bekämpfung der potentiellen Gegner der US-U-Boote. »Flasher« war mit 3 Schiffen von insgesamt 18.610 BRT Hauptträger der Erfolge, gefolgt von »Pampanito« mit 15.544 BRT.
Der Oktober wurde zum wohl erfolgreichsten Monat des amerikanischen U-Bootkrieges. Boote wie »Seawolf« unter LtCdr. Bontier, »Nautilus«, »Haddock« und andere trugen sich in die Versenkungsliste ein. Für »Seawolf«, das Anfang Oktober 1944 philippinische Guerillas ins Kampfgebiet brachte, endete dieser Einsatz tödlich. Das Boot gab am 3. 10., noch in der Sicherheitszone, ein ES ab, das von der »Narwhal« mitgehört wurde. Dreieinhalb Stunden später wurde es von einer »Avenger« des Trägers »Midway« gesichtet und mit 2 Bomben belegt. Der Geleit-Zerstörer »Rowell«, der wenig vorher ein japanisches U-Boot gesichtet hatte, erhielt die Meldung des Flugzeuges und war der Annahme, dies sei ein japanisches Boot.

Er griff an, warf Wasserbomben und hielt das Erkennungssignal, von der »Seawolf« mit dem Sonar abgegeben, für seine eigene Meldung. Er setzte die Angriffe fort, und nach der sechsten Waboserie sank »Seawolf«. (Siehe Roscoe Theodore: »Submarine Operations« S. 417-18.)
»Nautilus« und »Narwhal« unternahmen Transportfahrten in den philippinischen Archipel mit Waffen, Material und Botschaften für die loyalen Philippinos. Andere U-Boote beteiligten sich daran. Das Gros aber stand im Oktober im Tonnagekampf und im Kampf gegen feindliche Kriegsschiffe.Jene U-Boote, die als Unterstützungsgruppen bei der »Leyte-Operation« aufgestellt wurden und sich im Operationsgebiet befanden, erzielten gute Erfolge. Nicht weniger als 69 Schiffe mit insgesamt 332.561 BRT wurden in diesem Monat von U-Booten versenkt.
»Tang« war mit 6 Schiffen von insgesamt 19.250 BRT beteiligt und torpedierte zwei weitere Schiffe. Hier der Einsatz dieses Bootes, das von dieser Feindfahrt nicht mehr zurückkehrte: Anfang Oktober lief das Boot unter Cdr. O'Kane zum Einsatz im Formosakanal aus. Es passierte am 11. 10. um 04.00 Uhr Huki Kaku, die Nordspitze Formosas, und vernichtete mit seiner 4-cm-Kanone einen kleinen Frachter.
Es folgten rasch hintereinander weitere kleinere Schiffe, und am 24. 10. lag der letzte Torpedo im Rohr. Er wurde am frühen Morgen des 25. 10. auf einen Frachter abgeschossen. Der Torpedo wurde Kreisläufer, und nach einem kleinen Bogen, der in 20 Sekunden durchlaufen war, traf er das eigene Boot im achternen Torpedoraum und explodierte. »Tang« sank über das Heck und berührte in 30 Faden Tiefe den Grund.
30 Offiziere und Soldaten erreichten den vorderen Torpedoraum, wo Ausstiegsmöglichkeiten bestanden. Am 25. 10. um 06.00 Uhr stiegen davon 13 Mann aus 48 m Tiefe aus, die übrigen waren dazu nicht mehr imstande. Von diesen 13 Soldaten erreichten fünf eine Boje, auf der sie sich halten konnten, bis Rettung nahte. Diese fünf Besatzungsmitglieder und O'Kane mit zwei Soldaten, die auf dem Turm gestanden hatten und gleich beim sinken gerettet worden waren, sowie Lt. Savadkin, der aus dem Turm entkommen konnte, während das Boot sank, waren die einzigen Überlebenden. Sieben Offiziere und 71 Mann gingen mit dem Boot unter.
Um 18.30 Uhr des 25. 10. standen beide Gruppen im Einsatzgebiet. »Haddock« unter Cdr. Roach mit den beiden anderen Booten »Tuna« und »Halibut« standen auf der westlichen Suchlinie, »Pintado« unter Cdr. Clarey mit den beiden anderen Booten »Jallao« und »Atule« hatte die Ost-West-Linie des Einsatzgebietes erreicht. Alle Boote liefen im Seitenabstand von 20 sm. »Halibut« sichtete einen schnellen Kriegsschiffsverband, aus dem es den Zerstörer »Akitsuki« versenkte. »Jallao« versenkte am 25. 10. mit drei Hecktorpedos den durch Flugzeugbomben beschädigten Kreuzer »Tama«. Drei Korvetten wurden torpediert, davon sank »Kaibokan 21«.
Diese Erfolge brachten den US-Booten schwere Opfer. Neben »Tang«, des-

sen Untergang durch einen eigenen Torpedo bereits dargestellt wurde, gingen »Shark« und »Darter« im Oktober verloren. »Albacore« ging auf der Fahrt nach Hokkaido unter. Es war am 28. 10. aus Midway ausgelaufen. »Growler« unter Cdr. Oakley wurde zum letzten Mal am 8. 11. 1944 gehört, als es einen Angriff auf einen Konvoi südwestlich von Luzon meldete. Seit dem 9. 11. fehlt auch von »Scamp« (Cdr. Hollingsworth) jedes Lebenszeichen.

Im November wurden 46 Schiffe mit 232.267 BRT versenkt. Hinzu kam das Schlachtschiff »Kongo«, das von »Sealion« unter LtCdr. Reich neben dem Zerstörer »Urakaze« versenkt wurde. »Archerfish« konnte den Flugzeugträger »Shinano« vernichten, »Redfish« unter Cdr. McGregor ein Schiff und den Flugzeugträger »Unryu«. Ein zweiter Träger, »Junyo«, wurde torpediert. U 537 wurde von »Flounder« im Großraum Insulinde vernichtet. Die Zerstörer »Akikaze« und »Hatsutsuki« fielen den Torpedos von »Pintado« und »Haddo« zum Opfer.

Der Dezember fiel gegen diese Rekordergebnisse der letzten beiden Monate ab. Das lag daran, daß die meisten U-Boote entweder auf dem Rückzug waren oder sich zur Überholung und Neuausrüstung in den Werften befanden. Dennoch fielen den in See stehenden Booten 17 Schiffe mit 78.747 BRT zum Opfer. Drei Torpedoboote, zwei Korvetten und zwei Zerstörer wurden versenkt, der Kreuzer »Myoko« und die Zerstörer »Maki« und »Shiokaze« torpediert. »Trepang« war mit der Versenkung von drei Schiffen mit 13.073 BRT erfolgreich. »Cavalla« vernichtete den Zerstörer »Shimotsuki«, und »Flasher« kam mit 4 Versenkungserfolgen mit 38.668 BRT und der Vernichtung des Zerstörers »Kishinami« als bestes Boot des Monats von der Feindfahrt zurück.

Der Januar sah eine Aufwärtsbewegung, denn 25 Schiffe mit 89.309 BRT wurden versenkt und drei weitere torpediert.

Zwei Zerstörer, eine Korvette, eine Fregatte, ein Minenleger und der Transporter No. 15 sanken durch Torpedos, eine Korvette und eine Fregatte wurden beschädigt.

»Barb« war diesmal am erfolgreichsten. Cdr. Fluckey versenkte mit diesem Boot 5 Schiffe mit einer Gesamttonnage von 24.044 BRT.

»Blackfin« war im Duell mit dem Zerstörer »Shigure« siegreich. Der zweite Zerstörer, »Nokaze«, wurde von »Pargo« vernichtet. Das Boot, geführt von LtCdr. Bell, torpedierte noch die Fregatte »Manju«.

Zwar brachte der Monat Februar mit 12 Versenkungen, insgesamt 39.017 BRT, eine Verschlechterung der Monatsquote auf ein Tiefstmaß, aber dieser Monat ist vor allem in bezug auf die Operation bemerkenswert, die »Batfish« unter Cdr. Five durchführte. Das Boot befand sich auf seiner sechsten Feindfahrt, als es am 9. 2. 1945 einen Radarkontakt auffaßte. Es war ein U-Boot, dem »Batfish« 40 Minuten später aus 1800 m einen Viererfächer nachschickte. Alle Torpedos gingen vorbei. Erst gegen Mitternacht war

»Batfish« auf 1000 m herangekommen und schoß drei Torpedos ab, die alle trafen. RO 55 explodierte und sank.
Am nächsten Tag gegen 19.15 Uhr wurde abermals durch Radar ein U-Boot erfaßt. »Batfish« nahm die Verfolgung auf. Um 20.37 Uhr war das Boot gesichtet und - tauchte weg. 30 Minuten später wurde es durch den Sound-Operator erfaßt. Das Boot tauchte auf, und Five ließ einen Viererfächer abschießen. RO 112 sank nach der Explosion seiner Torpedos.
»Batfish« lief weiter und entdeckte abermals 24 Stunden später, am 12. 2. 1945 um 01.55 Uhr, das durch die Luzonstraße zurückfahrende RO 113. Das auf Sehrohrtiefe getauchte Feindboot wurde mit vier Torpedos beschossen. Eine laute Explosion ertönte, und RO 113 sank. Damit hatte »Batfish« in drei Tagen drei feindliche U-Boote versenkt.
In diesem Monat operierten »Besugo« und »Hardhead« vor der malayischen Küste nahe Singapur. Hier versenkte »Besugo« den auf Zickzackkurs laufenden 10.020 BRT großen Tanker »Nichiei Maru«.
»Dea Robin« versenkte ebenfalls einen Tanker, der 5135 BRT groß war. Von den 20 U-Booten, die Konteradmiral James Five, Nachfolger von Admiral Christie als Commander U-Boote Südwestpazifik, ausschickte, hatten »Boarfish« und »Blackfin« bereits im Januar Erfolge zu verbuchen gehabt (siehe War Diary Commander Submarines Seventh Fleet, KAdm. Five).
Das von Freemantle auslaufende »Barbel« bildete mit »Perch« und »Gabilan« ein kleines Rudel, das vor der Balabac-Straße patrouillierte. »Barbel« wurde hier am 4. 2. 1945 von japanischen Flugzeugen versenkt.
»Hoe« unter Cdr. Refo hatte vor der Küste von Indochina am 23. 2. eine Kollision mit dem Kameradenboot »Flounder«. Zum Glück für beide Boote befand sich »Hoe« in Aufwärtsbewegung in 60 Fuß Tiefe und »Flounder« in Abwärtsbewegung in 68 Fuß Tiefe, so daß die Kollision nicht tödlich war.
»Flounder« mußte einlaufen. »Hoe« setzte seine Feindfahrt fort und griff am 25. 2. die japanische Fregatte »Shonan« an. Nach einem Doppeltreffer sank diese. »Pampanito« versenkte zwei Schiffe. »Pargo« griff am Abend des 19. 2. einen Geleitzug an und versenkte daraus den Zerstörer »Nokaze«, der bei der Detonation seiner Wasserbomben auseinanderbrach. Dies war der 39. durch US-U-Boote vernichtete japanische Zerstörer und zugleich auch der letzte in diesem Krieg, der U-Booten zum Opfer fiel.
Der März sah »Baya« erfolgreich. Es versenkte einen Tanker. »Bashaw« und »Bluegill« taten es ihr nach. Dies waren die letzten durch U-Boote vernichteten Tanker.
Der März war mit 28 versenkten Schiffen (75.784 BRT) wieder erfolgreicher. Zwei Fregatten, ein Minensucher und vier Korvetten sanken. Hinzu kam das Werkstattschiff »Odate«. Die Korvette »Kaibokan 102« wurde torpediert. Der Minensucher »Sokaitei 15« sank.

»Charr« unter Cdr. Boyle, von dem drei Torpedos trafen, ließ die »Isuzu« auseinanderbrechen und sinken.
Am selben Tage wurde der 6900 BRT große Frachter »Araosan Maru« durch »Hardhead« versenkt.
In diesem Monat wurden mehrere U-Boote der 7. Flotte in die Pazifikflotte überführt, um deren Schlagkraft zu stärken. Dazu verlegte KAdm. Five sein HQ von Freemantle nach Subic Bay.
Am 29. 4. versenkte »Bream« unter Cdr. McCallum in den indonesischen Gewässern einen ungeleiteten 10.000-Tonner. »Besugo« gelang in der Javasee die Versenkung eines der letzten deutschen U-Boote, U 183. Ende April 1945 befanden sich nur noch 33 U-Boote der 7. Flotte im Einsatz.
Die Versenkungsquote für April belief sich auf 18 Schiffe mit 44.085 BRT. Neben dem Kreuzer »Isuzu« waren noch drei Minensucher, der U-Jäger »Kusentai 17«, RO 46 und U 183, die Fregatte »Ojika«, die Korvetten »Kaibokan 25« und »73«, ein Hilfs-U-Jäger und das Werkstattschiff »Hashima« versenkt worden.
Der Mai brachte ein Ergebnis von 26 versenkten Schiffen, deren Tonnage 39.776 BRT betrug. 12 U-Boote waren an diesen Erfolgen beteiligt. »Chub« versenkte den Minensucher »Sokaitei 34«. »Hawkbill« torpedierte den Minensucher »Hatsutaka«, der nach dem Treffer explodierte, auseinanderbrach und sank. LtCdr. Baskett vernichtete mit »Tench« 6 Schiffe, davon drei mit Artillerie, von zusammen 5921 BRT. Im Golf von Siam gelang es »Hammerhead«, das in diesem Monat größte Schiff von 6000 BRT am 15. 5. zu versenken.
Eine bemerkenswerte Operation führte »Bluegill« durch. Das Boot erreichte, durch 10 australische Armee-Offiziere und 10 Mann Besatzung verstärkt, das Pratasriff, eine kleine Insel 150 sm südöstlich von Hongkong. Hier wurden die beiden Offiziere und die 10 Soldaten ausgeschifft. Sie nahmen symbolisch das Riff in Besitz und hißten die US-Flagge.
Bereits am 3. 5. war »Lagarto« unter Cdr. Latta im Golf von Siam im Granatfeuer des japanischen Minenlegers »Hatsutaka« verlorengegangen. Am 16. 5. wurde dieser Minenleger durch das U-Boot »Hawkbill« vor der Küste von Malaya versenkt.
Der Krieg im Pazifik neigte sich seinem Ende zu. Dennoch brachte der Juni 36 Erfolge (63.003 BRT). Nicht weniger als 5 U-Jäger wurden versenkt, die Korvette »Kaibokan 196« torpediert und Nr. 41 versenkt sowie die Fregatte »Kasado« torpediert. Ein Landungsboot und das Troßschiff »Hakusa« gehörten zu den Erfolgen.
Im Juli wiederum sanken 18 Schiffe mit 31.412 BRT, das T-Boot »Kari«, das U-Boot I 351, vier U-Jäger, die Korvetten »Kaibokan 112« und »72«, die Minensucher »Sokaitei 27« und »39«.
Einen besonderen Auftrag führten die Boote »Bugura« unter Cdr. A. F. Schade und »Blenny« unter Cdr. W. H. Hazzard im Golf von Siam durch.

Sie versenkten hier vom 3. 7. bis zum 11. 8. 1945 115 kleine Handelsschiffe, Versorgungsfahrzeuge und Fischkutter der eingeborenen Bevölkerung, und zwar überwiegend durch Artillerie. 24 davon wurden allein an einem Tage vernichtet, und zwar am 7. 8. 1945 vor dem Isthmus von Kra. Insgesamt wurden von diesen beiden U-Booten 220 Fischerboote und andere Kleinfahrzeuge von weniger als 100 BRT bis Kriegsende in diesen Gewässern versenkt.
Am 2. 7. hatte »Barb« unter Cdr. Fluckey japanische Anlagen auf Kaihyo Island an der Ostküste von Karfuto (Kurilen-Inseln) zum ersten Mal von einem U-Boot aus mit Raketen beschossen.
Im August wurden nur noch vier Schiffe versenkt. Die US-U-Boote erhielten Weisung, nach Verbrauch ihrer Torpedos zu den Stützpunkten zurückzukehren. Die Korvetten »Kaibokan 6« und »16« wurden von »Atule« torpediert. Die erste sank, während die zweite ablaufen konnte. »Torsk« unter LtCdr. Lewellen war in diesem Monat erfolgreichstes Boot. Es versenkte 1 Schiff mit 873 BRT und die beiden Korvetten »Kaibokan 13« und »47«.
In diesem letzten Jahr des Kampfes im Pazifik versenkten US-U-Boote 338 Handelsschiffe mit 1,174.402 BRT. Hinzu kamen 1 Troßschiff und ein Werkstattschiff. 26 weitere Schiffe wurden torpediert.
An Kriegsschiffen gingen im selben Zeitraum durch U-Booteinwirkung verloren:
1 Schlachtschiff, 1 Kreuzer, 4 Flugzeugträger oder Geleitträger, 8 Zerstörer, 19 Korvetten, 9 Fregatten, 6 Minenleger, 8 Minensucher, 14 U-Jäger und Hilfs-U-Jäger, 1 Kanonenboot, 6 Torpedoboote, 10 U-Boote, 4 Landungsschiffe, 3 Schnelltransporter, 10 Radar-Frühwarnboote. Weitere 13 Kriegsschiffe wurden torpediert.
Dies waren die letzten Torpedoschüsse im Pazifik. Am 15. 8. 1945 begann der Waffenstillstand. Am 2. 9. 1945 wurde an Bord des US-Schlachtschiffes »Missouri« in der Sagamibucht die japanische Gesamtkapitulation unterzeichnet.

DIE JAPANISCHEN U-BOOTE IM LETZTEN JAHR

Einsatz bis zum bitteren Ende

Die japanischen U-Boote standen seit September 1944 im Einzeleinsatz ebenso wie in Gruppenansätzen in See. Besondere Vorbereitungen der japanischen U-Bootführung ergaben sich in der Schlacht im Leyte-Golf. Hier wurde die von Vizeadmiral Miwa (abgelöst am 20. 10. 1944 durch Vizeadmiral Teraoka) geführte erste U-Bootstreitmacht mit vier Bootsgruppen aufgestellt. Es waren dies:
»A«-Division: I 26, I 45, I 54, I 56.
»B«-Division: I 38, I 41, I 46, RO 41, RO 43, RO 46.
»C«-Division: RO 109, RO 112.
Ulithi Attack Group vom 20. 11. 1944: I 36, I 37, I 47.
Bereits im September hatte die japanische U-Bootführung fünf Boote in den Kampfraum Morotai und zu den Palau-Inseln entsandt. Von ihnen griff RO 41 eine US-Trägergruppe an, die von Admiral Clifton A. F. Sprague geführt wurde. Zu ihr gehörten neben den Trägern »Fanshaw Bay« und »Midway« vier Zerstörer. Der Zerstörer »Shelton« unter Cdr. Salomon wurde torpediert. Dabei fielen 2 Offiziere und 11 Mann; 22 weitere wurden verwundet. Die übrigen Zerstörer drückten RO 41 unter Wasser, nahmen später seine Verfolgung auf und versenkten - das nahebei stehende eigene U-Boot »Seawolf«.
RO 46 sichtete in der Nähe des Ulithi-Atolls am 7. 10. 1944 zwei komplette Trägergruppen und 13 Transporter und meldete sie. Gegen diesen nach Palau fahrenden Großverband stießen RO 47, I 177 und I 44 vor. RO 47 und I 177 gingen am 25. 9. und 2. 10. verloren.
I 12 unter KKpt. Kudo, das sich auf einem Ferneinsatz zwischen Hawaii und der Westküste der USA befand, versenkte ein Schiff von 7176 BRT. Seit Ende Oktober fehlt von diesem Boot jede Spur.
Als sich die US-Streitmacht dem Leyte-Golf näherte und Admiral Toyoda die Schließung des Leyte-Golfes durch seine Southern Force befahl, erhielt Vizeadmiral Shigeyoshi Miwa, Commander der japanischen U-Boote, Weisung, mit seinen Booten den Gegner aufzufangen, bevor er das Invasionsgebiet erreicht hatte. Als er am 17. 10. diese Alarmmeldung erhielt, beorderte er vier neue U-Boote in die Philippinensee. Sieben weitere Boote wurden zur Bewachung des Ausganges der Inlandsee beordert. Am 24. 10. waren diese 11 U-Boote von der San-Bernardino-Straße nach einem Punkt ostwärts von Davao in Mindanao ausgelaufen. Vier zusätzliche Boote waren im Bereich der US-Escort-Träger eingesetzt. Sie sollten den feindlichen

Vorstoß behindern oder gar unterbinden. Ihr einziger Erfolg war die Vernichtung des Zerstörers »Eversole« am 29. 10. durch I 45. Wenig später wurde das Boot durch den Zerstörer »Whitehurst« versenkt.
I 46, das die Task Force 38 orten konnte, lief zum Angriff gegen einen Träger aus. Das Boot wurde von den Zerstörern »Helm« und »Gridley« geortet und mit Wabos versenkt. I 26, das ebenfalls hier stand, ging aus unbekannter Ursache verloren. I 53 und I 56 fuhren einige Angriffe, denen jedoch nur LST 695 zum Opfer fiel.
Der Kreuzer »Reno«, der sich auf der Fahrt in den Leyte-Golf befand, wurde am 3. 11. durch I 41 unter Kptlt. Kondo torpediert; er konnte aber, von vier Zerstörern geleitet, das Ulithi-Atoll erreichen. Dieses japanische Boot versuchte am 19. 11., ein großes Schiff der Task Force 38.3 anzugreifen. Dabei wurde es von einer U-Jagdgruppe, zu der auch der Geleitträger »Anzio« gehörte, gestellt und versenkt.
Am 8. 11. lief in Japan die »Kikusui-Gruppe« mit den Booten I 37, I 36 und I 47 aus. Ihr Ziel war das Ulithi-Atoll. Dort sollten die von diesen U-Booten an Bord genommenen »Kaiten«-Einmanntorpedos ihren ersten Einsatz gegen große Schiffsziele fahren.
Einen Tag vor dem Einsatz, am 19. 11., wurde I 37 vor der Westeinfahrt der Kossol-Passage von den Geleit-Zerstörern »McCoy Reynolds« und »Conklin« versenkt. Die beiden anderen erreichten das Ziel. Während I 36 nur einen Kaiten einsetzte, gelang es I 47 unter Kptlt. Orita, alle vier Einmanntorpedos klarzubekommen. Die Hafensperre von Ulithi war für gerade auslaufende Kreuzer und Zerstörer geöffnet worden, als die fünf Kaiten in den Hafen eindrangen. Der Kaiten von Lt. Mshina versenkte den 11.315 BRT großen US-Flottentanker »Mississinewa«. Zwei Kaiten, die auf die Kreuzer »Mobile« und »Biloxi« angesetzt worden waren, wurden durch die Artillerie dieser Schiffe vorzeitig erfaßt und vernichtet. Ein weiterer wurde von dem Zerstörer »Case« unter LtCdr. Willey vernichtet und einer durch ein Flugzeug beschädigt. Das Schicksal des fünften Kaiten ist ungewiß.
Am 5. 1. 1945 wurden drei Klein-U-Boote in der Sulu-See gegen die Task Force 78 eingesetzt. Ihre Schüsse gingen knapp vorbei. Durch den Zerstörer »Taylor« wurde Ha 82 versenkt.
Der nächste Angriff großer japanischer U-Boote mit Kaiten an Bord wurde im Rahmen der Operation »Kongo« gestartet. Die Träger-Boote I 36 unter Kptlt. Teramoto und I 47 unter Kptlt. Orita setzten jeweils 4 Kaiten vor Ulithi ein, die dort jedoch nur ein Landungsboot versenkten. I 47, das mit ebenfalls vier Kaiten auf der Reede vor Hollandia operierte, erzielte keinen Erfolg. Zwei Torpedos, die dem 7247-BRT-Transporter »Pontus H. Ross« galten, detonierten dicht vor dem Frachter. Der Versuch von I 53, in der Kossol-Passage mit 4 ausgesetzten Kaiten zum Erfolg zu kommen, schlug ebenfalls fehl, und die von I 56 gegen den Seeadler-Hafen auf Manus, den Hafen der Admiralitätsinseln, und von I 58 gegen Apra-Harbor auf Guam

gefahrenen Angriffe verliefen ebenfalls erfolglos. I 48, das am 20. 1. gegen die in Ulithi liegenden Schiffe zum Angriff anlief, wurde von US-Zerstörern entdeckt und versenkt. Von den insgesamt ausgesetzten 24 Kaiten kehrte keiner zurück.
Im südwestlichen Pazifik versuchten am 24. und 25. 1. die Klein-U-Boote Ha 76, Ha 81 und Ha 84 in der Mindorosee vergeblich, einen US-Konvoi anzugreifen. RO 115, das erfolgreich bis zum 31. 1. 1945 operiert hatte, wurde an diesem Tage von dem Kreuzer »Boise« entdeckt und durch vier US-Zerstörer versenkt. Das einzige U-Boot, das in dieser Phase Erfolg hatte, war RO 46, das den Angriffs-Truppentransporter »Cavalier«, 7800 BRT, torpedierte. Das Schiff wurde eingeschleppt.
RO 55 wurde eine Woche später von dem Geleit-Zerstörer »Thomason« vor Luzon entdeckt und vernichtet. Zwei Tage später hatte das US-U-Boot »Batfish« im gleichen Seegebiet unwahrscheinliches Jagdglück. Am 11. 2. versenkte es RO 112, am 13. 2. RO 113.
Im Februar erfolgte der nächste japanische Kaiten-Angriff. Neben RO 43, das als Einzelboot gegen die Landungsverbände von Iwoshima anlief, wurden in der Gruppe »Chihaya« die Boote I 44, I 368 und I 370, wenig später noch die Gruppe »Kamitake« mit I 36 und I 58 als Kaitenträger angesetzt. RO 43 kam zum Erfolg, als es am 21. 2. den Geleit-Zerstörer »Renshaw« torpedierte. Die 20 Kaiten errangen keinen einzigen Erfolg. Statt dessen wurde auch noch das Trägerboot I 370 in der Nacht zum 26. 2. durch den Zerstörer »Finnegan« versenkt. I 368 wurde durch die Einsatz-Gruppe des Trägers »Anzio« vernichtet.
Als die amerikanische Absicht, Okinawa zu erobern, von den Japanern erkannt wurde, setzte die U-Bootführung die Boote I 8, RO 41, RO 49 und RO 56 dagegen an. RO 41, das auf den Flottenverband der Task Group 58.4 stieß, wurde am 23. 3. vom Zerstörer »Haggard« versenkt. RO 49 griff am 23. 3. die Kreuzer »Wichita« und »St. Louis« an. Doch die Torpedos des Fächerschusses liefen vorbei. RO 56 verfehlte am 27. 3. den Kreuzer »Pensacola«. I 8 wurde am 30. 3. von einem Flugzeug entdeckt, gemeldet und von zwei Zerstörern versenkt.
Die Gruppe »Tatara«, die vom 4. bis 8. April 1945 mit vier Träger-U-Booten und 16 Kaiten ausgelaufen war, um Feindschiffe im Zentralpazifik zu suchen, welche die Unterstützung der Operationen gegen Okinawa wieder aufgenommen hatten, konnte keinen Erfolg erzielen. I 44 wurde am 10. 4. durch den Geleit-Zerstörer »Fieberling« vernichtet. I 56, das gegen die Task Force 58 einen Angriff fuhr, wurde durch Zerstörer und Flugzeuge des Geleit-Trägers »Bataan« gestellt und versenkt. I 47 und I 48 blieben zwar auch erfolglos, kehrten aber zu ihrer Basis zurück.
Am 25. 4. wurde RO 109 durch den Geleit-Zerstörer »Horace A. Bass« versenkt. Die Ende Mai zum Einsatz gelangende Kaiten-Gruppe »Todoroki«, gegen den Schiffsverkehr aus Leyte, Guam, Saipan und andere Basen in

Richtung Okinawa im freien Seeraum eingesetzt, hatte einige kleine Erfolge zu verzeichnen. So konnte I 367 in der Nacht zum 28. 5. zwei Kaiten gegen einen Konvoi einsetzen. Einer der Einmanntorpedos torpedierte den Geleit-Zerstörer »Gilligan«. I 361 wurde von einem Flugzeug des Geleit-Trägers »Anzio« am 30. 5. versenkt. I 36 unter KKpt. Sugamasa griff am 22. 6. ostwärts der Marianen-Inseln einen Konvoi mit Torpedos an. Das Werkstattschiff »Endymion« wurde torpediert. Mit einem Kaiten griff es in der Nacht zum 28. 6. einen Tanker und mit 2 Kaiten den großen Transporter »Antares« an. Beide Angriffe schlugen fehl. I 165 wurde im Marianen-Gebiet durch Flugzeuge versenkt. Nur I 53 und I 363 kehrten zur Basis zurück.
Im Juli waren im Zentralpazifik die letzten japanischen U-Booteinsätze gefahren, die gegen jene Kriegsschiffs- und Trägergruppen gerichtet waren, die in Richtung Tokio-Yokohama operierten. Hierbei wurde I 372 durch Flugzeuge des Trägers »Yorktown« vernichtet.
Zur letzten U-Bootoperation mit Kaiten lief die Gruppe »Tamon« am 16. 7. 1945 aus. Sie bestand aus den Booten I 47, I 53, I 58, I 366, I 367 und I 373. Alle Boote trugen jeweils vier Kaiten.
Am 21. 7. griffen die Kaiten von I 47 einen in der Philippinensee laufenden Konvoi an. Der Transporter »Marathon«, 7607 BRT, wurde torpediert. Am 24. 7. versenkte einer der beiden von I 53 ausgesetzten Kaiten den Geleit-Zerstörer »Underhill«. Der Zerstörer »Lowry« wiederum wurde von einem Kaiten von I 58 in der Nacht zum 28. 7. torpediert. Der schwere Kreuzer »Indianapolis« unter Kpt. McVay, der Teile der Atombomben von San Francisco nach Tinian gebracht hatte und allein fahrend auf dem Rückzug nach Leyte war, wurde von I 58, KKpt. Hashimoto, in der Nacht zum 30. 7. 1945 östlich von Luzon mit einem Sechserfächer angegriffen. Zwei Torpedos trafen den schweren Kreuzer entscheidend. Er sank in kurzer Zeit. Dennoch war es dem Funker des Kreuzers gelungen, einen SOS-Ruf zu funken. Aufgrund dieser Meldung liefen US-Zerstörer aus, flogen Flugboote zur Untergangsstelle und retteten 316 Mann der Besatzung; 983 US-Matrosen gingen unter.
I 58 setzte seine Operationen mit dem Einsetzen von zwei Kaiten am 10. 8. gegen einen gesichteten Konvoi fort. Von vielen Zerstörern gejagt, entkam I 58 dennoch und setzte am 12. 8. abermals zwei Kaiten ein. Beide Einmanntorpedos trafen ihre Ziele: ein Landungsschiff und den Geleit-Zerstörer »Thomas F. Nickel«; aber sie detonierten erst, als sie abgeglitten waren.
I 373 wurde beim Ausmarsch von dem US-Boot »Spikefish« versenkt, und zwar in »den letzten Schlußstunden des Krieges am 14. 8. 1945. Südlich von Shanghai sank dieses 1926 BRT große U-Boot.
Die Mitte Juli aus Japan ausgelaufene 1. U-Bootdivision unter Kpt. z.S. Arizumi mit den flugzeugtragenden U-Kreuzern I 400 unter KKpt. Kusaka, I 401 unter Kptlt. Nambu, I 14 unter KKpt. Shimizu und I 13 unter KKpt. Ohashi lief in Richtung Truk aus. Bereits am 16. 7. wurde I 13 von einer

Hunter-Group mit dem Geleitträger »Anzio« versenkt. Der Rest lief zu einem Kamikaze-Flugzeugangriff ihrer mitgeführten Maschinen Mitte August von Truk in Richtung Ulithi-Atoll aus. Wegen des Waffenstillstandes wurde dieser Angriff abgebrochen. Die Boote I 400, I 401 und I 14 wurden auf dem Rückzug nach Japan von US-Streitkräften aufgebracht.

Das Fazit

Der Zweite Weltkrieg war zu Ende. Die japanische U-Bootwaffe hatte mit dem Verlust von 127 Booten vom 7. 12. 1941 bis zum 15. 8. 1945 einen Großteil ihrer U-Bootflotte verloren. Ihre Verluste übersteigen damit jene der britischen U-Bootwaffe, die 90 Boote verlor, um 37 Boote.

Auf beiden Seiten hatte der U-Bootkrieg schwere Verluste gekostet. Die Boote beider Seiten erzielten große Erfolge, aber die Entscheidung konnten sie weder auf seiten der Achsenmächte noch auf seiten der Alliierten herbeiführen. Dazu waren sie an Zahl zu schwach.

Wenn ihre Feindfahrten, wenn ihre Odyssee in diesem Report gestaltet und beschrieben wurde, dann um der Welt zu zeigen, daß all der Einsatz nichts genützt hat, daß ihr Einsatz und ihr Kämpfen, Leiden und Sterben letzten Endes vergebens waren, daß dieser Krieg weder Sieger noch Besiegte, sondern nur Geschlagene zurückließ.

ANHANG

STELLENBESETZUNGSLISTE DER DEUTSCHEN U-BOOTWAFFE

Sommer 1939

Standort:	Kiel
Führer der U-Boote FdU:	Kpt. z.S. und Kommodore Dönitz
1. Admiralstabsoffizier:	KKpt. Godt
2. Admiralstabsoffizier:	Kptlt. von Stockhausen
3. Admiralstabsoffizier:	Kptlt. Cohausz
Verbands-Ingenieur:	FKpt. (Ing.) Thedsen
Verbands-San.-Offz.:	Marine-Stabsarzt Dr. Lübben
Juristischer Berater:	Marine-Kriegsgerichtsrat Dr. Wespe
Die Einheiten:	
U-Bootbegleitschiff	
»Erwin Wassner«	KKpt. Bertram
Führerboot des BdU:	
Flottentender »Hai«	
Die Flottillen:	
1. U-Flottille, »Weddigen«	Kptlt. Looff Kiel
U 9	Kptlt. Mathes
U 13	Kptlt. Daublebsky von Aichhain
U 15	Kptlt. Buchholz
U 17	Kptlt. von Reiche
U 19	Kptlt. Meckel
U 21	Kptlt. Frauenheim
U 23	Kptlt. Kretschmer
2. U-Flottille, »Saltzwedel«	KKpt. Ibbeken, Wilhelmshaven
U 25	Oblt. z.S. Michel
U 26	FKpt. Schomburg
U 27	Kptlt. Franz
U 28	Oblt. z.S. Kuhnke
U 29	Kptlt. Schuhart
U 30	Oblt. z.S. Lemp
U 31	Kptlt. Habekost
U 32	Kptlt. Büchel

U 33	Kptlt. von Dresky
U 34	Kptlt. Rollmann
U 35	Kptlt. Lott
U 10	Kptlt. W. Schulz
U 11	Kptlt. Schütze (V.)
U 25	Oblt. z.S. Michel
U 36	Kptlt. Fröhlich
U-Bootbegleitschiffe und Tender:	
»Donau«	Kptlt. Kaack
»Memel«	
»Saar«	Kptlt. Bartsch
»Weichsel«	Kptlt. Rapp
»Isar«	
3. U-Flottille »Lohs«	Kptlt. Eckermann, Kiel
U 12	Kptlt. von der Ropp
U 14	Kptlt. Wellner
U 16	Kptlt. Weingaertner
U 18	Kptlt. Bauer (M. H.)
U 20	Kptlt. Moehle
U 22	Kptlt. Winter
U 24	Kptlt. Behrens
5. U-Flottille »Emsmann«	Kptlt. Rösing, Kiel
U 56	Kptlt. Zahn
U 57	Oblt. z.S. Korth
U 58	Oblt. z.S. Kuppisch
U 59	Oblt. z.S. Jürst
6. U-Flottille »Hundius«	KKpt. Hartmann, Wilhelmshaven
U 37	Kptlt. Schuch
U 38	Kptlt. Liebe
U 39	Kptlt. Glattes
U 40	Kptlt. von Schmidt
U 41	Oblt. z.S. Mugler
7. U-Flottille »Wegener«	Kptlt. Sobe, Kiel
U 45	Kptlt. Gelhaar
U 46	Kptlt. Sohler
U 47	Kptlt. Prien
U 48	Kptlt. Schultze (H.)
U 51	Kptlt. Heinicke
U 52	Kptlt. Barten
U 53	Oblt. z.S. Knorr

Torpedoinspektion (TI)	VAdm. Götting
U-Bootschule	Kpt. z.S. Scheer, Neustadt i. Holst.
U 1	Oblt. z.S. Deecke
U 2	Oblt. z.S. Rosenbaum
U 3	Oblt. z.S. Schepke
U 4	Oblt. z.S. von Klot-Heydenfeldt
U 5	Kptlt. Kutschmann
U 6	Oblt. z.S. Matz
U 7	Oblt. z.S. Salman
U 8	Kptlt. Peters

DIE U-BOOTFLOTTILLEN

1. U-Flottille »Weddigen«
   Standorte: Kiel, ab Juni 1940 Brest
   KKpt. Eckermann
   KKpt. Cohausz
   Kptlt. Buchholz
   KKpt. Winter
   (Auflösung der Flottille: September 1944)

2. U-Flottille »Saltzwedel«
   Standorte: Wilhelmshaven, ab Juni 1940 Lorient, Norwegen
   KKpt. Hartmann (Werner)
   KKpt. Fischer
   KKpt. Schütze (Viktor)
   FKpt. Kals

3. U-Flottille »Lohs«
   Standorte: Kiel, ab Oktober 1941 La Pallice, später La Rochelle
   KKpt. Röing
   Kptlt. Schultze (Herbert)
   Kptlt. von Reiche
   KKpt. Zapp

4. U-Flottille (Ausbildungs-Flottille)
   Standort: Stettin, ab Mai 1941
   Kptlt. Frauenheim
   KKpt. Fischer (Heinz)

5. U-Flottille »Emsmann«
   KKpt. Rösing
   (Ende 1939 aufgelöst)

6. U-Flottille »Hundius«
   Standorte: Wilhelmshaven, Danzig, St. Nazaire
   Kptlt. Frauenheim
   KKpt. Schulz (Wilhelm)
   Kptlt. Emmermann

7. U-Flottille »Wegener«
Standorte: Kiel, St. Nazaire, Norwegen
KKpt. Rösing
KKpt. Sohler
KKpt. Piening

8. U-Flottille (Ausbildungs-Flottille)
Standorte: Königsberg, Danzig
KKpt. Schulz (Wilhelm)
Kptlt. Eckermann
KKpt. von Schmidt
Kptlt. Mahn
Kptlt. Pauckstadt

9. U-Flottille
Standort: Brest
Kptlt. Oesten
KKpt. Lehmann-Willenbrock

10. U-Flottille
Standort: Lorient
KKpt. Kuhnke
(Flottille im Oktober 1944 aufgelöst)

11. U-Flottille
Standort: Bergen
KKpt. Cohausz
KKpt. Lehmann-Willenbrock

12. U-Flottille
Standort: Bordeaux
KKpt. Scholtz
(Flottille wurde im August 1944 aufgelöst)

13. U-Flottille
Standort: Drontheim
FKpt. Rüggeberg
(Aufgestellt im Juni 1943)

14. U-Flottille
Standort: Narvik
Kptlt. Möhlmann
(Aufgestellt im Dezember 1944)

15. U-Flottille
(Aufstellung geplant, nicht durchgeführt)

19. U-Flottille (Ausbildungs-Flottille)
Standorte: Pillau und Kiel
KKpt. Metzler
(Aufgestellt im Oktober 1943)

20. U-Flottille (Ausbildungs-Flottille)
Standort: Pillau
KKpt. Mengersen
(Aufgestellt Juni 1943; aufgelöst Februar 1945)

21. U-Flottille (Ausbildungs-Flottille)
Standort: Pillau
Kptlt. Beduhn
KKpt. Büchel
KKpt. Schuhart
Kptlt. Collmann
(Juli 1940 aufgestellt; aufgelöst März 1945)

22. U-Flottille (Ausbildungs-Flottille)
Standorte: Gotenhafen, Wilhelmshaven
KKpt. Ambrosius
KKpt. Lüth
KKpt. Bleichrodt
(Januar 1941 aufgestellt)

23. U-Flottille (Ausbildungs-Flottille)
Standort: Danzig
KKpt. von Bülow
(Aufgestellt August 1943; aufgelöst März 1945)

24. U-Flottille (Ausbildungs-Flottille)
Standorte: Danzig, Memel, Drontheim, Gotenhafen, Eckernförde
KKpt. Weingaertner
Kpt. z.S. Peters
FKpt. Merten
KKpt. Jasper
(Aufgestellt Juli 1940; März 1945 aufgelöst)

25. U-Flottille (Ausbildungs-Flottille)
Standorte: Danzig, Drontheim, Memel, Libau, Gotenhafen, Travemünde
KKpt. Hashagen
KKpt. Jasper
FKpt. Neitzel
KKpt. Gysae
KKpt. Schulz (W.)
(Aufgestellt Juli 1942)

26. U-Flottille (Ausbildungs-Flottille)
Standorte: Pillau, Warnemünde
KKpt. von Stockhausen
KKpt. Merten
FKpt. Brümmer-Patzig
KKpt. Bauer (Ernst)
(Aufgestellt April 1941)

27. U-Flottille (Ausbildungs-Flottille)
Standort: Gotenhafen
KKpt. Sobe
FKpt. Hartmann (Werner)
KKpt. Topp
Kptlt. Bauer (Ernst)
(Aufgestellt Juli 1940; aufgelöst März 1945)

29. U-Flottille
Standorte: La Spezia, Toulon, Pola, Marseille, Salamis
KKpt. Becker (Franz)
KKpt. Frauenheim
KKpt. Jahn
(Aufgestellt Dezember 1941; aufgelöst September 1944)

30. U-Flottille
Standort: Konstanza
Kptlt. Rosenbaum
Kptlt. Petersen (Klaus)
Kptlt. Schöler
(Aufgestellt Oktober 1942; aufgelöst Oktober 1944)

31. U-Flottille (Ausbildungs-Flottille)
Standorte: Hamburg, Wilhelmshaven, Wesermünde
Kpt. z.S. Mahn
KKpt. Emmermann
(Aufgestellt September 1943)

32. U-Flottille (Ausbildungs-Flottille)
Standorte: Königsberg, ab Januar 1945 Hamburg
FKpt. Rigele
KKpt. Heyse (Ulrich)
(Aufgestellt August 1944)

33. U-Flottille
Standort: Flensburg (einige Boote in Ostasien, dort Standorte Penang und Djakarta)
KKpt. Schewe
KKpt. Kuhnke
(Aufgestellt September 1944)

U-BOOTTYPENLISTE DER DEUTSCHEN KRIEGSMARINE

TYP I A	Hochsee-U-Boot	1200 cbm Verdrängung
Typ II A	Küsten-U-Boot	381 cbm Verdrängung
Typ II B	Küsten-U-Boot	414 cbm Verdrängung
Typ II C	Küsten-U-Boot	435 cbm Verdrängung
Typ II D	Küsten-U-Boot	460 cbm Verdrängung
Typ III	Hochsee-U-Boot	nicht gebaut
Typ IV	geplant, aber nicht gebaut	
Typ V	geplant, aber nicht gebaut	
Typ VI	geplant, aber nicht gebaut	
Typ VII A	Hochsee-Boot (Atlantik)	915 cbm Verdrängung
Typ VII B	Hochsee-Boot (Atlantik)	1040 cbm Verdrängung
Typ VII C	Hochsee-Boot (Atlantik)	1070 cbm Verdrängung
Typ VII D	Hochsee-Boot (Atlantik)	1285 cbm Verdrängung
Typ VII E	Hochsee-Boot (Atlantik)	geplant, nicht gebaut
Typ VII F	Hochsee-Boot (Atlantik)	1345 cbm Verdrängung
Typ VIII I	projektiert	
Typ IX A	U-Boot für ozeanische Verwendung	1408 cbm Verdrängung
Typ IX B	U-Boot für ozeanische Verwendung	1430 cbm Verdrängung
Typ IX C	U-Boot für ozeanische Verwendung	1540 cbm Verdrängung
Typ IX D 1	U-Boot für ozeanische Verwendung	2150 cbm Verdrängung
Typ IX D 2	U-Boot für ozeanische Verwendung	2150 cbm Verdrängung
Typ X A	Hochsee-Minenleger	nicht gebaut
Typ X B	Hochsee-Minenleger und Versorger	2710 cbm Verdrängung
Typ XI	U-Kreuzer (nicht gebaut)	4650 cbm Verdrängung
Typ XII	Flotten-U-Boot	geplant, nicht gebaut
Typ XIII	Kleines Kampfboot	projektiert
Typ XIV	Treiböltransporter	2300 cbm Verdrängung
Typ XV	Größter Torpedotransporter	nicht gebaut
Typ XVI	Größter Torpedotransporter	nicht gebaut
Typ XVII	Walter-Versuchsboot	280 cbm Verdrängung
Typ XVIII	Walter-Hochseeboot	1887 cbm Verdrängung (Boot war in Bau)
Typ XIX	Treibölfrachter	nicht gebaut
Typ XX	Großer Öltransporter	3425 cbm Verdrängung (Boot war in Bau)

Typ XXI	U-Boot für ozeanische Verwendung, Elektroboot	2114 cbm Verdrängung
Typ XXII	Kleines Kampfboot	nicht gebaut
Typ XXIII	Kleines Kampfboot Elektroboot	275 cbm Verdrängung
Typ XXIV	Großes Kampfboot	nur projektiert
Typ XXV	Küsten-U-Boot	nur projektiert
Typ XXVI	Walter-Hochsee-Turbinen-U-Boot (Bauauftrag verg.)	1160 cbm Verdrängung
Typ XXVII A	Kleinst-U-Boot »Hecht«	12,25 cbm Verdrängung
Typ XXVII B	Kleinst-U-Boot »Seehund«	14,90 cbm Verdrängung
Typ XXVIII	Küsten-U-Boot, Dampfturbinenanlage	200 cbm Verdrängung

(Weitere U-Boottypen waren in Studienentwürfen konzipiert, sie wurden jedoch nicht mehr gebaut.)

DIE TECHNISCHEN DATEN DER HAUPT- U-BOOT-TYPEN

Das U-Boot des Typs II B

Baujahr:	1936–1940
Bauwerften:	verschiedene (z. B. Germaniawerft Kiel)
Größe (Wasserverdrängung):	229 über, 329 unter, 414 cbm gesamte Form
Länge über alles:	42,7 m
Brcitc:	4,0 m
Tiefgang:	3,9 m
Antrieb:	2 MWM-Dieselmotoren 700 PS 2 SSW-Elektromotoren 410 PS
Geschwindigkeit:	13 kn über, 7 kn unter Wasser
Fahrtstrecke:	1800 sm bei 10 kn über Wasser 43 sm bei 4 kn unter Wasser
Treibstoff-Vorrat:	21 Tonnen
Bewaffnung:	3 TR 53,3 cm, 6 Torpedos oder 8 Minen 1 FlaMW 2 cm, ab 1942 4 2-cm-FlaMW in Zwillingslafette
Besatzung:	25 Mann

Das U-Boot des Typs VII C (das meistgebaute U-Boot)

Baujahr:	1939–1945
Bauwerften:	verschiedene (z. B. Deutsche Werke Kiel)
Größe (Wasserverdrängung)	769 cbm über, 871 cbm unter Wasser
Länge über alles:	67,1 m
Breite:	6,2 m
Tiefgang:	4,8 m
Antrieb:	2 Dieselmotoren MAN oder GW mit 2800 PS für Überwasserfahrt 2 Elektromotoren BBC oder AEG mit 750 PS für Unterwasserfahrt
Fahrtstrecke:	6500 sm bei 10 kn über Wasser 80 sm bei 4 kn unter Wasser
Geschwindigkeit:	17 kn/h über und 7,6 kn unter Wasser
Treibstoff-Vorrat:	114 Tonnen
Bewaffnung:	5 TR 53,3 cm (4 Bugrohre, 1 Heckrohr) 10 Torpedos oder 30 Minen 1 3,7-cm-Flak, 1 2-cm-FlaMW.

	Die ersten Boote noch ein Buggeschütz 8,8 cm. Später 4 2-cm-FlaMW in Zwillingslafetten
Besatzung:	50 Mann Die Zahl der von diesem Typ in Dienst gestellten Boote betrug 661

Das U-Boot des Typs IX C

Baujahr:	1939–1942
Bauwerften:	AG Weser, Bremen, Deutsche Werft, Hamburg-Seebeck, Wesermünde
Größe (Wasserverdrängung):	1120 cbm über, 1232 cbm unter Wasser Gesamtverdrängung 1540/1545 cbm
Länge über alles:	76,76 m
Breite:	6,76/4,40 m
Tiefgang:	9,60/4,70 m
Antrieb:	2 Dieselmotoren MAN-DM mit 4400 PS 2 Elektromotoren SSW-EM mit 1000 PS
Fahrtstrecke:	11.400 sm bei 12 kn Fahrt über Wasser, 63 sm bei 4 kn Fahrt unter Wasser
Geschwindigkeit:	18,3 kn/h über und 7,3 kn/h unter Wasser
Treibstoff-Vorrat:	208 Tonnen
Bewaffnung:	6 TR 53,3 cm, 4 Bug- und 2 Heckrohre 22 Torpedos oder 66 Minen 1 10,5-cm-Bugkanone (bis 1942) 1 3,7-cm-Flak 1 bis 4 2-cm-FlaMW
Besatzung:	48 Mann

Das U-Boot des Typs IX D 2

Baujahr:	1940–1942
Bauwerft:	AG Weser, Bremen
Größe (Wasserverdrängung):	1616 cbm über, 1804 cbm unter Wasser Gesamtverdrängung 2150 cbm
Länge über alles:	87,60 m
Breite:	7,50/4,40 m
Tiefgang:	5,35/10,50 m
Antrieb:	2 MAN-DM Dieselmotoren 5400 PS über Wasser, 2 SSW-EM Elektromotoren, 1100 PS unter Wasser, zusätzlich 2 Dieselgeneratoren
Fahrtstrecke:	Dieselelektrisch zusammen 31.500 sm bei 10 kn/h Geschwindigkeit, 57 sm bei 4 kn/h Geschwindigkeit E-Maschinen

Geschwindigkeit:	19,2 kn über und 6,9 kn unter Wasser
Treibstoff-Vorrat:	442 Tonnen
Bewaffnung:	6 TR 53,3 cm, 2 Bug- und 2 Heckrohre 24 Torpedos oder 72 Minen 1 3,7-cm-Flak, 4 2-cm-FlaMW
Besatzung:	57 Mann

Das U-Boot des Typs XXI

Baujahr:	1944–1945
Bauwerften:	AG Weser, Bremen, Blohm & Voß, Hamburg, Schichauwerft, Danzig
Größe (Wasserverdrängung):	1621 cbm unter, 1819 cbm über Wasser Gesamtverdrängung 2114 cbm
Länge über alles:	76,70 m
Breite:	8,00/5,30 m
Tiefgang:	6,32/11,34 m
Antrieb:	2 MAN-DM Dieselmotoren mit 4000 PS und 2 AEG- oder BBC-SSW-EM mit 5020 PS für die Unterwasserfahrt. Das erste Unterwasserboot
Fahrtstrecke:	11.150 sm bei 12 kn über Wasser und 285 sm bei 6 kn unter Wasser
Geschwindigkeit:	15,6 kn über Wasser und 17,5 kn unter Wasser
Treibstoff-Vorrat:	250 Tonnen
Bewaffnung:	6 TR 53,3 cm, alle Bugrohre 23 Torpedos oder 17 Torpedos und 12 Minen, 42-cm-FlaMW in Zwillingslafette (vorgesehen 43-cm-FlaMW in Zwillingslafette)
Besatzung:	57 Mann (von diesem Boot wurden 127 fertig)

Das Boot des Typs XXIII

Baujahr:	1944–1945
Bauwerften:	Germaniawerft, Kiel, Deutsche Werft, Hamburg
Größe (Wasserverdrängung):	233 cbm über, 258 cbm unter Wasser Gesamtverdrängung 275 cbm
Länge über alles:	34,60 m
Breite:	3,00/2,80 m
Tiefgang:	3,66/4,04 m
Antrieb:	1 MWM-Dieselmotor mit 580 PS und

	1 AEG-Elektromotor mit 600 PS
Fahrtstrecke:	1350 sm bei 9 kn Überwassermarsch und 175 sm bei 4 kn Unterwassermarsch
Geschwindigkeit:	9,7 kn/h über Wasser und 12,5 kn/h unter Wasser (das sogenannte »Elektro-Einhüllen-Boot«)
Treibstoffvorrat:	18 Tonnen
Bewaffnung:	2 TR 53,3 cm, Bugrohre, keine Artillerie
Besatzung:	14 Mann

ÜBERSICHT ÜBER DIE WICHTIGSTEN KONVOI-BEZEICHNUNGEN

Kennung	Einsatzstrecke	Bemerkungen
GUF	Gibraltar – USA	Schneller Konvoi
GUS	Gibraltar – USA	Langsamer Konvoi
HX	Halifax – England	10-Knoten-Konvoi
JW	England – Nordrußland	Nach November 1942
MKS	Nordafrika – England	
ON	England – Nordamerika	10-Knoten-Konvoi
ONS	England – Nordamerika	7-Knoten-Konvoi
PQ	England – Nordrußland	Bis November 1942
QP	Nordrußland – England	Bis November 1942
RA	Nordrußland – England	Nach November 1942
SC	Halifax – England	7-Knoten-Konvoi
SL	Sierra Leone – England	
WS	England – Naher Osten	Truppentransport
UGS	USA – Gibraltar	Langsamer Konvoi
UGF	USA – Gibraltar	Schneller Konvoi

VERBLEIB DER DEUTSCHEN U-BOOTE

Nr.	letzter Kdt.	Untergangsdatum		Art des Untergangs
Typ II A				
U 1	Kptlt. Deecke	16.	4. 40	U-Boot »Porpoise«
U 2	Oblt. z.S. Schwarzkopf	8.	4. 44	Kollision
U 3	Lt. z.S. Neumeister	1.	8. 44	a.D. Gotenhafen
U 4	Lt. z.S. Rieger	1.	8. 44	a.D. Gotenhafen
U 5	Lt. z.S. Rahn	19.	3. 43	Tauchpanne, Pillau
U6	Lt. z.S. Jestel	7.	8. 44	a.D. Gotenhafen
Typ II B				
U 7	Oblt. z.S. Loeschke	18.	2. 44	Tauchpanne, Pillau
U 8	Oblt. z.S. Kriegshammer	2.	5. 45	Wilhelmshaven, SVer.
U 9	Kptlt. Petersen	20.	8. 44	Konstanza, FliBo
U 10	Oblt. z.S. Ahlers	1.	8. 44	a.D. Gotenhafen
U 11	Oblt. z.S. Dobenecker	3	5. 45	Selbstversenkt, Kiel
U 12	Kptlt. von der Ropp	8.	10. 39	Mine, Kanal
U 13	Oblt. z.S. Schulte (M.)	31.	5. 40	nw. Newcastle
U 14	Oblt. z.S. Dierks	2.	5. 45	Wilhelmshaven, SVers.
U 15	Kptlt. Frahm	31.	1. 40	Nordsee, gerammt
U 16	Kptlt. Weingaertner	24.	10. 39	Mine vor Dover
U 17	Kptlt. von Reiche	2.	5. 45	Wilhelmshaven, SVer.
U 18	Oblt. z.S. Arendt	25.	8. 44	Konstanza, SVers.
U 19	Oblt. z.S. Verpoorten	11.	9. 44	türkische Küste
U 20	Oblt. z.S. Grafen	10.	9. 44	türkische Küste
U 21	Oblt. z.S. Schwarzkopf	5.	8. 44	a.D. Pillau
U 22	Kptlt. Jenisch		3. 40	Nordsee, Mine (?)
U 23	Oblt. z.S. Arendt	10.	9. 44	türkische Küste
U 24	Oblt. z.S. Lenzmann	25.	8. 44	Konstanza, SVers.
Typ I A				
U 25	Kptlt. Beduhn	3.	8. 40	Terschelling, dt. Mine
U 26	Kptlt. Scheringer	1.	7. 40	Nordatlantik, br. Korv.
Typ VII A				
U 27	Kptlt. Franz	20.	9. 39	nw. Hebriden, br. Zerst.
U 28	Oblt. z.S. Sachse	4.	8. 44	Tauchpanne

Nr.	letzter Kdt.	Untergangsdatum	Art des Untergangs
U 29	Oblt. z.S. Graf von und zu Arco von Zinneberg	4. 5. 45	Kupfermühlenbucht, SVers.
U 30	Oblt. z.S. Schimmel	5. 5. 45	Flensburger Förde, SVers.
U 31	Kptlt. Prellberg	2. 11. 40	nw. Irland, Zerst. Flie.
U 32	Oblt. z.S. Jenisch	30. 10. 40	nw. Irland, Zerst.
U 33	Kptlt. von Dresky	12. 2. 40	Firth of Clyde
U 34	Lt. z.S. Aust	8. 9. 43	Kollision, b. Memel
U 35	Kptlt. Lott	29. 11. 39	ostw. Shetlands, Zerst.
U 36	Kptlt. Fröhlich	4. 12. 39	U-Boot »Salmon«, Nordsee
Typ IX A			
U 37	Kptlt. von Wenden	8. 5. 45	Sonderburger Bucht, SVers.
U 38	KKpt. Peters (G.)	5. 5. 45	Wesermünde, SVers.
U 39	Kptlt. Glattes	14. 9. 39	westl. Hebriden, Zerst.
U 40	Kptlt. Barten	13. 10. 39	Mine, Kanal
U 41	Kptlt. Mugler	5. 2. 40	südl. Irland, Zerst.
U 42	Kptlt. Dau	13. 10. 39	sw. Irland, Zerst.
U 43	Oblt. z.S. Schwantke	30. 7. 43	sw. Azoren, Trägerflgz.
U 44	Kptlt. Mathes	20. 3. 40	n. Shetlands, Zerst.
Typ VII B			
U 45	Kptlt. Gelhaar	14. 10. 39	ostw. Irland, Zerst.
U 46	Oblt. z.S. Jewinski	4. 5. 45	Kupfermühlenbucht, SVers.
U 47	Kptlt. Prien	8. 3. 41	westl. Irland, Zerst.
U 48	Oblt. z.S. Todenhagen	3. 5. 45	Neustadt, SVers.
U 49	Kptlt. von Gosslar	15. 4. 40	Ofotfjord, Zerst.
U 50	Kptlt. Bauer (M. H.)	10. 4. 40	nnostw. Shetlands, Zerst.
U 51	Kptlt. Knoor	20. 8. 40	Biskaya, U-Cachalot
U 52	Oblt. z.S. Racky	3. 5. 45	Kiel, SVers.
U 53	KKpt. Grosse	23. 2. 40	ostw. Orkneys, Zerst.
U 54	Kptlt. Kutschmann	14. 2. 40	Nordsee, Mine
U 55	Kptlt. Heidel	30. 1. 40	Nordatlantik, Zerst.
Typ II C			
U 56	Oblt. z.S. Sauerbier	28. 4. 45	Kiel, FliBo
U 57	Oblt. z.S. Kühl	3. 5. 45	Kiel, SVers.
U 58	Oblt. z.S. Schulz (R.)	3. 5. 45	Kiel, SVers.
U 59	Lt. z.S. Walther	3. 5. 45	Kiel, SVers.
U 60	Oblt. z.S. Giesewetter	2. 5. 45	Wilhelmshaven, SVers.
U 61	Lt. z.S. Zapf	2. 5. 45	Wilhelmshaven, SVers.
U 62	Lt. z.S. Augustin	2. 5. 45	Wilhelmshaven, SVers.

Nr.	letzter Kdt.	Unter-gangs-datum		Art des Untergangs
U 63	Oblt. z.S. Lorentz	25.	2. 40	s. Shetlands, Zerst.
Typ II B				
U 64	Kptlt. Schulz (W.)	13.	4. 40	Ofotfjord, Flieger
U 65	Kptlt. Hoppe	28.	4. 41	Nordatlantik, Korv.
Typ IX C				
U 66	Oblt. z.S. Seehausen	6.	5. 44	westl. Kapverdische Ins.
U 67	Kptlt.Müller-Stöckheim	16.	7. 43	Mittelatlantik, Flieger
U 68	Oblt. z.S. Lauzemis	10.	4. 44	Kapverdische Ins., Flgzg.
Typ VII C				
U 69	Kptlt. Gräf	17.	2. 43	Nordatlantik, Zerst.
U 70	Kptlt. Matz	7.	3. 41	so. Irland, Korv.
U 71	Oblt. z.S. Ranzau	2.	5. 45	Wilhelmshaven, SVers.
U 72	Oblt. z.S. Mayer	30.	3. 45	Bremen, FliBo
Typ VII B				
U 73	Oblt. z.S. Deckert	16.	12. 43	nördl. Oran, Zerst. (US)
U 74	Oblt. z.S. Friederich	2.	5. 42	ostw. Gibraltar, Zerst.
U 75	Kptlt. Ringelmann	28.	12. 41	Marsa Matruk, Zerst.
U 76	Oblt. z.S. von Hippel	5.	4. 41	südl. Island, Sloop
Typ VII C				
U 77	Oblt. z.S. Hartmann	28.	3. 43	ostw. Cartagena, FliBo
U 78	Oblt. z.S. Hübsch	16.	4. 45	Pillau, russ. Art.
U 79	Kptlt. Kaufmann	23.	12. 41	nördl. Sollum, Zerst.
U 80	Oblt. z.S. Keerl	28.	11. 44	westl. Pillau, Tauchpanne
U 81	Oblt. z.S. Krieg	9.	1. 44	Pola, FliBo
U 82	Kptlt. Rollmann	7.	2. 42	nordost. d. Azoren, Flugz.
Typ VII B				
U 83	Oblt. z.S. Wörishoffer	9.	3. 43	vor Oran, FliBo
U 84	Kptlt. Uphoff	24.	8. 43	Mittelatlantik, Flugz.
U 85	Oblt. z.S. Greger	14.	4. 42	Kap Hatteras, Zerst. (US)
U 86	Kptlt. Schug	29.	11. 43	ostw. Azoren, Flugz.
U 87	Kptlt. Berger	4.	3. 43	Nordatlantik, Zerst. (US)
Typ VII C				
U 88	Kptlt. Bohmann	12.	9. 42	sw. Spitzbergen, Zerst.
U 89	KKpt. Lohmann	14.	5. 43	Nordatlantik, Flugz.-Zerst.

Nr.	letzter Kdt.	Untergangsdatum		Art des Untergangs
U 90	Kptlt. Oldörp	24.	7. 42	ostw. Neufundland, Zerst.
U 91	Kptlt. Hungershausen	25.	2. 44	Nordatlantik, Zerst.
U92	Kptlt. Brauel	12.	10. 44	Bergen a.D.
U 93	Oblt. z.S. Elfe	15.	1. 42	nördl. Madeira, Zerst.
U 94	Oblt. z.S. Ites	28.	8. 42	Karibische See, Zerst.
U 95	Kptlt.Schreiber	28.	11. 41	sw. Almeria, U-021 (ndld.)
U 96	Oblt. z.S. Rix	30.	3. 45	Wilhelmshaven, FliBo
U 97	Kptlt. Trox	16.	4. 43	vor Haifa, FliBo
U 98	Oblt. z.S. Eichmann	19.	11. 42	sw. Kap St. Vinzent, Flieg.
Typ VII B				
U 99	KKpt. Kretschmer	17.	3. 41	südost. Irland, Zerst.
U 100	Kptlt. Schepke	17.	3. 41	südostw. Irland, Zerst.
U 101	Oblt. z.S. Münster	3.	5. 45	Neustadt, SVers.
U 102	Kptlt. von Klot-Heydenfeldt		6. 40	Biskaya, vermißt
Typ IX B				
U 103	Oblt. z.S. Schunck	15.	4. 45	Kiel, FliBo
U 104	Kptlt. Jürst	21.	11. 40	nw. Irland, Korvette
U 105	Kptlt. Nissen	2.	6. 43	vor Dakar, FliBo
U 106	Oblt. z.S. Damerow	2.	8. 43	nwl. Kap Ortegal, Flieg.
U 107	Lt. z.S. Fritz	18.	8. 44	Lorient-La Pallice, FliBo
U 108	Oblt. z.S. Brünig	24.	4. 45	Stettin, SVers.
U 109	Oblt. z.S. Schramm	7.	5. 43	Biskaya, FliBo
U 110	Kptlt. Lemp	10.	5. 41	Nordatlantik, Zerst.
U 111	Kptlt. Kleinschmidt	4.	10. 41	sw. Teneriffa, Trawler
Typ X B				
U 116	Oblt. z.S. Grimme		10. 42	Nordatlantik, vermißt
U 117	KKpt. Neumann	7.	8. 43	Nordatlantik, Flugz.
U 118	KKpt. Szygan	12.	6. 43	westl. Kanarische Ins., Fl.
U 119	Kptlt. von Kameke	24.	6. 43	nordwestl. Kap Ortegal
Typ II D				
U 120	Oblt. z.S. Bensel	2.	5. 45	Bremerhaven, SVers.
U 121	Oblt. z.S. Horst	2.	5. 45	Wesermünde, SVers.
Typ IX B				
U 122	Kptlt. Loof		6. 40	Nordkanal-Biskaya, verm.
U 123	Oblt. z.S. v. Schroeter	18.	8. 44	Lorient, franz. Beute

Nr.	letzter Kdt.	Untergangsdatum	Art des Untergangs
U 124	Kptlt. Mohr	2. 4. 43	westl. Oporto, Korv.
Typ IX C			
U 125	Kptlt. Folkers	6. 5. 43	ostw. Neufundland, Zerst.
U 126	Oblt. z.S. Kietz	3. 7. 43	sw. Kap Ortegal, FliBo
U 127	Kptlt. Hansmann	15. 12. 41	westl. Gibraltar, Zerst.
U 128	Kptlt. Steinert	17. 5. 43	s. Pernambuco, Zerst. (US)
U 129	Oblt. z.S. von Harpe	18. 8. 44	Lorient, SVers.
U 130	Oblt. z.S. Keller	12. 3. 43	westl. Azoren, Zerst. (US)
U 131	KKpt. Baumann	17. 12. 41	nordost. Madeira, Korv.
Typ VII C			
U 132	Kptlt. Vogelsang	5. 11. 42	südostw. Kap Farewell, Fli.
U 133	Oblt. z.S. Mohr (E.)	14. 3. 42	vor Salamis, dt. Mine
U 134	Kptlt. Brosin	24. 8. 43	Biskaya, FliBo
U 135	Oblt. z.S. Luther	15. 7. 43	Kap Juby-Kan. Inseln, Sloop
U 136	Kptlt. Zimmermann	11. 7. 42	westl. Madeira, Sloop
Typ II D			
U 137	Oblt. z.S. Dierks	2. 5. 45	Wilhelmshaven, SVers.
U 138	Oblt. z.S. Gramitzky	18. 6. 41	westl. Cadiz, Zerst.
U 139	Oblt.z.S.Kimmelmann	2. 5. 45	} Wilhelmshaven, SVer.
U 140	Oblt. z.S. Scherfling	2. 5. 45	
U 141	Oblt.z.s.Hoffmann	2. 5. 45	
U 142	Oblt. z.S. Baumgärtel	2. 5. 45	
U 143	Oblt. z.S. Kasparek	30. 6. 45	England, OpDLight
U 144	Kptlt. von Mittelstaedt	9. 8. 41	nördl. Dagö, U-SC 307
U 145	Oblt. z.S. Görner	30. 6. 45	England, OpDLight
U 146	Oblt. z.S. Schauroth	2. 5. 45	Wilhelmshaven, SVers.
U 147	Oblt. z.S. Wetjen	2. 6. 41	nordwestl. Irland, Zerst.
U 148	Oblt. z.S. Tammen	2. 5. 45	Wilhelmshaven, SVers.
U 149	Oblt. z.S. Plohr	30. 6. 45	England, OpDLight
U 150	Oblt. z.S. Kriegshammer	30. 6. 45	England, dort 22. 7. 47 im Manöver gesunken
U 151	Oblt. z.S. Graf v. Arco	2. 5. 45	Wilhelmshaven, SVers.
U 152	Oblt. z.S. Thiel	2. 5. 45	Wilhelmshaven, SVers.
Typ IX C			
U 153	KKpt. Reichmann	13. 7. 42	vor Colon, Zerst. (US)
U 154	Oblt. z.S. Gemeiner	3. 7. 44	westl. Madeira, Zerst. (US)
U 155	Oblt. z.S. Altmeier	6. 45	England, OpDLight

Nr.	letzter Kdt.	Untergangsdatum	Art des Untergangs
U 156	KKpt. Hartenstein	8. 3. 43	ostw. Barbados, FliBo
U 157	KKpt. Henne	13. 6. 42	Golf v. Mexiko, US-Kutter
U 158	Kptlt. Rostin	30. 6. 42	nordwestl. Bermudas, FliBo
U 159	Oblt. z.S. Beckmann	15. 7. 43	südl. Haiti, FliBo
U 160	Oblt. z.S. von Pommer-Esche	14. 7. 43	Mittelatlantik, Flugz.
U 161	Kptlt. Achilles	27. 9. 43	vor Bahia, FliBo
U 162	FKpt. Wattenberg	3. 9. 42	Mittelatlantik, Zerst.
U 163	KKpt. Engelmann	21. 3. 43	Biskaya, U-Boot (?)
U 164	KKpt. Fechner	6. 1. 43	nw. Pernambuco, Fli.
U 165	KKpt. Hoffmann	27. 9. 42	Biskaya, Ursache unbek.
U 166	Oblt. z.S. Kuhlmann	1. 8. 42	Golf von Mexiko, Fli.
U 167	KKpt. Sturm	6. 4. 43	Kanarische Inseln, SVers.
U 168	Kptlt. Pich	6. 10. 44	Java-See, U »Zwaardfish«
U 169	Oblt. z.S. Bauer (O.)	27. 3. 43	südl. Island, Fli.
U 170	Oblt. z.S. Hauber	7. 45	England, OpDLight
U 171	Kptlt. Pfeffer	9. 10. 42	vor Lorient, Mine
U 172	Oblt. z.S. Hoffmann	12. 12. 43	nw. Kapverdische Inseln, Fli.
U 173	Oblt. z.S. Schweichel	16. 11. 42	Casablanca, Zerst.
U 174	Oblt. z.S. Grandefeld	27. 4. 43	südl. Neufundland, Fli.
U 175	Kptlt. Bruns	17. 4. 43	südw. Irland, Kutter (US)
U 176	KKpt. Dierksen	15. 5. 43	nördl. La Habana, UJSC-13
Typ IX D2			
U 177	KKpt. Buchholz	6. 2. 44	westl. Ascension, Fli.
U 178	Kptlt. Spahr	20. 8. 44	Bordeaux, SVers.
U 179	KKpt. Sobe	8. 10. 42	vor Kapstadt, Zerst.
U 180	Oblt. z.S. Riesen	22. 8. 44	Biskaya, Mine
U 181	Kpt. z.S. Freiwald	5. 45	Japan, I 501
U 182	Kptlt. Clausen	16. 5. 43	Tristan da Cunha, Zerst. (US)
Typ IX C			
U 183	Kptlt. Schneewind	23. 4. 45	Javasee, U »Besugo« (US)
U 184	Kptlt. Dangschat	20. 11. 42	ostw. Neufundland, Korv.
U 185	Kptlt. Maus	24. 8. 43	Mittelatlantik, TorpB. (US)
U 186	Kptlt. Hesemann	12. 5. 43	nördl. Azoren, Zerst.
U 187	Kptlt. Münnich	4. 2. 43	Nordatlantik, Zerst.
U 188	Kptlt. Lüdden	20. 8. 44	Bordeaux, SVers.
U 189	Kptlt. Kurrer	24. 4. 43	ostw. Kap Farewell, Fli.
U 190	Oblt. z.S. Reith	14. 5. 45	ostw. Kap Farewell, Zerst.
U 191	Kptlt. Fiehn	23. 4. 43	Halifax, US-Beute, Versuche

Nr.	letzter Kdt.	Untergangsdatum	Art des Untergangs
U 192	Oblt. z.S. Happe	5. 5. 43	Nordatlantik, Korv.
U 193	Oblt. z.S. Dr. Abel	28. 4. 44	westl. Nantes, Fli.
U 194	Kptlt. Hesse	24. 6. 43	südl. Island, Fli.
U 195	Oblt. z.S. Steinfeldt	5. 45	Japan, I 506
Typ IX D2			
U 196	Oblt. z.S. Striegler	11. 44	Sundastraße, vermißt
U 197	Kptlt. Bartels (R.)	20. 8. 43	südwestl. Madagaskar, Fli.
U 198	Oblt. z.S. Heusinger von Waldeck	12. 8. 44	Seychellen-Ins., Fregatte
U 199	Kptlt. Kraus	31. 7. 43	vor Rio de Janeiro, Fli.
U 200	Kptlt. Schonder	24. 6. 43	südwestl. Island, Fli.
Typ VII C			
U 201	Oblt. z.S. Rosenberg	17. 2. 43	ostw. Neufundland, Zerst.
U 202	Kptlt. Poser	2. 6. 43	Kap Farewell, Sloop
U 203	Kptlt. Kottmann	25. 4. 43	südost. Kap Farewell, Zerst.
U 204	Kptlt. Kell	19. 10. 41	westl. Gibraltar, Sloop
U 205	Oblt. z.S. Bürgel	17. 2. 43	nördl. Cyrenaika, Zerst.-Fli.
U 206	Kptlt. Opitz	30. 11. 41	Biskaya, Fli.
U 207	Oblt. z.S. Meyer	11. 9. 41	Dänemarkstraße, Zerst.
U 208	Oblt. z.S. Schlieper	11. 12. 41	westl. Gibraltar, Korv.
U 209	Kptlt. Brodda	5. 43	Nordatlantik, vermißt
U 210	Kptlt. Lemcke	6. 8. 42	südl. Kap Farewell, Zerst.
U 211	Kptlt. Hause	19. 11. 43	ostw. Azoren, Fli.
U 212	Kptlt. Vogler	21. 7. 44	Kanal, Freg.
Typ VII D			
U 213	Oblt. z.S. v. Varendorff	31. 7. 42	westl. Punta Delgada, Sloops
U 214	Oblt. z.S. Conrad	26. 7. 44	Start Point, Freg.
U 215	Kptlt. Hoeckner	3. 7. 42	ostw. Boston, Geleitfahrz.
U 216	Kptlt. Schulz (K. O.)	20. 10. 42	Nordatlantik, Fli.
U 217	Kptlt. Reichenbach-Klinke	5. 6. 43	Mittelatlantik, Fli.
U 218	Kptlt. Stock	30. 5. 45	England, OpDLight
Typ X B			
U 219	KKpt. Burghagen	5. 45	Japan, I 505
U 220	Oblt. z.S. Barber	28. 10. 43	Mittelatlantik, Fli.
Typ VII C			
U 221	Kptlt. Trojer	27. 9. 43	südl. Irland, Fli.

Nr.	letzter Kdt.	Untergangsdatum	Art des Untergangs
U 222	Kptlt. von Jessen	2. 9. 42	vor Pillau, Kollision
U 223	Oblt. z.S. Gerlach	30. 3. 44	nördl. Palermo, Zerst.
U 224	Oblt. z.S. Kosbadt	31. 1. 43	westl. Algier, Korv.
U 225	Oblt. z.S. Leimkühler	21. 2. 43	Nordatlantik, Küstenwachsch.
U 226	Oblt. z.S. Gänge	6. 11. 43	ostw. Neufundland, Sloops
U 227	Kptlt. Kuntze	30. 4. 43	nordostw. der Färöer, Fli.
U 228	Kptlt. Engel	10. 44	Bergen a. D. (nach Fli.)
U 229	Oblt. z.S. Schetelig	22. 9. 43	südostw. Kap Farewell, Zerst.
U 230	Oblt. z.S. Eberbach	21. 8. 44	Reede von Toulon, SVers.
U 231	Kptlt. Wenzel	13. 1. 44	nördl. Azoren, Fli.
U 232	Kptlt. Ziehm	8. 7. 43	westl. Oporto, Fli.
Typ X B			
U 233	Kptlt. Steen	5. 7. 44	ostw. Halifax, US-Group
U 234	Kptlt. Fehler	16. 5. 45	Portsmouth USA, eingelaufen
Typ VII C			
U 235	Kptlt. Huisgen	14. 4. 45	Kattegat, dt. T 17 (Wabos)
U 236	Oblt. z.S. Mumm	5. 5. 45	Schleimündung, SVers.
U 237	Kptlt. Menard	4. 4. 45	Kiel, Fli.
U 238	Kptlt. Hepp	9. 2. 44	südl. Irland, Sloops
U 239	Oblt. z.S. Vöge	5. 8. 44	Kiel a. D. (nach FliBo)
U 240	Oblt. z.S. Link	16. 5. 44	nordost. Shetlands, Fli.
U 241	Oblt. z.S. Werr	18. 5. 44	nordostw. Shetlands, Fli.
U 242	Oblt. z.S. Riedel	30. 4. 45	Blackpool, Zerst.
U 243	Kptlt. Märtens	8. 7. 44	westl. Nantes, Fli.
U 244	Oblt. z.S. Mackeprang	14. 5. 45	England, OpDLight
U 245	KKpt. Schumann-Hindenberg	30. 5. 45	England, OpDLight
U 246	Kptlt. Raabe	29. 3. 45	westl. Lizard Head, Freg.
U 247	Oblt. z.S. Matschulat	1. 9. 44	Kanal, Freg.
U 248	Oblt. z.S. Loos	16. 1. 45	Nordatlantik, Killer-Group
U 249	Kptlt. Kock	9. 5. 45	England, OpDLight
U 250	Kptlt. Schmidt (W. K.)	30. 7. 44	Koivisto-Enge, russ. DS 910
U 251	Oblt. z.S. Sauerbier	19. 4. 45	Kattegat, Fli.
U 252	Kptlt. Lerchen	14. 4. 42	südl. Irland, Sloops
U 253	Kptlt. Friedrichs	23. 9. 42	nordostw. Island, Fli.
U 254	Kptlt. Gilardone	8. 12. 42	Grönland, Kollision mit U 221
U 255	Oblt. z.S. Heinrich	5. 45	England, OpDLight
U 256	KKpt. Lehmann-Willenbrock	5. 45	England, OpDLight

Nr.	letzter Kdt.	Untergangsdatum		Art des Untergangs
U 257	Kptlt. Rahe	24.	2. 44	Nordatlantik, Freg. (kan.)
U 258	Kptlt. Mässenhausen	21.	5. 43	Nordatlantik, Fli.
U 259	Kptlt. Köpke	15.	11. 42	nördl. Algier, Fli.
U 260	Kptlt. Becker	12.	3. 45	südl. Irland, Mine, SVers.
U 261	Kptlt. Lange	15.	9. 42	südl. Färöer, Fli.
U 262	Kptlt. Laudahn		4. 45	Kiel a. D.
U 263	Kptlt. Nölke		1. 44	Biskaya, vermißt
U 264	Kptlt. Looks	19.	2. 44	Nordatlantik, Sloops
U 265	Oblt. z.S. Aufhammer	3.	2. 43	südl. Island, Fli.
U 266	Kptlt. von Jessen	14.	5. 43	Nordatlantik, Fli.
U 267	Oblt. z.S. Knieper	4.	5. 45	Flensburger Förde, SVers.
U 268	Oblt. z.S. Heydemann	19.	2. 43	westl. Nantes, Fli.
U 269	Oblt. z.S. Uhl	25.	6. 44	Lyme-Bay, Zerst.
U 270	Oblt. z.S. Schreiber	12.	8. 44	westl. La Rochelle, Fli.
U 271	Kptlt. Barleben	28.	1. 44	Nordatlantik, Fli.
U 272	Oblt. z.S. Hepp	12.	11. 42	vor Hela, Kollision
U 273	Oblt. z.S. Roßmann	19.	5. 43	südl. Island, Fli.
U 274	Oblt. z.S. Jordan	23.	10. 43	südl. Island, Zerst.
U 275	Oblt. z.S. Wehrkamp	10.	3. 45	südl. Beachy Head, Mine
U 276	Oblt. z.S. Zwarg	29.	9. 44	Neustadt a. D.
U 277	Kptlt. Lübsen	1.	5. 44	südwestl. Bäreninsel, Fli.
U 278	Kptlt. Franze	16.	5. 45	England, OpDLight
U 279	Kptlt. Finke	4.	10. 43	südl. Island, Fli.
U 280	Oblt. z.S. Hungershausen	16.	11. 43	Nordatlantik, Fli.
U 281	Kptlt. von Davidson	29.	5. 45	England, OpDLight
U 282	Oblt. Müller (R.)	29.	10. 43	Nordatlantik, Zerst.
U 283	Oblt. z.S. Ney	11.	2. 44	südl. Färöer, Fli.
U 284	Oblt. z.S. Scholz	21.	12. 43	Nordatlantik, Fli., SVers.
U 285	Kptlt. Bornhaupt	15.	4. 45	südl. Irland, Fregatten
U 286	Oblt. z.S. Dietrich	29.	4. 45	Barents-See, Freg.
U 287	Oblt. z.S. Meyer (H.)	16.	5. 45	Elbemündung, Mine
U 288	Oblt. z.S. Meyer (W.)	3.	4. 44	Barents-See, Fli.
U 289	Kptlt. Hellwig	31.	5. 44	südw. Bäreninsel, Zerst.
U 290	Oblt. z.S. Baum	5.	5. 45	Geltinger Bucht, SVers.
U 291	Oblt. z.S. Neumeister	24.	6. 45	England, OpDLight
U 292	Oblt. z.S. Schmidt (W.)	27.	5. 44	nördl. Shetlands, Fli.
U 293	Kptlt. Klingspor	11.	5. 45	England, OpDLight
U 294	Oblt. z.S. Schütt	16.	5. 45	England, OpDLight
U 295	Kptlt. Wieboldt	16.	5. 45	England, OpDLight
U 296	Kptlt. Rasch	22.	3. 45	Nordkanal, Fli.

Nr.	letzter Kdt.	Unter-gangs-datum	Art des Untergangs
U 297	Oblt. z.S. Aldegermann	6. 12. 44	Pentland Firth, Fregatten
U 298	Oblt. z.S. Gehrken	29. 5. 45	England, OpDLight
U 299	Oblt. z.S. Emde	29. 5. 45	England, OpDLight
U 300	Oblt. z.S. Hein	22. 2. 45	vor Cadiz, Minenräumboot
U 301	Kptlt. Körner	21. 1. 43	westl. Korsika, U »Sahib«
U 302	Kptlt. Sickel	6. 4. 44	Nordatlantik, Freg.
U 303	Kptlt. Heine	21. 5. 43	südl. Toulon, U »Sickele«
U 304	Oblt. z.S. Koch	28. 5. 43	südostw. Kap Farewell, Fli.
U 305	Kptlt. Bahr	17. 1. 44	südl. Irland, Zerst.
U 306	Kptlt. von Trotha	31. 10. 43	nördl. Azoren, Zerst.
U 307	Oblt. z.S. Krüger (E.)	29. 4. 45	vor Murmansk, Fregatte
U 308	Oblt. z.S. Mühlenpfort	4. 6. 43	no. Färöer, U »Truculent«
U 309	Oblt. z.S. Loeder	16. 2. 45	Moray Firth, Freg. (kan.)
U 310	Oblt. z.S. Ley	29. 5. 45	England, OpDLight
U 311	Kptlt. J. Zander	24. 4. 44	südl. Irland, Fli.
U 312	Oblt. z.S. von Gaza	16. 5. 45	England, OpDLight
U 313	Kptlt. Schweiger	16. 5. 45	England, OpDLight
U 314	Kptlt. Basse	30. 1. 44	südostw. Bäreninsel, Zerst.
U 315	Oblt. z.S. Zoller	1. 5. 45	Drontheim a. D. (England)
U 316	Oblt. z.S. König	2. 5. 45	Travemünde, SVers.
U 317	Oblt. z.S. Rahlf	26. 4. 44	nordostw. Shetlands, Fli.
U 318	Oblt. z.S. Will	16. 5. 45	England, OpDLight
U 319	Oblt. z.S. Clemens	15. 7. 44	südwestl. Lindesnes, Fli.
U 320	Oblt. z.S. Emmrich	8. 5. 45	Bergen, Fli.
U 321	Oblt. z.S. Berends	2. 4. 45	südwestl. Irland, Fli.
U 322	Oblt. z.S. Wysk	25. 11. 44	nordostw. Orkneys, Freg.
U 323	Oblt. z.S. Dobinsky	3. 5. 45	Nordenham, SVers.
U 324	Oblt. z.S. Edelhoff	5. 45	Bergen-England, OpDLight
U 325	Oblt. z.S. Dohrn	30. 4. 45	Kanal, brit. Zerst.
U 326	Kptlt. Matthes	4. 45	um England vermißt
U 327	Kptlt. Lemcke	27. 2. 45	Westausgang Kanal, Freg.
U 328	Oblt. z.S. Scholle	30. 5. 45	England, OpDLight
U 329	nicht ermittelt	30. 3. 45	Bremen, Fli.
U 330	Auftrag sistiert		
U 331	Kptlt. Frhr. von Tiesenhausen	17. 11. 42	nordwestl. Algier, Fli.
U 332	Oblt. z.S. Hüttemann	2. 5. 43	Kap Finisterre, Fli.
U 333	Kptlt. Fiedler	31. 7. 44	Bishop Rock, Sloop, Freg.
U 334	Oblt. z.S. Ehrich	14. 6. 43	südwestl. Island, Freg.
U 335	Kptlt. Pelkner	3. 8. 42	nw. Shetlands, U »Saracen«
U 336	Kptlt. Hunger	4. 10. 43	südwestl. Island, Fli.

Nr.	letzter Kdt.	Untergangsdatum	Art des Untergangs
U 337	Oblt. z.S. Ruwiedel	15. 1. 43	südwestl. Island, Fli.
U 338	Kptlt. Kinzel	20. 9. 43	südwestl. Island, Fli.
U 339	Oblt. z.S. Remus	3. 5. 45	Wilhelmshaven, SVers.
U 340	Oblt. z.S. Klaus	1. 11. 43	Gibraltar, Zerst. Fli.
U 341	Oblt. z.S. Epp	19. 9. 43	südwestl. Island, Fli.
U 342	Oblt. z.S. Hossenfelder	17. 4. 44	südl. Island, Fli.
U 343	Oblt. z.S. Rahn	10. 3. 44	südl. Sardinien, Freg.
U 344	Kptlt. Pietsch	24. 8. 44	Eismeer, Geleit-Group
U 345	Oblt. z.S. Knackfuß	27. 12. 45	Ablieferungsfahrt, Mine
U 346	Oblt. z.S. Leisten	20. 9. 43	Hela, Tauchpanne
U 347	Oblt. z.S. de Buhr	17. 7. 44	westl. Narvik, Fli.
U 348	Oblt. z.S. Seeger	30. 3. 45	Hamburg, Fli.
U 349	Oblt. z.S. Dähne	5. 5. 45	Geltinger Bucht, SVers.
U 350	Oblt. z.S. Niester	30. 3. 45	Hamburg-Finkenwerder, Fli.
U 351	Oblt. z.S. Strehl	5. 5. 45	Höruphaff, SVers.
U 352	Kptlt. Rathke	9. 5. 42	Kap Hatteras, Kutter
U 353	Oblt. z.S. Römer	16. 10. 42	Mittelatlantik, Zerst.
U 354	Kptlt. Sthamer	25. 8. 44	nordwestl. Bäreninsel, GelGr.
U 355	Oblt. z.S. La Baume	1. 4. 44	südl. Bäreninsel, GelGroup
U 356	Oblt. z.S. Ruppelt	27. 12. 42	Nordatlantik, GelGroup
U 357	Kptlt. Kellner	26. 12. 42	nordwestl. Irland, GelGroup
U 358	Kptlt. Manke	1. 3. 44	nördl. Azoren, GelGroup
U 359	Oblt. z.S. Förster	28. 7. 43	südl. Santo Domingo, Fli.
U 360	Kptlt. Becker (K.)	2. 4. 44	nordwestl. Hammerfest, Zerst.
U 361	Kptlt. Seidel	17. 7. 44	westl. Narvik, Fli.
U 362	Oblt. z.S. Franz (L.)	5. 9. 44	Kara-See, russ. Z 116
U 363	Kptlt. Nees	16. 5. 45	England, OpDLight
U 364	Oblt. z.S. Saß	30. 1. 44	westl. Bordeaux, Fli.
U 365	Oblt. z.S. Todenhagen	13. 12. 44	Barents-See, Fli.
U 366	Oblt. z.S. Langenberg	5. 3. 44	nördl. Hammerfest, Fli.
U 367	Oblt. z.S. Stegemann	15. 3. 45	Hela, Mine
U 368	Oblt. z.S. Giesewetter	23. 6. 45	England, OpDLight
U 369	Oblt. z.S. Schunk	29. 5. 45	England, OpDLight
U 370	Oblt. z.S. Nielsen	5. 5. 45	Geltinger Bucht, SVers.
U 371	Oblt. z.S. Fenski	4. 5. 44	nördl. Constantine, US-Zerst.
U 372	Kptlt. Neumann (H.J.)	4. 8. 42	ostw. Mittelmeer, Zerst.-Fli.
U 373	Oblt. z.S. von Lehsten	8. 6. 44	vor Brest, Fli.
U 374	Oblt. z.S. von Fischel	12. 1. 42	ostw. Catania, U »Unbeaten«
U 375	Kptlt. Köhnenkamp	30. 7. 43	nordwestl. Malta, UJ PC 624
U 376	Kptlt. Marks	10. 4. 43	westl. Nantes, Fli.
U 377	Oblt. z.S. Kluth	1. 44	Nordatlantik, vermißt

Nr.	letzter Kdt.	Untergangsdatum	Art des Untergangs
U 378	Kptlt. Mäder	20. 10. 43	nördl. Azoren, Fli. (US)
U 379	Kptlt. Kettner	8. 8. 42	südostw. Kap Farewell, Zerst.
U 380	Kptlt. Brandi	11. 3. 44	Toulon, Fli.
U 381	Kptlt. Graf von Pückler und Limpurg	19. 5. 43	südo. Kap Farewell, Zerst.
U 382	Oblt. z.S. Schimmel	20. 3. 45	Wilhelmshaven, a. D.
U 383	Kptlt. Kremser	1. 8. 43	Biskaya, Fli.
U 384	Oblt. z.S. von Rosenberg-Gruszczynski	19. 3. 43	südwestl. Island, Fli.
U 385	Kptlt. Valentiner	11. 8. 44	westl. La Rochelle, Fli.
U 386	Oblt. z.S. Albrecht	19. 2. 44	nördl. Azoren, Sloop
U 387	KKpt. Büchler	9. 12. 44	vor Murmansk, GelGroup
U 388	Oblt. z.S. Sues	20. 6. 43	südostw. Grönland, Fli.
U 389	Kptlt. Heilmann	5. 10. 43	Dänemarkstraße, Fli.
U 390	Oblt. z.S. Geißler	5. 7. 44	Seine-Bucht, Killer-Group
U 391	Oblt. z.S.Dültgen	13. 12.43	nordwestl. Kap Ortegal, Fli.
U 392	Oblt. z.S. Schümann	16. 3. 44	Gibraltar, KGroup
U 393	Oblt. z.S. Herrle	4. 5. 45	Flensburger Förde, SVers.
U 394	Kptlt. Borger	2. 9. 44	Nordmeer, GelGroup
U 395	(nicht in Dienst gestellt)		
U 396	Kptlt. Siemon	23. 4. 45	südwestl. Shetlands, Fli.
U 397	Kptlt. Groth	5. 5. 45	Flensburger Förde, SVers.
U 398	Oblt. z.S. Cranz	5. 45	um England vermißt
U 399	Oblt. z.S. Buhse	26. 3. 45	Kap Lizzard, Zerst.
U 400	Kptlt. Creutz	17. 12. 44	südl. Cork, Freg.
U 401	Kptlt. Zimmermann	3. 8. 41	südw. Irland, KGroup
U 402	KKpt. Frhr. v. Forstner	13. 10. 43	nordwestl. Azoren, Fli.
U 403	Kptlt. Heine	17. 8. 43	vor Dakar, Fli.
U 404	Oblt. z.S. Schönberg	28. 7. 43	nordw. Kap Ortegal, Fli.
U 405	KKpt. Hopman	1. 11. 43	nordw. Azoren, Zerst. (US)
U 406	Kptlt. Dietrichs	18. 2. 44	Nordatlantik, Sloop
U 407	Oblt. z.S. Kolbus	19. 9. 44	südl. Milos, Zerst.
U 408	Kptlt. von Hymmen	5. 11. 42	nördl. Island, Fli.
U 409	Oblt. z.S. Maßmann	12. 7. 43	nordostw. Algier, Zerst.
U 410	Oblt. z.S. Fenski	11. 3. 44	Toulon, Fli.
U 411	Kptlt. Spindlegger	20. 11. 42	Kap Bone, Zerst.
U 412	Kptlt. Jahrmärker	22. 10. 42	nordostwärts Färöer, Fli.
U 413	Oblt. z.S. Sachse	20. 8. 44	südl. Brighton, KGroup
U 414	Oblt. z.S. Huth	25. 5. 43	Oran, brit. Korv.
U 415	Oblt. z.S. Werner (H.)	14. 7. 44	Brest, Mine
U 416	Oblt. z.S. Rieger	12. 12. 44	vor Pillau, Kollision M 203

Nr.	letzter Kdt.	Untergangsdatum	Art des Untergangs
U 417	Oblt. z.S. Schreiner	11. 6. 43	nordwestl. Färöer, Fli.
U 418	Oblt. z.S. Lange (G.)	1. 6. 43	nordwestl. Kap Ortegal, Fli.
U 419	Oblt. z.S. Giersberg	8. 10. 43	Nordatlantik, Fli.
U 420	Oblt. z.S. Reese	26. 10. 43	Nordatlantik, Fli.
U 421	Oblt. z.S. Kolbus	27. 6. 44	Toulon, a. D.
U 422	Oblt. z.S. Poeschel	4. 10. 43	nordwestl. Azoren, Fli.
U 423	Oblt. z.S. Hackländer	17. 6. 44	nordwestl. Färöer, Fli.
U 424	Oblt. z.S. Lüders	11. 2. 44	südl. Irland, Escort-Group
U 425	Kptlt. Bentzien	17. 2. 45	Murmansk, GelGroup
U 426	Kptlt. Reich	8. 1. 44	westl. Nantes, Fli.
U 427	Oblt. z.S. Graf von Gudenus	16. 5. 45	England, OpDLight
U 428	Oblt. z.S. Hanitsch	4. 5. 45	Oberreider-Rendsburg, SVers.
U 429	Oblt. z.S. Kuttkat	30. 3. 45	Wilhelmshaven, Fli.
U 430	Oblt. z.S. Hammer	30. 3. 45	Bremen, Fli.
U 431	Oblt. z.S. Schöneboom	30. 10. 43	südwestl. Marseille, U »Ultimatum«
U 432	Kptlt. Eckhard	11. 3. 43	Nordatlantik, Korv. (frz.)
U 433	Oblt. z.S. Ey	16. 11. 41	südl. Malaga, Korv.
U 434	Kptlt. Heyda	18. 12. 41	westl. Kap St. Vincent, Fli.
U 435	Kptlt. Strelow	9. 7. 43	westl. Figueira da Foz, Fli.
U 436	Kptlt. Seibicke	26. 5. 43	westl. Kap Ortegal, Freg.
U 437	Kptlt. Lamby	4. 10. 44	Bergen a. D. (nach Fli.)
U 438	Kptlt. Heinsohn	6. 5. 43	nordostw. Neufundland, Sloop
U 439	Oblt. z.S. von Tippelskirch	3. 5. 43	westl. Kap Ortegal, Kollision mit U 659
U 440	Oblt. z.S. Schwaff	31. 5. 43	nordwestl. Kap Ortegal, Fli.
U 441	Kptlt. Hartmann (K.)	18. 6. 44	nordwestl. Brest, Fli.
U 442	KKpt. Hesse (H. J.)	12. 2. 43	nordwestl. Kap St. Vincent, Fli.
U 443	Oblt. z.S. v. Puttkamer	23. 2. 43	vor Algier, Escort-Group
U 444	Oblt. z.S. Langfeld	11. 3. 43	Nordatlantik, GelGroup
U 445	Oblt. z.S. Fischler, Graf von Treuberg	24. 8. 44	südwestl. St. Nazaire, Freg.
U 446	Oblt. z.S. Richard	5. 45	Lübeck, SVers.
U 447	Oblt. z.S. Bothe	7. 5. 43	westl. Gibraltar, Fli.
U 448	Oblt. z.S. Dauter	14. 4. 44	nordwestl. Azoren, GelGroup
U 449	Oblt. z.S. Otto	24. 6. 43	nordwestl. Kap Ortegal, Escort
U 450	Oblt. z.S. Böhme	10. 3. 44	südl. Ostia, GelGroup
U 451	Kptlt. Hoffmann (E.)	21. 12. 41	vor Gibraltar, Fli.

Nr.	letzter Kdt.	Untergangsdatum	Art des Untergangs
U 452	Kptlt. March	25. 8. 41	südl. Island, Trawler-Fli.
U 453	Oblt. z.S. Lührs	21. 5. 44	Jonisches Meer, GelGroup
U 454	Kptlt. Hackländer	1. 8. 43	nordwestl. Kap Ortegal, Fli.
U 455	Kptlt. Scheibe	6. 4. 44	westl. Mittelmeer, Mine (?)
U 456	Kptlt. Teichert	13. 5. 43	Nordatlantik, Freg.-Fli.
U 457	KKpt. Brandenburg	16. 9. 42	Barents-See, Zerst.
U 458	Kptlt. Diggins	22. 8. 43	südostw. Pantelleria, Escort
Typ XIV			
U 459	KKpt. v. Wilamowitz-Möllendorf	24. 7. 43	nordwestl. Kap Ortegal, Fli.
U 460	Kptlt. Schnoor	4. 10. 43	nordwestl. Azoren, Fli.
U 461	KKpt. Stiebler	30. 7. 43	nordwestl. Kap Ortegal, Fli.
U 462	Oblt. z.S. Vowe	30. 7. 43	nordwestl. Kap Ortegal, Fli.
U 463	KKpt. Wolfbauer	15. 5. 43	sw. Scilly-Inseln, Fli.
U 464	Kptlt. Harms	20. 8. 42	südl. Island, Fli.
Typ VII C			
U 465	Kptlt. Wolf (H.)	5. 5. 43	nordw. Kap Ortegal, Fli.
U 466	Kptlt. Thäter	19. 8. 44	Toulon, SVers.
U 467	Kptlt. Kummer	25. 5. 43	westl. Färöer, Fli.
U 468	Oblt. z.S. Schamong	11. 8. 43	ostw. Dakar, Fli.
U 469	Oblt. z.S. Claussen	25. 3. 43	westl. Färöer, Fli.
U 470	Oblt. z.S. Garve	16. 10. 43	südwestl. Island, Fli.
U 471	Kptlt. Kloevekorn	6. 8. 44	Toulon, SVers.
U 472	Oblt. z.S. Frhr. von Forstner	4. 3. 44	südostw. Bäreninsel, Zerst.
U 473	Kptlt. Sternberg	5. 5. 44	südwestl. Island, Escort
U 474	(nicht in Dienst)	3. 5. 45	Kiel, SVers.
U 475	Kptlt. Stoeffler	3. 5. 45	Kiel, SVers.
U 476	Oblt. z.S. Niethmann	24. 5. 44	südwestl. Lofoten, Fli.
U 477	Oblt. z.S. Jenssen	3. 6. 44	westl. Drontheim, Fli.
U 478	Oblt. z.S. Rademacher	30. 6. 44	nördl. Shetlands, Fli.
U 479	Oblt. z.S. Sons	12. 44	Finnbusen, vermißt (Mine?)
U 480	Oblt. z.S. Förster (H. J.)	24. 2. 45	Kanal, brit. Freg.
U 481	Kptlt. Andersen	19. 5. 45	England, OpDLight
U 482	Kptlt. Graf v. Matuschka	16. 1. 45	Nordkanal, Killer-Group
U 483	Kptlt. von Morstein	29. 5. 45	England, OpDLight
U 484	KKpt. Schaefer	9. 9. 44	Nordkanal, Escort
U 485	Kptlt. Lutz	8. 5. 45	Gibraltar, eingelaufen

Nr.	letzter Kdt.	Untergangsdatum	Art des Untergangs
U 486	Oblt. z.S. Meyer (G.)	12. 4. 45	nordwestl. Bergen, U »Tapir«
Typ XIV			
U 487	Oblt. z.S. Metz	13. 7. 43	Mittelatlantik, Fli.
U 488	Oblt. z.S. Studt	26. 4. 44	nw. Kapverdische Ins., Escort
U 489	Oblt. z.S. Schmandt	4. 8. 43	südostw. Island, Fli.
U 490	Oblt. z.S. Gerlach	11. 6. 44	nordwestl. Azoren, Task-Group
TYP IX C			
U 501	KKpt. Förster (H.)	10. 9. 41	Dänemarkstr., Korv. (kan.)
U 502	Kptlt. von Rosenstiel	5. 7. 42	westl. La Rochelle, Fli.
U 503	Kptlt. Gericke	15. 3. 42	südostw. Neufundland, Fli.
U 504	Kptlt. Luis	30. 7. 43	nordw. Kap Ortegal, Escort
U 505	Oblt. z.S. Lange (H.)	4. 6. 44	westl. Kap Blanco, US-Escort (aufgebracht)
U 506	Kptlt. Würdemann	12. 7. 43	westl. Vigo, Fli.
U 507	KKpt. Schacht	13. 1. 43	vor Nordbrasilien, Fli.
U 508	Kptlt. Staats	12. 11. 43	nördl. Kap Ortegal, Fli.
U 509	Kptlt. Witte (W.)	15. 7. 43	nordw. Madeira, Fli. (US)
U 510	Kptlt. Eick	8. 5. 45	St. Nazaire (franz. Beute)
U 511	Kptlt. Schneewind	16. 9. 43	an Japan RO 500
U 512	Kptlt. Schultze (W.)	2. 10. 42	nördl. Cayenne, Fli.
U 513	Kptlt. Guggenberger	19. 7. 43	südost. Sao Francisco do Sul, Fli.
U 514	Kptlt. Auffermann	8. 7. 43	nordostw. Kap Finisterre, Fli.
U 515	Kptlt. Henke	9. 4. 44	südl. Azoren, Fl. Killer-Gr.
U 516	Oblt. z.S. Petran	14. 5. 45	Loch Foyler, England, eingel.
U 517	Kptlt. Hartwig	21. 11. 42	südwestl. Irland, Fli.
U 518	Oblt. z.S. Offermann	22. 4. 45	nordw. Azoren, Escort (US)
U 519	Kptlt. Eppen	10. 2. 43	südwestl. Irland, Fli.
U 520	Kptlt. Schwartzkopff	30. 10. 42	ostw. Neufundland, Fli.
U 521	Kptlt. Bargsten	2. 6. 43	südostw. Baltimore, UJ PC 565
U 522	Kptlt. Schneider (H.)	23. 2. 43	südl. Azoren, Sloop
U 523	Kptlt. Pietzsch	25. 8. 43	nordostw. Azoren, Killer-Gr.
U 524	Kptlt. Frhr. v. Steinaecker	22. 3. 43	südl. Madeira, Fli.
U 525	Kptlt. Drewitz	11. 8. 43	nordwestl. Azoren, Fli.
U 526	Kptlt. Möglich	14. 4. 43	vor Lorient, Mine
U 527	Kptlt. Uhlig	23. 7. 43	südlich Azoren, Fli.
U 528	Oblt. z.S. G. v. Rabenau	11. 5. 43	südwestl. Irland, Sloop, Fli

Nr.	letzter Kdt.	Untergangsdatum	Art des Untergangs
U 529	Kptlt. Fraatz	15. 2. 43	Nordatlantik, Fli.
U 530	Oblt. z.S. Wermuth	10. 7. 45	Mar del Plata, Argentinien eingelaufen, USA ausgel.
U 531	Kptlt. Neckel	6. 5. 43	nordostw. Neufundland, Zerst.
U 532	FKpt. Junker	10. 5. 45	Liverpool, eingelaufen
U 533	Kptlt. Hennig (H.)	16. 10. 43	Golf von Oman, Fli.
U 534	Kptlt. Nollau	5. 5. 45	nordwestl. Helsingör, Fli.
U 535	Kptlt. Ellmenreich	20. 11. 43	nordwestl. Kap Finisterre, Fli.
U 536	Kptlt. Schauenburg	20. 11. 43	nordostw. Azoren, Escort
U 537	Kptlt. Schrewe	9. 11. 44	ostw. Surabaja, »Flounder«
U 538	Kptlt. Goßler	21. 11. 43	nordostw. Azoren, Escort
U 539	Kptlt. Lauterbach-Emden	30. 5. 45	England, OpDLight
U 540	Kptlt. Kasch	17. 10. 43	ostw. Kap Farewell, Fli.
U 541	Kptlt. Petersen	14. 5. 45	Gibraltar ein, OpDLight
U 542	Oblt. z.S. Coester	28. 11. 43	nördl. Madeira, Fli.
U 543	Kptlt. Hellriegel	2. 7. 44	südwestl. Teneriffa, Fli.
U 544	Kptlt. Mattke	17. 1. 44	westl. Azoren, Fli.
U 545	Kptlt. Mannesmann	11. 2. 44	westl. Hebriden, Fli. SVers.
U 546	Kptlt. Just	24. 4. 45	nordwestl. Azoren, Escort
U 547	Oblt. z.S. Niemeyer	31. 12. 44	Stettin a. D.
U 548	Oblt. z.S. Krempl	30. 4. 45	Kap Hatteras, Escort (US)
U 549	Kptlt. Krankenhagen	29. 5. 44	westl. Kanarische Ins., Zerst. und Fli.
U 550	Kptlt. Hänert	16. 4. 44	ostw. New York, Escort (US)
Typ VII C			
U 551	Kptlt. Schrott	23. 3. 41	südl. Island, Trawler
U 552	Oblt. z.S. Lube	2. 5. 45	Wilhelmshaven, SVers.
U 553	KKpt. Thurmann	1. 43	Nordatlantik, vermißt
U 554	Oblt. z.S. Remus	2. 5. 45	Wilhelmshaven, SVers.
U 555	Oblt. z.S. Fritz	3. 45	Hamburg a. D.
U 556	Kptlt. Wohlfahrt	27. 6. 41	südwestl. Island, GelGroup
U 557	Kptlt. Paulshen	16. 12. 41	vor Salamis, Kollision mit ital. »Orione«
U 558	Kptlt. Krech	20. 7. 43	nordwestl. Kap Ortegal, SVers. nach Fli.
U 559	Kptlt. Heidtmann	30. 10. 42	nordwestl. Port Said, Zerst.
U 560	Oblt. z.S. Jacobs	3. 5. 45	Kiel, SVers.
U 561	Oblt. z.S. Henning (F.)	12. 7. 43	Str. von Messina, MTB 81
U 562	Kptlt. Hamm	19. 2. 43	nordwestl. Bengasi, Escort
U 563	Oblt. z.S. Borchardt	31. 5. 43	südwestl. Scilly-Ins., Fli.

Nr.	letzter Kdt.	Unter-gangs-datum	Art des Untergangs
U 564	Oblt. z.S. Fiedler	14. 6. 43	nordwestl. Kap Ortegal, Fli.
U 565	Kptlt. Henning (F.)	24. 9. 44	Salamis, SVers. nach Fli.
U 566	Kptlt. Hornkohl	24. 10. 43	Nordatlantik, Fli.
U 567	Kptlt. Endraß	21. 12. 41	westl. Spanien, KGroup
U 568	Kptlt. Preuß	28. 5. 42	nordwestl. Tobruk, Escort
U 569	Oblt. z.S. Johannsen	22. 5. 43	Nordatlantik, SVers nach Fli. und Zerst.
U 570	Kptlt. Rahmlow	27. 8. 41	südl. Irland, Fli.Zerst.
U 571	Oblt. z.S. Lüssow	28. 1. 44	westl. Irland, Fli.
U 572	Oblt. z.S. Kummetat	3. 8. 43	nordostw. Trinidad, Fli.
U 573	Kptlt. Heinsohn	2. 5. 45	Cartagena ein, nach Fli.
U 574	Oblt. z.S. Gengelbach	19. 12. 41	Punta Delgada, Sloop
U 575	Oblt. z.S. Boehmer	13. 4. 44	nordwestl. Azoren, Fli. u. Zerstörer
U 576	Kptlt. Heinicke	15. 7. 42	vor Kap Hatteras, US-Frachter
U 577	Kptlt. Schauenburg	9. 1. 41	nordwestl. Marsa Matruk, Fli.
U 578	KKpt. Rehwinkel	10. 8. 42	nördl. Kap Ortegal, Fli.
U 579	Oblt. z.S. Schwarzenberg	5. 5. 45	vor Fredericia, Fli.
U 580	Oblt. z.S. Kuhlmann	11. 11. 41	vor Memel, Kollision
U 581	Kptlt. Pfeifer	2. 2. 42	südwestl. Azoren, Zerst.
U 582	Kptlt. Schulte (W.)	5. 10. 42	südwestl. Island, Fli.
U 583	Kptlt. Ratsch	15. 11. 41	Danziger Bucht, Kollision
U 584	Kptlt. Deecke	31. 10. 43	Nordatlantik, Fli.
U 585	Kptlt. Lohse	29. 3. 42	vor Murmansk, brit. Zerst.
U 586	Oblt. z.S. Götze	5. 7. 44	Toulon, Fli.
U 587	Kptlt. Borcherdt	27. 3. 42	Nordatlantik, Escort
U 588	Kptlt. Vogel (V.)	31. 7. 42	Nordatlantik, Escort (kan.)
U 589	Kptlt. Horrer	12. 9. 42	südwestl. Spitzbergen, Zerst.
U 590	Oblt. z.S. Krüer	9. 7. 43	Amazonasmündung, Fli.
U 591	Oblt. z.S. Ziesmer	30. 7. 43	vor Pernambuco, Fli.
U 592	Oblt. z.S. Jaschke	31. 1. 44	südwestl. Irland, Sloops
U 593	Kptlt. Kelbling	13. 12. 43	nördl. Constantine, Escort
U 594	Kptlt. Mumm	4. 6. 43	westl. Gibraltar, Fli.
U 595	Kptlt. Quaet-Faslem	14. 11. 42	vor Oran, Fli.
U 596	Oblt. z.S. Kolbus	24. 9. 44	Salamis, SVers. n. Fli.
U 597	Kptlt. Bopst	12. 10. 42	südwestl. Island, Fli.
U 598	Kptlt. Holtorf	23. 7. 43	vor Natal, Fli.
U 599	Kptlt. Breithaupt	24. 10. 42	nordwestl. Azoren, Fli.
U 600	Kptlt. Zurmühlen	25. 11. 43	nördl. Punta Delgada, Escort
U 601	Oblt. z.S. Hansen	25. 2. 44	nordwestl. Narvik, Fli.

Nr.	letzter Kdt.	Untergangsdatum	Art des Untergangs
U 602	Kptlt. Schüler	4. 43	Oran, vermißt
U 603	Kptlt. Bertelsmann	1. 3. 44	nordwestl. Azoren, Escort (US)
U 604	Kptlt. Höltring	11. 8. 43	vor Ascension, SVers. nach Fli. und Wabos
U 605	Kptlt. Schütze (H. V.)	13. 11. 42	vor Algier, Korv.
U 606	Oblt. z.S. Döhler	22. 2. 43	Nordatlantik, Guard Freg.
U 607	Oblt. z.S. Jeschonnek	13. 7. 43	nordwestl. Kap Ortegal, Fli.
U 608	Oblt. z.S. Reisener	10. 8. 44	vor La Rochelle, Sloop
U 609	Kptlt. Rudloff	7. 2. 43	Nordatlantik, Korv. (frz.)
U 610	Kptlt. Frhr. v. Freyberg-Eisenberg-Allmendingen	8. 10. 43	Nordatlantik, Fli.
U 611	Kptlt. von Jacobs	10. 12. 42	südl. Island, Fli.
U 612	Oblt. z.S. Dick	2. 5. 45	Warnemünde, SVers.
U 613	Kptlt. Köppe	23. 7. 43	südl. Azoren, Zerst. (US)
U 614	Kptlt. Sträter	29. 7. 43	nordwestl. Kap Finisterre, Fli.
U 615	Kptlt. Kapitzky	6. 8. 43	südostw. Curacao, SVers. Fli.
U 616	Oblt. z.S. Koitschka	14. 5. 44	ostw. Cartagena, KGroup (US)
U 617	Kptlt. Brandi	12. 9. 43	vor Melilla, SVers. nach Fli. und Zerst.
U 618	Oblt. z.S. Faust	14. 8. 44	Biskaya, Fli. u. Escort
U 619	Oblt. z.S. Makowski	15. 10. 42	südostw. Kap Farewell, Zerst.
U 620	Kptlt. Stein	14. 2. 43	nordwestl. Lissabon, Fli.
U 621	Oblt. z.S. Stuckmann	18. 8. 44	vor La Rochelle, Zerst. (kan.)
U 622	Kptlt. Queck	24. 7. 43	Drontheim, Fli.
U 623	Oblt. z.S. Schröder (H.)	21. 2. 43	Nordatlantik, Fli.
U 624	Kptlt. Graf v. Soden-Fraunhofen	7. 2. 43	Nordatlantik, Fli.
U 625	Oblt. z.S. Straub	10. 3. 44	westl. Irland, Fli.
U 626	Lt. z.S. Bade	15. 12. 42	Nordatlantik, Kutter (US)
U 627	Kptlt. Kindelbacher	27. 10. 42	südwestl. Island, Fli.
U 628	Kptlt. Hasenschar	3. 7. 43	nordwestl. Kap Ortegal, Fli.
U 629	Oblt. z.S. Bugs	8. 6. 44	westl. englischer Kanal, Fli.
U 630	Oblt. z.S. Winkler	4. 5. 43	südl. Kap Farewell, Fli.
U 631	Oblt. z.S. Krüger	17. 10. 43	südost. Kap Farewell, Korv.
U 632	Kptlt. Karpf	6. 4. 43	südwestl. Island, Fli.
U 633	Oblt. z.S. Müller (B.)	7. 3. 43	Nordatlantik, Fli.
U 634	Oblt. z.S. Dahlhaus	30. 8. 43	ostw. Azoren, GelGroup
U 635	Oblt. z.S. Eckelmann	6. 4. 43	südwestl. Island, Freg.
U 636	Oblt. z.S. Schendel	21. 4. 45	westl. Irland, Escort-Group
U 637	Oblt. (Ing.) Weber	6. 45	England, OpDLight
U 638	Kptlt. Staudinger	5. 5. 43	nordostw. Neufundland, Korv.

Nr.	letzter Kdt.	Unter-gangs-datum	Art des Untergangs
U 639	Oblt. z.S. Wichmann	28. 8. 43	vor Nowaja Semlja, U S 101
U 640	Oblt. z.S. Nagel	17. 5. 43	Kap Farewell, Freg.
U 641	Kptlt. Rendtel	19. 1. 44	südwestl. Irland, Korv.
U 642	Kptlt. Brünning	5. 7. 44	Toulon, Fli.
U 643	Kptlt. Speidel	8. 10. 43	Nordatlantik, Fli.
U 644	Oblt. z.S. Jensen	7. 4. 43	nordwestl. Narvik, U »Tuna«
U 645	Oblt. z.S. Ferro	24. 12. 43	nördl. Azoren, Zerst. (US)
U 646	Oblt. z.S. Wulff	17. 5. 43	südostw. Island, Fli.
U 647	Kptlt. Hertin	3. 8. 43	südwestl. Island, vermißt
U 648	Oblt. z.S. Stahl	23. 11. 43	nordwestl. Azoren, Escort-Gr.
U 649	Oblt. z.S. Tiesler	24. 2. 43	Ostsee, Kollision mit U 232
U 650	Oblt. z.S. Zorn	7. 1. 45	westl. England, vermißt
U 651	Kptlt. Lohmeyer	29. 6. 41	südl. Island, GelGroup
U 652	Oblt. z.S. Fraatz	2. 6. 42	vor Sollum, nach Fli. SVers. durch U 81
U 653	Oblt. z.S. Kandler	14. 3. 44	Nordatlantik, Fli. und KGroup
U 654	Oblt. z.S. Forster (O.)	22. 8. 42	nördl. Colon, Fli.
U 655	Kptlt. Dumrese	24. 3. 42	Barents-See, Minensucher
U 656	Kptlt. Kröning	1. 3. 42	südl. Kap Race, Fli.
U 657	Kptlt. Göllnitz	14. 5. 43	ostw. Kap Farewell, Fli.
U 658	Kptlt. Senkel	30. 10. 42	ostw. Neufundland, Fli.
U 659	Kptlt. Stock (H.)	3. 5. 43	westl. Kap Finisterre, Kollision mit U 439
U 660	Kptlt. Bauer (G.)	12. 11. 42	vor Oran, Korvetten
U 661	Oblt. z.S. von Lilienfeld	15. 10. 42	Nordatlantik, Fli.
U 662	Kptlt. Müller (H. E.)	21. 7. 43	Amazonasmündung, Fli.
U 663	Kptlt. Schmid (H.)	7. 5. 43	westl. Brest, Fli.
U 664	Oblt. z.S. Graef	9. 8. 43	westl. Azoren, Fli.
U 665	Oblt. z.S. Haupt	22. 3. 43	westl. Nantes, Fli.
U 666	Oblt. z.S. Wilberg	10. 2. 44	westl. Irland, Fli.
U 667	Oblt. z.S. Lange (K. H.)	25. 8. 44	vor La Rochelle, Mine
U 668	Kptlt. Henning (F.)	19. 5. 45	England, OpDLight
U 669	Oblt. z.S. Köhl	7. 9. 43	nordwestl. Kap Ortegal, Fli.
U 670	Oblt. z.S. Hyronimus	20. 8. 43	Danziger Bucht, Kollision mit Zielschiff »Bolkoburg«
U 671	Oblt. z.S. Hegewald	4. 8. 44	südl. Brighton, Escort-Gr.
U 672	Oblt. z.S. Lawaetz	18. 7. 44	nördl. Guernsey, Freg.
U 673	Oblt. z.S. Gerke	24. 10. 44	Kollision vor Stavanger
U 674	Oblt. z.S. Muhs	2. 5. 44	nordwestl. Narvik, Fli.
U 675	Oblt. z.S. Sammler	24. 5. 44	nordwestl. Stadlandet, Fli.

Nr.	letzter Kdt.	Untergangsdatum		Art des Untergangs
U 676	Kptlt. Saß	19.	2. 45	Finnischer Meerbusen, Mine
U 677	Oblt. z.S. Ady	5.	4. 45	Hamburg, Fli.
U 678	Oblt. z.S. Hyronimus	7.	7. 44	südl. Brighton, Escort-Gr.
U 679	Oblt. z.S. Aust	10.	1. 45	nordostw. Pakri, Ostsee, sowj. UJ MO 124
U 680	Oblt. z.S. Ulber	24.	6. 45	England, OpDLight
U 681	Oblt. z.S. Gebauer	11.	3. 45	Bishop-Rock, Fli.
U 682	Oblt. z.S. Thienemann	11.	3. 45	Hamburg, Fli.
U 683	Kptlt. Keller (G.)	12.	3. 45	Lands End, Escort-Gr.
U 701	Kptlt. Degen	7.	7. 42	Kap Hatteras, Fli.
U 702	Kptlt. von Rabenau	4.	4. 42	Nordsee, Ursache unbekannt
U 703	Oblt. z.S. Brünner		9. 44	Nordmeer, verschollen (Mine?)
U 704	Oblt. z.S. Nolte	3.	5. 45	Vegesack, SVers.
U 705	Kptlt. Horn	3.	9. 42	westl. Brest, Fli.
U 706	Kptlt. von Zitzewitz	2.	8. 43	nordwestl. Kap Ortegal, Fli.
U 707	Oblt. z.S. Gretschel	9.	11. 43	ostw. Azoren, Fli.
U 708	Oblt. z.S. Kühn (H.)	3.	5. 45	Wilhelmshaven, SVers.
U 709	Oblt. z.S. Ites (R.)	1.	3. 44	nördl. Azoren, Escort-Group
U 710	Oblt. z.S. von Carlowitz	24.	4. 43	südl. Island, Fli.
U 711	Kptlt. Lange (H. G.)	4.	5. 45	Harstad, Fli.
U 712	Oblt. z.S. Frhr. v. Ketelhodt	29.	5. 45	England, OpDLight
U 713	Oblt. z.S. Gosejakob	24.	2. 44	nordwestl. Narvik, Zerst.
U 714	Kptlt. Schwebcke	14.	3. 45	vor Firth of Forth, Freg.
U 715	Kptlt. Röttger	13.	6. 44	nordostw. Färöer, Fli.
U 716	Oblt. z.S. Thimme	16.	5. 45	England, OpDLight
U 717	Oblt. z.S. von Rothkirch und Panthen	5.	5. 45	Glücksburg, SVers.
U 718	Oblt. z.S. Wieduwilt	18.	11. 43	nordostw. Bornholm, Kollision mit U 476
U 719	Oblt. z.S. Steffens	26.	6. 44	westl. Nordirland, Zerst.
U 720	Oblt. z.S. Wendelberger	24.	6. 45	England, OpDLight
U 721	Oblt. z.S. Fabricius	5.	5. 45	Geltinger Bucht, SVers.
U 722	Oblt. z.S. Reimers	27.	3. 45	bei den Hebriden, Fregatten
U 731	Oblt. z.S. Graf Keller	15.	5. 44	Tanger, brit. U-Jäger
U 732	Oblt. z.S. Carlsen	31.	10. 43	Gibraltar, Zerst.
U 733	Oblt. z.S. Hammer	5.	5. 45	Geltinger Bucht, SVers.
U 734	Oblt. z.S. Blauert	9.	2. 44	südw. Irland, Sloops
U 735	Oblt. z.S. Börner	28.	12. 44	Horten, Fli.
U 736	Oblt. z.S. Reff	6.	8. 44	westl. St. Nazaire, Freg.

Nr.	letzter Kdt.	Untergangsdatum		Art des Untergangs
U 737	Oblt. z.S. Greus	19.	12. 44	vor Narvik, Kollision MRS 25
U 738	Oblt. z.S. Hoffmann (E. M.)	3.	3. 44	a. D. Gotenhafen
U 739	Oblt. z.S. Kosnick	30.	6. 45	England, OpDLight
U 740	Kptlt. Stark	9.	4. 44	sw. Scilly-Ins., Fli.
U 741	Oblt. z.S. Palmgren	15.	8. 44	nordwestl. Le Havre, Korv.
U 742	Kptlt. Schwaßmann	18.	7. 44	westl. Narvik, Fli.
U 743	Oblt. z.S. Kandzior	9.	9. 44	nw. Irland, Korv.
U 744	Oblt. z.S. Blischke	6.	3. 44	Nordatlantik, Escort-Group
U 745	Kptlt. von Trotha (W.)	4.	2. 45	vermißt im Finnischen Meerb.
U 746	Oblt. z.S. Lottner	5.	5. 45	Geltinger Bucht, SVers.
U 747	Oblt. z.S. Zahnow	1.	4. 45	Hamburg, Fli.
U 748	Oblt. z.S. Dingler	3.	5. 45	Rendsburg, Fli.
U 749	Oblt. z.S. Huisgen	4.	4. 45	Kiel, Fli.
U 750	Oblt. z.S. Grawert	5.	5. 45	Flensburger Förde, SVers.
U 751	Kptlt. Bigalk	17.	7. 42	nordw. Kap Ortegal, Fli.
U 752	Kptlt. Schroeter (K. E.)	23.	5. 43	Nordatlantik, Fli.
U 753	KKpt. von Mannstein	15.	5. 43	Nordatlantik, Konvoi HX 237
U 754	Kptlt. Oestermann	31.	7. 42	so. Kap Sable, Fli.
U 755	Kptlt. Göing	28.	5. 43	nordw. Balearen, Fli.
U 756	Kptlt. Harney	3.	9. 42	Nordatlantik, Fli.
U 757	Kptlt. Deetz	8.	1. 44	südl. Irland, Escort
U 758	Oblt. z.S. Feindt	24.	3. 45	a. D. Kiel
U 759	Kptlt. Friedrich (R.)	26.	7. 43	ostw. Jamaika, Fli.
U 760	Oblt. z.S. Bluhm (O. U.)	8.	9. 43	Vigo eingelaufen, Schäden
U 761	Oblt. z.S. Geider	24.	2. 44	vor Tanger, SVers. nach Fli. und Zerst.
U 762	Oblt. z.S. Pietschmann	8.	2. 44	sw. Island, Sloops
U 763	Oblt. z.S. Schröter (K. H.)	24.	1. 45	Königsberg, Fli.
U 764	Oblt. z.S. von Bremen	14.	5. 45	England, OpDLight
U 765	Oblt. z.S. Wendt	6.	5. 44	Nordatlantik, Fli.
U 766	Oblt. z.S. Wilke	21.	8. 44	a. D. La Pallice, U »Laubie« (frz.)
U 767	Oblt. z.S. Dankleff	18.	6. 44	sw. Guernsey, Killer-Gr.
U 768	Oblt. z.S. Buttjer	20.	11. 43	Pillau-Gotenhafen, Kollision
U 771	Oblt. z.S. Block	11.	11. 44	Harstad, U »Venturer« (brit.)
U 772	Kptlt. Rademacher	30.	12. 44	südl. Portland, Fli.

Nr.	letzter Kdt.	Untergangsdatum	Art des Untergangs
U 773	Oblt. z.S. Baldus	29. 5. 45	England, OpDLight
U 774	Kptlt. Sausmikat	18. 4. 45	sw. Irland, Escort-Group
U 775	Oblt. z.S. Taschenmacher	29. 5. 45	England, OpDLight
U 776	Kptlt. Martin	20. 5. 45	England, angelaufen
U 777	Oblt. z.S. Ruperti	15. 10. 44	Wilhelmshaven, Fli.
U 778	Kptlt. Jürs	31. 5. 45	England, OpDLight
U 779	Oblt. z.S. Stegmann	24. 6. 45	England, OpDLight
Typ XVII			
U 792	Oblt. z.S. Duis	4. 5. 45	Audorfer See, SVers.
U 793	Oblt. z.S. Schmidt (F.)	3. 5. 45	Kiel (gehoben all. Beute)
Typ XVII/XVIII			
U 794	Oblt. z.S. Becker (P.)	3. 5. 45	Geltinger Bucht, SVers.
U 795	Oblt. z.S. Selle	3. 5. 45	Kiel, SVers.
Typ IX C			
U 801	Kptlt. Brans	17. 3. 44	Kapverdische Ins., Fli.
U 802	Kptlt. Schmoeckel	11. 5. 45	England, OpDLight
U 803	Kptlt. Schimpf	27. 4. 44	vor Swinemünde, Mine, geh.
U 804	Oblt. z.S. Meyer (H.)	9. 4. 45	Kattegat, Fli.
U 805	KKpt. Bernardelli	14. 5. 45	Portsmouth, USA, eingelaufen
U 806	Kptlt. Hornbostel	22. 6. 45	England, OpDLight
Typ VII C			
U 821	Oblt. z.S. Knackfuß	10. 6. 44	Brest, Fli.
U 822	Oblt. z.S. Elsinghorst	3. 5. 45	Wesermünde, SVers.
U 825	Oblt. z.S. Stoelker	13. 5. 45	England, OpDLight
U 826	Oblt. z.S. Lübcke	11. 5. 45	England, OpDLight
U 827	Kptlt. Baberg	4. 5. 45	Flensburger Förde, SVers.
U 828	Oblt. z.S. John (A.)	3. 5. 45	Wesermünde, SVers.
Typ IX C			
U 841	Kptlt. Bender	17. 10. 43	ostw. Kap Farewell, Escort
U 842	KKpt. Heller (H.)	6. 11. 43	Nordatlantik, Sloops
U 843	Kptlt. Herwartz	9. 4. 45	Kattegat, Fli.
U 844	Oblt. z.S. Möller (G.)	16. 10. 43	sw. Island, Fli.
U 845	KKpt. Weber (W.)	10. 3. 44	nördl. Azoren, Geleit-Group
U 846	Oblt. z.S. Hashagen	4. 5. 44	nördl. Kap Ortegal, Fli.

Nr.	letzter Kdt.	Untergangsdatum		Art des Untergangs
Typ IX D2				
U 847	Kptlt. Kuppisch	27.	8. 43	Sargassosee, Fli.
U 848	KKpt. Rollmann	5.	11. 43	sw. Ascension, Fli.
U 849	Kptlt. Schultze (H. O.)	25.	11. 43	westl. Kongomündung, Fli.
U 850	FKpt. Ewerth	20.	12. 43	südl. Azoren, Fli.
U 851	KKpt. Weingaertner		3. 44	Nordatlantik, vermißt
U 852	Kptlt. Eck	3.	5. 44	Somaliküste, SVers. nach Fli.
Typ IX C				
U 853	Oblt. z.S. Frömsdorf	6.	5. 45	südo. New London, Escort
U 854	Kptlt. Weiher	4.	2. 44	nördl. Swinemünde, Mine
U 855	Oblt. z.S. Ohlsen	24.	9. 44	westl. Bergen, Fli.
U 856	Oblt. z.S. Wittenberg	7.	4. 44	südo. Kap Sable, Zerst. (US)
U 857	Kptlt. Premauer	7.	4. 45	ostw. Boston, Zerst. (US)
U 858	Kptlt. Bode	14.	5. 45	Portland, USA, eingelaufen
Typ IX D2				
U 859	Kptlt. Jebsen	23.	9. 44	vor Penang, U »Trenachant« (brt.)
U 860	FKpt. Büchel	15.	6. 44	Insel Helena, Fli.
U 861	KKpt. Oesten	29.	5. 45	England, OpDLight
U 862	KKpt. Timm (H.)	6.	5. 45	Singapore, jap. I 502
U 863	Kptlt. von der Esch	29.	9. 44	südost. Recife, Fli.
U 864	KKpt. Wolfram	9.	2. 45	westl. Bergen, brt. U »Venturer«
Typ IX C				
U 865	Oblt. z.S. Stellmacher	19.	9. 44	nordw. Bergen, Fli.
U 866	Oblt. z.S. Rogowsky	18.	3. 45	nordost. Boston, Escort (US)
U 867	Kpt. z.S. von Mühlendahl	19.	9. 44	nordw. Bergen, Fli.
U 868	Oblt. z.S. Turre	30.	5. 45	England, OpDLight
U 869	Kptlt. Neuerburg	28.	2. 45	nördl. Casablanca, Escort
U 870	KKpt. Hechler	30.	3. 45	Bremen, Fli.
Typ IX D2				
U 871	Kptlt. Ganzer	26.	9. 44	nordw. Azoren, Fli.
U 872	Kptlt. Grau	10.	8. 44	Bremen, nach Fli. a. D.
U 873	Kptlt. Steinhoff	16.	5. 45	Portsmouth, USA, eingelaufen
U 874	Oblt. z.S. Petersen	29.	5. 45	England, OpDLight
U 875	Kptlt. Preuß	30.	5. 45	England, OpDLight
U 876	Kptlt. Bahn	4.	5. 45	Eckernförder Bucht, SVers.

Nr.	letzter Kdt.	Untergangsdatum	Art des Untergangs
Typ IX C			
U 877	Kptlt. Findeisen	27. 12. 44	nordw. Azoren, Freg. (kan.)
U 878	Kptlt. Rodig	10. 4. 45	westl. St. Nazaire, Escort
U 879	Kptlt. Manchen	19. 4. 45	sw. Kap Sable, US-Escort
U 880	Kptlt. Schötzau	16. 4. 45	nördl. Azoren, US-Escort
U 881	Kptlt. Dr. Frischke	6. 5. 45	sw. Kap Race, US-Escort
U 882	nicht in Dienst		
Typ IX D2			
U 883	Oblt. z.S. Uebel	21. 6. 45	England, OpDLight
Typ IX C			
U 889	Kptlt. Bräucker	12. 5. 45	Shelburne, USA, eingelaufen
Typ VII C			
U 901	Kptlt. Schrenk	29. 5. 45	England, OpDLight
U 903	Kptlt. Tinschert	3. 5. 45	Kiel, SVers.
U 904	Oblt. z.S. Stührmann	5. 5. 45	Eckernförde, SVers.
U 905	Oblt. z.S. Schwarting	20. 3. 45	südost. Färöer, Fli.
U 906	?	31. 12. 44	Hamburg, Fli.
U 907	Oblt. z.S. Cabolet	29. 5. 45	England, OpDLight
U 921	Oblt. z.S. (A.) Werner	30. 9. 44	nw. Hammerfest, Fli.
U 922	Oblt. z.S. Käselau	3. 5. 45	Kiel, SVers.
U 923	Oblt. z.S. Frömmer	9. 2. 45	Feuerschiff Kiel, Mine, geh.
U 924	Oblt. z.S. Schild	3. 5. 45	Kiel, SVers.
U 925	Oblt. z.S. Knoke	9. 44	zw. Island und Färöer, verm.
U 926	Oblt. z.S. Rehren	5. 5. 45	England, OpDLight
U 927	Kptlt. Ebert	24. 2. 45	vor Falmouth, Fli.
U 928	Kptlt. Stähler	30. 5. 45	England, OpDLight
U 929	Oblt. z.S. Schulz (W.)	3. 5. 45	Warnemünde, SVers.
U 930	Oblt. z.S. Mohr (K.)	30. 5. 45	England, OpDLight
U 951	Oblt. z.S. Pressel	7. 7. 43	nw. Kap St. Vincent, Fli.
U 952	Kptlt. Curio	6. 8. 44	Toulon, Fli.
U 953	Oblt. z.S. Steinbrink	29. 5. 45	England, OpDLight
U 954	Oblt. z.S. Loewe	19. 5. 43	so. Kap Farewell, Fli.
U 955	Oblt. z.S. Baden	7. 6. 44	Kap Ortegal, Fli.
U 956	Kptlt. Mohs	13. 5. 45	England, OpDLight
U 957	Oblt. z.S. Schaar	21. 10. 44	Drontheim a. D. nach Kollision, 29. 5. 45, OpDLight
U 958	Oblt. z.S. Stege	3. 5. 45	Kiel, SVers.
U 959	Oblt. z.S. Weitz	2. 5. 44	so. Jan Mayen, Trawler (brit.)

Nr.	letzter Kdt.	Untergangsdatum	Art des Untergangs
U 960	Oblt. z.S. Heinrich (G.)	19. 5. 44	Gibraltarstraße, US-Escort
U 961	Oblt. z.S. Fischer (K.)	29. 3. 44	ostw. Färöer, br. Sloop
U 962	Oblt. z.S. Liesberg	8. 4. 44	nw. Kap Finisterre, Sloops
U 963	Oblt. z.S. Wentz	20. 5. 45	bei Oporto auf Strand ges.
U 964	Oblt. z.S. Hummerjohann	16. 10. 43	sw. Island, Fli.
U 965	Oblt. z.S. Unverzagt	27. 3. 45	nördl. Schottland, br. Freg.
U 966	Oblt. z.S. Wolf (E.)	10. 11. 43	Kap Ortegal, Fli.
U 967	Oblt. z.S. Eberbach	11. 8. 44	Toulon, SVers.
U 968	Oblt. z.S. Westphalen	16. 5. 45	England, OpDLight
U 969	Oblt. z.S. Dobbert	6. 8. 44	Toulon, Fli.
U 970	Kptlt. Ketels	7. 6. 44	Biskaya, Fli.
U 971	Oblt. z.S. Zeplien	24. 6. 44	nw. Brest, Fli. und Zerst.
U 972	Oblt. z.S. König	1. 44	Nordatlantik, vermißt
U 973	Oblt. z.S. Paepenmöller	6. 3. 44	nw. Narvik, brit. Trawler
U 974	Oblt. z.S. Wolff (H.)	19. 4. 44	vor Stavanger, norw. U »Ula«
U 975	Kptlt. Brauel	29. 5. 45	England, OpDLight
U 976	Oblt. z.S. Tiesler	25. 3. 44	Biskaya, Fli.
U 977	Oblt. z.S. Schäffer	17. 8. 45	Mar del Plata, eingelaufen
U 978	Kptlt. Pulst	29. 5. 45	England, OpDLight
U 979	Kptlt. Meermeier	3. 5. 45	Amrum, SVers.
U 980	Kptlt. Dahms	11. 6. 44	nw. Bergen, Fli.
U 981	Oblt. z.S. Keller (G.)	12. 8. 44	vor La Rochelle, Fli.
U 982	Oblt. z.S. Hartmann (C.)	9. 4. 45	a. D. Hamburg
U 983	Lt. z.S. Reimers	8. 9. 43	nördl. Leba, Kollision mit U 988
U 984	Oblt. z.S. Sieder	20. 8. 44	westl. Brest, kan. Escort
U 985	Kptlt. Wolff (H.)	15. 11. 44	Christiansand a. D. (England)
U 986	Oblt. z.S. Kaiser	17. 4. 44	sw. Irland, US-UJ PC 619
U 987	Oblt. z.S. Schreyer	15. 6. 44	westl. Narvik, brit. U »Satyr«
U 988	Oblt. z.S. Dobberstein	29. 6. 44	westl. Guernsey, Escort
U 989	Kptlt. Rodler von Roithberg	14. 2. 45	Färöer-Ins., Brit.-US-Escort
U 990	Kptlt. Nordheimer	25. 4. 44	westl. Bodö, Fli.
U 991	Kptlt. Balke	29. 5. 45	England, OpDLight
U 992	Oblt. z.S. Falke	19. 6. 45	Loch Eriboll, eingelaufen
U 993	Oblt. z.S. Steinmetz	4. 10. 44	Bergen, Fli.
U 994	Oblt. z.S. Metzer	29. 5. 45	England, OpDLight
U 995	Oblt. z.S. Heß (H. G.)	8. 5. 45	a. D. norw. »Kaura«
U 996	nicht in Dienst		

Nr.	letzter Kdt.	Untergangs-datum	Art des Untergangs
U 997	Kptlt. Lehmann	19. 5. 45	England, OpDLight
U 998	Kptlt. Fiedler	27. 6. 44	Bergen a. D.
U 999	Oblt. z.S. Heibges	5. 5. 45	Geltinger Bucht, SVers.
U 1000	Oblt. z.S. Müller	29. 9. 44	a. D. nach Minentreffer
U 1001	Kptlt. Blaudow	8. 4. 45	engl. Kanal, Fregatten br.
U 1002	Oblt. z.S. Boos	30. 5. 45	England, OpDLight
U 1003	Oblt. z.S. Strübing	23. 3. 45	Nordkanal, Kollision mit Freg. »New Glasgow« (kan.)
U 1004	Oblt. z.S. Hinz	30. 5. 45	England, OpDLight
U 1005	Oblt. z.S. Lauth	30. 5. 45	England, OpDLight
U 1006	Oblt. z.S. Voigt	16. 10. 44	südostw. Färöer, Freg. (kan.)
U 1007	Kptlt. von Witzendorf	2. 5. 45	Lübeck, SVers. nach Fli.
U 1008	Oblt. z.S. Geßner	6. 5. 45	Skagens Horn, Fli.
U 1009	Oblt. z.S. Zehle	10. 5. 45	England, OpDLight
U 1010	Oblt. z.S. Strauch	14. 5. 45	England, OpDLight
U 1013	Oblt. z.S. Linck (G.)	17. 3. 44	ost. Rügen, Kollision mit U 286
U 1014	Oblt. z.S. Glaser	4. 2. 45	Hebriden, Geleit-Group
U 1015	Oblt. z.S. Boos	19. 5. 44	westl. Pillau, Kollision mit 1014
U 1016	Oblt. z.S. Ehrhardt	5. 5. 45	Lübecker Bucht, SVers.
U 1017	Oblt. z.S. Riecken	29. 4. 45	nordwestl. Irland, Fli.
U 1018	Kptlt. Burmeister	27. 2. 45	Kanal, Freg. »Loch Fada« (br.)
U 1019	Oblt. z.S. Rinck	29. 5. 45	England, OpDLight
U 1020	Oblt. z.S. Eberlein	12. 44	nordostw. Schottland,vermißt
U 1021	Oblt. z.S. Holpert	30. 3. 45	Hebriden, Fregatten (brit.)
U 1022	Kptlt. Ernst (H. J.)	30. 5. 45	England, OpDLight
U 1023	Kptlt. Schroeteler	10. 5. 45	Weymouth, England, eingel.
U 1024	Kptlt. Gutteck	12. 4. 45	südl. Isle of Man, gekapert, 13. 4. in Schlepp gesunken
U 1025	Oblt. z.S. Pick	5. 5. 45	Flensburger Förde, SVers.
U 1051	Oblt. z.S. von Holleben	26. 1. 45	nördl. St.-Georgs-Kanal, Freg.
U 1052	Oblt. z.S. Scholz (G.)	29. 5. 45	England, OpDLight
U 1053	Oblt. z.S. Lange (H.)	15. 2. 45	Bergen, Unfall nach Raketenversuch
U 1054	Kptlt. Riekeberg	16. 9. 44	a. D. nach Kollision mit Lazarettschiff vor Hela
U 1055	Oblt. z.S. Meyer (R.)	30. 4. 45	westl. Brest, Fli.
U 1056	Oblt. z.S. Schröder (G.)	5. 5. 45	Geltinger Bucht, SVers.
U 1057	Oblt. z.S. Lüth (G.)	30. 5. 45	England, OpDLight
U 1058	Oblt. z.S. Bruder	10. 5. 45	ausgeliefert UdSSR

Nr.	letzter Kdt.	Untergangsdatum	Art des Untergangs
Typ VII F			
U 1059	Oblt. z.S. Leupold	19. 3. 44	westl. Kapverd. Ins., Fli.
U 1060	Oblt. z.S. Brammer	27. 10. 44	Drontheim-Fjord, Fli.
U 1061	Oblt. z.S. Jäger (W.)	30. 5. 45	England, OpDLight
U 1062	Oblt. z.S. Albrecht (K.)	30. 9. 44	westl. Kapverd. Ins., Escort
Typ VII C			
U 1063	Kptlt. Stephan	15. 4. 45	Wolfs Rock, Freg. (brit.)
U 1064	KKpt. Schneidewind	29. 5. 45	England, OpDLight
U 1065	Oblt. z.S. Panitz	9. 4. 45	Kattegat, Fli.
U 1101	Oblt. z.S. Dübler	5. 5. 45	Geltinger Bucht, SVers.
U 1102	Oblt. z.S. Sell	23. 6. 45	England, OpDLight
U 1103	Kptlt. Eisele	23. 6. 45	England, OpDLight
U 1104	Oblt. z.S. Perleberg	30. 5. 45	England, OpDLight
U 1105	Oblt. z.S. Schwarz (H. J.)	10. 5. 45	ausgeliefert USA
U 1106	Oblt. z.S. Bartke	29. 3. 45	nordwestl. Shetlands, Fli.
U 1107	Kptlt. Parduhn	25. 4. 45	Biskaya, Fli.
U 1108	Oblt. z.S. Wigand	29. 5. 45	England, OpDLight
U 1109	Oblt. z.S. van Riesen	12. 5. 45	England, OpDLight
U 1110	Oblt. z.S. Bach (J. W.)	23. 6. 45	England, OpDLight
U 1131	Oblt. z.S. Fiebig	1. 4. 45	Hamburg, Fli.
U 1132	Oblt. z.S. Koch (W.)	4. 5. 45	Flensburger Förde, SVers.
U 1161	Oblt. z.S. Schwalbach	4. 5. 45	Flensburger Förde, SVers.
U 1162	Kptlt. Ketels	5. 5. 45	Geltinger Bucht, SVers.
U 1163	Oblt. z.S. Balduhn	29. 5. 45	Christiansand, England OD
U 1164	Kptlt. Wengel	24. 7. 44	a. D. Kiel, nach Fli.
U 1165	Oblt. z.S. Homann	19. 5. 45	England, OpDLight
U 1166	Oblt. z.S. Ballert	3. 5. 45	Kiel, SVers.
U 1167	Oblt. z.S. Bortfeldt	30. 3. 45	Hamburg, Fli.
U 1168	Kptlt. Umlauf	5. 5. 45	SVers. nach Grundberührung bei Holnis
U 1169	Oblt. z.S. Goldbeck	5. 4. 45	St.-Georgs-Kanal, Mine
U 1170	Kptlt. Justi	3. 5. 45	Travemünde, SVers.
U 1171	Oblt. z.S. Koopmann	29. 5. 45	England, OpDLight
U 1172	Oblt. z.S. Kuhlmann	26. 1. 45	Irische See, Escort-Group
U 1191	Oblt. z.S. Grau	25. 6. 44	Lyme-Bay, Escort-Group
U 1192	Oblt. z.S. Meenen	3. 5. 45	Kiel, SVers.
U 1193	Oblt. z.S. Guse	5. 5. 45	Geltinger Bucht, SVers.
U 1194	Oblt. z.S. Zeißler	23. 6. 45	England, OpDLight
U 1195	Kptlt. Cordes	6. 4. 45	südl. Portsmouth, Zerst.
U 1196	Oblt. z.S. Ballert	3. 5. 45	Travemünde, SVers.

Nr.	letzter Kdt.	Untergangsdatum	Art des Untergangs
U 1197	Oblt. z.S. Lau	25. 4. 45	a. D. Wesermünde
U 1198	Oblt. z.S. Peters (G.)	24. 6. 45	England, OpDLight
U 1199	Kptlt. Nollmann	21. 1. 45	Kanal, Geleit-Group
U 1200	Oblt. z.S. Mangels	11. 11. 44	südl. Fastnet, br. Korvetten
U 1201	Oblt. z.S. Merkle	3. 5. 45	Hamburg-Finkenwerder, SVers.
U 1202	Kptlt. Thomsen	10. 5. 45	Bergen a. D., England OD
U 1203	Oblt. z.S. Seeger	29. 5. 45	England, OpDLight
U 1204	Oblt. z.S. Jestel	5. 5. 45	Geltinger Bucht, SVers.
U 1205	Kptlt. Zander	3. 5. 45	Kiel, SVers.
U 1206	Kptlt. Schlitt	14. 4. 45	vor Peterhead, Tauchpanne
U 1207	Oblt. z.S. Lindemann	5. 5. 45	Geltinger Bucht, SVers
U 1208	KKpt. Hagene	20. 2. 45	St.-Georgs-Kanal, Korv. (brit.)
U 1209	Oblt. z.S. Hülsenbeck	18. 12. 44	Wolfs Rock, UW-Felsen aufgelaufen
U 1210	Kptlt. Gabert	3. 5. 45	vor Eckernförde, Fli.
Typ IX C			
U 1221	Oblt. z.S. Ackermann	3. 4. 45	Kiel, Fli., geborgen
U 1222	Kptlt. Bielfeld	11. 7. 44	Biskaya, Fli.
U 1223	Oblt. z.S. Kneip	28. 4. 45	Wesermünde, Fli.
U 1224	Kptlt. Preuß (1. Kdt.)	13. 5. 44	als jap. RO 501 nordw. Azoren, Zerst. (US)
U 1225	Oblt. z.S. Sauerberg	24. 6. 44	nordwestl. Bergen, Fli.
U 1226	Oblt. z.S. Claussen	10. 44	Nordatlantik, vermißt
U 1227	Oblt. z.S. Altmeier	4. 45	Kiel a. D.
U 1228	Oblt. z.S. Marienfeld	9. 5. 45	Portsmouth, USA, eingelaufen
U 1229	KKpt. Zinke	20. 8. 44	südostw. Neufundland, Fli.
U 1230	Kptlt. Hilbig	22. 6. 45	England, OpDLight
U 1231	Oblt. z.S. Wicke	14. 5. 45	England, OpDLight
U 1232	Oblt. z.S. Roth	7. 45	England, OpDLight
U 1233	Oblt. z.S. Niemeyer	22. 6. 45	England, OpDLight
U 1234	Oblt. z.S. Wrede	5. 5. 45	Höruphaff, SVers.
U 1235	Kptlt. Barsch	15. 4. 45	Nordatlantik, Escort-Group
Typ VII C			
U 1271	Oblt. z.S. Thienemann	30. 5. 45	England, OpDLight
U 1272	Oblt. z.S. Schatteburg	30. 5. 45	England, OpDLight
U 1273	Kptlt. Knollmann	17. 2. 45	Oslo-Fjord, Mine
U 1274	Oblt. z.S. Fitting	16. 4. 45	Nordsee, brit. Zerst.
U 1275	Oblt. z.S. Frohberg	5. 45	a. D. Bergen, England OD
U 1276	Oblt. z.S. Wendt	3. 4. 45	nordwestl. Bergen, Fli.

Nr.	letzter Kdt.	Untergangs-datum	Art des Untergangs
U 1277	Kptlt. Stever	3. 6. 45	Oporto, SVers.
U 1278	Kptlt. Müller-Bethke	17. 2. 45	nordw. Shetlands, Fregatten
U 1279	Oblt. z.S. Falke	3. 2. 45	Nordmeer, Geleit-Group
U 1301	Kptlt. Lenkeit	30. 5. 45	England, OpDLight
U 1302	Kptlt. Herwartz	7. 3. 45	Bucht von Cardigan, Escort
U 1303	Oblt. z.S. Herglotz	6. 5. 45	Geltinger Bucht, SVers.
U 1304	Oblt. z.S. Süß	5. 5. 45	Flensburger Förde, SVers.
U 1305	Oblt. z.S. Christiansen	10. 5. 45	England, 1947 UdSSR
U 1306	Oblt. z.S. Kießling	5. 5. 45	Flensburger Förde, SVers.
U 1307	Oblt. z.S. Buscher	30. 5. 45	England, OpDLight
U 1308	Oblt. z.S. Besold	2. 5. 45	Warnemünde, SVers.
Typ XVII B			
U 1405	Oblt. z.S. Rex	5. 5. 45	Eckernförder Bucht, SVers.
U 1406	Oblt. z.S. Klug	5. 5. 45	Cuxhaven, SVers.
U 1407	Oblt. z.S. Heitz	5. 5. 45	Cuxhaven, SVers.

Von den Booten der Nummern U 2111 bis 2113, U 2251 bis 2295 sind nur die Abnahmedaten bekannt, die sämtlich zwischen Juli und August 1944 liegen.
Die Boote U 2321 bis U 2374, die von Juni 1944 bis April 1945 in Dienst gestellt wurden, sind nicht im Einsatz in See gesunken. Ihre Verlustursachen sind: Selbstversenkung, Auslieferung nach England in der Operation Deadlight, durch Unfall und Fliegerangriffe.
Von den in Dienst gestellten Booten U 2501 bis 2552 gilt das gleiche, ebenso von jenen der Serien 3001 bis 3051, 3501 bis 3537. Einige Serien waren in ihren Sektionen fertig. Die Serie U 4701 bis 4714 war bis zum 26. 4. 1945 in Dienst gestellt worden. Zwei weitere lagen fast fertig in Kiel, und die Serie U 4720 bis 4891 war in Bau.

ITALIENS U-BOOTVERLUSTE IM ZWEITEN WELTKRIEG

Name	Datum	Verlustursache	Verlustraum
Macallé	14. 6. 40	Unglücksfall	Rotes Meer
Provana	17. 6. 40	»La Curieuse« (frz.)	vor Oran
Galileo Galilei	19. 6. 40	»Monstone« See-Patr. (gekapert)	Rotes Meer
Diamante	20. 6. 40	U-Boot »Parthian«	vor Tobruk
Evangelista Torricelli	22. 6. 40	See-Patrouille	Rotes Meer
Luigi Galvani	23. 6. 40	See-Patrouille	Persischer Golf
C. G. Liuzzi	27. 6. 40	See-Patrouille	vor Kreta
Argonauta	28. 6. 40	Flugzeuge	Zentral-MMeer
Uebi Scebeli	29. 6. 40	See-Eskorte	westl. Kreta
Rubine	29. 6. 40	Flugzeuge	Jonisches Meer
Iride	22. 8. 40	Trägerflugzeuge	Golf von Bomba
Gondar	30. 9. 40	Luft-See-Angriff	vor Alexandria
Berillo	2. 10. 40	See-Eskorte	Nordk. Ägyptens
Gemma	6. 10. 40	Zusammenstoß MTB	Ägäis
Durbo	18. 10. 40	Luft-See-Patrouille	ostw. Gibraltar
Lafole	20. 10. 40	See-Patrouille	ostw. Gibraltar
Faá di Bruno	8. 11. 40	»Havelock«, Zerst.	Nordatlantik
Naiada	14. 12. 40	See-Eskorte	vor Bardia
C. Tarantini	15. 12. 40	U-Boot »Thunderbolt«	Bucht von Biskaya
Foca	12. 40	Ursache unbekannt	Mittelmeer
Marcello	6. 1. 41	Flugzeuge	westl. d. Hebriden
Nani	7. 1. 41	»Anemone«	Nordatlantik
Neghelli	19. 1. 41	»Greyhound«	östl. Mittelmeer
Anfitrite	6. 3. 41	»Greyhound«	vor Kreta
Pier Capponi	31. 3. 41	U-Boot »Rorqual«	vor Sizilien
Glauco	27. 6. 41	»Wishart«	westl. Gibraltar
Salpa	27. 6. 41	U-Boot »Triumph«	Nordküste Ägypt.
Jantina	5. 7. 41	U-Boot »Torbay«	Ägäis
Tembien	2. 8. 41	»Hermione«	vor Tunis
Michele Bianchi	7. 8. 41	U-Boot »Severn«	westl. Gibraltar
Maggiori Baracca	8. 9. 41	»Groome«	nordostw. d. Azoren
Smeraldo	16. 9. 41	Ursache unbekannt	Mittelmeer
Allessandro Malaspina	21. 9. 41	»Vimy«	Nordatlantik
Fisalia	28. 9. 43	»Hyazinth«	vor Jaffa
Adua	30. 9. 41	See-Eskorte	westl. Mittelmeer

Name	Datum	Verlustursache	Verlustraum
Galileo Ferraris	25. 10. 41	Luft-See-Eskorte	Nordatlantik
Guglielmo Marconi	11. 41	Ursache unbekannt	Atlantik
Amiraglio Caracciolo	11. 12. 41	»Farndale«	vor Bardia
Ammiraglio St. Bon	5. 1. 42	U-Boot »Upholder«	vor Sizilien
Medusa	30. 1. 42	U-Boot »Thorn«	Adria
Ammiraglio Millo	14. 3. 42	U-Boot »Ultimatum«	vor Sizilien
Guglielmotti	17. 3. 42	U-Boot »Unbeaten«	vor Sizilien
Tricheco	18. 3. 42	U-Boot »Upholder«	Adria
Veniero	7. 6. 42	Flugzeuge	vor den Balearen
Zaffiro	9. 6. 42	Flugzeuge	vor den Balearen
Perla	9. 7. 42	»Hyazinth«	vor Beirut
Ondina	11. 7. 42	Luft-See-Patrouille	vor Beirut
Pietro Calvi	14. 7. 42	»Lulworth«	südl. der Azoren
Scire	10. 8. 42	»Islay«	vor Haifa
Cobalto	12. 8. 42	See-Eskorte	vor Bizerta
Dagabur	12. 8. 42	»Wolverine«	vor Algier
Morosini	8. 42	Ursache unbekannt	Golf von Biskaya
Alabastro	14. 9. 42	Flugzeuge	vor Algier
Antonio Sciesa	7. 11. 42	Flugzeuge	vor Tobruk
Granito	9. 11. 42	U-Boot »Saracen«	nordwestl. Sizilien
Emo	10. 11. 42	»Nuffield«	vor Algier
Dessie	28. 11. 42	See-Patrouille	nördl. Kap Bone
Porfido	6. 12. 42	U-Boot »Tigris«	südl. Sardinien
Corallo	13. 12. 42	»Enchantress«	vor Bougie
Uarsciek	15. 12. 42	griech. Escort-Gr.	südl. Malta
Narvalo	14. 1. 42	Luft-See-Patrouille	südostw. Malta
Tritone	19. 1. 43	»Port Arthur«	vor Bougie
Santorre Santarosa	20. 1. 43	MTB 260	vor Tripolis
Avorio	8. 2. 43	»Regina«	vor Philippeville
Malachite	9. 2. 43	U-Boot »Dolfijn« (niederländisches)	südl. Sardinien
Asteria	17. 2. 43	See-Patrouille	vor Bougie
Delfino	23. 3. 43	Kollisionsunglück	vor Tarent
Archimede	15. 4. 43	Flugzeuge	Südatlantik
Mocenigo	13. 5. 43	Flugzeuge, Luftraid	Cagliari
Enrico Tazzoli	16. 5. 43	Flugzeuge, Luftpatr.	Golf v. Biskaya
Gorgo	21. 5. 43	Ursache unbekannt	Mittelmeer
Leonardo da Vinci	23. 5. 43	»Active«, »Ness«	nordostw. d. Azoren
Barbarigo	17. 6. 43	Luftpatrouille, Atlantik	Atlantik
H 8	5. 7. 43	Luftangriff RAF	La Spezia
Flutto	11. 7. 43	MTB 640, 651 u. 670	Str. v. Messina

Name	Datum	Verlustursache	Verlustraum
Bronzo	12. 7. 43	See-Eskorte, gekapert	vor Augusta
Nereide	13. 7. 43	»Echo« u. »Ilex«	südostw.Messina
Acciaio	13. 7. 43	U-Boot »Unruly«	nördl. Straße von Messina
Remo	15. 7. 43	U-Boot »Unruly«	Golf von Tarent
Romolo	18. 7. 43	Flugzeuge Squ. 221	ostw. Augusta
Ascianghi	23. 7. 43	See-Eskorte	Südküste Sizilien
Pietro Micca	29. 7. 43	U-Boot »Trooper«	Str. v. Otranto
Argento	3. 8. 43	US-Zerstörer »Buck«	vor Pantelleria
Velella	7. 9. 43	U-Boot »Shakespeare«	Golf v. Salerno

JAPANISCHE, AMERIKANISCHE UND BRITISCHE U-BOOTVERLUSTE

Die japanischen U-Bootverluste beliefen sich auf 127 Einheiten. Es waren dies 43 Boote der RO-Klasse und 84 der I-Klasse.
Die USA verloren insgesamt 51 U-Boote durch Unfall oder im Einsatz.
Die britische U-Bootwaffe hatte auf allen Kriegsschauplätzen 75 U-Boote verloren. Davon sanken allein im Mittelmeer 44.
Von den unter britischer Flagge kämpfenden U-Booten gingen insgesamt 13 Boote verloren, davon sieben im Mittelmeer. Es waren dies 5 französische U-Boote, 1 polnisches, 2 niederländische, 4 griechische und 1 italienisches Boot.
An den Versenkungen waren andere U-Boote, Flugzeuge, Überwasserschiffe wie Zerstörer und Torpedoboote und vor allem Minen beteiligt.
Der Zerstörer der US-Navy, »England«, der binnen 13 Tagen allein sechs U-Boote versenkte, gilt als erfolgreichster U-Bootkiller des Zweiten Weltkrieges.
Wie viele U-Boote die Rote Flotte der UdSSR verlor, ist nicht genau bekannt. Nach Schätzungen verschiedener Experten bewegen sich deren Verluste zwischen 60 und 75 Booten.

QUELLEN- UND LITERATURVERZEICHNIS

Alman, Karl:	Ritter der sieben Meere, Rastatt 1963
ders.:	Angriff, ran versenken!, Rastatt 1965
ders.:	Graue Wölfe in blauer See, Rastatt 1967
Bauer, Hermann:	Das Unterseeboot, Berlin 1931
Bachmann, Hans, R.:	Die polnische U-Bootdivision im September 1939, ZS 1970
Beesley, Patrick:	Very Special Intelligence, London 1976
Bekker, Cajus:	Kampf und Untergang der Kriegsmarine, Hannover 1953
ders.:	Und liebten doch das Leben, Hannover 1960
Belot, R. de:	La guerra aeronavaleen mediterranee, Paris 1949
Bernotti, Romeo:	Storia della guerra nel Mediterraneo, Rom 1960
ders.:	La guerra sui mari nel conflitto mondiale, Bd. 1-3, Livorno 1954, 50, 56
Bragadin, Marc Antonio:	Che ha fatto la marina?, Milano 1956
Brandi, Albrecht:	Meine Mittelmeer-Einsätze, 1962 i. Ms.
Brennecke, Jochen:	Jäger - Gejagte, Biberach/Riss 1956
Buchheit, Gert:	Der U-Bootkrieg in der deutschen Strategie 1939-1945, ZS 1972
Busch, Dr. Harald:	So war der U-Bootkrieg, Bielefeld 1957
Busch, Fritz-Otto:	Die japanische Kriegsmarine, Berlin 1942
Chatterton, Edward Keble:	Fighting the U-Boats, London 1963
Cocchia, Aldo:	Sommergibili all' attacco, Rom 1955
ders.:	Convogli, Napoli 1956
Cope, H. F. und Karig, Walter:	Battle submerged, New York 1951
Creswell, John:	Sea warfare 1939-1945, London 1950
Cunningham, Lord Andrew B.:	A saylors odyssee, London 1951
Dönitz, Karl:	Zehn Jahre und 20 Tage, Bonn 1958
ders.:	Die U-Bootwaffe, Berlin 1939
ders.:	Bedeutung der Seestrategie im Zweiten Weltkrieg, i. Ms. 1962
ders.:	Kräftebinden des U-Bootkrieges ab Mai 1943, i. Ms. 1962
ders.:	Pfingstansprache am U-Bootehrenmal in Laboe, Pfingsten 1962

ders.:	Die Schlacht im Atlantik in der deutschen Strategie des Zweiten Weltkrieges, ZS 1964
ders.:	Mein wechselvolles Leben, Göttingen 1968
Fioravanzo, Giuseppe:	La Marina italiana nella seconda guerra mondiale, Roma 1959
Frank, Wolfgang:	Prien greift an, Hamburg 1942
ders.:	Die Wölfe und der Admiral, Oldenburg 1953
Forstner, G. G. von:	Als U-Bootkommandant gegen England, i. Ms.
Gayer, A.:	Die deutschen U-Boote in der Kriegführung 1914-1918, Berlin o. J.
Geisenheyner, Stefan:	U-Bootabwehr, eine unmögliche Aufgabe? ZS 10/1974
Godt, Erhard:	Der U-Bootkrieg in: Bilanz des Zweiten Weltkrieges, Oldenburg 1953
Gröner, Erich:	Die deutschen Schiffe der Kriegsmarine und Luftwaffe 1939/45, München 1954
Hardegen, Reinhard:	Auf Gefechtsstationen, Leipzig 1943
Hartmann, Werner:	U-Boote westwärts!, Berlin 1940
Hessler, Günter:	Meine Feindfahrten, i. Ms. 1962
Herzog, Bodo:	Die deutschen U-Boote 1906-1945, München 1959
Jablonsky, Walter:	Der italienische U-Bootbau bis zum Zweiten Weltkrieg, T. I-III, ZS 1971
Jachino, Angelo:	Le due sirti, Verona 1953
Jacobsen, Hans-Adolf und Rohwer, Dr. Jürgen:	Entscheidungsschlachten des Zweiten Weltkrieges, Frankfurt 1960
Klepsch, Peter:	Die fremden Flotten im 2. Weltkrieg und ihr Schicksal, München 1968
Kurowski, Franz:	Zu Lande, zu Wasser, in der Luft, 2. Aufl. Bochum-Langendreer 1976
ders.:	Der Luftkrieg über Deutschland, Düsseldorf 1977
ders.:	Tondokumente - Gespräche mit U-Bootkommandanten 1962-1977 (Archiv)
Kraus, Hans-Werner:	U-Bootkrieg im Mittelmeer, i. Ms. 1966
Kreisch, Leo:	Vom Einsatz deutscher U-Boote im Mittelmeer, i. Ms. 1966
ders.:	Führungsorganisation, Einsatzgebiete im Mittelmeer, i. Ms. 1966
ders.:	U-Booterfolge im Mittelmeer, 1966
Lüth, Wolfgang und Korth, Klaus:	Boot greift wieder an!, Berlin 1944
Lusar, Rudolf:	Die deutschen Waffen und Geheimwaffen des Zweiten Weltkriegs, München 1960
MacIntyre, Donald:	U-Boat-Killer, London 1956
ders.:	The Battle for the Mediterranean, London 1964

Mars, Alastair:	Unbroken, true story of a submarine, Edinburgh 1962
Mason, David:	Submarine warfare. The War at Sea 1940-1945, ZS 9/1968
Meister, Jürg:	Der Seekrieg in den osteuropäischen Gewässern, München 1958
Lenton, H. T. u. Colledge:	Warships, of World War II, London 1973
Metzler, Jost:	Sehrohr südwärts!, Berlin 1943
ders.:	U 69, die lachende Kuh, Ravensburg 1954
Mielke, Otto:	Die deutschen U-Boote 1939-1945, München 1959
Ministry of Information:	The Mediterranean Fleet, London 1944
Morison, Samuel, E.:	United States Naval Operations in World War II, Vol. I-15, Boston 1950/57
Murat, S.:	La guerre sous-marine, en atlantique, Paris 1946
Meneghilni:	Cento sommergibili non sono tornati, Roma 1964
Pegalotti, Beppe:	Uomini contro navi, Firenze 1959
Pollina, Paolo, M.:	I sommergibili italiani, Roma 1963
Polmar, Norman:	Atomic Submarines, Toronto - London 1963
Prien, Günther:	Mein Weg nach Scapa Flow, Berlin 1940
Raiola, Giulio:	Quelli di betasom - Sommergibili italiani in Atlantico, Roma 1965
Robertson, Terence:	Jagd auf die Wölfe, Oldenburg 1960
ders.:	Der Wolf im Atlantik, Wels 1961
Rohwer, Dr. Jürgen:	U-Boote, Oldenburg 1962
ders.:	Die U-Booterfolge der Achsenmächte 1939-1945, München 1968
ders.:	Die sowjetischen U-Booterfolge in der Ostsee im Zweiten Weltkrieg, ZS 6/1968
ders.:	Deutsche U-Boote auf den sibirischen Seewegen – Operationen der Gruppe »Greif« Sommer 1944, ZS (Köhlers Flottenkalender 1972)
Roscoe, Theodore:	United States submarine Operations in world war two, Annapolis 1945
Rößler, Eberhard:	Erprobung des Walter-U-Bootes U 792, ZS 12/1971
ders.:	Geschichte des deutschen U-Bootbaus, München 1975
Risio, Carlo de:	La Notte di Alessandria in Rivista Marittima 10/1973
Rohwer, Dr. Jürgen und Hümmelchen, G.:	Chronik des Seekrieges 1939-1945, Oldenburg 1968
Roscoe, Theodore:	United States Destroyer Operations in World War II, Annapolis, III. Aufl. 1960
Roskill, S. W.:	The War at Sea Vol. I bis III-IV, London 1954-1956
ders.:	Royal Navy, Oldenburg 1961
ders.:	Das Geheimnis um U 110, Frankfurt 1960
Ruge, Friedrich:	Der Seekrieg 1939-1945, Stuttgart 1954

Sandrart, F. von: Die letzte abenteuerliche Japanfahrt eines deutschen U-Bootes, ZS 12/1969
Schürholz, Peter: Die Schicksale der deutschen U-Boote 1939-1945, Heidenheim o. J.
Schulz, Joh.: Tödlicher Atlantik, Wuppertal 1962
ders.: Der letzte Torpedo, Balve 1960
ders.: Unternehmen Overlord, Balve 1961
ders.: Fackeln der Vernichtung, Balve 1961
Shankland, Peter und Hunter, Antony: Durchbruch nach Malta, München 1963
Silverstone, Paul H.: US Warships of World War II, London 1965
Thomazi, Alphonse: La bataille de l'atlantique, Paris 1949
Toschi, Elias: Tesei e i cavalieri subaquei, Roma 1967
Raiola, Giulio: Uomini dell' Atlantico, Le Vicende dell' eroico Gian Franco Gazzana e degli altri commandanti, e equipaggi dei sommergibili italiani 1940-43, Milano 1973
Trizzino, Antonio: Die verratene Flotte, Bonn 1957
ders.: Sopra di noi l'Oceano, Milano 1962
Turner, John Frayn: Periscope Datrol, London 1957
Walters, Robert: Naval War in the Pacific 1941/45, ZS 11/68
Wagner, Gerhard, Hrgb.: Lagevorträge des Oberbefehlshabers der Kriegsmarine vor Hitler 1939-1945, München 1972
Watts, Anthony J.: Japanese warships of World War II, London 1966

DANKSAGUNG

Der Autor dankt allen Institutionen, Verbänden und Einzelpersonen, die ihn bei seinem Vorhaben, die erste Geschichte der U-Bootwaffe aller kriegführender Staaten des Zweiten Weltkrieges zu erstellen, unterstützten. Seit Beginn dieser Arbeit im Jahre 1962 bis zum heutigen Tage gingen ihm etwa 1400 Zuschriften, Unterlagen, Kriegstagebücher und persönliche Tagebücher aus aller Welt zu. Die Beschaffung ausländischer Quellen besorgte - wie immer - die Zentralbibliothek der Bundeswehr, Bibl.-Direktor Dr. Sack; für die 61 Faszikel über den Seekrieg im Mittelmeer dankt der Autor dem Militärgeschichtlichen Forschungsamt in Freiburg im Breisgau. Allen U-Bootkommandanten, die mit Kriegstagebüchern, Hinweisen und Berichten, mit persönlichen Aufzeichnungen und zeitgenössischen Unterlagen zur Gestaltung beitrugen, sei ebenfalls herzlich gedankt.

Dieser Dank gilt insbesondere:
Herrn Großadmiral a. D. Karl Dönitz, der seit nunmehr 15 Jahren in Fragen des U-Bootkrieges hilfreich war. Des weiteren:
Korvettenkapitän a. D. Heinrich Bleichrodt (†)
Oberleutnant z.S. a. D. Wolfgang Boehmer
Fregattenkapitän a. D. Albrecht Brandi (†)
Korvettenkapitän a. D. Fritz-Otto Busch (†)
Korvettenkapitän a. D. Peter Erich Cremer
Kapitänleutnant a. D. Wolfried Frhr. von Forstner
Bootsmannsmaat Walther Gerhold
Korvettenkapitän a. D. Reinhard Hardegen
Fregattenkapitän a. D. Günter Hessler
Kapitän z.S. a. D. Werner Hartmann
Kapitän z.S. a. D. Ernst Kals
Korvettenkapitän a. D. Eitel-Friedrich Kentrat
Kapitänleutnant a. D. Dr. Siegfried Koitschka
Vizeadmiral a. D. Leo Kreisch (†)
Korvettenkapitän a. D. Hans-Werner Kraus
Korvettenkapitän a. D. Jost Metzler (†)
Kapitän z.S. a. D. Karl-Friedrich Merten
Fregattenkapitän a. D. Heinrich Lehmann-Willenbrock
Korvettenkapitän a. D. Viktor Oern
Flottillenadmiral a. D. Hans-Rudolf Rösing
Korvettenkapitän a. D. Adalbert Schnee
Flottillenadmiral a. D. Klaus Scholtz
Stabsobersteuermann Johann Schulz
Korvettenkapitän a. D. Georg-Wilhelm Schulz
Fregattenkapitän Subklew
Kapitänleutnant Hans-Dietrich Frhr. von Tiesenhausen

Flottillenadmiral a. D. Erich Topp
Kapitän z.S. a. D. Günther Wachsmuth
Vizeadmiral a. D. Eberhard Weichhold

Der Verband der U-Bootfahrer war in vielerlei Fragen hilfreich.

Dortmund-Oespel, im Oktober 1978
Franz Kurowski

PERSONENREGISTER